Vergütung der Arbeitnehmervertreter

Schriften zum Arbeitsrecht und Wirtschaftsrecht

Herausgegeben von Abbo Junker

Band 106

PETER LANG

Katrin Maily

Vergütung der Arbeitnehmervertreter

Governanceprobleme bei Doppelmandaten

PETER LANG

Bibliografische Information der Deutschen Nationalbibliothek
Die Deutsche Nationalbibliothek verzeichnet diese Publikation in der Deutschen Nationalbibliografie; detaillierte bibliografische Daten sind im Internet über http://dnb.d-nb.de abrufbar.

Zugl.: München, Univ., Diss., 2018

D 19
ISSN 1433-4666
ISBN 978-3-631-79185-1 (Print)
E-ISBN 978-3-631-79741-9 (E-Book)
E-ISBN 978-3-631-79742-6 (EPDF)
E-ISBN 978-3-631-79743-3 (MOBI)
DOI 10.3726/b15956

Peter Lang – Berlin · Bern · Bruxelles · New York ·
Oxford · Warszawa · Wien

Diese Publikation wurde begutachtet.

www.peterlang.com

Vorwort

Die Juristische Fakultät der Ludwig-Maximilians-Universität München nahm im Sommersemester 2018 die vorliegende Arbeit als Dissertation an. Sie ist auf dem Rechtsstand von März 2018. Die Arbeit ist während meiner Zeit als wissenschaftliche Mitarbeiterin am Lehrstuhl für Arbeitsrecht und Bürgerliches Recht, Zentrum für Arbeitsbeziehungen und Arbeitsrecht der Ludwig-Maximilians-Universität München entstanden.

Herrn Professor Dr. Volker Rieble danke ich für die Betreuung sowie für die Möglichkeit, diese Arbeit am Zentrum für Arbeitsbeziehungen und Arbeitsrecht verfassen zu können.

Besonders danke ich meinen Eltern für die vielfältige Unterstützung während der Zeit der Erstellung dieser Arbeit. Ihnen ist diese Arbeit gewidmet.

München, im Januar 2019
Katrin Maily

Gliederung

Inhaltsverzeichnis

Abkürzungsverzeichnis

ABl.	Amtsblatt (der Europäischen Union)
ARR	Aktionärsrechterichtlinie
BilMoG	Gesetz zur Modernisierung des Bilanzrechts (Bilanzrechtsmodernisierungsgesetz vom 25.5.2009, BGBl. 2009 Teil I Nr. 27, S. 1102)
DAX	Deutscher Aktienindex
DCGK	Deutscher Corporate Governance Kodex
IAS	International Accounting Standards
IASB	International Accounting Standards Board
IASC	International Accounting Standards Committee
IFRIC	International Financial Reporting Interpretations Committee
IFRS	International Financial Reporting Standards
KG	Kommanditgesellschaft
Komm	Kommentar
MgVG	Gesetz über die Mitbestimmung der Arbeitnehmer bei einer grenzüberschreitenden Verschmelzung
MitbestR	Mitbestimmungsrecht
SEC	Securities and Exchange Commission
SE-VO	Verordnung (EG) Nr. 2157/2001 des Rates vom 8. Oktober 2001 über das Statut der Europäischen Gesellschaft
SIC	Standing Interpretation Committee
TransPuG	Gesetz zur weiteren Reform des Aktien- und Bilanzrechts, zu Transparenz und Publizität vom 19.7.2002, BGBl. 2002 Teil I Nr. 50, S. 2681
ver.di	Vereinte Dienstleistungsgewerkschaft
WSI	Wirtschafts- und Sozialwissenschaftliches Institut in der Hans-Böckler-Stiftung

Im Übrigen wird verwiesen auf:
Kirchner, Abkürzungsverzeichnis der Rechtssprache, 8. Auflage 2015

§ 1 Vergütungen von Managern im Fokus der Öffentlichkeit

Die Manager-Vergütung ist häufiges Thema in der Presse.[1] Die mediale Berichterstattung prangert dabei vor allem an, dass die Vorstände, insbesondere in Krisenzeiten, eine unangemessene, zu hohe, Vergütung beziehen.[2] Auch nach dem Inkrafttreten des Gesetzes über die Offenlegung von Vorstandsvergütungen[3] hat sich an diesem Umstand wenig geändert.[4] Die Transparenz wurde zwar durch die individuelle Offenlegung der Vorstandsvergütung im Anhang des Jahres- bzw. Konzernabschlusses (§ 285 Nr. 9 lit. a bzw. § 314 Abs. 1 Nr. 6 HGB) erhöht. Auf Ebene der Dax-Unternehmen werden die Offenlegungspflichten auch weitgehend umgesetzt. Bei nicht börsennotierten Gesellschaften ermöglicht das Gesetz hingegen, dass in vielen Fällen von einer Offenlegung abgesehen werden kann.[5] Die Angemessenheit der Managergehälter ist – auch nach Inkrafttreten des Gesetzes über die Angemessenheit der Vorstandsgehälter[6] – immer wieder der Kritik der Öffentlichkeit ausgesetzt. Dies ist auch dem Umstand geschuldet, dass durch die Offenlegung der Vorstandsgehälter eine Angleichung an die höheren Gehälter

---

1 Vgl. *Beise*, SZ v. 16.2.2017, abrufbar unter http://www.sueddeutsche.de/wirtschaft/boni-managergehaelter-per-gesetz-deckeln-das-kann-nur-schiefgehen-1.3380004 [Zuletzt abgerufen am 4.4.2017]; *Löhr*, FAZ v. 11.7.2014, abrufbar unter http://www.faz.net/aktuell/beruf-chance/recht-und-gehalt/managergehaelter-13038709.html [Zuletzt abgerufen am 4.4.2017]; *von Medem*, in: Allmendinger u.a., Corporate Governance, S. 111 (112); *Werle*, Spiegel Online v. 8.5.2013, abrufbar unter http://www.spiegel.de/karriere/managergehaelter-verdienen-topmanager-zu-viel-a-897945.html [Zuletzt abgerufen am 4.4.2017]; *Wilsing/von der Linden*, DStR 2013, 1291.

2 *Astheimer*, FAZ v. 18.4.2016, abrufbar unter http://www.faz.net/aktuell/beruf-chance/recht-und-gehalt/boni-fuer-spitzenmanager-trotz-skandal-oder-krise-14179044.html [Zuletzt abgerufen am 4.4.2017]; *Schulte*, der Westen v. 31.3.2016, abrufbar unter http://www.derwesten.de/wirtschaft/die-manager-gehaelter-stiegen-auch-bei-krisen-konzernen-id11692912.html [Zuletzt abgerufen am 4.4.2017].

3 Gesetz über die Offenlegung der Vorstandsvergütung (VorstOG) v. 3.8.2005, BGBl. 2005 Teil I Nr. 47, S. 2267.

4 *Schmotz/Crasselt*, WPg 2015, 877 (882); *Wilsing/von der Linden*, DStR 2013, 1291.

5 Vgl. *Online-Redaktion Verlag Dashöfer*, Das AG Wissen v. 4.4.2016, abrufbar unter http://www.dasagwissen.de/dax-vorstandsverg%C3%BCtung-2015-reduzierte-verg%C3%BCtung-bei-sinkenden-gewinnen.html?src=6 [Zuletzt abgerufen am 4.4.2017]; *Schmotz/Crasselt*, WPg 2015, 877 (881); *von Werder/Turkali*, DB 2015, 1357 (1361). Zur Offenlegung der Managementvergütung Kapitel § 4 A II.

6 Gesetz zur Angemessenheit der Vorstandsvergütung (VorstAG) v. 31.7.2009, BGBl. 2009 Teil I Nr. 50, S. 2509.

zu bemerken ist.[7] Daran anknüpfend wurde am 14. März 2017 die neue Aktionärsrechterichtlinie (ARR) von der Europäischen Kommission verabschiedet. Mit den Änderungen wird eine Verbesserung der Corporate Governance durch eine Erweiterung der Transparenz angestrebt.[8] Art. 9a ARR sieht ein Recht der Hauptversammlung auf Abstimmung über die Vergütungspolitik der Mitglieder der Unternehmensleitung vor. Daneben soll nach Art. 9b ARR eine gesetzliche Pflicht zur Erstellung eines Vergütungsberichtes bestehen.[9]

Aber nicht nur die Vergütung von Vorständen, sondern auch die von Arbeitnehmervertretern bzw. Betriebsratsmitgliedern war in letzter Zeit immer wieder Gegenstand der medialen Berichterstattung.[10] So zeigte sich gerade beim „VW-Skandal“[11], dass die Betriebsratsmitglieder oftmals „fürstlich“ bezahlt werden, obwohl das Betriebsratsamt als Ehrenamt ausgestaltet ist.[12] Über einen weiteren möglichen Fall der Betriebsratsbegünstigung wurde Anfang Oktober 2016 in der Zeitung berichtet: Die Stuttgarter Straßenbahn AG steht unter dem Verdacht, den Betriebsrat begünstigt zu haben.[13] Der Betriebsratsvorsitzende, ein gelernter Busfahrer, hat nach eigenen Angaben ein Jahresgehalt von knapp 100.000 Euro erhalten.[14] Möglich wäre das, wenn er – anstatt der für die Busfahrer der Stuttgarter

7 Vgl. *Jahberg*, Der Tagesspiegel v. 24.11.2013, abrufbar unter http://www.tagesspiegel.de/wirtschaft/keine-gesetzliche-deckelung-von-managergehaeltern-kontrolle-ist-besser/9121736.html [Zuletzt abgerufen am 4.4.2017]; *Kaiser*, Welt v. 21.11.2016, abrufbar unter https://www.welt.de/wirtschaft/article159632043/Wie-die-Transparenz-Gehaltsexzesse-beguenstigt.html [Zuletzt abgerufen am 4.4.2017].

8 Europäische Kommission, Vorschlag für eine Richtlinie zur Änderung von RL 2007/36/EG, COM/2014/0213 final – 2014/0121 (COD); *Leuering*, NZG 2017, 646.

9 *Leuering*, NZG 2017, 646, 649.

10 Vgl. *Özgenc/Rackow/Wilke*, Bild am Sonntag v. 27.10.2013, abrufbar unter http://www.bild.de/geld/wirtschaft/gehalt/wie-glaubwuerdig-sind-betriebsrats-bosse-33140430.bild.html [Zuletzt abgerufen am 20.4.2017].

11 *Handelsblatt GmbH*, Handelsblatt v. 28.6.2015, abrufbar unter http://www.handelsblatt.com/unternehmen/industrie/zehn-jahre-vw-affaere-gebauer-wo-bleiben-die-weiber/11972752-all.html [Zuletzt abgerufen am 4.4.2017]; *Leyendecker*, SZ v. 19.5.2010, abrufbar unter http://www.sueddeutsche.de/wirtschaft/vw-skandal-erst-sex-dann-maulkorb-1.890525 [Zuletzt abgerufen am 4.4.2017].

12 *Leyendecker*, SZ v. 17.5.2010, abrufbar unter http://www.sueddeutsche.de/wirtschaft/volkswagen-ein-arbeiterfuehrer-demontiert-sich-1.508834 [Zuletzt abgerufen am 4.4.2017]. Ausführlich dazu Kapitel § 3 B III 1 d aa.

13 *Nauke*, StZ v. 21.10.2016, abrufbar unter http://www.stuttgarter-zeitung.de/inhalt.betriebsraete-zu-hoch-verguetet-filzvorwuerfe-bei-den-ssb-erhaerten-sich.a415fe2d-3e0e-4e09-95a1-6b5cfdfa9db0.html [Zuletzt abgerufen am 4.4.2017]; *ders.*, StZ v. 23.1.2017, abrufbar unter http://www.stuttgarter-zeitung.de/inhalt.filzvorwuerfe-bei-den-ssb-gutachter-bestaetigt-unzulaessige-beguenstigung.5beaeda6-afa2-4fe5-9035-8cdf41eacc1e.html [Zuletzt abgerufen am 13.8.2017].

14 *Nauke*, StZ v. 21.10.2016, abrufbar unter http://www.stuttgarter-zeitung.de/inhalt.betriebsraete-zu-hoch-verguetet-filzvorwuerfe-bei-den-ssb-erhaerten-sich.a415fe2d-3e0e-4e09-95a1-6b5cfdfa9db0.html [Zuletzt abgerufen am 4.4.2017].

Straßenbahn AG üblichen Entgeltstufe F – in die Entgeltstufe E 12 eingruppiert worden ist. Auf dieser Gehaltsstufe bezieht man ein monatliches Gehalt von 5.300 Euro, in der Entgeltstufe F hingegen 2.676 bis 2.945 Euro.[15] Daneben sollen dem Betriebsratsvorsitzenden noch Pauschalbeträge und eine pauschale Aufwandsentschädigung gewährt worden sein.[16] Auch VW steht derzeit wieder unter dem Verdacht der Betriebsratsbegünstigung: Der Betriebsratsvorsitzende, Bernd Osterloh soll eine Vergütung von etwa einer halben Millionen Euro erhalten haben.[17] Fraglich erscheint, ob die ihm gewährte Aufwandsentschädigung angemessen ist und entsprechende Zahlungen mit dem Betriebsverfassungsgesetz im Einklang stehen.[18]

Die Betriebsratsvorsitzenden verstehen sich häufig als Co-Manager und erwarten eine entsprechende Vergütung.[19] Interessant ist dabei, dass die Betriebsratsmitglieder oft zugleich auch Aufsichtsratsmitglieder desselben Unternehmens sind.[20] Insoweit ist zu untersuchen, in welchem Rahmen die Vergütung von Betriebsräten zulässig ist, und wie es sich auswirkt, dass die Betriebsratsmitglieder zugleich Aufsichtsratsmitglieder sind.

Bislang wenig beleuchtet wurde die Auswirkung der Doppelmandate in Bezug auf die „Betriebsratsbegünstigung“. Bei der Begünstigung der Betriebsräte kann es durchaus eine Rolle spielen, dass diese in der Regel zugleich auch Aufsichtsräte desselben Unternehmens sind. Interessant ist dabei die Auswirkung für die Corporate Governance. Mit dieser Problematik setzt sich die nachfolgende Arbeit auseinander.

Zunächst soll die Struktur des Aufsichtsrats und die Corporate Governance-Debatte, insbesondere im Zusammenhang mit dem Aufsichtsratsamt, unter § 2 dargestellt werden. Im Folgenden wird unter § 3 die Problematik der Vergütung

---

15 *Nauke*, StZ v. 21.10.2016, abrufbar unter http://www.stuttgarter-zeitung.de/inhalt.betriebsraete-zu-hoch-verguetet-filzvorwuerfe-bei-den-ssb-erhaerten-sich.a415fe2d-3e0e-4e09-95a1-6b5cfdfa9db0.html [Zuletzt abgerufen am 4.4.2017].

16 *Nauke*, StZ v. 21.10.2016, abrufbar unter http://www.stuttgarter-zeitung.de/inhalt.betriebsraete-zu-hoch-verguetet-filzvorwuerfe-bei-den-ssb-erhaerten-sich.a415fe2d-3e0e-4e09-95a1-6b5cfdfa9db0.html [Zuletzt abgerufen am 4.4.2017].

17 *Hägler*, Sz v. 12.5.2017, abrufbar unter http://www.sueddeutsche.de/wirtschaft/vw-darum-ermittelt-der-staatsanwalt-bei-vw-1.3503206 [Zuletzt abgerufen am 25.6.2017].

18 *Hägler*, Sz v. 12.5.2017, abrufbar unter http://www.sueddeutsche.de/wirtschaft/vw-darum-ermittelt-der-staatsanwalt-bei-vw-1.3503206 [Zuletzt abgerufen am 25.6.2017].

19 *Cosack*, ZRP 2016, 177; *Farthmann*, in: FS Stahlhacke, S. 115 (125); *Fischer*, NZA 2007, 484 (485); *Jacobs/Frieling*, ZfA 2015, 241 (242); *Leyendecker*, SZ v. 17.5.2010, abrufbar unter http://www.sueddeutsche.de/wirtschaft/volkswagen-ein-arbeiterfuehrer-demontiert-sich-1.508834 [Zuletzt abgerufen am 4.4.2017]; *Rieble*, NZA 2008, 276.

20 *Kolbe*, Mitbestimmung und Demokratieprinzip, S. 351; *Gentz*, in: Bitburger Gespräche Jahrbuch 2006/I, S. 33 (34); *Schönhöft/Oelze*, NZA 2016, 145.

der Aufsichtsratsmitglieder herausgearbeitet. Dabei wird untersucht, welche Konsequenzen – insbesondere im Hinblick auf Corporate Governance – sich daraus ergeben, dass ein Aufsichtsratsmitglied verschiedene Ämter ausübt und aus diesen jeweils eine Vergütung bezieht. Dazu wird untersucht, inwieweit eine Vergütung der Arbeitnehmervertreter zulässig ist. Im Hinblick auf die Verflechtung von Doppelmandaten wird aufgezeigt, in welchem Rahmen das Betriebsratsamt vergütet werden kann. In der Praxis wird oftmals eine unzulässige Vergütung gewährt. Das Kapitel befasst sich daher mit der Frage, welche Zwecke mit einer unzulässigen Vergütungspraxis verfolgt werden. In dem anschließenden Teil wird unter § 4 der Zweck von Offenlegungsvorschriften im Bereich der Corporate Governance aufgezeigt und erörtert, ob diese vorliegend greifen und eine unzulässige Vergütungspolitik verhindern können. Sodann werden die verschiedenen Sanktionen in Bezug auf die unzulässige Vergütungspolitik beleuchtet, bevor abschließend unter § 5 die gewonnenen Erkenntnisse zusammengefasst werden.

§ 2 Aufsichtsrat im Corporate Governance-System

Um die Bedeutung des Aufsichtsrats im Hinblick auf eine gute Unternehmensführung herausarbeiten zu können, ist es zunächst nötig, sich einen Überblick über die Struktur und die Aufgaben der Aufsichtsratsmitglieder zu verschaffen (A). Gerade aufgrund der Ausübung von Doppelmandaten befinden sich Aufsichtsratsmitglieder oftmals in einem Interessenkonflikt. Zur Sicherstellung einer effektiven Aufgabenerfüllung durch die Aufsichtsratsmitglieder ist der Umgang mit Interessenkonflikten zu klären (B).

A. Struktur und Funktion des Aufsichtsrats

Die Aufsichtsratstätigkeit wird aufgrund zunehmender Professionalisierung immer anspruchsvoller.[21] Dabei werden immer höhere Anforderungen an die Aufsichtsratsmitglieder gestellt.[22] Die Rolle der Arbeitnehmervertreter im Aufsichtsrat einer Gesellschaft, wie deren Funktion im Hinblick auf eine Begünstigung der Arbeitnehmervertreter im Aufsichtsrat, erklärt sich, indem man sich die Struktur und die Aufgaben des Aufsichtsrats vergegenwärtigt. Maßgeblich dafür ist, in welchem Umfang bei welchen Gesellschaften Arbeitnehmervertreter im Aufsichtsrat überhaupt vertreten sind, und welche Rolle der Aufsichtsrat in der Gesellschaft einnimmt.

I. Zusammensetzung und Größe

Ein Aufsichtsrat ist zwingend zu bilden, sofern dies durch Gesetz oder die Satzung vorgeschrieben ist.[23] Gesetzlich vorgeschrieben ist ein Aufsichtsrat etwa in der Aktiengesellschaft (AG), in der Kommanditgesellschaft auf Aktien (KGaA), sowie grundsätzlich in einer Genossenschaft und bei einer Gesellschaft mit beschränkter Haftung (GmbH), wenn diese der Mitbestimmung bzw. dem Drittelbeteiligungsgesetz (DrittelbG) unterliegt oder eine externe Kapitalverwaltungsgesellschaft ist.[24]

---

21 *Piko*, WPg 2016, 1383; *Reinbacher/Shaereh/Felber*, ZCG 2015, 177; *Roth*, ZHR 175 (2011), 605 (625); *Rubner/Fischer*, NZG 2015, 782; *Maßmann/Bursee*, BOARD 2014, 97 (98).

22 *Piko*, WPg 2016, 1383; *Reinbacher/Shaereh/Felber*, ZCG 2015, 177.

23 *Habersack*, in: MüKo AktG, § 100 AktG Rn. 18; *Lutter/Krieger/Verse*, Rechte und Pflichten des Aufsichtsrats, § 1 Rn. 7.

24 Vgl. § 9 Abs. 1 Satz 1 GenG, § 1 Abs. 1, 6 Abs. 1 MitbestG, §§ 1, 3 Abs. 1 Montan-MitbestG, §§ 1 Abs. 1 Nr. 3, 4 Abs. 1 DrittelbG, § 18 Abs. 2 KAGB; *Habersack*, in: MüKo AktG, Vorbem. §§ 95 ff. AktG Rn. 1; *Lutter/Krieger/Verse*, Rechte und Pflichten des Aufsichtsrats, § 1 Rn. 7.

Im Übrigen kann bei einer GmbH, bei Personengesellschaften sowie bei einem BGBVerein ein Aufsichtsrat fakultativ gebildet werden, soweit dies die Satzung vorsieht.[25]

Grundsätzlich setzt sich der Aufsichtsrat nur aus Anteilseignervertretern zusammen, soweit kein Mitbestimmungsgesetz die Besetzung auch mit Arbeitnehmervertretern vorsieht, §§ 96 Abs. 1, 101 Abs. 1 AktG.

1. *Nicht mitbestimmter Aufsichtsrat*[26]

Keiner Mitbestimmung unterliegen Unternehmen, die nicht von dem Anwendungsbereich des Mitbestimmungsgesetzes (MitbestG), des Montanmitbestimmungsgesetzes (Montan-MitbestG), des Montanmitbestimmungsergänzungsgesetzes (Montan-MitbestErgG), des DrittelbG oder des Mitbestimmungsgesetzes bei grenzüberschreitenden Sachverhalten (MgVG) erfasst sind. Dies gilt auch für Tendenzunternehmen und AG bzw. Familienunternehmen, die weniger als 501 Arbeitnehmer haben und nach dem 9. August 1994 neu gegründet bzw. vor dem 10. August 1994 in das Handelsregister eingetragen wurden.[27] Im Übrigen sind auch Gesellschaften ohne Arbeitnehmer mitbestimmungsfrei.[28]

Mitbestimmungsfreie Aufsichtsräte setzen sich nur aus Anteilseignervertretern zusammen, § 96 Abs. 1 AktG. Für diesen Fall bestimmt § 95 Satz 1 AktG, dass der Aufsichtsrat grundsätzlich aus mindestens drei Mitgliedern besteht. Durch die Satzung kann auch eine höhere Mitgliederzahl festgesetzt werden, § 95 Satz 2 AktG, wobei der Drittelteilbarkeitsgrundsatz seit der Aktienrechtsnovelle von 2016 nicht mehr zu beachten ist, § 95 Satz 3 AktG.[29] § 95 Satz 4 AktG begrenzt die Anzahl der Aufsichtsratsmitglieder nach oben anhand des Grundkapitals der Gesellschaft.[30]

---

25 § 52 Abs. 1 GmbHG bzw. vgl. *Arnold*, in: MüKo BGB, § 32 BGB Rn. 70; *Heermann*, in: Ulmer/Habersack/Löbbe, GroßKomm GmbHG, § 52 GmbHG Rn. 16; *Selter*, Die Beratung des Aufsichtsrats und seiner Mitglieder, S. 25.

26 Die weiteren Ausführungen beschränken sich auf die Darstellung des Aufsichtsrats in der AG.

27 Unter Umständen kann sich bei einer Unternehmensumgestaltung oder durch ausdrückliche Regelung bei Wegfall der Voraussetzungen (§ 1 Abs. 3 Montan-MitbestG bzw. § 16 Abs. 2 Montan-MitbestErgG) eine Fortgeltung des Mitbestimmungsmodells nach § 325 UmwG bzw. nach dem Mitbestimmungs-Beibehaltungsgesetz ergeben; *Habersack*, in: MüKo AktG, § 96 AktG Rn. 25; *Hoffmann-Becking*, in: Münch Hdb GesR, § 28 Rn. 38 ff.; *Schiedermair/Kolb*, in: Müller/Rödder, Beck'sches Hdb AG, § 7 Rn. 16; *Simons*, in: Hölters, AktG, § 96 AktG Rn. 42.

28 *Habersack*, in: MüKo AktG, § 96 AktG Rn. 25; *Mertens/Cahn*, in: Kölner Komm AktG, § 96 AktG Rn. 14.

29 *Oetker*, in: ErfKomm, § 95 AktG Rn. 2.

30 So sind bis zu neun Mitglieder bei einem Grundkapital bis 1.500.000 Euro, bis zu fünfzehn bei einem Grundkapital von mehr als 1.500.000 Euro und bis zu einundzwanzig bei einem Grundkapital von mehr als 10.000.000 Euro möglich.

Die gesetzlichen Vorgaben des Aktienrechts über die Zusammensetzung des Aufsichtsrats sind zwingend, sodass keine abweichende Regelung getroffen werden kann, § 23 Abs. 5 AktG. Insbesondere kann die Mitbestimmung nicht erweitert bzw. eine andere Mitbestimmungsform vereinbart werden, da dies eine Abweichung von den gesetzlichen Regelungen darstellen würde.[31] Mithin kann der Belegschaft oder einer Gewerkschaft kein Entsendungsrecht in den Aufsichtsrat zugestanden werden, § 101 Abs. 2 AktG.[32] Möglich ist nach der h.M. hingegen, dass die Hauptversammlung Arbeitnehmer in den Aufsichtsrat wählt und somit faktisch die Mitbestimmung erweitert, soweit die Gesellschaft an sich mitbestimmungsfrei ist bzw. dem DrittelbG unterliegt.[33] Eine Beschränkung der Hauptversammlung besteht lediglich darin, dass der Grundsatz der Gleichbehandlung sowie die gesellschaftliche Treuepflicht einer überparitätischen Besetzung mit Arbeitnehmervertretern entgegenstehen können.[34] Die Vorgaben von § 95 AktG zur Zahl der Aufsichtsräte sind ebenso zwingend. Verstößt die Satzung dagegen, so ist die Regelung nach § 134 BGB bzw. § 241 Nr. 3 AktG nichtig.[35]

2. Mitbestimmter Aufsichtsrat

In mitbestimmten Unternehmen ist der Aufsichtsrat neben Anteilseigner- auch mit Arbeitnehmervertretern im Sinne der Mitbestimmung zu besetzen, § 96 Abs. 1 AktG.

Hintergrund der Mitbestimmung der Arbeitnehmervertreter ist es, den Arbeitnehmer eine Teilhabe an den Entscheidungen des Unternehmens zu ermöglichen.[36] Bei Einführung der Mitbestimmung lagen folgende Argumente dem Begehren nach Mitbestimmung zugrunde: „Gleichberechtigung von Kapital und Arbeit, Machtkontrolle durch Bildung von Gegenmacht, Intensivierung des Wettbewerbs durch Mitbestimmung, Demokratisierung der Wirtschaft [und] Schutz der Menschenwürde“[37]. Ziele der Unternehmensmitbestimmung sind nach der

---

31 *Habersack*, in: MüKo AktG, § 96 AktG Rn. 27 ff.; *Koch*, in: Hüffer/Koch, AktG, § 96 AktG Rn. 3.

32 *Henssler*, in: Henssler/Strohn, GesR, § 96 AktG Rn. 8; *Hopt/Roth*, in: GroßKomm AktG, § 96 AktG Rn. 25.

33 *Habersack*, in: MüKo AktG, § 96 AktG Rn. 31; *Hopt/Roth*, in: GroßKomm AktG, § 96 AktG Rn. 26; *Mertens/Cahn*, in: Kölner Komm AktG, § 96 AktG Rn. 15.

34 *Habersack*, in: MüKo AktG, § 96 AktG Rn. 31; *Hopt/Roth*, in: GroßKomm AktG, § 96 AktG Rn. 27.

35 *Habersack*, in: MüKo AktG, § 95 AktG Rn. 22; *Mertens/Cahn*, in: Kölner Komm AktG, § 95 AktG Rn. 16.

36 BT-Drs. VI/334, S. 8; *Gahlen*, in: Grundei/Zaumseil, der Aufsichtsrat, S. 221 (225); *Lembke/Ludwig*, Das Recht der Unternehmensmitbestimmung, S. 1; *Raiser*, in: Raiser/Veil/Jacobs, MitbestG und DrittelbG, Einl. Rn. 25.

37 BT-Drs. IV/334, S. 18–21; *Raabe*, Die Mitbestimmung im Aufsichtsrat, S. 44; vgl. auch *Gietzen*, Unternehmensmitbestimmung, S. 22 ff; *Krause*, WM 2003, 762 (765 f.); ausführlich dazu auch *Kolbe*, Mitbestimmung und Demokratieprinzip, S. 6 ff.

Biedenkopf-Kommission sozialethische und sozial- wie gesellschaftspolitische Argumente.[38] Durch die Implementierung von Teilhaberechte der Arbeitnehmer wird ein Schutz der Würde der Person gesichert, indem eine gänzliche Fremdbestimmung durch den Arbeitgeber verhindert wird.[39] Neben einer Kontrollfunktion hat die Unternehmensmitbestimmung den Zweck, eine Teilhabe der Arbeitnehmer an Unternehmensentscheidungen zu sichern.[40] Ermöglicht wird dadurch, dass auch die Arbeitnehmerinteressen bei den Unternehmensentscheidungen berücksichtigt werden.[41]

Die Mitbestimmungsgesetze knüpfen als Anwendungsvoraussetzung zum einen an die Rechtsform des Unternehmens wie auch an die Anzahl der Arbeitnehmer an. Bei der Anzahl der Arbeitnehmer sind alle Personen mitzuzählen, die in einem Arbeits- oder einem Berufsausbildungsverhältnis zum Unternehmen stehen.[42] Nach derzeitiger Rechtslage gehören Arbeitnehmer, die im europäischen Ausland beschäftigt sind, nicht zu den mitzuzählenden Arbeitnehmern.[43] Inwieweit

38 BT-Drs. IV/334, S. 18–21; *Ulmer/Habersack*, in: Ulmer/Habersack/Henssler, MitbestR, Einl. 1 ff.

39 *Gietzen*, Unternehmensmitbestimmung, S. 22 f; *Kolbe*, Mitbestimmung und Demokratieprinzip, S. 218 ff.; *Ulmer/Habersack*, in: Ulmer/Habersack/Henssler, MitbestR, Einl. Rn. 4.

40 *Kolbe*, Mitbestimmung und Demokratieprinzip, S. 218; *Ulmer/Habersack*, in: Ulmer/Habersack/Henssler, MitbestR, Einl. Rn. 3.

41 *Gietzen*, Unternehmensmitbestimmung, S. 31; *Kolbe*, Mitbestimmung und Demokratieprinzip, S. 223; *Wißmann*, in: Wißmann/Kleinsorge/Schubert, MitbestR, Vorbem. Rn. 2.

42 §§ 1, 4, 5 MitbestG; §§ 1–3 Montan-MitbestG; §§ 1–3 Montan-MitbestErgG; §§ 1, 2 DrittelbG. Dazu auch: *Kleinsorge*, in: Wißmann/Kleinsorge/Schubert, MitbestR, § 1 DrittelbG Rn. 3; *Wißmann*, in: Wißmann/Kleinsorge/Schubert, MitbestR, § 1 MitbestG Rn. 35 bzw. § 1 Montan-MitbestG Rn. 16. Vgl. insb. die Ausführung bei Kapitel § 2 A I 2 b bb zur Arbeitnehmereigenschaft.

43 *Gach*, in: MüKo AktG, § 1 MitbestG Rn. 22. Das OLG Frankfurt hatte sich mit einem Streit über die richtige Zusammensetzung des Aufsichtsrats befassen (Beschluss v. 17.6.2016 – 21 W 91/15). Das Verfahren wurde bis zur Entscheidung des EuGHs in der Rechtssache Erzberger/Tui, Az. C-566/15, ausgesetzt. Gegenstand des Vorlageverfahrens war die Frage, ob ein Verstoß gegen Art. 18 AEUV oder Art. 45 AEUV vorliegt, wenn ein Mitgliedstaat das aktive und passive Wahlrecht nur Arbeitnehmervertretern einräumt, die im Inland in einem Betrieb beschäftigt sind. Insoweit waren zwei Fragen im Hinblick auf das deutsche Mitbestimmungsrecht zu klären: Ob nur Arbeitnehmer, die im Inland beschäftigt sind, in Bezug auf die Wahl der Arbeitnehmervertreter in den Aufsichtsrat ein aktives und passives Wahlrecht zusteht und ob bei der Bestimmung der Arbeitnehmeranzahl im Rahmen der Festlegung, ob der Anwendungsbereich des MitbestG bzw. DrittelbG eröffnet ist, die ausländische Belegschaft mitzuzählen ist oder nicht. Vgl. *Behme*, EuZA 2016, 411 (419); *Winter/Marz/de Decker*, NZA 2015, 1111. Der EuGH ist dem Vorschlag des Generalanwalts gefolgt und legt Art. 45 AEUV so aus, dass dieser einer Regelung wie der im Ausgangsverfahren nicht entgegensteht; Art. 18 AEUV ist aufgrund des

und in welcher Form der Aufsichtsrat mit Arbeitnehmervertretern zu besetzen ist, bestimmt sich ebenfalls nach der Anzahl der Arbeitnehmer sowie nach dem jeweils anzuwendenden Mitbestimmungsgesetz.[44] Dabei ist zwischen dem MitbestG und dem DrittelbG, denen die meisten mitbestimmten Unternehmen in Deutschland unterliegen, zu unterscheiden.[45] Daneben gibt es noch das Montan-MitbestG, das Montan-MitbestErgG sowie das MgVG und das SE-Beteiligungsgesetz (SEBG).[46] Die größere praktische Bedeutung hat das DrittelbG. Nach einem Untersuchungsergebnis der Hans-Böckler-Stiftung verfügten zum Stand vom 15.10.2009 1.477 Unternehmen über einen Aufsichtsrat nach dem DrittelbG, wohingegen lediglich 682 Unternehmen dem MitbestG unterfielen.[47] Bei der Besetzung des Aufsichtsrats mit Arbeitnehmervertretern ist zwischen zwei unterschiedliche Formen zu unterscheiden: die paritätische Besetzung sowie einer Drittelbeteiligung durch die Arbeitnehmervertreter.[48]

---

besonderen Diskriminierungsverbots nach Art. 45 Abs. 2 AEUV nicht zu prüfen, EuGH v. 18.7.2017 – C-566/15 (Konrad Erzberger/TUI AG), juris Rn. 25 f.

44 *Plagemann*, Vergütung des Aufsichtsrats, S. 8; *Spindler*, in: Spindler/Stilz AktG, § 96 AktG Rn. 6.

45 *Hans-Böckler-Stiftung*, Grafik zur Mitbestimmung in Deutschland abrufbar unter https://www.boeckler.de/66935.htm [Zuletzt abgerufen am 12.3.2017]; *Hans-Böckler-Stiftung*, Böckler Impulse 2/2010, abrufbar unter https://www.boeckler.de/22457_22462.htm [Zuletzt abgerufen am 12.3.2017]; *Lembke/Ludwig*, Das Recht der Unternehmensmitbestimmung, § 1 Rn. 54, 56, 59.

46 *Gahlen*, in: Grundei/Zaumseil, der Aufsichtsrat, S. 223 (225); *Kortstock*, in: Nipperdey, ArbR Lexikon, Mitbestimmungsgesetze. Regelungen zur Mitbestimmung finden sich im Weiteren auch noch im SCEBG bzw. SCEAG. Auch bei der europäischen Genossenschaft (SCE) werden Arbeitnehmer beteiligt; die Vorschriften zur Beteiligung der Arbeitnehmer richten sich im Wesentlichen nach den Bestimmungen bei der SE (*Kleinsorge*, in: Wißmann/Kleinsorge/Schubert, MitbestR, EU-Recht Rn. 151). Das SCEBG wird bei der Bearbeitung außen vorgelassen.

47 *Hans-Böckler-Stiftung*, Böckler Impulse 2/2010, abrufbar unter https://www.boeckler.de/22457_22462.htm [Zuletzt abgerufen am 24.3.2017]; *Hans-Böckler-Stiftung*, Datenkarte 2010, abrufbar unter https://www.boeckler.de/pdf/pub_datenkarte_brd_2010.pdf [Zuletzt abgerufen am 24.3.2017]; *Veil*, in: Raiser/Veil/Jacobs, MitbestG und DrittelbG, Einl. DrittelbG Rn. 11. Im Jahr 2015 waren es nur noch 635 Unternehmen, die dem MitbestG unterlagen, vgl. WSI, Datenkarte 2016, abrufbar unter: https://www.boeckler.de/pdf/pub_datenkarte_brd_2016.pdf [Zuletzt abgerufen am 10.3.2017]. Die Unternehmen, die dem MitbestG unterliegen, nimmt kontinuierlich ab, vgl. *Hans-Böckler-Stiftung*, Böckler Impuls 9/2017, abrufbar unter https://www.boeckler.de/108863_108896.htm [Zuletzt abgerufen am 5.7.2017]; *Rieble*, BB 2014, 2997 (2998). Im Jahr 2016 stieg die Zahl wieder leicht auf 641 Unternehmen, *Hans-Böckler-Stiftung*, Grafik zur Mitbestimmung in Deutschland abrufbar unter https://www.boeckler.de/66935.htm [Zuletzt abgerufen am 12.3.2017].

48 § 7 Abs. 1 Satz 1 MitbestG, § 4 Abs. 1 Montan-MitbestG, § 5 Abs. 1 Montan-MitbestErgG und § 4 Abs. 1 DrittelbG.

a. Zusammensetzung mitbestimmter Aufsichtsräte

Bei Gesellschaften, die dem MitbestG unterliegen, ist ein Aufsichtsrat zu bilden und dieser ist paritätisch zusammenzusetzen, §§ 6 Abs. 1, 7 Abs. 1 MitbestG. Den Arbeitnehmervertretern im Aufsichtsrat sollen unternehmensangehörige Arbeitnehmer- und Gewerkschaftsvertreter angehören. Deren Verhältnis bestimmt § 7 Abs. 2 MitbestG.[49] Zu den unternehmensangehörigen Arbeitnehmervertretern muss zumindest ein leitender Angestellter gehören, § 15 Abs. 1 Satz 2 MitbestG. Die paritätische Besetzung wird durch das Zweitstimmrecht des Aufsichtsratsvorsitzenden gem. § 29 Abs. 2 MitbestG bei Pattsituationen zugunsten der Anteilseigner verschoben.[50] Der Vorsitzende des Aufsichtsrats entstammt meistens dem Lager der Anteilseignervertreter, § 27 Abs. 1, 2 MitbestG. Durch das Zweitstimmrecht kann ein Überhang der Anteilseignervertreter erreicht werden.[51] Zu einem Stimmüberhang kommt es jedoch nur, wenn von den Anteilseignervertretern genauso viele oder mehr als von den Arbeitnehmervertretern bei der Beschlussfassung anwesend sind, mitwirken und es zudem zu keiner Stimmspaltung im Lager der Anteilseignervertreter kommt.[52]

Soweit ein Unternehmen dem Montan-MitbestG unterfällt, ist der Aufsichtsrat ebenfalls paritätisch mit Anteilseigner- und Arbeitnehmervertretern zu besetzen.[53] Grundsätzlich besteht der Aufsichtsrat aus jeweils vier Vertretern der Anteilseigner- bzw. der Arbeitnehmerseite und je einem weiteren Mitglied auf der Anteilseigner und der Arbeitnehmerseite sowie einem weiteren, neutralen Mitglied, § 4 Abs. 1 Satz 2 Montan-MitbestG. Von den Arbeitnehmervertretern müssen mindestens zwei Mitglieder im Unternehmen beschäftigt sein, § 6 Abs. 1 Montan-MitbestG. Unter den Arbeitnehmervertretern müssen sich nicht zwingend Gewerkschaftsvertreter befinden. § 6 Abs. 3 Montan-MitbestG sieht jedoch ein Vorschlagsrecht für die Spitzenorganisationen vor. Die Besetzung des Aufsichtsrats mit weiteren Mitgliedern zielt darauf ab, dass im Aufsichtsrat auch Personen vertreten sein sollen, die in personeller und wirtschaftlicher Sicht unabhängig vom Unternehmen sind und mithin keine eigenen Ziele verfolgen.[54]

---

49 Der EuGH hat entschieden, dass das MitbestG mit dem Unionsrecht (Art. 45 AEUV) vereinbar ist, vgl. Fn. 43 sowie *Behme*, EuZA 2016, 411; *Heuschmid/Ulber*, NZG 2016, 102; *Winter/Marx/De Decker*, NZA 2015, 1111.

50 *Kirchner*, AG 2004, 197; *Oetker*, in: ErfKomm, § 29 MitbestG Rn. 3.

51 *Adams*, ZIP 2006, 1561 (1562); *Raiser*, in: Raiser/Veil/Jacobs, MitbestG und DrittelbG, § 29 MitbestG Rn. 1; *von Werder*, in: Kremer/Bachmann/Lutter/von Werder, DCGK, Präambel Rn. 130.

52 *Schubert*, in: Wißmann/Kleinsorge/Schubert, MitbestR, § 29 MitbestG Rn 4.

53 *Mertens/Cahn*, in: Kölner Komm AktG, § 96 AktG Rn. 7; *Wißmann*, in: Wißmann/Kleinsorge/Schubert, MitbestR, § 4 Montan-MitbestG Rn. 1.

54 *Heither/von Morgen*, in: Boecken/Düwell/Diller/Hanau, Gesamtes ArbR, § 4 Montan-MitbestG Rn. 5; *Mertens/Cahn*, in: Kölner Komm AktG, Anh. § 117 AktG C Rn. 14; *Wißmann*, in: Wißmann/Kleinsorge/Schubert, MitbestR, § 4 Montan-MitbestG Rn. 4.

Zu einer paritätischen Besetzung des Aufsichtsrats kommt es auch bei Gesellschaften, die dem Montan-MitbestErgG unterliegen.[55] Der Aufsichtsrat setzt sich in der Regel aus je sieben Anteilseigner- und Arbeitnehmervertretern und einem weiteren Mitglied zusammen. Das weitere Mitglied muss nach § 5 Abs. 3 Montan-MitbestErgG, der auf § 4 Abs. 2 Montan-MitbestG verweist, ebenfalls in personeller und wirtschaftlicher Sicht unabhängig sein. Im Gegensatz zum Montan-MitbestG gibt es bei Anwendung des Montan-MitbestErgG nur ein weiteres Mitglied und nicht noch zusätzlich je ein weiteres Mitglied auf Anteilseigner- und Arbeitnehmerseite. § 6 Montan-MitbestErgG regelt die Zusammensetzung der Arbeitnehmervertreter im Aufsichtsrat: In der Regel müssen fünf Mitglieder unternehmensangehörige Arbeitnehmervertreter sein und zwei Mitglieder Gewerkschaftsvertreter.

Gesellschaften, die dem DrittelbG unterliegen, sind hingegen nur mit einem Drittel mit Arbeitnehmervertretern zu besetzen, § 4 Abs. 1 DrittelbG. Für den Fall, dass mehr als zwei Arbeitnehmervertreter in den Aufsichtsrat zu wählen sind, müssen davon mindestens zwei Arbeitnehmervertreter im Unternehmen beschäftigt sein gem. § 4 Abs. 2 Satz 2 DrittelbG.

Das MgVG enthält Regelungen zur Mitbestimmung der Arbeitnehmer bei einer grenzüberschreitenden Verschmelzung bzgl. der aus der grenzüberschreitenden Verschmelzung hervorgehenden inländischen Gesellschaft, §§ 1 Abs. 1 Satz 1, 3 Abs. 1 Satz 1 MgVG. Die Mitbestimmung soll durch eine entsprechende Vereinbarung erreicht werden, § 22 MgVG. Als Auffangregelung fungieren die §§ 23 ff. MgVG, wenn es zu keiner Vereinbarung kommt bzw. die Anwendung vereinbart wird oder die Anwendung von der Leitung der an der Verschmelzung beteiligten Gesellschaften entschieden wird, § 23 Abs. 1 MgVG.[56]

Bei der SE soll die Mitbestimmung vorrangig durch eine Vereinbarung geregelt werden, § 1 Abs. 2 Satz 1 SEBG.[57] Den Inhalt einer solchen Vereinbarung regelt § 21 SEBG.[58] Wird keine Vereinbarung erzielt, so bestimmt sich die Beteiligung der Arbeitnehmervertreter im Aufsichtsrat nach der Auffanglösung gem. §§ 34 ff.

---

55 *Raabe*, Die Mitbestimmung im Aufsichtsrat, S. 27; *Wißmann*, in: Wißmann/Kleinsorge/Schubert, MitbestG, § 1 MitbestErgG Rn. 6.

56 *Habersack*, in: MüKo AktG, § 96 AktG Rn. 24; *Kleinsorge*, in: Wißmann/Kleinsorge/Schubert, MitbestR, EU-Recht Rn. 210.

57 Bei der Gründung einer SE besteht die Wahl zwischen dem klassischen deutschen dualistischen System – der Trennung von Leitung- und Überwachungsorgan – und dem aus dem angelsächsischen Raum abstammende monistischen System – eines einheitlichen Verwaltungsorgans, *Hirte*, NZG 2002, 1 (3); *Thoma/Leuering*, NJW 2002, 1449 (1450). Im Rahmen des dualistischen Systems gibt es ebenfalls einen mitbestimmten Aufsichtsrat. Das MitbestG und DrittelbG finden selbst keine Anwendung auf die Besetzung des Aufsichtsrats. Regelungen zur Beteiligung der Arbeitnehmer finden sich im SEGB, vgl. *Jacobs*, in: MüKo AktG, § 1 SEBG Rn. 2; *Kleinsorge*, in: Wißmann/Kleinsorge/Schubert, MitbestR, EU-Recht Rn. 84.

58 *Feuerborn*, in: Kölner Komm AktG, § 1 SEBG Rn. 12; *Henssler*, in: Ulmer/Habersack/Henssler, MitbestR, § 1 SEBG Rn. 1.

SEBG.[59] Insoweit zeigt sich das Vorher-Nachher-Prinzip bei der SE – der Wahrung der bisherigen Mitbestimmungsform.[60] Die Möglichkeit die Mitbestimmung durch eine Beteiligungsvereinbarung zu regeln begründet die praktische Bedeutung und Attraktivität für Unternehmen die Unternehmensform der SE zu wählen.[61] Der Anteil der Arbeitnehmervertreter richtet sich gemäß § 35 SEBG nach der Gründungsform der SE.[62]

Die gesetzlichen Vorgaben über die Zusammensetzung des mitbestimmten Aufsichtsrats sind zwingend, sodass keine andere Regelung getroffen werden kann.[63]

b. Wählbarkeitsvoraussetzungen für Arbeitnehmervertreter

Zu hinterfragen ist zunächst, wer Arbeitnehmervertreter im Aufsichtsrat sein kann und welche Voraussetzungen daran geknüpft sind. Dabei ist zwischen (unternehmensangehörigen) Arbeitnehmer- und Gewerkschaftsvertretern zu unterscheiden.[64]

aa. Allgemeine Wählbarkeitsvoraussetzungen

Das Gesetz regelt nur wenige zwingende persönliche Voraussetzungen, die ein Kandidat für das Aufsichtsratsmandat erfüllen muss. §§ 100 Abs. 1, Abs. 2 und 105 AktG normieren Inkompatibilitätsvorschriften, um sicherzustellen, dass die Aufsichtsratsmitglieder ihre Aufgaben optimal erfüllen können.[65] Voraussetzung für die Wahl in den Aufsichtsrat ist danach, dass die natürliche Person unbeschränkt geschäftsfähig ist und keinem Einwilligungsvorbehalt unterliegt. Daneben zählen

---

59 *Hirte*, NZG 2002, 1 (7); *Thoma/Leuering*, NJW 2002, 1449 (1454).

60 *Mertens/Cahn*, in: Kölner Komm AktG, § 96 AktG Rn. 13; *Ott*, in: Semler/von Schenck, Arbeitshandbuch für Aufsichtsratsmitglieder, § 16 Rn. 10.

61 *Seibt*, ZIP 2010, 1057; *Rieble*, BB 2014, 2997. Vgl. auch Kapitel § 3 C I 2.

62 *Feuerborn*, in: Kölner Komm AktG, § 35 SEBG Rn. 8; *Jacobs*, in: MüKo AktG, § 35 SEBG Rn. 7.

63 *Mertens/Cahn*, in: Kölner Komm AktG, § 96 AktG Rn. 15; *Spindler*, in: Spindler/Stilz AktG, § 96 AktG Rn. 24. Zudem ist bei börsennotierten Gesellschaften, die der paritätischen Mitbestimmung unterliegen, bei der Zusammensetzung des Aufsichtsrats darauf zu achten, dass sich dieser zu mindestens 30 Prozent jeweils aus Frauen und Männern zusammensetzt, § 96 Abs. 2 AktG. Insoweit wird eine gesetzliche Mindestquote normiert, um eine gleichberechtigte Teilhabe von Frauen und Männern sicherstellen zu können, vgl. BT-Drs. 18/3784, S. 120; *Koch*, in: Hüffer/Koch, AktG, § 96 AktG Rn. 13. Im Übrigen sollen Frauen und Männer entsprechend ihrem zahlenmäßigen Verhältnis im Unternehmen als Arbeitnehmervertreter im Aufsichtsrat vertreten sein, § 4 Abs. 4 DrittelbG.

64 *Mertens/Cahn*, in: Kölner Komm AktG, § 96 AktG Rn. 5.

65 *Hopt/Roth*, in: GroßKomm AktG, § 100 AktG Rn. 10; *Mertens/Cahn*, in: Kölner Komm AktG, § 100 AktG Rn. 6; *Spindler*, in: Spindler/Stilz, AktG, § 100 AktG Rn. 1.

§§ 100 Abs. 2 und 105 AktG Hinderungsgründe auf, die einer Mitgliedschaft im Aufsichtsrat entgegenstehen.[66]

Dies gilt auch für die Arbeitnehmervertreter in mitbestimmten Gesellschaften, §§ 100 Abs. 1, 2, 105 AktG i.V.m. § 6 Abs. 2 Satz 1 MitbestG, § 3 Abs. 2 Montan-MitbestG, § 3 Abs. 1 Satz 2 Montan-MitbestErgG i.V.m. § 3 Abs. 2 Montan-MitbestG.[67]

bb. Besondere Wählbarkeitsvoraussetzungen

Nach allen Mitbestimmungsgesetzen setzten sich die Arbeitnehmervertreter zu einem gewissen Anteil aus unternehmensangehörigen Arbeitnehmervertretern zusammen.[68] Zwingende Voraussetzung für die Wählbarkeit der unternehmensangehörigen Arbeitnehmervertreter ist die Arbeitnehmereigenschaft, die in den Mitbestimmungsgesetzen selbst nicht definiert ist.[69] In den § 3 Abs. 1 Satz 1 Nr. 1 MitbestG, § 5 Abs. 5 Montan-MitbestErgG und § 3 Abs. 1 DrittelbG wird auf die betriebsverfassungsrechtliche Definition in § 5 Abs. 1 BetrVG verwiesen. Mangels eigener Definition des Montan-MitbestG findet ebenfalls § 5 Abs. 1 BetrVG Anwendung.[70] Die Vorschrift wiederum bestimmt die Arbeitnehmereigenschaft auch nicht selbst, sondern setzt eine Definition voraus.[71] Mithin ist § 611a Abs. 1 BGB und der in der Rechtsprechung und Literatur geltende allgemeine Arbeitnehmerbegriff maßgeblich. Danach ist Arbeitnehmer, wer „durch Arbeitsvertrag [...] im Dienste eines anderen zur Leistung weisungsgebundener, fremdbestimmter Arbeit in persönlicher Abhängigkeit verpflichtet ist“[72]. Zu den Arbeitnehmern des Unternehmens zählen mithin auch Teilzeitarbeitnehmer – soweit es sich nicht nur um gelegentliche Aushilfskräfte handelt – sowie Personen, deren Arbeitsverhältnis derzeit ruht oder Personen, die zur Berufsausbildung bzw. in Heimarbeit beschäftigt sind.[73] Je nach Mitbestimmungsgesetz ist zu differenzieren, ob die leitenden

66 *Habersack*, in: MüKo AktG, § 100 AktG Rn. 4. Siehe dazu auch die Ausführungen in Kapitel § 2 A II 4 und in Kapitel § 2 A III.

67 *Gach*, in: MüKo AktG, § 4 DrittelbG Rn. 5; *Kleinsorge*, in: Wißmann/Kleinsorge/Schubert, MitbestR, § 4 DrittelbG Rn. 34.

68 § 7 Abs. 2 MitbestG; § 6 Abs. 1 Satz 1 Montan-MitbestG; § 6 Abs. 1 Satz 1 Montan-MitbestErgG und § 4 Abs. 1 DrittelbG.

69 *Nowak*, Unabhängigkeit des Aufsichtsratsmitglieds, S. 76; *Wißmann*, in: Wißmann/Kleinsorge/Schubert, MitbestR, § 7 MitbestG Rn. 25 ff.

70 *Nowak*, Unabhängigkeit des Aufsichtsratsmitglieds, S. 76; *Wißmann*, in: Wißmann/Kleinsorge/Schubert, MitbestR, § 1 Montan-MitbestG Rn. 16.

71 *Fuchs/Köstler/Pütz*, Hdb zur Aufsichtsratswahl, Rn. 199; *Mertens/Cahn*, in: Kölner Komm AktG, Anh. § 117 AktG B § 3 MitbestG Rn. 4.

72 § 611a Abs. 1 Satz 1 BGB; BAG v. 10.4.1991 – 4 AZR 467/90, NZA 1991, 856 (857); v. 5.12.2012 – 7 ABR 48/11, NZA 2013, 793 (794); *Müller-Glöge*, in: MüKo BGB, § 611 BGB Rn. 171; *Richardi*, in: Richardi, BetrVG, § 5 BetrVG Rn. 14.

73 *Mertens/Cahn*, in: Kölner Komm AktG, Anh § 117 AktG B § 3 MitbestG Rn. 6; *Wißmann*, in: Wißmann/Kleinsorge/Schubert, MitbestR, § 1 MitbestG Rn. 35

Angestellten zu der Gruppe der Arbeitnehmer zu subsumieren sind oder nicht.[74] Nach dem MitbestG (§ 3 Abs. 1 Satz 1 Nr. 2 MitbestG) und dem Montan-MitbestErgG (§ 5 Abs. 5 Montan-MitbestErgG) zählen die leitenden Angestellten zu den Arbeitnehmern.[75] Keine Arbeitnehmer sind hingegen die Leiharbeitnehmer. § 7 Satz 2 BetrVG begründet zwar ein aktives Wahlrecht der Leiharbeitnehmer, erklärt diese jedoch nicht zu Arbeitnehmer des Betriebs.[76] § 3 Abs. 1 DrittelbG nimmt die leitenden Angestellten explizit von den zu zählenden Arbeitnehmern aus. Bei Anwendung des Montan-MitbestG zählen die leitenden Angestellten ebenfalls nicht zu den Arbeitnehmern.[77]

Neben der Unternehmenszugehörigkeit und den allgemeinen Wählbarkeitsvoraussetzungen stellen die jeweiligen Mitbestimmungsgesetze besondere Wählbarkeitsvoraussetzungen auf, die von den Arbeitnehmervertretern erfüllt werden müssen.[78] Die Mitbestimmungsgesetze normieren, dass sich die Arbeitnehmervertreter im Aufsichtsrat nicht nur aus unternehmensangehörigen Arbeitnehmern, sondern auch aus anderen Arbeitnehmervertretern zusammensetzen müssen. Nach § 15 Abs. 1 Satz 2 MitbestG muss dem Aufsichtsrat zumindest ein leitender Angestellter angehören. Zudem besteht der Aufsichtsrat bei Anwendung des MitbestG zum Teil aus Gewerkschaftsvertretern, § 7 Abs. 2 MitbestG. Das Montan-MitbestErgG sieht ebenfalls zwingend die Besetzung des Aufsichtsrats mit Gewerkschaftsvertretern vor, § 6 Abs. 1 Satz 1 Montan-MitbestErgG. Bei Anwendung des Montan-MitbestG ist die Arbeitnehmervertreterseite mit einem weiteren Mitglied zu besetzen.[79]

Für die weiteren Arbeitnehmervertreter – leitende Angestellte, Gewerkschaftsvertreter oder sonstige Arbeitnehmervertreter – gelten keine besonderen Voraussetzungen, sie müssen nur die allgemeinen, für alle Aufsichtsratsmitglieder geltenden Wählbarkeitsvoraussetzungen erfüllen.[80] Für die Gewerkschaftsvertreter wird keine Unternehmenszugehörigkeit gefordert; diese können auch externe

---

74 *Gach*, in: MüKo AktG, § 3 MitbestG Rn. 22; *Mertens/Cahn*, in: Kölner Komm AktG, Anh. § 117 AktG D Rn. 11.

75 *Wißmann*, in Wißmann/Kleinsorge/Schubert, MitbestG, § 5 MitbestErgG Rn. 6.

76 *Gach*, in: MüKo AktG, § 3 MitbestG Rn. 20; *Oetker*, in: ErfKomm, § 3 MitbestG Rn. 2. Bei unternehmensmitbestimmungsrechtlichen Schwellenwerten sind sie hingegen zu berücksichtigen, § 14 Abs. 2 AÜG.

77 *Lembke/Ludwig*, Das Recht der Unternehmensmitbestimmung, § 3 Rn. 11; *Nowak*, Unabhängigkeit des Aufsichtsratsmitglieds, S. 83.

78 § 7 Abs. 4 MitbestG, § 4 Abs. 2 Montan-MitbestG, § 6 Abs. 2 Montan-MitbestErgG bzw. § 4 Abs. 3 DrittelbG. Vgl. zur Zusammensetzung des Aufsichtsrats Kapitel § 2 A I 2 a.

79 § 4 Abs. 1 Satz 1 Montan-MitbestG. Vgl. zur Zusammensetzung des Aufsichtsrats Kapitel § 2 A I 2 a.

80 *Oetker*, in: ErfKomm, 17. Aufl. 2017, § 4 DrittelbG Rn. 10; *Wißmann*, in: Wißmann/Kleinsorge/Schubert, MitbestR, § 6 Montan-MitbestG Rn. 6 bzw. § 6 MitbestErgG Rn. 4.

Mitglieder stellen.[81] Jedoch muss die Gewerkschaft im Unternehmen vertreten sein.[82] In den Mitbestimmungsgesetzen gilt aber kein eigenständiger Gewerkschaftsbegriff, sondern es ist die allgemeine Definition zugrunde zu legen.[83] Bei Anwendung des Montan-MitbestG ist die Arbeitnehmervertreterseite mit einem weiteren Mitglied zu besetzen. Dieses darf nach § 4 Abs. 2 Montan-MitbestG jedoch kein Mitglied einer Gewerkschaft, Vereinigung der Arbeitnehmer oder Spitzenorganisation dieser Verbände sein oder mit diesen in einem Dienst- oder Geschäftsbesorgungsverhältnis stehen. Somit wird die Unabhängigkeit des weiteren Mitglieds sichergestellt. Ansonsten gelten die allgemeinen Wählbarkeitsvoraussetzungen.[84]

c. *Größe des mitbestimmten Aufsichtsrats*

Die Größe des Aufsichtsrats richtet sich bei Anwendung des MitbestG nach der Anzahl der im Unternehmen beschäftigten Arbeitnehmer, §§ 1, 7 MitbestG. Im Rahmen der Anwendung des Montan-MitbestG besteht der Aufsichtsrat regelmäßig aus elf Mitgliedern, § 4 Abs. 1 Satz 1 Montan-MitbestG. Bei Anwendung des Montan-MitbestErgG besteht dieser in der Regel aus 15 Mitgliedern, § 5 Abs. 1 Satz 1 Montan-MitbestErgG. Die Anzahl der Aufsichtsratsmitglieder unter Geltung des DrittelbG bestimmt sich mangels expliziter Regelung nach § 95 AktG.[85] Nach § 24 Abs. 1 Satz 2 MgVG bestimmt sich die Anzahl der Arbeitnehmervertreter im Aufsichtsrat „nach dem höchsten Anteil an Arbeitnehmervertretern, der in den Organen der beteiligten Gesellschaften vor der Eintragung der aus der grenzüberschreitenden Verschmelzung hervorgehenden Gesellschaft bestanden hat". Die genaue Zahl der Aufsichtsratsmitglieder bei der SE regelt § 17 Abs. 1 SEAG. Die Zahl muss grundsätzlich durch drei teilbar sein, § 17 Abs. 1 Satz 3 SEAG.[86]

---

81 *Gach*, in: MüKo AktG, § 7 MitbestG Rn. 36; *Wißmann*, in: Wißmann/Kleinsorge/Schubert, MitbestR, § 7 MitbestG Rn. 45.

82 *Henssler*, in: Ulmer/Habersack/Henssler, MitbestR, § 7 MitbestG Rn. 70; *Wißmann*, in: Wißmann/Kleinsorge/Schubert, MitbestR, § 7 MitbestG Rn. 55.

83 *Fuchs/Köstler/Pütz*, Hdb zur Aufsichtsratswahl, Rn. 238; *Mertens/Cahn*, in: Kölner Komm AktG, Anh. § 117 AktG B § 7 MitbestG Rn. 14.

84 *Heither/von Morgen*, in: Boecken/Düwell/Diller/Hanau, Gesamtes ArbR, § 4 Montan-MitbestG Rn. 5; *Oetker*, in: ErfKomm, 17. Aufl. 2017, § 4 Montan-MitbestG Rn. 3.

85 *Gach*, in: MüKo AktG, § 1 DrittelbG Rn. 16; *Veil*, in: Raiser/Veil/Jacobs, MitbestG und DrittelbG, § 4 DrittelbG Rn. 4. Vgl. Kapitel § 2 A I 1.

86 Aus dem SEBG folgt aber, dass ein „bestimmter Anteil von Arbeitnehmervertretern im Aufsichtsrat" vertreten sein muss, *Feuerborn*, in. Kölner Komm AktG; § 35 SEBG Rn. 7; *Jacobs*, in: MüKo AktG, § 35 SEBG Rn. 4. Somit ergibt sich bei einer paritätischen Mitbestimmung abweichend von § 17 Abs. 1 Satz 3 SEAG, dass die Zahl der Aufsichtsratsmitglieder gerade sein muss, Dies stellt auch § 17 Abs. 2 SEAG klar; vgl. *Habersack*, in: Ulmer/Habersack/Henssler, MitbestR, § 35 SEBG Rn. 1; *Jacobs*, in: MüKo AktG, § 35 SEBG Rn. 4; *Seibt*, ZIP 2010, 1057 (1065). Unter Beachtung des Dreiteilbarkeitsgrundsatzes und der gesetzlichen Höchstgrenze kann von der

Die jeweiligen Mitbestimmungsgesetze sehen die Möglichkeit vor, dass in der Satzung in gewissen Grenzen von der gesetzlich vorgeschriebenen Größe des Aufsichtsrats abgewichen werden kann.[87] Die Größe ist also, wie beim mitbestimmungsfreien Aufsichtsrat, bei der AG weitgehend gesetzlich vorgeschrieben – Corporate Governance-Regelungen dazu existieren nicht.[88]

3. *Innere Ordnung*

Der Aufsichtsrat erfüllt seine Aufgaben als Kollektivorgan.[89] Die innere Ordnung des Aufsichtsrats regelt § 107 AktG. Im Übrigen kann die Organisationsstruktur durch die Satzung oder durch Geschäftsordnung näher ausgestaltet werden.[90] Der Aufsichtsrat entscheidet durch Beschluss, § 108 Abs. 1 AktG. Das AktG schreibt grundsätzlich zwei Aufsichtsratssitzungen im Kalenderhalbjahr vor, § 110 Abs. 3 Satz 1 AktG. Soweit es sich um keine börsennotierte Gesellschaft handelt, kann der Aufsichtsrat beschließen, dass nur eine Sitzung abgehalten wird, § 110 Abs. 3 Satz 2 AktG.

Nach § 107 Abs. 1 Satz 1 AktG ist der Aufsichtsrat verpflichtet, aus seinen Mitgliedern einen Vorsitzenden und mindestens einen Stellvertreter zu wählen. Dem Aufsichtsratsvorsitzenden obliegt neben der „Koordination und Leitung des Aufsichtsratsverfahrens, die Repräsentation des Aufsichtsrats, insbesondere gegenüber Vorstand und Hauptversammlung, und die Vertretung der Gesellschaft bei Abgabe bestimmter Handelsregistererklärungen“[91]. Der Aufsichtsratsvorsitzende ist kein eigenständiges Organ, sondern lediglich mit besonderen Aufgaben

---

Mindestanzahl von drei Aufsichtsratsmitgliedern nach oben durch Vereinbarung abgewichen werden, *Feuerborn*, in: Kölner Komm AktG, § 35 SEBG Rn. 6; *Jacobs*, in: MüKo AktG, § 35 SEBG Rn. 3.

87 Nach § 7 Abs. 1 Satz 2 MitbestG kann eine von § 7 Abs. 1 Satz 1 MitbestG abweichende Anzahl an Aufsichtsratsmitglieder in der Satzung geregelt werden; dabei ist die Höchstgrenze von 20 Mitgliedern einzuhalten, § 7 Abs. 1 Satz 3 MitbestG. Dies gilt gleichfalls bei Anwendung des Montan-MitbestG bzw. Montan-MitbestErgG. Gem. § 9 Montan-MitbestG kann die Satzung bei Gesellschaften mit einem Nennkapital von mehr als 10 bzw. 25 Mio. Euro bestimmen, dass die Anzahl der Aufsichtsratsmitglieder auf 15 bzw. 21 erhöht wird. Nach § 5 Abs. 1 Satz 3 Montan-MitbestErgG kann eine Vergrößerung auf 21 Aufsichtsratsmitglieder in der Satzung bestimmt werden, wenn das Grundkapital des Unternehmens mehr als 25 Mio. Euro beträgt.

88 *Kremer*, in: Bachmann/Kremer/Lutter/von Werder, DCGK, Vorbem. Ziff. 5 Rn. 1204; *Kort*, AG 2008, 137 (141).

89 *Lutter/Krieger/Verse*, Rechte und Pflichten des Aufsichtsrats, § 11 Rn. 651; *Mertens/Cahn*, in: Kölner Komm AktG, § 111 AktG Rn. 13.

90 *Drygala*, in: Schmidt/Lutter, AktG, § 107 AktG Rn. 3; *Oetker*, in: ErfKomm, § 107 AktG Rn. 1.

91 *Lutter/Krieger/Verse*, Rechte und Pflichten des Aufsichtsrats, § 11 Rn. 678; *Mertens/Cahn*, in: Kölner Komm AktG, § 107 AktG Rn. 39 ff.

betrautes Organmitglied.[92] Dem stellvertretenden Vorsitzenden stehen diese Rechte und Pflichten nur zu, wenn der Vorsitzende verhindert ist.[93] Neben den Aufsichtsratsmitgliedern kann die Gesellschaft eine Person zum Ehrenvorsitzenden des Aufsichtsrats erklären; Rechte ergeben sich daraus jedoch nicht.[94] Dem Ehrenvorsitzenden kann die Gesellschaft jedoch bestimmte Aufgaben übertragen.[95]

Im Übrigen kann der Aufsichtsrat nach § 107 Abs. 3 Satz 1 AktG aus seiner Mitte einen Ausschuss bestellen und ihm folgende Aufgaben übertragen: Verhandlungen und Beschlüsse vorzubereiten oder die Ausführung seiner Beschlüsse zu überwachen. Die Delegation von Aufgaben an den Ausschuss ist jedoch begrenzt. Neben den gesetzlichen Delegationsverboten, § 107 Abs. 3 Satz 3 AktG, gibt es auch noch ungeschriebene Verbote, die sicherstellen, dass die Kernkompetenzen bei dem Aufsichtsrat selbst verbleiben.[96] In der Praxis wird in der Regel von der Möglichkeit gem. § 107 Abs. 3 Satz 2 AktG Gebrauch gemacht und ein Prüfungsausschuss gebildet.[97] In den Ausschüssen können sich die Aufsichtsratsmitglieder in einem kleineren Rahmen intensiv mit der Aufgabe auseinandersetzen und so bessere Arbeitsergebnisse erzielen. Die Bildung von Ausschüssen stellt ein Element guter Corporate Governance dar.[98] Regelungen zur Größe und Zusammensetzung der Ausschüsse gibt es – abgesehen von § 27 Abs. 3 MitbestG – grundsätzlich nicht.[99] Ist ein Ausschuss zur Entscheidung befugt, so muss nach § 108 Abs. 2 Satz 2, 3 AktG die Hälfte der Mitglieder des Ausschusses bzw. mindestens drei Mitglieder an der Beschlussfassung teilnehmen.[100] Daraus folgt eine Mindestzahl von drei

---

92 *Hoffmann-Becking*, in: Münch Hdb GesR, § 31 Rn. 21; *Mertens/Cahn*, in: Kölner Komm AktG, § 107 AktG Rn. 38.

93 *Habersack*, in: MüKo AktG, § 107 AktG Rn. 68; *Köstler/Müller/Sick*, Aufsichtsratspraxis, Rn. 382.

94 *Hoffmann-Becking*, in: Münch Hdb GesR, § 31 Rn. 26; *Lutter/Krieger/Verse*, Rechte und Pflichten des Aufsichtsrats, § 11 Rn. 685 f.

95 *Lutter/Krieger/Verse*, Rechte und Pflichten des Aufsichtsrats, § 11 Rn. 687; *Spindler*, in: Spindler/Stilz, AktG, § 107 AktG Rn. 64.

96 *Habersack*, in: MüKo AktG, § 107 AktG Rn. 142 ff.; *Koch*, in: Hüffer/Koch, AktG, § 107 AktG Rn. 27.

97 *Cromme*, in: FS Hoffmann-Becking, S. 283 (287); *Spindler*, in: Spindler/Stilz AktG, § 107 AktG Rn. 139. Die Einrichtung eines Prüfungsausschusses wird auch im DCGK empfohlen, Nr. 5.3.2 Satz 1 DCGK. Die Institution des Prüfungsausschusses geht auf das „audit committee" im anglo-amerikanischen Rechtskreis zurück (*Habersack*, in: MüKo AktG, § 107 AktG Rn. 111; *Spindler*, in: Spindler/Stilz, AktG, § 107 AktG Rn. 139).

98 *Cromme*, in: FS Hoffmann-Becking, S. 283 (286); *Diekmann/Wurst*, NZG 2014, 121 (123); *Hoffman-Becking*, in: FS Havermann, S. 230 (236). Vgl. zugleich die Ausführungen zur Corporate Governance in Kapitel § 2 A II 3 a.

99 *Habersack*, in: MüKo AktG, § 107 AktG Rn. 134; *Köstler/Müller/Stick*, Aufsichtsratspraxis, Rn. 404.

100 *Habersack*, in: MüKo AktG, § 107 AktG Rn. 161; *Mertens/Cahn*, in: Kölner Komm AktG, § 107 AktG Rn. 132.

Mitgliedern für den Ausschuss.[101] In den Mitbestimmungsgesetzen finden sich zur Beschlussfassung speziellere Regelungen. Danach muss die Hälfte der Ausschussmitglieder an der Beschlussfassung teilnehmen.[102] Insoweit ergeben sich für die Größe des Ausschusses aber keine anderen Vorgaben. Im Übrigen ist mit Ausnahme von § 27 Abs. 3 MitbestG die Zusammensetzung der Ausschüsse bei mitbestimmten Aufsichtsräten nicht geregelt. Strittig ist, inwieweit ein Ausschuss mit Arbeitnehmervertretern zu besetzen ist.[103] Im Hinblick auf den Zweck der Unternehmensmitbestimmung – Teilhabe an und Einflussnahme auf die Unternehmensentscheidungen – könnte es erforderlich sein, dass die Arbeitnehmervertreter auch in den Ausschüssen vertreten sein müssen.[104] Die h.M. geht jedenfalls davon aus, dass dem MitbestG kein Gebot zur paritätischen Besetzung der Ausschüsse entnommen werden kann.[105] Jedoch dürfen die Arbeitnehmervertreter durch die Besetzung der Ausschüsse nicht diskriminiert werden, da den Arbeitnehmervertretern die gleiche Rechte wie den Anteilseignervertretern zustehen.[106] Folglich sind die Ausschüsse mangels entsprechender Regelung nicht spiegelbildlich wie der Aufsichtsrat selbst zu einem bestimmten Teil mit Arbeitnehmervertretern zu besetzen. Die Entscheidung, ob der Ausschuss mit Arbeitnehmervertretern zu besetzen ist oder nicht, hat nach dem pflichtgemäßen Ermessen des Aufsichtsrats unter Berücksichtigung der Unternehmensmitbestimmung zu erfolgen.[107] Mithin kann ein Ausschuss ohne Arbeitnehmervertreter zu besetzen sein, wenn dies aus sachlichen Gründen gerechtfertigt ist.[108]

---

101 *Habersack*, in: MüKo AktG, § 107 AktG Rn. 137; *Köstler/Müller/Sick*, Aufsichtsratspraxis, Rn. 404; *Mertens/Cahn*, in: Kölner Komm AktG, § 107 AktG Rn. 126; *Schubert*, in: Wißmann/Kleinsorge/Schubert, MitbestR, § 25 MitbestG Rn. 119.

102 § 28 Satz 1 MitbestG, § 10 Satz 1 Montan-MitbestG und § 11 Montan-MitbestErgG.

103 *Neusel*, AuR 1956, 231 (235); *Jaeger*, ZIP 1995, 1735 (1739); *Habersack*, in: MüKo AktG, § 107 AktG Rn. 136 m.w.N.

104 *Neusel*, AuR 1956, 231 (232); *Mertens/Cahn*, in: Kölner Komm AktG, § 107 AktG Rn. 126. Vgl. zum Zweck der Unternehmensmitbestimmung auch Kapitel § 2 A I 2.

105 BGH v. 17.5.1993 – II ZR 89/92, AP MitbestG § 25 Nr. 4; *Drygala*, in: Schmidt/Lutter, AktG, § 107 AktG Rn. 50 m.w.N.; *Habersack*, in: MüKo AktG, § 107 AktG Rn. 136.

106 *Hambloch-Gesinn/Gesinn*, in: Hölters, AktG, § 107 AktG Rn. 129; *Hoffmann-Becking*, in: FS Havermann, S. 230 (239); *Jaeger*, ZIP 1995, 1735 (1736); *Kirschner*, DB 1971, 2063 (2066); *Schubert*, in: Wißmann/Kleinsorge/Schubert, MitbestR, § 25 MitbestG Rn. 121; *Zöllner*, in: FS Zeuner, S. 161 (184 ff.).

107 *Habersack*, in: MüKo AktG, § 107 AktG Rn. 134; *Schubert*, in: Wißmann/Kleinsorge/Schubert, MitbestR, § 25 MitbestG Rn. 120; *Oetker*, in: ErfKomm, § 107 AktG Rn. 10; *Ulmer/Habersack*, in: Ulmer/Habersack/Henssler, MitbestR, § 25 MitbestG Rn. 127a.

108 *Habersack*, in: MüKo AktG, § 107 AktG Rn. 138; *Schubert*, in: Wißmann/Kleinsorge/Schubert, MitbestR, § 25 MitbestG Rn. 121.

II. Aufsichtsrat als Kontrollorgan

Dem Aufsichtsrat obliegen als Kollegialorgan mehrere Aufgaben. Zur Wahrnehmung der Aufgaben sind die Aufsichtsratsmitglieder mit Ausnahme von § 108 Abs. 3 bzw. § 109 Abs. 3 AktG selbst verpflichtet und können diese nicht an Dritte übertragen, § 111 Abs. 6 AktG.[109]

1. Kontrolle als Kernaufgabe

Die Kernaufgabe des Aufsichtsrats ist die Überwachung und Kontrolle der Geschäftsführung ohne dass der Aufsichtsrat selbst an der Geschäftsführung beteiligt ist (§ 111 Abs. 1, Abs. 4 Satz 1 AktG).[110] Die Gesellschaft eigenverantwortlich zu leiten ist hingegen die Aufgabe des Vorstandes, § 76 Abs. 1 AktG. Die Leitung ist mithin von der Kontrolle getrennt.[111] Jedoch handelt es sich dabei um keine absolute Trennung. Dem Aufsichtsrat kommt durchaus eine Teilhabe an der Geschäftsführung zu, indem er neben der Überwachungsfunktion auch eine Beratungsfunktion innehat und die Satzung nach § 111 Abs. 4 AktG bestimmt, dass gewisse Geschäfte ohne die Zustimmung des Aufsichtsrats nicht vorgenommen werden können.[112]

a. Überwachung der Geschäftsführung

Gegenstand der Überwachung des Aufsichtsrats ist die Geschäftsführung des Vorstands, § 111 Abs. 1 AktG. Der Begriff der Geschäftsführung wird dabei vom Gesetz nicht näher konkretisiert. Der Begriff korrespondiert mit dem der Leitung in § 76 AktG.[113]

Das Aufsichtsratsamt ist, wie sich aus §§ 100 Abs. 2 Satz 1 Nr. 1, 110 Abs. 3 AktG ergibt, ein Nebenamt, sodass bereits daraus gefolgert werden kann, dass der Aufsichtsrat nicht alle Einzelmaßnahmen des Vorstandes überwachen kann.[114] Zur Bestimmung des Überwachungsumfangs kann zudem auf § 90 AktG abgestellt

---

109 *Diekmann/Wurst*, NZG 2014, 121 (124); *Drygala*, in: Schmidt/Lutter, AktG, § 111 AktG Rn. 68.

110 *Habersack*, in: MüKo AktG, § 111 AktG Rn. 18; *Hambloch-Gesinn/Gesinn*, in: Hölters, AktG, § 111 AktG Rn. 4; *Henssler*, in: Henssler/Strohn, GesR, § 111 AktG Rn. 2; *Kort*, in: GroßKomm AktG, Vorbem § 76 AktG Rn. 2; *Lutter/Kremer*, ZGR 1992, 87 (88).

111 *Habersack*, in: MüKo AktG, Vorbem. §§ 95 ff. AktG, Rn. 1; *Kort*, in: GroßKomm AktG, Vorbem § 76 AktG Rn. 2.

112 *Habersack*, in: MüKo AktG, § 111 AktG Rn. 13 f.; *Hopt/Roth*, in: GroßKomm AktG, § 111 AktG Rn. 151. Vgl. dazu auch Kapitel § 2 A II 2.

113 *Schütz*, in: Semler/von Schenck, Aufsichtsrat Komm, § 111 AktG Rn. 166; *Spindler*, in: Spindler/Stilz, AktG, § 111 AktG Rn. 6.

114 *Cervellini*, Bericht des Aufsichtsrats, S. 30; *Habersack*, in: MüKo AktG, § 111 AktG Rn. 19; *Krebs*, Interessenkonflikte, S. 11; *Lutter/Kremer*, ZGR 1992, 87 (90); *Ulmer*, NJW 1980, 1603 (1604).

werden. Aus der daraus folgenden Informationspflicht kann der maßgebliche Überwachungsumfang abgeleitet werden.[115] Die Berichtspflicht beschränkt sich auf die wesentlichen Leitungsmaßnahmen und umfasst nicht die laufenden Geschäfte. Der Aufsichtsrat ist nicht zur Überwachung aller Einzelheiten verpflichtet. Sicherzustellen ist, dass der Vorstand sich sowohl rechtmäßig als auch ordnungsgemäß verhält – seine Pflichten aus § 93 AktG einhält – und die Leitung der Geschäftsführung effektiv und wirtschaftlich vollzieht.[116] Bei Verstößen muss der Aufsichtsrat entsprechend einschreiten.[117]

Die Überwachung zielt vor allem darauf ab, die Geschäftsführung des Vorstands bezüglich bereits abgeschlossener Vorgänge zu kontrollieren.[118] Indem die Überwachung durch den Aufsichtsrat erfolgt, soll sichergestellt werden, dass die Geschäftsführung auch in Zukunft pflichtgemäß und ordnungsgemäß erfolgt, sodass die Kontrolle vergangenheitsbezogen als auch zukunftsorientiert vorzunehmen ist.[119]

b. Überwachungsinstrumente des Aufsichtsrats

Dem Aufsichtsrat stehen zur Wahrnehmung seiner Kernaufgabe, der Überwachung des Vorstands, verschiedene Instrumente – verteilt über das Gesetz – zur Verfügung.[120] Die Überwachung des Vorstandes vollzieht sich insbesondere dadurch, dass der Aufsichtsrat sich mit den Informationen, die er von dem Vorstand im Rahmen der Berichterstattung nach § 90 AktG erlangt, kritisch auseinandersetzt und prüft.[121] Der Aufsichtsrat hat auch dafür Sorge zu tragen, dass der Vorstand seiner Berichtspflicht ordnungsgemäß nachkommt. Unter Umständen ist der Aufsichtsrat verpflichtet, Nachfragen zu stellen oder zusätzliche Informationen anzufordern.[122] Die Stellung des Aufsichtsrats wurde durch das KonTraG[123] 1998 und

---

115 *Hopt/Roth*, in: GroßKomm AktG, § 111 AktG Rn. 161; *Mertens/Cahn*, in: Kölner Komm AktG, § 111 AktG Rn. 35.

116 *Hopt/Roth*, in: GroßKomm AktG, § 111 Rn. 160; *Mertens/Cahn*, in: Kölner Komm AktG, § 111 AktG Rn. 16.

117 *Hambloch-Gesinn/Gesinn*, in: Hölters, AktG, § 111 AktG Rn. 40; *Mertens/Cahn*, in: Kölner Komm AktG, § 111, Rn. 14 f.; *Oetker*, in: ErfKomm, § 111 AktG Rn. 2; *Spindler*, in: Spindler/Stilz, AktG, § 111 AktG Rn. 10.

118 *Habersack*, in: MüKo AktG, § 111 AktG Rn. 29; *Koch*, in: Hüffer/Koch, AktG, § 111 AktG Rn. 5.

119 *Mertens/Cahn*, in: Kölner Komm AktG, § 111 AktG Rn. 14; *Koch*, in: Hüffer/Koch, AktG, § 111 AktG Rn. 13.

120 *Habersack*, in: MüKo AktG, § 111 AktG Rn. 27; *Mertens/Cahn*, in: Kölner Komm AktG, § 111 AktG Rn. 9.

121 *Lutter/Krieger/Verse*, Rechte und Pflichten des Aufsichtsrats, § 3 Rn. 66; *Mertens/Cahn*, in: Kölner Komm AktG, § 111 AktG Rn. 18.

122 *Habersack*, in: MüKo AktG, § 111 AktG Rn. 44; *Mertens/Cahn*, in: Kölner Komm AktG, § 111 AktG Rn. 20.

123 Gesetz zur Kontrolle und Transparenz im Unternehmensbereich (KonTraG) v. 27.4.1998, BGBl. 1998 Teil I Nr. 24, S. 786.

das TransPuG[124] 2002, das eine neue Fassung von § 90 AktG normierte, gestärkt.[125] Ein weiteres ergänzendes Überwachungsinstrument ergibt sich aus § 111 Abs. 2 AktG: dem Aufsichtsrat steht ein Einsichts- und Prüfungsrecht zu. Der Aufsichtsrat kann auch einen Sachverständigen mit der Prüfung eines konkreten Sachverhaltes beauftragen.[126] Teil der Überwachung ist zum anderen die Pflicht des Aufsichtsrats nach § 171 AktG, den Jahres- bzw. Konzernabschluss, den (Konzern-)Lagebericht und den Vorschlag für die Verwendung des Bilanzgewinns zu prüfen.[127] Über die Ergebnisse der Prüfung hat der Aufsichtsrat der Hauptversammlung Bericht zu erstatten, § 171 Abs. 2 AktG. Ein weiteres Mittel den Vorstand zu überwachen, besteht darin, durch Zustimmungsvorbehalte beteiligt zu werden. Diese können in der Satzung geregelt werden, § 111 Abs. 4 AktG.[128] Mit einem Zustimmungsvorbehalt können nur bedeutende Geschäfte versehen werden, da der Vorstand originär und alleine für die Geschäftsleitung verantwortlich ist und dies durch § 111 Abs. 4 AktG nicht verändert werden soll.[129]

Zu den Einwirkungsmöglichkeiten und folglich zu den Überwachungsinstrumenten im weiteren Sinn gehört die Beratungsfunktion des Aufsichtsrats gegenüber dem Vorstand (§ 90 Abs. 1 Nr. 4, Abs. 2 Nr. 4 AktG). Infolgedessen ist eine zukunftsorientierte Kontrolle des Vorstands ermöglicht.[130] Eine Beratung ist nur in den Bereichen möglich, die auch der Kontrolle des Aufsichtsrats unterliegen.[131] Nach § 111 Abs. 3 AktG ist es im Übrigen die Pflicht des Aufsichtsrats, die Hauptversammlung einzuberufen, falls dies für das Wohl der Gesellschaft erforderlich ist. Dies stellt eine weitere Komponente der Einwirkung des Aufsichtsrats dar.[132] In der Regel ist es ansonsten die Aufgabe des Vorstandes, die Hauptversammlung

---

124 Gesetz zur weiteren Reform des Aktien- und Bilanzrechts, zu Transparenz und Publizität (TransPuG) v. 19.7.2002, BGBl. 2002 Teil I Nr. 50, S. 2681.

125 *Kort*, in: GroßKomm AktG, Vorbem § 76 AktG Rn. 12; *Spindler*, in: Spindler/Stilz, AktG, § 111 AktG Rn. 4.

126 *Habersack*, in: MüKo AktG, § 111 AktG Rn. 71; *Hoffmann-Becking*, in: Münch Hdb GesR, § 29 Rn. 45.

127 *Habersack*, in: MüKo AktG, § 111 AktG Rn. 27; *Mertens/Cahn*, in: Kölner Komm AktG, § 111 AktG Rn. 49.

128 *Habersack*, in: MüKo AktG, § 111 AktG Rn. 100; *Hopt/Roth*, in: GroßKomm AktG, § 111 AktG Rn. 583.

129 *Koch*, in: Hüffer/Koch, AktG, § 111 AktG Rn. 41; *Mertens/Cahn*, in: Kölner Komm AktG, § 111 AktG Rn. 84.

130 *Drygala*, in: Schmidt/Lutter, AktG, § 111 AktG Rn. 19; *Habersack*, in: MüKo AktG, § 111 AktG Rn. 39; *Mertens/Cahn*, in: Kölner Komm AktG, § 111 AktG Rn. 40; *Schütz*, in: Semler/von Schenck, Aufsichtsrat Komm, § 111 AktG Rn. 342.

131 *Lutter/Krieger/Verse*, Rechte und Pflichten des Aufsichtsrats, § 3 Rn. 108; *Spindler*, in: Spindler/Stilz, AktG, § 111 AktG Rn. 10.

132 *Habersack*, in: MüKo AktG, § 111 AktG Rn. 89; *Henssler*, in: Henssler/Strohn, GesR, § 111 AktG Rn. 16.

einzuberufen, §§ 121 Abs. 1, 2 Satz 1, 175 Abs. 1 AktG.[133] Soweit der Aufsichtsrat seiner Pflicht, die Hauptversammlung einzuberufen, nicht nachkommt, handelt er pflichtwidrig und ist gegebenenfalls nach §§ 116 Satz 1, 93 Abs. 2 Satz 1 AktG haftbar.[134] Daneben bleibt dem Aufsichtsrat noch die Möglichkeit, nicht ordnungsgemäße Maßnahmen des Vorstands zu beanstanden und seine Bedenken zu äußern.[135]

Der Deutsche Corporate Governance Kodex (DCGK)[136] enthält keine weitergehenden Bestimmungen zur Überwachung des Aufsichtsrats, sondern gibt insofern nur die dargestellten gesetzlichen Vorschriften wieder.[137]

c. *Maßstab der Überwachung*

Die Überwachung durch den Aufsichtsrat hat sich „auf die Rechtmäßigkeit, Ordnungsmäßigkeit, Zweckmäßigkeit und Wirtschaftlichkeit der Geschäftsführung zu beziehen".[138] Bei der Wahrnehmung seiner Aufgaben ist der Aufsichtsrat nur dem Unternehmensinteresse verpflichtet.[139] Bei der Ausführung seiner Aufgaben hat der Aufsichtsrat die Sorgfalt eines ordentlichen und gewissenhaften Geschäftsleiters anzuwenden, §§ 116, 93 AktG. Verletzt ein Aufsichtsratsmitglied seine Sorgfaltspflicht, so kann er sich nach §§ 116, 93 AktG schadensersatzpflichtig machen. Stellt der Aufsichtsrat im Rahmen seiner Überwachungstätigkeit fest, dass sich der Vorstand pflichtwidrig verhält, so muss er zum einen Unterlassung und Beseitigung des pflichtwidrigen Verhaltens fordern und zum anderen unter Umständen Schadensersatz verlangen.[140] Die Einhaltung von Gesetz und Recht gehört zu den Aufgaben des Aufsichtsrates.[141] Dem Aufsichtsrat steht dabei kein Ermessen zu, sondern er ist zum Einschreiten verpflichtet. Der Aufsichtsrat ist nach der „ARAG-Garmenbeck"-Entscheidung grundsätzlich dazu verpflichtet, bestehende

---

133 *Cervellini*, Bericht des Aufsichtsrats, S. 42; *Habersack*, in: MüKo AktG, § 111 AktG Rn. 89.

134 *Habersack*, in: MüKo AktG, § 111 AktG Rn. 89; *Henssler*, in: Henssler/Strohn, GesR, § 111 AktG Rn. 17.

135 *Hambloch-Gesinn/Gesinn*, in: Hölters, AktG, § 111 AktG Rn. 31 ff.

136 Ausführlich zum DCGK Kapitel § 2 B III.

137 *Habersack*, in: MüKo AktG, § 111 AktG Rn. 7; *Henssler*, in: Henssler/Strohn, GesR, § 111 AktG Rn. 6.

138 *Habersack*, in: MüKo AktG, § 111 AktG Rn. 42; *Lutter/Krieger/Verse*, Rechte und Pflichten des Aufsichtsrats, § 3 Rn. 73.

139 *Habersack*, in: MüKo AktG, Vorbem. §§ 95 ff AktG Rn. 13; *Mertens/Cahn*, in: Kölner Komm AktG, Vorbem. §§ 95 AktG Rn. 12; *Mülbert*, in: Feddersen/Hommelhoff/Schneider, Corporate Governance, S. 99 (115); *Schiedermair/Kolb*, in: Müller/Rödder, Beck'sches Hdb AG, § 7 Rn. 246.

140 Zu beachten ist aber, dass nicht auf Erfüllung der Vorstandspflichten geklagt werden kann, vgl. *Hambloch-Gesinn/Gesinn*, in: Hölters, AktG, § 111 AktG Rn. 30; *Mertens/Cahn*, in: Kölner Komm AktG, § 111 AktG Rn. 37.

141 *Kort*, in: FS Hopt, S. 983; *Lutter/Krieger/Verse*, Rechte und Pflichten des Aufsichtsrates, § 3 Rn. 75.

Schadensersatzansprüche der Gesellschaft gegen Vorstandsmitglieder zu verfolgen.[142] Eine Nichtgeltendmachung von Schadensersatzansprüchen kommt nur dann in Betracht, wenn dies aus Gesichtspunkten des Unternehmensinteresses geboten ist.[143] Ansonsten droht eine Schadensersatzpflicht gegenüber der Gesellschaft, §§ 116, 93 AktG.[144]

2. Sonstige Aufgaben

Der Aufsichtsrat gehört wie der Vorstand und die Hauptversammlung zu den Organen der AG.[145] Dabei stehen sich der Aufsichtsrat und der Vorstand als gleichberechtigte Organe gegenüber.[146] Den beiden Organen obliegt gemeinschaftlich die Verwaltung der Gesellschaft.[147] Die Anteilseignervertreter des Aufsichtsrats werden grundsätzlich von der Hauptversammlung bestellt und abberufen, §§ 101, 103 AktG. Für die Bestellung und Abberufung der Arbeitnehmervertreter enthalten die Mitbestimmungsgesetze Sondervorschriften.[148]

Der Aufsichtsrat hat die Personalkompetenz, den Vorstand zu bestellen und abzuberufen (§ 84 AktG). Daneben ist es auch die Aufgabe des Aufsichtsrats, dem Vorstand eine Geschäftsordnung zu geben (§ 77 Abs. 2 Satz 1 AktG).[149] Insbesondere bestimmt der Aufsichtsrat die Vergütung des Vorstands, § 87 AktG. Im Übrigen vertritt der Aufsichtsrat die AG gegenüber den Vorstandsmitgliedern, § 112 AktG.

In dem dualistischen System der deutschen Aktiengesellschaft ist die Überwachung und Leitung der Gesellschaft voneinander getrennt („Two-Tier-Board System").[150] Davon zu unterscheiden ist das monistische System, das überwiegend

---

142 BGH v. 21.4.1997 – II ZR 175/95, NJW 1997, 1926; *Goette*, in: FS 50. Jahre BGH, S. 123 (139); *Hölters*, in: Hölters, AktG, § 93 AktG Rn. 292; *Mertens/Cahn*, in: Kölner Komm AktG, § 111 AktG Rn. 44.

143 *Goette*, in: FS 50. Jahre BGH, S. 123 (139); *Hölters*, in: Hölters, AktG, § 93 AktG Rn. 292; *Mertens/Cahn*, in: Kölner Komm AktG, § 111 AktG Rn. 44.

144 *Hambloch-Gesinn/Gesinn*, in: Hölters, AktG, § 111 AktG Rn. 18; *Habersack*, in: MüKo AktG, § 111 AktG Rn. 59.

145 *Hopt/Roth*, in: GroßKomm AktG, § 111 AktG Rn. 83; *Spindler*, in: MüKo AktG, Vorbem §§ 76 AktG Rn. 1.

146 *Habersack*, in: MüKo AktG, § 111 AktG Rn. 13; *von Schenck*, in: Semler/von Schenck, Arbeitshandbuch für Aufsichtsratsmitglieder, §1 Rn. 80; *Spindler*, in: MüKo AktG, Vorbem §§ 76 AktG Rn. 1.

147 *Kort*, in: GroßKomm AktG, § 76 AktG Rn. 23; *Mertens/Cahn*, in: Kölner Komm AktG, Vorbem §§ 76 AktG Rn. 2.

148 *Habersack*, in: MüKo AktG, § 103 AktG Rn. 50; *Spindler*, in: Spindler/Stilz, AktG, § 101 AktG Rn. 2.

149 *Hambloch-Gesinn/Gesinn*, in: Hölters, AktG, § 111 AktG Rn. 2; *Henssler*, in: Henssler/Strohn, GesR, § 111 AktG Rn. 4.

150 *Cromme*, in: FS Hoffmann-Becking, S. 283 (285); *Kort*, in: GroßKomm AktG, Vorbem §§ 76 AktG Rn. 3; *Spindler*, in: MüKo AktG, § 76 AktG Rn. 2.

im angelsächsischen und anglo-amerikanischen Raum vorzufinden ist („One-Tier-Board-System").[151] In diesem System ist die Leitung nicht von der Überwachung getrennt, sondern wird von einem Organ („Board of Directors") wahrgenommen.[152] Die Geschäftsführung ist grundsätzlich eine Aufgabe des Vorstands und zu dessen Wahrnehmung der Aufsichtsrat nicht bemächtigt ist, § 76 Abs. 1 i.V.m. § 111 Abs. 1, Abs. 4 AktG. Der Aufsichtsrat ist aber nicht nur Kontrollorgan. Durch die dem Aufsichtsrat eingeräumte Personalkompetenz, die Befugnis der Festlegung der Vergütung des Vorstands wie die in der Satzung geregelten Zustimmungsrechte des Aufsichtsrats nach § 111 Abs. 4 Satz 2 AktG, ist es dem Aufsichtsrat möglich, auf die Geschäftsführung Einfluss zu nehmen.[153]

3. Rolle des Aufsichtsrats im Hinblick auf Corporate Governance

Die Diskussion über Corporate Governance hat in den letzten Jahren zugenommen.[154] Insoweit wird vor allem das Verhältnis von Management zu den Stakeholdern diskutiert, dass nach dem Shareholder Value-Ansatz als Prinzipal-Agenten-Beziehung bearbeitet wird.[155] Für die zentrale Frage, ob sich bei der Vergütung von Arbeitnehmervertreter Governanceprobleme stellen, ist zunächst zu klären, was unter Corporate Governance zu verstehen ist und welche Rolle der Aufsichtsrat in einer Prinzipal-Agenten-Beziehung einnimmt.

a. Corporate Governance

Eine allgemeingültige Definition von Corporate Governance hat sich bis dato noch nicht etabliert.[156] Der Begriff entstammt dem angelsächsischen Raum und findet seit Mitte der 90er Jahre vermehrt Gebrauch in der Fachliteratur.[157] Im Rahmen der Begriffsbestimmung wird im Schrifttum meist auf die Definition im Cadbury

---

151 *Cervellini*, Bericht des Aufsichtsrats, S. 27; *Cromme*, in: FS Hoffmann-Becking, S. 283; *Kort*, in: GroßKomm AktG, Vorbem §§ 76 AktG Rn. 2.

152 *Eibelshäuser*, Unternehmensüberwachung, S. 28; *Kreitmeier*, Corporate Governance, S. 22; *Spindler*, in: MüKo AktG, Vorbem §§ 76 AktG Rn. 65.

153 *Goette*, in: FS 50. Jahre BGH, S. 123 (129); *Habersack*, in: MüKo AktG, § 111 AktG Rn. 13 f.; *Hopt*, in: GroßKomm AktG, § 111 AktG Rn. 67 ff., 151.

154 *Behrens*, in: FS Drobnig, S. 491; *von Werder*, in: Hommelhoff/Hopt/von Werder, Hdb CG, S. 3 (4).

155 *Von Werder*, in: Hommelhoff/Hopt/von Werder, Hdb CG, S. 3 (4 f.); *Leyens*, JZ 2007, 1061 (1062).

156 *Borsdorff*, Interessenkonflikte bei Organmitglieder, S. 11; *Eibelshäuser*, Unternehmensüberwachung, S. 7; *Gietzen*, Unternehmensmitbestimmung, S. 74; *Lentfer*, Corporate Governance, S. 27.

157 *Eibelshäuser*, Unternehmensüberwachung, S. 7; *Leyens*, JZ 2007, 1061; *von Werder*, in: Hommelhoff/Hopt/von Werder, Hdb CG, S. 3 (4).

Report verwiesen:[158] „Corporate Governance is the system by which companies are directed and controlled“[159]. Corporate Governance ist nicht als eine Vorschrift, sondern als ein System zu verstehen, indem der Unternehmensleitung ein effektives Kontroll- und Überwachungssystem gegenübersteht.[160] So wird in Anlehnung an den Cadbury Report Corporate Governance oft als „Unternehmensverfassung“ übersetzt und als ein System der Unternehmensleitung und -kontrolle verstanden.[161] Das System hat sich dabei daran zu orientieren, welches Leitziel die Gesellschaft hat.[162] Insoweit ist zu fragen, ob die Organe lediglich das Aktionärsinteresse (Shareholder-Ansatz) oder auch die sonstigen Unternehmensinteressen (Stakeholder-Ansatz) berücksichtigen sollen.[163] Den Aktionären geht es um Gewinnmaximierung, sodass nach dem Shareholder Value-Ansatz das Vorstands- wie auch das Aufsichtsratshandeln sich alleine an diesem Interesse auszurichten hat.[164] Der Stakeholder-Ansatz geht hingegen davon aus, dass der Vorstand wie der Aufsichtsrat die Interessen aller Stakeholder zu berücksichtigen hat und sie ihr Handeln am Unternehmensinteresse zu orientieren haben.[165] Unter dem Begriff Unternehmensinteresse sind somit nicht nur Anteilseigner- sondern auch Arbeitnehmerinteresse zu verstehen, wobei jedoch ungeklärt ist, ob dabei den Anteilseignerinteressen der Vorzug zu geben ist oder in welchem Verhältnis diese zu den Arbeitnehmerinteressen stehen.[166] In Deutschland wird von der h.M. ein Stakeholder-Ansatz vertreten.[167] Begründet wurde dies einst durch eine „Gemeinwohlbindung“ der

---

158 *Brocker*, Unternehmensmitbestimmung und CG, S. 20; *Eibelshäuser*, Unternehmensüberwachung, S. 8; *Gietzen*, Unternehmensmitbestimmung, S. 74.

159 Cadbury Report, para 2.5, http://www.ecgi.org/codes/documents/cadbury.pdf [Zuletzt abgerufen am 10.1.2017].

160 *Gietzen*, Unternehmensmitbestimmung, S. 75; *Hopt*, ZHR 175 (2011), 444 (449); *von Werder*, in: Kremer/Bachmann/Lutter/von Werder, DCGK, Vorbem Rn. 1.

161 *Dörner/Orth*, in: Pfister/Oser/Orth, DCGK, S. 6; *Gietzen*, Unternehmensmitbestimmung, S. 75; *Grothe*, Unternehmensüberwachung, S. 14 ff.

162 *Brocker*, Unternehmensmitbestimmung und CG, S. 21; *Hopt*, ZHR 175 (2011), 444 (449).

163 *Fleischer*, in: Hommelhoff/Hopt/von Werder, Hdb CG, S. 185 (186); *Hopt*, ZHR 175, 444 (449); *von Werder*, in: Hommelhoff/Hopt/von Werder, Hdb CG, S. 3 (7f.); *Witt*, in: Jost, Prinzipal-Agenten-Theorie, S. 85 (104).

164 *Brocker*, Unternehmensmitbestimmung und CG, S. 22; *Mülbert*, ZGR 1997, 129 (141).

165 *Brocker*, Unternehmensmitbestimmung und CG, S. 22; *von Werder*, in: Hommelhoff/Hopt/von Werder, Hdb CG, S. 3 (16).

166 *Brocker*, Unternehmensmitbestimmung und CG, S. 23 ff.; *Fleischer*, in: Hommelhoff/Hopt/von Werder, Hdb CG, S. 185 (195); *Mülbert*, ZGR 1997, 129 (142 ff.); *Seifert*, in: Jürgens u.a., Corporate Governance, S. 258 (264 ff.); *von Werder*, in: Hommelhoff/Hopt/von Werder, Hdb CG, S. 3 (15). Vgl. dazu auch Fn. 356 und Fn. 385.

167 *Brocker*, Unternehmensmitbestimmung und CG, S. 22; *Eibelshäuser*, Unternehmensüberwachung, S. 8; *Kreitmeier*, Corporate Governance, S. 31; *Raschig*, Corporate Governance, S. 46.

Leitungsorgane, die sich aus der Sozialpflichtigkeit allen Eigentums ergebe.[168] Dem Grundgesetz kann nach der Rechtsprechung des Bundesverfassungsgerichtes aber keine Wirtschaftsordnung entnommen werden, sodass eine solche Bindung aus dem Grundgesetz nicht abgeleitet werden kann.[169] Eine Berücksichtigung der Stakeholder Interessen neben denen der Shareholder wird von der h.M. vielmehr aus dem Grund angenommen, da der Vorstand an viele unterschiedliche Verträge gebunden ist und gesetzlich nicht geregelte Interessenkonflikte von dem Vorstand im Rahmen einer Ermessensentscheidung zu handhaben sind.[170]

Im Rahmen der Corporate Governance wird zwischen „Outsider-Systemen“ und „Insider-Systemen“ unterschieden.[171] „Outsider-Systeme“ zeichnen sich dadurch aus, dass externe Corporate Governance-Mechanismen im Vordergrund stehen.[172] Da in solchen Systemen aufgrund des Streubesitzes der Aktionäre eine Kontrolle durch diese nicht möglich ist, erfolgt die Überwachung der Leitungsorgane anhand „anonymer Marktmechanismen“.[173] Das „Insider System“ basiert hingegen auf einen internen Corporate Governance-Mechanismus.[174] Letzteres findet sich in Deutschland, während Ersteres vor allem in England und den USA zu finden ist.[175]

Die Corporate Governance-Debatte ist auf das Werk von *Adolf A. Berle* und *Gardiner C. Means* „The Modern Corporation and Private Property“[176] zurückzuführen.[177] Darin wird von den beiden Autoren die These der Trennung von Eigentum und Herrschaft aufgestellt.[178] Diese folgt daraus, dass die Aktionäre den „boards of

168 *Brocker*, Unternehmensmitbestimmung und CG, S. 23; *Mülbert*, ZGR 1997, 129 (149).

169 *Brocker*, Unternehmensmitbestimmung und CG, S. 23; *Mülbert*, ZGR 1997, 129 (149).

170 *Brocker*, Unternehmensmitbestimmung und CG, S. 28.

171 *Andreas*, Determinanten der Aufsichtsratsvergütung, S. 9: Die Einteilung geht auf den Beitrag von Franks und Mayer in Trends in Business Organisation zurück. Vgl. auch *Leyens*, JZ 2007, 1061 (1064); *Raschig*, Corporate Governance, S. 13.

172 *Andreas*, Determinanten der Aufsichtsratsvergütung, S. 10; *Grothe*, Unternehmensüberwachung, S. 29.

173 *Andreas*, Determinanten der Aufsichtsratsvergütung, S. 10; *Teichmann*, ZGR 2001, 645 (651).

174 *Andreas*, Determinanten der Aufsichtsratsvergütung, S. 10; *Grothe*, Unternehmensüberwachung, S. 42 ff.; *Lentfer*, Corporate Governance, S. 30; *Teichmann*, ZGR 2001, 645 (647).

175 *Eibelshäuser*, Unternehmensüberwachung, S. 10; *Gietzen*, Unternehmensmitbestimmung, S. 77.

176 *Berle/Menas*, The Modern Corporation and Private Property, New York 1950.

177 *Henne*, Information und Corporate Governance, S. 45; *Kreitmeier*, Corporate Governance, S. 28; *Teichmann*, ZGR 2001, 645 (646).

178 *Berle/Means*, The Modern Corporation and Private Property, S. 5, 112 ff.; *Ebke*, in: Sandrock/Jäger, Unternehmenskontrolle, S. 7; *Fama/Jensen*, J. Law and Econ 26 (1983), S. 301; *Lentfer*, Corporate Governance, S. 28; *Henne*, Information und Corporate Governance, S. 45.

directors" die Verwaltung übertragen.[179] Die Organe, die mit der Leitung des Unternehmens betraut sind, verfolgen jedoch gegensätzliche Ziele wie die Aktionäre.[180] *Berle/Means* gingen davon aus, dass das Management nicht wie die Aktionäre primär an der Maximierung des Unternehmensgewinns interessiert sei, sondern sich opportunistisch verhalte.[181] Daher sei es geboten, dass die Leitung des Unternehmens von einem unabhängigen Organ überwacht wird.[182]

Im Rahmen der Corporate Governance-Diskussion werden insbesondere Probleme zwischen den Aktionären und dem Management diskutiert.[183]

b. Prinzipal-Agenten-Konflikt

Die resultierenden Interessenkonflikte werden als Fall des sogenannten „Principal-Agent"-Konflikts in der ökonomischen Theorie diskutiert.[184] Der Prinzipal – der Auftraggeber – beauftragt einen qualifizierten Vertreter, den Agenten, mit der Ausführung einer Leistung in seinem Namen.[185] Aufgrund der unterschiedlichen Interessen kann sich daraus ein Konflikt bilden.[186] Typischerweise kommt es in einer Prinzipal-Agenten-Beziehung zu einem Informationsvorsprung des Agenten. Die Informationsasymmetrie begünstigt opportunistisches Verhalten des Agenten.[187] Somit ist es erforderlich, den Agenten zu überwachen.[188] Dies führt

179 *Berle/Means*, The Modern Corporation and Private Property, S. 84 ff.; *Ebke*, in: Sandrock/Jäger, Unternehmenskontrolle, S. 7 (8). *Gietzen*, Unternehmensmitbestimmung, S. 81; *Grothe*, Unternehmensüberwachung, S. 21 f.

180 *Berle/Means*, The Modern Corporation and Private Property, S. 114 ff.; *Behrens*, in: FS Drobnig, S. 491 (495); *Gietzen*, Unternehmensmitbestimmung, S. 82; *Lentfer*, Corporate Governance, S. 33 f.

181 *Berle/Means*, The Modern Corporation and Private Property, S. 114 ff.; *Behrens*, in: FS Drobnig, S. 491 (495); *Teichmann*, ZGR 2001, 645 (646).

182 *Gietzen*, Unternehmensmitbestimmung, S. 82; *Grothe*, Unternehmensüberwachung, S. 44.

183 *Kreitmeier*, Corporate Governance, S. 45; *von Werder*, in: Hommelhoft/Hopt/von Werder, Hdb CG, S. 3 (4).

184 *Brocker*, Unternehmensmitbestimmung und CG, S. 39; *Jost*, in: Jost, Principal-Agent-Theorie, S. (11) 21; *Martin/Zimmermann*, in: Allmendinger u.a., Corporate Governance, S. 81 (82); *Teichmann*, ZGR 2001, 645 (646); *Wiedemann*, ZGR 2006, 240 (244).

185 *Jensen/Meckling*, J. Fin. Econ 3 (1976), S. 305 (308); *Gietzen*, Unternehmensmitbestimmung, S. 82; *Göbel*, Neue Institutionenökonomik, S. 98 f.; *Grothe*, Unternehmensüberwachung, S. 74.

186 *Jensen/Meckling*, J. Fin. Econ 3 (1976), S. 305 (308); *Eibelshäuser*, Unternehmensüberwachung, S. 19; *Gietzen*, Unternehmensmitbestimmung, S. 82; *Jost*, in: Jost, Prinzipal-Agenten-Theorie, S. 11 (15) ff.

187 *Brocker*, Unternehmensmitbestimmung und CG, S. 40; *Cervellini*, Bericht des Aufsichtsrats, S 173; *Eibelshäuser*, Unternehmensüberwachung, S. 19; *Göbel*, Neue Institutionenökonomik, S. 100; *Henne*, Information und Corporate Governance, S. 93.

188 *Grothe*, Unternehmensüberwachung, S. 77 f.; *Kreitmeier*, Corporate Governance, S. 48.

neben „Kontroll-, auch zu Garantie- und Rentabilitätsminderungskosten" („agency costs").[189] Der Prinzipal-Agenten-Konflikt zeigt sich gerade im Gesellschaftsrecht.[190]

aa. Prinzipal-Agenten-Konflikt im Aufsichtsrat

Der Aufsichtsrat ist sowohl Prinzipal als auch Agent.[191] Die Kernaufgabe des Aufsichtsrats ist es, den Vorstand zu überwachen, sodass der Aufsichtsrat der Prinzipal des Vorstands ist.[192] Indem ihm diese Aufgabe von den Aktionären übertragen wurde, ist er zugleich der Agent der Hauptversammlung.[193]

Zwar sind sowohl die Interessen des Aufsichtsrats als auch die Interessen der Aktionäre auf das Unternehmensinteresse gerichtet, jedoch ergeben sich dabei unterschiedliche Ausrichtungen.[194] Den Aktionären geht es vorwiegend um die Gewinnmaximierung und Steigerung ihres Vermögens, wohingegen der Aufsichtsrat oftmals nach Macht und Prestige strebt.[195] Aus diesem Grund entwickelt sich ein Interessenkonflikt.[196]

Darüber hinaus kann auch die Beziehung zwischen Arbeitnehmervertretern und Arbeitnehmern als eine Prinzipal-Agenten-Beziehung im weiteren Sinne angesehen werden.[197]

---

189 *Jensen/Meckling*, J. Fin. Econ 3 (1976), S. 305 (308); *Fama/Jensen*, J. Law and Econ 26 (1983), S. 301 (304); *Behrens*, in: FS Drobnig, S. 491 (499); *Gietzen*, Unternehmensmitbestimmung, S. 82; *Göbel*, Neue Institutionenökonomik, S. 125; *Jaschke*, Überwachungsfunktion, S. 63; *Roller*, Vergütung des Aufsichtsrats, S. 8 f.

190 *Behrens*, in: FS Drobnig, S. 491 (494); *Bress*, Corporate Governance, S. 17; *Wiedemann*, ZGR 2006, 240 (242).

191 *Andreas*, Determinanten der Aufsichtsratsvergütung, S. 40; *Cervellini*, Bericht des Aufsichtsrats, S. 174; *Eibelshäuser*, Unternehmensüberwachung, S. 21; *Jaschke*, Überwachungsfunktion, S. 47; *Witt*, in: Jost, Prinzipal-Agenten-Theorie, S. 85 (99).

192 *Cervellini*, Bericht des Aufsichtsrats, S. 175; *Martin/Zimmermann*, in: Allmendinger u.a., Corporate Governance, S. 81 (91 f.).

193 *Cervellini*, Bericht des Aufsichtsrats, S. 174 f.; *Jaschke*, Überwachungsfunktion, S. 256; *Martin/Zimmermann*, in: Allmendinger u.a., Corporate Governance, S. 81 (91 f.); *Lentfer*, Corporate Governance, S. 151.

194 *Jaschke*, Überwachungsfunktion, S. 257; *Plagemann*, Vergütung des Aufsichtsrats, S. 38; *Roller*, Vergütung des Aufsichtsrats, S. 30 ff.

195 *Grothe*, Unternehmensüberwachung, S. 78 ff.; *Lentfer*, Corporate Governance, S. 34; *Martin/Zimmermann*, in: Allmendinger u.a., Corporate Governance, S. 81 (94); *Roller*, Vergütung des Aufsichtsrats, S. 11 ff.

196 *Brocker*, Unternehmensmitbestimmung und CG, S. 39; *Jaschke*, Überwachungsfunktion, S. 50, 256.

197 Dazu Kapitel § 2 B I 2 c und vgl. Fn. 356.

bb. Vermeidung des Konflikts durch Corporate Governance

Durch die Implementierung eines guten Corporate Governance-Systems lässt sich ein solcher Konflikt vermeiden.[198] Dafür bieten sich zwei Lösungsmöglichkeiten an: Zum einen kann man auf eine externe Regulierung durch das Marktgeschehen vertrauen. Zum anderen kann eine staatliche Regulierung einen Konflikt vermeiden.[199] Im Bereich der Regulierung ist wiederrum zwischen gesetzlichen Vorschriften, „soft law" in Form des Kodex oder Regeln, die von dem Unternehmen festgesetzt worden sind, zu unterscheiden.[200] Marktbestimmte Corporate Governance-Mechanismen sind zum Beispiel die Option der Anteilseigner, ihre Aktien zu verkaufen („Exit Option"), Übernahmeverhandlungen bzw. -angebote der Aktionäre, Umstrukturierung des Unternehmens, Transparenz und Überwachung durch bestimmte Instituten bzw. Behörden.[201] Interne Mechanismen sind indes etwa eine konsequente Überwachung, sowohl der Leitung als auch der Überwachungsorgane selbst, die Implementierung von Anreizsystemen, insbesondere Vergütungskomponenten als Anreiz als auch die gesetzlichen Regulierungen in Form der Organhaftung sowie der unterschiedlichen Kompetenzverteilung zwischen den unterschiedlichen Organen.[202]

4. Qualifikation und Hinderungsgründe

Durch die allgemeinen Wählbarkeitsvoraussetzungen nach §§ 100, 105 AktG werden bereits gewisse Anforderungen an die Aufsichtsratsmitglieder gestellt.[203] Aufsichtsratsmitglied kann nicht sein, auf wen eines der in § 100 Abs. 2 AktG aufgezählten Bestellungshindernisse zutrifft. Eine weitere Einschränkung enthält § 105 Abs. 1 AktG: Danach kann ein Aufsichtsratsmitglied nicht zugleich

---

198 *Behrens*, in: FS Drobnig, S. 491 (495); *Grothe*, Unternehmensüberwachung, S. 27; *Witt*, in: Jost, Prinzipal-Agenten-Theorie, S. 85 (111).

199 *Brocker*, Unternehmensmitbestimmung und CG, S. 41; *Leyens*, JZ 2007, 1061; *Radke*, Entsprechenserklärung, S. 17; *von Werder*, in: Hommelhoff/Hopt/von Werder, Hdb CG, S. 3 (19).

200 *Eibelshäuser*, Unternehmensüberwachung, S. 57 ff.; *Kreitmeier*, Corporate Governance, S. 31, 35 ff.; *von Werder*, in: Hommelhoff/Hopt/von Werder, Hdb CG, S. 3 (20). Zum DCGK Kapitel § 2 B III.

201 Vgl. insb. die Ausführungen bei *Bress*, Corporate Governance, S. 49 ff.; *Brocker*, Unternehmensmitbestimmung und CG, S. 41 ff.; *Teichmann*, ZGR 2001, 645 (659).

202 *Andreas*, Determinanten der Aufsichtsratsvergütung, S. 33; *Bress*, Corporate Governance, S. 44 ff.; *Brocker*, Unternehmensmitbestimmung und CG, S. 46; *Ebke*, in: Sandrock/Jäger, Unternehmenskontrolle, S. 7 (9); *Eibelshäuser*, Unternehmensüberwachung, S. 32; *Grothe*, Unternehmensüberwachung, S. 42 ff.; *Jaschke*, Überwachungsfunktion, S. 270; *Kreitmeier*, Corporate Governance, S. 47; *Kumpan*, Interessenkonflikt, S. 65; *Plagemann*, Vergütung des Aufsichtsrats, S. 38; *Wiedemann*, ZGR 2006, 240 (246). Siehe auch Kapitel § 3 A I 5 b.

203 Vgl. Kapitel § 2 A I 2 b aa.

Vorstandsmitglied, dauernder Stellvertreter von Vorstandsmitgliedern, Prokurist (Ausnahme: § 6 Abs. 2 MitbestG) oder zum gesamten Geschäftsbetrieb ermächtigter Handlungsbevollmächtigter sein. Daneben gibt es einige besondere Vorschriften für „Unternehmen des Finanzsektors".[204] Die Mitbestimmungsgesetze enthalten überdies Konkretisierungen, § 100 Abs. 3 AktG.[205] Außerdem existieren spezielle, öffentlich-rechtliche Vorschriften (vgl. Art. 55 Abs. 2 GG; Art. 60 GG; § 51 Abs. 1 Satz 2 BMinG; § 51 Abs. 5 GWB; § 99 Abs. 1 BBG), die Personen bei Vorliegen bestimmter Voraussetzungen daran hindern, in den Aufsichtsrat gewählt werden zu können.[206] Ein Verstoß gegen § 100 Abs. 1, 2 bzw. § 105 Abs. 1 AktG hat zur Folge, dass der Wahlbeschluss der Hauptversammlung gem. § 250 Abs. 1 Nr. 4 AktG nichtig ist.[207] Liegt ein solcher Hinderungsgrund erst nach Antritt des Aufsichtsratsamtes vor, so erlischt das Aufsichtsratsamt mit Eintreten des Hinderungsgrundes.[208]

Der Umstand allein, dass eine Person bereits Aufsichtsratsmitglied bei einem Konkurrenzunternehmen ist, führt noch nicht zu einem Bestellungshindernis.[209] Die Vorgaben aus §§ 100 Abs. 2, 105 AktG sind insoweit abschließend.[210] Aus der nach §§ 116, 93 AktG folgenden Treuepflicht ergibt sich aber das Gebot, dass ein Aufsichtsratsmitglied sein Amt in einem der Unternehmen niederlegen muss, wenn sich ein derart gravierender Interessenkonflikt ergibt, sodass die

---

204 Vgl. § 25d Abs. 3 Satz 1 Nr. 3 KWG, § 7a Abs. 4 Satz 3 VAG; s.a. *Drygala*, in: Schmidt/Lutter, AktG, § 100 AktG Rn. 24; *Mertens/Cahn*, in: Kölner Komm AktG, § 100 AktG Rn. 11.

205 Vgl. §§ 6 Abs. 2, 7 Abs. 4 MitbestG; § 4 Abs. 2 Montan-MitbestG; § 6 Abs. 2 Montan-MitbestErgG; § 4 Abs. 3 DrittelbG sowie Kapitel § 2 A I 2 b bb.

206 *Mertens/Cahn*, in: Kölner Komm AktG, § 100 AktG Rn. 15 f.; *Spindler*, in: Spindler/Stilz, AktG, § 100 AktG Rn. 38.

207 § 250 Abs. 1 Nr. 4 AktG wird auf § 105 Abs. 1 AktG analog angewandt; *Habersack*, in: MüKo AktG, § 105 AktG Rn. 19; *Mertens/Cahn*, in: Kölner Komm AktG, § 105 AktG Rn. 8.

208 *Mertens/Cahn*, in: Kölner Komm AktG, § 100 AktG Rn. 52; *Spindler*, in: Spindler/Stilz, AktG, § 100 AktG Rn. 71.

209 *Habersack*, in: MüKo AktG, § 100 AktG Rn. 82; *Simons*, in: Hölters, AktG, § 100 AktG Rn. 50. Vgl. insb. Ausführung in Kapitel § 2 B I 2 a.

210 *Habersack*, in: MüKo AktG, § 100 AktG Rn. 82; a.A. *Lutter/Krieger/Verse*, Rechte und Pflichten des Aufsichtsrats, § 1 Rn. 21 ff: Aus der Sorgfaltspflicht nach § 116 AktG ergebe sich vielmehr per se, dass ein Aufsichtsratsmitglied nicht zugleich Aufsichtsratsmitglied eines Konkurrenzunternehmens sein kann. Dem ist richtigerweise mit den Argumenten der h.M. (vgl. *Hoffmann-Becking*, in: FS Havermann, S. 230 [234]) nicht zu folgen, da die h.M. eine flexiblere Lösung bietet und es nicht gesagt ist, dass eine Aufsichtsratstätigkeit in Konkurrenzunternehmen zwangsläufig zu einem gravierenden Interessenkonflikt führt, der die ordnungsgemäße Ausführung des Aufsichtsratsamtes verhindert. Die Kernaufgabe des Aufsichtsrats ist die Überwachung und nicht die Leitung des Unternehmens und somit ist es tendenziell vorstellbar, dass zwei Konkurrenzunternehmen effektiv überwacht werden können.

Aufsichtsratstätigkeit nicht mehr interessengerecht ausgeübt werden kann.[211] Unstreitig möglich ist es, dass der Vorstand in der Muttergesellschaft zugleich als Aufsichtsratsmitglied in der Tochtergesellschaft vertreten ist. Solche Doppelmandate sind nicht unzulässig, sondern haben sich bei der Kontrolle des Unternehmens bewährt.[212]

Eine besondere fachliche Qualifikation müssen die Aufsichtsratsmitglieder – mit Ausnahme von § 100 Abs. 5 AktG – hingegen nicht erfüllen.[213] Der BGH stellte jedenfalls fest, dass aus §§ 116, 93 AktG jedoch das Erfordernis folgt, dass das Aufsichtsratsmitglied die Geschäftsvorgänge im Unternehmen nachvollziehen können muss.[214] Zudem muss jedes Aufsichtsratsmitglied die Fähigkeiten besitzen, seine Rechte und Pflichten selbst wahrnehmen zu können, da die Pflichten nicht durch eine andere Person wahrgenommen werden können (§§ 111 Abs. 5, 191 Abs. 3 Satz 1 AktG).[215] Eine explizite Vorschrift, die die Unabhängigkeit der Aufsichtsratsmitglieder normiert, gibt es nicht.[216]

Nach der Empfehlung des Kodex (Nr. 5.4.1 Abs. 1 DCGK) sollte der Aufsichtsrat insgesamt so besetzt sein, dass die Aufsichtsratsmitglieder für alle Aufgaben die erforderlichen Kenntnisse, Fähigkeiten und fachlichen Erfahrungen besitzen. Im Übrigen enthält der Kodex die Empfehlung, die Vielfalt sowie auf eine ausreichende Zahl unabhängiger Aufsichtsratsmitglieder zu achten (Nr. 5.1.2 Abs. 1, 5.4.2 DCGK).[217] Eine weitere Empfehlung des Kodex im Hinblick auf die Qualifikation der Aufsichtsratsmitglieder ist es, dass der Aufsichtsrat unter Berücksichtigung – unter anderem der Anzahl der unabhängigen Aufsichtsratsmitglieder – für seine Zusammensetzung konkrete Ziele benennen soll. Zudem soll ein Kompetenzprofil für das Gesamtgremium erarbeiten werden, Nr. 5.4.1 Abs. 2 Satz 1 DCGK. Diese Ziele sollen bei den Wahlvorschlägen berücksichtigt werden sowie die Einhaltung des Kompetenzprofils für das Gesamtgremium, Nr. 5.4.1 Abs. 4 Satz 1 DCGK. Für die Wahl der Aufsichtsratsmitglieder ist der Hauptversammlung dem Kandidatenvorschlag ein Lebenslauf beizufügen, der über die Kenntnisse, Fähigkeiten wie auch Erfahrung Aufschluss gibt, Nr. 5.4.1 Abs. 5 Satz 2 DCGK. Die Empfehlung

---

211 *Habersack*, in: MüKo AktG, § 100 AktG Rn. 83. Vgl. dazu insb. Kapitel § 2 B II 2 b cc.

212 *Mertens/Cahn*, in: Kölner Komm AktG, § 100 AktG Rn. 13; *Spindler*, in: Spindler/Stilz, AktG, § 116 AktG Rn. 97. Vgl. auch Kapitel § 2 B I 2 b.

213 *Habersack*, in: MüKo AktG, § 116 AktG Rn. 22; *Henssler*, in: Henssler/Strohn, GesR, § 100 AktG Rn. 4.

214 BGH v. 15.11.1982 – II ZR 27/82, NJW 1983, 991; *Hoffmann-Becking*, in: FS Havermann, S. 230 (232); *Mertens/Cahn*, in: Kölner Komm AktG, § 100 AktG Rn. 10.

215 *Spindler*, in: Spindler/Stilz, AktG, § 111 AktG Rn. 78; *Wagner*, in: Semler/von Schenck, Arbeitshandbuch für Aufsichtsratsmitglieder, § 2 Rn. 91.

216 *Henssler*, in: Henssler/Strohn, GesR, § 100 AktG Rn. 4. Ausführlich dazu sogleich in Kapitel § 2 A III 1.

217 *Gahlen*, in: Grundei/Zaumseil, der Aufsichtsrat, S. 223 (230); *Kremer*, in: Kremer/Bachmann/Lutter/von Werder, DCGK, Ziff. 5.4.1 DCGK Rn. 1320 ff.; *Mertens/Cahn*, in: Kölner Komm AktG, § 100 AktG Rn. 12.

bezweckt, dass in den Aufsichtsrat nur solche Mitglieder gelangen, die die nötige Qualifikation mitbringen.

Gerade im Hinblick auf die Aufgaben, die von den Aufsichtsratsmitgliedern wahrzunehmen sind, ist es erforderlich, dass die Aufsichtsratsmitglieder auch die entsprechende Qualifikation besitzen, diese Aufgaben ordnungsgemäß zu erfüllen.[218] Die Mindestqualifikation, die das einzelne Aufsichtsratsmitglied besitzen muss, richtet sich nach der Größe und dem Tätigkeitsfeld des Unternehmens.[219]

Die Satzung kann gewisse Anforderungen an die persönliche Qualifikation der Aufsichtsratsmitglieder stellen, wobei dies nur für Anteilseignervertreter im Aufsichtsrat gilt, § 100 Abs. 4 AktG.[220]

Aufgrund der gestiegenen Anforderungen an die Aufsichtsratstätigkeit gibt es immer mehr Stimmen, die eine mangelnde Qualifikation insbesondere der Arbeitnehmervertreter beanstanden.[221] Die mangelnde Qualifikation der Aufsichtsratsmitglieder liegt wohl aber nicht (nur) an der Mitbestimmung. Die Arbeitnehmervertreter verfügen meist über bessere Kenntnisse über das Unternehmen. Durch entsprechende Schulungen kann auch eine fehlende berufliche Vorbildung ausgeglichen werden.[222] Spezifische Kenntnisse in Bereichen der Rechnungslegung oder Abschlussprüfung werden Arbeitnehmervertreter hingegen in der Regel wohl nicht besitzen.[223]

III. Unabhängigkeit

Eines der Hauptspannungsfelder von Corporate Governance und Mitbestimmung stellt die (fehlende) Unabhängigkeit der Arbeitnehmervertreter dar.[224]

---

218 *Bihr/Blättchen*, BB 2007, 1285 (1289); *Semler*, in: FS Schmidt, S. 1489 (1501).

219 *Semler*, in: FS Schmidt, S. 1489 (1503); *Mertens/Cahn*, in: Kölner Komm AktG, § 100 AktG Rn. 10.

220 *Hoffmann-Becking*, in: FS Havermann, S. 230 (232); *Habersack*, in: MüKo AktG, § 100 AktG Rn. 52.

221 *Gietzen*, Unternehmensmitbestimmung, S. 318 m.w.N; *Kolbe*, Mitbestimmung und Demokratieprinzip, S. 345; *Loritz*, in: FS Bauer, S. 677 (683 f.); *Pacher/von Preen/Schichold*, AR 2016, 50; *Peltzer*, in: FS Schwark, S. 707 (719 f.).

222 *Heitmann*, Anforderungen an die Arbeitnehmervertreter, S. 102 f.; *Hoffmann-Becking*, in: FS Havermann, S. 230 (240); *Leyens*, Aufsichtsrat, S. 286; *Semler*, in: FS Schmidt, S. 1489 (1501).

223 *Brocker*, Unternehmensmitbestimmung und CG, S. 192; *Gietzen*, Unternehmensmitbestimmung, S. 319; *Nodoushani*, AG 2016, 381 (384).

224 *Gietzen*, Unternehmensmitbestimmung, S. 328, 340; *Kolbe*, Mitbestimmung und Demokratieprinzip, S. 347.

1. Regelungen des AktG

Das Aktiengesetz enthält keine ausdrückliche Regelung, dass die Aufsichtsratsmitglieder unabhängig sein müssen.[225] Die Überwachung des Vorstands stellt die Kernaufgabe des Aufsichtsrats dar. Deshalb könnte zu fordern sein, dass die einzelnen Aufsichtsratsmitglieder vom Vorstand unabhängig sein müssen.[226] Dadurch können Interessenkonflikte vermieden werden, die ansonsten die Arbeit des Aufsichtsrats behindern könnten.[227] Nach den Ergebnissen einer Studie sind lediglich 21 % der Aufsichtsratsmitglieder in den 30 DAX-Unternehmen unabhängig.[228] Die h.M. in der Literatur ist jedoch richtigerweise der Ansicht, dass es de lege lata keine gesetzliche Voraussetzung gibt, dass das Aufsichtsratsmitglied unabhängig sein müssen.[229] Das Aktiengesetz regelt lediglich eine „strukturelle Unabhängigkeit".[230]

Dies ergibt sich zum einen aus § 105 Abs. 1 AktG: danach kann ein Aufsichtsratsmitglied nicht zugleich Vorstandsmitglied sein. Gem. § 105 Abs. 2 AktG kann es höchstens für die Dauer eines Jahres als Vorstandsmitglied bestellt werden, währenddessen aber nicht sein Amt als Aufsichtsratsmitglied ausüben, § 105 Abs. 2 Satz 3 AktG.[231] Im Übrigen regelt § 100 Abs. 2 Satz 1 AktG wann eine Mitgliedschaft im Aufsichtsrat wegen bestehender Inkompatibilität, insbesondere persönlicher Verflechtung, ausgeschlossen ist.[232] Nach § 102 Abs. 2 Satz 1 Nr. 2 AktG ist es nicht möglich, Aufsichtsratsmitglied des herrschenden Unternehmens und

---

225 *Hasselbach/Jakobs*, BB 2013, 643 (644); *Hopt/Roth*, in: GroßKomm AktG, § 100 AktG Rn. 88.

226 *Gofferje*, Unabhängigkeit, S. 89; *Hasselbach/Jakobs*, BB 2013, 643; *Hoffmann-Becking*, NZG 2014, 801 (803); *Kumpan*, Interessenkonflikt, S. 204; *Lieder*, NZG 2005, 569 (570); *Paschos/Goslar*, NZG 2012, 1361; *Stephanblome*, NZG 2013, 445; *Windbichler*, in: FS Schwark, S. 805 (816 f.).

227 *Baums*, ZHR 180 (2016), 697 (702); *Kremer*, in: Kremer/Bachmann/Lutter/von Werder, DCGK, Ziff. 5.4.2 Rn. 1369; *Pfister/Höreth*, in: Pfister/Oser/Orth, DCGK, S. 179; *Scholderer*, NZA 2012, 168 (171).

228 *Heidrick & Struggles*, European Corporate Governance Report 2011, Challenging board performance, S. 42; *Roth*, ZHR 175 (2011), 605 (607): Die Studie unterscheidet folgende Gruppen: "Executive directors, former executive directors, independent non-executive directors, reference shareholders, employee representatives and other non-independent directors". Die Arbeitnehmervertreter werden von der Studie mithin als nicht unabhängige Mitglieder eingeordnet.

229 *Habersack*, in: MüKo AktG, § 100 AktG Rn. 78 m.w.N.; *Hoffmann-Becking*, NZG 2014, 801 (803); *Kehler*, Unabhängigkeit des Aufsichtsrats, S. 63.

230 *Mertens/Cahn*, in: Kölner Komm AktG, § 100 AktG Rn. 58; *Nowak*, Unabhängigkeit des Aufsichtsratsmitglieds, S. 58; *Reese/Ronge*, AG 2014, 417 (418).

231 *Hasselbach/Jacobs*, BB 2013, 643 (644); *Nowak*, Unabhängigkeit des Aufsichtsratsmitglieds, S. 59; *Scholderer*, NZG 2012, 168; *Conzen*, Unabhängigkeit, S. 49.

232 *Kumpan*, Interessenkonflikt, S. 206; *Mertens/Cahn*, in: Kölner Komm AktG, § 100 AktG Rn. 58.

zugleich der gesetzliche Vertreter des abhängigen Unternehmens zu sein. So wird die Trennung der Leitung von der Überwachung sichergestellt.[233] Daneben können in der Satzung Anforderungen bzgl. der Unabhängigkeit der Anteilseignervertreter geregelt werden, § 100 Abs. 4 AktG.[234] Außerdem finden sich noch einige andere Vorschriften im Aktiengesetz, die einen Interessenkonflikt vermeiden sollen und somit der Unabhängigkeit der Aufsichtsratsmitglieder dienen.[235] Eine gewisse Unabhängigkeit der Aufsichtsratsmitglieder ergibt sich noch daraus, dass diese ihr Amt eigenverantwortlich und höchstpersönlich ausüben; der Charakter der Höchstpersönlichkeit folgt aus § 101 Abs. 3 Satz 1 und § 111 Abs. 6 AktG.[236] Die Weisungsunabhängigkeit der Aufsichtsratsmitglieder folgt aus § 4 Abs. 3 Satz 2 Montan-MitbestG und § 5 Abs. 4 Montan-MitbestErgG. Aber auch im Bereich des Aktienrechts gilt der Grundsatz der Weisungsunabhängigkeit.[237] Eine weitere Vorschrift, die eine Unabhängigkeit des Aufsichtsrats vom Vorstand sichern soll ist im Übrigen § 113 AktG. Die Aufsichtsratsvergütung wird durch die Hauptversammlung und nicht von dem Vorstand festgesetzt.[238]

Die ehemalige Sondervorschrift des § 100 Abs. 5 AktG a.F. enthielt ein Erfordernis in Bezug auf die Unabhängigkeit und normierte, dass „bei Gesellschaften im Sinn des § 264d HGB [...] mindestens ein unabhängiges Mitglied des Aufsichtsrats über Sachverstand auf den Gebieten Rechnungslegung oder Abschlussprüfung verfügen [muss]". Danach musste zumindest ein unabhängiges Mitglied im Aufsichtsrat vertreten sein.[239] Diese Vorschrift wurde dahingehend geändert, dass das Erfordernis der Unabhängigkeit gestrichen wurde und nun nur noch gefordert wird, dass „die Mitglieder [...] in ihrer Gesamtheit mit dem Sektor, in dem die Gesellschaft tätig ist, vertraut sein [müssen]".[240] Dadurch soll erreicht werden, dass

---

233 *Habersack*, in: MüKo AktG, § 100 AktG Rn. 27; *Nowak*, Unabhängigkeit des Aufsichtsratsmitglieds, S. 59.

234 *Brocker*, Unternehmensmitbestimmung und CG, S. 195; *Roth*, ZHR 175 (2011), 605 (641 f.).

235 *Kehler*, Unabhängigkeit des Aufsichtsrats, S. 51. Vgl. ausführlich dazu Kapitel § 2 B II 1.

236 *Mülbert*, in: Feddersen/Hommelhoff/Schneider, Corporate Governance, S. 99 (104); *Säcker*, in: FS Rebmann, S. 781 (784 f.).

237 BGH v. 18.9.2006 – II ZR 137/05, NZG 2006, 945 (947); *Hopt/Roth*, in: GroßKomm AktG, § 111 AktG Rn. 745; *Koch*, in: Hüffer/Koch, AktG, § 394 AktG Rn. 29; *Säcker*, in: FS Rebmann, S. 781 (784); *Wißmann*, in: Wißmann/Kleinsorge/Schubert, MitbestR, § 4 Montan-MitbestG Rn. 6.

238 Siehe Kapitel § 3 A I 1 b.

239 *Hasselbach/Jakobs*, BB 2013, 643 (644); *Henssler*, in: Henssler/Strohn, GesR, § 100 AktG Rn. 14.

240 Gesetz zur Umsetzung der prüfungsbezogenen Regelungen der Richtlinie 2014/56/EU sowie zur Ausführung der entsprechenden Vorgaben der Verordnung (EU) NR. 537/2014 im Hinblick auf die Abschlussprüfung bei Unternehmen von öffentlichen Interesse (Abschlussprüfungsreformgesetz – AEeG) v. 10.5.2016, BGBl. 2016 Teil I Nr. 23 2016, S. 1142 (1149).

auch Arbeitnehmervertreter – trotz fehlender Unabhängigkeit – als Finanzexperten eingesetzt werden können.[241]

2. *Empfehlungen des DCGK*

Der Kodex enthält im Gegensatz zum Aktiengesetz eine ausdrückliche Empfehlung zur Unabhängigkeit der Aufsichtsratsmitglieder, Nr. 5.4.2 DCGK. Zweck des Unabhängigkeitserfordernisses ist es, Interessenkonflikte zu vermeiden und zu gewährleisten, dass die Aufsichtsratsmitglieder ihrer Überwachungsfunktion nachkommen können.[242]

a. *Definition der Unabhängigkeit nach dem DCGK*

Die Empfehlung des Kodex geht auf die Empfehlung der EU-Kommission vom 15. Februar 2005 zurück, die eine ausreichende Anzahl unabhängiger Aufsichtsratsmitglieder fordert.[243] Nach Nr. 5.4.2 Satz 1 DCGK soll im Aufsichtsrat eine angemessene Anzahl unabhängiger Mitglieder vertreten sein. Der Kodex definiert nur negativ, was unter Unabhängigkeit zu verstehen ist. Ein Aufsichtsratsmitglied gilt laut Nr. 5.4.2 Satz 2 DCGK dann nicht als unabhängig, „wenn es in einer persönlichen oder einer geschäftlichen Beziehung zu der Gesellschaft, deren Organen, einem kontrollierenden Aktionär oder einem mit diesem verbundenen Unternehmen steht, die einen wesentlichen und nicht nur vorübergehenden Interessenkonflikt begründen kann“.[244] Gerade aufgrund dieser Beziehungen des Aufsichtsratsmitglieds können sich Interessenkonflikte ergeben, die dazu führen, dass das Aufsichtsratsmitglied als nicht unabhängig anzusehen ist.[245] Im Übrigen soll die Eigentümerstruktur beachtet werden, Nr. 5.4.2 Satz 1 2. HS DCGK. Dies erklärt sich daraus, dass ein kontrollierender Aktionär in der Regel als nicht unabhängig anzusehen ist.[246] Dies kann auch schon unterhalb der Schwelle, ab wann ein Aktionär als kontrollierend anzusehen ist, eintreten, wenn der Aktionär aufgrund einer hohen Stimmrechtbeteiligung eine maßgebliche Stellung besitzt. Die Unabhängigkeit des

---

241 Begr. RegE, BT-Drs. 18/7219, S. 56; *Nodoushani*, AG 2016, 381 (383 f.), sieht es kritisch, dass durch die Änderung im Hinblick auf die Qualifikation der Arbeitnehmervertreter dies erreicht wird; *Oetker*, in: ErfKomm, § 100 AktG Rn. 4.

242 *Bull*, Anforderungen an den Aufsichtsrat, S. 105; *Kremer*, in: Kremer/Bachmann/Lutter/von Werder, DCGK, Ziff. 5.4.2 Rn. 1368; *Scholderer*, NZG 2012, 168 (170); *Wilsing*, in: Wilsing, DCGK, Ziff. 5.4.2 Rn. 6.

243 *Habersack*, in: MüKo AktG, Vorbem §§ 95 ff AktG Rn. 12; *Hoffmann-Becking*, NZG 2014, 801 (802). Vgl. die Ausführungen zum DCGK in Kapitel § 2 B III.

244 *Hopt/Roth*, in: GroßKomm AktG, § 100 AktG Rn. 94; *Kremer/von Werder*, AG 2013, 340 (343 ff.); *Scholderer*, NZG 2012, 168 (170).

245 *Hasselbach/Jakobs*, BB 2013, 643 (646); *Kremer*, in: Kremer/Buschmann/Lutter/von Werder, DCGK, Ziff. 5.4.2 DCGK Rn. 1378.

246 Vgl. *Conzen*, Unabhängigkeit, S: 73 ff.; *Kremer*, in: Kremer/Buschmann/Lutter/von Werder, DCGK, Ziff. 5.4.2 DCGK Rn. 1390.

Aufsichtsrats beschränkt sich nicht nur auf den Vorstand, sondern umfasst auch die Gesellschaft und externe Interessenvertreter.[247] Der Kodex zählt nur einige Fallgruppen auf, sodass es dem Aufsichtsrat im konkreten Fall überlassen bleibt, festzustellen, ob die Unabhängigkeit gegeben ist.[248] Durch die Änderung des Kodex im Jahr 2012 reicht es für die Abhängigkeit eines Aufsichtsratsmitglieds bereits aus, dass die abstrakte Gefahr eines Interessenkonfliktes gegeben ist.[249]

Ebenso wie eine genaue Definition, was unter Unabhängigkeit zu verstehen ist, lässt der Kodex auch eine Vorgabe der genauen Anzahl der unabhängigen Mitglieder missen.[250] Ein objektives Kriterium, nach dem sich die Anzahl der unabhängigen Mitglieder bestimmt, gibt es nicht. Deshalb liegt deren Bestimmung letztendlich im Ermessen des Aufsichtsrats.[251] Somit kann es durchaus angemessen und einer effektiven Aufgabenwahrnehmung nicht abträglich sein, wenn nicht die Mehrheit des Aufsichtsrats unabhängig ist.[252]

Eine weitere Empfehlung des Kodex ist es, dass der Aufsichtsrat – unter Berücksichtigung unter anderem der Anzahl der unabhängigen Aufsichtsratsmitglieder – für seine Zusammensetzung konkrete Ziele benennt und ein Kompetenzprofil für das Gesamtgremium erarbeitet, Nr. 5.4.1 Abs. 2 Satz 1 DCGK. Diese Ziele sollen bei den Wahlvorschlägen berücksichtigt werden, sowie die Einhaltung des Kompetenzprofils für das Gesamtgremium, Nr. 5.4.1 Abs. 4 Satz 1 DCGK. Zudem soll die persönliche und geschäftliche Beziehung eines jeden Kandidaten zum Unternehmen, den Organen und wesentlich an der Gesellschaft beteiligten Aktionären der Gesellschaft veröffentlicht werden, Nr. 5.4.1 Abs. 6 DCGK. Diese Regelungen zur Unabhängigkeit werden durch die Empfehlung in Nr. 5.5.2 DCGK zur Offenlegung und in Nr. 5.5.3 DCGK zur Information über potentielle Interessenkonflikte ergänzt.[253] Im Übrigen soll der Corporate Governance Bericht des Unternehmens unter Namensnennung über die Anzahl der unabhängigen Mitglieder der Anteilseigner im Aufsichtsrat nach Einschätzung des Aufsichtsrats Auskunft geben, Nr. 5.4.1 Abs. 4 Satz 3 DCGK.

---

247 *Hoffmann-Becking*, NZG 2014, 801 (804); *Reese/Ronge*, AG 2014, 417 (419).

248 *Baums*, ZHR 180 (2016), 697 (703); *Scholderer*, NZG 2012, 168 (172).

249 *Hasselbach/Jakobs*, BB 2013, 643 (645); *Mutter*, in: Semler/von Schenck, Aufsichtsrat Komm, § 100 AktG Rn. 99; *Ringleb/Kremer/Lutter/von Werder*, NZG 2012, 1081 (1088).

250 *Baums*, ZHR 180 (2016), 697 (699); *Selter*, Die Beratung des Aufsichtsrats und seiner Mitglieder, S. 63 f.

251 *Hasselbach/Jakobs*, BB 2013, 643 (649); *Kremer*, in: Kremer/Bachmann/Lutter/von Werder, DCGK, Ziff. 5.4.2 Rn. 1390.

252 *Baums*, ZHR 180 (2016), 697 (703); *Kremer*, in: Kremer/Bachmann/Lutter/von Werder, DCGK, Ziff. 5.4.2 Rn. 1390.

253 *Habersack*, Gutachten E zum 69. DJT, E 74; *Kremer*, in: Kremer/Bachmann/Lutter/von Werder, DCGK, Ziff. 5.4.2 Rn. 1366. Vgl. auch Kapitel § 2 B III 6 c.

b. Keine persönliche Voraussetzung für Arbeitnehmervertreter

Umstritten ist, ob die Arbeitnehmervertreter im Aufsichtsrat unabhängige Mitglieder sein können oder bereits aufgrund ihrer Zugehörigkeit zur Arbeitnehmerschaft als nicht unabhängig anzusehen sind.[254] Die Regierungskommission Deutscher Corporate Governance Kodex (DCGK) gab im Rahmen der Änderung von Nr. 5.4.2 DCGK im Jahr 2012 lediglich an, dass die Arbeitnehmervertreter von der Neuregelung unberührt blieben.[255]

Nach einer Studie hält die Mehrheit der befragten Unternehmen die Arbeitnehmervertreter grundsätzlich für unabhängig.[256] Die Relevanz der richtigen Einordnung zeigt sich auch darin, dass eine falsche Entsprechenserklärung nach § 161 AktG in Bezug auf die Einhaltung der Kodexempfehlungen zu erheblichen Konsequenzen führen kann.[257] Deshalb ist es entscheidend, ob die Arbeitnehmervertreter als unabhängig anzusehen sind und im Rahmen von Nr. 5.4.2 DCGK zu berücksichtigen sind.

Zwar sind alle Aufsichtsratsmitglieder verpflichtet, im Unternehmensinteresse zu handeln.[258] Der Zweck der Mitbestimmung ist es aber gerade, dass die Arbeitnehmervertreter auch die Interessen der Arbeitnehmer vertreten.[259] Aufgrund der besonderen Interessenlage ist ein Teil der Literatur der Ansicht, dass die Überwachung durch die Arbeitnehmervertreter des Aufsichtsrats lediglich partiell und somit lückenhaft erfolgen könne, und daher die Arbeitnehmervertreter als nicht unabhängig anzusehen seien.[260] Die enge Verbundenheit mit dem Unternehmen

---

254 *Gietzen*, Unternehmensmitbestimmung, S. 340 ff; *Hasselbach/Jakobs*, BB 2013, 643 (649); *Kehler*, Unabhängigkeit des Aufsichtsrats, S. 176; *Koch*, in: Hüffer/Koch, AktG, § 100 AktG Rn. 5 m.w.N.; *Kolbe*, Mitbestimmung und Demokratieprinzip, S. 347; *Pfister/Höreth*, in: Pfister/Oser/Orth, DCGK, S. 181; *Roth*, ZHR 175 (2011), 605 (640); *Staake*, NZG 2016, 853 (856).

255 *Regierungskommission Deutscher Corporate Governance Kodex*, Pressemitteilung v. 16. 5.2012, abrufbar unter http://www.dcgk.de/de/kommission/die-kommission-im-dialog/deteilansicht/kodexanpassungen-2012.html.

256 *Von Werder/Turkali*, DB 2015, 1357 (1365). Davon ging auch die Studie von *Heidrick & Struggles*, European Corporate Governance Report 2011, Challenging board performance, S. 42, aus.

257 *Stephanblome*, ZIP 2013, 1411 (1414 f.). Vgl. dazu Kapitel § 2 B III 3.

258 Vgl. zur Pflicht das Unternehmensinteresse zu wahren und deren Umfang insb. im Verhältnis der Wahrung der Arbeitnehmerinteressen auch Fn. 356 und Fn. 385.

259 *Habersack*, in: MüKo AktG, § 100 AktG Rn. 79; *Leyens*, Aufsichtsrat, S. 288; *Scholderer*, NZG 2012, 168 (173); *Staake*, NZG 2016, 853 (856).

260 Den Arbeitnehmerinteressen kommt insb. kein genereller Vorrang ggü. den Unternehmensinteressen zu, vgl. Fn. 356 und Fn. 385; vgl. auch *Böckli*, in: Hommelhoff/Hopt/von Werder, Hdb CG, S. 255 (273); *Conzen*, Unabhängigkeit, S. 43; *Hopt/Roth*, in: GroßKomm AktG, § 100 AktG Rn. 90; *Kremer/von Werder*, AG 2013, 340 (341); *Koch*, in: Hüffer/Koch, AktG, § 100 AktG Rn. 5; *Loritz*, in: FS Bauer, S. 677 (682); *Staake*, NZG 2016, 853 (857).

und die daraus resultierende Frage, ob die Arbeitnehmervertreter unabhängig sein können, zeigt sich insbesondere bei Arbeitnehmervertretern, die zugleich Betriebsräte im Unternehmen sind:[261] Soweit die Arbeitnehmervertreter aufgrund eines Arbeitsvertrags von der Gesellschaft ein Arbeitsentgelt bezögen, seien sie aufgrund dessen bereits als abhängig zu betrachten.[262] Ebenso seien Gewerkschaftsvertreter als abhängig zu betrachten, wenn sie ein Arbeitsverhältnis mit der Gesellschaft haben. Ansonsten könne dies aus der Tarifzuständigkeit der Gewerkschaft für das Unternehmen folgen.[263] Die fehlende Unabhängigkeit der Arbeitnehmervertreter wird von einigen als strukturelle Schwäche der deutschen Unternehmensmitbestimmung gewertet.[264]

Die Gegenansicht nimmt an, dass das mitbestimmungsrechtliche Benachteiligungsverbot (§ 26 MitbestG, § 9 DrittelbG) eine Unabhängigkeit der Arbeitnehmervertreter ermögliche.[265] Zudem sorge bei Arbeitnehmervertretern, die zugleich Betriebsratsmitglieder sind, der Sonderkündigungsschutz nach § 15 Abs. 1 Satz 2 KSchG dafür, dass eine Unabhängigkeit des Aufsichtsratsmitglieds vom Vorstand gewährleistet wird.[266] Andere wiederrum halten die Arbeitnehmervertreter schon aufgrund der Empfehlung der EU-Kommission,[267] die Arbeitnehmervertreter ohne Führungsfunktion als nicht unabhängig einordnet, wie im Vergleich zu der Bestimmung der SEC-Verordnung[268], in der Regel für

261 *Gietzen*, Unternehmensmitbestimmung, S. 343; *Kolbe*, Mitbestimmung und Demokratieprinzip, S. 348; *Ringleb/Kremer/Lutter/von Werder*, NZG 2012, 1081 (1088).

262 *Habersack*, Gutachten E zum 69. DJT, E 75 f.; *Hopt/Roth*, in: GroßKomm. AktG, § 100 AktG Rn. 194; *Scholderer*, NZG 2012, 168 (173).

263 *Habersack*, Gutachten E zum 69. DJT, E 76; *Hopt/Roth*, in: GroßKomm AktG, § 100 AktG Rn. 194; *Kehler*, Unabhängigkeit des Aufsichtsrats, S. 104; *Roth*, ZHR 175 (2011), 605 (630); *Scholderer*, NZG 2012, 168 (173).

264 *Loritz*, in: FS Bauer, S. 677 (681); *Schwalbach*, AG 2004, 186 (188).

265 *Bicker/Preute*, in: Fuhrmann/Linnerz/Pohlmann, DCGK, Ziff. 5 Rn. 230; *Drygala*, in: Schmidt/Lutter, AktG, § 100 AktG Rn. 51; *Lieder*, NZG 2005, 569 (571); *Nowak*, Unabhängigkeit des Aufsichtsratsmitglieds, S. 95; *Paschos/Goslar*, NZG 2012, 1361 (1363); *Stephanblome*, NZG 2013, 445 (452).

266 *Ringleb/Kremer/Lutter/von Werder*, NZG 2012, 1081 (1088); *Roth*, ZHR 175 (2011), 605 (630); *Staake*, NZG 2016, 853 (856).

267 „Der nicht geschäftsführende Direktor bzw. das Aufsichtsratsmitglied darf in der Gesellschaft oder einer verbundenen Gesellschaft nicht als Arbeitnehmer beschäftigt sein und auch in den vergangenen drei Jahren nicht als Arbeitnehmer beschäftigt gewesen sein, es sei denn, er gehört nicht zu den Führungskräften der Gesellschaft und ist im Rahmen eines gesetzlich anerkannten Systems der Arbeitnehmervertretung, das einen angemessenen Schutz vor missbräuchlicher Entlassung und sonstiger ungerechter Behandlung bietet, in den Verwaltungs-/Aufsichtsrat gewählt worden.", Anhang II Nr. 1. b) der Empfehlung der EU-Kommission v. 13.2.2005 (2005/162/EG), ABl. EU L 52/51.

268 Die Securities and Exchange Commission (SEC) ist die Börsenhandelsaufsicht in den US. Die Aufgaben und Befugnisse ergeben sich aus dem Sarbanes-Oxley Act (SOA).

unabhängig.[269] Ausgenommen werden zum Teil jedoch leitende Angestellte.[270] Ein Teil der Literatur gesteht zwar ein, dass bei Arbeitnehmervertretern im Hinblick auf das Unternehmensinteresse ein abstrakter Interessenkonflikt bestehe, sich daraus in der Regel aber kein konkreter oder zumindest wesentlicher Interessenkonflikt entwickeln würde, sodass dies der generellen Unabhängigkeit der Arbeitnehmervertreter nicht im Wege stehe.[271]

Eine andere Ansicht ist der Meinung, dass es auf die Frage der Unabhängigkeit der Arbeitnehmervertreter bei der Empfehlung des Kodex nicht ankomme, da sich diese Empfehlung nur an die Anteilseignervertreter richte.[272] Dies ergebe sich aus der Konzeption des Kodex, der die Anteilseigner im Rahmen der Wahl der Aufsichtsratsmitglieder über deren Unabhängigkeit informieren soll.[273] Da die Arbeitnehmervertreter aber nicht von der Hauptversammlung gewählt werden und auch nicht Adressat des Kodex sind, sei deren Unabhängigkeit nicht relevant.[274] Die Regierungskommission DCGK hat sich mit Fragen der Mitbestimmung nicht befasst.[275] Dem wird entgegen gehalten, dass sich Nr. 5.4.2 DCGK – ebenso wie die vor- und nachfolgenden Vorschriften – nicht nur an die Anteilseignervertreter richten, sondern an den Gesamtaufsichtsrat.[276] Zudem unterscheidet der Kodex an

---

Danach hat jedes Unternehmen, das an der Börse gelistet ist, ein audit committee zu errichten, dessen Aufgabe es ist, für die Bestellung, Vergütung und Überwachung des Aufsichtsrats zu sorgen. Grundlegend ist dabei die Unabhängigkeit der Mitglieder nach § 407 (b) SOA. Die dazu erlassene SEC-Verordnung v. 23.1.2003, SEC Release 33–8177, 34–47235, abrufbar unter https://www.sec.gov/rules/final/33-8177.htm [Zuletzt abgerufen am 10.7.2017], setzt die Publikationspflicht nach Section 407 um. Vgl. *Altmeppen*, ZGR 2004, 390 (393 f.); *Krause*, WM 2003, 762 f.

269 *Drygala*, in: Schmidt/Lutter, AktG, § 100 AktG Rn. 51; *Lieder*, NZA 2005, 569 (571); *Mertens/Cahn*, in: Kölner Komm AktG, § 100 AktG Rn. 70; *Selter*, Die Beratung des Aufsichtsrats und seiner Mitglieder, Rn. 148.

270 *Lieder*, NZG 2005, 569 (571); *Selter*, Die Beratung des Aufsichtsrats und seiner Mitglieder, Rn. 149.

271 *Bicker/Preute*, in: Fuhrmann/Linnerz/Pohlmann, DCGK, Ziff. 5 Rn. 230; *Hexel*, AuR 2012, 334 (338); *Paschos/Goslar*, NZG 2012, 1361 (1364); *Stephanblome*, NZG 2013, 445 (451).

272 *Baums*, ZHR 180 (2016), 697 (704); *Conzen*, Unabhängigkeit, S. 44; *Dieling*, Kontrolle des Managements, S. 116; *Habersack*, in: MüKo AktG, § 100 AktG Rn. 80; *Hasselbach/Jakobs*, BB 2013, 643 (649); *Kehler*, Unabhängigkeit des Aufsichtsrats, S. 101, 161; *Roth*, WM 2012, 1985 (1987).

273 *Baums*, ZHR 180 (2016), 697 (704); *Hasselbach/Jakobs*, BB 2013, 643 (649); *Hüffer*, ZIP 2006, 637 (639); *Vetter*, BB 2005, 1689 (1690).

274 *Hasselbach/Jakobs*, BB 2013, 643 (649); *Kehler*, Unabhängigkeit des Aufsichtsrats, S. 161.

275 *Baums*, Bericht der Regierungskommission, Rn. 3; *Brocker*, Unternehmensmitbestimmung und CG, S. 77.

276 *Gietzen*, Unternehmensmitbestimmung, S. 349; *Huttner*, Auslegung des DCGK, S. 92; *Stephanblome*, ZIP 2013, 1411 (1413).

anderer Stelle explizit zwischen Anteilseigner- und Arbeitnehmervertretern (vgl. Nr. 5.4.1 Abs. 4 Satz 3 DCGK), sodass davon ausgegangen werden kann, dass bei Nr. 5.4.2 Satz 1 DCGK mit „Mitgliedern" alle Aufsichtsratsmitglieder gemeint sind. Des Weiteren spreche auch der Sinn der Vorschrift für eine Anwendung auf dem Gesamtaufsichtsrat. Damit die Voraussetzung der Unabhängigkeit im Aufsichtsrat Wirkung entfalten könne, sei anzunehmen, dass nicht schon von vornherein die Hälfte bzw. ein Drittel der Aufsichtsratsmitglieder davon ausgenommen sein soll.[277]

Richtigerweise sind Arbeitnehmervertreter grundsätzlich nicht unabhängig.[278] Das Argument, dass ein Sonderkündigungsschutz eine gewisse Unabhängigkeit garantiert, greift nicht immer: Ein solches Recht besteht nur für diejenigen Arbeitnehmervertreter, die zugleich auch Betriebsratsmitglieder sind. Aber auch das Argument, dass durch das allgemeine mitbestimmungsrechtliche Benachteiligungsverbot eine gewisse Unabhängigkeit garantiert wird, kann nicht überzeugen. Dagegen wird zu Recht vorgebracht, dass somit lediglich die Unabhängigkeit vom Vorstand gewährleistet werden kann, aber nicht von der Gesellschaft.[279] Im Übrigen muss die Empfehlung der EU-Kommission in Anhang II nicht umgesetzt werden und kann ohne weitere Anhaltspunkte nicht in den Kodex hineingelesen werden,[280] sodass dieses Argument ebenfalls nicht trägt. Die Konflikte, die sich aus der deutschen Unternehmensmitbestimmung und den Regeln zur Corporate Governance ergeben, fügen sich in die internationale Corporate Governance-Debatte nicht ein, da es dort mangels Unternehmensmitbestimmung keine vergleichbaren Spannungsfelder gibt.[281] Dies zeigt sich unter anderem auch dadurch, dass in einer Durchführungsverordnung der SEC zum Sarbanes-Oxley-Act eine Sonderregelung eingefügt wurde.[282] Die SEC hält die Arbeitnehmervertreter für nicht unabhängig, sodass sie grundsätzlich keine Mitglieder des audit committee sein können. Um die Möglichkeit der Besetzung des audit committee mit Arbeitnehmervertretern für deutsche Unternehmen, die in den USA gelistet sind, zu erreichen, wurde eine entsprechende Ausnahmeregelung geschaffen.[283] Die Unternehmensmitbestimmung

---

277 *Gietzen*, Unternehmensmitbestimmung, S. 350; *Gofferje*, Unabhängigkeit, S. 252 f.

278 So auch: *Habersack*, Gutachten E zum 69. DJT, E 76; *Hopt/Roth*, in: GroßKomm AktG, § 100 AktG Rn. 194; *Kehler*, Unabhängigkeit des Aufsichtsrats, S. 104; *Roth*, ZHR 175 (2011), 605 (630); *Scholderer*, NZG 2012, 168 (173); a.A.: *Drygala*, in: Schmidt/Lutter, AktG, § 100 AktG Rn. 51; *Nowak*, Unabhängigkeit des Aufsichtsratsmitglieds, S. 95; *Paschos/Goslar*, NZG 2012, 1361 (1363); *Stephanblome*, NZG 2013, 445 (452).

279 *Staake*, NZG 2016, 853 (856).

280 *Brocker*, Unternehmensmitbestimmung und CG, S. 198; *Gietzen*, Unternehmensmitbestimmung, S. 341.

281 *Habersack*, Gutachten E zum 69. DJT, E 76; *Langenbucher*, ZGR 2007, 571 (592 f.).

282 *Habersack*, Gutachten E zum 69. DJT, E 76; *Reichert/Brandes*, MüKo AktG, Art. 44 SE-VO Rn. 72. Vgl. auch Fn. 268.

283 *Altmeppen*, ZGR 2004, 390 (401); *Krause*, WM 2003, 762 (769, 771); *Strunk/Kolaschnik u.a.*, TransPuG und Corporate Governance Kodex, S. 140 f.; *Windbichler*, in: FS Schwark, S. 805 (815).

war nicht Teil des Auftrags der Regierungskommission Corporate Governance, sodass in den Empfehlungen Auswirkungen der Mitbestimmung auch nicht berücksichtigt wurden. Folglich kann dahinstehen, ob sich die Nummer, wie die vor und nachstehenden Nummern, auch an die Arbeitnehmervertreter richtet, eine Wertung dahingehend, ob diese trotz der Besonderheit der Mitbestimmung als unabhängig angesehen werden können, kann der Empfehlung jedenfalls aufgrund des um die Mitbestimmung verkürzten Bearbeitungsauftrag der Bundesregierung nicht entnommen werden.

IV. Gleichbehandlungsgrundsatz

Der Grundsatz, dass alle Aufsichtsratsmitglieder die gleichen Rechte und Pflichten treffen und keine Differenzierung zwischen Anteilseigner- und Arbeitnehmervertretern erfolgen darf, ist gesetzlich nicht normiert.[284] Der Gleichbehandlungsgrundsatz wird von der Rechtsprechung und der Literatur unbestritten vertreten.[285] Alle Mitglieder des Aufsichtsrats sind also gleich zu informieren und haben dieselben Mitwirkungsrechte.[286] Dabei ist zwischen dem aktienrechtlichen und dem mitbestimmungsrechtlichen Gleichbehandlungsgrundsatz zu unterscheiden.[287]

1. Aktienrechtlicher Gleichbehandlungsgrundsatz

Der aktienrechtliche Grundsatz der Gleichbehandlung folgt daraus, dass der Aufsichtsrat als Kollegialorgan ausgestaltet ist, die Aufsichtsratsmitglieder keinen Weisungen unterliegen und alle dem Unternehmensinteresse verpflichtet sind.[288]

---

284 *Zöllner*, in: FS Zeuner, S. 182. Der Grundsatz greift unabhängig davon, ob es sich um einen obligatorisch oder fakultativ gebildeten Aufsichtsrat handelt. Zu beachten ist lediglich, dass die strikte Bindung im Rahmen des fakultativ gebildeten Aufsichtsrats nicht genauso greift wie im zwingend zu bildenden Aufsichtsrat, vgl. *Hermann*, in: Ulmer/Habersack/Löbbe, GroßKomm GmbHG, § 52 GmbHG Rn. 125; *Spindler*, in: MüKo GmbHG, § 52 GmbHG Rn. 221; *Zöllner/Noack*, in: Baumbach/Hueck, GmbHG, § 52 GmbHG Rn. 213.

285 BGH v. 5.6.1975 – II ZR 156/73, NJW 1975, 1412 (1413); v. 25.2.1982 – II ZR 123/81, NJW 1982, 1525; v. 30.1.2012 – II ZB 20/11, NZG 2012, 347 (349); *Hopt/Roth*, in: GroßKomm AktG, § 107 AktG Rn. 7; *Lutter/Krieger/Verse*, Rechte und Pflichten des Aufsichtsrats, § 12 Rn. 821.

286 *Hoffmann-Becking*, in: Münch Hdb GesR, § 33 Rn. 1; *Lutter/Krieger/Verse*, Rechte und Pflichten des Aufsichtsrats, § 12 Rn. 821.

287 *Haarmann*, in: FS Hüffer, S. 243 (245); *Kallmeyer*, DB 1982, 1309; *Krack*, Aufsichtsratsvergütungen, S. 181; *Rittner*, DB 1980, 2493 (2502).

288 *Von Frankenberg und Ludwigsdorf*, Gleichbehandlung der Aufsichtsratsmitglieder, S. 41, 66f.; *Haarmann*, in: FS Hüffer, S. 243 (245); *Habersack*, in: MüKo AktG, Vorbem. § 95 ff. AktG Rn. 13; *Kallmeyer*, DB 1982, 1309; *Raiser*, in: Raiser/Veil/Jacobs, MitbestG und DrittelbG, § 25 MitbestG Rn. 123; *Schubert*, in: Wißmann/Kleinsorge/Schubert, MitbestG, § 25 MitbestG Rn. 230.

Eine Abweichung vom Gleichbehandlungsgrundsatz durch die Satzung bzw. Geschäftsordnung ist nicht möglich.[289] Der aktienrechtliche Gleichbehandlungsgrundsatz führt dazu, dass alle Aufsichtsratsmitglieder die gleichen Rechte und Pflichten haben.[290] Der Aufsichtsrat setzt sich homogen zusammen und eine Einräumung einer Sonderstellung einzelner Aufsichtsratsmitglieder ist nicht zulässig.[291] Adressat des aktienrechtlichen Gleichbehandlungsgrundsatzes ist nur die Gesellschaft.[292]

2. *Mitbestimmungsrechtlicher Gleichbehandlungsgrundsatz*

Neben den aktienrechtlichen tritt der unabdingbare mitbestimmungsrechtliche Gleichbehandlungsgrundsatz, der bestimmt, dass Anteilseigner- und Arbeitnehmervertreter gleichzubehandeln sind.[293]

Gesetzliche Regelungen zur Gleichbehandlung der Anteilseigner- und Arbeitnehmervertreter finden sich in den Mitbestimmungsgesetzen:[294] So bestimmt § 4 Abs. 3 Satz 1 Montan-MitbestG, dass alle Aufsichtsratsmitglieder die gleichen Rechte und Pflichten haben. Die Regelung findet über die Verweisung in § 5 Abs. 4 Montan-MitbestErgG auch für Aufsichtsratsmitglieder Anwendung, die dem Montan-MitbestErgG unterfallen. Der Grundsatz der Gleichbehandlung ist im Übrigen auch im Geltungsbereich des MitbestG anerkannt.[295] Abgesehen von §§ 27 Abs. 2, 3, 29 Abs. 2, 31 Abs. 4, 5, 32 MitbestG kennt das MitbestG kein „Bänkeprinzip" und es erfolgt keine unterschiedliche Behandlung von Arbeitnehmer- und Anteilseignervertretern.[296]

Daneben normiert § 26 MitbestG und § 9 DrittelbG ein explizites Benachteiligungsverbot. Danach ist jede Ungleichbehandlung der Arbeitnehmervertreter

---

289 *Lutter/Krieger/Verse*, Rechte und Pflichten des Aufsichtsrats, § 12 Rn. 821; *Schubert*, in: Wißmann/Kleinsorge/Schubert, MitbestR, § 25 MitbestG Rn. 232.

290 *Hopt/Roth*, in: GroßKomm AktG, § 107 AktG Rn. 7; *Kallmeyer*, DB 1982, 1309.

291 *Habersack*, in: MüKo AktG, Vorbem. § 95 AktG Rn. 14; *Hopt/Roth*, in: GroßKomm AktG, § 107 AktG Rn. 8.

292 *Rieble*, AG 2016, 315 (316); *Thüsing/Forst*, in: FS Graf von Westphalen, S. 693 (710).

293 *Haarmann*, in: FS Hüffer, S. 243 (245); *Müller*, Interessenkollision, S. 12; *Rittner*, DB 1980, 2493 (2502); *Schubert*, in: Wißmann/Kleinsorge/Schubert, MitbestR, § 25 MitbestG Rn. 230.

294 *Von Frankenberg und Ludwigsdorf*, Gleichbehandlung der Aufsichtsratsmitglieder, S. 42; *Oetker*, in: ErfKomm, 17. Aufl. 2017, § 4 Montan-MitbestG Rn. 4. Eine explizite Regelung dazu, dass die Arbeitnehmervertreter die gleichen Rechte und Pflichten haben wie die Anteilseignervertreter, findet sich auch für die SE in § 38 Abs. 1 SEBG, vgl. Begr. RegE, BT-Drucks. 15/3405, S. 55; *Feuerborn*, in: Kölner Komm AktG, § 38 SEBG Rn. 5; *Jacobs*, in: MüKo AktG, § 38 SEBG Rn. 2.

295 *Haarmann*, in: FS Hüffer, S. 243 (245); *Schubert*, in: Wißmann/Kleinsorge/Schubert, MitbestR, § 25 MitbestG Rn. 230.

296 *Habersack*, in: MüKo AktG, Vorbem §§ 95 ff AktG Rn. 14; *Hopt/Roth*, in: GroßKomm AktG, § 107 AktG Rn. 8; *Kallmeyer*, DB 1982, 1309.

im Hinblick auf die Anteilseignervertreter untersagt.[297] Das Benachteiligungsverbot gilt gegenüber jedermann, der in irgendeiner Weise auf das Arbeitsverhältnis einwirken kann.[298] Diskriminierenden Verhaltensweisen, die auf die Aufsichtsratstätigkeit abzielen, sind bereits vor der Mandatserlangung als auch danach verboten.[299] Das Diskriminierungsverbot entfaltet seinen Schutzzweck, indem jede rechtgeschäftliche Handlung, die dem Verbot zuwiderläuft, nach § 134 BGB nichtig ist. Zudem stellt das Benachteiligungsverbot ein Schutzgesetz i.S.v. § 823 Abs. 2 BGB dar.[300] Im Übrigen kommt neben der Geltendmachung eines Schadensersatzanspruchs bei Zuwiderhandlung auch noch ein Unterlassungsanspruch nach § 1004 BGB analog in Betracht.[301]

3. Bedeutung des Gleichbehandlungsgrundsatzes

Der Grundsatz, dass alle Aufsichtsratsmitglieder die gleichen Rechte und Pflichten haben, ist in vielen Bereichen im Rahmen der inneren Ordnung des Aufsichtsrats relevant, etwa bei der Besetzung von Ausschüssen, beim Stimmrecht, bei der Vergütung, bei der Verschwiegenheitspflicht sowie bei der Haftung.[302]

Der Gleichbehandlungsgrundsatz gilt aber nicht absolut. Eine differenzierte Behandlung ist zulässig, wenn diese durch einen sachlichen Grund gerechtfertigt ist.[303] Der Grundsatz der Gleichbehandlung stellt ein elementares Prinzip des Aufsichtsrats dar und gewährleistet dessen Funktionsfähigkeit.[304] Ohne entsprechende Sanktionierung eines Verstoßes kommt dem Grundsatz jedoch wenig Gewicht zu.[305] Deshalb ist jede Vereinbarung, die einen gewichtigen Verstoß gegen den Gleichbehandlungsgrundsatz darstellt ebenso wie ein Verstoß gegen

297 *Gach*, in: MüKo AktG, § 26 MitbestG Rn. 9; *Raiser/Jacobs*, in: Raiser/Veil/Jacobs, MitbestG und DrittelbG, § 26 MitbestG Rn. 11. Dazu auch Kapitel § 3 A III 2 a aa.

298 *Henssler*, in: Ulmer/Habersack/Henssler, MitbestR, § 26 MitbestG Rn. 11; *Wißmann*, in: Wißmann/Kleinsorge/Schubert, MitbestR, § 26 MitbestG Rn. 15.

299 *Gach*, in: MüKo AktG, § 26 MitbestG Rn. 9; *Oetker*, in: GroßKomm AktG, § 26 MitbestG Rn. 11.

300 *Gach*, in: MüKo AktG, § 26 MitbestG Rn. 14; *Henssler*, in: Ulmer/Habersack/Henssler, MitbestR, § 26 MitbestG Rn. 11; *Raiser/Jacobs*, in: Raiser/Veil/Jacobs, MitbestG und DrittelbG, § 26 MitbestG Rn. 11, 14.

301 *Gach*, in: MüKo AktG, § 26 MitbestG Rn. 15; *Wißmann/Schubert*, in: Wißmann/Kleinsorge/Schubert, MitbestR, § 26 MitbestG Rn. 31.

302 *Hopt/Roth*, in: GroßKomm AktG, § 107 AktG Rn. 9; *Schubert*, in: Wißmann/Kleinsorge/Schubert, MitbestR, § 25 MitbestG Rn. 231. Vgl. zur Vergütung Kapitel § 3 A II.

303 *Haarmann*, in: FS Hüffer, S. 243 (245); *Habersack*, in: MüKo AktG, § 113 AktG Rn. 39; *Kallmeyer*, DB 1982, 1309 (1310).

304 BGH v. 25.2.1982 – II ZR 123/81, AP MitbestG § 25 Nr. 2; v. 25.2.1982 – II ZR 145/80, AP MitbestG § 28 Nr. 1; *von Frankenberg und Ludwigsdorf*, Gleichbehandlung der Aufsichtsratsmitglieder, S. 190.

305 *Von Frankenberg und Ludwigsdorf*, Gleichbehandlung der Aufsichtsratsmitglieder, S. 190.

das Benachteiligungsverbot, als nichtig anzusehen.[306] Soweit in unzulässiger Weise gegen den Gleichbehandlungsgrundsatz verstoßen wird, ist bzgl. der Rechtsfolge zu unterscheiden, ob dies im Wege eines Beschlusses oder durch eine sonstige Handlung erfolgt und zudem durch welches Organ.[307] Verstößt ein Hauptversammlungsbeschluss gegen das Gleichbehandlungsgebot, so kommt eine Nichtigkeit des Beschlusses nach § 241 Nr. 3 AktG in Betracht.[308] Zu beachten ist, dass nach § 242 Abs. 2 AktG die Möglichkeit besteht, dass nichtige Beschlüsse geheilt werden können.[309] Dies ist der Fall, wenn der Beschluss der Hauptversammlung in das Handelsregister eingetragen wurde und seitdem drei Jahre vergangen sind, § 242 Abs. 2 Satz 1 AktG. Soweit der Beschluss nicht nach § 241 AktG nichtig ist, besteht noch die Möglichkeit rechtswidrige Beschlüsse nach § 243 Abs. 1 AktG anzufechten.[310] Die Rechtsfolge von fehlerhaften Beschlüssen im Aufsichtsrat ist im Gesetz nicht geregelt. Die §§ 241 ff. AktG können insoweit nicht entsprechend herangezogen werden.[311] Ein Verstoß gegen den Gleichbehandlungsgrundsatz führt jedoch auch dann zur Nichtigkeit des Aufsichtsratsbeschlusses, wenn darin ein wesentlicher Verstoß zu sehen ist.[312] Um ein gebotenes Maß an Rechtssicherheit zu etablieren, muss der Mangel bei einem Verstoß gegen Ordnungsvorschriften in der nächsten Aufsichtsratssitzung geltend gemacht werden, damit keine Verwirkung eintritt.[313] Sonstiges gleichbehandlungswidriges Verhalten begründet einen Anspruch auf Beseitigung bzw. Unterlassung.[314] Dem Übergangenen kann unter Umständen ein Schadensersatzanspruch zu stehen.[315]

---

306 BGH v. 25.2.1982 – II ZR 123/81, AP MitbestG § 25 Nr. 2; *von Frankenberg und Ludwigsdorf*, Gleichbehandlung der Aufsichtsratsmitglieder, S. 190; *Schubert*, in: Wißmann/Kleinsorge/Schubert, MitbestR, § 25 MitbestG Rn. 232.

307 *Von Frankenberg und Ludwigsdorf*, Gleichbehandlung der Aufsichtsratsmitglieder, S. 186; *Koch*, in: Hüffer/Koch, AktG, § 241 AktG Rn. 5.

308 BGH v. 25.2.1982 – II ZR 123/81, AP MitbestG § 25 Nr. 2; *von Frankenberg und Ludwigsdorf*, Gleichbehandlung der Aufsichtsratsmitglieder, S. 187 f.; *Heither/von Morgen*, in: Boecken/Düwell/Diller/Hanau, Gesamtes ArbR, § 25 MitbestG Rn. 25; *Ulmer/Habersack*, in: Ulmer/Habersack/Henssler, MitbestR, § 25 MitbestG Rn. 76.

309 *Von Frankenberg und Ludwigsdorf*, Gleichbehandlung der Aufsichtsratsmitglieder, S. 189; *Hüffer/Schäfer*, in: MüKo AktG, § 241 AktG Rn. 3.

310 *Drescher*, in: Henssler/Strohn, GesR, § 241 AktG Rn. 15; *von Frankenberg und Ludwigsdorf*, Gleichbehandlung der Aufsichtsratsmitglieder, S. 187.

311 BGH v. 17.5.1993 – II ZR 89/92, NJW 1993, 2307; v. 10.10.2005 – II ZR 90/03, NJW 2006, 374; *Koch*, in: Hüffer/Koch, AktG, § 108 AktG Rn. 28.

312 *Von Frankenberg und Ludwigsdorf*, Gleichbehandlung der Aufsichtsratsmitglieder, S. 190; *Oetker*, in: ErfKomm, § 108 AktG Rn. 12.

313 *Habersack*, in: MüKo AktG, § 108 AktG Rn. 82; *Koch*, in: Hüffer/Koch, AktG, § 108 AktG Rn. 29.

314 V*on Frankenberg und Ludwigsdorf*, Gleichbehandlung der Aufsichtsratsmitglieder, S. 193; vgl. auch *Oechsler*, in: MüKo AktG, § 71 AktG Rn. 250.

315 *Oechsler*, in: MüKo AktG, § 71 AktG Rn. 250.

B. Umgang mit Interessenkonflikten im Aufsichtsrat

Für die Beurteilung, mit welchen Maßnahmen einer unzulässigen Vergütung im Aufsichtsrat begegnet und somit eine gute Corporate Governance sichergestellt werden kann, ist zunächst zu klären, welche Reglungen zur Vermeidung von Interessenkonflikten und zur Sicherstellung von guter Corporate Governance existieren.

Ein Widerstreit von Interessen[316] kann sich gerade bei Aufsichtsratsmitgliedern ergeben.[317] Dabei können zum einen Eigeninteressen oder Eigen- mit Fremdinteressen kollidieren.[318] Interessenkonflikte ergeben sich oftmals gerade aus einer Prinzipal-Agenten-Beziehung.[319] Im Aufsichtsrat besteht für die Mitglieder eine doppelte Prinzipal-Agenten-Beziehung und infolgedessen Potenzial für Interessenkonflikte.[320] Durch die Ausgestaltung des Aufsichtsratsamtes als Nebenamt und der damit verbundenen Ausübung mehrerer Tätigkeiten besteht ein gewisses Potential, dass Interessenkonflikte entstehen.[321] Bei Ausübung der Aufsichtsratstätigkeit sind die Mitglieder zwar grundsätzlich dem Unternehmensinteresse verpflichtet.[322] Damit können aber andere Interessen bzw. Pflichten kollidieren und

---

316 Zum Teil wird zwischen Interessenkonflikten – die als ein Widerstreit von Eigeninteressen definiert werden – und Pflichtenkollision – unter dem Begriff die Kollision von Fremdinteressen zu verstehen ist – unterschieden. Die Differenzierung zwischen der Kollision von Eigen- und Fremdinteressen führt jedoch zu keiner unterschiedlichen rechtlichen Beurteilung. Im Weiteren sind daher unter dem Begriff „Interessenkonflikt" beide Konstellationen erfasst. Vgl. *Berner*, Offenlegung von Interessenkonflikten, S. 9 f.; *Kumpan*, Interessenkonflikt, S. 38; *Lutter/Krieger/Verse*, Rechte und Pflichten des Aufsichtsrats, § 12 Rn. 896; *Mense*, Interessenkonflikte bei Mehrfachmandaten, S. 83 f.; *Seibt*, in: FS Hopt, S. 1363 (1364 f.).

317 *Krebs*, Interessenkonflikt, S. 12; *Mense*, Interessenkonflikte bei Mehrfachmandaten, S. 83 ff.

318 *Berner*, Offenlegung von Interessenkonflikten, S. 9 f.; *Kumpan*, Interessenkonflikt, S. 38; *Mense*, Interessenkonflikte bei Mehrfachmandaten, S. 83 f.

319 *Berner*, Offenlegung von Interessenkonflikten, S. 49; *Borsdorff*, Interessenkonflikte bei Organmitgliedern, S. 9; *Brocker*, Unternehmensmitbestimmung und CG, S. 40; *Kumpan*, Interessenkonflikt, S. 64 f.; *Mense*, Interessenkonflikte bei Mehrfachmandaten, S. 74.

320 *Al-Wraikat*, Interessenkonflikte im Aufsichtsrat, S. 16; *Borsdorff*, Interessenkonflikte bei Organmitgliedern, S. 43; *Radke*, Entsprechenserklärung, S. 14. Vgl. Kapitel § 2 A II 3 b zur Principal-Agent-Theorie.

321 *Berner*, Offenlegung von Interessenkonflikten, S. 161; *Breuer/Fraune*, in: Heidel, AktG, § 116 AktG Rn. 4; *Dreher*, JZ 1990, 896 (897); *Hopt/Roth*, in: GroßKomm AktG, § 111 AktG Rn. 132; *Krebs*, Interessenkonflikte, S. 11; *Seibt*, in: FS Hopt, S. 1363 (1364).

322 *Spindler*, in: Spindler/Stilz, AktG, § 116 AktG Rn. 29. Vgl. auch Kapitel § 2 A II 1 c.

die Arbeit des Aufsichtsrats beeinträchtigen.[323] Bei dauerhaften Konflikten kann unter Umständen auch die Funktionsfähigkeit des Aufsichtsrats vermindert sein.[324]

I. Ursachen für Interessenkonflikte im Aufsichtsrat

In der Öffentlichkeit werden Interessenkonflikte von Aufsichtsratsmitglieder immer wieder diskutiert.[325] Ein bekanntes Beispiel ist unter anderem Frank Bsirske. Herr Bsirske war stellvertretender Aufsichtsratsvorsitzender und Vorsitzender der Gewerkschaft ver.di.[326] Im Dezember 2002 rief er an den Flughäfen Frankfurt am Main und München zu Streik auf, wodurch Lufthansa ein Schaden in Millionenhöhe entstanden ist.[327] Daraufhin wurde ihm in der Hauptversammlung die Entlastung verweigert, da er den Interessenkonflikt zu Lasten der Gesellschaft entschieden haben soll.[328]

Kurios gestaltet sich auch folgender Fall: Bei der Stuttgarter Straßenbahn AG stand die Wahl zweier neuer Vorstandsmitglieder an.[329] Nachdem im ersten Wahlgang kein Ergebnis erzielt wurde, tagte am nächsten Tag der Vermittlungsausschuss.[330] Daran nahm auch der damalige Betriebsratsvorstand teil, der sich selbst um ein Amt des Vorstands beworben hatte.[331] Interessant ist es daher zu klären, inwieweit eine solche Verflechtung vorgesehen und erlaubt ist.

Zu untersuchen ist, welche Faktoren zu Interessenkonflikten im Aufsichtsrat führen können und welche Folgen sich bei Vorliegen eines Interessenkonfliktes ergeben.

---

323 *Butzke*, in: FS Hoffmann-Becking, S. 229 (231); *Diekmann/Fleischmann*, AG 2013, 141 (143); *Lutter/Krieger/Verse*, Rechte und Pflichten des Aufsichtsrats, § 12 Rn. 894.

324 *Habersack*, in: MüKo AktG, § 100 AktG Rn. 77; *Krebs*, Interessenkonflikte, S. 267.

325 *Seibt*, in: FS Hopt, S. 1363 (1365); *Weninger*, Mitbestimmungsspezifische Interessenkonflikte, S. 9.

326 *Möllers*, NZG 2003, 697; *Seibt*, in: FS Hopt, S. 1363 (1365).

327 *Steinbeis*, Handelsblatt v. 23.6.2003, abrufbar unter http://www.handelsblatt.com/archiv/mitbestimmung-analyse-der-fall-bsirske/2253760.html [Zuletzt abgerufen am 24.3.2017].

328 *Klosterkemper*, in: FS Wissmann, S. 456 (464); *Seibt*, in: FS Hopt, S. 1363 (1365); *Weninger*, Mitbestimmungsspezifische Interessenkonflikte, S. 9.

329 *Schulz-Braunschmidt*, StZ v. 11.12.2014, abrufbar unter http://www.stuttgarter-zeitung.de/inhalt.neuer-ssb-vorstand-wahl-geraet-zum-politikum.a747c443-a9eb-4e47-821d-0a661472b81a.html [Zuletzt abgerufen am 27.3.2017].

330 *Schulz-Braunschmidt*, StZ v. 11.12.2014, abrufbar unter http://www.stuttgarter-zeitung.de/inhalt.neuer-ssb-vorstand-wahl-geraet-zum-politikum.a747c443-a9eb-4e47-821d-0a661472b81a.html [Zuletzt abgerufen am 27.3.2017].

331 *Schulz-Braunschmidt*, StZ v. 11.12.2014, abrufbar unter http://www.stuttgarter-zeitung.de/inhalt.neuer-ssb-vorstand-wahl-geraet-zum-politikum.a747c443-a9eb-4e47-821d-0a661472b81a.html [Zuletzt abgerufen am 27.3.2017].

1. Mehrfache Interessenbindung der Aufsichtsratsmitglieder

Konstellationen, in denen Aufsichtsratsmitglieder sich mit kollidierenden Interessen auseinanderzusetzen haben, sind vielfältig vorstellbar.[332]

Ein Widerstreit von Interessen kann sich zum einen dann ergeben, wenn das Aufsichtsratsmitglied Verträge mit der Gesellschaft schließt, wie etwa Beratungs- und Kreditverträge nach §§ 114, 115 AktG.[333] Darüber hinaus kann bei korporationsrechtlichen Geschäften, wie der Wahl des Aufsichtsratsvorsitzenden, oder bei der Ergreifung von Maßnahmen, die für das einzelne Aufsichtsratsmitglied nachteilig sind (wie z.B. die Einleitung eines Rechtsstreits), ein Interessenkonflikt entstehen.[334] Interessenkonflikte können sich zum anderen dann ergeben, wenn weitere Verbindungen in demselben Unternehmen bestehen (wie z.B. wenn der Anteilseignervertreter zugleich Großaktionär ist, eine familiäre Beziehung zu einem Vorstandsmitglied besteht, oder durch eine vorherige Vorstandstätigkeit).[335]

2. Mehrfachmandate der Aufsichtsratsmitglieder

Insbesondere sind Interessenkonflikte gerade dann naheliegend, wenn das Aufsichtsratsmitglied mehrere Mandate gleichzeitig ausübt, die zueinander in Beziehung stehen, und so unterschiedlichen Interessen verpflichtet ist.[336]

a. Mehrere Ämter in verschiedenen (Konkurrenz-)Unternehmen

Da das Aufsichtsratsamt als Nebenamt ausgestaltet ist, kommt es in der Praxis häufig vor, dass die Aufsichtsratsmitglieder in mehreren Aufsichtsräten tätig

332 *Kremer*, in: Kremer/Bachmann/Lutter/von Werder, DCGK, Ziff. 5.5.1 Rn. 1454; *Marsch-Barner*, in: Semler/von Schenck, Arbeitshandbuch für Aufsichtsratsmitglieder, § 13 Rn. 85.

333 *Habersack*, in: MüKo AktG, § 100 AktG Rn. 88; *Lutter/Krieger/Verse*, Rechte und Pflichten des Aufsichtsrats, § 12 Rn. 904; *Langenbucher*, ZGR 2007, 571 (576); *Wilsing*, in: Wilsing, DCGK, Ziff. 5.5.2 Rn. 4.

334 *Lutter/Krieger/Verse*, Rechte und Pflichten des Aufsichtsrats, § 12 Rn. 904; *Mense*, Interessenkonflikte bei Mehrfachmandaten, S. 84; *Schütz*, in: Semler/von Schenck, Aufsichtsrat Komm, § 100 AktG Exkurs 1 Rn. 19.

335 *Baum*, Bericht der Regierungskommission, Rn. 69; *Bull*, Anforderungen an den Aufsichtsrat, S. 71; *Hopt/Roth*, in: GroßKomm AktG, § 100 AktG Rn. 136 ff.; *Krebs*, Interessenkonflikte, S. 15 f.; *Kremer/von Werder*, AG 2013, 340 (341 f.).

336 *Bachmann*, in: Kremer/Bachmann/Lutter/von Werder, DCGK, Ziff. 4.3.3 Rn. 1103; *Dieling*, Kontrolle des Managements, S. 104 ff.; *Heinzelmann*, Mehrfachmandate, S. 24; *Lutter/Krieger/Verse*, Rechte und Pflichten des Aufsichtsrats, § 12 Rn. 915 ff.

sind oder einem anderen Organ eines anderen Unternehmens angehören.[337] Folglich kann sich das Problem ergeben, dass das Aufsichtsratsmitglied in den Aufsichtsräten zweier konkurrierender Unternehmen tätig ist und daraus Interessenkonflikte entstehen.[338] Die Gefahr drohender Interessenkonflikte wurde bei Herrn Berchtold gesehen, als dieser zur Wahl in den Aufsichtsrat der Infineon AG stand.[339] Herr Berchtold war zugleich Aufsichtsratsvorsitzender der Bundesdruckerei sowie der Finanzvorstand der ZF Friedrichshafen, die jeweils zu bedeutenden Kunden der Infineon AG zählten, und sich somit aus der Tätigkeit in einem anderen Unternehmen, ein Interessenkonflikt ergeben hätte können.[340]

Eine Tätigkeit in verschiedenen (Konkurrenz-)Unternehmen ist nach dem AktG nicht untersagt.[341] Der Kodex enthält aber in Nr. 5.4.2 Satz 4 die Empfehlung, dass die Aufsichtsratsmitglieder keine Tätigkeit in konkurrierenden Unternehmen ausüben sollen.[342]

---

337 *Dieling*, Kontrolle des Managements, S. 123 ff.; *Hoffmann-Becking*, in: Münch Hdb GesR, § 33 Rn. 80; *Kort*, ZIP 2008, 717 (721); *Mense*, Interessenkonflikte bei Mehrfachmandaten, S. 84; *Spindler*, in: Spindler/Stilz, AktG, § 116 AktG Rn. 84.

338 *Al-Wraikat*, Interessenkonflikte im Aufsichtsrat, S. 56 ff.; *Hambloch-Gesinn/Gesinn*, in: Hölters, AktG, § 116 AktG Rn. 79; *Hopt/Roth*, in: GroßKomm AktG, § 100 AktG Rn. 141.

339 *Handelsblatt* GmbH, Handelsblatt v. 22.1.2010, abrufbar unter http://www.handelsblatt.com/unternehmen/it-medien/zf-finanzvorstand-berchtold-beugt-sich-infineon-kunden/3354418.html [Zuletzt abgerufen am 19.12.2018]; *Seibt*, in: FS Hopt, S. 1363 (1367).

340 *Handelsblatt GmbH*, Handelsblatt v. 22.1.2010, abrufbar unter http://www.handelsblatt.com/unternehmen/it-medien/zf-finanzvorstand-berchtold-beugt-sich-infineon-kunden/3354418.html [Zuletzt abgerufen am 19.12.2018]; *Seibt*, in: FS Hopt, S. 1363 (1367).

341 *Heinzelmann*, Mehrfachmandate, S. 95; *Kort*, ZIP 2008, 717 (722); *Kumpan*, Interessenkonflikt, S. 448; *Langenbucher*, ZGR 2007, 571 (585); *Mense*, Interessenkonflikte bei Mehrfachmandaten, S. 95 m.w.N.; *Mülbert*, in: Feddersen/Hommelhoff/Schneider, Corporate Governance, S. 99 (120); *Spindler*, in: Spindler/Stilz, AktG, § 100 AktG Rn. 88. Aus § 105 Abs. 2 Satz 4 AktG ist zudem zu folgern, dass es kein allgemeines Wettbewerbsverbot gibt, vgl. *Marsch-Barner*, Arbeitshandbuch für Aufsichtsratsmitglieder, § 13 Rn. 145. Es gibt jedoch Stimmen in der Literatur, die eine Inkompatibilität aus der Treuepflicht des Aufsichtsratsmitglieds folgern, so z.B. *Lutter/Krieger/Verse*, Rechte und Pflichten des Aufsichtsrats, § 1 Rn. 22; *Säcker*, in: FS Rebmann, S. 781 (788) bzw. in eine Analogie zu §§ 100, 105 AktG annehmen *Lutter*, in: FS Beusch, S. 509 (518). Dies ist jedoch abzulehnen, da keine planwidrige Regelungslücke besteht, vgl. *Epe*, CCZ 2008, 28 (29); *Hanau/Wackerbarth*, Unternehmensmitbestimmung, S. 38.

342 Dies geht auf eine Empfehlung der „Baums-Kommission" zurück, *Baum*, Bericht der Regierungskommission, Rn. 54; *Mense*, Interessenkonflikte bei Mehrfachmandaten, S. 199.

b. *Konzerninterne Verflechtung*

Im Übrigen können sich durch die Ausübung mehrerer Mandate in einem Konzern Interessenkonflikte des Aufsichtsratsmitglieds ergeben.[343] § 100 Abs. 2 Nr. 2 AktG regelt zwar, dass der gesetzliche Vertreter eines von der Gesellschaft abhängigen Unternehmen kein Aufsichtsratsmitglied sein kann – durch diese Inkompatibilitätsvorschrift wird bei einem Mutter-Tochter-Konzern eine entstehende Konfliktkonstellation vermieden.[344] Andere Verflechtungen werden aber hingegen nicht erfasst. So fallen Aufsichtsratsmitglieder oder leitende Angestellte nicht unter die gesetzliche Regelung, sodass sich in einem Konzern sowohl auf der vertikalen als auch auf der horizontalen Ebene entsprechende Verflechtungen und daraus Interessenkonflikte ergeben können.[345]

c. *Arbeitnehmervertreter*[346]

Durch die besondere Verbindung zum Unternehmen kann sich gerade auch bei Arbeitnehmervertreter ein Widerstreit von Interessen ergeben. Oftmals sind die Arbeitnehmervertreter zugleich auch Betriebsratsmitglieder.[347] Die Ausübung des Betriebsratsamtes neben dem Aufsichtsratsamt kann zu einer Beeinflussung der Arbeit der Aufsichtsratsmitglieder führen, z.B. im Fall eines Arbeitskampfes oder im Hinblick auf die Verschwiegenheitspflicht der Aufsichtsratsmitglieder.[348] Eine solche Beeinflussung ist aber auch unter dem Gesichtspunkt möglich, dass Aufsichtsratsmitglieder den Vorstand und dessen Handeln – auch im Umgang mit den Betriebsratsmitgliedern – kontrollieren müssen.[349] Das Gesetz lässt solche Doppelmandate zu und nimmt sich daraus ergebende Interessenkollisionen in Kauf.[350] Bei gewissen Gesellschaftsformen und bei Vorliegen einer gewissen

---

343 *Al-Wraikat*, Interessenkonflikte im Aufsichtsrat, S. 110 ff.; *Habersack*, in: MüKo AktG, § 100 AktG Rn. 92; *Lutter/Krieger/von Werder*, Rechte und Pflichten des Aufsichtsrats, § 12 Rn. 911; *Spindler*, in: Spindler/Stilz, AktG, § 116 AktG Rn. 97.

344 *Marsch-Barner*, Arbeitshandbuch für Aufsichtsratsmitglieder, § 12 Rn. 133; *Schütz*, in: Semler/von Schenck, Aufsichtsrat Komm, § 100 AktG Exkurs 1 Rn. 31.

345 *Habersack*, in: MüKo AktG, § 100 AktG Rn. 28 f.; *Löbbe*, Unternehmenskontrolle, S. 64; *Schütz*, in: Semler/von Schenck, Aufsichtsrat Komm, § 100 AktG Exkurs 1 Rn. 31.

346 Ausführlich dazu *Weninger*, Mitbestimmungsspezifische Interessenkonflikte, S. 33 ff.

347 *Berner*, Offenlegung von Interessenkonflikten, S. 158 f.; *Gentz*, in: Bitburger Gespräche Jahrbuch 2006/I, S. 33 (34); *Weninger*, Mitbestimmungsspezifische Interessenkonflikte, S. 8.

348 *Adams*, ZIP 2006, 1561 (1562); *Mense*, Interessenkonflikte bei Mehrfachmandaten, S. 87; *van Straelen*, Rollenkonflikt des Arbeitnehmervertreters, S. 26.

349 Dazu näher in Kapitel § 3 C I 1 und Kapitel § 4 C II 2.

350 *Brocker*, Unternehmensmitbestimmung und CG, S. 206; *Raiser*, in: Raiser/Veil/Jacobs, MitbesG und DrittelbG, § 25 MitbestG Rn. 145; *Schubert*, in: Wißmann/Kleinsorge/Schubert, MitbestR, § 25 MitbestG Rn. 374.

Anzahl an Arbeitnehmer ist es im Übrigen gesetzlich vorgeschrieben,[351] dass dem Aufsichtsrat Gewerkschaftsvertreter angehören.[352] Dadurch können sich ebenfalls Interessenkonflikte ergeben.[353] Solche können sich beispielsweise bei Arbeitnehmervertretern bei einem Beschluss über eine Betriebsvereinbarung oder einen Haustarifvertrag ergeben, wenn sie zugleich als Betriebsrats- oder als Gewerkschaftsmitglieder am Zustandekommen der jeweiligen Vereinbarung beteiligt waren.[354] Ebenso verhält es sich, wenn dem Aufsichtsrat leitende Angestellte als Arbeitnehmervertreter angehören.[355]

Den Arbeitnehmervertretern kommt jedoch keine besondere Stellung zu, sondern sie sind wie die Anteilseignervertreter verpflichtet, das Unternehmensinteresse zu wahren. In diesem Rahmen ist es zwar legitim und vorgesehen, dass die Arbeitnehmervertreter auch die Interessen der Arbeitnehmer verfolgen. Bei einem Konflikt genießt jedoch das Unternehmensinteresse Vorrang gegenüber Sonderinteressen.[356]

---

351 Vgl. Kapitel § 2 A I 2 a.

352 § 7 Abs. 2 MitbestG, § 6 Abs. 1 Satz 1 Montan-MitbestErgG. Kein Zwang aber die Möglichkeit besteht nach § 4 Abs. 1 Satz 2 Montan-MitbestG bzw. § 6 Abs. 3 Montan-MitbestG und § 4 Abs. 2 DrittelbG. Vgl. auch zur Zusammensetzung des Aufsichtsrats Kapitel § 2 A I 2 a.

353 *Habersack*, in: MüKo AktG, § 100 AktG Rn. 75; *Klosterkemper*, in: FS Wissmann, S. 456 (463). *Mense*, Interessenkonflikte bei Mehrfachmandaten, S. 87; *Seifert*, in: Jürgens u.a., Corporate Governance, S. 258 (270); *Ulmer/Habersack*, in: Ulmer/Habersack/Henssler, MitbestR, § 25 MitbestG Rn. 97; *Weninger*, Mitbestimmungsspezifische Interessenkonflikte, S. 5.

354 *Löwisch*, in: Bitburger Gespräche Jahrbuch 2006/I, S. 19 (27); *Lutter/Krieger/Verse*, Rechte und Pflichten des Aufsichtsrats, § 12 Rn. 909; *Marsch-Barner*, Arbeitshandbuch für Aufsichtsratsmitglieder, § 13 Rn. 128; *Weninger*, Mitbestimmungsspezifische Interessenkonflikte, S. 80 f., 173 ff.

355 Im Rahmen des MitbestG muss ein Arbeitnehmervertreter zwingend ein leitender Angestellter sein, § 15 Abs. 1 Satz 2 MitbestG. Ansonsten zählen die leitenden Angestellten bei Anwendung des MitbestG und Montan-MitbestErgG, §§ 3 Abs. 1 Satz 1 Nr. 2 MitbestG, § 5 Abs. 5 Montan-MitbestErgG, zu den unternehmensangehörigen Arbeitnehmern und können somit als Arbeitnehmervertreter im Aufsichtsrat vertreten sein. Im Rahmen des DrittelbG und Montan-MitbestG können leitende Angestellte lediglich als sonstige Arbeitnehmervertreter Aufsichtsratsmitglied werden. Vgl. auch *Specker*, Leitende Angestellte, S. 118 f.

356 *Kort*, ZIP 2008, 717 (721); *Marsch-Barner*, in: Semler/von Schenck, Arbeitshandbuch für Aufsichtsratsmitglieder, § 13 Rn. 129; *Mertens/Cahn*, in: Kölner Komm AktG, § 100 AktG Rn. 17; *Schubert*, in: Wißmann/Kleinsorge/Schubert, MitbestR, § 25 MitbestG Rn. 289; *Ulmer/Habersack*, in: Ulmer/Habersack/Henssler, MitbestR, § 25 MitbestG Rn. 93. Insoweit ist der organschaftlichen Treuepflicht nicht generell gegenüber den Arbeitnehmerinteressen der Vorzug zu gegeben genauso wenig wie generell der Arbeitnehmermitbestimmung der Vorrang zu gewähren ist. Der Konflikt zwischen organschaftlicher Treuepflicht und Unternehmensmitbestimmung ist dem System immanent und vom Gesetzgeber bewusst in Kauf genommen

aa. Arbeitskämpfe

Bei Arbeitnehmervertretern können sich insbesondere im Arbeitskampf Interessenkonflikte entwickeln.[357] Zum einen verstößt es gegen das Unternehmensinteresse, wenn Arbeitnehmervertreter an rechtswidrigen Streiks teilnehmen.[358] Dahingegen ist eine Teilnahme an rechtmäßigen Streiks für Arbeitnehmervertreter zwar möglich, aber diese dürfen keine Maßnahmen ergreifen, die dem Unternehmensinteresse widersprechen wie z.B. Teilnahme an Aufsichtsratssitzungen, in denen Maßnahmen gegen den Streik besprochen werden und sodann Weitergabe der vertraulichen Informationen.[359]

bb. Verschwiegenheit

Die Aufsichtsratsmitglieder – die Anteilseigner- gleichsam wie die Arbeitnehmervertreter – sind zur Verschwiegenheit bzgl. der im Rahmen der Aufsichtsratstätigkeit erlangten Informationen verpflichtet. Diese Pflicht ist Teil der allgemeinen Treuepflicht der Aufsichtsratsmitglieder.[360]

In diesem Zusammenhang wird oftmals diskutiert, ob die Aufsichtsratsmitglieder, die durch die Überwachung des Vorstands eine Vielzahl von Informationen erlangen, ihrer Verschwiegenheitspflicht aufgrund der Ausübung eines

---

worden. Die Arbeitnehmerinteressen sind vielmehr auch ein Bestandteil des Unternehmensinteresses. Im Rahmen des Unternehmensinteresses sind auch Arbeitnehmerinteressen zu berücksichtigen. Sonderinteressen müssen aber immer dann zurückzutreten, wenn in der Verfolgung eine Treuepflichtverletzung liegt. Bei einer Kollision von Anteilseigner- und Arbeitnehmerinteressen, ist den Anteilseignerinteressen der Vorrang zu gewähren. Insoweit ergeben sich dann auch aus der Prinzipal-Agenten ähnlichen Beziehung zwischen Arbeitnehmervertreter und Arbeitnehmer Interessenkonflikte. Vgl. *Fleischer*, in: Hommelhoff/Hopt/von Werder, Hdb CG, S. 185 (191 ff.); *Möllers*, NZG 2003, 697 (698 ff.); *Müller*, Interessenkollision, S. 76 ff.; *Seifert*, in: Jürgens u.a., Corporate Governance, S. 258 (264 ff.); *Weninger*, Mitbestimmungsspezifische Interessenkonflikte, S. 41 ff.

357 *Habersack*, in: MüKo AktG, § 100 AktG Rn. 90; *Hambloch-Gesinn/Gesinn*, in: Hölters, AktG, § 116 AktG Rn. 80; *Hanau/Wackerbarth*, Unternehmensmitbestimmung, S. 68; *Hopt/Roth*, in: GroßKomm AktG, § 100 AktG Rn. 139; *Seifert*, in: Jürgens u.a., Corporate Governance, S. 258 (270).

358 *Habersack*, in: MüKo AktG, § 100 AktG Rn. 90; *Lutter/Krieger/*Verse, Rechte und Pflichten des Aufsichtsrats, § 12 Rn. 908; *Möllers*, NZG 2003, 697 (700); *Raiser*, in: Raiser/Veil/Jacobs, MitbestG und DrittelbG, § 25 MitbestG Rn. 149.

359 *Hanau/Wackerbarth*, Unternehmensmitbestimmung, S. 81 ff.; *Lutter/Krieger/Verse*, Rechte und Pflichten des Aufsichtsrats, § 12 Rn. 908; *Kort*, ZIP 2008, 717 (721); *Spindler*, in: Spindler/Stilz, AktG, § 116 AktG Rn. 94 f.

360 *Habersack*, in: MüKo AktG, § 116 AktG Rn. 55; *Koch*, in: Hüffer/Koch, AktG, § 116 AktG Rn. 9; *Mülbert*, in: Feddersen/Hommelhoff/Schneider, Corporate Governance, S. 99 (117).

Doppelmandats nicht gerecht werden können.[361] So kann es für die Arbeitnehmer durchaus von Interesse sein, frühzeitig von einer geplanten Betriebsänderung gem. § 111 Satz 3 BetrVG zu erfahren.[362] Die Arbeitnehmervertreter, die von solchen Plänen Kenntnis haben, können in die Versuchung geraten, derartige Informationen weiterzugeben. Arbeitnehmervertreter, die neben dem Aufsichtsratsamt noch ein anderes Amt im Unternehmen ausüben, haben so oftmals Kenntnisse, die für das anderweitig ausgeübte Amt von Interesse sind und auf dessen Ebene sie die Information aber nicht erfahren hätte. Arbeitnehmervertreter können im Hinblick auf ihre Verschwiegenheitspflicht und der Erwartung der Arbeitnehmer die Informationen, die sie auf Ebene des Aufsichtsratsamtes erlangt haben, weiterzugeben in einen Interessenkonflikt geraten.[363] Als Betriebsratsmitglied vertreten die Mitglieder vorrangig die Interessen der Arbeitnehmer. Dies ist zwar auch auf der Ebene der Unternehmensmitbestimmung ein Ziel, jedoch haben die Aufsichtsratsmitglieder ihre Tätigkeit vorrangig am Unternehmensinteresse auszurichten.[364] Die Interessen der Arbeitnehmer können nur verfolgt werden, soweit dies dem Unternehmensinteresse nicht entgegensteht bzw. durch dieses geboten ist.[365] Die Pflicht zur Verschwiegenheit gilt auch für die Arbeitnehmervertreter, sodass aus dem Aufsichtsrat erlangte Informationen grundsätzlich nicht weitergegeben werden dürfen.[366]

---

361 Zum Teil wird die Auffassung vertreten, dass kein Verstoß gegen die Verschwiegenheitspflicht vorläge, wenn die Arbeitnehmervertreter Informationen im Betriebsrat weitergeben, da die Betriebsratsmitglieder ihrerseits nach § 79 BetrVG zur Verschwiegenheit verpflichtet seien (so *Heitmann*, Anforderungen an die Arbeitnehmervertreter, S. 120 und *Köstler/Müller/Sick*, Aufsichtsratspraxis, Rn. 576). Andere halten die Weitergabe vertraulicher Information grundsätzlich für ausgeschlossen, vgl. *Brocker*, Unternehmensmitbestimmung und CG, S. 205; *Gofferje*, Unabhängigkeit, S. 105; *Seifert*, in: Jürgens u.a., Corporate Governance, S. 258 (269); *Weninger*, Mitbestimmungsspezifische Interessenkonflikte, S. 288 ff.; *Zitzmann/Fischer*, in: Pfister/Oser/Orth, DCGK, S. 432. Jedenfalls besteht auch wenn man die Weitergabe der Informationen von den Arbeitnehmervertretern an die Betriebsratsmitglieder für zulässig erachten würde die Gefahr, dass die Informationen den Betriebsrat verlassen und an die Belegschaft weitergegeben werden.

362 *Weninger*, Mitbestimmungsspezifische Interessenkonflikte, S. 282 f.

363 *Gietzen*, Unternehmensmitbestimmung, S. 291; *Lutter/Krieger/Verse*, Rechte und Pflichten des Aufsichtsrats, § 6 Rn. 255; *Weninger*, Mitbestimmungsspezifische Interessenkonflikte, S. 275; *Windbichler*, in: FS Schwark, S. 805 (814).

364 *Schubert*, in: Wißmann/Kleinsorge/Schubert, MitbestR, § 25 MitbestG Rn. 289; *Weninger*, Mitbestimmungsspezifische Interessenkonflikte, S. 49.

365 *Heitmann*, Anforderungen an die Arbeitnehmervertreter, S. 123; *Weninger*, Mitbestimmungsspezifische Interessenkonflikte, S. 288 ff.

366 *Brocker*, Unternehmensmitbestimmung und CG, S. 205 f.; *Gietzen*, Unternehmensmitbestimmung, S. 292; vgl. dazu auch *Hanau/Wackerbarth*, Unternehmensmitbestimmung, S. 68.

d. Sonstige Verflechtungen

Konflikte können sich im Übrigen auch bei Aufsichtsratsmitgliedern ergeben, die neben ihrer Aufsichtsratstätigkeit noch bei einem Kreditinstitut beschäftigt sind. Insbesondere bei einer Unternehmensübernahme kann sich ein Interessenkonflikt ergeben, wenn das Aufsichtsratsmitglied zugleich im Kreditinstitut den Bieter zu beraten hat.[367] Darüber hinaus sind Konflikte vorstellbar, wenn ein Aufsichtsratsmitglied zugleich ein Repräsentant einer öffentlich-rechtlichen Einrichtung ist und etwa auf Ebene des Aufsichtsrats Belange der öffentlichen Einrichtung einbringt.[368]

II. Gesetzliche Regelungen zum Umgang mit Interessenkonflikten

Dem AktG liegt die Grundvorstellung zugrunde, dass die Aufsichtsratsmitglieder grundsätzlich in der Lage sind, zwischen den verschiedenen Pflichten, denen sie aufgrund der Ausübung eines anderen Amtes unterliegen, zu differenzieren.[369] Interessenkonflikte, insbesondere Konflikte die sich aus der Unternehmensmitbestimmung ergeben können, werden grundsätzlich vom Gesetz in Kauf genommen.[370] Zu untersuchen ist zunächst, ob es dennoch Vorschriften gibt, die die Entstehung eines Interessenkonflikts vermeiden sollen. Sodann ist zu klären, wie ein konkreter Interessenkonflikt aufzulösen ist.

1. Vermeidung eines Interessenkonfliktes

Zwar lassen sich keine ausdrücklichen, gesetzlichen Vorschriften finden, die sich gegen die Entstehung von Interessenkonflikten richten. Solche Konflikte werden grundsätzlich vom Gesetz toleriert. Dennoch existieren einige allgemeine Vorschriften, die das Entstehen von widerstreitenden Interessen vermeiden sollen.[371]

a. Erfordernis struktureller Unabhängigkeit

Indem die § 100 und § 105 AktG gewisse Anforderungen an die Aufsichtsratsmitglieder stellen und eine strukturelle Unabhängigkeit der Aufsichtsratsmitglieder

---

367 *Habersack*, in: MüKo AktG, § 100 AktG Rn. 89; *Kort*, ZIP 2008, 717 (721); *Leyendecker-Langner*, NZG 2016, 1213; *Spindler*, in: Spindler/Stilz, AktG, § 116 AktG Rn. 96.

368 *Al-Wraikat*, Interessenkonflikte im Aufsichtsrat, S. 64; *Habersack*, in: MüKo AktG, § 100 AktG Rn. 91; *Kort*, ZIP 2008, 717 (721); *Spindler*, in: Spindler/Stilz, AktG, § 100 AktG Rn. 93.

369 *Dreher*, JZ 1990, 896 (903); *Semler/Stengel*, NZG 2003, 1 (2); *Spindler*, in: Spindler/Stilz, AktG, § 116 AktG Rn. 85.

370 *Berner*, Offenlegung von Interessenkonflikten, S. 163; *Habersack*, in: MüKo AktG, § 100 AktG Rn. 56; *Hambloch-Gesinn/Gesinn*, in: Hölters, AktG, § 116 AktG Rn. 73; *Lutter/Krieger/Verse*, Rechte und Pflichten des Aufsichtsrats, § 12 Rn. 895.

371 *Diekmann/Fleischmann*, AG 2013, 141; *Seibt*, in: FS Hopt, S. 1363 (1370).

sichern, wird versucht, das Entstehen von Interessenkonflikten zu vermeiden.[372] Die fehlende Unabhängigkeit indiziert aber noch nicht, dass ein Interessenkonflikt besteht.[373]

b. Zustimmungsbedürftige Verträge

Durch § 113 AktG wird sichergestellt, dass der Vorstand, der von dem Aufsichtsrat überwacht wird, nicht über dessen Vergütung zu entscheiden hat.[374] Insoweit soll die Unabhängigkeit des Aufsichtsrats vom Vorstand garantiert werden.[375] Aufgrund dessen kann ein Aufsichtsratsmitglied mit dem Unternehmen auch nur unter Zustimmung des Aufsichtsrats nach § 114 AktG einen Beratungsvertrag schließen.[376] Ziel ist es, eine unzulässige Beeinflussung der Aufsichtsratsarbeit und damit Interessenkonflikte und Verflechtungen zu vermeiden, sodass das Aufsichtsratsmitglied seine Überwachungsaufgabe effektiv erfüllen kann.[377] Inhalt eines Beratungsvertrags kann somit nur eine Angelegenheit sein, die nicht den Aufgaben des Aufsichtsratsmitglieds unterfällt.[378] Verträge, die hingegen eine Aufsichtsratstätigkeit zum Gegenstand haben und dafür ein Entgelt vorsehen, sind nach §§ 113, 134 BGB nichtig, da es sich dabei um eine Gewährung einer unzulässigen Vergütung der Aufsichtsratstätigkeit handelt.[379] Um eine Beeinflussung der Aufsichtsratsmitglieder zu vermeiden, sind auch Kreditverträge zustimmungspflichtig nach § 115 AktG.[380] Daneben kann die Satzung für weitere Verträge eine

---

372 *Diekmann/Fleischmann*, AG 2013, 141; *Dreher*, JZ 1990, 896 (898); *Hambloch-Gesinn/Gesinn*, in: Hölters, AktG, § 116 AktG Rn. 73; *Kort*, ZIP 2008, 717; *Kumpan*, Interessenkonflikt, S. 138, 437. Vgl. auch zur Unabhängigkeit der Aufsichtsratsmitglieder Kapitel § 2 A III 1.

373 *Habersack*, in: MüKo AktG, § 100 AktG Rn. 81; *Scholderer*, NZA 2012,168 (173).

374 *Habersack*, in: MüKo AktG, § 113 AktG Rn. 2; *Spindler*, in: Spindler/Stilz, AktG, § 113 AktG Rn. 4.

375 BGH v. 3.7.2006 – II ZR 151/04, NZG 2006, 712 (714); *Kort*, ZIP 2008, 717 (722); *Lutter/Kremer*, ZGR 1992, 87 (92); *Mertens/Cahn*, in: Kölner Komm AktG, § 113 AktG Rn. 3.

376 BGH v. 20.11.2006 – II ZR 279/05, DStR 2007, 122; *Lutter/Kremer*, ZGR 1992, 87 (92); *Peltzer*, ZIP 2007, 305.

377 OLG Frankfurt am Main v. 21.9.2005 – 1 U 14/05, ZIP 2005, 2322 (2323); *von Bünau*, Beratungsverträge, S. 12; *Hopt/Roth*, in: GroßKomm AktG, § 114 AktG Rn. 7; *Kort*, ZIP 2008, 717 (722); *Vetter*, ZIP 2008, 1 (6).

378 *Von Bünau*, Beratungsverträge, S. 13; *Lutter/Kremer*, ZGR 1992, 87 (92); *Peltzer*, ZIP 2007, 305 (307).

379 BGH v. 3.7.2006 – II ZR 151/04, NZG 2006, 712; v. 20.11.2006 – II ZR 279/05, DStR 2007, 122 (123); *Habersack*, in: MüKo AktG, § 114 AktG Rn. 22; *Peltzer*, ZIP 2007, 305. Vgl. auch Kapitel § 3 A I 2.

380 *Hambloch-Gesinn/Gesinn*, in: Hölters, AktG, § 116 AktG Rn. 73; *Spindler*, in: Spindler/Stilz, AktG, § 115 AktG Rn. 1.

Zustimmungspflicht des Aufsichtsrats vorsehen, § 111 Abs. 4 Satz 2 AktG, um so Interessenkonflikte zu vermeiden.[381]

c. Einrichtung von Ausschüssen

Eine weitere Möglichkeit Interessenkonflikte zu vermeiden ist es, Ausschüsse zu bilden.[382] Dabei können Mitglieder mit einer Aufgabe im Ausschuss betreut werden, die unbefangen sind.[383] Dies kommt jedoch nur bei Aufgaben in Betracht, die auf einen Ausschuss delegiert werden können.[384]

2. Bewältigung eines Interessenkonfliktes

Entsteht aufgrund der eher vereinzelten Vermeidungsvorschriften ein Interessenkonflikt, ist zu klären, welche Regelungen zur Bewältigung eines solchen Konflikts beitragen. Um die effektive Aufgabenwahrnehmung im Aufsichtsrat sicherzustellen, muss ein geeigneter Umgang mit Interessenkonflikten erfolgen.

a. Allgemeine Vorgaben des AktG

Insofern könnten sich bereits aus den grundlegenden Prinzipien und Vorschriften für den Aufsichtsrat Vorgaben zum Umgang mit Interessenkonflikten ergeben.

aa. Unternehmensinteresse und Verschwiegenheitspflicht

Die Aufsichtsratsmitglieder sind verpflichtet, das Unternehmensinteresse zu wahren. Die Pflicht trifft sowohl die Anteilseigner- als auch die Arbeitnehmervertreter.[385] Der Aufsichtsrat hat bei Ausübung seiner Tätigkeit die Interessen der

---

381 *Borsdorff*, Interessenkonflikte bei Organmitgliedern, S. 64; *Lutter/Krieger/Verse*, Rechte und Pflichten des Aufsichtsrats, § 12 Rn. 904.

382 *Habersack*, in: MüKo AktG, § 100 AktG Rn. 98; *Kumpan*, Interessenkonflikt, S. 320.

383 *Koch*, in: Hüffer/Koch, AktG, § 108 AktG Rn. 14; *Kumpan*, Interessenkonflikt, S. 320.

384 Die Kernkompetenzen des Aufsichtsrats können nicht delegiert werden; vgl. *Habersack*, in: MüKo AktG, § 100 AktG Rn. 98; *Spindler*, in: Spindler/Stilz AktG, § 107 AktG Rn. 90 ff.

385 BGH v. 29.1.1962 – II ZR 1/61, NJW 1963, 864 (866); BGH v. 21.4.1997 – II ZR 175/95, juris Rn. 25; BVerfG v. 7.11.1972 – 1 BvR 338/68, juris Rn. 30; *Kort*, ZIP 2008,717 (720); *Lutter/Krieger/Verse*, Rechte und Pflichten des Aufsichtsrats, § 12 Rn. 893; *Mertens/Cahn*, in: Kölner Komm AktG, Vorbem § 95 AktG Rn. 12, 18. Weder durch das Gesetz noch durch die Rechtsprechung ist hinreichend klar konkretisiert worden, was genau unter dem Unternehmensinteresse zu verstehen ist. In der Literatur ist dies umstritten, vgl. *Fleischer*, in: Spindler/Stilz, AktG, § 76 AktG Rn. 24 ff.; *Krebs*, Interessenkonflikte, S. 29 f.; *Spindler*, in: MüKo AktG, § 76 AktG Rn. 63 ff. Vgl. auch Fn. 356.

Aktionäre, der Arbeitnehmer sowie das Gemeinwohl gleichermaßen zu berücksichtigen.[386]

Die Verpflichtung auf das Unternehmensinteresse hält die Aufsichtsratsmitglieder bereits dazu an, im Fall eines Interessenkonflikts dem Unternehmensinteresse den Vorrang zu geben, und dient somit der Auflösung von Konflikten. Dies gilt grundsätzlich auch im Konzern.[387] Kollidieren zwei verschiedene Pflichten, so muss das Aufsichtsratsmitglied alles unterlassen, was gegen das Unternehmensinteresse verstoßen würde. Die Pflicht ergibt sich indirekt aus der organschaftlichen Treuepflicht nach §§ 116, 93 AktG und aus § 111 AktG.[388] Soweit das Aufsichtsratsmitglied keine Organtätigkeit wahrnimmt, ist es nur an die allgemeine Treuepflicht nach § 242 BGB gebunden.[389] Das Aufsichtsratsmitglied darf neben dem Wohl der Gesellschaft auch eigene sowie fremde Interessen verfolgen.[390]

Daneben sind die Aufsichtsratsmitglieder aufgrund der organschaftlichen Treuepflicht zur Verschwiegenheit verpflichtet. Daran haben sich die Mitglieder zu halten und dürfen Informationen, die sie aufgrund der Amtstätigkeit erlangt haben, insbesondere im Konfliktfall, nicht verraten bzw. anderweitig verwenden.[391]

bb. Trennungsgrundsatz

Im Übrigen gilt der Grundsatz der Rollentrennung.[392] Das Aufsichtsratsamt ist von sonstigen Funktionen bzw. Ämtern der Arbeitnehmervertreter im Unternehmen strikt zu trennen.[393] Im Fall der Pflichtenkollision vermag die Trennung der

---

386 *Mertens/Cahn*, in: Kölner Komm AktG, Vorbem § 95 AktG Rn. 12; *Spindler*, in: Spindler/Stilz, AktG, § 116 AktG Rn. 29.

387 *Diekmann/Fleischmann*, AG 2013, 141; *Hoffmann-Becking*, in: Münch Hdb GesR, § 33 Rn. 78; *Krebs*, Interessenkonflikte, S. 69; *Löbbe*, Unternehmenskontrolle, S. 64 ff.; *Möllers*, NZG 2003, 697 (698); *Ulmer*, NJW 1980, 1603 (1605).

388 *Borsdorff*, Interessenkonflikte bei Organmitgliedern, S. 126; *Kort*, ZIP 2008, 717 (720); *Kremer*, in: Kremer/Bachmann/Lutter/von Werder DCGK, Ziff. 5.5.1 Rn. 1452; *Lutter/Krieger/Verse*, Rechte und Pflichten des Aufsichtsrats, § 12 Rn. 893; *Mense*, Interessenkonflikte bei Mehrfachmandaten, S. 77 ff.

389 *Berner*, Offenlegung von Interessenkonflikten, S. 171; *Borsdorff*, Interessenkonflikte bei Organmitgliedern, S. 128; *Mertens/Cahn*, in: Kölner Komm AktG, § 116 AktG Rn. 26.

390 *Borsdorff*, Interessenkonflikte bei Organmitgliedern, S. 128; *Mertens/Cahn*, in: Kölner Komm AktG, § 116 AktG Rn. 26.

391 *Drygala*, in: Schmidt/Lutter, AktG, § 116 AktG Rn. 29; *Gofferje*, Unabhängigkeit, S. 106; *Hambloch-Gesinn/Gesinn*, in: Hölters, AktG, § 116 AktG Rn. 73; *Krebs*, Interessenkonflikte, S. 73.

392 *Dreher*, JZ 1990, 896 (900); *Gofferje*, Unabhängigkeit, S. 103; *Marsch-Barner*, in: Semler/von Schenck, Arbeitshandbuch für Aufsichtsratsmitglieder, § 13 Rn. 98; *Mense*, Interessenkonflikte bei Mehrfachmandaten, S. 91.

393 *Mense*, Interessenkonflikte bei Mehrfachmandaten, S. 91; *Mohr*, in: Grundei/Zaumseil, der Aufsichtsrat, S. 241 (242); *van Straehlen*, Rollenkonflikt des Arbeitnehmervertreters, S. 27.

verschiedenen Rollen alleine jedoch nicht geeignet sein, den Interessenkonflikt aufzulösen. Der BGH stellt insbesondere klar, dass eine Pflichtverletzung gegenüber der Gesellschaft nicht mit der Pflichtbindung, die gegenüber einer anderen Gesellschaft besteht, gerechtfertigt werden kann.[394] Die Ausblendung der anderen, widerstreitenden Pflicht wird jedoch nicht möglich sein, und folglich kann der Konflikt nicht aufgelöst werden.[395]

cc. Transparenz

Ein geeigneter Umgang mit Interessenkonflikten wird durch Transparenz und Offenlegung ermöglicht.[396]

De lege lata ist es zwar nicht erforderlich, im Rahmen der Aufsichtsratswahl die persönlichen, als auch die geschäftlichen Beziehungen eines Kandidaten zum Unternehmen, den Organen der Gesellschaft und einem wesentlich an der Gesellschaft beteiligten Aktionär offenzulegen.[397] Eine Pflicht zur Offenlegung von Interessenkonflikten gegenüber dem Aufsichtsratsvorsitzenden folgt aber nach h.M. aus der organschaftlichen Treuepflicht.[398] Die Hauptversammlung muss allerdings nicht informiert werden.[399] Von der Offenlegungspflicht sind nur konkrete und sich abzeichnende, nicht aber potentielle Interessenkonflikte erfasst.[400] Ein

394 BGH v. 21.12.1979 – II ZR 244/78, NJW 1980, 1629 [1630]; vgl. auch: *Dreher*, JZ 1990, 986 (900); *Gofferje*, Unabhängigkeit, S. 102 f.; *Krebs*, Interessenkonflikte, S. 114 f.; *Mense*, Interessenkonflikte bei Mehrfachmandaten, S. 91; *Säcker*, in: FS Rebmann, S. 781 (787); *Wardenbach*, AG 1999, 74(76).

395 *Krebs*, Interessenkonflikte, S. 114; *Mense*, Interessenkonflikte bei Mehrfachmandaten, S. 91.

396 *Berner*, Offenlegung von Interessenkonflikten, S. 88 ff.; *Bull*, Anforderungen an den Aufsichtsrat, S. 72; *Diekmann/Fleischmann*, AG 2013, 141 (145); *Hoffmann-Becking*, NZG 2014, 801 (808); *Kumpan*, Interessenkonflikt, S. 230; *Leyens*, JZ 2007, 1061; *Rieckers*, in: Spindler/Stilz, AktG, § 125 AktG Rn. 19.

397 *Mülbert*, in: Feddersen/Hommelhoff/Schneider, Corporate Governance, S. 99 (118). Dies ist jedoch Bestandteil einer Empfehlung des DCGK, Nr. 5.4.1 Abs. 6 DCGK, vgl. Kapitel § 2 B III 6 c. Dieser Empfehlung kommen immerhin 88,9 % der Gesellschaften nach, vgl. die Ergebnisse der Befragung zum Kodexstand v. 24.6.2014 E67-E69 in *von Werder/Turkali*, DB 2015, 1357 (1362).

398 *Diekmann/Fleischmann*, AG 2013, 141 (145); *Habersack*, in: MüKo AktG, § 100 AktG Rn. 93; *Hopt/Roth*, in: GroßKomm AktG, § 100 AktG Rn. 164; a.A.: *Dreher*, JZ 1990, 896 (904); *Kremer*, in: Kremer/Bachmann/Lutter/von Werder, DCGK, Ziff. 5.5.2 Rn. 1464.

399 *Berner*, Offenlegung von Interessenkonflikten, S. 217; *Habersack*, in: MüKo AktG, § 100 AktG Rn. 93; *Hopt/Roth*, in: GroßKomm AktG, § 100 AktG Rn. 164; *Kumpan*, Interessenkonflikt, S. 270.

400 *Al-Wraikat*, Interessenkonflikte im Aufsichtsrat, S. 235; *Diekmann/Fleischmann*, AG 2013, 141 (145); *Habersack*, in: MüKo AktG, § 100 AktG Rn. 93; so wohl auch *Butzke*, in: FS Hoffmann-Becking, S. 229 (235); *Krebs*, Interessenkonflikte, S. 77; a.A.: *Borsdorff*, Interessenkonflikte bei Organmitgliedern, S. 134; *Koch*, in: Hüffer/

abstrakter bzw. potenzieller Konflikt setzt nicht voraus, dass der Interessenwahrer tatsächlich in einen Konflikt geraten ist, die bloße Möglichkeit genügt.[401] Ein konkreter Konflikt liegt hingegen vor, wenn sich die reine Möglichkeit durch das Hinzutreten weiterer Umstände im konkreten Einzelfall zu einem Interessenkonflikt entwickelt hat.[402] Dabei kann wiederrum eine Einteilung in punktuelle und dauerhafte Konflikte vorgenommen werden.[403] Zudem ist bei der Offenlegung von Konflikten auf die Verschwiegenheitspflicht zu achten.[404]

Durch die Offenlegung solcher Konflikte können diese von den restlichen Aufsichtsratsmitgliedern richtig eingeschätzt werden und es kann mit einer Auflösung des Konflikts anhand des Unternehmensinteresses gerechnet werden.[405] Durch die Kenntnis des Bestehens eines Interessenkonfliktes besteht für den Aufsichtsrat die Möglichkeit, diesen bei der Willensbildung im Aufsichtsrat bereits zu berücksichtigen.[406] Zum einen sind so die Aufsichtsratsmitglieder auf einen bestehenden Interessenkonflikt sensibilisiert und vor einer entsprechenden Beeinflussung geschützt. Zum anderen können sie unter Umständen dazu angehalten sein, das betroffene Mitglied bei der Beschlussfassung außer Acht zu lassen.[407]

Neben konkreten Konflikten sind nach §§ 125 Abs. 1 Satz 5 1. HS, 124 Abs. 3 Satz 4 AktG andere Aufsichtsratsmandate zur Vermeidung von Konfliktsituationen bei börsennotierten Gesellschaften in einem Vorschlag zur Wahl der Aufsichtsratsmitglieder anzugeben.[408] Im Übrigen sind anderweitige Aufsichtsrats- oder sonstige Mandate in einem Kontrollgremium bei börsennotierten Gesellschaften und Kreditinstituten im Anhang des Jahresabschlusses offenzulegen, § 285 Nr. 10, § 340a Abs. 4 Nr. 1 HGB. Inwieweit die Offenlegung der Managervergütung im

---

Koch, AktG, § 108 AktG Rn. 11; *Seibt*, in: FS Hopt, S. 1363 (1369) – dies ist aber abzulehnen, da dies die Treuepflicht zu weit ausdehnen würde und auch nicht klar ist, ab wann sich bereits ein Interessenkonflikt abzeichnet, der dann offenzulegen wäre. Ohne konkrete Gefährdung des Unternehmensinteresses besteht keine Pflicht zur Offenlegung eines Interessenkonflikts.

401 *Berner*, Offenlegung von Interessenkonflikten, S. 85; *Diekmann/Fleischmann*, AG 2013, 142 (143); *Kumpan*, Interessenkonflikt, S. 41.

402 *Berner*, Offenlegung von Interessenkonflikten, S. 88; *Kumpan*, Interessenkonflikt, S. 41.

403 *Berner*, Offenlegung von Interessenkonflikten, S. 55; *Krebs*, Interessenkonflikte, S. 65; *Kumpan*, Interessenkonflikt, S. 41.

404 *Habersack*, in: MüKo AktG, § 100 AktG Rn. 93; *Kumpan*, Interessenkonflikt, S. 281.

405 *Berner*, Offenlegung von Interessenkonflikten, S. 180 f.; *Mense*, Interessenkonflikte bei Mehrfachmandaten, S. 103; *Seibt*, in: FS Hopt, S. 1363 (1369).

406 *Mertens/Cahn*, in: Kölner Komm AktG, § 100 AktG Rn. 18; *Spindler*, in: Spindler/Stilz, AktG, § 100 AktG Rn. 91.

407 *Seibt*, in: FS Hopt, S. 1363 (1374); *Berner*, Offenlegung von Interessenkonflikten, S. 180 f. Zum Stimmverbot siehe Kapitel § 2 B II 2 b aa [2].

408 *Krebs*, Interessenkonflikte, S. 76; *Kort*, ZIP 2008, 717 (722); *Kumpan*, Interessenkonflikt, S. 258; *Langenbucher*, ZGR 2007, 571 (587); *Lutter/Krieger/Verse*, Rechte und Pflichten des Aufsichtsrats, § 12 Rn. 895.

Anhang des Jahres- bzw. Konzernabschlusses (§§ 285 Nr. 9 lit. a, 314 Abs. 1 Nr. 6 HGB) geeignet ist, einen Beitrag zur angemessenen Vergütung, Verhinderung von Verflechtungen und Interessenkonflikten darzustellen, ist noch näher zu untersuchen.[409]

dd. Auskunftsverweigerung

Das Auskunftsverweigerungsrecht des Vorstands kann in bestimmten Ausnahmefällen geeignet sein, einen Konflikt aufzulösen.

Grundsätzlich ist der Vorstand verpflichtet, den Aufsichtsrat in Form von Berichten, § 90 Abs. 1 AktG, zu informieren.[410] Eine Missbrauchsgefahr durch ein Aufsichtsratsmitglied besteht vor allem bei dem Berichtsrecht des einzelnen Aufsichtsratsmitglieds nach § 90 Abs. 3 Satz 2 AktG.[411] Allein die Gefahr, dass einzelne Aufsichtsratsmitglieder die vom Vorstand erhaltenen Informationen nicht zum Wohle der Gesellschaft verwenden, begründet grundsätzlich kein Auskunftsverweigerungsrecht des Vorstands.[412] Denn das einzelne Aufsichtsratsmitglied ist aufgrund der organschaftlichen Treuepflicht zur Verschwiegenheit verpflichtet. Zudem soll der Vorstand, der vom Aufsichtsrat überwacht werden soll, keine Möglichkeit haben, selbst zu bestimmen, in welchem Umfang er den Aufsichtsrat informiert.[413] Da aber nur durch die Verweigerung des Vorstands effektiv das Unternehmensinteresse gewahrt werden kann, ist im Ausnahmefall bei konkreter Missbrauchsgefahr dem Vorstand ein Auskunftsverweigerungsrecht zuzubilligen.[414] Durch das „gegenseitige Abhängigkeitsverhältnis“ von Vorstand und Aufsichtsrat und den verschiedenen Reaktionsmöglichkeiten des Aufsichtsrats wie auch der unter Umstand drohenden Haftung erscheint das Risiko einer missbräuchlichen Auskunftsverweigerung durch den Vorstand gering.[415]

---

409 Dazu Kapitel § 4 A II.

410 *Habersack*, in: MüKo AktG, § 111 AktG Rn. 44; *Mense*, Interessenkonflikte bei Mehrfachmandaten, S. 147. Vgl. auch Ausführungen in Kapitel § 2 A II 1 b.

411 *Fleischer*, in: Spindler/Stilz, AktG, § 90 AktG Rn. 47; *Hopt/Roth*, in: GroßKomm AktG, § 90 AktG Rn. 112; *Mense*, Interessenkonflikte bei Mehrfachmandaten, S. 149.

412 *Hopt/Roth*, in: GroßKomm AktG, § 90 AktG Rn. 110; *Krieger/Sailer-Coceani*, in: Schmidt/Lutter, AktG, § 90 AktG Rn. 45.

413 *Hopt/Roth*, in: GroßKomm AktG, § 90 AktG Rn. 111; *Mertens/Cahn*, in: Kölner Komm AktG, § 90 AktG Rn. 15; *Spindler*, in: MüKo AktG, § 90 AktG Rn. 54.

414 *Hopt/Roth*, in: GroßKomm AktG, § 90 AktG Rn. 115; *Krieger/Sailer-Coceani*, in: Schmidt/Lutter, AktG, § 90 AktG Rn. 46; *Mense*, Interessenkonflikte bei Mehrfachmandaten, S. 151 f.; a.A.: *Spindler*, in: MüKo AktG, § 90 AktG Rn. 54; einschränkend: *Mertens/Cahn*, in: Kölner Komm AktG, § 90 AktG Rn. 17, der ein Verweigerungsrecht dem Vorstand nur ggü. einem einzelnen Aufsichtsratsmitglied im Fall des § 90 Abs. 3 Satz 2 AktG zugesteht.

415 Vgl. auch BT-Drs. 14/8769, S. 14; *Grothe*, Unternehmensüberwachung, S. 104; *Mense*, Interessenkonflikte bei Mehrfachmandaten, S. 152.

b. Auflösung von Interessenkonflikten

Zu klären ist, wie zu verfahren ist, wenn sich ein potentieller Konflikt zu einem konkreten Konflikt entwickelt hat, bei dem sich das Sonderinteresse in Bezug auf das Unternehmensinteresse durchsetzen könnte.[416] Das AktG enthält hierzu kaum ausdrückliche Vorschriften.[417] Eine allgemeine Vorschrift, die den Aufsichtsratsmitgliedern die Mitgliedschaft bei Bestehen eines Interessenkonflikts versagt, gibt es nicht.[418] Zur Auflösung eines solchen Konflikts kommt zunächst eine Beschneidung der Beteiligungsrechte oder sodann die Abberufung des Aufsichtsratsmitglieds in Betracht.[419]

aa. Einschränkung des Stimmrechts

Ein Interessenkonflikt kann aufgelöst werden, indem das Stimmrecht des betroffenen Aufsichtsratsmitglieds beschränkt wird.[420] Wenn ein befangenes Aufsichtsratsmitglied sich der Stimme enthält oder einem Stimmverbot unterliegt, so kann das Beschlussergebnis nicht durch seine Stimme beeinflusst werden.[421]

[1] Stimmenthaltung

Den Aufsichtsratsmitgliedern steht es frei, sich der Stimme zu enthalten, wenn eine konfliktfreie Ausübung des Stimmrechts nicht möglich ist.[422] Grundsätzlich ist jedes Aufsichtsratsmitglied verpflichtet, an den Sitzungen teilzunehmen. Aber in der Regel ist es zulässig, sich der Stimme zu enthalten.[423] Im Einzelfall kann das Aufsichtsratsmitglied jedoch verpflichtet sein, das Stimmrecht auszuüben.[424] Etwa wenn aus Gründen des Unternehmensinteresses eine Abstimmung geboten

---

416 *Hambloch-Gesinn/Gesinn*, in: Hölters, AktG, § 116 AktG Rn. 77; *Mertens/Cahn*, in: Kölner Komm AktG, § 100 AktG Rn. 20; *Scholderer*, NZG 2012, 168 (171); *Wilsing*, in: Wilsing, DCGK, Ziff. 5.5.2 Rn. 3. Vgl. zur Abgrenzung von potentiellen und konkreten Konflikten Kapitel § 2 B II 2 a cc.

417 *Diekmann/Fleischmann*, AG 2013, 141 (146); *Krebs*, Interessenkonflikte, S. 94 f.

418 *Dreher*, JZ 1990, 896 (898); *Drygala*, in: Schmidt/Lutter, AktG, § 100 AktG Rn. 28; *Mertens/Cahn*, in: Kölner Komm AktG, § 100 AktG Rn. 17.

419 *Diekmann/Fleischmann*, AG 2013, 141 (146); *Hambloch-Gesinn/Gesinn*, in: Hölters, AktG, § 116 AktG Rn. 77; *Kumpan*, Interessenkonflikt, S. 241 f.; *Säcker*, in: FS Rebmann, S. 781; *van Straelen*, Rollenkonflikt des Arbeitnehmervertreters, S. 30.

420 *Borsdorff*, Interessenkonflikte bei Organmitgliedern, S. 64; *Dreher*, JZ 1990, 896 (900); *Mertens/Cahn*, in: Kölner Komm AktG, § 100 AktG Rn. 20.

421 *Hüffer*, in: FS Heinsius, S. 337 (341); *Kumpan*, Interessenkonflikt, S. 509.

422 *Krebs*, Interessenkonflikte, S. 172; *Leyendecker-Langner*, NZG 2016, 1213 (1216).

423 *Hambloch-Gesinn/Gesinn*, in: Hölters, AktG, § 108 AktG Rn. 29; *Mertens/Cahn*, in: Kölner Komm AktG, § 108 AktG Rn. 59.

424 *Hopt/Roth*, in: GroßKomm AktG, § 108 AktG Rn. 32; *Mense*, Interessenkonflikte bei Mehrfachmandaten, S. 106; *Mertens/Cahn*, in: Kölner Komm AktG, § 108 AktG Rn. 59.

ist, oder aufgrund der Besetzung des Aufsichtsrats eine Abgabe der Stimme des betroffenen Aufsichtsratsmitglieds erforderlich ist.[425] Keine Möglichkeit besteht, dass sich das Aufsichtsratsmitglied durch Stimmenthaltung einer möglichen Haftung entziehen kann, obwohl eine Abstimmung im Interesse der Gesellschaft erforderlich wäre.[426] Dies folgt aus dem Grundsatz der Gesamtverantwortlichkeit. Die Aufsichtsratsmitglieder sind für die getroffenen Beschlüsse verantwortlich und haftbar.[427]

Ein Teil der Literatur fordert, dass ein Aufsichtsratsmitglied bei einem Interessenkonflikt sich unter Umständen der Stimme enthalten muss.[428] Eine organisatorische Enthaltung wird man jedoch aufgrund der Gesamtverantwortung des Aufsichtsratsmitglieds lediglich bei punktuellen Interessenkonflikten zubilligen können, sodass dieses seine Tätigkeit interessenfrei ausüben kann.[429]

Die Enthaltung eines Aufsichtsratsmitglieds ist nicht als Nein-Stimme zu werten, sondern hat unberücksichtigt zu bleiben.[430]

[2] Stimmverbot

Ein allgemeines Stimmverbot sieht das AktG bei Interessenkonflikten nicht vor.[431] Nur in spezifischen Fällen bestehen einzelne Stimmverbote, so in § 34 BGB, § 136 Abs. 1 AktG, § 47 Abs. 4 GmbHG, § 43 Abs. 6 GenG, § 210 Abs. 2 VAG und § 25 Abs. 5 WEG.[432] Ein Stimmverbot ist im Wege einer Analogie zu § 34 BGB für ein Aufsichtsratsmitglied anzunehmen, wenn der Aufsichtsrat über ein Rechtsgeschäft beschließt, dass das Aufsichtsratsmitglied betrifft.[433] Aufgrund der persönlichen

---

425 *Krebs*, Interessenkonflikte, S. 172; *Mense*, Interessenkonflikte bei Mehrfachmandaten, S. 107; *Mertens/Cahn*, in: Kölner Komm AktG, § 108 AktG Rn. 66.

426 *Hopt/Roth*, in: GroßKomm AktG, § 108 AktG Rn. 32; *Kumpan*, Interessenkonflikte, S. 543; *Mense*, Interessenkonflikte bei Mehrfachmandaten, S. 107.

427 *Dreher*, JZ 1990, 896 (901); *Heinzelmann*, Mehrfachmandate, S. 130; *Krebs*, Interessenkonflikte, S. 167; *Kumpan*, Interessenkonflikt, S. 543.

428 *Spindler*, in: Spindler/Stilz, AktG, § 116 AktG Rn. 85; *Ulmer/Habersack*, in: Ulmer/Habersack/Henssler, MitbestR, § 25 MitbestG Rn. 96, lehnt eine Stimmenthaltung bereits aufgrund der bestehenden Haftung ab.

429 *Diekmann/Fleischmann*, AG 2013, 141 (143); *Krebs*, Interessenkonflikte, S. 174; *Mense*, Interessenkonflikte bei Mehrfachmandaten, S. 107; *Mohr*, in: Grundei/Zaumseil, der Aufsichtsrat, S. 241 (245); kritisch *Kumpan*, Interessenkonflikt, S. 543 ff.

430 *Habersack*, in: MüKo AktG, § 108 AktG Rn. 33; *Mense*, Interessenkonflikte bei Mehrfachmandaten, S. 106.

431 *Hoffmann-Becking*, in: Münch Hdb GesR, § 31 Rn. 70; *Hopt/Roth*, in: GroßKomm AktG, § 108 AktG Rn. 58; *Krebs*, Interessenkonflikte, S. 131; *Matthießen*, Stimmrecht, S. 68; *Mertens/Cahn*, in: Kölner Komm AktG, § 108 AktG Rn. 65.

432 *Krebs*, Interessenkonflikte, S. 127; *Mense*, Interessenkonflikte bei Mehrfachmandaten, S. 109; *Seibt*, in: FS Hopt, S. 1363 (1374); *Weninger*, Mitbestimmungsspezifische Interessenkonflikte, S. 58.

433 BayObLG v. 28.3.2003 – 3Z BR 199/02, NZG 2003, 691 (692); *Diekmann/Fleischmann*, AG 2013, 141 (146); *Müller*, Interessenkollision, S. 59; *Seibt*, in: FS Hopt, S. 1363 (1375).

Betroffenheit des Aufsichtsratsmitglieds ist dieses dann von der Beschlussfassung ausgeschlossen.[434]

Jedoch führt nicht jeder Interessenkonflikt, in dem sich das Aufsichtsratsmitglied befindet, zum Ausschluss des Stimmrechts. Vielmehr muss ein solch wesentlicher, punktueller Interessenkonflikt, der eine alleinige Willensbildung am Unternehmensinteresse nicht erwarten lässt und eine persönliche Betroffenheit des Aufsichtsratsmitglieds bewirkt, vorliegen.[435] Dahinter steht der Gedanke des grundsätzlichen Verbots des Insichgeschäfts bzw. nicht selbst in eigenen Angelegenheiten zu richten.[436] Ein darüber hinausgehendes Stimmverbot bei Interessenkonflikten wird richtigerweise überwiegend abgelehnt.[437] Im Weiteren besteht

---

Strittig ist, wie sich das Stimmverbot dogmatisch begründen lässt: zum einen wird eine Analogie zu § 34 BGB angenommen, andere nehmen eine Gesamtanalogie zu § 34 BGB, § 136 Abs. 1 AktG, § 47 Abs. 4 GmbHG, § 43 Abs. 6 GenG (und § 25 Abs. 5 WEG) an und wiederrum andere stützen das Stimmverbot auf eine Analogie zu § 181 BGB, vgl.: *Dreher*, JZ 1990, 896 (900); *Kumpan*, Interessenkonflikt, S. 513 ff.; *Matthießen*, Stimmrecht, S. 51 ff.; *Mense*, Interessenkonflikt bei Mehrfachmandaten, S. 109; *Weninger*, Mitbestimmungsspezifische Interessenkonflikte, S. 60 f. *Berger*, Offenlegung von Interessenkonflikten, S. 186, nimmt hingegen die Treuepflicht als Grundlage für das Stimmverbot an. Zurückhaltend bzgl. eines Stimmverbots dagegen *Ulmer*, NJW 180, 1603 (1605). Vorzugswürdig erscheint aufgrund der Vergleichbarkeit der Situationen eine Analogie zu § 34 BGB und dem Verbot des Richtens in eigenen Sachen.

434 *Seibt*, in: FS Hopt, S. 1363 (1375); *Weninger*, Mitbestimmungsspezifische Interessenkonflikte, S. 67.

435 *Leyendecker-Langner*, NZG 2016, 1213 (1216); *Spindler*, in: Spindler/Stilz, AktG, § 108 AktG Rn. 30. Strittig ist hingegen, ob darüber hinaus auch ein Stimmverbot besteht, wenn das Aufsichtsratsmitglied Organ eines anderen Unternehmens ist und in dieser Funktion ein Rechtsgeschäft mit dem anderen Unternehmen tätigt; bejahend: *Dreher*, JZ 1990, 896 (902); *Hopt/Roth*, in: GroßKomm AktG, § 108 AktG Rn. 60; *Matthießen*, Stimmrecht, S. 337 f.; *Schubert*, in: Wißmann/Kleinsorge/Schubert, MitbestR, § 25 MitbestG Rn. 62 m.w.N.; *Seibt*, in: FS Hopt, S. 1363 (1376); *Weninger*, Mitbestimmungsspezifische Interessenkonflikte, S. 67; wohl auch: *Berner*, Offenlegung von Interessenkonflikten, S. 183 ff.; ablehnend: *Habersack*, in: MüKo AktG, § 108 Rn. 30; *Mertens/Cahn*, in: Kölner Komm AktG, § 108 AktG Rn. 68; *Ulmer/Habersack*, in: Ulmer/Habersack/Henssler, MitbestR, § 25 MitbestG Rn. 27. Ein Stimmverbot ist richtigerweise immer nur dann anzunehmen, wenn das Aufsichtsratsmitglied besonders persönlich betroffen ist; z.B. bei wirtschaftlicher Intensität. Hingegen besteht generell kein Stimmverbot, wenn an einem Rechtsgeschäft ein naher Angehöriger des Aufsichtsratsmitglieds beteiligt ist, so auch *Drygala*, in: Schmidt/Lutter, AktG, § 108 AktG Rn. 16; *Krebs*, Interessenkonflikte, S. 141 f.

436 *Dreher*, JZ 1990, 896 (900); *Kumpan*, Interessenkonflikt, S. 511; *Mense*, Interessenkonflikte bei Mehrfachmandaten, S. 108; *Schubert*, in: Wißmann/Kleinsorge/Schubert, MitbestR, § 25 MitbestG Rn. 59.

437 *Diekmann/Fleischmann*, AG 2013, 141 (146); *Habersack*, in: MüKo AktG, § 108 AktG Rn. 32; *Schubert*, in: Wißmann/Kleinsorge/Schubert, MitbestR, § 25 MitbestG Rn. 63.

kein Stimmverbot bei korporationsrechtlichen Rechtsgeschäften.[438] Das Stimmrecht steht dem Aufsichtsratsmitglied nach h.M. deswegen auch bei der Wahl zum Vorstandsmitglied, zum Vorsitzenden sowie zum Mitglied eines Ausschusses zu.[439] Auch bei Arbeitnehmervertretern kommt zur Auflösung eines Interessenkonfliktes ein Stimmverbot in Betracht.[440] Zwar ist es dem System der Unternehmensmitbestimmung immanent, dass die Arbeitnehmervertreter vor allem die Interessen der Arbeitnehmer verfolgen und dies im Rahmen der Verpflichtung auf das Unternehmensinteresse zu berücksichtigen ist.[441] Jedoch hat das Unternehmensinteresse Vorrang, wenn es zwischen den verschiedenen Interessen zu einem unlösbaren Konflikt kommt.[442] Zur Auflösung eines Konflikts ist in diesem Fall auch ein Stimmverbot geeignet.[443] Eine dadurch bedingte Verschiebung des Gleichgewichts von Anteilseigner- und Arbeitnehmervertreter ist insoweit hinzunehmen, da nach dem Grundsatz der Gleichbehandlung im Fall eines Interessenkonflikts alle Mitglieder gleichzubehandeln sind und sich wie gezeigt aus dem System der Unternehmensmitbestimmung nichts anderes entnehmen lässt. Zu berücksichtigen ist auch, dass im Fall eines Stimmrechtsverbots auf Seiten der Anteilseignervertreter sich das Gleichgewicht auch zugunsten der Arbeitnehmervertreter verschieben könnte. Mithin ist dies im entgegengesetzten Fall auch so hinzunehmen. Im Übrigen kann

---

438 *Krebs*, Interessenkonflikte, S. 147; *Kumpan*, Interessenkonflikt, S. 542; *Mertens/ Cahn*, in: Kölner Komm AktG, § 108 AktG Rn. 67; vgl. auch *Hüffer*, in: FS Heinsius, S. 337 (341).

439 *Breuer/Fraune*, in: Heidel, AktG, § 108 AktG Rn. 10; *Lutter/Krieger/Verse*, Rechte und Pflichten des Aufsichtsrats, § 11 Rn. 731; *Matthießen*, Stimmrecht, S. 228 ff., 238 ff.; *Mertens/Cahn*, in: Kölner Komm AktG, § 108 AktG Rn. 67; *Wilhelm*, NJW 1983, 912 (915); a.A.: *Habersack*, in: MüKo AktG, § 108 AktG Rn. 32; *Ulmer*, NJW 1980, 1603 (1604); *Hopt/Roth*, in: GroßKomm AktG, § 108 AktG Rn. 56 lehnt ein Stimmrecht bei der Wahl zum Vorstandsmitglied ab, da aufgrund der Stellung des Aufsichtsrats ggü. dem Vorstand ein gravierender Interessenkonflikt vorliegen würde. Dies ist jedoch abzulehnen, da dies ein pauschales Stimmverbot begründen würde, ohne auf den konkreten Einzelfall abzustellen. Solch ein allgemeines Stimmverbot wurde vom Gesetzgeber trotz der Trennung von Leitung und Überwachung nicht geregelt.

440 *Mertens/Cahn*, in: Kölner Komm AktG, § 108 AktG Rn. 70; *Schubert*, in: Wißmann/ Kleinsorge/Schubert, MitbestR, § 25 MitbestG Rn. 69; *Velten*, Gewerkschaftsvertreter im Aufsichtsrat, S. 151 ff.; *Weninger*, Mitbestimmungsspezifische Interessenkonflikte, S. 76; zurückhaltend: *Mattheißen*, Stimmrecht, S. 432, 456 ff. schließt ein Stimmrechtsverbot für den Bereich der betrieblichen Mitbestimmung aus, soweit es um tarif- oder koalitionspolitische Fragen geht.

441 *Schubert*, in: Wißmann/Kleinsorge/Schubert, MitbestR, § 25 MitbestG Rn. 287; *Weninger*, Mitbestimmungsspezifische Interessenkonflikte, S. 43.

442 *Ulmer/Habersack*, in: Ulmer/Habersack/Henssler, MitbestR, § 25 MitbestG Rn. 98; *Weninger*, Mitbestimmungsspezifische Interessenkonflikte, S. 111. Vgl. auch Fn. 356.

443 *Schubert*, in: Wißmann/Kleinsorge/Schubert, MitbestR, § 25 MitbestG Rn. 69, 289; a.A. *Mertens/Cahn*, in: Kölner Komm AktG, § 108 AktG Rn. 70; *Ulmer/Habersack*, in: Ulmer/Habersack/Henssler, MitbestR, § 25 MitbestG Rn. 28.

zur Bewältigung von Interessenkonflikten in der Satzung kein Stimmverbot für befangene Aufsichtsratsmitglieder vereinbart werden.[444]

Wenn die Beschlussfähigkeit des Aufsichtsrats von der Mitwirkung des vom Stimmverbot betroffenen Aufsichtsratsmitglieds abhängt, so ist das Mitglied dazu verpflichtet, die Stimmenthaltung zu erklären.[445] Andere Möglichkeiten den Interessenkonflikt aufzulösen, wie die Ersatzbestellung nach § 104 Abs. 1 AktG bzw. Abberufung des Aufsichtsratsmitglieds nach § 103 Abs. 1 AktG, sind nicht immer möglich bzw. genauso effektiv.[446] Enthält sich das Aufsichtsratsmitglied trotz Stimmverbot nicht, so hat dies nur eine Auswirkung dahingehend, dass seine Stimme bei der Auswertung der Stimmen nicht zu berücksichtigen ist.[447] Wurde das Abstimmergebnis durch die unwirksam abgegebene Stimme maßgeblich beeinflusst, so ist der Beschluss fehlerhaft und nichtig.[448]

bb. Teilnahmeausschluss bzw. Ruhenlassen des Amtes

Daneben kann ein Interessenkonflikt nach der Ansicht eines Teils der Literatur nicht nur ein Stimmverbot, sondern auch einen Teilnahmeausschluss nach sich ziehen, um eine Beeinflussung des Aufsichtsrats zu vermeiden.[449] Neben dem Stimmverbot ist ein Teilnahmeausschluss von Sitzungen in der Regel aber abzulehnen.[450] Dies folgt aus der Gesamtverantwortung aller Aufsichtsratsmitglieder.[451] Im Übrigen kann eine Beeinflussung auch außerhalb der Sitzungen erfolgen.[452] Das

---

444 *Hopt/Roth*, in: GroßKomm AktG, § 108 AktG Rn. 65; *Marsch-Barner*, in: Semler/von Schenck, Arbeitshandbuch für Aufsichtsratsmitglieder, § 13 Rn. 179; *Matthießen*, Stimmrecht, S. 474 f.

445 BGH v. 2.4.2007 – II ZR 325/05, NJW-RR 2007, 1483; BayObLG v. 28.3.2003 – 3Z BR 199/02, NZG 2003, 691 (692); *Hopt/Roth*, in: GroßKomm AktG, § 108 AktG Rn. 63.

446 *Hopt/Roth*, in: GroßKomm AktG, § 108 AktG Rn. 63; *Mertens/Cahn*, in: Kölner Komm AktG, § 108 AktG Rn. 66.

447 *Diekmann/Fleischmann*, AG 2013, 141 (150); *Drygala*, in: Schmidt/Lutter, AktG, § 108 AktG Rn. 18; *Mertens/Cahn*, in: Kölner Komm AktG, § 108 AktG Rn. 86; *Scholderer*, NZG 2012, 168 (169).

448 *Drygala*, in: Schmidt/Lutter, AktG, § 108 AktG Rn. 18; *Habersack*, in: MüKo AktG, § 108 AktG Rn. 33; *Lutter*, in: FS Beusch, S. 509 (524); *Weninger*, Mitbestimmungsspezifische Interessenkonflikte, S. 74.

449 *Gofferje*, Unabhängigkeit, S. 143; *Mense*, Interessenkonflikte bei Mehrfachmandaten, S. 136 ff.; *Seibt*, in: FS Hopt, S. 1363 (1382); *Weninger*, Mitbestimmungsspezifische Interessenkonflikte, S. 148 ff.

450 *Berner*, Offenlegung von Interessenkonflikten, S. 189; *Diekmann/Fleischmann*, AG 2013, 141 (146); *Matthießen*, Stimmrecht, S. 350; *Mertens/Cahn*, in: Kölner Komm AktG, § 100 AktG Rn. 20.

451 *Al-Wraikat*, Interessenkonflikte im Aufsichtsrat, S. 238; *Dreher*, JZ 1990, 896 (903); *Marsch-Barner*, in: Semler/von Schenck, Arbeitshandbuch für Aufsichtsratsmitglieder, § 12 Rn. 150.

452 *Al-Wraikat*, Interessenkonflikte im Aufsichtsrat, S. 237; *Hambloch-Gesinn/Gesinn*, in: Hölters, AktG, § 116 AktG Rn. 77.

Teilnahmerecht schafft unter anderem erst die Voraussetzung dafür, dass das Mitglied sein Amt wahrnehmen kann, und ist daher grundsätzlich unentziehbar.[453] Der Ausschluss von Sitzungen kommt aber bei schwerwiegenden, punktuellen Interessenkonflikten in Betracht, soweit das Stimmverbot alleine nicht reicht, den Konflikt aufzulösen.[454]

Richtigerweise besteht bei besonders gravierenden und dauerhaften Interessenkonflikten keine Pflicht das Aufsichtsratsamt ruhen zu lassen.[455] Aufgrund der Gesamtverantwortung jedes einzelnen Aufsichtsratsmitglieds kann das Amt nicht, auch nicht für eine gewisse Zeit, ruhen.[456] In einem solchen Fall ist das Aufsichtsratsmitglied vielmehr dazu verpflichtet, sein Amt niederzulegen.[457]

cc. Amtsniederlegung

Lag bereits bei der Wahl zum Aufsichtsratsmitglied ein Interessenwiderstreit vor, so ist die Wahl weder nichtig noch anfechtbar, da der Interessenkonflikt kein Bestellungshindernis darstellt.[458] Besteht ein solch gravierender Interessenkonflikt, der es unmöglich macht, dass das Aufsichtsratsamt ausgeübt werden kann, muss das Aufsichtsratsmitglied nach Ansicht der Literatur sein Mandat niederlegen.[459] Dem ist

---

453 *Mense*, Interessenkonflikte bei Mehrfachmandate, S. 133; *Schütz*, in: Semler/von Schenck, Aufsichtsrat Komm, § 100 AktG Exkurs 1 Rn. 53; *Weninger*, Mitbestimmungsspezifische Interessenkonflikte, S. 148.

454 *Hanau/Wackerbarth*, Unternehmensmitbestimmung, S. 46 f.; *Heinzelmann*, Mehrfachmandate, S. 134; *Krebs*, Interessenkonflikte, S. 166; *Kumpan*, Interessenkonflikt, S. 548; *Mense*, Interessenkonflikt bei Mehrfachmandaten, S. 136; *Mertens/Cahn*, in: Kölner Komm AktG, § 100 AktG Rn. 21; *Velten*, Gewerkschaftsvertreter im Aufsichtsrat, S. 164 f.; ablehnend: *Hambloch-Gesinn/Gesinn*, in: Hölters, AktG, § 116 AktG Rn. 77.

455 So hingegen: *Lutter/Krieger/Verse*, Rechte und Pflichten des Aufsichtsrats, § 12 Rn. 901; *Marsch-Barner*, Arbeitshandbuch für Aufsichtsratsmitglieder, § 13 Rn. 105; *Raiser*, in: Raiser/Veil/Jacobs, MitbestG und DrittelbG, § 25 MitbestG Rn. 148; *Schütz*, in: Semler/von Schenck, Aufsichtsrat Komm, § 100 AktG Exkurs 1 Rn. 56; *Seibt*, in: FS Hopt, S. 1363 (1383); zurückhaltend: *Berner*, Offenlegung von Interessenkonflikten, S. 190.

456 *Matthießen*, Stimmrecht, S. 24; *Spindler*, in: Spindler/Stilz, AktG, § 116 AktG Rn. 85; *Weninger*, Mitbestimmungsspezifische Interessenkonflikte, S. 107 ff.

457 *Habersack*, in: MüKo AktG, § 100 AktG Rn. 96; *Spindler*, in: Spindler/Stilz, AktG, § 116 AktG Rn. 85.

458 *Al-Wraikat*, Interessenkonflikte im Aufsichtsrat, S. 239; *Koch*, in: Hüffer/Koch, AktG, § 103 AktG Rn. 13b; *Reese/Ronge*, AG 2014, 417 (418); *Semler/Stengel*, NZG 2003, 1 (5 f.); a.A.: *Lutter*, in: FS Beusch, S. 509 (518); in die Richtung auch: *Säcker*, in: FS Rebmann, S. 781 (789), der eine Nichtigkeit der Wahl nicht nur bei einem Verstoß gegen geschriebene, sondern auch gegen ungeschriebene Inkompatibilitätsregelungen annimmt.

459 *Lutter/Krieger/Verse*, Rechte und Pflichten des Aufsichtsrats, § 12 Rn. 149; *Spindler*, in: Spindler/Stilz, AktG, § 116 AktG Rn. 85; differenzierend: *Dreher*, JZ

zuzustimmen. Gerade bei dauerhaften Interessenkonflikten sind Stimmverbote bzw. ein Teilnahmeausschluss nicht geeignet, den Konflikt aufzulösen, da die Teilnahme an den Sitzungen sowie die Mitwirkung an Entscheidungen zu den wesentlichen Aufgaben des Aufsichtsratsmitglieds gehören.[460] Eine organisatorische Stimmenthaltung bzw. Teilnahmeausschluss wird man aufgrund der Gesamtverantwortung des Aufsichtsratsmitglieds lediglich vorrübergehend zubilligen können. Damit kann ein dauerhafter Interessenkonflikt nicht aufgelöst werden, da insbesondere die Gefahr der Weitergabe von Informationen bestehen bleibt.[461] Eine Pflicht zur Amtsniederlegung kommt somit als ultima ratio bei dauerhaften und gravierenden Interessenkonflikten in Betracht.[462] Dies ist nötig, da ansonsten das Unternehmensinteresse beeinträchtigt wird und das Aufsichtsratsmitglied seinen Aufgaben nicht mehr ordnungsgemäß nachkommen kann.[463]

Die Pflicht zur Mandatsniederlegung folgt in diesem Fall aus der Treuepflicht.[464] Eine freiwillige Niederlegung ist dagegen stets möglich, soweit dies nicht zur Unzeit erfolgt.[465] Jedoch werden zutreffend Bedenken geäußert, dass in der Praxis eine Pflicht zur Amtsniederlegung nicht durchgesetzt werden kann, da die Begründung, dass ein solch schwerwiegender Interessenwiderstreit vorliegt, oftmals schwierig sein dürfte.[466]

1990, 896 (902), der eine Pflicht zur Amtsniederlegung nur bei einer unlösbaren Pflichtenkollision annimmt, wobei die Zeitdauer des Interessenkonflikts dafür nicht entscheidend sei; kritisch: *Mohr*, in: Grundei/Zaumseil, der Aufsichtsrat, S. 241 (251).

460 *Krebs*, Interessenkonflikte bei Aufsichtsmandaten, S. 180, 300; *Reese/Ronge*, AG 2014, 417 (424); *Schütz*, in: Semler/von Schenck, Aufsichtsrat Komm, § 100 AktG Exkurs 1 Rn. 58; *Semler/Stengel*, NZG 2003, 1 (6).

461 *Diekmann/Fleischmann*, AG 2013, 141 (143); *Habersack*, in: MüKo AktG, § 100 AktG Rn. 96.

462 *Diekmann/Fleischmann*, AG 2013, 141 (146); *Krebs*, Interessenkonflikte, S. 181; *Mense*, Interessenkonflikte bei Mehrfachmandaten, S. 164 ff.; *Seibt*, in: FS Hopt, S. 1363 (1384); *Wardenbach*, AG 1999, 74 (76).

463 *Diekmann/Fleischmann*, AG 2013, 141 (147); *Hoffmann-Becking*, in: Münch Hdb GesR, § 33 Rn. 83; *Kort*, ZIP 2008, 717 (722); *Mertens/Cahn*, in: Kölner Komm AktG, § 100 AktG Rn. 22; *Semler/Stengel*, NZG 2003, 1 (6); *Spindler*, in: Spindler/Stilz, AktG, § 116 AktG Rn. 89.

464 *Diekmann/Fleischmann*, AG 2013, 141 (147); *Drygala*, in: Schmidt/Lutter, AktG, § 100 AktG Rn. 28; *Gofferje*, Unabhängigkeit, S. 146; *Habersack*, in: MüKo AktG, § 100 AktG Rn. 96.

465 *Krebs*, Interessenkonflikte, S. 177; *Kumpan*, Interessenkonflikt, S. 570 f.; *Mense*, Interessenkonflikte bei Mehrfachmandaten, S. 161 f.; *Wardenbach*, AG 1999, 74 (76).

466 *Leyendecker-Langner*, NZG 2016, 1213 (1216).

dd. Abberufungsmöglichkeiten[467]

Teile der Literatur sehen bei dem Vorliegen eines schwerwiegenden, dauerhaften Interessenkonflikts die Möglichkeit, das Aufsichtsratsmitglied abzuberufen.[468] Nach § 103 Abs. 1 Satz 1, 2 AktG kann die Hauptversammlung mit einer Mehrheit von drei Vierteln ein Aufsichtsratsmitglied abberufen, soweit es von der Hauptversammlung ohne Bindung an einen Wahlvorschlag gewählt worden ist. Eines besonderen Grundes bedarf es hierfür nicht.[469] Die Arbeitnehmervertreter können nach mitbestimmungsrechtlichen Regelungen abberufen werden.[470]

Daneben besteht noch die Möglichkeit, ein Aufsichtsratsmitglied gerichtlich aus wichtigem Grund abzuberufen, § 103 Abs. 3 AktG. Nach § 103 Abs. 4 besteht diese Möglichkeit auch für Arbeitnehmervertreter. Zum Teil wird in der Literatur die Ansicht vertreten, dass die Tätigkeit in einem Konkurrenzunternehmen alleine bereits einen wichtigen Grund i.S.d. § 103 Abs. 3 AktG darstelle.[471] Richtigerweise kann ein wichtiger Grund nur ultima ratio angenommen werden, wenn ein solch schwerwiegender, dauerhafter Interessenkonflikt besteht, der ansonsten die Funktionsfähigkeit des Aufsichtsrats beeinträchtigen würde.[472] Die Pflicht zur Amtsniederlegung korrespondiert mit der Zulässigkeit der gerichtlichen Abberufung.[473] Dies gilt gleichermaßen in mitbestimmten Gesellschaften.[474]

Bei der Entscheidung einen Antrag auf gerichtliche Abbestellung nach § 103 Abs. 3 AktG zu stellen, steht den Aufsichtsratsmitgliedern nur bei der Beurteilung, ob ein wichtiger Grund vorliegt, ein Ermessen zu. Soweit es das

467 Vgl. zu Ausführungen zur Abberufung Kapitel § 4 C I 2 a.

468 *Kumpan*, Interessenkonflikt, S. 575; *Lutter/Krieger/Verse*, Rechte und Pflichten des Aufsichtsrats, § 12 Rn. 930; *Seibt*, in: FS Hopt, S. 1363 (1383).

469 *Habersack*, in: MüKo AktG, § 103 AktG Rn. 12; *Spindler*, in: Spindler/Stilz, AktG, § 103 AktG Rn. 5.

470 § 23 Abs. 1 Satz 1 MitbestG, § 11 Abs. 2 Montan-MitbestG, § 10n Montan-MitbestErgG, § 12 DrittelbG bzw. §§ 4, 5, 26 MgVG. Für den Antrag auf Abberufung ist kein gesetzlicher Grund nötig, sondern es muss nur das erforderliche Maß an Zustimmung der Wählerschaft vorliegen, das vor einer missbräuchlichen Verwendung schützt, vgl. *Simons*, in: Hölters AktG, § 103 AktG Rn. 42 ff.; *Wißmann*, in: Wißmann/Kleinsorge/Schubert, MitbestR, § 23 MitbestG Rn. 1, 9.

471 *Lutter*, in: FS Beusch, S. 509, (522); einschränkend *Mense*, Interessenkonflikte bei Mehrfachmandaten, S. 159; *Mertens/Cahn*, in: Kölner Komm AktG, § 100 AktG Rn. 22.

472 *Diekmann/Fleischmann*, AG 2013, 141 (147); *Mense*, Interessenkonflikte bei Mehrfachmandaten, S. 159; *Semler/Stengel*, NZG 2003, 1 (6).

473 *Diekmann/Fleischmann*, AG 2013, 141 (147); *Habersack*, in: MüKo AktG, § 100 AktG Rn. 96; *Weninger*, Mitbestimmungsspezifische Interessenkonflikte, S. 259.

474 *Kumpan*, Interessenkonflikt, S. 539 f.; *Weninger*, Mitbestimmungsspezifische Interessenkonflikte, S. 259; *Schubert*, in: Wißmann/Kleinsorge/Schubert, MitbestR, § 25 MitbestG Rn. 384.

Unternehmensinteresse erfordert, ist aber auch insoweit das Ermessen auf null reduziert. Im Übrigen sind sie verpflichtet, einen solchen Antrag zu stellen.[475] Das befangene Aufsichtsratsmitglied ist dabei nicht stimmberechtigt.[476]

c. *Haftung und weitere Sanktionen*

Verhalten sich Aufsichtsratsmitglieder bei einer Auflösung eines Interessenkonfliktes pflichtwidrig, so kommt nach §§ 116, 93 AktG eine persönliche Haftung in Betracht.[477] Darüber hinaus besteht unter Umständen eine Schadensersatzpflicht nach § 117 AktG. Daneben kommt noch eine Strafbarkeit, z.B. wegen Untreue, im Einzelfall in Betracht.[478]

Im Übrigen kann das pflichtwidrige Verhalten von Arbeitnehmervertretern zugleich arbeitsrechtliche Konsequenzen nach sich ziehen. Das pflichtwidrige Verhalten kann zugleich eine Verletzung der arbeitsvertraglichen Pflichten darstellen und etwa eine Abmahnung oder Kündigung begründen.[479]

Daneben besteht noch die Möglichkeit, dass dem Aufsichtsratsmitglied, das sich in einem Interessenwiderstreit befindet, die Entlastung nach § 120 AktG in der Hauptversammlung verweigert wird.[480]

---

475 *Habersack*, in: MüKo AktG, § 116 AktG Rn. 41; *Krebs*, Interessenkonflikte, S. 301; *Lutter*, in: FS Beusch, S. 509 (522); *Mense*, Interessenkonflikt bei Mehrfachmandaten, S. 160.

476 *Hopt/Roth*, in: GroßKomm AktG, § 103 AktG Rn. 49 m.w.N.; *Hüffer*, in: FS Heinsius, S. 337 (344); *Lutter/Krieger/Verse*, Rechte und Pflichten des Aufsichtsrats, § 12 Rn. 931; *Mertens/Cahn*, in: Kölner Komm AktG, § 103 AktG Rn. 30.

477 *Diekmann/Fleischmann*, AG 2013, 141 (149); *Krebs*, Interessenkonflikte, S. 186; *Lutter/Krieger/Verse*, Rechte und Pflichten des Aufsichtsrats, § 12 Rn. 930; *Ulmer*, NJW 1980, 1603 (1605).

478 *Dreher*, JZ 1990, 896 (903); *Kumpan*, Interessenkonflikt, S. 243.

479 *Borsdorff*, Interessenkonflikt bei Organmitgliedern, S. 150 f.; *Weninger*, Mitbestimmungsspezifische Interessenkonflikte, S. 293. Siehe dazu ausführlich Kapitel § 4 C III.

480 *Mohr*, in: Grundei/Zaumseil, der Aufsichtsrat, S. 241 (248); *Möllers*, NZG 2003, 697 (700). Die Verweigerung der Entlastung führt nicht automatisch zur Abberufung des betroffenen Aufsichtsratsmitglieds. Die Abberufung ist zum einen als eigenständiger Tagesordnungspunkt gem. § 121 Abs. 3 Satz 2 AktG vorher anzukündigen und zum anderen bedarf es für den Beschluss einer Drei-Viertel Mehrheit gem. § 103 Abs. 1 Satz 2 AktG, die für die Entlastungsentscheidung hingegen nicht notwendig ist, vgl. *Kubis*, in: MüKo AktG, § 120 AktG Rn. 38; *Mülbert*, in: GroßKomm AktG, § 120 AktG Rn. 59.

III. DCGK

Regelungen zur guten Unternehmensführung finden sich vor allem im Deutschen Corporate Governance Kodex.[481] Näher zu untersuchen ist, welche Zwecke mit dem Kodex verfolgt werden und welche Rechtswirkung dieser entfaltet. Der Kodex wurde von der Regierungskommission DCGK ausgearbeitet und nach einer Rechtmäßigkeitsprüfung vom Bundesministerium der Justiz am 30. August 2002 im Bundesanzeiger veröffentlicht.[482] Vorbild des DCGK war der „Combined Code" in Großbritannien, dem andere Staaten mit entsprechenden Kodizes nachfolgten.[483] Trotz der umfassenden Reglungen zur Unternehmensführung im deutschen Aktienrecht wuchs der Druck in Deutschland im internationalen Vergleich entsprechende Corporate Governance-Regelungen vorzulegen.[484] Der Kodex wird fortlaufend angepasst. Die Kommission berät jährlich über den Anpassungsbedarf.[485]

1. Ziele

Der Zweck des Kodex lässt sich Abs. 1 der Präambel des DCGK entnehmen. Er fasst Regelungen zur guten Unternehmensführung („Code of Best Practice") zusammen.[486] Durch die Darstellung der deutschen Corporate Governance-Regelungen

---

481 *Eibelshäuser*, Unternehmensüberwachung, S. 31; *Hexel*, AuR 2012, 334; *von der Linden*, in: Wilsing, DCGK, Präambel Rn. 19; *von Werder*, AG 2004, 166.

482 Bundesministerium der Justiz, Bekanntmachung des „Deutschen Corporate Governance Kodex", abrufbar unter https://www.bundesanzeiger.de/ebanzwww/wexsservlet?genericsearch_param.start_date%3A0=01&genericsearch_param.start_date%3A1=01&genericsearch_param.start_date%3A2=2002&genericsearch_param.stop_date%3A0=31&genericsearch_param.stop_date%3A1=12&genericsearch_param.stop_date%3A2=2002&%28page.navid%3Ddetailsearchlisttodetailsearchlistupdateresetpage%29=Dokumente+anzeigen&genericsearch_param.fulltext=eBAnz+AT1+2002+B1 [Zuletzt abgerufen am 7.4.2017]; *Bayer*, NZG 2013, 1 (3); *Berg/Stöcker*, WM 2002, 1569; *von der Linden*, in: Wilsing, DCGK, Präambel Rn. 7; *Seibert*, BB 2002, 581.

483 *Bayer*, NZG 2013, 1 (3); *Gietzen*, Unternehmensmitbestimmung, S. 121; *Ulmer*, ZHR 166 (2002), 150 (152).

484 *Anzinger*, NZG 2015, 969; *Baum*, Bericht der Regierungskommission, Rn. 6; *Berg/Stöcker*, WM 2002, 1569 (1570); *Brocker*, Unternehmensmitbestimmung und CG, S. 71 f.; *Klabunde*, Entsprechungserklärung nach § 161 AktG, S. 26; *Krieger*, ZGR 2012, 202 (203); *Lutter*, in: Hommelhoff/Hopt/von Werder, Hdb CG, S. 123 (125); *Rode*, DCGK, S. 84.

485 *Gietzen*, Unternehmensmitbestimmung, S. 148; *Hoffmann-Becking*, in: FS Hüffer, S. 337 (352); *Vetter*, in: Henssler/Strohn, GesR, § 161 Rn. 4.

486 *Bress*, Corporate Governance, S. 35; *Cromme*, Ausführungen anlässlich der Veröffentlichung des Entwurfs DCGK, abrufbar unter http://www.dcgk.de/de/kommission/die-kommission-im-dialog/deteilansicht/ausfuehrungen-von-dr-gerhard-cromme-70.

sollten die Wettbewerbschancen in Deutschland verbessert werden.[487] Der Kodex bezweckt, das Vertrauen von Anlegern bzw. potentiellen Anlegern in die deutschen Unternehmensführungen zu stärken.[488] Zudem sollen durch den Kodex neben den gesetzlichen Regelungen Bestimmungen zur guten Unternehmensführung formuliert werden.[489] Dem Kodex kommt somit eine Ordnungs- und Kommunikationsfunktion zu.[490]

2. Geltungsbereich und Inhalt

Der Kodex richtet sich an börsennotierte Gesellschaften und solche, die i.S.d. § 264d HGB kapitalmarktorientiert sind. Nicht börsennotierten Unternehmen wird die Einhaltung des Kodex lediglich empfohlen, Abs. 12 der Präambel des DCGK. In dem Kodex werden neben der Darstellung des geltenden Rechts darüber hinausgehende Empfehlungen zur guten Unternehmensführung gegeben.[491]

a. Rechtscharakter

Unklar ist bis dato die Einordnung des Kodex, insbesondere der Empfehlungen, in die geltenden Rechtsquellen.[492]

---

html [Zuletzt abgerufen am 14.3.2017]; *von der Linden*, in: Wilsing, DCGK, Präambel, Rn. 20; *Seibt*, AG 2002, 249 (250); *Ulmer*, ZHR 166 (2002), 150 (153).

487 *Brocker*, Unternehmensmitbestimmung und CG, S. 73; *Krieger*, ZGR 2012, 202 (205); *Lutter*, in: Hommelhoff/Hopt/von Werder, Hdb CG, S. 123 (125).

488 *Bachmann*, in: Kremer/Bachmann/Lutter/von Werder, DCGK, Vorbem Rn. 33; *Cromme*, Ausführungen anlässlich der Veröffentlichung des Entwurfs DCGK, abrufbar unter http://www.dcgk.de/de/kommission/die-kommission-im-dialog/deteilansicht/ausfuehrungen-von-dr-gerhard-cromme-70.html [Zuletzt abgerufen am 14.3.2017]; *Ulmer*, ZHR 166 (2002), 150 (151).

489 *Brocker*, Unternehmensmitbestimmung und CG, S. 74; *Lutter*, in: Hommelhoff/Hopt/von Werder, Hdb CG, S. 123 (126).

490 *Brocker*, Unternehmensmitbestimmung und CG, S. 73 ff.; *Mülbert*, Rechtsfragen rund um den DCGK, S. 7 f., abrufbar unter http://institut-kreditrecht.de/pdf/gelbe_reihe/v2_Muelbert_Rechtsfragen_rund_um_den_DCGK.pdf [Zuletzt abgerufen am 7.4.2017]; *Rode*, DCGK, S. 84 ff.

491 *Lutter*, in: Hommelhoff/Hopt/von Werder, Hdb CG, S. 123 (127); *Ulmer*, ZHR 166 (2002), 150 (151).

492 *Leyens*, in: GroßKomm, § 161 AktG Rn. 100; *Wittmann/Kirschbaum*, in: Heidel, AktG, § 161 AktG Rn. 3.

aa. Gesetzlicher Rahmen

Mit dem durch das TransPuG[493] eingeführten § 161 AktG besteht für den Vorstand und den Aufsichtsrat eines Unternehmens die Pflicht, jährlich zu erklären, welche Verhaltensvorschriften des Kodex befolgt worden sind und welche nicht.[494] Die Erklärungspflicht erstreckt sich nur auf die Empfehlungen im Kodex, § 161 Abs. 1 Satz 1 AktG. Der Erklärung kommt dabei neben einer vergangenheitsbezogenen Wirkung durch entsprechende Absichtserklärung auch eine zukunftsbezogene Wirkung zu.[495] Möglich ist es, die Entsprechenserklärung unter dem Jahr zu ändern.[496] Damit einher geht die Pflicht zur Änderung, wenn die Entsprechungserklärung von Beginn unrichtig war oder im Lauf des Jahres unrichtig wurde.[497] Adressat der Erklärungspflicht ist der Vorstand und der Aufsichtsrat als Organ.[498]

Die Empfehlungen des Kodex müssen nicht zwingend umgesetzt werden. Die Nichtbeachtung (einzelner) Empfehlungen muss die Gesellschaft lediglich öffentlich erklären.[499] Mit dem BilMoG[500] wurde eine Begründungspflicht eingeführt: Die Nichteinhaltung der Empfehlungen müssen die Unternehmen entsprechend begründen.[501] Der Sinn dahinter ist eine Reflexion der Corporate Governance-Grundsätze zu erreichen und ein Rechtfertigungsbedürfnis bei Abweichungen von den Kodexempfehlungen zu etablieren.[502] Dem Gesetz ist jedoch nicht zu entnehmen, wie detailliert eine Begründung zu erfolgen hat.[503] Die Vorschrift ist so auszulegen, dass die Begründung zwar knapp ausfallen darf, jedoch noch nachvollziehbar und verständlich sein muss, um den Zweck der Vorschrift erfüllen zu

493 § 161 AktG sowie §§ 285 Nr. 16, 314 Abs. 1 Nr. 8 und 325 HGB wurden durch das Transparenz- und Publizitätsgesetz (TransPuG) v. 19.7.2002 eingefügt, BGBl. 2002 Teil I Nr. 50, S. 2681 (2682 f.).

494 *Ulmer*, ZHR 166 (2002), 150 (157); *Vetter*, in: Henssler/Strohn, GesR, § 161 AktG Rn. 9.

495 *Hölters*, in: Hölters, AktG, § 161 AktG Rn. 22 f.; *Krieger*, in: FS Ulmer, S. 367; *Mülbert*, in: Rechtsfragen rund um den DCGK, S. 13, abrufbar unter http://institut-kreditrecht.de/pdf/gelbe_reihe/v2_Muelbert_Rechtsfragen_rund_um_den_DCGK.pdf [Zuletzt abgerufen am 7.4.2017].

496 *Radke*, Entsprechenserklärung, S. 111; *von Werder*, in: FS Hopt, S. 1471 (1475).

497 *Bayer/Scholz*, in: Spindler/Stilz, AktG, § 161 AktG Rn. 71; *Vetter*, in: Henssler/Strohn, GesR, § 161 AktG Rn. 18.

498 *Brocker*, Unternehmensmitbestimmung und CG, S. 78; *Krieger*, in: FS Ulmer, S. 367 (376).

499 *Hexel*, AuR 2012, 334; *Vetter*, in: Henssler/Strohn, GesR, § 161 AktG Rn. 4, 7.

500 Gesetz zur Modernisierung des Bilanzrechts (BilMoG) v. 25.5.2009, BGBl. 2009 Teil I Nr. 27, S. 1102 (1122).

501 *Lutter*, in: Kölner Komm AktG, § 161 Rn. 17; *Wittmann/Kirschbaum*, in: Heidel, AktG, § 161 AktG Rn. 63.

502 *Anzinger*, NZG 2015, 969 (973); *Goette*, in: MüKo AktG, § 161 AktG Rn. 52.

503 *Goette*, in: MüKo AktG, § 161 AktG Rn. 53; *Leyens*, in: GroßKomm AktG, § 161 AktG Rn. 338; *Stenger*, Kodex und Entsprechungserklärung, S. 149.

können.[504] Dem Kodex liegt folglich das „comply or explain“ Prinzip zugrunde.[505] Mit der Einführung der Erklärungspflicht nach § 161 AktG sollte der Druck auf die Unternehmen erhöht werden, dass der Kodex von diesen eingehalten wird.[506] § 161 AktG verfolgt wie der Kodex den Schutz der aktuellen und potentiellen Anleger.[507] Zum Teil wird die Verfassungskonformität von § 161 AktG wie die des Kodex aufgrund der fehlenden gesetzlichen Legitimation des Kodex in der Literatur bezweifelt.[508] Richtig ist zwar, dass durch § 161 AktG ein faktischer Zwang zur Befolgung des Kodex geschaffen – wie die breite Akzeptanz in der Praxis zeigt – und auch erreicht wird. Jedoch besteht mit § 161 AktG eine hinreichende Gesetzesgrundlage, da die Empfehlung nicht zwingend eingehalten werden müssen.[509]

Darüber hinaus wurde mit dem TransPuG die Rechnungslegungsvorschrift § 285 Nr. 16 HGB eingefügt. Der Anhang des Jahresabschlusses muss darüber Auskunft geben, ob die nach § 161 AktG vorgeschriebene Erklärung abgegeben wurde, und wo diese Erklärung der Öffentlichkeit zugänglich gemacht wurde.[510] Eine entsprechende Vorschrift wurde für den Konzernabschluss mit § 314 Abs. 1 Nr. 8 HGB geschaffen.[511] Zudem gehört die nach § 161 AktG abzugebende Erklärung zu den nach § 325 HGB zu veröffentlichenden Unterlagen.[512] Zudem ist die Entsprechenserklärung i.S.d. § 161 AktG im Lagebericht in der Erklärung zur Unternehmensführung mitaufzunehmen, § 289f Abs. 2 Nr. 1 HGB.[513]

---

504 *Bayer/Scholz*, in: Spindler/Stilz, AktG, § 161 AktG Rn. 61; *Goette*, in: MüKo AktG, § 161 AktG Rn. 53 ff.; *Stenger*, Kodex und Entsprechungserklärung, S. 149.

505 Abs. 11 der Präambel des DCGK.

506 *Borges*, ZCG 2003, 508 (524); *Hommelhoff/Schwab*, in: Hommelhoff/Hopt/von Werder, Hdb CG, S. 71 (80); *Stenger*, Kodex und Entsprechungserklärung, S. 43.

507 *Goette*, in: MüKo AktG § 161 AktG Rn. 37; *Hanfland*, Haftungsrisiken, S. 112 ff.

508 *Hanfland*, Haftungsrisiken, S. 123, 129; *Lutter*, in: Kölner Komm AktG, § 161 AktG Rn. 20; kritisch: *Hoffmann-Becking*, in: FS Hüffer, S. 337 ff.; *Koch*, in: Koch/Hüffer, AktG, § 161 AktG Rn. 3 f.; *Klabunde*, Entsprechenserklärung, S. 62 ff. Vgl. auch Fn. 541.

509 *Hanfland*, Haftungsrisiken, S. 124 ff.; *Lutter*, in: Kölner Komm AktG, § 161 AktG Rn. 23. Zu der ebenfalls diskutierten Verfassungskonformität des Kodex siehe Fn. 541.

510 *Habersack*, in: MüKo AktG, Einl. Rn. 56; *Ulmer*, ZHR 166 (2002), 150 (157).

511 *Goette*, in: MüKo AktG, § 161 AktG Rn. 16; *Ulmer*, ZHR 166 (2002), 150 (157).

512 *Berg/Stöcker*, WM 2002, 1569 (1571); *Bogers*, ZGR 2003, 508 (525); *Ulmer*, ZHR 166 (2002), 150 (157).

513 Dies wurde mit Gesetz zur Modernisierung des Bilanzrechts (BilMoG) v. 25.5.2009, BGBl. 2009 Teil I Nr. 27, S. 1102 (1108), eingeführt, vgl. *Lutter*, in: Kölner Komm AktG, § 161 AktG Rn. 109. Daneben kann im Falle der Kursbeeinflussung eine Abgabe einer Ad-hoc-Mitteilung bei Änderung der Entsprechungserklärung erforderlich sein, vgl. *Ettinger/Grützediek*, AG 2003, 353 (361); *Mülbert/Wilhelm*, ZHR 176 (2012), 286 (308); *Radke*, Entsprechenserklärung, S. 116 ff.

bb. „Soft Law"

Die rechtliche Einordnung des Kodex ist nicht abschließend geklärt.[514] Die h.M. ist der Ansicht, dass der Kodex selbst keine Rechtswirkung entfalte, sondern dass es sich lediglich um unverbindliche Empfehlungen handele, da an der Ausarbeitung des Kodex weder der Gesetzgeber noch die Bundesregierung beteiligt waren.[515] Eine andere Ansicht in der Literatur rechnet den Kodex der Bundesregierung zu und nimmt deswegen eine mittelbare Rechtswirkung des Kodex an.[516]

Der Kodex lässt sich nicht in die klassischen Rechtsquellen einordnen. Er wurde von einer Kommission erarbeitet, der Vorstands- und Aufsichtsratsmitglieder führender Unternehmen sowie Vertretern der Wirtschaft angehörten.[517] Mithin waren und sind keine Regierungsmitglieder oder Politiker an der Bearbeitung des Kodex beteiligt.[518] Dem Kodex kommt keine Gesetzesqualität i.S.v. Art. 2 EGBGB zu.[519]

Mangels Einhaltung des entsprechenden Verfahrens nach Art. 76 ff. GG ist der Kodex kein formelles Gesetz.[520] Da weder die Bundesregierung, ein Bundesminister

---

514 Insoweit existiert eine Vielzahl an Literatur (vgl. u.a. *Littger*, DCGK; *Rode*, DCGK; *Stenger*, Kodex und Entsprechungserklärung; *Seibt*, AG 2002, 249) zu dieser Problematik, weswegen im Anschluss nur die wesentlichen Argumente überblicksartig dargestellt werden.

515 OLG München v. 6.8.2008 – 7 U 5628/07, NZG 2009, 508 (509); *Bachmann*, in: Kremer/Bachmann/Lutter/von Werder, DCGK, Vorbem Rn. 80; *Borges*, ZGR 2003, 508 (514) m.w.N.; *Epe*, CCZ 2008, 28 f.; *Goette*, in: MüKo AktG, § 161 AktG Rn. 22; *Habersack*, Gutachten E zum 69. DJT, E 45; *Hölters*, in: Hölters, AktG, § 161 AktG Rn. 3; *Koch*, in: Hüffer/Koch, AktG, § 161 AktG Rn. 3; *Kort*, AG 2008, 137 (138); *Littger*, DCGK, S. 84; *Rode*, DCGK, S. 130; *Seibt*, AG 2002, 249 (250); a.A. *Beyer*, § 161 AktG und der DCGK, S. 22; *Knöringer-Fröhlich*, DCGK, S. 85; *Seidel*, ZIP 2004, 285 (289).

516 Bejahend für eine mittelbare Rechtswirkung: *Seidel*, ZIP 2004, 285 (289); *Hoffmann-Becking*, in: FS Hüffer, S. 337 (340 ff.); *Mülbert*, Rechtsfragen rund um den DCGK, S. 28, abrufbar unter http://institut-kreditrecht.de/pdf/gelbe_reihe/v2_Muelbert_Rechtsfragen_rund_um_den_DCGK.pdf [Zuletzt abgerufen am 7.4.2017]; *Mülbert/Wilhelm*, ZHR 176 (2012), 286 (316); *Stenger*, Kodex und Entsprechungserklärung, S. 85 f.; ablehnend: *Bachmann*, AG 2011, 181 (191); *Becker*, Haftung für den DCGK, S. 24; *Keßler*, Corporate Governance, S. 124; *Kort*, in: FS Schmidt, S. 945 (955); so auch *Heitmann*, Anforderungen an die Arbeitnehmervertreter, S. 89; *Müller-Michaels*, in: Grundei/Zaumseil, der Aufsichtsrat, S. 59 (61).

517 *Cromme*, Ausführungen anlässlich der Veröffentlichung des Entwurfs DCGK, abrufbar unter http://www.dcgk.de/de/kommission/die-kommission-im-dialog/deteilansicht/ausfuehrungen-von-dr-gerhard-cromme-70.html [Zuletzt abgerufen am 14.3.2017]; *Gietzen*, Unternehmensmitbestimmung, S. 144; *Goette*, in: MüKo AktG, § 161 AktG Rn. 22; *Rode*, DCGK, S. 128; *Seibert*, BB 2002, 581 f.; *Seidel*, ZIP 2004, 285.

518 *Seibert*, BB 2002, 581 (582); *Seidel*, ZIP 2004, 285.

519 *Goette*, in: MüKo AktG, § 161 AktG Rn. 22; *Stenger*, Kodes und Entsprechungserklärung, S. 79.

520 *Brocker*, Unternehmensmitbestimmung und CG, S. 81; *Gietzen*, Unternehmensmitbestimmung, S. 185.

noch die Landesregierung durch Gesetz zum Erlass ermächtigt wurden – insbesondere stellt § 161 AktG keine Ermächtigung dar –, sondern eine private Kommission mit der Erarbeitung beauftragt wurde, handelt es sich um keine Rechtsverordnung i.S.d. Art. 80 GG.[521] Die Mitglieder der Kommission sind auch keine Verwaltungshelfer oder Beliehene, sodass ihr Handeln dem Staat nicht zugerechnet werden kann.[522]

Der Kodex ist auch nicht als Handelsbrauch i.S.d. § 346 HGB einzustufen.[523] Dafür fehlt es aufgrund der nach § 161 AktG abzugebenden Entsprechungserklärung an der erforderlichen Freiwilligkeit und zudem an der Zustimmung des entsprechenden Adressatenkreises.[524]

Eine gewisse Ähnlichkeit des Kodex besteht zu den von einem privaten Gremium erarbeiteten Standards für die Konzernrechnungslegung nach § 342 HGB.[525] Jedoch ist das private Gremium aufgrund § 342 HGB zur Erarbeitung entsprechender Standards demokratisch legitimiert.[526] Zwar wird die Kommission ebenfalls vom Bundesministerium der Justiz berufen, jedoch fehlt es an einer vergleichbaren, gesetzlichen Regelung.[527] § 161 AktG entfaltet im Gegensatz zu § 342 HGB keine entsprechende Vermutungswirkung. Aus § 161 AktG folgt nicht, dass mit Beachtung des Kodex die Sorgfalt eines gewissenhaften Aufsichtsrats beachtet wurde.[528]

Der Kodex ist im Übrigen auch nicht mit technischen Regelwerken privater Sachverständigengremien vergleichbar.[529] Aufgrund der Möglichkeit der Nichtbefolgung begründet der Kodex im Vergleich zu Fachnormen keinen anerkannten Sorgfaltsmaßstab.[530] Die Empfehlungen können zwar von den Gerichten zum Teil als Standards guter Unternehmensführung angesehen werden, binden diese aber

---

521 *Brocker*, Unternehmensmitbestimmung und CG, S. 82; *Hanfland*, Haftungsrisiken, S. 59; *Ulmer*, ZHR 166 (2002), 150 (160).

522 *Seidel*, ZIP 2004, 285; *Rode*, DCGK, S. 128.

523 *Bayer/Scholz*, in: Spindler/Stilz, AktG, § 161 AktG Rn. 16; *Leyens*, in: GroßKomm AktG, § 161 AktG Rn. 105; *von der Linden*, in: Wilsing, DCGK, Präambel Rn. 8; *Vetter*, in: Henssler/Strohn, GesR, § 161 AktG Rn. 4.

524 *Bayer/Scholz*, in: Spindler/Stilz, AktG, § 161 AktG Rn. 16; *Becker*, Haftung für den DCGK, S. 53; *Goette*, in: MüKo AktG, § 161 AktG Rn. 22; *Hölters*, in: Hölters, AktG, § 161 AktG Rn. 4; *Kort*, in: FS Schmidt, S. 945 (957).

525 *Borges*, ZGR 2003, 508 (519); *Huttner*, Auslegung des DCGK, S. 30; *Kort*, in: FS Schmidt, S. 945 (954); *Rode*, DCGK, S. 134. Vgl. auch Kapitel § 4 A I 2 a cc.

526 *Gietzen*, Unternehmensmitbestimmung, S. 188 f.; *Kort*, in FS Schmidt, S. 945 (954); *Ulmer*, ZHR 166 (2002), 150 (161 f.).

527 *Borges*, ZGR 2003, 508 (520); *Gietzen*, Unternehmensmitbestimmung, S. 189; *Hommelhoff/Schwab*, in: Hommelhoff/Hop/von Werder, Hdb CG, S. 71 (78); *Kort*, in: FS Schmidt, S. 945 (954).

528 *Bachmann*, in: Kremer/Bachmann/Lutter/von Werder, DCGK, Vorbem Rn. 81; so auch *Littger*, DCGK, S. 97.

529 *Hanfland*, Haftungsrisiken, S. 82; *Kort*, in: FS Schmidt, S. 945 (958 f.).

530 *Huttner*, Auslegung des DCGK, S. 32; *Knöringer-Fröhlich*, DCGK, S. 245; *Rode*, DCGK, S. 133.

nicht.[531] Zudem sagt dies nichts über die Rechtsnatur des Kodex aus, sondern lediglich, dass die Empfehlungen im Rahmen der Haftung nach §§ 116, 93 AktG für die Bestimmung des Pflichtenrahmens herangezogen werden können.[532]

Aufgrund der fehlenden Beteiligung der Hauptversammlung kommt dem Kodex auch keine satzungsähnliche Wirkung zu.[533]

Er wird von einigen als „soft law" kategorisiert.[534] Daraus folgt aber noch kein Aufschluss über dessen Rechtsqualität.[535]

Zudem scheidet eine Zurechnung an die Bundesregierung aus. Zwar hat die Bundesregierung die Kommission einberufen und einen gewissen Einfluss auf die Erstellung ausgeübt: Der Kodex wurde im Anschluss an die Erstellung durch die Kommission auf seine Rechtsmäßigkeit überprüft und sodann von der Bundesregierung veröffentlicht.[536] Daraus ergibt sich aber keine maßgebliche Beteiligung der Bundesregierung.[537] Insoweit scheidet eine Zurechnung aus.[538]

---

531 *Borges*, ZGR 2003, 508 (519 ff.); *Hommelhoff/Schwab*, in: Hommelhoff/Hopt/von Werder, Hdb CG, S. 71 (79); *Klüppelberg*, Untreuestrafbarkeit bei Verstoß gegen § 161 AktG, S. 325 f.; *Graf von Treuberg/Zitzmann*, in: Pfister/Oser/Orth, DCGK, S. 34.

532 In die Richtung BGH v. 16.2.2009 – II ZR 185/07, juris Rn. 23; *Leyens*, in: GroßKomm AktG, § 161 AktG Rn. 101; *Lutter*, in: Kölner Komm AktG, § 161 AktG Rn. 164; *Seidel*, ZIP 2004, 285 (290); *Graf von Treuberg/Zitzmann*, in: Pfister/Oser/Orth, DCGK, S. 34; zurückhaltend: *Gietzen*, Unternehmensmitbestimmung, S. 181 ff.; *Knöringer-Fröhlich*, DCGK, S. 255; zum Teil wird eine Beweislastumkehr oder ein Anscheinsbeweis bejaht: *Becker*, Haftung für den DCGK, S. 173 ff.; *Hanfland*, Haftungsrisiken, S. 92 ff., 104; *Seibt*, AG 2002, 249 (251). Dies geht jedoch zu weit, da dem Kodex keine mittelbare Rechtswirkung zukommt. Generell ablehnend bzgl. einer Konkretisierung des Sorgfaltsmaßstabes durch den DCGK: *Borges*, ZGR 2003, 508 (521); *Koch*, in: Hüffer/Koch, AktG, § 116 AktG Rn. 27; *Mülbert*, Rechtsfragen rund um den DCGK, S. 12, abrufbar unter http://institut-kreditrecht.de/pdf/gelbe_reihe/v2_Muelbert_Rechtsfragen_rund_um_den_DCGK.pdf [Zuletzt abgerufen am 7.4.2017]; *Spindler*, in: Schmidt/Lutter, AktG, § 161 AktG Rn. 68; zurückhaltend: *Brocker*, Unternehmensmitbestimmung und CG, S. 86, 89.

533 OLG München v. 6.8.2008 – 7 U 5628/07, NZG 2009, 508 (509); *Bayer/Scholz*, in: Spindler/Stilz, AktG, § 161 AktG Rn. 16.

534 *Gietzen*, Unternehmensmitbestimmung, S. 191; *Kort*, AG 2008, 137 (138); *Stenger*, Kodex und Entsprechenserklärung, S. 82.

535 *Gietzen*, Unternehmensmitbestimmung, S. 191; *Rode*, DCGK, S. 127.

536 So hingegen *Beyer*, § 161 AktG und DCGK, S. 32; *Seidel*, ZIP 2004, 285 (286 ff.); differenzierend: *Hoffmann-Becking*, in: FS Hüffer, S. 337 (339), der den Kodex zwar den Staat zurechnet, aber davon ausgeht, dass es sich um lediglich schlichtes Verwaltungshandeln handelt, das keine Rechtswirkung entfaltet; so auch *Brocker*, Unternehmensmitbestimmung und CG, S. 84 f. und *Stenger*, Kodex und Entsprechungserklärung, S. 85 f.

537 *Becker*, Haftung für den DCGK, S. 24; *Kort*, in: FS Schmidt, S. 945 (951); in die Richtung auch: *Engler*, Private Regelsetzung, S. 80 f.; *Spindler*, in: Schmidt/Lutter, AktG, § 161 AktG Rn. 7.

538 *Becker*, Haftung für den DCGK, S. 24; *Kort*, in: FS Schmidt, S. 945 (951).

Rechtsfolgen im Falle einer Nicht- oder Missachtung des Kodex können sich alleine daraus ergeben, dass die Entsprechungserklärung nach § 161 AktG nicht oder nicht korrekt abgegeben wird.[539] Zwar stellt § 161 AktG eine Grundlage für den Kodex dar, dies hat jedoch keine weiteren Auswirkungen auf die Rechtswirkung der Vorschriften des DCGK.[540] Insbesondere ist aufgrund der Erklärungspflicht nach § 161 AktG, die es den Gesellschaften überlässt sich an den Kodex zu halten oder nicht, von der Verfassungsmäßigkeit des Kodex auszugehen.[541] Es besteht lediglich ein faktischer Zwang diesen einzuhalten.

Der Kodex ist richtigerweise als ein unverbindlicher Verhaltenskodex „sui generis" einzuordnen, dem keine unmittelbare Rechtswirkung zukommt.[542] Über die Erklärungspflicht nach § 161 AktG erlangt dieser jedoch eine gewisse faktische Wirkung, sodass er als mittelbare Rechtsquelle einzuordnen ist.[543]

---

539 *Bachmann*, in: Kremer/Bachmann/Lutter/von Werder, DCGK, Vorbem Rn. 81; *Lutter*, in: Kölner Komm AktG, § 161 AktG Rn. 1.

540 *Borges*, ZGR 2003, 508 (539); *Hexel*, AuR 2012, 334; *Huttner*, Auslegung des DCGK, S. 38; *Kort*, in: FS Schmidt, S. 945 (951); *Lutter*, in: Kölner Komm AktG, § 161 AktG Rn. 125.

541 OLG München v. 23.1.2008 – 7 U 3668/07, WM 2008, 645 (648); *Kort*, in: FS Schmidt, S. 945 (953); *Lutter*, in: Kölner Komm AktG, § 161 AktG Rn. 23. Zum Teil wird die Verfassungswidrigkeit des DCGK in Betracht gezogen: vgl. *Beyer*, § 161 AktG und der DCGK, S. 33 ff.; *Hommelhoff/Schwab*, in: Hommelhoff/Hopt/von Werder, Hdb CG, S. 71 (83 ff.); *Mülbert/Wilhelm*, ZHR 176 (2012), 286 (314 ff.); *Spindler*, in: Schmidt/Lutter, AktG, § 161 AktG Rn. 11. Da es sich bei dem DCGK um eine private Regelung handelt, unterliegt diese schon keiner Verfassungsbindung. Im Übrigen besteht durch § 161 AktG eine hinreichende Legitimation und es besteht keine Pflicht zur Befolgung des Kodex, sondern lediglich zur Abgabe einer Entsprechungserklärung. Der Kodex selbst ist mithin nicht verfassungswidrig, vgl. *Gietzen*, Unternehmensmitbestimmung, S. 199; *Hanfland*, Haftungsrisiken, S. 91; *Rode*, DCGK, S. 132; *Vogel*, Haftung, S. 44. Vgl. auch Fn. 508, 509.

542 *Seibert*, BB 2002, 581 (582); *Bachmann*, in: Kremer/Bachmann/Lutter/von Werder, DCGK, Vorbem Rn. 81; *Wittmann/Kirschbaum*, in: Heidel, AktG, § 161 AktG Rn. 3. So auch schon der Vorsitzenden der Regierungskommission Deutscher Corporate Governance, Herr *Cromme*: Der Kodex sollte „Regeln von der Wirtschaft für die Wirtschaft" sein; *Cromme*, Ausführungen anlässlich der Veröffentlichung des Entwurfs DCGK, abrufbar unter http://www.dcgk.de/de/kommission/die-kommission-im-dialog/deteilansicht/ausfuehrungen-von-dr-gerhard-cromme-70.html [Zuletzt abgerufen am 14.3.2017].

543 *Berg/Stöcker*, WM 2002, 1569 (1572); *Beyer*, § 161 AktG und DCGK, S. 22 f.; *Fuhrmann*, in: Fuhrmann/Linnerz/Pohlmann, DCGK, Ziff. 1 Rn. 4; *Gietzen*, Unternehmensmitbestimmung, S. 194; *Habersack*, Gutachten E zum 69. DJT, E 47; *Hanfland*, Haftungsrisiken, S. 85; *Huttner*, Auslegung des DCGK, S. 38; *Klabunde*, Entsprechungserklärung nach § 161 AktG, S. 32; *Koch*, in: Hüffer/Koch, AktG, § 161 AktG Rn. 3; *Lutter*, in: Kölner Komm AktG, § 161 AktG Rn. 11; *Rode*, DCGK, S. 137 ff.;

b. Inhalt

Der Kodex enthält neben der Wiedergabe geltenden Rechts Empfehlungen zur guten Unternehmensleitung und -überwachung, die von den Unternehmen eingehalten werden „sollen" und solche Empfehlungen, zu deren Einhaltung die Unternehmen angeregt werden.[544] Nach Abs. 11 der Präambel des DCGK sind Empfehlungen durch die Verwendung des Wortes „soll" gekennzeichnet und Anregungen sind kenntlich, indem dafür der Begriff „sollte" bzw. „kann" verwendet wurde. Im Rahmen der Empfehlungen ist wiederrum zwischen „harten" und „weichen" Kodexbestimmungen zu unterscheiden.[545] Die „harten" Kodexbestimmungen sind klar formuliert und lassen den Organen kein Ermessen bei der Umsetzung.[546] Die „weichen" Kodexbestimmungen überlassen den Organen bei der Umsetzung der Empfehlungen hingegen einen Gestaltungsspielraum.[547] Den Hauptteil des Kodex nehmen die Empfehlungen und die Wiedergabe des geltenden Rechts gegenüber den Anregungen ein.[548]

Der Kodex untergliedert sich in sieben Abschnitte: 1. Präambel, 2. Aktionäre und Hauptversammlung, 3. Zusammenwirken von Vorstand und Aufsichtsrat, 4. Vorstand, 5. Aufsichtsrat, 6. Transparenz und 7. Rechnungslegung und Abschlussprüfung.

3. Rechtsfolgen bei Nichtbeachtung von § 161 AktG

Die Nichtbeachtung des Kodex zieht mangels Rechtskraft keine haftungsrechtlichen Folgen nach sich.[549] Dagegen können sich Rechtsfolgen ergeben, wenn die Entsprechungserklärung nach § 161 AktG missachtet wird – nicht oder fehlerhaft abgegeben wird – und (oder) die damit im Zusammenhang stehenden Publizitätsvorschriften[550] verletzt werden.[551] Die Miss- bzw. Nichtbeachtung der Erklärungspflicht nach § 161 AktG kann zur Anfechtbarkeit von Entlastungsbeschlüssen der

---

Ulmer, ZHR 166 (2002), 150 (164); *Spindler*, in: Schmidt/Lutter, AktG, § 161 AktG Rn. 10.

544 *Hoffmann-Becking*, in: FS Hüffer, S. 337 (344); *Hommelhoff/Schwab*, in: Hommelhoff/Hopt/von Werder, Hdb CG, S. 71 (74); *Lutter*, in: Hommelhoff/Hopt/von Werder, Hdb CG, S. 123 (127).

545 *Von Werder*, in: FS Hopt, S. 1471 (1477); *Huttner*, Auslegung des DCGK, S. 67.

546 *Von Werder*, in: FS Hopt, S. 1471 (1477); *Huttner*, Auslegung des DCGK, S. 67.

547 *Von Werder*, in: FS Hopt, S. 1471 (1478); *Huttner*, Auslegung des DCGK, S. 68.

548 *Brocker*, Unternehmensmitbestimmung und CG, S. 77; *Gietzen*, Unternehmensmitbestimmung, S. 156.

549 *Koch*, in: Koch/Hüffer, AktG, § 161 AktG Rn. 25; *Vetter*, in: Henssler/Strohn, GesR, § 161 AktG Rn. 7.

550 §§ 285 Nr. 16, 314 Abs. 1 Nr. 8, 325 Abs. 1 bzw. 289a HGB.

551 *Becker*, Haftung für den DCGK, S. 166; *Lutter*, in: Kölner Komm AktG, § 161 AktG Rn. 141; *Radke*, Entsprechenserklärung, S. 157.

Hauptversammlung und der Wahlbeschlüsse führen, sowie haftungsrechtliche Konsequenzen für die Organe und die Gesellschaft haben.[552]

a. Abschlussprüfung und weitere Kontrollverfahren

Ob die Entsprechenserklärung nach § 161 AktG abgegeben wurde, kann zum einen durch die Veröffentlichungspflicht im Bundesanzeiger überprüft werden, und ist zum anderen Prüfungsgegenstand einer Abschlussprüfung.

Nach § 316 Abs. 1 Satz 1 bzw. Abs. 2 Satz 2 HGB werden der Jahresabschluss bzw. Konzernabschluss samt Lagebericht bei Kapitalgesellschaften von einem Abschlussprüfer kontrolliert. Der Anhang ist von dem Prüfungsumfang nach § 317 HGB ebenfalls mit umfasst. Der Abschlussprüfer hat deswegen zu überprüfen, ob die Entsprechungserklärung nach § 161 AktG abgegeben wurde.[553] Eine inhaltliche Kontrolle der Entsprechungserklärung nach § 161 AktG erfolgt hingegen nicht.[554] § 285 Nr. 16 HGB fordert auch nur, dass angegeben werden muss, ob eine entsprechende Erklärung abgegeben wurde, nicht ob diese auch inhaltlich richtig ist. Das Ergebnis der Prüfung hat der Abschlussprüfer in einem Bestätigungsvermerk nach § 322 Abs. 1 Satz 1 HGB zusammenzufassen. Lediglich ein schwerwiegender Mangel, der dazu führt, dass ein Positivbefund über die Rechnungslegung nicht mehr bescheinigt werden kann, führt zur Versagung des Bestätigungsvermerks.[555] Die fehlende Entsprechungserklärung ist kein solch schwerwiegender Verstoß.[556] Der Abschlussprüfer hat den Prüfungsvermerk jedoch nach § 322 Abs. 4 Satz 1 HGB in diesem Fall einzuschränken.[557] Im Übrigen kann sich eine Berichtspflicht nach § 321 Abs. 1 Satz 3 HGB für den Abschlussprüfer ergeben, wenn er im Rahmen

552 *Bayer/Scholz*, in: Spindler/Stilz, AktG, § 161 AktG Rn. 90; *Goette*, in: MüKo AktG, § 161 AktG Rn. 87.

553 Begr. RegE, BT-Drs. 14/8769, S. 25; *Gietzen*, Unternehmensmitbestimmung, S. 173; *Radke*, Entsprechenserklärung, S. 163; a.A.: *Strunk/Kolaschnik u.a.*, TransPuG und Corporate Governance Kodex, S. 13. Vgl. zur Abschlussprüfung auch Kapitel § 4 B I 1.

554 *Berg/Stöcker*, WM 2002, 1569 (1574); *Gietzen*, Unternehmensmitbestimmung, S. 173; *Hölters*, in: Hölters, AktG, § 161 AktG Rn. 64; *Lutter*, in: Kölner Komm AktG, § 161 AktG Rn. 117; *Seibt*, AG 2002, 249 (257).

555 *Bormann*, in: MüKo BilanzR, § 322 HGB Rn. 63, 67; *Bormann*, in: MüKo BilanzR, § 322 HGB Rn. 67.

556 Vgl. *Berg/Stöcker*, WM 2002, 1569 (1574); *Leyens*, in: GroßKomm AktG, § 161 AktG Rn. 442; *Radke*, Entsprechenserklärung, S. 164.

557 Begr. RegE, BT-Drs. 14/8769, S. 25; *Hanfland*, Haftungsrisiken, S. 207; *Leyens*, in: GroßKomm AktG, § 161 AktG Rn. 443; *Radke*, Entsprechenserklärung, S. 164; *Ruhnke*, AG 2003, 371 (374 f.); *Seibt*, AG 2002, 249 (257); *Wittmann/Kirschbaum*, in: Heidel, AktG, § 161 AktG Rn. 77; a.A.: *Bachmann*, ZIP 2010, 1517 (1523); *Berg/Stöcker*, WM 2002, 1569 (1574).

seiner Prüfung die Unrichtigkeit der Entsprechenserklärung feststellt.[558] In diesem Zusammenhang sieht Nr. 7.2.3 des DCGK eine Erweiterung dieser Pflicht vor. Ob § 325 HGB und § 289f HGB gewahrt worden sind, wird von dem Abschlussprüfer hingegen nicht geprüft, sodass der Bestätigungsvermerk insoweit nicht einzuschränken ist.[559]

Eine inhaltliche Prüfung findet auch bei einer sonstigen Kontrolle nicht statt.[560] Nach § 329 Abs. 1 HGB überprüfen die Betreiber des Bundesanzeigers, ob die einzureichenden Unterlagen fristgemäß und vollständig eingereicht worden sind. Kontrolliert wird die Abgabe der Entsprechungserklärung, da diese gem. § 325 Abs. 1 Nr. 2 HGB offenzulegen ist.[561] Bei einem Verstoß kann dies zur Einleitung eines Ordnungsgeldverfahren nach §§ 335, 340o und § 341o HGB führen.[562]

Daneben kann eine Überprüfung im Rahmen des Enforcement-Verfahrens erfolgen, da der Jahres- bzw. Konzernabschluss wie der Lagebericht kontrolliert werden, § 342b Abs. 2 Satz 1 HGB bzw. § 106 WpHG.[563] Somit findet auch eine Kontrolle der Entsprechenserklärung statt, die nach § 289f Abs. 2 Nr. 1 HGB Teil des Lageberichts sowie der Anhangangaben ist, §§ 285 Nr. 18, 314 Abs. 1 Nr. 8 HGB. Im Anhang muss jedoch nur angegeben werden, ob eine Entsprechenserklärung abgegeben wurde und wo diese zu finden ist. Der Kontrolle durch die Deutsche Prüfstelle für Rechnungslegung (DPR) nach § 342b Abs. 2, 6 Satz 1 Nr. 2, 3 HGB bzw. der Bundesanstalt für Finanzdienstleistungen (BaFin) nach § 106 WpHG unterliegt aber nicht die inhaltliche Richtigkeit der Entsprechenserklärung.[564] Dies folgt daraus, dass sich der Prüfungsumfang nach § 317 Abs. 2 HGB richten soll,

---

558 *Bertram*, in: Haufe, HGB, § 321 HGB Rn. 78; *Hanfland*, Haftungsrisiken, S. 207; *Schmidt/Deicke*, in: BeckOK BilanzR, § 321 HGB Rn. 45; *Stenger*, Kodex und Entsprechungserklärung, S. 173; *Strunk/Kolaschnik u.a.*, TransPuG und Corporate Governance Kodex, S. 11; *Wittmann/Kirschbaum*, in: Heidel, AktG, § 161 AktG Rn. 78.

559 *Grottel*, in: BeckOK BilanzR, § 325 HGB Rn. 107; *Grottel*, in: BeckOK BilanzR, § 289f HGB Rn. 120; dafür spricht auch, dass § 317 Abs. 2 Satz 4 HGB § 289f HGB ausdrücklich von dem Prüfungsumfang ausnimmt. Vgl. auch Kapitel § 4 B I 1.

560 *Drinhausen*, in: MüKo BilanzR, § 329 HGB Rn. 20; *Grottel*, in: BeckOK BilanzR, § 329 HGB Rn. 5; *Leyens*, in: GroßKomm AktG, § 161 AktG Rn. 459 ff.; *Stenger*, Kodex und Entsprechungserklärung, S. 215.

561 *Grottel*, in: BeckOK BilanzR, § 329 HGB Rn. 5; *Leyens*, in: GroßKomm AktG, § 161 AktG Rn. 459; *Lutter*, in: Kölner Komm AktG, § 161 AktG Rn. 106.

562 *Drinhausen*, in: MüKo BilanzR, § 329 HGB Rn. 20; *Lutter*, in: Kölner Komm AktG, § 161 AktG Rn. 106.

563 Vgl. zum Enforcement-Verfahren Kapitel § 4 B I 2.

564 *Bachmann*, ZIP 2010, 1517 (1523); *Klabunde*, Entsprechenserklärung, S. 256; *Leyens*, in: GroßKomm AktG, § 161 AktG Rn. 464, 466; *Stenger*, Kodex und Entsprechenserklärung, S. 264, sind der Ansicht, dass eine inhaltliche Überprüfung durch die DPR bzw. BaFin nicht geboten ist; a.A.: *Anzinger*, NZG 2015, 969 (976).

der gerade keine inhaltliche Überprüfung vorsieht. Zudem sind die Empfehlungen private Standards, die zum Teil einen erheblichen Ermessensspielraum lassen.[565]

b. Anfechtbarkeit von Beschlüssen und organschaftliche Konsequenzen

Die Hauptversammlung hat nach § 120 Abs. 1 Satz 1 AktG jährlich über die Entlastung der Vorstands- und Aufsichtsratsmitglieder zu beschließen. Mit der Entlastung wird nach § 120 Abs. 2 Satz 1 AktG die Verwaltung der Gesellschaft durch den Vorstand und Aufsichtsrat gebilligt. Der Beschluss der Hauptversammlung ist anfechtbar, wenn der Beschluss materiell fehlerhaft ist.[566] Nach § 243 Abs. 1 AktG kann eine Hauptversammlungsbeschluss angefochten werden, wenn dieser gegen das Gesetz oder eine Satzung verstößt. Bei einem unwesentlichen Verstoß besteht hingegen keine Anfechtungsmöglichkeit nach § 243 Abs. 1 AktG.[567]

Wird der Erklärungspflicht nach § 161 AktG nicht oder fehlerhaft entsprochen, so kann dies zur Anfechtbarkeit der Entlastungsbeschlüsse der Hauptversammlung führen.[568] Wird ein Interessenkonflikt nach Nr. 5.5.2 DCGK nicht offengelegt, und die Entsprechungserklärung nicht entsprechend berichtigt, so stellt dies ebenfalls einen schwerwiegenden Verstoß dar, der zu Anfechtbarkeit führt.[569]

Es ist davon auszugehen, dass die Entlastung verweigert werden muss, wenn die Entsprechungserklärung einen wesentlichen Fehler aufweist.[570]

Umstritten ist hingegen, ob eine Wahl in den Aufsichtsrat anfechtbar ist, wenn diese in Widerspruch zu Empfehlungen des Kodex steht, ohne dass eine Abweichung davon offengelegt wird.[571] Soweit man eine Anfechtungsmöglichkeit infolge

---

565 *Grottel*, in BeckOK BilanzR, § 342b HGB Rn. 30; *Klabunde*, Entsprechenserklärung, S. 256.

566 *Hoffmann*, in: Spindler/Stilz, AktG, § 120 AktG Rn. 45; *Kubis*, in: MüKo AktG, § 120 AktG Rn. 52.

567 BGH v. 14.5.2013 – II ZR 196/12, NZG 2013, 783; *Goslar/von der Linden*, NZG 2009, 1337 (1338); *Klabunde*, Entsprechungserklärung nach § 161 AktG, S. 127 ff.; *Lutter*, in: Kölner Komm AktG, § 161 AktG Rn. 143; *Vetter*, in: Henssler/Strohn, GesR, § 161 AktG Rn. 26.

568 BGH v. 16.2.2009 – II ZR 185/07, juris Rn. 19; v. 21.9.2009 – II ZR 174/08, juris Rn. 16; v. 10.7.2012 – II ZR 48/11, juris Rn. 26; *Bayer*, NZG 2013, 1 (14); *Goslar/von der Linden*, NZG 2009, 1337 (1338); *Hoffmann*, in: Spindler/Stilz, AktG, § 120 AktG Rn. 50; *Lutter*, in: Kölner Komm AktG, § 161 AktG Rn. 141; kritisch dazu: *Krieger*, ZGR 2012, 202 (219 ff.).

569 BGH v. 16.2.2009 – II ZR 185/07; NJW 2009, 2207 (2211); *Müller-Michaels*, in: Grundei/Zaumseil, der Aufsichtsrat, S. 59 (67).

570 *Radke*, Entsprechenserklärung, S. 171; dies ist jedoch strittig, vgl. *Spindler*, in: Schmidt/Lutter, AktG, § 161 AktG Rn. 56.

571 *Beyer*, § 161 AktG und der DCGK, S. 181 ff.; *Huttner*, Auslegung des DCGK, S. 283 ff; *Klabunde*, Entsprechungserklärung nach § 161 AktG, S. 190 ff.; *Lutter*, in: Kölner Komm AktG, § 161 AktG Rn. 150 m.w.N.; *Mülbert/Wilhelm*, ZHR 176 (2012), 286 (295 ff.); *Vetter*, in: Henssler/Strohn, GesR, § 161 AktG Rn. 26 m.w.N.

eines relevanten Informationsmangels durch die fehlerhafte Entsprechungserklärung bejaht, bewirkt dies keinen Amtsverlust ex tunc, sodass Beschlüsse des Aufsichtsrats nach den Grundsätzen der fehlerhaften Organbestellung wirksam sind.[572]

Daneben kommt als weitere Folge einer fehlerhaften Entsprechungserklärung die Abberufungsmöglichkeit eines Vorstands- oder eines Aufsichtsratsmitglieds insbesondere unter den Voraussetzungen von §§ 84 Abs. 3, 103 Abs. 3 AktG in Betracht, wenn in der Abgabe einer falschen Entsprechenserklärung ein wichtiger Grund gesehen werden kann.[573]

c. *Haftungsrechtliche Konsequenzen*[574]

Die Organe verhalten sich pflichtwidrig i.S.d. §§ 93 Abs. 1, 116 Satz 1 AktG, wenn diese der Erklärungspflicht nach § 161 AktG nicht oder nicht korrekt nachkommen.[575] In der Praxis wird von der Innenhaftung zurückhaltend Gebrauch gemacht.[576] Im Bereich der Außenhaftung kommt eine Haftung der Organe sowie der Gesellschaft gegenüber Anlegern und Dritten in Betracht.[577] Insoweit ist eine Haftung nach Prospekthaftung, nach Deliktsrecht oder nach Vorschriften des Kapitalmarktrechts möglich.[578] Daneben kann sich noch eine Haftung der Gesellschaft nach § 826 BGB ergeben.[579] Umstritten ist, ob § 161 AktG als Schutzgesetz i.S.d. § 823 Abs. 2 BGB einzuordnen ist. Der Kodex selbst stellt mangels Rechtswirkung kein Schutzgesetz dar.[580] Die h.M. fasst § 161 AktG nicht als Schutzgesetz auf, da die Vorschrift nicht dem Schutz einzelner Anleger dienen soll.[581] §§ 285 Nr. 16, 314 Abs. 1 Nr. 8, 325 Abs. 1 HGB scheiden ebenfalls als Schutzgesetz aus.

---

572 *Goette*, in: MüKo AktG, § 161 AktG Rn. 96; *Leyens*, in: GroßKomm AktG, § 161 AktG Rn. 516.

573 *Huttner*, Auslegung des DCGK, S. 298 ff; *Spindler*, in: Schmidt/Lutter, AktG, § 161 AktG Rn 66.

574 Ausführlich dazu: *Becker*, Haftung für den DCGK, S. 57 ff.; *Ettinger/Grützediek*, AG 2003, 353 ff.; *Hanfland*, Haftungsrisiken, S. 130 ff; *Huttner*, Auslegung des DCGK, S. 201 ff.; *Knöringer-Fröhlich*, DCGK, S. 167 ff.; *Mülbert/Wilhelm*, ZHR 176 (2012), 286 (299 ff.); *Rode*, DCGK, S. 171 ff; *Seibt*, AG 2002, 249 (254 ff.); *Vogel*, Haftung, S. 81 ff.

575 *Engler*, Private Regelsetzung, S. 88; *Kort*, in: FS Schmidt, S. 945 (947); *Lutter*, in: Kölner Komm AktG, § 161 AktG Rn. 154.

576 *Leyens*, in: GroßKomm AktG, § 161 AktG Rn. 519; *Stenger*, Kodex und Entsprechenserklärung, S. 186.

577 *Huttner*, Auslegung des DCGK, S. 256; *Hanfland*, Haftungsrisiken, S. 212; *Radke*, Entsprechenserklärung, S. 214; *Stenger*, Kodex und Entsprechenserklärung, S. 186.

578 Vgl. *Ettinger/Grützediek*, AG 2003, 353 (357 ff.); *Berg/Stöcker*, WM 2002, 1569 (1577 f.).

579 *Kort*, in: FS Schmidt, S. 945 (947 f.); *Radke*, Entsprechenserklärung, S. 230 f.; *Stenger*, Kodex und Entsprechungserklärung, S. 188 f.

580 *Ettinger/Grützediek*, AG 2003, 353 (359); *Rode*, DCGK, S. 185; *Stenger*, Kodex und Entsprechenserklärung, S. 187.

581 *Goette*, in: MüKo AktG, § 161 AktG Rn. 101 m.w.N.; *Hölters*, in: Hölters, AktG, § 161 AktG Rn. 52; *Koch*, in: Hüffer/Koch, AktG, § 161 AktG Rn. 28; *Vetter*, in: Henssler/

§ 331 Nr. 1, 2 HGB ist hingegen ein Schutzgesetz, sodass sich daraus eine Haftung ergeben kann.[582]

Im Übrigen kommt insbesondere eine Strafbarkeit nach § 400 Abs. 1 Nr. 1 2. Alt AktG, § 265b StGB, sowie eine Ordnungswidrigkeit nach § 334 Abs. 1 Nr. 1 lit. d HGB in Betracht.[583] Eine Strafbarkeit nach § 331 HGB, §§ 263, 264a StGB wird hingegen in der Regel nicht gegeben sein.[584] Diskutiert wird daneben noch eine Strafbarkeit wegen Untreue, § 266 StGB. Grundsätzlich kann in der fehlerhaften Entsprechenserklärung nach § 161 AktG zugleich eine Verletzung der Vermögensbetreuungspflicht liegen.[585]

4. Akzeptanz

Die Empfehlungen werden in der Praxis von Beginn an weitgehend befolgt. Die Akzeptanz nimmt mit der Unternehmensgröße zu.[586] Eine Umfrage aus dem Jahr 2015 belegt, dass 82,6 % der Kodexbestimmungen von den Unternehmen eingehalten wurden.[587] Bei den DAX-Unternehmen liegt die Quote bei 95,2 %.[588] Die Akzeptanz nahm in der Vergangenheit kontinuierlich zu und ist nun stabil.[589] Von insgesamt 105 Empfehlungen und 6 Anregungen werden 55 Empfehlungen und eine Anregung allgemein akzeptiert.[590] Im Vergleich zu den Empfehlungen werden die Anregungen, deren Nichtbefolgung nicht begründet werden muss, deutlich weniger akzeptiert.[591]

Strohn, GesR, § 161 AktG Rn. 29; *Vogel*, Haftung, S 169; zurückhaltend *Engler*, Private Regelsetzung, S. 89; *Leyens*, in: GroßKomm AktG, § 161 AktG Rn. 573.

582 *Becker*, Haftung für den DCGK, S. 122 ff.; *Berg/Stöcker*, WM 2002, 1569 (1579); *Hanfland*, Haftungsrisiken, S. 206.

583 *Becker*, Haftung für den DCGK, S. 122; *Leyens*, in: GroßKomm AktG, § 161 AktG Rn. 611 ff.; *Vogel*, Haftung, S. 215.

584 *Leyens*, in: GroßKomm AktG, § 161 AktG Rn. 616; *Stenger*, Kodex und Entsprechungserklärung, S. 183 f.

585 Ausführlich: *Klüppelberg*, Untreuestrafbarkeit bei Verstößen gegen § 161 AktG, S. 295 ff.

586 *Krieger*, ZGR 2012, 202 (208); *von Werder*, in: FS Hopt, S. 1471 (1473); *von Werder/Turkali*, DB 2015, 1357 (1359).

587 *Von Werder/Turkali*, DB 2015, 1357 (1359).

588 *Von Werder/Turkali*, DB 2015, 1357 (1359). Eine Studie zur Kodex-Akzeptanz aus dem Jahr 2017 belegt, dass 95,6% der Empfehlungen von DAX-Unternehmen befolgt werden, *Beyenbach/Rapp/Wolf*, AR 2017, 102.

589 *Von Werder/Turkali*, DB 2015, 1357 (1359); *Beyenbach/Rapp/Wolf*, AR 2017, 102.

590 *Von Werder/Turkali*, DB 2015, 1357 (1359). In der Fassung des Kodex v. 5.5.2015 gibt es 102 Empfehlungen und 7 Anregungen, vgl. *Berlin Center of Corporate Governance*, Text des DCGK, abrufbar unter http://bccg.projects.tu-berlin.de/wordpress/wp-content/uploads/2015/09/DCGK-2015_editiert_FINAL_29.09.2015.pdf [Zuletzt abgerufen am 2.4.2017].

591 *Krieger*, ZGR 2012, 202 (213); *von Werder/Turkali*, DB 2015, 1357 (1359).

5. *Keine Unternehmensmitbestimmung*

Der Kodex widmet sich vor allem dem Aufsichtsrat, der im Rahmen des Prinzipal-Agenten-Konflikts eine wichtige Rolle spielt.[592] Im Rahmen der Unternehmensmitbestimmung kommt dem Aufsichtsrat, der in mitbestimmten Unternehmen mit Arbeitnehmervertreter zu besetzen ist, eine entscheidende Rolle zu.[593]

Teile der Literatur sehen jedoch die deutsche Unternehmensmitbestimmung als Hindernis guter Corporate Governance.[594] Die Konflikte, die sich aus der Unternehmensmitbestimmung ergeben, wurden bei der Corporate Governance-Debatte weitgehend nicht beachtet und sind im Kodex nicht behandelt.[595] Die Unternehmensmitbestimmung war nicht Teil des Auftrags der Regierungskommission Corporate Governance, sodass in den Empfehlungen Auswirkungen der Mitbestimmung auch nicht berücksichtigt wurden.[596] So geht der Kodex in der Präambel zwar auf die Unternehmensmitbestimmung ein, aber ohne dann anschließend die Mitbestimmung hinreichend zu berücksichtigen.[597]

Mithin werden die Aspekte der Mitbestimmung, insbesondere in Bezug auf die Unabhängigkeit der Arbeitnehmervertreter, wie auch deren Qualifikation, im Rahmen der Corporate Governance nicht hinreichend berücksichtigt.[598] Zur effektiven Erfüllung der Aufgaben des Aufsichtsrats ist eine entsprechende Qualifikation und Unabhängigkeit der Aufsichtsratsmitglieder erforderlich.[599] Daneben wird in der, durch die Unternehmensmitbestimmung bedingten, Größe des Aufsichtsrats ein Hindernis effektiver Arbeit des Aufsichtsrats gesehen.[600] Da eine Abweichung de lege lata nicht möglich ist, bleibt lediglich die Übertragung der Arbeit an Ausschüsse, um so eine effektive Arbeit sicherzustellen, sofern der Ausschuss nicht

---

592 *Gietzen*, Unternehmensmitbestimmung, S. 212; *Kremer*, in: Kremer/Bachmann/Lutter/von Werder, DCGK, Vorbem Ziff. 5 Rn. 1200.

593 *Gietzen*, Unternehmensmitbestimmung, S. 212; *von Werder*, AG 2004, 166 (168).

594 *Kirchner*, AG 2004, 197; *von Werder*, AG 2004, 166; *Adams*, ZIP 2006, 1561.

595 *Brocker*, Unternehmensmitbestimmung und CG, S. 77; *Gietzen*, Unternehmensmitbestimmung, S. 211; *Kort*, AG 2008, 137 (149); *Leyens*, JZ 2007, 1061 (1067); *Rieble*, in: Rieble/Junker, Unternehmensführung, S. 9 (11); *Säcker*, AG 2004, 180 (181).

596 *Baums*, Bericht der Regierungskommission, Rn. 3; *Brocker*, Unternehmensmitbestimmung und CG, S. 77.

597 *Fuhrmann*, in: Fuhrmann/Linnerz/Pohlmann, DCGK, Ziff. 1 Rn. 54; *Sünner*, AG 2012, 265 (266).

598 Ausführlich dazu *Brocker*, Unternehmensmitbestimmung und CG, S. 186 ff.; *Gietzen*, Unternehmensmitbestimmung, S. 211 ff.; *Gofferje*, Unabhängigkeit, S. 175; *Kort*, AG 2008, 137 (146).

599 *Schwalbach*, AG 2004, 186 (187 f.); *von Werder*, AG 2004, 166 (169 f.); *Loritz*, in: FS Bauer, S. 677 (684). Vgl. auch Kapitel § 2 A II 4 bzw. Kapitel § 2 A III.

600 *Böckli*, in: Hommelhoff/Hopt/von Werder, Hdb CG, S. 255 (261 f.); *Leyens*, Aufsichtsrat, S. 121; *Kort*, AG 2008, 137 (138 f.); *Peltzer*, in: FS Schwark, S. 707 (715); *Schwalbach*, AG 2004,186 (187).

zu groß ist.[601] In der Literatur wird immer wieder diskutiert, ob die Arbeitnehmervertreter eine ausreichende Qualifikation zur Besetzung des Aufsichtsrats aufweisen. Bezweifelt wird insbesondere, ob sie spezielle Kenntnisse besitzen.[602] Bei der Wahl der Arbeitnehmervertreter ist es nicht Ziel, im Hinblick einer guten Corporate Governance, geeignete Mitglieder zu wählen, sondern einen Funktionär, der die Interessen der Arbeitnehmervertreter vertritt.[603] Daneben wird diskutiert, ob Arbeitnehmervertreter als unabhängig angesehen werden können.[604] Insoweit hätte eine Beschreibung des Anforderungsprofils in den Kodex mit aufgenommen werden können, um eine gute Corporate Governance sicherzustellen.[605] Im Übrigen kann sich gerade aus der Besetzung des Aufsichtsrats mit Arbeitnehmervertretern ein Interessenkonflikt ergeben.[606] Der Kodex widmet sich zwar der Problematik der Interessenkonflikte, jedoch ohne auf die besondere Problematik, die sich aus der Unternehmensmitbestimmung ergibt, einzugehen.[607]

6. Vermeidung von Interessenkonflikten

Im Kodex finden sich einige Regelungen, die die Vermeidung sowie Folgen von Interessenkonflikten regeln.[608] Zu beachten ist, dass wenn den Empfehlungen nicht entsprochen und dies nicht entsprechend in der Entsprechenserklärung nach § 161 AktG dargelegt wird, sich aus der Nichteinschränkung der Erklärung durchaus Rechtsfolgen ergeben können.[609]

a. Unternehmensinteresse

Der Kodex weist in Nr. 5.5.1 Satz 1 DCGK darauf hin, dass die Aufsichtsratsmitglieder dem Unternehmensinteresse verpflichtet sind. Dies ergibt sich bereits aus der organschaftlichen Treuepflicht.[610] In Abs. 2 der Präambel des DCGK definiert der Kodex, was unter Unternehmensinteresse zu verstehen ist: Vorstand und Aufsichtsrat sind im Einklang mit den Prinzipien der Sozialen Marktwirtschaft dazu

---

601 *Gietzen*, Unternehmensmitbestimmung, S. 229 ff.; *Kort*, AG 2008, 137 (140); *Peltzer*, in: FS Schwark, S. 707 (716).

602 *Adams*, ZIP 2006, 1561 (1565); *Gietzen*, Unternehmensmitbestimmung, S. 326; *von Werder*, AG 2004, 166 (170); *Säcker*, AG 2004, 180 (185). Vgl. auch Kapitel § 2 A II 4.

603 *Peltzer*, in: FS Schwark, S. 707 (719); *Säcker*, AG 2004, 180 (185).

604 *Schwalbach*, AG 2004, 186 (187); *von Werder*, AG 2004, 166 (170). Vgl. auch Kapitel § 2 A III 2 b.

605 Vgl. *Heitmann*, Anforderungen an die Arbeitnehmervertreter, S. 101; *Peltzer*, in: FS Schwark, S. 707 (717); *Sünner*, AG 2012, 265 (269).

606 Vgl. Kapitel § 2 B I 2 c.

607 *Brocker*, Unternehmensmitbestimmung und CG, S. 200; *Habersack*, Gutachten E zum 69. DJT, E 76. Vgl. sogleich Kapitel § 2 B III 6.

608 *Diekmann/Fleischmann*, AG 2013, 141; *Kort*, ZIP 2008, 717 (724).

609 *Berner*, Offenlegung von Interessenkonflikten, S. 231. Vgl. Kapitel § 2 B III 3.

610 *Pfister/Höreth*, in: Pfister/Oser/Orth, DCGK, S. 194.

verpflichtet, für den Bestand des Unternehmens und seine nachhaltige Wertschöpfung zu sorgen. Durch die Verpflichtung, vorrangig das Unternehmensinteresse zu wahren, soll das Entstehen von Interessenkonflikten vermieden werden.[611]

b. Unabhängigkeit

Eine weitere Bestimmung zur Vermeidung von Interessenkonflikten stellt Nr. 5.4.2 DCGK dar. Im Sinne einer guten Corporate Governance soll dem Aufsichtsrat eine angemessene Anzahl unabhängiger Mitglieder angehören.[612] Der Kodex empfiehlt zudem, um potentielle Interessenkonflikte zu verringern, dass Aufsichtsratsmitglieder keine Organfunktionen oder Beratungsaufgaben bei wesentlichen Wettbewerbern des Unternehmens ausüben sollen, Nr. 5.4.2 Satz 4 DCGK. Ausreichend ist es, dass eine potentielle Konfliktsituation besteht.[613] Der Vorsitzende des Prüfungsausschusses soll zudem unabhängig und kein ehemaliges Vorstandsmitglied der Gesellschaft sein, dessen Bestellung vor weniger als zwei Jahren endete, Nr. 5.3.2 Abs. 3 Satz 3 DCGK.[614]

c. Offenlegung

Im Weiteren finden sich im Kodex Empfehlungen, die daran anknüpfen, dass durch Transparenz und Offenlegung ein Interessenkonflikt vermieden werden kann.[615]

Nach Nr. 5.5.2 DCGK sind Interessenkonflikte offenzulegen. Interessenkonflikte sollen durch Transparenz vermieden werden.[616] Die Empfehlung hat (fast) nur deklaratorische Bedeutung und geht über die Verpflichtung aus der organschaftlichen Treuepflicht kaum hinaus.[617] Von der Empfehlung der Offenlegung sollen auch potentielle Interessenkonflikte erfasst sein, sodass die Empfehlung insofern weiter geht als die Offenlegungspflicht aufgrund der organschaftlichen

---

611 *Diekmann/Fleischmann*, AG 2013, 141; *van Straelen*, Rollenkonflikt des Arbeitnehmervertreters, S. 29.

612 *Diekmann/Fleischmann*, AG 2013, 141 (144); *Habersack*, Gutachten E zum 69. DJT, E 75; *Kremer/von Werder*, AG 2013, 340 (342); *Kumpan*, Interessenkonflikt, S. 138; *Marsch-Barner*, in: Semler/von Schenck, Arbeitshandbuch für Aufsichtsratsmitglieder, § 13 Rn. 92. Vgl. auch Kapitel § 2 A III.

613 *Bicker/Preute*, in: Fuhrmann/Linnerz/Pohlmann, DCGK, Ziff. 5 Rn. 229; *Hasselbach/Jakobs*, BB 2013, 643 (645); *Reese/Ronge*, AG 2014, 417 (424).

614 *Kremer*, in: Kremer/Bachmann/Lutter/von Werder, DCGK, Ziff. 5.4.2 Rn. 1365; *Wilsing*, in: Wilsing, DCGK, Ziff. 5.3.2 Rn. 4.

615 *Gofferje*, Unabhängigkeit, S. 97; *Kort*, ZIP 2008, 717 (724); *Pfister/Höreth*, in: Pfister/Oser/Orth, DCGK, S. 195; *Wilsing*, in: Wilsing, DCGK, Ziff. 5.5.2 Rn. 1.

616 *Diekmann/Fleischmann*, AG 2013, 141 (144); *Kumpan*, Interessenkonflikt, S. 230.

617 *Diekmann/Fleischmann*, AG 2013, 141 (145); *Mertens/Cahn*, in: Kölner Komm AktG, § 100 AktG Rn. 18; *Wilsing*, in: Wilsing, DCGK, Ziff. 5.5.2 Rn. 5.

Treuepflicht.[618] Die Pflicht kann jedoch nicht so weit gefasst sein, dass jeder abstrakte Interessenkonflikt offengelegt werden muss. Um die Informationsfunktion zu erfüllen, müssen nur solch potentielle Interessenkonflikte offengelegt werden, bei denen die konkrete Gefahr besteht, dass sie sich zu einem konkreten Interessenkonflikt entwickeln werden.[619]

Die Offenlegung wird durch die Empfehlung in Nr. 5.4.1 Abs. 6 DCGK noch erweitert. Danach sind die persönlichen als auch die geschäftlichen Beziehungen eines Aufsichtsratsmitglieds zum Unternehmen, den Organen der Gesellschaft und einem wesentlich an der Gesellschaft beteiligten Aktionär bei seiner Wahl der Hauptversammlung offenzulegen. Die Empfehlung nennt somit vergleichbare Voraussetzungen wie die negative Definition der Unabhängigkeit in der Nr. 5.4.2. Satz 2 DCGK, ist jedoch weiter gefasst.[620] Durch die Verwendung des Begriffs „Unternehmens" anstelle von Gesellschaft sind folglich auch Interessenkonflikte erfasst, die sich daraus ergeben, dass das Aufsichtsratsmitglied zugleich Organ eines Konkurrenzunternehmens ist oder sonstige Beziehungen zu diesem hat.[621] Im Gegensatz zu der vergleichbaren Empfehlung zur Unabhängigkeit ist eine Beziehung zu einem wesentlich an der Gesellschaft beteiligten Aktionär – worunter nach Nr. 5.4.1 Abs. 8 DCGK ein Aktionär zu verstehen ist, der mit mehr als 10% am stimmberechtigten Kapital beteiligt ist – offenzulegen und nicht nur die eines kontrollierenden Aktionärs.[622] Der Kodex bestimmt dabei nicht, wie detailliert die Angabe zu erfolgen hat. Dem Aufsichtsrat kommt bzgl. der objektiv erforderlichen Umstände ein Beurteilungsspielraum zu.[623] Darüber hinaus enthält der Kodex in Nr. 5.4.6 Abs. 3 Satz 1 DCGK die Empfehlung, dass die Vergütung der Aufsichtsratsmitglieder im Anhang oder im Lagebericht individualisiert und aufgegliedert nach Bestandteilen angegeben werden soll. Durch die Offenlegung der Vergütung soll die Vergütungspolitik transparent gemacht werden und zu einer angemessenen Vergütung beitragen.[624] Indem die Gläubiger als auch die Öffentlichkeit die Vergütung kontrollieren können, trägt dies auch dazu bei, dass Koppelungsgeschäfte und daraus entstehende Interessenkonflikte unterbunden werden können. Das Ziel einer effektiven Kontrolle kann mit der gesetzlichen Regelung nicht im gleichen Maße erreicht werden, da nach §§ 285 Nr. 9 lit. a, 314 Abs. 1 Nr. 6 HGB lediglich

---

618 *Bicker/Preute*, in: Fuhrmann/Linnerz/Pohlmann, DCGK, Ziff. 5 Rn. 299; *Huttner*, Auslegung des DCGK, S. 145; *Kremer*, in: Kremer/Bachmann/Lutter/von Werder, DCGK, Ziff. 5.5.2 Rn. 1465. Vgl. auch Kapitel § 2 B II 2 a cc.

619 *Müller-Michaels*, in: Grundei/Zaumseil, der Aufsichtsrat, S. 59 (66).

620 *Kremer*, in: Kremer/Bachmann/Lutter/von Werder, DCGK, Ziff. 5.4.1 Rn. 1360; *Rieckers*, in: Spindler/Stilz, AktG, § 124 AktG Rn. 39b.

621 *Kremer*, in: Kremer/Bachmann/Lutter/von Werder, DCGK, Ziff. 5.4.1 Rn. 1360.

622 *Kremer*, in: Kremer/Bachmann/Lutter/von Werder, DCGK, Ziff. 5.4.1. Rn. 1360; *Paschos/Goslar*, NZG 2012, 1361 (1365).

623 *Kremer*, in: Kremer/Bachmann/Lutter/von Werder, DCGK, Ziff. 5.4.1 Rn. 1363; *Stephanblome*, ZIP 2013, 1411 (1416).

624 Ausführlich dazu in Kapitel § 4 A II 4.

die Gesamtbezüge des Aufsichtsrats angegeben werden müssen.[625] Insoweit ist aus dem Anhang kein Rückschluss möglich, wie hoch die Vergütung des einzelnen Aufsichtsratsmitglieds ist. In Ergänzung zu § 114 AktG empfiehlt Nr. 5.4.6 Abs. 3 Satz 2 DCGK, dass auch die Vergütungen, die ein Aufsichtsratsmitglied für Beratungs- oder Vermittlungsverträgen bekommt, individualisiert im Anhang oder Lagebericht angegeben werden sollen. Dadurch sollen Interessenkonflikte zwischen Vorstand und Aufsichtsrat vermieden werden.[626] Die Transparenz wurde in diesem Zusammenhang durch die Kodexänderung im Jahr 2012 noch gestärkt. Der Corporate Governance-Bericht soll über die, nach Einschätzung des Aufsichtsrats, angemessene Zahl unabhängiger Mitglieder der Anteilseigner unter Namensnennung Auskunft geben, Nr. 5.4.1 Abs. 4 Satz 3 DCGK.

Daneben empfiehlt der Kodex in Nr. 5.5.3 Satz 1 DCGK, dass der Aufsichtsrat in seinem Bericht an die Hauptversammlung über Interessenkonflikte und deren Bewältigung berichtet. Informationen über die Art und den Umfang der Berichterstattung enthält der Kodex jedoch nicht.[627] Die Rechtsprechung fordert, dass der Interessenkonflikt korrekt unter Benennung des betroffenen Aufsichtsratsmitglieds sowie die Behandlung des Konfliktes genannt werden müssen.[628] Zweck der Empfehlung ist es, den Aktionär für die nächste Aufsichtsratswahl über die bestehenden bzw. potentiell bestehenden Konflikte zu informieren.[629] Die Pflicht zur Verschwiegenheit nach § 116 Satz 2 AktG darf dadurch jedoch nicht verletzt werden.[630] Darüber hinaus empfiehlt der Kodex in Nr. 5.5.3 Satz 2 DCGK, dass dauerhafte und wesentliche Interessenkonflikte zur Beendigung des Amtes führen sollen. Die Empfehlung deckt sich mit der Pflicht zur Amtsniederlegung aufgrund der organschaftlichen Treuepflicht.[631]

---

625 *Von Bünau*, Beratungsverträge, S. 265.

626 *Baum*, Bericht der Regierungskommission, Rn. 69; *Pfister/Höreth*, in: Pfister/Oser/Orth, DCGK, S. 193.

627 *Butzke*, in: FS Hoffmann-Becking, S. 229 (241); *Kremer*, in: Kremer/Bachmann/Lutter/von Werder, DCGK, Ziff. 5.5.3 Rn. 1476.

628 BGH v. 16.2.2009 – II ZR 185/07, NZG 2009, 342 (345); OLG Frankfurt a. M. v. 5.7.2011 – 5 U 104/10, NZG 2011, 1029 (1030); v. 2.10.2012 – 5 U 10/12, BeckRS 2013, 19282 Rn. 102; *Butze*, in: FS Hoffmann-Becking, S. 229 (242).

629 OLG Frankfurt v. 15.5.2012 – 5 U 66/11, juris Rn. 121; *Kremer*, in: Kremer/Bachmann/Lutter/von Werder, DCGK, Ziff. 5.5.3 Rn. 1477.

630 *Berner*, Offenlegung von Interessenkonflikten, S. 222; *Bicker/Preute*, in: Fuhrmann/Linnerz/Pohlmann, DCGK, Ziff. 5 Rn. 303; *Butzke*, in: FS Hoffmann-Becking, S. 229 (243).

631 Dazu Kapitel § 2 B II 2 b cc.

IV. Keine allgemeinen Inkompatibilitätsregeln

Festzustellen ist, dass es weder gesetzliche Vorschriften noch Empfehlungen im Kodex gibt, die einen Interessenkonflikt generell verbieten bzw. generelle Folgen daran anknüpfen.[632]

Ein wichtiges Mittel guter Corporate Governance ist es, Interessenkonflikte offenzulegen, ein entsprechendes Bewusstsein zu schaffen und so Koppelungsgeschäfte zu vermeiden. Statt eines pauschalen Verbots oder Ausschlusses eines befangenen Mitglieds ist vielmehr stets im Einzelfall zu überprüfen: Kann die Tätigkeit des Aufsichtsrats noch uneingeschränkt ausgeübt werden oder greifen allgemeine Maßnahmen ein, die das betroffene Aufsichtsratsmitglied in der Ausübung der Tätigkeit beschränken? Oder ist es als ultima ratio nötig, dass Amt niederzulegen? Insbesondere wurde vom Gesetzgeber die Verflechtung von Arbeitnehmervertretern im Aufsichtsrat in Kauf genommen. Insoweit ist nachfolgend zu untersuchen, ob die allgemeinen bestehenden Instrumente ausreichen, um eine unzulässige Vergütungspolitik in Unternehmen zu verhindern und sicherzustellen, dass jedes Organ seine Aufgabe ordnungsgemäß ausübt und daneben keine eignen Interessen verfolgt, die mit dem Unternehmensinteresse kollidieren.

632 In der SE gibt es ebenfalls keine speziellen Vorschriften zu dem Umgang mit Interessenkonflikten, sodass lediglich dieselben, allgemeinen Regelungen wie bei der AG greifen, vgl. *Lutter/Krieger/Verse*, Rechte und Pflichten des Aufsichtsrats, § 19 Rn. 1405.

§ 3 Bezahlung der Arbeitnehmervertreter

Nachdem im vorherigen Kapitel die Bedeutung des Aufsichtsrats im Hinblick auf eine gute Unternehmensführung dargestellt wurde, kann nun die Bedeutung von Doppelmandaten auf die Vergütung von Arbeitnehmervertreter beleuchtet werden. Insbesondere gilt es zu fragen, ob die allgemeinen Inkompatibilitätsregeln dabei eine gute Corporate Governance sicherstellen können.

Den Aufsichtsratsmitgliedern kann unter bestimmten Voraussetzungen eine Vergütung gewährt werden. Zu ermitteln ist dabei, ob die Stellung der Arbeitnehmervertreter im Aufsichtsrat Besonderheiten für die (Aufsichtsrats-)Vergütung bewirkt (A). Da Aufsichtsratsmitglieder oftmals zugleich Betriebsratsmitglieder sind, ist zu untersuchen, ob und in welchem Umfang das Betriebsratsamt vergütet werden kann. Zu klären ist, ob daneben noch weitere Doppelämter bestehen, aus denen der Arbeitnehmervertreter eine Vergütung bezieht (B). Im Anschluss werden die Verflechtungen dargestellt, die aufgrund der unterschiedlichen Positionen in einem Unternehmen bestehen. Schließlich sind der Einfluss auf die Bezahlung des Aufsichtsratsamtes und die Risiken für eine missbräuchliche Gestaltung zu untersuchen (C).

A. Vergütung der Aufsichtsratsmitglieder

Die Aufsichtsratsvergütung ist im Gegensatz zur Vorstandsvergütung nicht Gegenstand der öffentlichen Diskussion.[633] Ein Grund dafür ist sicherlich, dass die Vergütung trotz zunehmender Professionalisierung der Aufsichtsratstätigkeit nicht im gleichen Maße wie die Vorstandsvergütung gestiegen ist. In den letzten Jahren ist jedoch auch ein deutlicher Anstieg der Aufsichtsratsvergütung zu verzeichnen und mit einer weiteren Erhöhung zu rechnen.[634] Trotz der Professionalisierung der Aufsichtsratstätigkeit gilt das Aufsichtsratsamt noch immer als Nebenamt.[635] Die zeitliche Inanspruchnahme der Aufsichtsratsmitglieder hat durch die Professionalisierung des Amtes jedoch zugenommen. Basierend auf den Ergebnissen einer Studie kann von einer durchschnittlichen Arbeitsbelastung von 50 Tagen pro Jahr eines Aufsichtsratsvorsitzenden in einem der 30 DAX-Unternehmen ausgegangen werden.[636] In der Praxis ist es üblich, dass in großen, insbesondere börsennotierten

---

633 *Kort*, in: FS Hüffer, S. 483; *Marsch-Barner*, in: FS Röhricht, S. 401 (402); *Maser/Göttle*, NZG 2013, 201; *Metzner/Rapp/Wolff*, AR 2012, 158.

634 *Böcking/Althoff/Bundle u.a.*, Der Konzern 2016, 549 (558); *Evers*, AR 2017, 82; *Hoffmann-Becking*, in: FS Havermann, S. 230 (245); *Pacher/von Preen/Schichold*, AR 2016, 50; *Mäger*, BB 1999, 1389.

635 *Reinbacher/Shalchi/Felber*, ZCG 2015, 177 (178); *Rubner/Fischer*, NZG 2015, 782 (787).

636 *Pacher/von Preen*, ZCG 2014, 68 (71) ohne Berücksichtigung einer Ausschusstätigkeit. Die Angaben beruhen auf einer nicht veröffentlichten Kienbaum-Studie.

AGs den Aufsichtsratsmitgliedern eine Vergütung gewährt wird, bei kleinen AGs wird den Aufsichtsratsmitgliedern hingegen meist nur eine Aufwandsentschädigung gezahlt.[637]

I. Struktur und Umfang der Aufsichtsratvergütung

Vor diesem Hintergrund ist zu klären, wie das Aufsichtsrats(neben)amt zu vergüten ist und ob die Stellung der Arbeitnehmervertreter Besonderheiten bewirkt.

1. Gesetzliche Regelung, § 113 AktG

Im Rahmen der Aufsichtsratsvergütung ist streng zwischen der Vergütung an sich und Aufwandsentschädigung zu differenzieren. Eine gesetzliche Regelung zur Aufsichtsratsvergütung findet sich in § 113 AktG.[638] Eine entsprechende Vorschrift sieht Nr. 5.4.6 Abs. 1 Satz 1, Abs. 2 Satz 1 DCGK vor.

a. Rechtsgrund des Vergütungsanspruchs

Aus § 113 AktG folgt jedoch kein Anspruch auf Zahlung einer Aufsichtsratsvergütung.[639] Die Regelung bestimmt lediglich, dass den Aufsichtsratsmitgliedern durch die Satzung oder den Beschluss der Hauptversammlung eine Vergütung gewährt werden kann, § 113 Abs. 1 AktG. Den Aufsichtsratsmitgliedern muss also nicht zwingend eine Vergütung gewährt werden.[640]

Der Rechtsgrund für eine mögliche Gewährung einer Vergütung ist das durch die Annahme der Bestellung entstandene korporative bzw. gesetzliche Schuldverhältnis, das durch die Vorschriften des AktG bestimmt wird.[641] Zwischen den Aufsichtsratsmitgliedern und der Gesellschaft kommt, anders als mit den Vorstandsmitgliedern, gerade kein Anstellungsverhältnis zustande, das einen

---

Schwalbach, AG 2004, 186 (190) nennt basierend auf einer Studie, die auf einer Befragung von über 1000 Manager weltweit beruht, sogar 80 Monatsstunden pro Aufsichtsratsmitglied als durchschnittlichen Zeitaufwand für das Aufsichtsratsamt als realistisch.

637 *Reinbacher/Shalchi/Felber*, ZCG 2015, 177 (178).

638 Die Vorschrift findet in der SE ebenfalls über Art. 9 Abs. 1 lit. c sublit. ii SE-VO und Art. 52 SE-VO und Art. 38 SEAG Anwendung, da die Aufsichtsratsvergütung nicht gesondert geregelt ist.

639 *Habersack*, in: MüKo AktG, § 113 AktG Rn. 9; *Hopt/Roth*, in: GroßKomm AktG, § 113 AktG Rn. 9.

640 *Kort*, in: FS Hüffer, S. 483 (485); *Reinbacher/Shalchi/Felber*, ZCG 2015, 177 (178); *Vetter*, ZIP 2008, 1 (2).

641 Offenbleiben kann mangels Auswirkung, ob lediglich ein korporatives oder auch ein schuldrechtliches Rechtsverhältnis besteht. *Hopt/Roth*, in: GroßKomm AktG, § 113 AktG Rn. 16; *Mertens/Cahn*, in: Kölner Komm AktG, § 101 AktG Rn. 1 bzw. § 113 AktG Rn. 8; *Schiedermair/Kolb*, in: Müller/Rödder, Beck'sches Hdb AG, § 7 Rn. 248.

Rechtsgrund für die Vergütung darstellen könnte.[642] Richtigerweise besteht neben dem korporationsrechtlichen Verhältnis kein zusätzlicher Vertrag, da eine dem Vorstandsrecht vergleichbare Vorschrift wie § 84 AktG fehlt und es somit kein vertretungsberechtigtes Organ der Gesellschaft für einen Vertragsschluss mit den Aufsichtsratsmitgliedern gibt.[643] Ebenso kommt § 612 BGB als Anspruchsgrundlage nicht in Betracht, weil § 113 Abs. 1 Satz 1 diesbezüglich eine ausdrückliche Regelung enthält.[644]

Eine Vergütungsabrede neben dem körperschaftlichen Vergütungsanspruch ist nicht möglich.[645] Die Aufsichtsratsvergütung kann nur in der Satzung oder durch Beschluss der Hauptversammlung festgelegt werden. Eine anderslautende Vereinbarung ist nach § 134 BGB nichtig.[646]

b. Zweck

Mit der Regelung in § 113 AktG wird der Schutz der Aktionäre und der Gesellschaftsgläubiger verfolgt.[647] Dies wird zum einen durch § 113 Abs. 1 Satz 3 AktG erreicht. So soll eine unangemessen hohe Aufsichtsratvergütung verhindert werden.[648] Daneben normiert § 113 Abs. 1 Satz 2 AktG, wer über die Vergütung zu entscheiden hat.[649] Die Kompetenz kommt danach der Hauptversammlung zu. Eine Zuständigkeit des Vorstandes kommt nicht in Betracht, da es aufgrund der Aufgabenverteilung zwischen Vorstand und Aufsichtsrat nicht dienlich wäre, wenn das Organ, das überwacht werden soll, über die Vergütung des überwachenden Organs zu entscheiden hat.[650] Zudem soll so auch sichergestellt werden, dass der

642 *Hoffmann-Becking*, in: Münch Hdb GesR, § 33 Rn. 10; *Natzel*, DB 1965, 1429 (1433); *Kort*, in: FS Hüffer, S. 483 (484); *Müller*, Interessenkollision, S. 19; a.A.: *Säcker*, NJW 1979, 1521 (1525).

643 So auch die h.M.: *Drygala*, in: Schmidt/Lutter, AktG, § 113 AktG Rn. 6; *Habersack*, in: MüKo AktG, § 101 AktG Rn. 67; Hopt/*Roth*, in: GroßKomm AktG, § 113 AktG Rn. 16; *Lutter/Krieger/Verse*, Rechte und Pflichten des Aufsichtsrats, § 12 Rn. 842; *Vetter*, ZIP 2008, 1 (2); a.A.: *Säcker*, NJW 1979, 1521 (1525).

644 *Hopt/Roth*, in: GroßKomm AktG, § 113 AktG Rn. 9; *Kort*, in: FS Hüffer, S. 483 (484); *Natzel*, DB 1965, 1429 (1430), a.A.: *Säcker*, NJW 1979, 1521 (1525).

645 *Mertens/Cahn*, in: Kölner Komm AktG, § 113 AktG Rn. 5; *Spindler*, in: Spindler/Stilz, AktG, § 113 AktG Rn. 60.

646 *Hopt/Roth*, in: GroßKomm AktG, § 113 AktG Rn. 97; *Mertens/Cahn*, in: Kölner Komm AktG, § 113 AktG Rn. 5; *von Schenck*, in: Semler/von Schenck, Aufsichtsrat Komm, § 113 AktG Rn. 8.

647 *Lieder*, Der Aufsichtsrat im Wandel der Zeit, S. 877; *Spindler*, in: Spindler/Stilz, AktG, § 113 AktG Rn. 4.

648 *Hopt/Roth*, in: GroßKomm AktG, § 113 AktG Rn. 4; *Lieder*, Der Aufsichtsrat im Wandel der Zeit, S. 878; *Lutter*, AG 1979, 85 (88).

649 *Hopt/Roth*, in: GroßKomm AktG, § 113 AktG Rn. 3; *Mertens/Cahn*, in: Kölner Komm AktG, § 113 AktG Rn. 3.

650 *Hopt/Roth*, in: GroßKomm AktG, § 113 AktG Rn. 3; *Spindler*, in: Spindler/Stilz, AktG, § 113 AktG Rn. 4.

Aufsichtsrat selbst keinen Einfluss auf seine Vergütung hat. Ziel ist es, eine „Selbstbedienung" auszuschließen.[651] Im Übrigen wird eine gewisse Publizität dadurch erreicht, dass § 113 Abs. 1 Satz 2 AktG vorschreibt, dass über die Aufsichtsratsvergütung durch Beschluss oder Satzung zu entscheiden ist.[652]

c. *Auslagenersatz*

Von der Aufsichtsratsvergütung ist der Ersatz von Aufwendungen und Auslagen zu unterscheiden.[653] Der Auslagenersatz ist analog §§ 670, 675 BGB zu gewähren und nicht von § 113 AktG umfasst.[654] Die Aufsichtsratsvergütung nach § 113 AktG stellt eine Gegenleistung für die Aufsichtsratstätigkeit dar.[655] Ein Auslagenersatz ist für die Vermögensaufwendungen des Aufsichtsratsmitglieds zu zubilligen, damit dieser die tatsächlich angefallenen Kosten seiner Auftragsübernahme nicht selbst tragen muss.[656]

Zuständig für die Gewährung eines Auslagenersatzes ist der Aufsichtsrat.[657] Aufgrund der Aufgabenverteilung zwischen Aufsichtsrat und Vorstand ist es sinnvoll, dass der Vorstand keinen Einfluss auf den Aufsichtsrat nehmen kann und der Aufsichtsrat alleine über den Auslagenersatz zu entscheiden hat.[658] Erstattungsfähig sind all diejenigen Auslagen, die dem einzelnen Aufsichtsratsmitglied im Zusammenhang mit seiner Tätigkeit entstehen, für diese erforderlich waren, und somit angemessen sind.[659] Erfasst sind z.B. Kosten für Reisen, Übernachtungen, Kommunikationskosten, die aufgrund der Ausübung des Aufsichtsratsamtes anfallen.[660] Hingegen ist das Sitzungsgeld – das pauschal und nicht in Höhe der

651 BGH v. 3.7.2006 – II ZR 151/04, NZG 2006, 712 (714); *von Bünau*, Beratungsverträge, S. 6; *Hopt/Roth*, in: GroßKomm AktG, § 113 AktG Rn. 3.

652 *Habersack*, in: MüKo AktG, § 113 AktG Rn. 2; *Lutter/Kremer*, ZGR 1992, 87 (92). Vgl. auch Kapitel § 4 A II.

653 *Diekmann/Wurst*, NZG 2014, 121 (126); *von Schenck*, in: Semler/von Schenck, Aufsichtsrat Komm, § 113 AktG Rn. 108.

654 *Mertens/Cahn*, in: Kölner Komm AktG, § 113 AktG Rn. 12; *Oetker*, in: ErfKomm, § 113 AktG Rn. 3.

655 *Drygala*, in: Schmidt/Lutter, AktG, § 113 AktG Rn. 12; *Thüsing/Veil*, AG 2008, 359 (361).

656 *Mertens/Cahn*, in: Kölner Komm AktG, § 113 AktG Rn. 12; *Seiler*, in: MüKo BGB, § 670 BGB; Thüsing/*Veil*, AG 2008, 359 (363).

657 *Habersack*, in: MüKo AktG, § 113 AktG Rn. 26; *Mertens/Cahn*, in: Kölner Komm AktG, § 113 AktG Rn. 13; *Semler*, in: FS Claussen, S. 381 (402).

658 *Hopt/Roth*, in: GroßKomm AktG, § 113 AktG Rn. 26; *Thüsing/Veil*, AG 2008, 359 (365).

659 *Fonk*, NZG 2009, 761 (764); *von Schenck*, in: Semler/von Schenck, Aufsichtsrat Komm, § 113 AktG Rn. 109; *Semler*, in: FS Claussen, S. 381 (384 ff.).

660 *Habersack*, in: MüKo AktG, § 113 AktG Rn. 22; *Semler*, in: FS Claussen, S. 381 (384 ff.); *Thüsing/Veil*, AG 2008, 359 (362 f.).

tatsächlichen Auslagen gewährt wird – wie auch der pauschale Ersatz von Aufwendungen als Aufsichtsratsvergütung einzuordnen.[661]

2. *Festsetzung*

a. *Durch Satzungsbestimmung oder Hauptversammlungsbeschluss*

Die Aufsichtsratvergütung kann gem. § 113 Abs. 1 Satz 1 AktG entweder durch Satzungsbestimmung oder durch Beschluss der Hauptversammlung geregelt werden. Nicht zulässig ist es, die Vergütung so auszugestalten, dass die Zuständigkeit der Hauptversammlung unterlaufen wird und etwa der Vorstand die Festsetzung der Vergütung vornehmen kann.[662] Von dem Erfordernis mitumfasst ist die Festlegung der Vergütung für die Ausschusstätigkeit.[663] Für eine Vergütung des ersten Aufsichtsrats besteht lediglich die Möglichkeit der Festsetzung mittels Hauptversammlungsbeschlusses, § 113 Abs. 2 AktG.

Die Vergütungsregelung muss hinreichend bestimmt sein. Sie muss regeln, dass ein Anspruch auf eine Vergütung besteht und die Höhe des Anspruchs bestimmen.[664]

Der Beschluss über die Aufsichtsratsvergütung bedarf der einfachen Mehrheit, § 133 Abs. 1 AktG.[665] Der Vergütungsbeschluss ist sodann ordentlich bekannt zu geben, § 124 AktG. Dadurch wird neben dem Erfordernis die Höhe der Vergütung zu regeln eine gewissen Publizität der Aufsichtsratsvergütung erreicht.[666] Die Änderung der Vergütung durch Satzungsbestimmung wird mit Eintragung in das Handelsregister wirksam, § 181 Abs. 3 AktG. Änderungen bedürfen grundsätzlich

---

661 *Hopt/Roth*, in: GroßKomm AktG, § 113 AktG Rn. 29; *Mertens/Cahn*, in: Kölner Komm AktG, § 113 AktG Rn. 12.

662 *Henssler*, in: Henssler/Strohn, GesR, § 113 AktG Rn. 4; *Mertens/Cahn*, in: Kölner Komm AktG, § 113 AktG Rn. 43. Nach Umsetzung der neuen Aktionärsrichtlinie wird die Hauptversammlung künftig alle vier Jahre einen Beschluss über die Vergütungspolitik fassen, *Leuering*, NZG 2017, 646 (649).

663 *Hopt/Roth*, in: GroßKomm AktG, § 113 AktG Rn. 83. Über die Bildung der Ausschüsse entscheiden die Aufsichtsratsmitglieder selbst und somit mittelbar auch über die Vergütung. Eine solche „Selbstbedienung" ist nicht unterbunden, *Evers*, AR 2017, 82 (83).

664 *Drygala*, in: Schmidt/Lutter, AktG, § 113 AktG Rn. 8; *Habersack*, in: MüKo AktG, § 113 AktG Rn. 49.

665 Die Satzung kann entsprechend § 113 Abs. 1 Satz 4 AktG für die Herabsetzung der Vergütung auch keine höhere Mehrheit vorschreiben, *Drygala*, in: Schmidt/Lutter, AktG, § 113 AktG Rn. 25; *Habersack*, in: MüKo AktG, § 113 AktG Rn. 36.

666 *Habersack*, in: MüKo AktG, § 113 AktG Rn. 2; *Spindler*, in: Spindler/Stilz, AktG, § 113 AktG Rn. 25. Inwieweit die Aufsichtsratsvergütung über Rechnungslegungs- und Offenlegungsvorschriften noch darüberhinausgehend transparent ist, wird gesondert mit Blick auf gute Corporate Governance in Kapitel § 4 A II dargestellt.

der Mehrheit nach § 179 Abs. 2 Satz 1 AktG. Eine Herabsetzung der Vergütung bedarf hingegen nur der einfachen Mehrheit, § 113 Abs. 1 Satz 4 AktG.[667]

b. Festlegung einer Gesamtvergütung

Statt der Festlegung einer bestimmten Aufsichtsratsvergütung ist es auch zulässig, dass die Gewährung einer Gesamtvergütung festgesetzt wird. Für dessen Verteilung findet § 420 BGB entsprechend Anwendung, soweit die Satzung dazu keine Regelung vorsieht.[668] Dies ist bei einer Festlegung der Vergütung in der Satzung als auch durch einen Beschluss zulässig.[669] Nach der h.M. ist es möglich, dass die Satzung eine Verteilung nach dem billigen Ermessen des Aufsichtsrats vorsieht, soweit der Aufsichtsrat dabei an gewisse Kriterien gebunden ist.[670] Im Übrigen steht es der Hauptversammlung frei, ob sie eine Vergütung für das jeweilige Geschäftsjahr bewilligt oder ob sie einen Grundsatzbeschluss fasst, der solange Geltung entfaltet, bis er geändert oder aufgehoben wird.[671] Bzgl. der Modalitäten der Herabsetzung einer Vergütung gelten die gleichen Grundsätze wie bei ihrer Bestimmung durch die Satzung.[672]

c. Entstehen, Fälligkeit und Verzicht

Soweit eine Aufsichtsratsvergütung in der Satzung vorgesehen ist oder durch Hauptversammlungsbeschluss festgelegt wurde, besteht zu Beginn des Geschäftsjahres darauf ein Anspruch.[673] Bzgl. der Fälligkeit der Aufsichtsratsvergütung ist

---

667 Aus Vertrauensschutzpunkten kann die Vergütung nicht mit rückwirkender Kraft, sondern nur für die Zukunft herabgesetzt werden, *Hopt/Roth*, in: GroßKomm AktG, § 113 AktG Rn. 96; *Kort*, in: FS Hüffer, S. 483 (492). Das Aufsichtsratsmitglied erwirbt seinen Vergütungsanspruch nicht erst am Ende eines Geschäftsjahres, sodass ihm dieser nicht wieder entzogen werden kann, *Habersack*, in: MüKo AktG, § 113 AktG Rn. 34; *Mertens/Cahn*, in: Kölner Komm AktG, § 113 AktG Rn. 52. Zu berücksichtigen ist dabei, dass nach der h.M. zumindest die fixe Vergütung nicht für das laufende Geschäftsjahr herabgesetzt werden kann, *Habersack*, in: MüKo AktG, § 113 AktG Rn. 32, m.w.N.; *Hopt/Roth*, in: GroßKomm AktG, § 113 AktG Rn. 96; *Maser/Göttle*, NZG 2013, 201 (202); *von Schenck*, in: Semler/von Schenck, Aufsichtsrat Komm, § 113 AktG Rn. 157.

668 *Drygala*, in: Schmidt/Lutter, AktG, § 113 AktG Rn. 9; *Spindler*, in: Spindler/Stilz, AktG, § 113 AktG Rn. 23.

669 *Drygala*, in: Schmidt/Lutter, AktG, § 113 AktG Rn. 9 f.; *Mertens/Cahn*, in: Kölner Komm AktG, § 113 AktG Rn. 47.

670 *Drygala*, in: Schmidt/Lutter, AktG, § 113 AktG Rn. 9; *Habersack*, in: MüKo AktG, § 113 AktG Rn. 30 m.w.N.; *Hopt/Roth*, in: GroßKomm AktG, § 113 AktG Rn. 92.

671 *Habersack*, in: MüKo AktG, § 113 AktG Rn. 35; *von Schenck*, in: Semler/von Schenck, Aufsichtsrat Komm, § 113 AktG Rn. 165.

672 *Habersack*, in: MüKo AktG, § 113 AktG Rn. 35; *Spindler*, in: Spindler/Stilz, AktG, § 113 AktG Rn. 35.

673 *Habersack*, in: MüKo AktG, § 113 AktG Rn. 44; *Hopt/Roth*, in: GroßKomm AktG, § 113 AktG Rn. 76. Die Verjährung des Vergütungsanspruchs bestimmt sich nach

zwischen fester und variabler Vergütung zu unterscheiden.[674] Die feste Vergütung ist mit Abschluss des Geschäftsjahrs fällig, die variable Vergütung hingegen erst mit Feststellung des Jahresabschlusses.[675] Durch Satzung oder Hauptversammlungsbeschluss kann eine davon abweichende Fälligkeit der Vergütung geregelt werden.[676]

Aufsichtsratsmitglieder dürfen auf ihre eigene Aufsichtsratsvergütung individuell verzichten.[677]

3. *Zulässigkeit der Drittvergütung*

In der Literatur umstritten ist, ob die Gewährung einer Aufsichtsratsvergütung durch Dritte einen Verstoß gegen § 113 Abs. 1 Satz 1 AktG begründet.[678] Von keiner Drittvergütung in diesem Sinne ist auszugehen, wenn die Hauptversammlung in die Entscheidung miteingebunden ist und die ausschließliche Kompetenz der Hauptversammlung gewahrt ist. In der Praxis kommt es aber häufig vor, dass ein Aufsichtsrats- zugleich Vorstandsmitglied in der Obergesellschaft ist und die Vergütung aus dem jeweiligen Amt aufgrund der Verknüpfung beider Ämter auf die jeweils andere Amtsvergütung angerechnet wird.[679] Im Hinblick auf § 113 Abs. 1

---

§§ 195, 199 BGB, sodass die Verjährungsfrist folglich 3 Jahre beträgt, *Habersack*, in: MüKo AktG, § 113 AktG Rn. 45; *Mertens/Cahn*, in: Kölner Komm AktG, § 113 AktG Rn. 36.

674 *Habersack*, in: MüKo AktG, § 113 AktG Rn. 44; *Hopt/Roth*, in: GroßKomm AktG, § 113 AktG Rn. 76.

675 *Habersack*, in: MüKo AktG, § 113 AktG Rn. 44; *Mertens/Cahn*, in: Kölner Komm AktG, § 113 AktG Rn. 35. Umstritten ist, ob bei Untätigkeit des Aufsichtsratsmitglieds der Untätigkeitseinwand nach § 320 BGB analog erhoben werden kann, *Hopt/Roth*, in: GroßKomm AktG, § 113 AktG Rn. 78; *von Schenck*, in: Semler/von Schenck, Aufsichtsrat Komm, § 113 AktG Rn. 90. Unter Beachtung des korporationsrechtlichen Verhältnisses zwischen der Gesellschaft und dem Aufsichtsratsmitglied ist dies für den Fall zu bejahen, wenn das Aufsichtsratsmitglied von Sitzungen oder Ausschüssen unentschuldigt fernbleibt. Nimmt das Aufsichtsratsmitglied hingegen seine Pflichten nicht wahr, greift der Untätigkeitseinwand nicht, sodass die Vergütung nicht versagt werden kann, *Hopt/Roth*, in: GroßKomm AktG, § 113 AktG Rn. 78 f.; *von Schenck*, in: Semler/von Schenck, Aufsichtsrat Komm, § 113 AktG Rn. 91 f.

676 *Habersack*, in: MüKo AktG, § 113 AktG Rn. 44; *Spindler*, in: Spindler/Stilz, AktG, § 113 AktG Rn. 58.

677 *Habersack*, in: MüKo AktG, § 113 AktG Rn. 45; *Spindler*, in: Spindler/Stilz, AktG, § 113 AktG Rn. 38.

678 Gegen die Zulässigkeit einer Drittvergütung: *Drygala*, in: Schmidt/Lutter AktG, § 113 AktG Rn. 11; für die Zulässigkeit einer Drittvergütung: *Habersack*, in: MüKo AktG, § 113 AktG Rn. 9; *Koch*, in: Hüffer/Koch AktG, § 113 AktG Rn. 3; *Neuhaus/Gellißen*, NZG 2011, 1361; *von Schenk*, in: Semler/von Schenck, Aufsichtsrat, § 113 AktG Rn. 97.

679 *Neuhaus/Gellißen*, NZG 2011, 1361; *Peltzer*, in: FS Zimmerer, S. 377 (380).

Satz 1 AktG ist daher zu prüfen, ob eine Vergütungsgewährung durch einen Dritten ohne Beteiligung der Hauptversammlung zulässig ist.

Für die Zulässigkeit der Drittvergütung spricht, dass es im Gegensatz zum Vorstand beim Aufsichtsrat kein Wettbewerbsverbot gibt.[680]

Im Weiteren wird argumentiert, dass das Aufsichtsratsamt ein Nebenamt ist und es somit zulässig sei, eine zusätzliche Vergütung zu erhalten. § 113 AktG würde dabei nicht greifen.[681] Aus der Tatsache, dass das Aufsichtsratsamt ein Nebenamt ist und daneben noch andere Tätigkeiten ausgeübt werden können, kann aber richtigerweise nicht ohne Weiteres gefolgert werden, dass dieser Umstand allein eine Drittvergütung neben der Aufsichtsratsvergütung für die Aufsichtsratstätigkeit erlaubt.[682]

Gegen die Zulässigkeit einer Drittvergütung spricht, dass die Aufsichtsratsmitglieder als Agenten der Hauptversammlungen ihrer Kontrollaufgabe gegenüber dem Vorstand effektiv nachkommen sollen.[683] Erforderlich ist es daher, dass die Hauptversammlung allein entscheidungsberechtigt in Bezug auf die Vergütung ist, um dadurch einen entsprechenden Anreiz setzen zu können. Zudem kann die Gewährung einer Drittvergütung zu einem Interessenkonflikt führen bzw. das Aufsichtsratsmitglied dazu verleiten, dass es sein Handeln nicht mehr alleine am Unternehmensinteresse ausrichtet, sondern auch sonstige Interessen des Dritten berücksichtigt.[684] Die Gefahr, dass sich in einer solchen Situation, in der das Aufsichtsratsmitglied der „Diener zweier Herrn" ist, nicht nur ein potentieller, sondern auch ein konkreter Interessenkonflikt entwickelt, ist relativ hoch.[685]

Richtigerweise nimmt das Gesetz aber Interessenkonflikte grundsätzlich in Kauf.[686] Der Zweck von § 113 AktG steht einer Drittvergütung nicht entgegen.

Durch die Regelung wird zum einen der Schutz der Aktionäre bezweckt, indem die Hauptversammlung allein als Prinzipal über die Vergütung entscheidet.[687] Durch eine Drittvergütung sind allenfalls insoweit die Aktionärsinteressen betroffen, indem durch die Gewährung einer Drittvergütung die Gefahr besteht, dass die Aufsichtsratsmitglieder ihrer Tätigkeit nicht mehr ordnungsgemäß nachkommen. Dabei ist aber zutreffend zu beachten, dass Interessenkonflikte vom Gesetzgeber in Kauf genommen werden. Von den Aufsichtsratsmitgliedern wird erwartet, dass sie ihr Handeln dennoch am Unternehmensinteresse ausrichten.[688] Ergibt sich aus

680 So *Neuhaus/Gellißen*, NZG 2011, 1361 (1362); *Kiem*, in: FS Stilz, S. 320 (335).
681 *Neuhaus/Gellißen*, NZG 2011, 1361 (1362); *Kiem*, in: FS Stilz, S. 320 (336).
682 So auch *Drygala*, in Schmidt/Lutter AktG, § 113 AktG Rn. 11.
683 Dazu Kapitel § 2 A II 1.
684 So auch *Kiem*, in: FS Stilz, S. 320 (338).
685 Vgl. auch *Neuhaus/Gellißen*, NZG 2011, 1361 (1363).
686 Dazu Kapitel § 2 B II.
687 *Spindler*, in: Spindler/Stilz, AktG, § 113 AktG Rn. 4. Dazu auch Kapitel § 3 A I 1 b.
688 Ebenso *Kiem*, in: FS Stilz, S. 329 (338 f.); *Neuhaus/Gellißen*, NZG 2011, 1361 (1363). Vgl. die Ausführungen zum Interessenkonflikt in Kapitel § 2 B II 2 a aa.

der Drittvergütung ein Interessenkonflikt, gelten vielmehr die allgemeinen aktienrechtlichen Vorschriften zum Umgang mit Interessenkonflikten.[689] Diese greifen gerade auch in Fällen von Koppelungsgeschäften und führen nicht per se zur Unzulässigkeit der Drittvergütung.[690] Der mit dem VorstAG im Rahmen der Vorstandsvergütung verfolgte Zweck, dass durch die Vergütung ein Anreiz zur nachhaltigen Unternehmensentwicklung gesetzt werden soll, ist dem § 113 AktG nicht gleichsam immanent. Insoweit kann nicht als Argument gegen die Zulässigkeit angeführt werden, dass die Drittvergütung die Anreizwirkung auf eine nachhaltige Unternehmensentwicklung unterlaufe.[691] Der Telos von § 113 AktG verbietet vielmehr nicht per se eine Drittvergütung, da jedenfalls im Hinblick auf das Gesellschaftsvermögen keine Einbuße zu befürchten ist.[692]

Zum anderen wird durch die Festlegung der ausschließlichen Kompetenz der Hauptversammlung für die Aufsichtsratsvergütung sichergestellt, dass eine Selbstbedienung des Aufsichtsrats in Form von Absprachen mit dem Vorstand verhindert wird.[693] Bei einer Drittvergütung entscheidet jedoch weder die Hauptversammlung noch der Vorstand darüber, sodass insoweit der Zweck von § 113 Abs. 1 Satz 1 AktG durch eine Drittvergütung nicht unterlaufen wird. Anders mag dies im Einzelfall bei einer bewussten Umgehung sein, wenn die Vergütung von einem abhängigen Unternehmen gewährt wird, indem der Vorstand auf dieses Einfluss nimmt.[694]

Für die Frage der Zulässigkeit ist ein Vergleich bzw. Auslegung der Kodex-Empfehlungen nicht dienlich. Diese sind private Regelungen, die nicht zwingend einzuhalten sind und somit zur Auslegung einer zwingenden Gesetzesvorschrift nicht geeignet sind.[695]

Festzuhalten bleibt daher, dass die Drittvergütung zulässig ist. Im Hinblick auf eine gute Corporate Governance ist die Drittvergütung jedoch im Rahmen der Angabe der persönlichen und geschäftlichen Beziehungen zu einem wesentlich an der Gesellschaft beteiligten Aktionär gemäß der Empfehlung in Nr. 5.4.1 Abs. 6 DCGK anzugeben.[696]

---

689 Dazu Kapitel § 2 B II 2; so auch *von Schenck*, in: Semler/von Schenck, Aufsichtsrat Komm, § 113 AktG Rn. 97.

690 So auch *Kiem*, in: FS Stilz, S. 329 (339); *Neuhaus/Gellißen*, NZG 2011, 1361 (1364).

691 BT-Drs. 16/12278 v. 17.3.2009, S. 1; *Spindler*, in: Spindler/Stilz, AktG, § 113 AktG Rn. 4.

692 So auch *Kiem*, in: FS Stilz, S. 329 (335); *Neuhaus/Gellißen*, NZG 2011, 1361 (1363).

693 Dazu Kapitel § 3 A I 1 b.

694 *Neuhaus/Gellißen*, NZG 2011, 1361 (1364).

695 Anders hingegen *Neuhaus/Gellißen*, NZG 2011, 1361 (1363).

696 *Kiem*, in: FS Stilz, S. 329 (342); einschränkend: *von Schenck*, in: Semler/von Schenck, Aufsichtsrat Komm, § 113 AktG Rn. 98. Im Rahmen der für die Aufsichtsratsvergütung geltenden Publizitätsvorschriften ist die Drittvergütung hingegen nicht anzugeben vgl. Kapitel § 4 A II 2 b aa [2].

4. Vergütungshöhe

Die Vergütung muss in einem angemessenen Verhältnis zur Tätigkeit und Lage der Gesellschaft stehen, § 113 Abs. 1 Satz 3 AktG. Eine gleichlautende Bestimmung findet sich in Nr. 5.4.6 Abs. 2 Satz 1 DCGK. Die Vergütung hat sich zum einen an der Tätigkeit der Aufsichtsratsmitglieder zu orientieren und zum anderen an der Lage der Gesellschaft. § 113 Abs. 1 Satz 3 AktG ist § 87 AktG nachgebildet.[697] § 113 Abs. 1 Satz 2 AktG statuiert eine Obergrenze für die Vergütung.[698] Dabei handelt es sich um eine Sollvorschrift.[699] Das Aktiengesetz selbst ordnet bei Verstößen gegen das Angemessenheitsgebot keine expliziten Sanktionen an. Daher gelten die allgemeinen Vorschriften:[700] Ein Hauptversammlungsbeschluss, durch den eine unangemessene Vergütung festgesetzt wird, ist entweder nach § 241 Nr. 4 AktG nichtig oder ansonsten anfechtbar.[701] Satzungsänderungen, die gegen das Angemessenheitsgebot verstoßen, sind gem. § 395 FamFG aus dem Handelsregister zu löschen.[702]

5. Arten der Vergütung

Welche Arten von Vergütung gewährt werden können, ist dem Gesetz nicht abschließend zu entnehmen.[703]

a. Zulässige Vergütungskomponenten

Die Aufsichtsratsvergütung kann sowohl in festen als auch in variablen Vergütungskomponenten gewährt werden.[704] Dabei kann der Vergütungsanspruch durch Geld- oder Sachleistung erfüllt werden.[705] Zur fixen Vergütung zählt unter anderem das Sitzungsgeld, soweit dieses neben der Erstattung der Aufwendungen

---

697 *Habersack*, in: MüKo AktG, § 113 AktG Rn. 40; *Kort*, in: FS Hüffer, S. 483 (486).

698 *Habersack*, in: MüKo AktG, § 113 AktG Rn. 2; *Mertens/Cahn*, in: Kölner Komm AktG, § 113 AktG Rn. 30.

699 *Drygala*, in: Schmidt/Lutter, AktG, § 113 AktG Rn. 21; *von Schenck*, in: Semler/von Schenck, Aufsichtsrat Komm, § 113 AktG Rn. 39.

700 *Drygala*, in: Schmidt/Lutter, AktG, § 113 AktG Rn. 21; *von Schenck*, in: Semler/von Schenck, Aufsichtsrat Komm, § 113 AktG Rn. 39.

701 *Habersack*, in: MüKo AktG, § 113 AktG Rn. 42; *Hopt/Roth*, in: GroßKomm AktG, § 113 AktG Rn. 60; *Lutter*, AG 1979, 85 (88).

702 *Henssler*, in: Henssler/Strohn, GesR, § 113 AktG Rn. 6; *Mertens/Cahn*, in: Kölner Komm AktG, § 113 AktG Rn. 49.

703 *Hopt/Roth*, in: GroßKomm AktG, § 113 AktG Rn. 32; *von Schenck*, in: Semler/von Schenck, Aufsichtsrat Komm, § 113 AktG Rn. 43.

704 *Drygala*, in: Schmidt/Lutter, AktG, § 113 AktG Rn. 12; *Oetker*, in: ErfKomm, § 113 AktG Rn. 3.

705 *Hopt/Roth*, in: GroßKomm AktG, § 113 AktG Rn. 32; *Maser/Göttle*, NZG 2013, S. 201 (203).

gewährt wird.[706] Ein Stundenhonorar ist hingegen wohl nicht zulässig.[707] Der zeitliche Umfang lässt sich nur schwer einschätzen, da er unterschiedlich hoch sein dürfte.[708] Bedenken ergeben sich, inwieweit eine bestimmte Höhe in der Satzung oder durch Hauptversammlungsbeschluss festgelegt werden könnte.[709] Im Übrigen erscheint eine Kontrolle des zeitlichen Aufwands kaum möglich zu sein.[710] Bei der variablen Vergütung ist zwischen ergebnis- und aktienkursorientierter Vergütung zu unterscheiden.[711] Die ergebnisorientierte Vergütung kann sich am Jahresgewinn orientieren, wobei aber § 113 Abs. 3 AktG zu beachten ist.[712] Möglich ist auch eine Orientierung an Dividenden oder betriebswirtschaftlichen Kennziffern.[713] Hingegen nicht möglich ist es, dass sich die variable Vergütung am Aktienkurs orientiert. Ansonsten würde ein Anreiz bestehen, der eine effektive Überwachung durch den Aufsichtsrat beeinträchtigen könnte, indem der Vorstand und Aufsichtsrat gleichgerichtete Vergütungsinteressen hätten.[714]

Der Kodex empfiehlt in Nr. 5.4.6 DCGK nunmehr keine erfolgsabhängige Vergütung.[715] In Nr. 5.4.6 Abs. 2 Satz 2 DCGK findet sich lediglich die Empfehlung, dass im Fall einer Gewährung einer erfolgsabhängigen Vergütung diese auf eine nachhaltige Unternehmensentwicklung ausgerichtet sein soll. Der Kodex hat sich dem

---

706 *Hambloch-Gesinn/Gesinn*, in: Hölters, AktG, § 113 AktG Rn. 17; *Maser/Göttle*, NZG 2013, 201 (203). Umstritten ist bis dato noch, ob die Zahlung einer D&O-Versicherung durch die Gesellschaft einen Bestandteil der Vergütung darstellt oder nicht. Nach h.M. ist dies abzulehnen. Dazu ausführlich: *Hopt/Roth*, in: GroßKomm AktG, § 113 AktG Rn. 50 ff.; *Spindler*, in: Spindler/Stilz, AktG, § 113 AktG Rn. 15 ff.

707 *Habersack*, in: MüKo AktG, § 113 AktG Rn. 11; zurückhaltender: *Krack*, Aufsichtsratsvergütungen, S. 227 f.

708 *Habersack*, in: MüKo AktG, § 113 AktG Rn. 11; *Mäger*, BB 1999, 1389 (1391).

709 *Berger*, Kosten der Aufsichtsratstätigkeit, S. 85; *Haarmann*, in: FS Hüffer, S. 243 (252); *Mäger*, BB 1999, 1389 (1391).

710 *Hambloch-Gesinn*/Gesinn, in: Hölters, AktG, § 113 AktG Rn. 17; *Mäger*, BB 1999, 1389 (1391).

711 *Hambloch-Gesinn/Gesinn*, in: Hölters, AktG, § 113 AktG Rn. 18 ff.; *Mertens/Cahn*, in: Kölner Komm AktG, § 113 AktG Rn. 17 ff.

712 *Hambloch-Gesinn/Gesinn*, in: Hölters, AktG, § 113 AktG Rn. 19; *Mertens/Cahn*, in: Kölner Komm AktG, § 113 AktG Rn. 19.

713 *Drygala*, in: Schmidt/Lutter, AktG, § 113 AktG Rn. 33; *Hambloch-Gesinn/Gesinn*, in: Hölters, AktG, § 113 AktG Rn. 19.

714 BGH v. 16.2.2004 – II ZR 316/02 (Mobilcom-Entscheidung), NJW 2004, 1109 (1110); *Mertens/Cahn*, in: Kölner Komm AktG, § 113 AktG Rn. 25. Ausführlich zur erfolgsanhängigen Aufsichtsratsvergütung: *Geerken*, Erfolgsabhängige Aufsichtsratsvergütung.

715 Der Kodex wurde in der Sitzung v. 15.5.2012 von der Regierungskommission DCGK abgeändert, *Roth*, WM 2012, 1985 (1989); *Drygala*, in: Schmidt/Lutter, AktG, § 113 AktG Rn. 28.

Wandel der Praxis angepasst, dem Aufsichtsrat keine bzw. nicht mehr so häufig eine erfolgsabhängige Vergütung zu gewähren.[716]

b. Mechanismen der Vergütungskomponenten

Gerade unter Berücksichtigung der Prinzipal-Agenten-Theorie wird eine Anreizfunktion der Vergütung diskutiert.[717] Um die durch die Kontrolle verursachten Kosten gering zu halten, kann in der Ausgestaltung der Vergütung ein Anreiz gesetzt werden.[718]

Die feste Aufsichtsratsvergütung entfaltet keine Motivationswirkung. Die Gewährung eines Sitzungsgeldes kann hingegen als Anreiz dafür dienen, dass die Aufsichtsratsmitglieder an den Sitzungen teilnehmen.[719]

Ziel einer variablen Vergütung ist es vor allem, die Aufsichtsratsmitglieder am Erfolg des Unternehmens teilhaben zu lassen.[720] Durch die Gewährung einer variablen Vergütung soll der Anreiz bei den Aufsichtsratsmitgliedern gesetzt werden, ihre Tätigkeit am Unternehmenserfolg auszurichten.[721] Zu beachten ist jedoch, dass die variable Vergütung in finanziell schlechten Zeiten des Unternehmens niedrig ausfallen wird.[722] Gerade im Fall einer Unternehmenskrise gestaltet sich die Arbeit des Aufsichtsrats meist als umfangreich und zeitaufwändig, sodass die Vergütung dann dazu in keinem Verhältnis steht.[723] In schlechten Zeiten kann eine variable Vergütung zwar eine Erleichterung für das Unternehmen darstellen, aber der mit der Vergütung verfolgte Anreiz wird bei einer zu hohen variablen

---

716 2015 gewährten nur noch neun der 30 DAX Unternehmen eine variable Vergütung. *Böcking/Althoff/Bundle u.a.*, Der Konzern 2016, 549 (554), basierend auf einer Studie, die die in den Geschäftsberichten und Satzungen veröffentlichten Informationen von DAX- und MDAX-Unternehmen ausgewertet hat. Vgl. auch *Evers*, AR 2017, 82; *Kremer*, in: Kremer/Bachmann/Lutter/von Werder, DCGK, Ziff. 5.4.6 Rn. 1439; *Martinius/Zimmer*, BB 2011, 3014 (3018); *Metzner/Rapp/Wolff*, AR 2012, 158 (159); *Rapp/Schuchardt/Wolff*, AR 2014, 18 (19).

717 *Berger*, Kosten der Aufsichtsratstätigkeit, S. 24; *Jaschke*, Überwachungsfunktion, S. 260 ff.; *von Medem*, in Allmendinger u.a., Corporate Governance, S. 111 (122) ff.

718 *Berger*, Kosten der Aufsichtsratstätigkeit, S. 25; *Gietzen*, Unternehmensmitbestimmung, S. 85, 87.

719 *Drygala*, in: Schmidt/Lutter, AktG, § 113 AktG Rn. 13; *Kremer*, in: Kremer/Bachmann/Lutter/von Werder, DCGK, Ziff. 5.4.6 Rn. 1438; *Plagemann*, Aufsichtsratsvergütung, S. 51, 57.

720 *Drygala*, in: Schmidt/Lutter, AktG, § 113 AktG Rn. 28; *von Schenck*, in: Semler/von Schenck, Aufsichtsrat Komm, § 113 AktG Rn. 46.

721 *Jaschke*, Überwachungsfunktion, S. 260; *Mertens/Cahn*, in: Kölner Komm AktG, § 113 AktG Rn. 18.

722 *Pacher/von Preen*, ZCG 2014, 68 (70); *Plagemann*, Vergütung des Aufsichtsrats, S. 66.

723 *Geerken*, Erfolgsabhängige Aufsichtsratsvergütung, S. 54; *Habersack*, in: MüKo AktG, § 113 AktG Rn. 10; *Freidank/Sassen*, BB 2013, 1195.

Vergütungskomponente nicht erreicht.[724] In der Gewährung einer variablen Vergütung wird zudem eine Beeinträchtigung der Unabhängigkeit der Aufsichtsratsmitglieder vom Vorstand gesehen. Es bestehe nämlich die Gefahr, dass sich Vorstand und Aufsichtsrat zusammenschließen.[725]

In Anbetracht der unterschiedlichen Wirkungen, die die jeweiligen Vergütungskomponenten entfalten, erscheint eine Kombination von festen und variablen Vergütungskomponenten als sinnvoll.[726] Zu beachten ist, dass aufgrund der Abführungspflicht der Aufsichtsratsvergütung bei Arbeitnehmervertretern die Vergütung hingegen keine bis kaum eine Anreizwirkung entfalten können wird.[727]

6. *Steuerrechtliche Behandlung*

Angesichts der wachsenden Anforderungen an das Aufsichtsratsmitglied ist die derzeitige, im Durchschnitt gewährte Vergütung eher als zu niedrig (anstatt zu hoch) anzusehen.[728] Dies liegt zum einen daran, dass in mitbestimmten Aufsichtsräten die Arbeitnehmervertreter einen Teil ihrer Aufsichtsratsvergütung an eine Gewerkschaft oder gewerkschaftsnahe Bildungseinrichtungen abführen müssen.[729] Ein weiterer Grund könnte in der steuerrechtlichen Behandlung der Aufsichtsratsvergütung liegen.[730]

Bei der Gesellschaft, die die Aufsichtsratsvergütung gewährt, ist diese nach § 10 Nr. 4 KStG zur Hälfte als Betriebsausgabe abziehbar.[731] Zwar ist die Zahlung der Aufsichtsratsvergütung grundsätzlich vollständig als Betriebsausgabe i.S.d. § 4 Abs. 4 EStG zu werten, doch ergibt sich aus § 10 Nr. 4 KStG eine Abzugsbeschränkung für die Hälfte der Kosten.[732] Die Aufsichtsratsvergütung unterliegt als Einnahme hingegen voll der Einkommensteuer, sodass i.H.v. 50 % eine

---

724 *Geerken*, Erfolgsabhängige Aufsichtsratsvergütung, S. 54 f.; *Martinius/Zimmer*, BB 2011, 3014 (3018).

725 *Geerken*, Erfolgsabhängige Aufsichtsratsvergütung, S. 50 f.; *Hopt/Roth*, in: GroßKomm AktG, § 113 AktG Rn. 35; *Marsch-Barner*, in FS Röhricht, S. 401 (416); *Plagemann*, Vergütung des Aufsichtsrats, S. 67 f.

726 *Hopt/Roth*, in: GroßKomm AktG, § 113 AktG Rn. 49; *Martinius/Zimmer*, BB 2011, 3014 (3018).

727 *Berger*, Kosten der Aufsichtsratsvergütung, S. 39; *Plagemann*, Aufsichtsratsvergütung, S. 53. Vgl. auch Kapitel § 3 A II 3.

728 *Bihr/Blättchen*, BB 2001, 1285 (1291); *Marsch-Barner*, in: FS Röhricht, S. 401 (402); *Metzner/Rapp/Wolff*, AR 2012, 158 (159); *Rapp/Schuchardt/Wollf*, AR 2014, 18.

729 *Lieder*, Der Aufsichtsrat im Wandel der Zeit, S. 881; *Thüsing/Forst*, in: FS Westphalen, S. 693. Dazu näher in Kapitel § 3 A II 3.

730 *Lieder*, Der Aufsichtsrat im Wandel der Zeit, S. 883; *Pelzer*, in: FS Zimmerer, S. 377 (380).

731 *Mertens/Cahn*, in: Kölner Komm AktG, § 113 AktG Rn. 56; *Paetsch*, in: Rödder/Herlinghaus/Neumann, KStG, § 10 KStG Rn. 68.

732 *Hopt/Roth*, in: GroßKomm AktG, § 113 AktG Rn. 131; *Märtens*, in: Gosch, KStG, § 10 KStG Rn. 40; *Paetsch*, in: Rödder/Herlinghaus/Neumann, KStG, § 10 KStG Rn. 68.

Doppelbesteuerung vorliegt.[733] Ziel der Regelung ist es, überhöhte Aufsichtsratsvergütungen zu verhindern.[734] Aufgrund der Änderung von § 113 AktG und der Implementierung des Angemessenheitsgebots und der Entwicklung in der Praxis erscheint diese Beschränkung jedoch nicht mehr angebracht.[735] Insoweit wird die Abzugsbeschränkung in § 10 Nr. 4 KStG im Schrifttum vielfach kritisiert und von manchen überdies im Hinblick auf Art. 3 GG als verfassungswidrig gewertet.[736] Schutz vor überhöhten Aufsichtsratsvergütungen wird bereits dadurch gewährt, dass solche überhöhten Zahlungen als verdeckte Gewinnausschüttung erfasst werden.[737] Im Übrigen sind die Vergütungen für Geschäftsführungsorgane grundsätzlich voll als Betriebsausgabe abziehbar.[738] Die Entscheidungen des BFH und des BVerfG, die das Abzugsverbot als verfassungsgemäß einstuften, ergingen zur alten Gesetzeslage, bei der es noch zu einer Doppelbelastung ausgeschütteter Gewinne mit Einkommen- und Körperschaftssteuer kam.[739]

Zu den nach § 10 Nr. 4 KStG abziehbaren Ausgaben gehören alle Vergütungsbestandteile.[740] Die Relevanz der Unterscheidung zwischen Auslagenersatz und Vergütung zeigt sich auch im Steuerrechtsteuer, da der Auslagenersatz nicht § 10 Nr. 4 KStG unterliegt und somit voll als Betriebsausgabe abgezogen werden kann.[741] Vollabzugsfähig sind auch Zahlungen, die dem Aufsichtsratsmitglied nicht für seine Tätigkeit als Überwachungsorgan, sondern aufgrund eines Beratungsvertrags i.S.d.

---

733 *Clemm/Clemm*, BB 2001, 1873 (1875); *Pfirrmann*, in: Blümich, EStG/KStG, § 10 KStG Rn. 80; *Schulte*, in: Erle/Sauter, KStG, § 10 KStG Rn. 65. Zur Steuerrechtlichen Behandlung bei den Aufsichtsratsmitgliedern zugleich ausführlich auf S. 103.

734 BT-Drs. 7/5310, S. 8; *Frotscher/Düren*, in: Haufe, KStG, § 10 KStG Rn. 68; *Paetsch*, in: Rödder/Herlinghaus/Neumann, KStG, § 10 KStG Rn. 70.

735 *Baum*, Bericht der Regierungskommission, Rn. 65; *Clemm/Clemm*, BB 2001, 1873; *Olgemöller*, in: Streck, KStG, § 10 KStG Rn. 30; *Paetsch*, in Rödder/Herlinghaus/Neumann KStG, § 10 KStG Rn. 70.

736 *Clemm/Clemm*, BB 2001, 1873 (1874); *Frotscher/Düren*, in: Haufe, KStG, § 10 KStG Rn. 69; *Mertens/Cahn*, in: Kölner Komm AktG, § 113 AktG Rn. 56; *Vetter*, ZIP 2008, 1 (2).

737 *Clemm/Clemm*, BB 2001, 1873 (1875); *Frotscher/Düren*, in: Haufe, KStG, § 10 KStG Rn. 69.

738 *Clemm/Clemm*, BB 2001, 1873 (1875); *Schulte*, in: Erle/Sauter, KStG, § 10 KStG Rn. 66.

739 *Clemm/Clemm*, BB 2001, 1873 (1874), da es bereits bei dem alten Besteuerungsverfahren zu einer doppelten Besteuerung gekommen ist, hat sich die Rechtsprechung nicht überholt, sodass § 10 Nr. 4 KStG als verfassungsgemäß zu werten ist, so auch *Pfirrmann*, in: Blümich, EStG/KStG, § 10 KStG Rn. 80; *Schulte*, in: Erle/Sauter, KStG, § 10 KStG Rn. 65.

740 *Frotscher/Düren*, in; Haufe, KStG, § 10 KStG Rn. 82a; *Paetsch*, in: Rödder/Herlinghaus/Neumann, KStG, § 10 KStG Rn. 85; *Thüsing/Veil*, AG 2008, 359 (360).

741 *Dürrschmidt*, in: Herrmann/Heuer/Raupach, EStG und KStG, § 10 KStG Rn. 104; *Fonk*, NZG 2009, 761 (764); *Thüsing/Veil*, AG 2008, 359 (362); *Frotscher/Düren*, in: Haufe, KStG, § 10 KStG Rn. 82a; *Märtens*, in: Gosch, KStG, § 10 KStG Rn. 48. Vgl. auch Kapitel § 3 A I 1 c.

§ 114 AktG gewährt werden. Dies setzt aufgrund des Aufteilungsverbots voraus, dass eine klare Abgrenzung zur Überwachungstätigkeit möglich ist.[742] Dazu zählt nach überwiegender Ansicht aber nicht das Arbeitsentgelt, das den Aufsichtsratsmitgliedern neben der Amtsvergütung ungekürzt gezahlt wird.[743]

Die beschränkte Abzugsmöglichkeit für die Gesellschaften ist sicher ein Grund, weshalb die Aufsichtsratsvergütung trotz zunehmender Professionalisierung des Aufsichtsratsamtes nicht entsprechend steigt bzw. teils zu niedrig ist.[744]

Einkommensteuerrechtlich ist die Aufsichtsratsvergütung als eine Einnahme aus selbständiger Tätigkeit nach § 18 Abs. 1 Nr. 3 i.V.m. § 2 Abs. 1 Nr. 3 EStG bei den Aufsichtsratsmitgliedern zu versteuern.[745] Die Aufsichtsratsvergütung stellt sowohl bei den Anteilseigner- als auch Arbeitnehmervertretern eine Einnahme aus selbstständiger Tätigkeit dar.[746] Erfasst werden als Einnahme alle Bestandteile der Aufsichtsratsvergütung. Vergütungen, die die Mitglieder nicht aufgrund ihrer Aufsichtsratstätigkeit erhalten, fallen nicht unter § 18 Abs. 1 Nr. 3 EStG. Dazu zählt nach überwiegender Ansicht das Arbeitsentgelt, wenn dieses ohne Kürzung neben der Aufsichtsratsvergütung gewährt wird.[747] Die Teile der Vergütung, die das Aufsichtsratsmitglied an die Gewerkschaft abführen muss, können als Betriebsausgabe i.S.d. § 9 Abs. 1 Satz 3 Nr. 3 EStG abgezogen werden.[748]

Als Unternehmer i.S.d. § 2 UStG unterliegen die Aufsichtsratsmitglieder im Übrigen der Umsatzsteuerpflicht. Soweit der Körperschaft dadurch tatsächlich

742 *Hopt/Roth*, in: GroßKomm AktG, § 113 AktG Rn. 132; *Peltzer*, in: FS Zimmerer, S. 377 (388).

743 *Dürrschmidt*, in: Herrmann/Heuer/Raupach, EStG und KStG, § 10 KStG Rn. 104; *Pfirrmann*, in: Blümich, EStG/KStG, § 10 KStG Rn. 94; a.A.: *Olgemöller*, in: Streck, KStG, § 10 KStG Rn. 3. Vgl. Kapitel § 3 A III 2 c.

744 *Bihr/Blättchen*, BB 2007, 1285 (1291); *Peltzer*, in: FS Zimmerer, S. 377 (388).

745 *Mertens/Cahn*, in: Kölner Komm AktG, § 113 AktG Rn. 56; *Stuhrmann*, in: Kirchhof/Mellinghoff/Söhn, EStG, § 18 EStG Rn. B 247.

746 *Moritz*, in: Bordewin/Brandt/Bode, EStG, § 18 EStG Rn. 497; *Stuhrmann*, in: Kirchhof/Mellinghoff/Söhn, EStG, § 18 EStG Rn. B 247.

747 *Moritz*, in: Bordewin/Brandt/Bode, EStG, § 18 EStG Rn. 493, 497; *Stuhrmann*, in: Kirchhof/Mellinghoff/Söhn, EStG, § 18 EStG Rn. B 240 f. Vgl. zum Arbeitsentgelt Fn. 822.

748 Bejahend für einen Betriebsausgabenabzug bei der Abführungspflicht an betriebliche Einrichtungen, BFH v. 9.10.1980 – IV R 81/76, juris Rn. 20 wie FG Berlin-Brandenburg v. 2.4.2009 – 10 K 1190/06 B, DStRE 2009, 1356, sodass ebenfalls ein Betriebsausgabenabzug bei der Abführung an gewerkschaftliche Einrichtungen angenommen werden kann. Voraussetzung des Abzugs ist nach der Entscheidung jedoch, dass sich das Mitglied vor seiner Wahl zur Abführung verpflichtet hat. Dieses Erfordernis ist wohl entspr. zu übertragen. So *Hutter*, in: Blümich, EStG/KStG, § 18 EStG Rn. 182; *Köstler/Müller/Sick*, Aufsichtsratspraxis, Rn. 754; *Moritz*, in: Bordewin/Brandt/Bode, EStG, § 18 EStG Rn. 499; *Stuhrmann*, in: Kirchhof/Mellinghoff/Söhn, EStG § 18 EStG Rn. B 24; kritisch *Felix*, BB 1982, 2171, 2173 f.

Kosten entstehen, ist die Hälfte des Bruttobetrags der nichtabzugsfähigen Vergütung hinzuzurechnen.[749]

II. Gleiche Vergütung für alle

Bei der Gewährung einer Aufsichtsratsvergütung ist neben § 113 AktG auch der Gleichbehandlungsgrundsatz zu beachten.

1. Gleichbehandlungsgrundsatz

Der Gleichbehandlungsgrundsatz gebietet, dass allen Aufsichtsratsmitgliedern die gleiche Vergütung zu gewähren ist.[750] Davon ist der Rechtsgrund wie die Höhe der Vergütung umfasst.[751] Insbesondere darf bei der Gewährung einer Vergütung keine Unterscheidung aufgrund der Stellung der Aufsichtsratsmitglieder erfolgen. Eine unterschiedliche Vergütung der Anteilseigner- und der Arbeitnehmervertreter ist nicht möglich.[752] Eine ungleiche Vergütung ist nur dann erlaubt, wenn die Differenzierung durch einen sachlichen Grund gerechtfertigt ist.[753] Die Gewährung einer unterschiedlich hohen Vergütung aufgrund der Funktion des Aufsichtsratsmitglieds ist hingegen erlaubt, da dies einen sachlichen Grund für die unterschiedliche Behandlung darstellt.[754] In der Praxis ist es üblich, dass der Vorsitzende eine doppelt bzw. dreifach so hohe Vergütung wie das einfache Aufsichtsratsmitglied erhält.[755] Dies ist aufgrund der höheren Arbeitsbelastung, die den Vorsitzenden trifft, auch gerechtfertigt.[756] Ebenso zulässig ist es, dass Mitgliedern, die in Ausschüssen tätig sind, üblicherweise eine gesonderte Ausschussvergütung gewährt wird.[757] Der Kodex empfiehlt bei der Vergütung auch, dass die Stellung des

---

749 *Frotscher/Düren*, in: Haufe, KStG, § 10 KStG Rn. 85; *Paetsch*, in: Rödder/Herlinghaus/Neumann, KStG, § 10 KStG Rn. 93.

750 *Mertens/Cahn*, in: Kölner Komm AktG, § 113 AktG Rn. 9; *Natzel*, DB 1965, 1388. Siehe zum Gleichbehandlungsgrundsatz auch Kapitel § 2 A IV.

751 *Krack*, Aufsichtsratsvergütungen, S. 183; *Natzel*, DB 1965, 1429 (1434).

752 *Habersack*, in: MüKo AktG, § 113 AktG Rn. 38; *Hopt/Roth*, in: GroßKomm AktG, § 113 AktG Rn. 67.

753 *Drygala*, in: Schmidt/Lutter, AktG, § 113 AktG Rn. 18; *Habersack*, in: MüKo AktG, § 113 AktG Rn. 38.

754 *Kremer*, in: Kremer/Bachmann/Lutter/von Werder, DCGK, Ziff. 5.4.6 Rn. 1432; *Mertens/Cahn*, in: Kölner Komm AktG, § 113 AktG Rn. 10.

755 Nach einer Studie von *Böcking/Althoff/Bundle u.a.*, Der Konzern 2016, 549 (556), in der die in den Geschäftsberichten und Satzung veröffentlichten Informationen der DAX- und MDAX-Unternehmen ausgewertet wurden. Vgl. auch *Hoffmann-Becking*, in: FS Havermann, S. 230 (237); *Kort*, in: FS Hüffer, S. 483 (486); *Maßmann/Bursee*, BOARD 2014, 97 (98).

756 *Hoffmann-Becking*, in: FS Havermann, S. 230 (237); *Hopt/Roth*, in: GroßKomm AktG, § 113 AktG Rn. 68.

757 *Metzner/Rapp/Wolff*, AR 2012, 158; *Pacher/von Preen/Schichold*, AR 2016, 50 (52).

Vorsitzenden bzw. stellvertretenden Vorsitzenden im Aufsichtsrat sowie die Mitgliedschaft in Ausschüssen zu berücksichtigen ist, Nr. 5.4.6 Abs. 1 Satz 2 DCGK. Dagegen ist es nach h.M. nicht zulässig, eine Differenzierung bei der Vergütung wegen der unterschiedlichen persönlichen Qualifikation bzw. des „Marktwerts" vorzunehmen. Die persönliche Qualifikation ist kein zulässiges Differenzierungsmerkmal. § 113 Abs. 1 Satz 3 AktG stellt zum einen lediglich funktionsbezogen auf die Aufgaben der Aufsichtsratsmitglieder ab und zum anderen kann die Qualifikation durch die Hauptversammlung bei der Festlegung der Vergütung nicht sachgerecht berücksichtigt werden.[758] Nach § 113 AktG wird eine Vergütung als Gegenleistung für die Tätigkeit des Aufsichtsratsmitglieds gewährt. Als Differenzierungsgrund kann daher lediglich die Organtätigkeit und nicht etwa die Qualifikation des Aufsichtsratsmitglieds herangezogen werden kann.[759]

2. *Rechtsfolgen eines Verstoßes gegen den Gleichbehandlungsgrundsatz*

Grundsätzlich bewirkt ein Verstoß gegen den Gleichbehandlungsgrundsatz die Nichtigkeit der dagegen verstoßenden Regelung.[760] Die Vergütung wird von der Hauptversammlung durch einen Beschluss oder Satzung festgelegt.[761] Verstößt die Hauptversammlung in ihrem Beschluss gegen den Gleichbehandlungsgrundsatz, so würde die Nichtigkeit des Beschlusses als Rechtsfolge bewirken, dass die Aufsichtsratsmitglieder keinen Anspruch auf eine Vergütung hätten.[762] Ein gleichheitswidriger Beschluss wird daher keinen der in § 241 AktG aufgezählten Tatbestände erfüllen.[763]

Daran schließt sich die Frage, ob bei einem Verstoß gegen den Gleichbehandlungsgrundsatz ein Anspruch auf „Angleichung nach oben" für den

---

758 *Drygala*, in: Schmidt/Lutter, AktG, § 113 AktG Rn. 18; *Habersack*, in: MüKo AktG, § 113 AktG Rn. 39; *Hopt/Roth*, in: GroßKomm AktG, § 113 AktG Rn. 70; *Mertens/Cahn*, in: Kölner Komm AktG, § 113 AktG Rn. 10 m.w.N.; *Maser/Göttle*, NZG 2013, 201 (205); a.A.: *Haarmann*, in: FS Hüffer, S. 243 (246); *Lutter*, AG 1979, 85 (89). Gerade die Qualifikation wird von einigen als zulässiges Differenzierungsmerkmal gewertet: vgl. *Berger*, Kosten der Aufsichtsratstätigkeit, S. 53; *Krack*, Aufsichtsratsvergütungen, S. 188 ff. Im Rahmen des fakultativen Aufsichtsrats in der GmbH ist dies jedenfalls ein zulässiges Differenzierungskriterium, *Heermann*, in: Ulmer/Habersack/Löbbe, GroßKomm GmbHG, § 52 GmbHG Rn. 125.

759 *Drygala*, in: Schmidt/Lutter, AktG, § 113 AktG Rn. 12; *Maser/Göttle*, NZG 2013, 201 (205).

760 Dazu Kapitel § 2 A IV.

761 Dazu Kapitel § 3 A I 2.

762 *Von Frankenberg und Ludwigsdorf*, Gleichbehandlung der Aufsichtsratsmitglieder, S. 229.

763 *Von Frankenberg und Ludwigsdorf*, Gleichbehandlung der Aufsichtsratsmitglieder, S. 230; vgl. auch *Preis*, in: ErfKomm, § 611a BGB Rn. 606, der Rechtsgeschäfte, die eine Person im Hinblick auf den (arbeitsrechtlichen) Gleichbehandlungsgrundsatz begünstigen, für wirksam hält.

Benachteiligten besteht. Es gibt grundsätzlich keinen Anspruch auf „Gleichbehandlung im Unrecht“.[764] Eine „Angleichung nach oben“ kann aber die diskriminierende Wirkung des Beschlusses beseitigen. Für die Zukunft besteht jedoch auch die Möglichkeit, dass die Hauptversammlung einen neuen Vergütungsbeschluss fasst, der den Gleichbehandlungsgrundsatz wahrt, sodass es der Hauptversammlung überlassen sie, wie sie die Diskriminierung abschafft.[765] Einen solchen Anspruch ist dem Benachteiligten zuzugestehen, wenn trotz Verstoßes gegen den Gleichbehandlungsgrundsatz weiterhin Leistungen gewährt werden.[766] Für die Vergangenheit gebietet sich hingegen in der Regel keine „Angleichung nach oben“, da den Mitgliedern die Leistung entzogen und insoweit eine Gleichbehandlung wieder hergestellt werden kann.[767] Stehen einer Rückforderung etwa die § 818 Abs. 3 bzw. § 814 BGB entgegen, so kann dies zu einer „Angleichung nach oben“ bei dem Benachteiligten führen.[768]

Diese Frage stellt sich hingegen nicht, wenn der Vorstand einem Aufsichtsratsmitglied eine gleichheitswidrige Vergütung zukommen lässt. Die zugrundeliegende Vereinbarung ist nach § 134 BGB nichtig, da der Vorstand durch die Gewährung einer Vergütung bereits gegen § 113 Abs. 1 Satz 2 AktG verstößt.

3. *Abführungspflicht an gewerkschaftliche Einrichtungen*

Arbeitnehmervertreter, die einer Gewerkschaft des DGB angehören, sind verbandsintern verpflichtet, einen Teil ihrer Aufsichtsratsvergütung an gewerkschaftliche Einrichtungen wie die Hans-Böckler-Stiftung abzuführen.[769]

---

764 BVerwG v. 26.2.1993 – 8 C 20/92; BAG v. 13.8.1980 – 5 AZR 325/78, AP BetrVG 1972 § 77 Nr. 2.

765 Vgl. BAG v. 14.5.2013 – 1 AZR 43/12, NJOZ 2013, 1894; *Preis*, in: ErfKomm, § 611a BGB Rn. 609.

766 *Von Frankenberg und Ludwigsdorf*, Gleichbehandlung der Aufsichtsratsmitglieder, S. 230; *Preis*, in: ErfKomm, § 611a BGB Rn. 606.

767 A.A. BAG v. 10.11.2011 – 6 AZR 148/09, NZA 2012, 161; v. 16.2.2010 – 3 AZR 216/09, BeckRS 2010, 66517.

768 BAG v. 10.11.2011 – 6 AZR 148/09; *Lingemann*, NZA 2014, 827 (828).

769 *Fischer/Theuner*, AuR 2011, 466; *Hopt/Roth*, in: GroßKomm AktG, § 113 AktG Rn. 11; *Mertens/Cahn*, in: Kölner Komm AktG, § 113 AktG Rn. 58. Siehe LG München v. 17.3.2005 – 6 O 19204/04, NNJW 2005, 1724 (1725); *Thüsing/Frost*, in: FS Graf von Westphalen, S. 693 (695); *Köstler/Müller/Sick*, Aufsichtsratspraxis, Rn. 754 zur Rechtsgrundlage der Abführungspflicht: Die Grundlage bildet 3 Abs. 3 der Satzung des DGB i.d.F. v. Juni 2006. Danach haben die Mitglieder des DGB die Beschlüsse des Bundes durchzuführen. Die konkrete Rechtsgrundlage für die Abführungspflicht an die Hans-Böckler-Stiftung ist zum einen der Beschluss des DGB-Bundesausschusses v. 4. März 2009, in dem die Abführung der Aufsichtsratsvergütung der Arbeitnehmervertreter geregelt ist. Zum anderen müssen die Aufsichtsratsmitglieder in die Abführung eingewilligt haben. Oftmals wird eine Individualvereinbarung bzgl. der Abführungspflicht getroffen.

Die Abführungspflicht der Aufsichtsratsvergütung an die Gewerkschaft führt zu keiner unterschiedlichen Behandlung durch die Gesellschaft.[770] Diese Pflicht beruht auf keinem Rechtsgrund, den die Gesellschaft geschaffen bzw. einen Einfluss darauf hat, sondern auf einer verbandsinternen Verpflichtung, sodass diese nicht gegen den Gleichbehandlungsgrundsatz verstößt.[771] Jedes Aufsichtsratsmitglied ist grundsätzlich frei, wie es über seine Vergütung verfügt.[772] Die Verpflichtung zur Abführung eines Teils der Vergütung verstößt nicht gegen § 113 AktG und wird von der Rechtsprechung vielmehr als zulässig angesehen.[773]

Zudem liegt kein Verstoß gegen den vereinsrechtlichen Gleichbehandlungsgrundsatz vor, indem die Gewerkschaft eine entsprechende Abführungspflicht in ihrer Satzung vorsieht.[774] Vereine müssen ihre Mitglieder gleichbehandeln, soweit ein sachlicher Grund eine Differenzierung nicht rechtfertigt. Der vereinsrechtliche Grundsatz der Gleichbehandlung ergibt sich aus der Treuepflicht, an den die Vereinigung gegenüber ihren Mitgliedern gebunden ist.[775] Der Pflicht, einen Teil der Aufsichtsratsvergütung an eine Gewerkschaft abzuführen, unterliegen Aufsichtsratsmitglieder, die nicht gewerkschaftlich organisiert sind, gerade nicht. Eine Ungleichbehandlung besteht folglich nicht, da die Gewerkschaft auf die nicht organisierten Aufsichtsratsmitglieder keinen Einfluss nehmen kann.[776] Der aktienrechtliche Gleichbehandlungsgrundsatz richtet sich nur an die Gesellschaft selbst und nicht an Dritte.[777] Die Gewerkschaft

---

770 *Rieble*, AG 2016, 315 (316).

771 *Rieble*, AG 2016, 315 (316); *Thüsing/Frost*, in: FS Graf von Westphalen, S. 693 (710). Vgl. auch Fn. 769.

772 *Mertens/Cahn*, in: Kölner Komm AktG, § 113 AktG Rn. 58; *Sünner*, AG 2012, 265 (273).

773 BAG v. 21.5.2015 – 8 AZR 956/13, NZA 2015, 1319; OLG Stuttgart v. 5.2.2008 – 12 U 122/07, BeckRS 2008, 03407; OLG Frankfurt a.M. v. 22.8.2001 – 23 U 177/00, NZA-RR 2002, 531 (533); *Hanau*, Abführungspflicht, S. 27 ff., abrufbar unter https://www.boeckler.de/pdf/p_arbp_254.pdf [Zuletzt abgerufen am 15.4.2017]. Nach der Rechtsprechung liegt insbesondere auch kein Verstoß gegen das Verbot der Gegnerfinanzierung vor. Dies ergibt sich daraus, dass die Aufsichtsratsvergütung Teil des Lohnes der Arbeitnehmervertreter ist und insoweit stellt sich eine vergleichbare Lage zur Finanzierung der Gewerkschaft durch Mitgliedsbeiträge, die unbestritten zulässig ist.

774 BGH v. 21.5.2015 – 8 AZR 986/13, juris Rn. 49; *Hanau*, Abführungspflicht, S. 27 abrufbar unter https://www.boeckler.de/pdf/p_arbp_254.pdf [Zuletzt abgerufen am 15.4.2017]; *Thüsing/Frost*, in: FS Graf von Westphalen, S. 693 (709).

775 BAG v. 21.5.2015 – 8 AZR 956/13, NZA 2015, 1319 (1323); OLG Stuttgart v. 5.2.2008 – 12 U 122/07, BeckRS 2008, 03407; *Stöber/Otto*, Hdb zum Vereinsrecht, Rn. 336 f. Eine Einschränkung bzw. zulässige Ausnahme zu dem Gleichbehandlungsgrundsatz bildet § 35 BGB, wonach Mitgliedern Sonderrechte eingeräumt werden können.

776 OLG Stuttgart v. 5.2.2008 – 12 U 122/07, BeckRS 2008, 03407; *Fischer/Theuner*, AuR 2011, 466 (469); *Thüsing/Frost*, in: FS Graf von Westphalen, S. 709.

777 Vgl. Fn. 292.

ist folglich nicht an den aktienrechtlichen Gleichbehandlungsgrundsatz gebunden.[778]

Einen Vergleich zwischen einem abführungspflichtigen Aufsichtsratsmitglied und einem anderen Gewerkschaftsmitglied, das kein Aufsichtsratsmitglied ist, kann ebenfalls keine Ungleichbehandlung begründen. Mangels Vergleichbarkeit der Gruppe liegt kein Verstoß gegen den vereinsrechtlichen Gleichbehandlungsgrundsatz vor.[779]

Aufsichtsratsvorsitzende und Stellvertreter haben einen höheren Anteil abzuführen als normale Aufsichtsratsmitglieder. Dies begründet eine Ungleichbehandlung, die aber aufgrund der unterschiedlichen Funktion und der damit verbundenen unterschiedlichen Vergütung eine höhere Abführungspflicht rechtfertigt.[780]

Deswegen liegt in der Abführungspflicht an gewerkschaftliche Einrichtungen kein Verstoß gegen den aktien- bzw. vereinsrechtlichen Gleichbehandlungsgrundsatz vor.[781] Der mitbestimmungsrechtliche Gleichbehandlungsgrundsatz richtet sich ebenfalls an die Aktiengesellschaft, sodass insofern auch kein Verstoß in Betracht kommt.[782]

Ferner könnte eine Satzungsbestimmung, die eine solche Abführungspflicht der Arbeitnehmervertreter vorsieht, einer Inhaltskontrolle nach §§ 242, 315 BGB nicht standhalten. Trotz der grundsätzlichen Vereinsautonomie nach Art. 9 Abs. 1 GG unterliegen Bestimmungen von Monopolverbänden aufgrund ihrer Sonderstellung einer Inhaltskontrolle nach §§ 242, 315 BGB.[783] Nach Ansicht der Rechtsprechung hält die Abführungspflicht einer Inhaltskontrolle stand.[784] Zum einen kann bei der Hans-Böckler-Stiftung schon keine besondere wirtschaftliche oder soziale Machtstellung angenommen werden und zum anderen liegt keine unbillige Behandlung vor.[785] Durchaus gerechtfertigt ist es, wenn die Gewerkschaft im Gegenzug für die Wahlunterstützung eine Gegenleistung erhalten will.[786]

---

778 *Rieble*, AG 2016, 315 (316); *Thüsing/Frost*, in: FS Graf von Westphalen, S. 693 (710); vgl. auch *Koch*, in: Hüffer/Koch, AktG, § 53a AktG Rn. 4.

779 OLG Stuttgart v. 5.2.2008 – 12 U 122/07, BeckRS 2008, 03407; *Fischer/Theuner*, AuR 2011, 466 (468); *Thüsing/Frost*, in: FS Graf von Westphalen, S. 693 (710).

780 BGH v. 21.5.2015 – 8 AZR 956/13, juris Rn. 52; OLG Stuttgart v. 5.2.2008 – 12 U 122/07, BeckRS 2008, 03407; kritisch: *Thüsing/Frost*, in FS Graf von Westphalen, S. 693 (710).

781 *Thüsing/Frost*, in: FS Graf von Westphalen, S. 693 (709 f.); a.A.: *Berger*, Kosten der Aufsichtsratstätigkeit, S. 38.

782 Vgl. *Koch*, in: Hüffer/Koch, AktG, § 53a AktG Rn. 4. Siehe auch Kapitel § 2 A IV 2.

783 BGH v. 24.10.1988 – II ZR 311/87, NJW 1989, 1724 (1726); *Thüsing/Forst*, in: FS Westphalen, S. 693 (702).

784 BAG v. 21.5.2015 – 8 AZR 956/13, NZA 2015, 1319 (1323); OLG Stuttgart v. 5.2.2008 – 12 U 122/07, BeckRS 2008, 03407; OLG Frankfurt am Main v. 22.8.2001 – 23 U 177/00, NZA-RR 2002, 531 (533).

785 BAG v. 21.5.2015 – 8 AZR 956/13, NZA 2015, 1319 (1324).

786 BAG v. 21.5.2015 – 8 AZR 956/13, NZA 2015, 1319 (1324).

Kritisch zu hinterfragen ist, ob die Abführungspflicht an die Gewerkschaft gegen das Benachteiligungsverbot von Arbeitnehmervertretern im Aufsichtsrat nach § 26 MitbestG bzw. § 9 DrittelbG verstößt.[787] Im Übrigen könnte die Abführungspflicht, die mit der Unterstützung der Gewerkschaft bei der Wahl einhergeht, als ein Verstoß gegen die passive Wahlfreiheit anzusehen sein.[788] Arbeitnehmervertreter, die sich nicht bereit erklären, einen Teil ihrer künftigen Aufsichtsratsvergütung abzuführen, haben keine bzw. eine geringe Chance zur Wahl aufgestellt zu werden. Die DGB-Gewerkschaften unterstützen nur solche Arbeitnehmervertreter, die sich zur Abführung bereit erklärt haben.[789]

Festzustellen ist jedenfalls, dass durch die überwiegende Abführungspflicht die Vergütung nicht mehr ihren beabsichtigten Anreiz entfalten kann.[790] Kritisch ist dies vor allem im Hinblick auf die Professionalisierung des Aufsichtsratsamtes und den gestiegenen Anforderungen an die Aufsichtsratsmitglieder zu sehen.[791] Von der Abführungspflicht an die Gewerkschaft war zunächst das Sitzungsgeld ausgenommen, sodass dieses den Arbeitnehmervertretern ganz verblieb.[792] Verschärft wird die Lage in Bezug auf die Anreizfunktion der Vergütung, indem der DGB die Entwicklung zu höheren Sitzungsgeldern wahrgenommen hat und die Abführungspflicht auf die Sitzungsgelder erstreckt.[793]

III. Stellung der Arbeitnehmervertreter im Aufsichtsrat

In mitbestimmten Aufsichtsräten sind neben den Anteilseignervertretern Arbeitnehmervertreter im Aufsichtsrat vertreten. Zu untersuchen ist, ob dies eine Besonderheit bzgl. der Stellung und der Vergütung der Arbeitnehmervertreter bewirkt.

787 *Rieble*, AG 2016, 315 (316). Ausführlich zum Benachteiligungsverbot nach § 26 MitbestG bzw. § 9 DrittelbG zugleich in Kapitel § 3 A III 2 a aa.

788 So *Berger*, Kosten der Aufsichtsratstätigkeit, S. 38.

789 *Berger*, Kosten der Aufsichtsratstätigkeit, S. 38; *Sünner*, AG 2012, 265 (273).

790 *Berger*, Kosten der Aufsichtsratstätigkeit, S. 38; *Kremer*, in: Kremer/Bachmann/Lutter/von Werder, DCGK, Ziff. 5.4.6 Rn. 1430; *Hopt/Roth*, in: GroßKomm AktG, § 113 AktG Rn. 7. Vgl. Kapitel § 3 A I 5 b.

791 *Fischer*, NZA 2007, 484 (485); *Haarmann*, in: FS Hüffer, S. 243 (249); *Kolbe*, Mitbestimmung und Demokratieprinzip, S. 347; *Pacher/von Preen*, ZCG 2014, 68; a.A.: *Fischer/Theuner*, AuR 2011, 466 (471).

792 *Koch*, in: Hüffer/Koch, AktG, § 113 Rn. 4; *Sünner*, AG 2012, 265 (273).

793 *DGB-Bundesausschuss* v. 5.3.2014, Richtlinie Abführung 2014, abrufbar unter https://www.google.de/url?sa=t&rct=j&q=&esrc=s&source=web&cd=2&ved=0ahUKEwizua6Ul67TAhVPbVAKHdHmBQQQFggoMAE&url=https%3A%2F%2Fwww.verdi.de%2Fwegweiser%2Fmitbestimmung%2F%2B%2Bfile%2B%2B542526f8bdf98d43d2000018%2Fdownload%2FAbf%25C3%25BChrungsregelung_Beschluss_DGB-Bundesausschuss_2014_final.pdf&usg=AFQjCNEgMhEvvIvdQezcnXcDyQQEAjxJDg&cad=rja [Zuletzt abgerufen am 18.4.2017]; *Koch*, in: Hüffer/Koch, AktG, § 113 Rn. 4; *Maßmann/Bursee*, BOARD 2014, 97 (99).

1. Grundsatz: Gleiche Stellung

Die Rechtstellung der Arbeitnehmervertreter bestimmt sich gem. § 25 Abs. 1 Satz 1 Nr. 1 MitbestG (bzw. § 3 Montan-MitbestG, § 3 Abs. 1 Satz 2 Montan-MitbestErgG und § 1 Abs. 1 Nr. 3 Satz 2 DrittelbG) nach den aktienrechtlichen Vorschriften. Da keine besonderen, mitbestimmungsrechtlichen Regelungen existieren, ergeben sich bzgl. der Rechtsstellung keine Unterschiede zu den Anteilseignervertretern. Die Unternehmensmitbestimmung modifiziert in diesem Bereich die aktienrechtlichen Vorschriften nicht.[794]

Aufgrund des mitbestimmungsrechtlichen Gleichbehandlungsgrundsatzes haben Arbeitnehmervertreter im Aufsichtsrat keine besondere Stellung.[795] Das Arbeitsverhältnis zwischen Arbeitnehmervertretern und Arbeitgebern hat keinen Einfluss auf das Aufsichtsratsamt.[796] Insbesondere unterliegen die Arbeitnehmervertreter keinen Weisungen des Arbeitgebers bei Ausübung des Aufsichtsratsamtes.[797] Bei dem Aufsichtsratsamt handelt es sich für die Arbeitnehmer- genauso wie für die Anteilseignervertreter um ein Nebenamt, das im Regelfall vergütet wird.[798]

2. Besonderheiten der Arbeitnehmervertreterstellung

Neben diesem Grundsatz existieren aber mitbestimmungsrechtliche Sonderregelungen. Insoweit ist zu untersuchen, ob diese eine besondere Stellung oder Vergütung der Arbeitnehmervertreter begründen.

a. Mitbestimmungsrechtliche Sonderregelungen

aa. Benachteiligungsverbot

Der Besonderheit, dass die Arbeitnehmervertreter neben ihrer Aufsichtsratstätigkeit noch in einem Arbeitsverhältnis zur Gesellschaft stehen können, trägt das mitbestimmungsrechtliche Benachteiligungsverbot Rechnung.[799] In § 26 Satz 2, 3

---

794 *Oetker*, in: GroßKomm AktG, § 26 MitbestG Rn. 15ff; *Velten*, Gewerkschaftsvertreter im Aufsichtsrat, S. 77 f.

795 *Kirschner*, DB 1971, 2063 (2065); *Mülbert*, in: Feddersen/Hommelhoff/Schneider, Corporate Governance, S. 99 (114); *Schubert*, in: Wißmann/Kleinsorge/Schubert, MitbestR, § 25 MitbestG Rn. 230.

796 *Greiner*, in: Ascheid/Preis/Schmidt, KündigungsR, § 26 MitbestG Rn. 6; *Oetker*, in: GroßKomm AktG, § 26 MitbestG Rn. 5; *Schönhöft/Oelze*, NZA 2016, 145.

797 *Kirschner*, DB 1971, 2063 (2065); *Oetker*, in: ErfKomm, § 111 AktG Rn. 19; *Raiser*, in: Raiser/Veil/Jacobs, MitbestG und DrittelbG, § 25 MitbestG Rn. 125.

798 *Reinbacher/Shalchi/Felber*, ZCG 2015, 177 (178); *Schubert*, in: Wißmann/Kleinsorge/Schubert, MitbestR, § 25 MitbestG Rn. 365. Dazu auch Kapitel § 3 A II 1.

799 *Oetker*, in: ErfKomm, § 111 AktG Rn. 20; *Wißmann*, in: Wißmann/Kleinsorge/Schubert, MitbestR, § 26 MitbestG Rn. 16.

MitbestG und § 9 Satz 2, 3 DrittelbG ist dies explizit normiert und entspricht § 78 BetrVG. Nach diesem Benachteiligungsverbot dürfen die Arbeitnehmervertreter nicht ohne sachlichen Grund wegen ihrer Aufsichtsratstätigkeit gegenüber anderen vergleichbaren Arbeitnehmern diskriminiert werden.[800] Eine Benachteiligung ist dabei jede Schlechterstellung, die ohne sachlichen Grund und aufgrund der Aufsichtsratsstellung erfolgt.[801] Das Benachteiligungsverbot ist mithin enger als der Gleichbehandlungsgrundsatz und schließt jegliche Diskriminierung aufgrund der Aufsichtsratstätigkeit aus.[802] Ein besonderer Kündigungsschutz folgt daraus hingegen nicht.[803] Das Benachteiligungsverbot schützt nur die unternehmensangehörigen Arbeitnehmervertreter, da diese aufgrund ihrer Verbundenheit mit dem Unternehmen besonders schutzwürdig sind.[804] Adressat des Verbots ist jedermann; auch Personen außerhalb des Unternehmens.[805] Das Benachteiligungsverbot stellt also ein Verbots- und ein Schutzgesetz zugunsten der Arbeitnehmervertreter dar.[806]

bb. Behinderungsverbot

Daneben existiert noch ein Behinderungsverbot, das sicherstellt, dass die Arbeitnehmervertreter in der Ausübung des Aufsichtsratsamtes nicht gestört oder behindert werden, § 26 Satz 1 MitbestG, § 9 Satz 1 DrittelbG. Der Schutz des Behinderungsverbots erstreckt sich grundsätzlich auf alle Arbeitnehmervertreter.[807] Das Verbot richtet sich dabei an jedermann.[808] Das Behinderungsverbot stellt im

---

800 Dazu auch Kapitel § 2 A IV 2.

801 *Gach*, in: MüKo AktG, § 26 MitbestG Rn. 9; *Wißmann*, in: Wißmann/Kleinsorge/Schubert, MitbestR, § 26 MitbestG Rn. 16.

802 *Oetker*, in: MüKo AktG, § 26 MitbestG Rn. 1; *Kreutz*, in: GK-BetrVG, § 78 BetrVG Rn. 54.

803 *Mertens/Cahn*, in: Kölner Komm AktG, Anh. § 117 AktG B § 26 MitbestG Rn. 8; *Wißmann*, in: Wißmann/Kleinsorge/Schubert, MitbestR§ 26 MitbestG Rn. 16, 18. Insbesondere ist auch § 15 KSchG nicht entsprechend auf die Arbeitnehmervertreter anzuwenden, sodass anders als bei Betriebsratsmitgliedern kein besonderer Kündigungsschutz gewährleistet wird. Eine Kündigung ist aber bei einem Verstoß gegen das Benachteiligungsverbot als unwirksam anzusehen, sodass zumindest ein relativer Kündigungsschutz besteht.

804 *Wißmann*, in: Wißmann/Kleinsorge/Schubert, MitbestR, § 26 MitbestG Rn. 1.

805 *Greiner*, in: Ascheid/Preis/Schmidt, KündigungsR, § 26 MitbestG Rn. 4; *Mertens/Cahn*, in: Kölner Komm AktG, Anh. § 117 AktG B § 26 MitbestG Rn. 3; *Wißmann*, in: Wißmann/Kleinsorge/Schubert, MitbestR, § 26 MitbestG Rn. 5.

806 *Heither/von Morgen*, in: Boecken/Düwell/Diller/Hanau, Gesamtes ArbR, § 26 MitbestG Rn. 6; *Mertens/Cahn*, in: Kölner Komm AktG, Anh. § 117 AktG B § 26 MitbestG Rn. 10.

807 *Greiner*, in: Ascheid/Preis/Schmidt, KündigungsR, § 26 MitbestG Rn. 3; *Wißmann*, in: Wißmann/Kleinsorge/Schubert, MitbestR, § 26 MitbestG Rn. 1.

808 *Gach*, in: MüKo AktG, § 26 MitbestG Rn. 3; *Greiner*, in: Ascheid/Preis/Schmidt, KündigungsR, § 26 MitbestG Rn. 4.

Gegensatz zum Benachteiligungsverbot mangels Individualschutz kein Schutzgesetz, sondern nur ein Verbotsgesetz i.S.d. § 134 BGB dar.[809]

cc. Begünstigungsverbot

Im Gegensatz zu § 78 BetrVG beschränkt sich § 26 MitbestG auf ein Benachteiligungsverbot und normiert daneben kein Begünstigungsverbot.[810] Darauf wurde verzichtet, da die Möglichkeit einer Höhergruppierung eines Aufsichtsratsmitglieds aufgrund seiner Qualifikation bestehen bleiben sollte.[811] Bei mitbestimmten Gesellschaften verbleibt es bei dem – aktienrechtlichen und arbeitsrechtlichen – Gleichbehandlungsgrundsatz, der eine Ungleichbehandlung ohne sachlichen Grund verbietet.[812] Danach ist eine Höhergruppierung aufgrund im Aufsichtsrat erworbener Kenntnisse gerade nicht möglich.[813] In § 9 Satz 2, 3 DrittelbG ist hingegen neben der Benachteiligung auch die Begünstigung der Arbeitnehmervertreter explizit verboten.

dd. Vergleich zu SE-Regelungen

Auch bei der in der Praxis immer relevanter werdenden Gesellschaftsform der SE existieren ähnliche Schutzvorschriften: Nach § 44 Nr. 2 SEBG ist ebenfalls jede Behinderung der Arbeitnehmervertreter in Bezug auf die Aufsichtsratstätigkeit verboten. § 44 Nr. 3 SEBG normiert daneben ein ausdrückliches Benachteiligungs- und Begünstigungsverbot, das im Grunde mit § 9 DrittelbG und § 26 MitbestG vergleichbar ist. Abweichend von diesen Regelungen sind nicht nur Arbeitnehmer-, sondern auch Anteilseignervertreter von dem Schutzbereich des § 44 Nr. 3 SEBG erfasst. Darüber hinaus kann bei einem Verstoß gegen das Benachteiligungs- und Begünstigungsverbot bei der SE neben den allgemeinen Folgen, die sich aus einem Verstoß gegen ein Verbotsgesetz i.S.d. § 134 BGB ergeben, noch eine Strafbarkeit nach § 45 Abs. 2 Nr. 3 SEBG in Betracht kommen.

809 *Henssler*, in: Ulmer/Habersack/Henssler, MitbestR, § 26 MitbestG Rn. 21; *Oetker*, in: ErfKomm, § 26 MitbestG Rn. 1; *Raiser/Jacobs*, in: Raiser/Veil/Jacobs, MitbestG und DrittelbG, § 26 MitbestG Rn. 14.

810 *Henssler*, in: Ulmer/Habersack/Henssler, MitbestR, § 26 MitbestG Rn. 2; *Mertens/Cahn*, in: Kölner Komm AktG, Anh § 117 B AktG § 26 MitbestG Rn. 2.

811 *Wißmann*, in: Wißmann/Kleinsorge/Schubert, MitbestR, § 26 MitbestG Rn. 2.

812 *Gach*, in: MüKo AktG, § 26 MitbestG Rn. 1 f.; *Raiser/Jacobs*, in; Raiser/Veil/Jacobs, MitbestG und DrittelbG, § 26 MitbestG Rn. 14; *Seibt*, in: Henssler/Willemsen/Kalb, ArbR Komm, § 26 MitbestG Rn. 1; *Wißmann*, in: Wißmann/Kleinsorge/Schubert, MitbestR, § 26 MitbestG Rn. 3.

813 *Raiser/Jacobs*, in: Raiser/Veil/Jacobs, MitbestG und DrittelbG, § 26 MitbestG Rn. 13. Vgl. auch Kapitel § 3 A II 1.

b. Anspruch auf Freistellung

Im Gegensatz zu § 37 Abs. 2 BetrVG findet sich in den Mitbestimmungsgesetzen keine Regelung, die eine (entgeltliche) Freistellung der Arbeitnehmervertreter vorsieht.[814] Grundsätzlich hat der Arbeitnehmervertreter sein Aufsichtsratsamt außerhalb der Arbeitszeit auszuüben. Aber soweit ihm dies nicht möglich ist, nimmt die h.M. in der Literatur einen Anspruch auf Freistellung aus dem Behinderungsverbot an.[815] Nach § 26 Satz 2, 3 MitbesG bzw. § 9 Satz 2, 3 DrittelbG ist jegliche Behinderung, unter Umständen auch die reguläre Ausübung der Arbeitstätigkeit, verboten. Aufgrund des Behinderungsverbotes gebührt dem Aufsichtsratsamt bei einer Kollision mit dem Arbeitsverhältnis der Vorrang.[816] Für die Frage, in welchem Umfang ein Arbeitnehmervertreter freizustellen ist, kann auf die im Rahmen von § 37 Abs. 2 BetrVG entwickelten Grundsätzen zurückgegriffen werden, da in beiden Fällen nur eine Freistellung in Betracht kommt, soweit dies für die Amtsausführung erforderlich ist.[817] Aus dem Behinderungsverbot aus § 26 MitbestG bzw. § 9 DrittelbG folgt somit ein Freistellungsanspruch der Arbeitnehmervertreter, soweit dies zur Wahrnehmung ihrer Aufsichtsratstätigkeit notwendig ist.[818]

c. (Keine) Entgeltliche Freistellung der Arbeitnehmervertreter

Umstritten ist jedoch, ob die Freistellung entgeltlich oder unter Minderung des Arbeitsentgelts zu erfolgen hat.[819]

---

814 *Schönhöft/Oelze*, NZA 2016, 145 (146); *Wißmann*, in: Wißmann/Kleinsorge/Schubert, MitbestR, § 26 MitbestG Rn. 8.

815 *Reich/Lewerenz*, AuR 1976, 353 (365); *Gach*, in: MüKo AktG, § 26 MitbestG Rn. 6; *Henssler*, in: Ulmer/Habersack/Henssler, MitbestR, § 26 MitbestG Rn. 5; *Hopt/Roth*, in: GroßKomm AktG, § 113 AktG Rn. 127; *Mertens/Cahn*, in: Kölner Komm AktG, Anh. § 117 AktG B § 26 MitbestG Rn. 6; *Wißmann*, in: Wißmann/Kleinsorge/Schubert, MitbestR, § 26 MitbestG Rn. 8.

816 *Jacklofsky*, Arbeitnehmerstellung und Aufsichtsratsamt, S. 74; *Raiser/Jacobs*, in: Raiser/Veil/Jacobs, MitbestG und DrittelbG, § 26 MitbestG Rn. 6; *Oetker*, in: GroßKomm AktG, § 26 MitbestG Rn. 6.

817 *Gach*, in: MüKo AktG, § 26 MitbestG Rn. 6; *Hopt/Roth*, in: GroßKomm AktG, § 113 AktG Rn. 128; *Wißmann*, in: Wißmann/Kleinsorge/Schubert, MitbestR, § 26 MitbestG Rn. 6.

818 *Heither/von Morgen*, in: Boecken/Düwell/Diller/Hanau, Gesamtes ArbR, § 26 MitbestG Rn. 4; *Wißmann*, in: Wißmann/Kleinsorge/Schubert, MitbestR, § 26 MitbestG Rn. 8; a.A.: *Schönhöft/Oelze*, NZA 2016, 145 (146) nimmt an, dass der Arbeitnehmer von seiner Arbeitspflicht bereits nach § 275 Abs. 1 BGB im Kollisionsfall befreit wird.

819 *Hopt/Roth*, in: GroßKomm AktG, § 113 AktG Rn. 127 m.w.N.; *Köstler/Müller/Sick*, Aufsichtsratspraxis, Rn. 766. Ebenso umstritten ist es, ob die Arbeitnehmervertreter unter Entgeltfortzahlung für die Teilnahme an Schulungsveranstaltungen freizustellen sind, ausführlich dazu: *Jacklofsky*, Arbeitnehmerstellung und Aufsichtsratsamt, S. 110 ff.

In der Praxis wird den Arbeitnehmervertretern das Arbeitsentgelt im Fall der Freistellung unabhängig von der Gewährung einer Aufsichtsratsvergütung gewährt.[820] Im Steuerrecht ist das Arbeitsentgelt nach überwiegender Ansicht, soweit es den Arbeitnehmervertretern bei Freistellung ohne Kürzung der gezahlten Aufsichtsratsvergütung gewährt wird, als „Aufsichtsratsvergütung" und nicht als Arbeitsentgelt zu werten.[821] Somit unterliegt es dem hälftigen Abzugsverbot nach § 10 Nr. 4 KStG und kann nur noch zur Hälfte von der Gesellschaft als Betriebsausgabe abgezogen werden. Begründet wird dies in der Literatur – zutreffend – damit, dass Arbeitsentgelt, das ungekürzt um die Aufsichtsratsvergütung gewährt wird, kein Arbeitsentgelt ist, sondern für die Aufsichtsratstätigkeit gezahlt wird, und deshalb eine verdeckte Aufsichtsratsvergütung darstellt.[822]

aa. Meinungsstand

Die h.M. bejaht einen Anspruch auf entgeltliche Freistellung der unternehmensangehörigen Arbeitnehmervertreter.[823] Dies wird überwiegend mit dem Benachteiligungsverbot gem. § 26 MitbestG bzw. § 9 DrittelbG begründet.[824] Einige leiten einen Entgeltfortzahlungsanspruch hingegen aus der Betriebsrisikolehre ab.[825] Weitgehende Einigkeit besteht darin, dass es sich mangels Regelungslücke verbiete, einen Anspruch in Analogie zu § 37 Abs. 2 BetrVG anzunehmen.[826] Als Argument für einen Anspruch auf entgeltliche Freistellung wird unter anderem angeführt, dass nach § 38 BetrVG freigestellten Betriebsräten das Arbeitsentgelt ungeschmälert weitergezahlt wird, auch wenn diese einen Teil ihrer Zeit für die

---

820 *Raiser/Jacobs*, in: Raiser/Veil/Jacobs, MitbestG und DrittelbG, § 26 MitbestG Rn. 6; *Wichert*, in: Heidel, AktG, § 26 MitbestG Rn. 4; *Wißmann*, in: Wißmann/Kleinsorge/Schubert, MitbestR, § 26 MitbestG Rn. 1.

821 *Dürrschmidt*, in: Herrmann/Heuer/Raupach, EStG und KStG, § 10 KStG Rn. 104; *Pfirrmann*, in: Blümich, EStG/KStG, § 10 KStG Rn. 94; a.A.: *Olgemöller*, in: Streck, KStG, § 10 KStG Rn. 34. Siehe auch Kapitel § 3 A I 6.

822 *Dürrschmidt*, in: Herrmann/Heuer/Raupach, EStG und KStG, § 10 KStG Rn. 104; *Pfirrmann*, in: Blümich, EStG/KStG, § 10 KStG Rn. 94.

823 *Hopt/Roth*, in: GroßKomm AktG, § 113 AktG Rn. 129; *Köstler/Müller/Sick*, Aufsichtsratspraxis, Rn. 766; *Mertens/Cahn*, in: Kölner Komm AktG, Anh. § 117 AktG B § 26 MitbestG Rn. 6; *Wißmann*, in: Wißmann/Kleinsorge/Schubert, MitbestR, § 26 MitbestG Rn. 11.

824 *Faude*, DB 1983, 2249; *Hopt/Roth*, in: GroßKomm AktG, § 113 AktG Rn. 127; *Wißmann*, in: Wißmann/Kleinsorge/Schubert, MitbestR, § 26 MitbestG Rn. 11. Auch wenn das Montan-MitbestG und das Montan-MitbestErgG keine explizite Reglung dazu enthalten, so gilt das Verbot auch dort, vgl. *Jacklofsky*, Arbeitnehmerstellung und Aufsichtsratsamt, S. 74.

825 *Oetker*, in: GroßKomm AktG, § 26 MitbestG Rn. 7.

826 *Gach*, in: MüKo AktG, § 26 MitbestG Rn. 7; *Jacklofsky*, Arbeitnehmerstellung und Aufsichtsratsamt, S. 98 ff.; *Oetker*, in: ErfKomm, § 26 MitbestG Rn. 3; *Schönhöft/Oelze*, NZA 2016, 145 (146); a.A.: *Reich/Lewerenz*, AuR 1976, 353 (365).

Ausübung des Aufsichtsratsamtes aufgewendet haben.[827] Eine Entgeltfortzahlung würde zudem zu keiner Besserstellung der Arbeitnehmer- gegenüber den Arbeitgebervertretern führen, da die Anteilseignervertreter keine Einkommenseinbußen erleiden würden.[828]

In der Literatur gibt es jedoch auch Stimmen, die eine generelle Entgeltfortzahlungspflicht mit dem Argument ablehnen, dass eine Kompensation durch die Gewährung einer Aufsichtsratsvergütung erfolgen würde.[829] Insoweit stelle es keine Benachteiligung der Arbeitnehmervertreter dar, wenn das Arbeitsentgelt um den Betrag der Aufsichtsratsvergütung gekürzt wird.[830] Im Weiteren spräche gegen eine generelle Entgeltfortzahlung auch die Wertung im Steuerrecht.[831]

Gegen einen entgeltlichen Freistellungsanspruch, gestützt auf das Benachteiligungsverbot, wird eingewendet, dass der Arbeitnehmer nicht aufgrund seiner Aufsichtsratstätigkeit benachteiligt werde. Eine Entgeltminderung erfolge lediglich deshalb, weil der Arbeitnehmer seine Arbeitsleistung nicht erbringt.[832] Dabei sei zu berücksichtigen, dass das Arbeitsverhältnis strikt von der Aufsichtsratstätigkeit zu trennen sei.[833] Eine Kürzung des Arbeitsentgelts folge daraus, dass die Arbeitnehmervertreter nach § 275 BGB von der Arbeit befreit seien und der Gegenanspruch auf das Arbeitsentgelt gem. § 326 Abs. 1 BGB entfalle.[834] Eine Vorschrift, die den Anspruch auf Entgeltfortzahlung erhält, wie z.B. § 615 BGB, findet sich in den

---

827 *Oetker*, in: GroßKomm AktG, § 26 MitbestG Rn. 8; *Wißmann*, in: Wißmann/Kleinsorge/Schubert, MitbestR, § 26 MitbestG Rn. 12.

828 *Reich/Lewerenz*, AuR 1976, 353 (366); *Köstler/Müller/Stick*, Aufsichtsratspraxis, Rn. 766.

829 *Berger*, Kosten der Aufsichtsratstätigkeit, S. 151; *Heither/von Morgen*, in: Boecken/Düwell/Diller/Hanau, Gesamtes ArbR, § 26 MitbestG Rn. 4; *Henssler*, in: Ulmer/Habersack/Henssler, MitbestR, § 26 MitbestG Rn. 8; *Oetker*, in: GroßKomm AktG, § 26 MitbestG Rn. 7; *Raiser/Jacobs*, in: Raiser/Veil/Jacobs, MitbestG und DrittelbG, § 26 MitbestG Rn. 6; *Wichert*, in: Heidel, AktG, § 26 MitbestG Rn. 4; a.A. *Reich/Lewerenz*, AuR 1976, 353 (366); *Wißmann*, in: Wißmann/Kleinsorge/Schubert, MitbestR, § 26 MitbestG Rn. 11; differenzierend: *Gach*, in: MüKo AktG, § 26 MitbestG Rn. 7 m.w.N., ist für einen ungekürzten Entgeltanspruch, wenn die Aufsichtsratsvergütung nicht genau beziffern lässt bzw. an Dritte abgeführt wird.

830 *Henssler*, in: Ulmer/Habersack/Henssler, MitbestR, § 26 MitbestG Rn. 5, 8; *Raiser/Jacobs*, in: Raiser/Veil/Jacobs, MitbestR und DrittelbG, § 26 MitbestG Rn. 6.

831 *Dürrschmidt*, in: Herrmann/Heuer/Raupach, EStG und KStG, § 10 KStG Rn. 104; *Pfirrmann*, in: Blümich, EStG/KStG, § 10 KStG Rn. 94. Dazu Kapitel § 3 A I 6.

832 *Jacklofsky*, Arbeitnehmerstellung und Aufsichtsratsamt, S. 90; *Schönhöft/Oelze*, NZA 2016, 145 (146).

833 *Raiser/Jacobs*, in: Raiser/Veil/Jacobs, MitbestR und DrittelbG, § 26 MitbestG Rn. 6; *Schönhöft/Oelze*, NZA 2016, 145 (146).

834 *Heither/von Morgen*, in: Boecken/Düwell/Diller/Hanau, Gesamtes ArbR, § 26 MitbestG Rn. 4; *Henssler*, in: Ulmer/Habersack/Henssler, MitbestR, § 26 MitbestG Rn. 8; *Oetker*, in: ErfKomm, § 26 MitbestG Rn. 3 f.; *Seibt*, in: Henssler/Willemsen/Kalb, ArbR Komm, § 26 MitbestG Rn. 3; *Schönhöft/Oelze*, NZA 2016, 145 (146).

Mitbestimmungsgesetzen nicht.[835] Im Übrigen würde die Zahlung eines Entgelts zu einer Besserstellung gegenüber einem selbständigen Aufsichtsratsmitglied führen, ohne dass es einen ersichtlichen Grund dafür gäbe.[836]

Die Literatur ist folglich gespalten, ob ein voller Entgeltfortzahlungsanspruch besteht oder dieser, um den Betrag der Aufsichtsratsvergütung zu kürzen ist.[837]

bb. Kein gesetzlicher Entgeltfortzahlungsanspruch

Eine bezahlte Freistellung ist richtigerweise abzulehnen. Zum einen gibt es keine gesetzliche Entgelterhaltungsvorschrift und zum anderen ist eine entsprechende Vereinbarung nicht zulässig.[838]

[1] Vergleich mit dem Betriebsratsamt

Zutreffend ist, dass sich aus einem Vergleich mit dem Betriebsratsamt kein Entgeltfortzahlungsanspruch ergibt. Zum einen fehlt es an einer entsprechenden Regelung wie § 37 Abs. 2 BetrVG und zum anderen kann das Betriebsratsamt nicht mit dem Aufsichtsratsamt gleichgestellt werden.[839] Bei dem Betriebsratsamt handelt es sich um ein unentgeltliches Ehrenamt, das Aufsichtsratsamt stellt hingegen ein Nebenamt dar, das in der Regel vergütet wird.[840] Insbesondere kann § 38 BetrVG nicht als Argument überzeugen. Aus der insofern üblichen Unternehmenspraxis – ungekürzte Lohnfortzahlung, auch wenn der freigestellte Arbeitnehmer die Arbeitszeit nicht nur für die Ausübung des Betriebsratsamts, sondern auch für die

---

835 *Heither/von Morgen*, in: Boecken/Düwell/Diller/Hanau, Gesamtes ArbR, § 26 MitbestG Rn. 4; *Henssler*, in: Ulmer/Habersack/Henssler, MitbestR, § 26 MitbestG Rn. 9; *Oetker*, in: GroßKomm AktG, § 26 MitbestG Rn. 6; *Schönhöft/Oelze*, NZA 2016,145 (146).

836 *Kirschner*, DB 1971, 2063 (2065); *Schönhöft/Oelze*, NZA 2016, 145 (146).

837 Für einen gekürzten Anspruch: *Berger*, Kosten der Aufsichtsratstätigkeit, S. 152; *Heither/von Morgen*, in: Boecken/Düwell/Diller/Hanau, Gesamtes ArbR, § 26 MitbestG Rn. 4; *Henssler*, in: Ulmer/Habersack/Henssler, MitbestR, § 26 MitbestG Rn. 8; *Kirschner*, DB 1971, 2063 (2065); *Oetker*, in: GroßKomm AktG, § 26 MitbestG Rn. 7; *Raiser/Jacobs*, in: Raiser/Veil/Jacobs, MitbestG und DrittelbG, § 26 MitbestG Rn. 6; *Semler*, in: FS Claussen, S. 381 (392); *Schönhöft/Oelze*, NZA 2016, 145 (149); *Wichert*, in: Heidel, AktG, § 26 MitbestG Rn. 4; a.A.: *Reich/Lewerenz*, AuR 1976, 353 (366); *Köstler/Müller/Sick*, Aufsichtsratspraxis, Rn. 766; *Mertens/Cahn*, in: Kölner Komm AktG, Anh § 117 B AktG § 26 MitbestG Rn. 6; *Wißmann*, in: Wißmann/Kleinsorge/Schubert, MitbestR, § 26 MitbestG Rn. 11 m.w.N.; differenzierend: *Gach*, in: MüKo AktG, § 26 MitbestG Rn. 7.

838 *Müller-Glöge*, in: MüKo BGB, § 611 BGB Rn. 972; *Kortstock*, in: Nipperdey, ArbR Lexikon, Freistellung. Dazu Kapitel § 3 A III 2 c cc.

839 *Henke*, BB 1971, 571; *Berger*, Kosten der Aufsichtsratstätigkeit, S. 150; *Jacklofsky*, Arbeitnehmerstellung und Aufsichtsratsamt, S. 98 ff.

840 *Henssler*, in: Ulmer/Habersack/Henssler, MitbestR, § 26 MitbestG Rn. 5; *Reinbacher/Shalchi/Felber*, ZCG 2015, 177 (178). Vgl. auch die Ausführung unter Kapitel § 3 C II 1.

des Aufsichtsratsamtes nutzt – kann noch nicht auf deren Zulässigkeit geschlossen werden. Zuzugeben ist zwar, dass die Regelung des § 38 BetrVG es nicht ausdrücklich voraussetzt, dass eine Fortzahlung nur erfolgt, soweit der Arbeitnehmer mit der Wahrnehmung von Betriebsratsaufgaben beschäftigt ist, dies ist jedoch ganz klar der Zweck der Regelung.[841] Die Vorschrift hatte nicht im Blick, dass auch einem Betriebsratsmitglied, das zugleich Aufsichtsratsmitglied ist, generell das Arbeitsentgelt weitergezahlt werden soll, unabhängig welches Amt anstatt der Arbeitstätigkeit von dem betreffenden Arbeitnehmer gerade ausgeübt wird. Insofern sind die Ämter voneinander zu trennen und es hat eine entsprechende Dokumentation zu erfolgen, sodass nur für die Betriebsratstätigkeit eine Lohnfortzahlung nach § 38 BetrVG erfolgen kann.[842]

[2] Betriebsrisikolehre

Zudem führt auch die Betriebsrisikolehre nicht zu einem Entgeltfortzahlungsanspruch. Die Aufsichtsratstätigkeit der Arbeitnehmer, die auf dem Konzept der Unternehmensmitbestimmung beruht, kann nicht mit einer betrieblichen Störung gleichgesetzt werden. Ferner haben die Arbeitnehmervertreter freiwillig das Aufsichtsratsamt übernommen, sodass es an der Vergleichbarkeit fehlt.[843]

[3] § 26 MitbestG, § 9 DrittelbG

Richtigerweise folgt ein Entgeltanspruch weder korrespondierend zum Freistellungsanspruch aus dem Behinderungsverbot nach § 26 MitbestG bzw. § 9 DrittelbG,[844] noch aus dem Benachteiligungsverbot nach § 26 MitbestG bzw. § 9 DrittelbG.[845] Es fehlt an einer entsprechenden Behinderung bzw. Benachteiligung. Eine Behinderung ist gegeben, wenn die Aufsichtsratstätigkeit durch ein Handeln oder Unterlassen objektiv beeinträchtigt wird.[846] Eine unzulässige Benachteiligung i.S.d. § 26 MitbestG bzw. § 9 DrittelbG liegt nur dann vor, wenn objektiv eine

---

841 Vgl. *Fitting*, BetrVG, § 38 BetrVG Rn. 79; *Thüsing*, in: Richardi, BetrVG, § 38 BetrVG Rn. 1.

842 BAG 10.7.2013 – 7 ABR 22/12, NZA 2013, 1221 (1222); *Schönhöft/Oelze*, NZA 2016, 145 (147 f.); a.A.: *Wißmann*, in: Wißmann/Kleinsorge/Schubert, MitbestR, § 26 MitbestG Rn. 12.

843 *Jacklofsky*, Arbeitnehmerstellung und Aufsichtsratsamt, S. 85 f.; *Henke*, DB 1971, 571; *Henssler*, in: Ulmer/Habersack/Henssler, MitbestR, § 26 MitbestG Rn. 9; *Schönhöft/Oelze*, NZG 2016, 145 (146); so ähnlich auch *Heither/von Morgen*, in: Boecken/Düwell/Diller/Hanau, Gesamtes ArbR, § 26 MitbestG Rn. 4.

844 So hingegen: *Gach*, in: MüKo AktG, § 26 MitbestG Rn. 7; *Mertens/Cahn*, in: Kölner Komm AktG, Anh. § 117 AktG B § 26 MitbestG Rn. 6.

845 So hingegen: *Oetker*, in: ErfKomm, § 26 MitbestG Rn. 4; *Wißmann*, in: Wißmann/Kleinsorge/Schubert, MitbestR, § 26 MitbestG Rn. 11.

846 *Gach*, in: MüKo AktG, § 26 MitbestG Rn. 4; *Henssler*, in Ulmer/Habersack/Henssler, MitbestR, § 26 MitbestG Rn. 4.

Benachteiligung gegeben ist und die unterschiedliche Behandlung nicht auf einem sachlichen Grund beruht, sondern aufgrund der Aufsichtsratstätigkeit erfolgt.[847]

Zuzustimmen ist zwar, dass eine Benachteiligung (und auch Behinderung) nicht mit dem Argument abgelehnt werden kann, dass die Arbeitspflicht nach § 326 Abs. 1 BGB entfalle und insoweit keine Benachteiligung der Arbeitnehmervertreter vorliegt. In dem Fall, dass den Arbeitnehmervertretern für die Aufsichtsratstätigkeit gem. § 26 MitbestG bzw. § 9 DrittelbG ein Freistellungsanspruch zu steht, entfällt korrespondierend die Pflicht zur Erbringung der Arbeitsleistung. Richtig ist daher, dass die §§ 275 ff., §§ 323 ff. BGB direkt nicht anwendbar sind, da die Arbeitsleistung nicht infolge Zeitablaufs unmöglich wird, sondern aufgrund der Freistellung schon keine Pflicht zur Erbringung der Arbeitsleistung besteht.[848]

Es stellt vielmehr einen Nachteil für die Arbeitnehmervertreter dar, wenn sie ihre Arbeit aufgrund der vorrangigen Aufsichtsratstätigkeit nicht mehr ausüben können und dies zur Konsequenz hat, dass sie ihren Lohnfortzahlungsanspruch verlieren. Insoweit könnte eine Benachteiligung, die durch die Entscheidung eine Aufsichtsratstätigkeit auszuüben entsteht, angenommen werden. Zu hinterfragen ist jedoch, ob die Freistellung und der damit einhergehende Verlust des Lohnfortzahlungsanspruches wirklich zu einer Schlechterstellung gegenüber anderen Arbeitnehmern führt. Zu beachten ist nämlich, dass wenn sich ein normaler Arbeitnehmer z.B. für eine gewisse Dauer freistellen lässt, um in einem anderen Unternehmen zu arbeiten, dies ebenfalls unter dem Verlust des Lohnfortzahlungsanspruches erfolgt. Zudem darf dabei der im Aufsichtsratsamt geltende Gleichbehandlungsgrundsatz nicht außer Acht gelassen werden. Unter Beachtung dieses Grundsatzes kann kein Entgeltfortzahlungsanspruch der Arbeitnehmervertreter angenommen werden.[849] Der Gleichbehandlungsgrundsatz erfordert, dass alle Aufsichtsratsmitglieder gleichbehandelt werden müssen, soweit kein sachlicher Grund für eine Differenzierung gegeben ist.[850] Die Fortzahlung des Arbeitsentgelts würde eine Besserstellung der Arbeitnehmervertreter gegenüber den Anteilseignervertretern darstellen, ohne dass es einen sachlichen Grund für diese Differenzierung gäbe. Subjektive Bewertungen sind dabei außer Betracht zu lassen.[851] Keine Rolle spielt es, dass keine unterschiedliche Behandlung der „Bänke" beabsichtigt ist, sondern nur jeglicher Nachteil durch die Ausübung des Aufsichtsratsamtes vermieden werden soll. Zwar mag es sein, dass Anteilseignervertreter nicht so oft eine Einkommenseinbuße erleiden wie Arbeitnehmervertreter. Aufgrund der

---

847 *Gach*, in: MüKo AktG, § 26 MitbestG Rn. 9; *Wißmann*, in: Wißmann/Kleinsorge/Schubert, MitbestR, § 26 MitbestG Rn. 16.

848 Vgl. *Jacklofsky*, Arbeitnehmerstellung und Aufsichtsratsamt, S. 83.

849 *Schönhöft/Oelze*, NZA 2016, 145 (146).

850 *Hoffmann-Becking*, in: Münch Hdb GesR, § 33 Rn. 1 f. Vgl. die Ausführungen in Kapitel § 2 A IV.

851 *Schönhöft/Oelze*, NZA 2013, 145 (148); vgl. auch *Mertens/Cahn*, in: Kölner Komm AktG, § 113 AktG Rn. 10; *Müller-Glöge*, in: MüKo BGB, § 611 BGB Rn. 1140.

Selbständigkeit und der meist damit einhergehenden zeitlichen Flexibilität können wohl meist Vermögenseinbußen verhindert werden.[852] Nichtsdestotrotz stellt es eine Besserstellung der Arbeitnehmervertreter dar, wenn diesen ohne weiteren Aufwand das Arbeitsentgelt fortgezahlt wird, wohingegen die Anteilseignervertreter, die meist selbständig tätig sind, mit Einkommenseinbußen zu leben haben bzw. das Risiko einer Einkommenseinbuße alleine zu tragen haben. Der Gleichbehandlungsgrundsatz hat Vorrang vor Unterscheidungen zwischen Arbeitnehmern und Arbeitnehmervertretern.[853] Unter Berücksichtigung des aktienrechtlichen Gleichbehandlungsgrundsatzes im Aufsichtsrat ist daher eine Benachteiligung (wie auch Behinderung) bereits auf Tatbestandsebene abzulehnen.

[4] Keine Kompensation durch die Aufsichtsratsvergütung

Richtigerweise ist auch ein Entgeltfortzahlungsanspruch für den Fall, dass die Aufsichtsratsvergütung keinen entsprechenden Ausgleich schafft, abzulehnen. Das Argument, dass die Aufsichtsratsvergütung eine Kompensation darstelle, greift nur, soweit eine solche tatsächlich gewährt wird. Es besteht gerade keine gesetzliche Verpflichtung, den Aufsichtsratsmitgliedern eine Vergütung zu gewähren.[854] Zudem ist zu berücksichtigen, dass eine Aufsichtsratsvergütung nicht oder zumindest nicht vordergründig als Kompensation gezahlt wird, sondern als Entgelt für die geleistete Aufsichtsratstätigkeit.[855] Ohne Bedeutung ist hingegen, dass die Arbeitnehmervertreter oftmals zur Abführung ihrer Aufsichtsratsvergütung an eine gewerkschaftliche Einrichtung verpflichtet sind. Darauf hat die Gesellschaft keinen Einfluss, sodass dieser Punkt bei der Klärung eines Entgeltfortzahlungsanspruchs unberücksichtigt bleiben muss.[856] Ferner ist die Argumentation im Rahmen der Rechtfertigung der Abführungspflicht zu beachten. Dabei wird angebracht, dass das Aufsichtsratsamt aufgrund ideeller Überzeugung und nicht aus wirtschaftlichen Gesichtspunkten ausgeübt wird.[857] Somit könnte man bereits eine Kompensationspflicht verneinen. Durch die Anrechnung der Aufsichtsratsvergütung auf den Lohnanspruch wird von Teilen der Literatur eine Benachteiligung der

---

852 So auch *Jacklofsky*, Arbeitnehmerstellung und Aufsichtsratsamt, S. 91; *Schönhöft/Oelze*, NZA 2016, 145 (147); im Ergebnis auch *Kirschner*, DB 1971, 2063 (2065).

853 *Reich/Lewerenz*, AuR 1976, 353 (366).

854 *Habersack*, in: MüKo AktG, § 113 AktG Rn. 27; *Hopt/Roth*, in: GroßKomm AktG, § 113 AktG Rn. 9.

855 *Spindler*, in: Spindler/Stilz, AktG, § 113 AktG Rn. 6; *Wißmann*, in: Wißmann/Kleinsorge/Schubert, MitbestR, § 26 MitbestG Rn. 10.

856 *Berger*, Kosten der Aufsichtsratstätigkeit, S. 152; *Jacklofsky*, Arbeitnehmerstellung und Aufsichtsratsamt, S. 90; *Schönhöft/Oelze*, NZA 2016, 145 (148).

857 LG Stuttgart v. 27.7.2007 – 26 O 543/06, NZG 2008, 558; OLG Frankfurt a.M. v. 22.8.2001 – 23 U 177/00, NZA-RR 2002, 531 (534); *Fischer/Theuner*, AuR 2011, 466. Dazu zugleich Kapitel § 3 A III 2 d.

Arbeitnehmervertreter verneint.[858] Wie gezeigt liegt bereits ohne „Anrechnung" keine Benachteiligung der Arbeitnehmervertreter vor.[859] Es ist schon zweifelhaft, ob eine Schlechterstellung gegenüber anderen Arbeitnehmern erfolgt und jedenfalls darf der aktienrechtliche Gleichbehandlungsgrundsatz im Aufsichtsrat und die damit bestehende Verpflichtung alle Aufsichtsratsmitglieder gleichzubehandeln nicht außer Acht gelassen werden. Vielmehr sind das korporationsrechtliche Rechtsverhältnis zwischen Arbeitnehmervertretern und Gesellschaft und das daneben bestehende Arbeitsverhältnis strikt voneinander zu trennen.[860] Mithin folgt aus § 26 MitbestG bzw. § 9 DrittelbG nur ein Freistellungs-, aber kein Entgeltfortzahlungsanspruch.

cc. Kein freiwilliger Entgeltfortzahlungsanspruch

In der Praxis wird den Arbeitnehmervertretern zumeist dennoch das Arbeitsentgelt fortgezahlt. Darin ist aus den oben genannten Gründen ein Verstoß gegen den Gleichbehandlungsgrundsatz zu sehen. Zudem könnte man aufgrund der Verflechtung der Ämter auch einen Verstoß gegen das Begünstigungsverbot nach § 78 BetrVG bzw. zumindest nach § 9 DrittelbG annehmen.[861] Durch die Weiterzahlung des Arbeitsentgelts werden die Arbeitnehmervertreter gegenüber anderen vergleichbaren Arbeitnehmern begünstigt,[862] da Letztere für ihr Arbeitsentgelt auch eine Arbeitsleistung erbringen müssen und nicht unter Entgeltfortzahlung für die Wahrnehmung eines Nebenamtes bezahlt werden. Auf Ebene der mitbestimmten Unternehmen, in denen mangels Begünstigungsverbot die Fortzahlung des Arbeitsentgelts zulässig sein könnte, greift jedoch das allgemeine, arbeitsvertragliche Gleichbehandlungsverbot, sodass man sich auf dieser Ebene dieselbe Frage

---

858 *Henssler*, in: Ulmer/Habersack/Henssler, MitbestR, § 26 MitbestG Rn. 8; *Raiser/Jacobs*, in: Raiser/Veil/Jacobs, MitbestG und DrittelbG, § 26 MitbestG Rn. 6.

859 Vgl. Kapitel § 3 A III 2 c bb [3]. So auch: *Berger*, Kosten der Aufsichtsratstätigkeit, S. 152; *Henssler*, in: Ulmer/Habersack/Henssler, MitbestR, § 26 MitbestR Rn. 9; *Jacklofsky*, Arbeitnehmerstellung und Aufsichtsratsamt, S. 87 ff.

860 *Habersack*, in: MüKo AktG, § 101 AktG Rn. 67; *Schönhöft/Oelze*, NZA 2016, 145.

861 *Schönhöft/Oelze*, NZA 2016, 145 (146); a.A.: *Jacklofsky*, Arbeitnehmerstellung und Aufsichtsratsamt, S. 102 f.; *Heither/von Morgen*, in: Boecken/Düwell/Diller/Hanau, Gesamtes ArbR, § 26 MitbestG Rn. 4; *Köstler/Müller/Sick*, Aufsichtsratspraxis, Rn. 766; *Raiser/Jacobs*, in: Raiser/Veil/Jacobs, MitbestG und DrittelbG, § 26 MitbestG Rn. 6; *Semler*, in: FS Claussen, S. 381 (392); zurückhaltend: *Wichert*, in: Heidel, AktG, § 26 MitbestG Rn. 6; kritisch: *Seibt*, in: Henssler/Willemsen/Kalb, ArbR Komm, § 26 MitbestG Rn. 3. Vgl. dazu Kapitel § 3 A III 2 e.

862 Die Vergleichsgruppe für die Beurteilung, ob eine Benachteiligung vorliegt oder nicht, bilden nicht die Anteilseignervertreter, sondern andere vergleichbare Arbeitnehmer, *Seibt*, in: Henssler/Willemsen/Kalb, ArbR Komm, § 9 DrittelbG Rn. 1; *Wißmann*, in: Wißmann/Kleinsorge/Schubert, MitbestR, § 26 MitbestG Rn. 16. Derselbe Maßstab ist auch bei der Begünstigung anzuwenden, a.A.: *Schönhöft/Oelze*, NZA 2016, 145 (147).

stellen muss, ob nämlich ein sachlicher Grund für die Besserstellung gegenüber anderen vergleichbaren Arbeitnehmern vorliegt.[863] Diese Begünstigung könnte durch die Honorierung der Aufsichtsratstätigkeit und durch die Unternehmensmitbestimmung gerechtfertigt sein.[864] Infolgedessen wäre auch die Unabhängigkeit der Aufsichtsratsmitglieder in Bezug auf das Vertretungsorgan nicht beeinträchtigt, sondern die Begünstigung hätte ihren Grund gerade in der Aufsichtsratstätigkeit.[865] Dabei ist aber zu berücksichtigen, dass zumindest im Fall des Bestehens eines Begünstigungsverbots nach § 9 DrittelbG keine Rechtfertigung in Betracht kommt, da die Aufsichtsratstätigkeit ein unsachliches Differenzierungsmerkmal darstellt.[866]

Im Übrigen verleibt es auch im Fall einer Rechtfertigung der Begünstigung im Vergleich zu den sonstigen Arbeitnehmern bei einem Verstoß gegen den aktienrechtlichen Gleichbehandlungsgrundsatz, sodass die gelebte Praxis der Entgeltfortzahlung nicht im Einklang mit dem Gesetz steht.[867] Mithin besteht auch keine zulässige Möglichkeit, das Entgelt freiwillig fortzuzahlen.

Gesehen wird natürlich, dass es gerade aufgrund der Abführungspflicht für die Arbeitnehmervertreter in der Praxis entscheidend ist, das Arbeitsentgelt weiterzubezahlen. Dies bildet sicher auch einen Anreiz, das Aufsichtsratsamt auszuüben. Jedoch ist der aktienrechtliche Gleichbehandlungsgrundsatz zwingend.[868] Falls eine Förderung der Unternehmensmitbestimmung mit der Abführungspflicht erreicht werden soll, indem den Aufsichtsratsmitgliedern das normale Entgelt fortgezahlt wird, folglich diese eine Kompensation erhalten sollen, muss dies gesetzlich legitimiert werden.

d. *Abführungspflicht an gewerkschaftsnahe Einrichtungen*

Die Abführungspflicht der Aufsichtsratsvergütung an gewerkschaftsnahe Einrichtungen und die Fortzahlung des Arbeitsentgelts sind zwei zu trennende Fragen. Die Gesellschaft hat auf die Abführungspflicht der Aufsichtsratsvergütung wie gezeigt keinen Einfluss, sodass insofern ein Verstoß gegen den

---

863 *Gach*, in: MüKo AktG, § 26 MitbestG Rn. 2; *Raiser/Jacobs*, in: Raiser/Veil/Jacobs, MitbestG und DrittelbG, § 26 MitbestG Rn. 13; *Wißmann*, in: Wißmann/Kleinsorge/Schubert, MitbestR, § 26 MitbestG Rn. 3.

864 Vgl. LG Stuttgart v. 27.7.2007 – 26 O 543/06, NZG 2008, 558; OLG Frankfurt a.M. v. 22.8.2001 – 23 U 177/00, NZA-RR 2002, 531 (534); *Fischer/Theuner*, AuR 2011, 466.

865 *Reich/Lewerenz*, AuR 1976, 353 (363); *Gach*, in: MüKo AktG, § 26 MitbestG Rn. 2.

866 *Kleinsorge*, in: Wißmann/Kleinsorge/Schubert, MitbestR, § 9 DrittelbG; *Kreutz*, in: GK-BetrVG, § 78 BetrVG Rn. 54.

867 Zur Einschränkung einer Begünstigung durch den aktienrechtlichen Gleichbehandlungsgrundsatz, *Henssler*, in: Henssler/Ulmer/Habersack, MitbestR, § 26 MitbestG Rn. 2 und vgl. Kapitel § 3 III 2 c bb [3].

868 Dazu Kapitel § 2 A IV 1.

Gleichbehandlungsgrundsatz ausscheidet.[869] Die Verpflichtung einen Teil der Vergütung an eine gewerkschaftsnahe Einrichtung abzuführen, könnte aber gegen das Benachteiligungsverbot nach § 26 MitbestG bzw. § 9 DrittelbG verstoßen. Dies wird von der Rechtsprechung bislang nicht problematisiert.[870]

Im Gegensatz zum Gleichbehandlungsgrundsatz richtet sich das Benachteiligungsverbot an jedermann.[871] Zu berücksichtigen ist, dass die Arbeitnehmer ohne Unterstützung der Gewerkschaft faktisch keine Chance auf das Aufsichtsratsamt haben. Daraus ergibt sich zumindest ein faktischer Druck, dass sie einer Abführungspflicht an eine gewerkschaftsnahe Bildungseinrichtung zustimmen.[872] Diskutiert wird mitunter, ob es sich dabei um einen unzulässigen „Ämterkauf" handelt.[873] Ein sittenwidriger Ämterkauf liegt hier hingegen nicht vor. Es geht um keine Zuweisung eines Amtes an den Meistbietenden. Vielmehr zahlen aufgrund der Regelung in der Satzung alle Mitglieder denselben Betrag. Ob diese Verknüpfung zwischen Wahl und Abführung zu beanstanden ist, richtet sich vielmehr danach, ob es sich dabei um eine unzulässige Benachteiligung nach § 26 MitbestG bzw. § 9 DrittelbG handelt. Indem die Arbeitnehmervertreter verpflichtet sind, einen bestimmten Teil ihrer Aufsichtsratsvergütung an gewerkschaftsnahe Bildungseinrichtungen abzuführen, erleiden sie jedenfalls einen Nachteil. Dieser beruht auch auf der Aufsichtsratstätigkeit. Zweck der Abführungspflicht ist zum einen, dass das Aufsichtsratsamt aufgrund ideeller Überzeugung und nicht aus wirtschaftlichen Gesichtspunkten ausgeübt wird.[874] Daneben soll mit den aus der Abführungspflicht gewonnenen finanziellen Mittel die Arbeitnehmermitbestimmung gefördert werden.[875] Folglich stellt der in der Abführungspflicht begründete Nachteil mithin keine unangemessene Benachteiligung dar.[876] Im Übrigen wird

---

869 Dazu Kapitel § 3 A II 3.

870 BAG v. 21.5.2015 – 8 AZR 956/13, NZA 2015, 1319; OLG Stuttgart v. 5.2.2008 – 12 U 122/07, BeckRS 2008, 03407

871 *Gach*, in: MüKo AktG, § 26 MitbestG Rn. 9; *Henssler*, in: Ulmer/Habersack/Henssler, MitbestR, § 26 MitbestG Rn. 11. Die Verpflichtung, einen Teil der Aufsichtsratsvergütung an eine gewerkschaftsnahe Bildungseinrichtung abzuführen, stellt hingegen keinen Verstoß gegen den Gleichbehandlungsgrundsatz dar. Dazu Kapitel § 3 A II 3.

872 *Berger*, Kosten der Aufsichtsratstätigkeit, S. 38; *Fischer/Theuner*, AuR 2011, 466 (470); *Habersack*, in: MüKo AktG, § 113 AktG Rn. 5; *Sünner*, AG 2012, 265 (273).

873 *Rieble*, AG 2016, 315 (316); *Hanau*, Abführungspflicht, abrufbar unter https://www.boeckler.de/pdf/p_arbp_254.pdf [Zuletzt abgerufen am 15.4.2017].

874 LG Stuttgart v. 27.7.2007 – 26 O 543/06, NZG 2008, 558; OLG Frankfurt a.M. v. 22.8.2001 – 23 U 177/00, NZA-RR 2002, 531 (534); *Fischer/Theuner*, AuR 2011, 466.

875 LG Stuttgart v. 27.7.2007 – 26 O 543/06, NZG 2008, 558; OLG Frankfurt a.M. v. 22.8.2001 – 23 U 177/00, NZA-RR 2002, 531 (534); *Fischer/Theuner*, AuR 2011, 466.

876 LG Stuttgart v. 27.7.2007 – 26 O 543/06, NZG 2008, 558; a.A. wohl: *Rieble*, AG 2016, 315 (316).

durch die Unterstützung der Gewerkschaft erst eine Mitgliedschaft im Aufsichtsrat ermöglicht, sodass es nach der Rechtsprechung legitim ist, im Gegenzug dafür zu verlangen, dass die Regelungen der Gewerkschaft beachtet werden.[877] Dabei darf jedoch nicht übersehen werden, dass die Aufsichtsratstätigkeit im Rahmen des Benachteiligungsverbots kein zulässiges Differenzierungskriterium darstellt und insoweit einer Rechtfertigung durch einen sachlichen Grund nicht offen steht, sodass ein Verstoß gegen das Benachteiligungsverbot gegeben ist.[878]

Dies gilt auch auf Ebene der SE, für die vergleichbare Regelungen bestehen. Zwar ist für die SE der Gleichbehandlungsgrundsatz ausdrücklich gesetzlich normiert, § 38 Abs. 1 SEBG. Dieser richtet sich jedoch nur an die Gesellschaft. Folglich verstößt die Abführungspflicht auch auf Ebene der SE nicht gegen den Gleichbehandlungsgrundsatz.[879] Bei der SE werden die Anteilseignervertreter in das Benachteiligungsverbot miteinbezogen, § 44 Nr. 3 SEBG. Daraus folgt richtigerweise eine strikte Gleichstellung der Arbeitnehmervertreter mit den Anteilseignervertretern.[880] Die Gleichstellung auf der Ebene der SE stellt keine absolute Gleichstellung dar, sondern lässt ebenfalls wie bei der AG eine unterschiedliche Behandlung zu, wenn diese durch einen sachlichen Grund gerechtfertigt ist.[881] Darauf kommt es entscheidend jedoch nicht an, da das Benachteiligungsverbot auf Ebene der SE ebenfalls einer Rechtfertigung dahingehend nicht offen steht, als die Aufsichtsratstätigkeit als Differenzierungskriterium herangezogen wird.[882]

e. Begünstigungsverbot nach § 78 BetrVG

Die Lohnfortzahlung trotz Freistellung zur Wahrnehmung der Aufsichtsratstätigkeit an die Arbeitnehmervertreter stellt eine gegen das Verbot nach § 9 DrittelbG verstoßende Begünstigung dar.[883] Im Hinblick auf § 78 BetrVG, der ein Begünstigungsverbot für Betriebsräte statuiert, ist näher zu untersuchen, ob die an die Arbeitnehmervertreter – die zugleich Betriebsräte sind – gezahlte Vergütung

---

877 BAG v. 21.5.15 – 8 AZR 956/13, NZA 2015 1319 (1324).

878 *Oetker*, in: GroßKomm AktG, § 26 MitbestG Rn. 11; *Kleinsorge*, in: Wißmann/Kleinsorge/Schubert, MitbestR, § 9 DrittelbG Rn. 2; *Kreutz*, in: GK-BetrVG, § 78 BetrVG Rn. 54.

879 Der Gleichbehandlungsgrundsatz entspricht dem Gleichbehandlungsgrundsatz bei der AG, *Feuerborn*, in: Kölner Komm AktG, § 38 SEBG Rn. 5. Auf Ebene der AG richtet sich der Gleichbehandlungsgrundsatz nur an die Gesellschaft; *Rieble*, AG 2016, 315. Etwas Anderes kann somit auf Ebene der SE nicht gelten. Vgl. auch Kapitel § 3 A II 1.

880 *Rieble*, AG 2016, 315 (316).

881 *Feuerborn*, in: Kölner Komm AktG, § 38 SEGB Rn. 5; *Jacobs*, in: MüKo AktG, § 44 SEBG Rn. 6; *Henssler*, in: Ulmer/Habersack/Henssler, MitbestR, § 44 SEBG Rn. 6.

882 *Henssler*, in: Ulmer/Habersack/Henssler, MitbestR, § 44 SEBG Rn. 6; *Kreutz*, in: GK-BetrVG, § 78 BetrVG Rn. 54.

883 Dazu Kapitel § 3 A III 2 c cc.

aufgrund ihrer Aufsichtsratstätigkeit einen Verstoß gegen das Begünstigungsverbot nach § 78 BetrVG darstellt.[884] Daneben stellt sich die Frage, ob der entgeltlichen Freistellung der Arbeitnehmervertreter, die zugleich Betriebsratsmitglieder sind, das Begünstigungsverbot neben § 9 DrittelbG auch § 78 BetrVG entgegensteht.[885]

§ 78 BetrVG sichert die Unabhängigkeit der betriebsverfassungsrechtlichen Organe und richtet sich an jedermann.[886] Nach § 78 Satz 2 BetrVG ist jede Bevorzugung eines Betriebsratsmitglieds im Vergleich zu einem Nichtbetriebsratsmitglied verboten.[887] § 78 Satz 2 BetrVG ist in der Zusammenschau mit § 37 BetrVG zusehen, sodass jede Begünstigung, die nicht durch das Arbeitsverhältnis begründet ist, sondern aufgrund der Funktionstätigkeit erfolgt, verboten ist.[888] Von dem Begünstigungsverbot sind dabei nicht nur unmittelbare, sondern auch mittelbare Benachteiligungen erfasst.[889] Erforderlich ist im Hinblick auf das Kausalitätserfordernis aber ein Amtsbezug.[890]

Man könnte insofern annehmen, dass der Arbeitgeber durch die Gewährung einer Aufsichtsratsvergütung den Betriebsrat begünstigt. Nicht überzeugen kann die Annahme, dass die Zahlung der Aufsichtsratsvergütung wie jede andere Vergütung aus einer Nebenbeschäftigung zu behandeln und aufgrund dessen als zulässig anzusehen ist.[891] Zwar erfolgt die Vergütung für die Tätigkeit im Aufsichtsrat, sodass jedenfalls eine unmittelbare Begünstigung ausscheidet. Grundsätzlich üben die Arbeitnehmervertreter ihr Amt auch unabhängig von dem Betriebsratsamt aus, da beide Ämter getrennt sind. In der Praxis zeigt sich jedoch meist eine Verflechtung beider Ämter und insoweit stellt sich die Frage, ob die Vergütung noch isoliert betrachtet werden kann.[892] Der Aufsichtsratsvergütung könnte vielmehr eine „Ausstrahlungswirkung" auch auf das Betriebsratsamt zukommen.[893] Für die Annahme eines Verstoßes gegen das Begünstigungsverbot nach § 78 Satz 2 BetrVG reicht wie gezeigt grundsätzlich eine mittelbare Begünstigung. Zu beachten ist aber, dass die Gesellschaft bereits aufgrund des aktienrechtlichen Gleichbehandlungsgrundsatzes

884 *Aszmons*, DB 2014, 895 (896); *Schönhöft/Oelze*, NZA 2016, 145 (147).

885 *Schönhöft/Oelze*, NZA 2016, 145 (147). Zur entgeltlichen Freistellung von unternehmensangehörigen Arbeitnehmervertretern siehe Kapitel § 3 A III 2 c.

886 *Aszmons*, DB 2014, 895; *Fitting*, BetrVG, § 78 BetrVG Rn. 7, 14; *Thüsing*, in: Richardi, BetrVG, § 78 BetrVG Rn. 3.

887 BAG v. 23.6.1975 – 1 ABR 104/73, AP BetrVG 1972 § 40 Nr. 10; einschränkend: *Kreutz*, in: GK-BetrVG, § 78 BetrVG Rn. 57.

888 *Fitting*, BetrVG, § 78 BetrVG Rn. 22; *Kreutz*, in: GK-BetrVG, § 78 BetrVG Rn. 81; *Künzl*, in: Ascheid/Preis/Schmidt, KündigungsR, § 78 BetrVG Rn. 48; *Röhrborn*, ArbRAktuell 2015, 573; *Thüsing*, in: Richardi, BetrVG, § 78 BetrVG Rn. 28.

889 *Kreutz*, in: GK-BetrVG, § 78 BetrVG Rn. 56.

890 *Kreutz*, in: GK-BetrVG, § 78 BetrVG Rn. 56 ff.; *Purschwitz*, § 78 Staz 2 BetrVG, S. 80.

891 So hingegen *Esser*, Begünstigung, S. 101.

892 *Aszmons*, DB 2014, 895. *Mattheißen*, Stimmrecht, S. 462 ff., sieht ebenfalls, dass eine funktionale Trennung zwischen den Ämtern in der Praxis nicht möglich ist.

893 *Aszmons*, DB 2014, 895; *Schönhöft/Oelze*, NZA 2016, 145 (147).

dazu verpflichtet ist, den Arbeitnehmern- ebenso wie den Anteilseignervertretern eine Vergütung zu gewähren.[894] Dabei kann nicht unterstellt werden, dass die Gesellschaft den Anteilseignervertretern nur deswegen eine Vergütung gewährt, weil die Arbeitnehmervertreter zugleich Betriebsratsmitglieder sind. Dies zeigt sich schon daraus, dass die Anteilseignervertreter den Arbeitnehmervertretern in der Regel zahlenmäßig überlegen sind und die Gruppe der Arbeitnehmervertreter sich auch noch weiter unterteilt – nicht alle Arbeitnehmervertreter sind zugleich auch Betriebsratsmitglieder. Richtigerweise kommt es zwar nicht auf eine Begünstigungsabsicht oder Motivation an. Die Begünstigung muss aber objektiv aufgrund der Amtstätigkeit erfolgt.[895] Eine aktienrechtliche Pflicht zur Zahlung einer Aufsichtsratsvergütung könnte man zwar insofern verneinen, als § 78 Satz 2 BetrVG grundsätzlich einen sachlichen Grund darstellt. Mithin könnte eine Abweichung vom aktienrechtlichen Gleichbehandlungsgrundsatz dahingehend erlaubt sein, dass Arbeitnehmervertreter mit Doppelmandat keine Aufsichtsratsvergütung gewährt wird. Zu beachten ist aber, dass die Ämter, Betriebsrat und Aufsichtsrat, nach dem Gesetz nebeneinander ausgeübt werden können.[896] In der Praxis sind viele Aufsichtsratsmitglieder zugleich auch Betriebsratsmitglieder.[897] Es gibt keine diesbezüglichen Inkompatibilitätsvorschriften.[898] Primäres Ziel der Gewährung der Aufsichtsratsvergütung, die von der Hauptversammlung für alle Mitglieder festgesetzt wird, ist es ja aber gerade nicht, ein Betriebsratsmitglied zu beeinflussen. Auch bei einer Verknüpfung beider Ämter fehlt es daher bei der Aufsichtsratsvergütung an einem hinreichenden Amtsbezug zur Betriebsratstätigkeit. Insofern ist vielmehr davon auszugehen, dass bedingt durch den aktienrechtlichen Gleichbehandlungsgrundsatz keine Begünstigung vorliegt, sondern eine allenfalls mittelbare Ausstrahlung der Aufsichtsratsvergütung auf das Betriebsratsamt vom Gesetz in Kauf genommen wird.[899] Auf Grundlage des Gleichbehandlungsgrundsatzes erhalten alle Aufsichtsratsmitglieder als Honorierung ausschließlich für ihre Aufsichtsratstätigkeit eine Vergütung.[900] Wird jedoch in unzulässiger Weise dagegen verstoßen und dennoch der Zweck verfolgt, so gerade die Betriebsratstätigkeit zu

---

894 *Habersack*, in: MüKo AktG, § 113 AktG Rn. 38. Siehe dazu Kapitel § 3 A II 1.

895 *Kreutz*, in: GK-BetrVG, § 78 BetrVG Rn. 61; *Purschwitz*, § 78 Satz 2 BetrVG, S. 82.

896 *Aszmons*, DB 2014, 895; *Löwisch*, in: Bitburger Gespräche Jahrbuch 2006/I, S. 19 (27).

897 *Kolbe*, Mitbestimmung und Demokratieprinzip, S. 351; *Gentz*, in: Bitburger Gespräche Jahrbuch 2006/I, S. 33 (34); *Schönhöft/Oelze*, NZA 2016, 145.

898 *Habersack*, in: MüKo AktG, § 100 AktG Rn. 50; *Lutter/Krieger/Verse*, Rechte und Pflichten des Aufsichtsrats, § 1 Rn. 20.

899 In die Richtung wohl auch *Bittmann/Mujan*, BB 2012, 637 (639); a.A.: *Schönhöft/Oelzen*, NZA 2016, 145 (147), lösen das Spannungsverhältnis zwischen dem Gleichbehandlungsgrundsatz und § 78 BetrVG zugunsten des betriebsverfassungsrechtlichen Begünstigungsverbot auf.

900 *Aszmons*, DB 2014, 895 (898), nimmt an, dass dies auch aus dem Betriebsverfassungsrecht (§ 78 BetrVG) folgt; in die Richtung auch *Schönhöft/Oelze*, NZA 2016, 145 (147).

fördern, liegt neben dem Verstoß gegen den Gleichbehandlungsgrundsatz auch ein Verstoß gegen § 78 Satz 2 BetrVG vor. Zugleich kann darin dann auch ein Verstoß gegen das Begünstigungsverbot nach § 9 DrittelbG liegen sowie ein Verstoß gegen den arbeitsrechtlichen Gleichbehandlungsgrundsatz, die insofern vor einem möglichen Missbrauch schützen.[901] Insoweit bleibt fraglich wie „abschreckend" diese Grundsätze in der Praxis wirken, zumal eine Abweichung vom aktienrechtlichen bzw. arbeitsrechtlichen Gleichbehandlungsgrundsatz bei Vorliegen eines Sachgrundes möglich ist und insoweit ein „Gestaltungsweg" für die Praxis bestehen bleibt.

Anders könnte dies für die Entgeltfortzahlung der Arbeitnehmervertreter zu beurteilen sein, die für die Aufsichtsratstätigkeit freigestellt werden. Eine gesetzliche Pflicht, das Arbeitsentgelt während der Freistellung für die Aufsichtsratstätigkeit fortzuzahlen, gibt es nicht.[902] Vielmehr stellt eine Entgeltfortzahlung einen Verstoß gegen den aktienrechtlichen Gleichbehandlungsgrundsatz dar. Das Arbeitsentgelt wird in der Praxis in der Regel weitergezahlt, um zusätzlich einen Anreiz zur Ausübung der Aufsichtsratstätigkeit zu setzen und zum anderen, da die gewerkschaftlich organisierten Aufsichtsratsmitglieder durch die Abführungspflicht des wesentlichen Teils der Vergütung keine Kompensation erlangen. In der Regel ist die Aufsichtsratstätigkeit der Grund für die Bezahlung. Ein Verstoß gegen § 78 BetrVG kann man mithin nur unter dem Aspekt der mittelbaren Begünstigung erblicken, wenn man durch die Verknüpfung beider Ämter und der damit zusammenhängenden Ausstrahlungswirkung eine mittelbare Begünstigung annehmen möchte.[903] Als Verstoß gegen § 78 Satz 2 BetrVG ist es auf jeden Fall dann zu werten, wenn das Arbeitsentgelt gerade im Hinblick auf die Betriebsratstätigkeit gezahlt wird.

B. Arbeitsentgelt der Doppelmandatsträger

Viele Arbeitnehmervertreter sind nicht nur im Aufsichtsrat, sondern auch im Betriebsrat tätig.[904] Deshalb werden im nächsten Abschnitt die Unterschiede der Betriebsratsvergütung im Gegensatz zur Aufsichtsratsvergütung dargestellt, um dann beurteilen zu können, wie sich die beiden Vergütungen bei Ausübung eines Doppelmandats zueinander verhalten. Zu beleuchten ist auch, aus welchen Ämtern den Arbeitnehmervertreter neben dem Aufsichtsrat ansonsten noch eine Vergütung gewährt werden kann.

---

901 So auch *Esser*, Begünstigung, S. 102.

902 Vgl. Kapitel § 3 A III 2 c bb.

903 So *Schönhöft/Oelze*, NZA 2016, 145 (147).

904 *Kolbe*, Mitbestimmung und Demokratieprinzip, S. 351; *Gentz*, in: Bitburger Gespräche Jahrbuch 2006/I, S. 33 (34); *Schönhöft/Oelze*, NZA 2016, 145.

I. Betriebsratsvergütung

In der medialen Berichterstattung wie in der Literatur werden oftmals unzulässige Zahlungen, Boni oder sonstige, geldwerte Vorteile an Betriebsräte diskutiert.[905] Für die rechtliche Einordnung und Bedeutung der Doppelmandatsträgerschaft ist zunächst zu klären, ob und wie das Betriebsratsamt vergütet werden kann.

1. *Unentgeltliches Ehrenamt*

Das Betriebsratsamt ist als Ehrenamt ausgestaltet.[906] So soll sichergestellt werden, dass die Betriebsratsmitglieder unabhängig und unparteilich vom Arbeitgeber sind.[907] Der Betriebsrat ist der Interessenvertreter der Arbeitnehmer. Daher ist es nötig, dass er unabhängig vom Arbeitgeber ist und von diesem nicht durch eine übermäßige Bezahlung beeinflusst werden kann.[908] Korruption in der Form, dass ein Betriebsratsmitglied „gekauft" werden kann, soll verhindert werden.[909] Die Betriebsratsmitglieder haben demnach ihr Amt unentgeltlich auszuführen, § 37 Abs. 1 BetrVG.[910] Die gesetzliche Bestimmung ist zwingend und kann durch einen abweichenden Tarifvertrag oder eine andere Vereinbarung nicht umgangen werden.[911] Daneben gewährt noch das Begünstigungs- und Benachteiligungsverbot nach § 78 Satz 2 BetrVG die Unabhängigkeit des Betriebsratsmitglieds.[912] Betriebsratsmitgliedern dürfen aufgrund der Ausübung ihres Amtes keinen Vor- oder Nachteil erlangen.[913] Unzulässig ist jede Gewährung

---

905 *Franzen*, NZA 2008, 250; *Fischer*, NZA 2007, 484; *Schweibert/Buse*, NZA 2007, 1080. Siehe auch Kapitel § 1.

906 *Thüsing*, in: Richardi, BetrVG, § 37 BetrVG Rn. 7; *Wolmerath*, in: Boecken/Düwell/Diller/Hanau, Gesamtes ArbR, § 37 BetrVG Rn. 5. Das gilt über §§ 51 Abs. 1, 59 Abs. 1 BetrVG auch für den Gesamt- und Konzernbetriebsrat sowie nach § 40 Abs. 1 Satz 1 EBRG auch für den europäischen Betriebsrat.

907 BAG v. 20.10.1993 – 7 AZR 581/92 (A), NJW 1994, 278 (280); v. 18.2.2014 – 3 AZR 568/12, juris Rn. 28; *Jacobs/Frieling*, NZA 2015, 513; *Rieble*, NZA 2008, 276; *Wolmerath*, in: Boecken/Düwell/Diller/Hanau, Gesamtes ArbR, § 37 BetrVG Rn. 5.

908 *Besgen*, in: BeckOK ArbR, § 1 BetrVG Rn. 51; *Schweibert/Buse*, NZA 2007, 1080; *Thüsing*, in: Richardi, BetrVG, § 37 BetrVG Rn. 2.

909 *Rüthers*, NJW 2007, 195 (196); *Schweibert/Buse*, NZA 2007, 1080.

910 BAG v. 15.1.1991 – 1 AZR 178/90, AP GG Art. 9 Arbeitskampf Nr. 114; *Koch*, in: Erf-Komm, § 37 BetrVG Rn. 1; *Mauer*, in: BeckOK ArbR, § 37 BetrVG Rn. 1; *Rieble*, NZA 2008, 276.

911 *Byers*, NZA 2014, 65; *Schweibert/Buse*, NZA 2007, 1080; *Wolmerath*, in: Boecken/Düwell/Diller/Hanau, Gesamtes ArbR, § 37 BetrVG Rn. 3.

912 BAG v. 25.2.2009 – 7 AZR 954/07, juris Rn. 19; LAG Hessen v. 20.2.2017 – 7 Sa 513/16, BeckRS 2017, 115918; *Jacobs/Frieling*, NZA 2015, 513; *Kehrmann*, in: FS Wlotzke, S. 357 (358); *Thüsing*, in: Richardi, BetrVG, § 37 BetrVG Rn. 1.

913 *Byers*, NZA 2014, 65; *Mauer*, in: BeckOK ArbR, § 37 BetrVG Rn. 1; *Purschwitz*, § 78 Satz 2 BetrVG, S. 107.

eines irgendwie gearteten Vorteils, wie z.B. die Zahlung von Lohn für nicht notwendige Arbeitsversäumnis, die Zurverfügungstellung einer vergünstigten Werkswohnung, die Gewährung von Sonderzahlungen oder Sitzungsgeldern.[914] Dies gilt unabhängig davon, ob die Vergütung von dem Arbeitgeber oder einem Dritten gezahlt wird.[915]

2. *Auslagenersatz*

Die Kosten, die den Betriebsratsmitgliedern durch die Ausführung ihrer Tätigkeit entstehen, werden von dem Arbeitgeber getragen, § 40 BetrVG. Es sind nur Kosten zu ersetzen, die zur Ausführung der Betriebsratstätigkeit erforderlich waren.[916] Den Betriebsratsmitgliedern darf z.B. durch die Gewährung eines pauschalen Kostenersatzes kein Vorteil zufließen.[917] Bei der Gewährung einer Pauschale muss sichergestellt sein, dass das Betriebsratsmitglied nur die zur Amtsführung notwendigen Kosten ersetzt bekommt.[918]

3. *Lohnausfallprinzip*

Nach § 37 Abs. 2 BetrVG sind die Betriebsratsmitglieder zur Ausübung ihres Amtes ohne Minderung ihres Arbeitsgehaltes freizustellen, da ihnen durch das Betriebsratsamt kein Nachteil entstehen soll.[919] Die Betriebsratsmitglieder erhalten gem. § 37 Abs. 2 BetrVG eine Vergütung entsprechend der Vergütung, die sie ohne Betriebsratstätigkeit erhalten würden (Lohnausfallprinzip).[920] Folglich ist eine hypothetische Betrachtung vorzunehmen. Die Betriebsratsmitglieder sind so zu stellen, wie sie stünden, wenn sie das Betriebsratsamt nicht ausüben würden.[921] Demnach wird die fiktive Arbeitsleistung vergütet und nicht die Ausübung

---

914 *Franzen*, NZA 2008, 250 (251); *Fitting*, BetrVG, § 37 BetrVG Rn. 8; *Koch*, in: Schaub, ArbR Hdb, § 221 Rn. 3. Vgl. auch zur Betriebsratsbegünstigung Kapitel § 3 B III 2.

915 *Esser*, Begünstigung, S. 27; *Weber*, in: GK-BetrVG, § 37 BetrVG Rn. 9.

916 *Byers*, NZA 2014, 65 (67); *Fitting*, BetrVG, § 40 BetrVG Rn. 9; *Mauer*, in: BeckOK ArbR, § 40 BetrVG Rn. 5.

917 *Kehrmann*, in: FS Wlotzke, S. 357 (375); *Koch*, in: ErfKomm, § 37 BetrVG Rn. 1; *Röhrborn*, ArbRAktuell 2015, 573 (574); *Schweibert/Buse*, NZA 2007, 1080 (1083). Näher dazu Kapitel § 3 B III 2.

918 ArbG Stuttgart v. 13.12.2012 – 24 Ca 5430/12, NZA-RR 2013, 140; *Franzen*, NZA 2008, 250 (252); *Fitting*, BetrVG, § 40 BetrVG Rn. 41; *Moll/Roebers*, NZA 2012, 57 (58).

919 *Moll/Roebers*, NZA 2012, 57; *Rieble*, NZA 2008, 276.

920 *Byers*, NZA 2014, 65; *Schweibert/Buse*, NZA 2007, 1080; *Thüsing*, in: Richardi, BetrVG, § 37 BetrVG Rn. 34.

921 BAG v. 16.8.1995 – 7 AZR 103/95, AP TVG § 1 Tarifverträge: Lufthansa Nr. 19; *Jacobs/Frieling*, NZA 2015, 513 (514); *Koch*, in: ErfKomm, § 37 BetrVG Rn. 6; *Reichold*, in: Henssler/Willemsen/Kalb, ArbR Komm, § 37 BetrVG Rn. 14; *Schweibert/Buse*, NZA 2007, 1080.

des Betriebsratsamtes bezahlt, wobei das Betriebsratsamt aber den Anlass für die Vergütung bildet.[922] Anspruchsgrundlage für die Vergütung, ist nicht § 37 Abs. 2 BetrVG, sondern § 611a Abs. 2 BGB i.V.m. dem Arbeitsvertrag. § 37 Abs. 2 BetrVG sichert den Vergütungsanspruch, sodass der Einwand des nicht erfüllten Vertrages seitens des Arbeitgebers nicht durchgreifen kann.[923]

Einige Betriebsratsmitglieder werden aufgrund der umfangreichen Betriebsratstätigkeit ganz oder zum Teil freigestellt (§§ 38 Abs. 1, 37 Abs. 2 BetrVG). Daraus können sich dann Probleme bei der Zahlung des Arbeitsentgelts nach dem Lohnausfallprinzip ergeben. Die freigestellten Betriebsratsmitglieder können aufgrund der Betriebsratstätigkeit nicht in gleicherweise ihre Karriere vorantreiben, wie dies anderen, vergleichbaren Arbeitnehmern möglich ist.[924] Da den Betriebsratsmitgliedern durch die Ausübung der Betriebsratstätigkeit kein Nachteil entstehen soll, verlangt § 37 Abs. 4 BetrVG, dass diesen ein Arbeitsentgelt zu gewähren ist, das dem vergleichbarer Arbeitnehmer unter Zugrundelegung einer betriebsüblichen, beruflichen Entwicklung entspricht. Daneben dürfen den Betriebsratsmitgliedern nur solche Tätigkeiten zugewiesen werden, die vergleichbare Arbeitnehmer unter Berücksichtigung der üblichen, beruflichen Entwicklung ausüben. § 37 Abs. 4, 5 BetrVG ergänzen das allgemeine Benachteiligungsverbot nach § 78 Satz 2 BetrVG.[925] In der Praxis kann es jedoch durchaus schwierig sein, einen geeigneten Vergleichsmaßstab zu finden.[926]

Soweit es erforderlich ist, dass die Betriebsratsmitglieder ihrer Betriebsratstätigkeit außerhalb der Arbeitszeit nachgehen, gewährt § 37 Abs. 3 Satz 1 BetrVG primär einen Anspruch auf Arbeitsbefreiung unter Fortzahlung des Entgelts. Nur wenn dies aus betriebsbedingten Gründen nicht innerhalb eines Monats möglich ist, ist die Mehrarbeitszeit extra zu vergüten, § 37 Abs. 3 Satz 3 2. HS BetrVG.

Im Weiteren regelt § 37 Abs. 6 und 7 BetrVG die Freistellung unter Entgeltfortzahlung von Betriebsratsmitgliedern für Schulungs- und Bildungsveranstaltungen.

---

922 *Rieble*, NZA 2008, 276; *Kehrmann*, in: FS Wlotzke, S. 357 (359); *Jacobs/Frieling*, NZA 2015, 513.

923 *Koch*, in ErfKomm, § 37 BetrVG Rn. 6; *Reichold*, in: Henssler/Willemsen/Kalb, ArbR Komm, § 37 BetrVG Rn. 14; *Weber*, in: GK-BetrVG, § 37 BetrVG Rn. 66.

924 *Koch*, in: Schaub, ArbR Hdb, § 221 Rn. 55; *Schweibert/Buse*, NZA 2007, 1080; *Sturm*, Vergütung der Betriebsräte, S. 88.

925 *Weber*, in: GK-BetrVG, § 37 BetrVG Rn. 128; *Koch*, in: ErfKomm, § 37 BetrVG Rn. 9.

926 BGH v. 17.9.2009 – 5 StR 521/08, NJW 2010, 92 (94); *Byers*, NZA 2014, 65; *Jacobs/Frieling*, NZA 2015, 513 (517); *Nagel*, Arbeitnehmervertretung und Strafrecht, S. 34 ff.; *Schweibert/Buse*, NZA 2007, 1080 (1081).

4. *Rechtsfolgen eines Verstoßes gegen das Ehrenamtsprinzip*

Ein Verstoß gegen das Ehrenamtsprinzip bzw. Begünstigungsverbot nach § 37 Abs. 1 bzw. § 78 Satz 2 BetrVG, kann zu betriebsverfassungs-, zivil-, straf- und steuerrechtlichen Konsequenzen führen.[927]

a. *Abberufung bzw. Kündigung*

Durch die Annahme einer unzulässigen Vergütung verstößt das Betriebsratsmitglied gegen das Ehrenamtsprinzip nach §§ 37 Abs. 1, 78 Satz 2 BetrVG und verletzt dadurch eine gesetzliche Pflicht.[928] Dies kann unter Umständen zur Folge haben, dass das begünstigte Betriebsratsmitglied aus dem Betriebsrat ausgeschlossen oder der gesamte Betriebsrat aufgelöst werden kann, § 23 Abs. 1 BetrVG. Der Antrag muss jedoch von einem Viertel der wahlberechtigten Arbeitnehmer, dem Arbeitgeber oder einer im Betrieb vertretenen Gewerkschaft gestellt werden, § 23 Abs. 1 Satz 1 BetrVG. Daneben steht dem Betriebsrat ein Antragsrecht zu, § 23 Abs. 1 Satz 2 BetrVG. Somit sind die Voraussetzungen relativ hoch. Der Betriebsrat und der Arbeitgeber haben als Betroffene in der Regel kein Interesse an einem Ausschluss- bzw. Auflösungsverfahren. Aufgrund der hohen Anforderung bzw. mangels Interesses werden die Antragsberechtigten in der Praxis wohl keinen entsprechenden Antrag stellen.[929] Der Unterlassungsanspruch gegen den Arbeitgeber nach § 23 Abs. 3 BetrVG ist präventiv ausgestaltet. Antragsberechtigt sind gem. § 23 Abs. 3 Satz 4 BetrVG der Betriebsrat oder eine im Betrieb vertretene Gewerkschaft, sodass durch diese Regelung ebenso wenig eine effektive Sanktionsmöglichkeit gegen die Gewährung einer unzulässigen Betriebsratsvergütung gegeben ist.[930]

Darüber hinausgehende arbeitsrechtliche Folgen hat das Betriebsratsmitglied aufgrund der generellen Trennung des Betriebsratsamtes von dem Arbeitsverhältnis nicht zu befürchten.[931]

---

927 Ausführlich dazu: *Achenbach*, Strafbarkeit von Betriebsratsmitgliedern; *Cosack*, Untreue von Betriebsräten gegenüber Arbeitnehmern; *Esser*, Die Begünstigung von Mitgliedern des Betriebsrats; *Lipp*, Honorierung und Tätigkeitsschutz von Betriebsratsmitgliedern; *Nagel*, Arbeitnehmervertretung und Strafrecht; *Purschwitz*, Das betriebsverfassungsrechtliche Benachteiligungs- und Begünstigungsverbot nach § 78 Satz 2 BetrVG. Daher beschränken sich die nachfolgenden Ausführungen auf die Nennung der wesentlichen Konsequenzen ohne eingehende Erörterung.

928 *Fischer*, BB 2007, 997; *Moll/Roebers*, NZA 2012, 57 (61); *Schweibert/Buse*, NZA 2007, 1080 (1084); *Trittin*, in: Däubler/Kittner/Klebe/Wedde, BetrVG, § 23 BetrVG Rn. 53; *Weber*, in GK-BetrVG, § 37 BetrVG Rn. 23.

929 *Byers*, NZA 2014, 65 (67 f.); *Cosack*, Untreue von Betriebsräten, S. 2; *Fischer*, BB 2007, 997; *Schweibert/Buse*, NZA 2007, 1080 (1084).

930 *Schweibert/Buse*, NZA 2007, 1080 (1084); *Byers*, NZA 2014, 65 (68).

931 *Fischer*, BB 2007, 997 (998); *Buschmann*, in: Däubler/Kittner/Klebe/Wedde, BetrVG, § 78 BetrVG Rn. 39.

b. Zivilrechtliche Rechtsfolgen

Im Rahmen der zivilrechtlichen Rechtsfolgen kann neben einem Rückgewähr- ebenso ein Schadensersatzanspruch infolge eines Verstoßes gegen das Ehrenamtsprinzip und Benachteiligungsverbot entstehen. Unter Umständen kommt für das Vorstandsmitglied, das die unzulässige Vergütung gewährt, ein Schadensersatzanspruch der Gesellschaft in Betracht. In schwerwiegenden Fällen kann dies gegebenenfalls einen Grund zur Abberufung darstellen.[932] Im Weiteren können sich auch Rechtsfolgen aufgrund der Abgabe einer fehlerhaften Entsprechenserklärung ergeben.

aa. Rückgewähranspruch

Vereinbarungen, die das Ehrenamtsprinzip nach §§ 37 Abs. 1, 78 Abs. 2 BetrVG missachten und eine darüberhinausgehende Vergütung vorsehen, sind gem. § 134 BGB nichtig.[933] Eine so geleistete Vergütung kann gem. § 812 Abs. 1 Satz 1 1. Alt. BGB zurückgefordert werden.[934] Der Kondiktionsanspruch ist dabei nicht nach §§ 814, 817 Satz 2 BGB ausgeschlossen.[935] § 817 Satz 2 BGB wie § 814 BGB sind in diesem Fall restriktiv auszulegen, da ansonsten die unzulässige Begünstigung aufrechterhalten bliebe.[936] Bei Kenntnis des Betriebsratsmitglieds kommt überdies eine verschärfte Haftung nach § 819 Abs. 2 BGB in Betracht.

bb. Schadensersatzanspruch

Daneben kann der Verstoß gegen das Begünstigungsverbot nach § 78 Satz 2 BetrVG unter Umständen einen Schadenersatzanspruch nach §§ 280 Abs. 1, 241 Abs. 2 BGB oder §§ 823 ff. BGB begründen.[937] Das Begünstigungsverbot nach § 78

---

932 Vgl. dazu in Kapitel § 4 C I 1.

933 *Moll/Roebers*, NZA 2012, 61; *Röhrborn*, ArbRAktuell 2015, 573 (574). Die Rechtsfolge ergibt sich dabei aus § 37 Abs. 1 i.V.m. § 78 Satz 2 BetrVG. Beide Vorschriften haben dasselbe Ziel und stehen „im Einklang" zueinander, BAG v. 5.5.2010 – 7 AZR 728/08, juris Rn. 30, 33; ArbG Stuttgart v. 13.12.2012 – 24 Ca 5430/12, juris Rn. 41; *Koch*, in: ErfKomm, § 37 BetrVG Rn. 1; a.A.: *Fitting*, BetrVG, § 37 BetrVG Rn. 11: hält alleine § 78 BetrVG für ein Verbotsgesetz nach § 134 BGB.

934 *Schweibert/Buse*, NZA 2007, 1080 (1086); *Bittmann/Mujan*, BB 2012, 1604 (1605 f.).

935 *Rieble*, NZA 2008, 276 (278); *Fischer*, BB 2007, 997 (998); *Bittmann/Mujan*, BB 2012, 1604 (1606); *Nagel*, Arbeitnehmervertretung und Strafrecht, S. 137; *Sturm*, Vergütung der Betriebsräte, S. 117; a.A.: *Buschmann*, in: Däubler/Kittner/Klebe/Wedde, BetrVG, § 78 BetrVG Rn. 36; *Fitting*, BetrVG, § 78 BetrVG Rn. 23.

936 *Schweibert/Buse*, NZA 2007, 1080 (1086); *Bittmann/Mujan*, BB 2012, 1604 (1606); *Purschwitz*, § 78 Satz 2 BetrVG, S. 94 f.

937 *Dzida/Mehrens*, NZA 2013, 753 (757); *Jacobs/Frieling*, ZfA 2015, 241 (259); *Purschwitz*, § 78 Satz 2 BetrVG, S. 102 f.; *Weber*, in: GK-BetrVG, § 37 BetrVG Rn. 22.

Satz 2 BetrVG ist aber kein Schutzgesetz i.S.d. § 823 Abs. 2 BGB.[938] Außer im Fall des kollusiven Zusammenwirkens zwischen Betriebsratsmitglied und gesetzlichem Vertreter wird sich das Unternehmen ein Mitverschulden entgegenhalten lassen müssen.[939]

cc. Rechtsfolgen aufgrund fehlerhafter Entsprechenserklärung

Unter Umständen ergeben sich noch Konsequenzen daraus, dass die Entsprechenserklärung nach § 161 AktG unrichtig abgegeben worden ist. Es besteht zwar keine Pflicht, die Empfehlungen des Kodex umzusetzen, eine Nichteinhaltung muss jedoch entsprechend erklärt werden.[940] Eine Verletzung von § 161 AktG kommt insbesondere unter dem Gesichtspunkt der Nichtoffenlegung eines Interessenkonflikts nach Nr. 5.5.2 DCGK in Betracht.

Im Fall der Betriebsratsbegünstigung kann wie gezeigt ein Rückforderungsanspruch der Gesellschaft bestehen. Indem diejenigen Aufsichtsratsmitglieder, die zugleich Betriebsratsmitglieder sind und eine solch unzulässige Betriebsratsvergütung beziehen, Kenntnis von einem Rückforderungsanspruch haben, ergibt sich für sie ein Interessenkonflikt.[941] Im Sinne der Gesellschaft, der sie als Aufsichtsratsmitglieder verpflichtet sind, müssten sie den Rückforderungsanspruch verfolgen. Ihr eigenes Interesse steht dazu jedoch im Widerspruch.[942] Bestehende Interessenkonflikte müssen bereits aufgrund der organschaftlichen Treuepflicht offengelegt werden. Dies empfiehlt auch der Kodex nach Nr. 5.5.2 DCGK. Die Empfehlung richtet sich an jedes Aufsichtsratsmitglied.[943] Offenzulegen sind dabei alle Interessenkonflikte eines Aufsichtsratsmitglieds.[944] Wird der Empfehlung nicht entsprochen, so muss dies in der Entsprechenserklärung nach § 161 AktG angegeben werden. Erfolgt keine korrekte Angabe, so kann dies haftungsrechtliche Konsequenzen haben.[945] Für die Abgabe der Entsprechenserklärung ist sowohl der Vorstand als auch der Aufsichtsrat verantwortlich. Kennt jedoch ein Organmitglied die Unrichtigkeit der Erklärung, so ist dies dem gesamten Organ zuzurechnen.[946] Dies trifft auch auf den begünstigten Arbeitnehmervertreter zu, da im Hinblick

---

938 *Jacobs/Frieling*, ZfA 2015, 241 (260); *Purschwitz*, § 78 Satz 2 BetrVG, S. 102; *Waskow*, in: Boecken/Düwell/Diller/Hanau, Gesamtes ArbR, § 78 BetrVG Rn. 30; a.A.: *Röhrborn*, ArbRAktuell 2015, 573 (574).

939 *Bittmann/Mujan*, BB 2012, 1604 (1606).

940 Vgl. dazu Kapitel § 2 B III 2a.

941 *Rieble*, BB 2009, 1612 (1619).

942 *Rieble*, BB 2009, 1612 (1619).

943 *Kremer*, in: Kremer/Bachmann/Lutter/von Werder, DCGK, Ziff. 5.5.2 DCGK Rn. 1471.

944 *Kremer*, in: Kremer/Bachmann/Lutter/von Werder, DCGK, Ziff. 5.5.2 DCGK Rn. 1465, 1471. Vgl. auch Kapitel § 2 B III 6 c.

945 *Rieble*, BB 2009, 1612 (1619). Vgl. die Ausführung bei Kapitel § 2 B III 3 c.

946 *Goette*, in: MüKo AktG, § 161 AktG Rn. 58; *Lutter*, in: Kremer/Bachmann/Lutter/von Werder, DCGK, Teil 4 Rn. 1820.

auf den Grundsatz der Funktionsfähigkeit des Aufsichtsrats nicht angenommen werden kann, dass eine Pflichtverletzung weitere aufsichtsrechtliche Pflichten suspendiert. Auch im Hinblick auf die Zumutbarkeit der Selbstbelastung einer solchen Offenlegungspflicht ergibt sich kein anderes Ergebnis.[947] Durch die Offenlegung des Interessenkonflikts muss sich der Arbeitnehmervertreter zwar selbst belasten und darlegen, dass er selbst pflichtwidrig gehandelt hat, indem er die Begünstigung entgegengenommen hat.[948] Nötig ist nämlich, dass so viele Informationen zum Interessenkonflikt offengelegt werden, dass der Aufsichtsrat diesen nachvollziehen kann.[949] Dem Aufsichtsratsmitglied verbleibt jedoch die Möglichkeit, durch Niederlegung seines Amtes einer Selbstbelastung zu entgehen. Auch das selbstbetroffene Aufsichtsratsmitglied ist – gerade im Hinblick auf die Verpflichtung auf das Unternehmensinteresse und auf eine effektive Wahrnehmung seiner Aufgaben[950] – mithin aufgrund des Kodex zur Offenlegung verpflichtet.

c. *Strafrechtliche Sanktionen*[951]

Ein Verstoß gegen das Ehrenamtsprinzip und Begünstigungsverbot nach §§ 37 Abs. 1, 78 Satz 2 BetrVG kann eine Strafbarkeit nach § 119 Abs. 1 Nr. 3 BetrVG begründen.[952] Täter des § 119 Abs. 1 Nr. 3 BetrVG kann jeder sein, der dem Betriebsrat eine unzulässige Vergütung gewährt.[953] Der Betriebsrat, der die unzulässige Vergütung erhält, kann sich gem. §§ 119 Abs. 1 Nr. 3 BetrVG i.V.m. § 26 bzw. § 27 StGB strafbar machen, wenn er die Vergütung von seinem Arbeitgeber gefordert oder diesen bei der Gewährung unterstützt hat.[954] Bei § 119 Abs. 1 Nr. 3 BetrVG handelt es sich um ein absolutes Antragsdelikt. Antragsberechtigt sind der Betriebsrat, der Gesamtbetriebsrat, der Konzernbetriebsrat, die Boardvertretung, der Seebetriebsrat und einer der in § 3 Abs. 1 BetrVG bezeichneten Vertretung der Arbeitnehmer, des Wahlvorstandes, des Unternehmens oder einer im

947 Vgl. BAG v. 8.3.2017 – 1 StR 540/16, BeckRS 2017, 110960 Rn. 35.

948 Ausführlich dazu Kapitel § 3 C IV 4b bzw. Kapitel § 4 C II 3.

949 *Kremer*, in: Kremer/Lutter/von Werder, DCGK, Ziff. 5.5.2 DCGK Rn. 1465; *Wilsing*, in: Wilsing, DCGK, Ziff. 5.5.2 Rn. 20.

950 Vgl. dazu Kapitel § 2 A II 1.

951 Ausführlich dazu insbesondere: *Achenbach*, Strafbarkeit von Betriebsratsmitgliedern, S. 66 ff.; *Cosack*, Untreue von Betriebsräten, S. 59 ff.; *Nagel*, Arbeitnehmervertretung und Strafrecht, S. 37 ff.; *Purschwitz*, § 78 Satz 2 BetrVG, S. 104 ff., sodass hier nur ein Überblick dargestellt wird.

952 *Fischer*, BB 2007, 997 (999); *Moll/Roebers*, NZA 2012, 57 (61); *Nagel*, Arbeitnehmervertretung und Strafrecht, S. 38 ff.; *Schweibert/Buse*, NZA 2007, 1080 (1085); *Wolmerath*, in: Boecken/Düwell/Diller/Hanau, Gesamtes ArbR, § 37 BetrVG Rn. 5.

953 *Moll/Roebers*, NZA 2012, 57 (61); *Fitting*, BetrVG, § 119 BetrVG Rn. 9.

954 *Fischer*, BB 2007, 997 (1000); *Dzida/Mehrens*, NZA 2013, 753 (757); *Rieble*, NZA 2008, 276 (278); *Trümmer*, in: Däubler/Kittner/Klebe/Wedde, BetrVG, § 119 BetrVG Rn. 19.

Betrieb vertretenen Gewerkschaft. Den Arbeitnehmern steht kein Antragsrecht zu.[955] Durch das Antragserfordernis ist § 119 Abs. 1 Nr. 3 BetrVG kein effektives Sanktionsmittel.[956]

Neben § 119 Abs. 1 Nr. 3 BetrVG kommt noch eine Strafbarkeit nach § 266 StGB in Betracht.[957] Die Missbrauchsvariante kommt nicht in Betracht, da für die Betriebsratsbegünstigung kein Rechtsgrund besteht – die zugrundeliegende Vereinbarung ist wie gezeigt nach § 134 BGB nichtig – und der Begünstigende somit nicht wirksam über das Vermögen verfügen kann.[958] Mithin kommt nur der Treuebruchtatbestand in Betracht. Voraussetzung dafür ist, dass den Täter eine Vermögensbetreuungspflicht trifft.[959] Der Verstoß gegen § 119 Abs. 1 Nr. 3 bzw. § 78 Satz 2 BetrVG begründet mangels Vermögensbezug keine Vermögensbetreuungspflicht.[960] Das Betriebsratsmitglied wird in der Regel keine Vermögensbetreuungspflicht treffen.[961] Eine solche Befugnis könnte man im Hinblick auf § 40 BetrVG ableiten: danach kann der Betriebsrat Kosten vom Arbeitgeber nur nach den Grundsätzen der Erforderlichkeit und Verhältnismäßigkeit verlangen.[962] Daraus ergibt sich jedoch keine Verfügungs- und Verpflichtungsbefugnis, sodass eine Vermögensbetreuungspflicht abzulehnen ist.[963] Eine solche kann auch weder daraus abgeleitet werden, dass der Betriebsrat gem. § 2 Abs. 1 BetrVG dem „Wohl des Betriebs" verpflichtet ist. Der Betriebsrat besorgt keine Geschäfte für den Arbeitgeber, sodass aus der allgemeinen Verpflichtung aus § 2 Abs. 1 BetrVG keine

---

955 *Schweibert/Buse*, NZA 2007, 1080 (1085); *Byers*, NZA 2014, 65 (68); *Cosack*, ZRP 2016, 177 (179).

956 *Rieble*, BB 2009, 1612; *Dzida/Mehrens*, NZA 2013, 753 (757); *Nagel*, Arbeitnehmervertretung und Strafrecht, S. 92.

957 *Achenbach*, Strafbarkeit von Betriebsratsmitgliedern, S. 121 ff.; *Cosack*, Untreue von Betriebsräten, S. 59 ff.; *Fischer*, BB 2007, 997 (1000); *Moll/Roebers*, NZA 2012, 57 (62); *Nagel*, Arbeitnehmervertretung und Strafrecht, S. 110 ff., *Schweibert/Buse*, NZA 2007, 1080 (1086).

958 *Nagel*, Arbeitnehmervertreter und Strafbarkeit, S. 116; *Kindhäuser*, in: Kindhäuser/Neumann/Paeffgen, StGB, § 266 StGB Rn. 86; a.A.: BGH v. 17.9.2009 – 5 StR 521/08, NJW 2010, 92.

959 *Cosack*, Untreue von Betriebsräte, S. 68 ff.; *Moll/Roebers*, NZA 2012, 57 (62); *Nagel*, Arbeitnehmervertretung und Strafrecht, S. 112 ff.

960 *Nagel*, Arbeitnehmervertretung und Strafrecht, S. 124 ff.; *Byers*, NZA 2014, 65 (69).

961 *Achenbach*, Strafbarkeit von Betriebsratsmitgliedern, S. 119; *Esser*, Begünstigung, S. 189; *Nagel*, Arbeitnehmervertretung und Strafrecht, S. 152; *Schweibert/Buse*, NZA 2007, 1080 (1086).

962 *Fitting*, BetrVG, § 40 BetrVG Rn. 9 f.; *Rieble/Klebeck*, NZA 2006, 758 (764); *Krug/Rathgeber*, ArbRAktuell 2017, 266 (267 f.).

963 *Achenbach*, Strafbarkeit von Betriebsratsmitgliedern, S. 109. Anders ist dies zu beurteilen, wenn dem Betriebsrat bei der Verwendung der Gelder eine Dispositionsbefugnis zugestanden wird, vgl. *Krug/Rathgeber*, ArbRAktuell 2017, 266 (268); *Nagel*, Arbeitnehmervertretung und Strafrecht, S. 154. Eine solche Konstellation ist bei der Aushandlung einer Sondervergütung mit dem Vorstand jedoch nicht gegeben.

Vermögensbetreuungspflicht abgeleitet werden kann.[964] Zum anderen kommt auch keine Vermögensbetreuungspflicht im Hinblick darauf in Betracht, dass die Betriebsräte sich zum Teil als Co-Manager bestehen. Dem Betriebsrat kommen gerade keine Geschäftsführungsmaßnahmen zu.[965] Insoweit verbleibt es bei einer möglichen Strafbarkeit des Betriebsratsmitglieds über die Teilnahmevorschriften, §§ 26, 27 StGB.[966] Hingegen trifft einen Geschäftsführer oder Vorstand, der eine unzulässige Betriebsratsvergütung beschließt, regelmäßig eine Vermögensbetreuungspflicht, sodass sich eine Strafbarkeit nach § 266 StGB ergeben kann.[967] Als Vorstand oder Geschäftsführer trifft diesen die Pflicht, das ihm anvertraute Vermögen zu betreuen.[968] Dagegen verstößt der Vorstand bzw. Geschäftsführer, wenn er dem Betriebsratsmitglied eine Zahlung ohne Rechtsgrund gewährt.[969]

Daneben könnte in der Betriebsratsbegünstigung der Tatbestand der Bestechlichkeit und Bestechung im geschäftlichen Verkehr, § 299 StGB, erfüllt sein. Eine solche Strafbarkeit scheidet aus. Der Schutzzweck der Norm, der offene Gütermarkt, wird in der Regel nicht betroffen sein, da das Betriebsratsmitglied betriebsintern handelt.[970] Im Übrigen kann sich noch eine Ordnungswidrigkeit nach § 30 OWiG ergeben, wenn der Vorstand als vertretungsberechtigtes Organ eine Straftat – durch die Betriebsratsbegünstigung ist § 119 Abs. 1 Nr. 3 BetrVG erfüllt – begeht und dadurch die juristische Person bereichert.[971]

d. Steuerrechtliche Konsequenzen

Im Gegensatz zu der zulässigen Betriebsratsvergütung kann die unzulässige Vergütung von der Gesellschaft nicht als Betriebsausgabe abgezogen werden. Einem Abzug steht § 4 Abs. 5 Satz 1 Nr. 10 Satz 1 EStG entgegen.[972] Die Finanzverwaltung

---

964 *Nagel*, Arbeitnehmervertretung und Strafrecht, S. 150.

965 *Rieble/Klebeck*, NZA 2006, 758 (764); *Nagel*, Arbeitnehmervertretung und Strafrecht, S. 151 f.

966 *Rieble/Klebeck*, NZA 2006, 758 (764); *Schweibert/Buse*, NZA 2007,1080 (1086); *Achenbach*, Strafbarkeit von Betriebsratsmitgliedern, S. 121; *Cosack*, ZRP 2016, 177 (178).

967 BGH v. 17.9.2009 – 5 StR 521/08, NJW 2010, 92; *Byers*, NZA 2014, 65 (68 f.); *Esser*, Begünstigung, S. 180; *Schweibert/Buse*, NZA 2007, 1080 (1086); zurückhaltend: *Nagel*, Arbeitnehmervertretung und Strafrecht, S. 128 f.

968 LG Braunschweig v. 22.2.2008 – 6 KLs 20/07, BeckRS 2009, 29834; *Nagel*, Arbeitnehmervertretung und Strafrecht, S. 120.

969 LG Braunschweig v. 22.2.2008 – 6 KLs 20/07, BeckRS 2009, 29834.

970 *Esser*, Begünstigung, S. 178; *Fischer*, BB 2007, 997 (1000); *Nagel*, Arbeitnehmervertreter und Strafrecht, S. 106 ff., *Röhrborn*, ArbRAktuell 2015, 573 (574).

971 *Nagel*, Arbeitnehmervertretung und Strafrecht, S. 176.

972 *Rieble*, NZA 2008, 276 (278); *Jacobs/Frieling*, ZfA 2015, 241 (260); *Röhrborn*, ArbRAktuell 2015, 573 (574); a.A.: *Graf/Link*, NJW 2009, 409 (411) ist der Ansicht, dass sich § 4 Abs. 5 Satz 1 Nr. 10 Satz 1 EStG auf „Korruptionstatbeständen" beschränkt. Richtigerweise kann eine solche Einschränkung dem Abzugsverbot jedoch nicht entnommen werden, vgl. *Rieble*, BB 2009, 1612 (1614 ff.).

prüft aufgrund des Amtsermittlungsgrundsatzes, ob die Voraussetzungen dafür gegeben sind.[973] Die Gewährung einer unzulässigen Betriebsratsvergütung erfüllt objektiv den Tatbestand von § 119 Abs. 1 Nr. 3 BetrVG. Die Erfüllung des Tatbestands alleine genügt für § 4 Abs. 5 Satz 1 Nr. 10 Satz 1 EStG.[974] Das BMF-Schreiben vom 10. Oktober 2002 nennt lediglich § 119 Abs. 1 Nr. 1 BetrVG als in Betracht kommende rechtswidrige Tatbestände.[975] Zwar soll die Aufzählung der rechtswidrigen Tatbestände in dem BMF-Schreiben abschließend sein, jedoch entfaltet das Schreiben keine rechtlich relevante Bindung außerhalb der Finanzverwaltung.[976] Der Gesetzesentwurf sah noch eine explizite Aufzählung der Tatbestände vor, die eine rechtswidrige Tat i.S.d. § 4 Abs. 5 Satz 1 Nr. 10 Satz 1 EStG darstellen können. Darin war § 119 Abs. 1 BetrVG mitumfasst. Der Entwurf wurde jedoch nicht umgesetzt.[977] Mithin kommt eine Strafbarkeit wegen Steuerhinterziehung nach § 370 Abs. 1 Nr. 1 AO in Betracht, wenn Arbeitgeber die unzulässige Betriebsratsvergütung als Betriebsausgabe abziehen.[978] Die begünstigten Betriebsratsmitglieder können sich unter Umständen der Beihilfe zur Steuerhinterziehung gem. § 369 Abs. 2 AO i.V.m. § 27 StGB strafbar machen. Bzgl. des doppelten Vorsatzes müsste das Betriebsratsmitglied Kenntnis von der steuerrechtlichen Behandlung haben. Bei der Aufführung der unzulässigen Betriebsratsvergütung auf der Lohnabrechnung kann davon ausgegangen werden, dass diese als (unzulässige) Betriebsausgabe abgezogen wird.[979]

5. Änderungsvorschläge zum Ehrenamtsprinzip

In der Praxis vollzieht sich immer mehr eine Professionalisierung der Betriebsräte.[980] Fraglich ist daher, ob das Ehrenamtsprinzip noch zeitgemäß ist.[981] Es

---

973 *Spilker*, in: Kirchhof/Mellinghoff/Söhn EStG, § 4 EStG Rn. Q 30.

974 *Rieble*, NZA 2008, 276 (278); *Wied*, in: Blümich, EStG/KStG, § 4 EStG Rn. 905. Über § 8 Abs. 1 Satz 1 KStG findet das Abzugsverbot auch auf Körperschaftssteuer-Subjekte Anwendung; mithin auch auf die AG, vgl. *Pfirrmann*, in: Blümich, EStG/KStG, § 10 KStG Rn. 7, 8.

975 BMF-Schreiben v. 10.10.2002 – IV A 6-S 2145–35/02, BStBl. 2002 I, S. 1031.

976 *Rieble*, NZA 2008, 276 (279); *Graf/Link*, NJW 2009, 409 (411); *Wied*, in: Blümich, EStG/KStG, § 4 EStG Rn. 906.

977 BT-Drs. 14/23, S. 5; *Wied*, in: Blümich, EStG/KStG, § 4 EStG Rn. 906.

978 *Dzida/Mehrens*, NZA 2013, 753 (757); *Nagel*, Arbeitnehmervertretung und Strafrecht, S. 158. *Rieble*, NZA 2008, 276 (279), weist darauf hin, dass unter Umständen es jedoch am Vorsatz fehlen kann, da im BMF-Schreiben § 119 Abs. 1 Nr. 3 BetrVG nicht aufgezählt ist.

979 *Rieble/Klebeck*, NZA 2006, 758 (768).

980 *Fischer*, NZA 2007, 484; *Rieble*, NZA 2008, 276 (280); *Jacobs/Frieling*, ZfA 2015, 241 (242); *Farthmann*, in: FS Stahlhacke, S. 115 (116); *Franzen*, in: Rieble/Junker, Unternehmensführung, S. 47 ff.

981 *Fischer*, NZA 2007, 484 (489); *Byers*, NZA 2014, 65 (69); *Jacobs/Frieling*, ZfA 2015, 241 (262).

gibt zahlreiche Überlegungen, inwieweit das Betriebsratsamt reformiert werden könnte.[982]

Eine Unterscheidung zwischen freigestellten und nichtfreigestellten Betriebsratsmitgliedern verbietet sich, da es keinen sachlichen Grund gibt, eine differenzierte Vergütung vorzunehmen und infolgedessen eine Spaltung unter den Betriebsräten herbeizuführen.[983]

Der Vorschlag, die Betriebsratsmitglieder nach der tatsächlichen Tätigkeit zu vergüten, birgt das Problem, dass es sich bei dem Betriebsratsamt letztlich um ein „politisches Amt“ handelt. Leistungspunkte, nach denen eine Bezahlung erfolgen könnte, sind nicht auszumachen.[984] Auch besteht die Gefahr, dass sich der Arbeitgeber durch die Gewährung einer hohen Vergütung das Wohlwollen der Betriebsratsmitglieder erkaufen will und diese sodann nicht mehr primär an der Vertretung der Belegschaftsinteressen interessiert wären, sondern an der Beibehaltung des gewonnenen Status und der Vergütung.[985] Daneben gibt es noch weitere Bedenken, die gegen eine Vergütung von Betriebsräten angebracht werden: Zum einen müsste dann überlegt werden, ob die Betriebsratsmitglieder mit einer entsprechenden Haftung belastet werden müssten, und zum anderen, ob der Sonderkündigungsschutz für die Betriebsratsmitglieder nach § 103 BetrVG und § 15 KSchG dann noch seine Berechtigung hätte.[986]

Eine andere Option ist es, die zwingende Wirkung des § 37 Abs. 1 BetrVG abzuschaffen bzw. eine tarifliche Öffnungsklausel einzufügen.[987] Doch auch diese Möglichkeit birgt ihre Probleme. Festzulegen wäre, ob diese Option für jedes Unternehmen gelten soll oder erst ab einer gewissen Betriebsgröße eröffnet sein soll, wobei die Bestimmung der Betriebsgröße wiederrum schwierig sein dürfte.[988]

982 *Fischer*, BB 2007, 997 (1000); *Däubler*, SR 2017, 85 (89); *Weinspach*, in: FS Kreutz, S. 485 (491 ff.); *Jacobs/Frieling*, ZfA 2015, 241 (262 ff.).

983 *Jacobs/Frieling*, ZfA 2015, 241 (263); *Weinspach*, in: FS Kreutz, S. 485 (492). *Farthmann*, in: FS Stahlhacke, S. 115 (126) weist aber richtigerweise darauf hin, dass sich de facto bereits zum Teil eine tatsächliche Unterscheidung zwischen freigestellten und nicht freigestellten Betriebsräten vollzieht. Insoweit könnte man durchaus darüber nachdenken, ob aufgrund der unterschiedlichen Aufgaben und Qualifikation, die die ausschließliche Betriebsratstätigkeit oftmals mit sich bringt, nicht auch eine unterschiedliche Behandlung bezüglich der Vergütung gerechtfertigt wäre. So ähnlich: *Byers*, NZA 2014, 65 (70), der eine Differenzierung dahingehend für möglich hält, ob das betreffende Mitglied zugleich Arbeitnehmervertreter im Aufsichtsrat ist oder nicht.

984 *Weinspach*, in: FS Kreutz, S. 485 (492); *Fischer*, NZA 2007, 484 (486).

985 *Däubler*, SR 2017, 85 (89); *Farthmann*, in: FS Stahlhacke, S. 115 (126); *Weinspach*, in: FS Kreutz, S. 485 (492).

986 *Fischer*, NZA 2014, 71 (73); *Franzen*, in: Rieble/Junker, Unternehmensführung, S. 47 (59 f.).

987 *Rieble*, NZA 2008, 276 (280); *Weinspach*, in: FS Kreutz, S. 485 (492); *Byers*, NZA 2014, 65 (69).

988 *Weinspach*, in: FS Kreutz, S. 485 (493); *Jacobs/Frieling*, ZfA 2015, 241 (262 f.).

Im Weiteren müsste geklärt werden, ob eine Abweichung für alle Betriebsratsmitglieder oder nur für Freigestellte möglich sein soll.[989] Zudem wäre zu regeln, wem die Entscheidung zur abweichenden Regelung obliegt, dem Arbeitgeber allein oder in Zusammenwirkung mit anderen Organen.[990]

Die Versetzung auf eine höherwertige Tätigkeit dürfte ebenso keine Lösung sein. Dies würde zum einen gegen das Begünstigungsverbot gem. § 78 BetrVG verstoßen und zudem zu dem Risiko führen, dass der Arbeitgeber einen Arbeitnehmer bei Nichtwiederwahl auf einen Arbeitsplatz versetzen müsste, für den dieser unter Umständen nicht geeignet ist, sodass dies keine praxistaugliche Option darstellt.[991]

Man könnte die Vergütung auch gänzlich in die Hände des Betriebsrates legen, indem diesem ein jährliches Budget zur freien Verteilung zur Verfügung gestellt wird.[992] Die Transparenz wäre gewahrt, aber dies würde dazu führen, dass der Betriebsrat als einziges Organ alleine sein Gehalt festlegen kann und Unstimmigkeiten im Betriebsrat folglich vorprogrammiert wären.[993]

Mit Abschaffung des § 41 BetrVG bestünde noch die Möglichkeit der Einführung einer Umlagefinanzierung.[994] Mit dieser Lösung würde aber der Grundsatz der Betriebsverfassung durchbrochen, dass der Arbeitgeber für die Finanzierung des Betriebsrates aufzukommen hat. Zudem stellt sich das Problem, von wem die Höhe der Umlage bestimmt wird, die von den Arbeitnehmern zu leisten ist.[995]

Kollusivem Handeln könnte dadurch entgegengewirkt werden, dass eine Verpflichtung zur Veröffentlichung der Vergütung der Betriebsratsmitglieder – jedenfalls bei börsennotierten Unternehmen – gesetzlich vorgeschrieben wird.[996] Da die Lohnfortzahlung sich nach der hypothetischen beruflichen Weiterentwicklung richtet, wäre es zudem nötig, den beruflichen Werdegang ebenso offenzulegen, damit die Zahlen nachvollzogen werden können.[997]

Jeder der aufgezeigten Reformvorschläge muss sich einer gewissen Kritik aussetzen. Das Ehrenamtsprinzip ist zur Sicherstellung der Unparteilichkeit und Unabhängigkeit des Betriebsrates geeignet. Trotz der bestehenden Kritik und der

---

989 *Weinspach*, in: FS Kreutz, S. 485 (493); *Byers*, NZA 2014, 65 (70); *Fischer*, NZA 2014, 71 (73).

990 *Weinspach*, in: FS Kreutz, S. 485 (493); *Jacobs/Frieling*, ZfA 2015, 241 (263).

991 *Weinspach*, in: FS Kreutz, S. 485 (493); *Löwisch*, DB 2008, 466 hält dies für eine Option, soweit die Betriebsratsmitglieder auch tatsächlich über die Fähigkeit verfügen und die Tätigkeit ausüben könnten. Ob sie die Qualifikation im Rahmen der Betriebsratstätigkeit erlangt haben oder nicht ist nach *Löwisch* unerheblich.

992 *Fischer*, BB 2007, 997 (1000); *Jacobs/Frieling*, ZfA 2015, 241 (263).

993 *Weinspach*, in: FS Kreutz, S. 485 (494); *Jacobs/Frieling*, ZfA 2015, 241 (264).

994 *Weinspach*, in: FS Kreutz, S. 485 (494); *Jacobs/Frieling*, ZfA 2015, 241 (264); *Franzen*, in: Rieble/Junker, Unternehmensführung, S. 47 (64).

995 *Weinspach*, in: FS Kreutz, S. 485 (494); *Jacobs/Frieling*, ZfA 2015, 241 (264).

996 *Fischer*, BB 2007, 997 (1000); *Weinspach*, in: FS Kreutz, S. 485 (497); *Rieble*, in: Rieble/Junker, Unternehmensführung, S. 9 (27).

997 *Esser*, Begünstigung, S. 218.

zum Teil bestehenden Schwierigkeiten bei der Anwendung in der Praxis erscheint eine Beibehaltung daher (derzeit) vorzugswürdig.

II. Vergütung der Tätigkeit im Sprecherausschuss

Neben der häufigen Konstellation, der Verkoppelung von Aufsichtsrats- und Betriebsratsamt, ist noch eine weitere Doppelung von Ämtern denkbar: Arbeitnehmervertreter im Aufsichtsrat können auch leitende Angestellte sein. Nach § 15 Abs. 1 Satz 2 MitbestG muss den unternehmensangehörigen Arbeitnehmervertretern im Aufsichtsrat sogar zumindest ein leitender Angestellter angehören.[998] Leitende Angestellte im Unternehmen sind neben der Aufsichtsratstätigkeit gelegentlich zugleich Mitglied im Sprecherausschuss, § 1 Abs. 1 SprAuG.[999] Insofern üben sie ein Doppelmandat im Unternehmen aus.

Nach § 14 Abs. 1 SprAuG sind die Mitglieder des Sprecherausschusses von ihrer beruflichen Tätigkeit ohne Minderung des Arbeitsentgelts freizustellen, wenn dies für die Durchführung ihrer Aufgaben erforderlich ist. Mit § 14 Abs. 1 SprAuG existiert eine zu § 37 Abs. 2 BetrVG vergleichbare Regelung. Die Mitglieder des Sprecherausschusses sind, wie die Betriebsratsmitglieder, für die erforderliche Amtstätigkeit unter Fortzahlung des Arbeitsentgelts freizustellen. Im Übrigen sichert § 2 Abs. 3 SprAuG, dass die Mitglieder des Sprecherausschusses im Vergleich zu den anderen leitenden Angestellten weder benachteiligt noch begünstigt werden. Das Verbot ist wie in der Betriebsverfassung strafrechtlich abgesichert, § 34 Abs. 1 Nr. 3 SprAuG. Die Mitgliedschaft im Sprecherausschuss ist wie das Betriebsratsamt als Ehrenamt zu qualifizieren.[1000]

---

998 Dazu Kapitel § 2 A I 2 a.

999 § 5 Abs. 3 Satz 2 BetrVG definiert leitende Angestellte als Personen, die aufgrund des Arbeitsvertrags und der Stellung im Unternehmen eine der in der Norm aufgezählten Aufgaben wahrnehmen. Auf sie findet das BetrVG grundsätzlich keine Anwendung, § 5 Abs. 3 Satz 1 BetrVG. Mithin steht den leitenden Angestellten weder ein Wahlrecht zum Betriebsrat zu (§§ 7 ff. BetrVG), noch sind sie von den Schutzvorschriften des BetrVG erfasst, *Specker*, Leitende Angestellte, S. 12; *Richardi*, in: Richardi, BetrVG, § 5 BetrVG Rn. 212; 291. Die leitenden Angestellten im Unternehmen werden durch den Sprecherausschuss repräsentiert, der die Belange der leitenden Angestellten vertritt, *Joost*, in: Münch Hdb ArbR, § 233 Rn. 4; *Richardi*, in: Richardi, BetrVG, § 5 BetrVG Rn. 212. Nach § 1 Abs. 1 SprAuG wird in einem Betrieb mit in der Regel mehr als zehn leitenden Angestellten ein Sprecherausschuss gewählt. Der Sprecherausschuss wählt aus seiner Mitte einen Vorsitzenden und einen stellvertretenden Vorsitzenden, § 11 Abs. 1 SprAuG.

1000 *Joost*, in: Münch Hdb ArbR, § 234 Rn. 84; *Koch*, in: Schaub, ArbR Hdb, § 247 Rn. 3.

III. Unzulässige (Betriebsrats-)Vergütung

Eine Vergütung des Betriebsratsamtes ist de lege lata nicht vorgesehen. Ein Verstoß gegen das Ehrenamtsprinzip nach §§ 37 Abs. 1, 78 Satz 2 BetrVG kann diverse Folgen nach sich ziehen. Jedoch ist dies in der Praxis aufgrund der Ausgestaltung der Sanktionsmittel eher selten der Fall. Genauer zu untersuchen ist, in welchen Fällen eine unzulässige Betriebsratsvergütung vorliegt und welche Ziele damit verfolgt werden.

1. Beispiele

In der Öffentlichkeit wird immer wieder die Vergütung von Betriebsratsmitgliedern diskutiert.[1001] Es wurden verschiedene Fälle publik, in denen Betriebsratsvorsitzende bzw. -mitglieder ein üppiges Gehalt bezogen haben (sollen). Fraglich ist, ob dies mit der Betriebsverfassung noch in Einklang zu bringen ist.[1002] Für das Betriebsratsamt gibt es keine Amtsvergütung. Aufgrund des Ehrenamtsprinzips und des Benachteiligungsverbots sind nur das Arbeitsentgelt nach dem Lohnausfallprinzip, sowie die notwendigen Auslagen für die Betriebsratstätigkeit zu ersetzen.[1003]

a. Vom Fernsehtechniker zum gut bezahlten Co-Manager

Lothar Adler, gelernter Fernsehtechniker, soll als Vorsitzender des Gesamtbetriebsrats der Siemens AG ein Jahresgehalt von 200.000 Euro und daneben noch eine erfolgsabhängige Vergütung i.H.v. 100.000 Euro bezogen haben.[1004] Nachdem Herr Adler zum Vorsitzenden des Gesamtbetriebsrats gewählt wurde, soll er

---

1001 *Fromm/Haas/Ott*, SZ v. 9.10.2013, abrufbar unter http://www.sueddeutsche.de/wirtschaft/gehaelter-von-arbeitnehmer-vertretern-zwischen-gerecht-und-korrupt-1.1791271 [Zuletzt abgerufen am 20.4.2017]; *Zimmermann*, Der Tagesspiegel v. 28.10.2013, abrufbar unter http://www.tagesspiegel.de/wirtschaft/betriebsraete-auf-dem-tandem-zur-gehaltserhoehung/8992062.html [Zuletzt abgerufen am 20.4.2017]; *Leubecher/Nagel*, Welt v. 30.6.2014, abrufbar unter https://www.welt.de/wirtschaft/article129611598/Thyssen-Betriebsraete-kassieren-illegale-Gehaelter.html [Zuletzt abgerufen am 20.4.2017]; *Fischer*, BB 2007, 997; *Schweibert/Buse*, NZA 2007, 1080 (1081); *Röhrborn*, ArbRAktuell 2015, 573.

1002 *Jacobs/Frieling*, ZfA 2015, 241 (252); *Franzen*, in: Rieble/Junker, Unternehmensführung, S. 47 (52); *Fromm/Haas/Ott*, SZ v. 9.10.2013, abrufbar unter http://www.sueddeutsche.de/wirtschaft/gehaelter-von-arbeitnehmer-vertretern-zwischen-gerecht-und-korrupt-1.1791271 [Zuletzt abgerufen am 20.4.2017].

1003 §§ 37 Abs. 1, 78 Satz 2 BetrVG. Vgl. auch Ausführungen in Kapitel § 3 B I 2.

1004 *Busse*, SZ v. 11.10.2013, abrufbar unter http://www.sueddeutsche.de/wirtschaft/affaere-um-betriebsratsgehaelter-bei-siemens-raus-ans-tageslicht-1.1793098 [Zuletzt abgerufen am 20.4.2017]; *Byers*, NZA 2014, 65.

eine kräftige Gehaltserhöhung erhalten haben.[1005] Vor dem Hintergrund, dass das Betriebsratsamt ein Ehrenamt ist und die freigestellten Betriebsräte lediglich nach dem Lohnausfallprinzip vergütet werden, drängt sich der Verdacht auf, dass Herr Adler eine unzulässige Vergütung erhalten hat.[1006]

b. Bezahlung des Betriebsratsvorsitzenden gleich einer Führungskraft

Auch bei der Daimler-Benz AG stellte sich bei der Vergütung des Konzernbetriebsratsvorsitzenden und Arbeitnehmervertreters Erich Klemm die Frage, ob die Betriebsratsvergütung mit dem Betriebsverfassungsgesetz vereinbar ist. Erich Klemm soll laut der Recherche von Bild am Sonntag 200.000 Euro im Jahr erhalten haben und somit wie eine Führungskraft nach der Entgeltstufe E2 vergütet worden sein. Folglich soll er nur zwei Stufen unter dem Vorstand eingruppiert gewesen sein.[1007] Erich Klemm begann mit 16 Jahren seine Lehre zum Maschinenschlosser bei Daimler und wurde bereits 1978 als Betriebsrat gewählt und von seiner Arbeit freigestellt.[1008] Seit 1988 ist er Arbeitnehmervertreter im Aufsichtsrat der Daimler AG und seit 1999 Konzernbetriebsratsvorsitzender.[1009] Zur Debatte der Vergütung von Betriebsräten im Zusammenhang mit dem „VW Skandal" äußerte Erich Klemm, dass die Betriebsräte bei Daimler bis zu 8.000 Euro im Monat verdienen würden und er als Chef lediglich „einen Schnaps mehr" erhalten würde.[1010] Vertrauend auf die Recherchen von Bild am Sonntag ist der „Schnaps mehr" relativ groß ausgefallen.

1005 *Busse*, SZ v. 11.10.2013, abrufbar unter http://www.sueddeutsche.de/wirtschaft/affaere-um-betriebsratsgehaelter-bei-siemens-raus-ans-tageslicht-1.1793098 [Zuletzt abgerufen am 20.4.2017].

1006 *Magenheim-Hörmann*, Badische Zeitung v. 10.10.2013, abrufbar unter http://www.badische-zeitung.de/wirtschaft-3/doppeltes-gehalt-fuer-betriebsratschef-von-siemens--76013619.html [Zuletzt abgerufen am 20.4.2017].

1007 *Özgenc/Rackow/Wilke*, Bild am Sonntag v. 27.10.2013, abrufbar unter http://www.bild.de/geld/wirtschaft/gehalt/wie-glaubwuerdig-sind-betriebsrats-bosse-33140430.bild.html [Zuletzt abgerufen am 20.4.2017].

1008 *Meck*, FAZ v. 29.9.2005, abrufbar unter http://www.faz.net/aktuell/wirtschaft/unternehmen/erich-klemm-der-pragmatiker-1255229.html [Zuletzt abgerufen am 20.4.2017].

1009 *Preuss*, FAZ v. 1.4.2009, abrufbar unter http://www.faz.net/aktuell/wirtschaft/unternehmen/konzernbetriebsratschef-von-daimler-eher-co-manager-als-arbeiterfuehrer-1791679.html [Zuletzt abgerufen am 20.4.2017].

1010 *Meck*, FAZ v. 29.9.2005, abrufbar unter http://www.faz.net/aktuell/wirtschaft/unternehmen/erich-klemm-der-pragmatiker-1255229.html [Zuletzt abgerufen am 20.4.2017].

c. *Pauschalbezahlung für Betriebsräte*

Die Tochterfirma des Essener Stahlkonzerns thyssenkrupp soll ihren Betriebsräten ebenfalls eine unzulässige Betriebsratsvergütung gewährt haben.[1011] Bei thyssenkrupps HDW-Werft bestand ebenfalls der Verdacht, dass die Betriebsräte entgegen dem Ehrenamtsprinzip eine höhere Vergütung erhalten haben sollen. So sollen drei Betriebsräte eine Vergütung von 5.000 Euro monatlich erhalten haben.[1012] Für die Annahme, dass dabei eine unzulässige Betriebsratsvergütung vorliegt, spricht nach der Recherche der „Welt" vor allem, dass die Vergütungen über dem gültigen Höchstsatz der tariflichen Entgeltstufen gelegen haben sollen und die drei Betriebsräte trotz unterschiedlichen Alters und Qualifizierung die gleiche Vergütung erhalten haben sollen. Bei den drei Betriebsräten, die die gleiche Vergütung bezogen haben sollen, handelte es sich um eine 29-jährige technische Zeichnerin, einen 50-jährigen kaufmännischen Angestellten und einen 46-jährigen Arbeitsvorbereiter.[1013] Auf Nachfrage räumte thyssenkrupp ein, dass die Vergütung nicht dem Betriebsverfassungsgesetz entspreche, man aber zwei Gehaltsstufen eingeführt habe, um eine Gleichbehandlung unter den Betriebsräten zu erreichen.[1014] Der Vorsitzende des Betriebsrats – ein Rohrschlosser –, der zugleich im Aufsichtsrat der AG saß, soll 2009 rund 5.800 Euro im Monat verdient haben, mithin knapp 1.000 Euro mehr als es die höchste Entgeltstufe vorsah.[1015] Das Vorliegen eines Interessenkonflikts liegt hier also nahe.[1016]

1011 *Leubecher/Nagel*, Welt v. 30.6.2014, abrufbar unter https://www.welt.de/wirtschaft/article129611598/Thyssen-Betriebsraete-kassieren-illegale-Gehaelter.html [Zuletzt abgerufen am 20.4.2017].

1012 *Leubecher/Nagel*, Welt v. 30.6.2014, abrufbar unter https://www.welt.de/wirtschaft/article129611598/Thyssen-Betriebsraete-kassieren-illegale-Gehaelter.html [Zuletzt abgerufen am 20.4.2017].

1013 *Leubecher/Nagel*, Welt v. 30.6.2014, abrufbar unter https://www.welt.de/wirtschaft/article129611598/Thyssen-Betriebsraete-kassieren-illegale-Gehaelter.html [Zuletzt abgerufen am 20.4.2017].

1014 *Leubecher/Nagel*, Welt v. 30.6.2014, abrufbar unter https://www.welt.de/wirtschaft/article129611598/Thyssen-Betriebsraete-kassieren-illegale-Gehaelter.html [Zuletzt abgerufen am 20.4.2017].

1015 *Leubecher/Nagel*, Welt v. 30.6.2014, abrufbar unter https://www.welt.de/wirtschaft/article129611598/Thyssen-Betriebsraete-kassieren-illegale-Gehaelter.html [Zuletzt abgerufen am 20.4.2017].

1016 *Leubecher/Nagel*, Welt v. 30.6.2014, abrufbar unter https://www.welt.de/wirtschaft/article129611598/Thyssen-Betriebsraete-kassieren-illegale-Gehaelter.html [Zuletzt abgerufen am 20.4.2017].

d. Rechtsprechung

Selten haben die Gerichte über die Unzulässigkeit der Betriebsratsvergütung zu entscheiden. In den folgenden Fällen musste sich die Rechtsprechung jedoch mit der Thematik der unzulässigen Betriebsratsvergütung befassen.

aa. BGH vom 17. September 2009 – 5 StR 521/08[1017]

Über einen Fall der Betriebsratsbegünstigung hatte der BGH bei der „VW-Affäre"[1018] zu entscheiden. Herr Volkert, ein gelernter Schmied,[1019] arbeitete von 1969 bis 2005 bei der Volkswagen AG und war seit 1978 als Betriebsratsmitglied von der Arbeit freigestellt.[1020] 1990 wurde Herr Volkert zum Betriebsrats-, Gesamtbetriebsrats- und zum Konzernbetriebsratsvorsitzenden gewählt.[1021] Zwei Jahre später wurde er zum Vorsitzenden des Eurokonzernbetriebsrats und 1999 zum Vorsitzenden des Weltkonzernbetriebsrats gewählt.[1022] Darüber hinaus war er als Arbeitnehmervertreter im Aufsichtsrat der AG tätig.[1023]

1991 setzte eine Kommission die Gehälter der freigestellten Betriebsräte fest.[1024] Auf Grundlage dessen wurde Herr Volkert 1993 in die zweithöchste Gehaltsgruppe eingestuft und erhielt ein Jahresgehalt von knapp 200.000 Euro.[1025] Im Jahr 2001 wurde die Vergütung entsprechend der höchsten Gehaltsstufe festgesetzt.[1026]

Nachdem Herr Volkert 1994 vorbrachte, dass die Vergütung der Führungskräfte inklusive seiner Position zu gering entlohnt werden, gewährte ihm der Vorstand H einen jährlichen Sonderbonus, sodass sich sein Gehalt 2002 fast auf 700.000 Euro belief.[1027] Die für die Vergütung zuständige Kommission wurde dabei umgangen.[1028] Insgesamt erhielt Herr Volkert so Sonderboni i.H.v. 1,95 Mio. Euro.[1029]

1017 BGH v. 17.9.2009 – 5 StR 521/08, NJW 2010, 92.

1018 *Jahn*, FAZ v. 22.2.2008, abrufbar unter http://www.faz.net/aktuell/wirtschaft/vw-affaere-zwei-jahre-und-neun-monate-klaus-volkert-muss-ins-gefaengnis-1514430.html [Zuletzt abgerufen am 20.4.2017].

1019 *Läsker*, SZ v. 24.4.2012, abrufbar unter http://www.sueddeutsche.de/wirtschaft/2.220/spesenaffaere-bei-volkswagen-ein-letzter-liebesdienst-von-dr-klaus-1.1340875 [Zuletzt abgerufen am 20.4.2017].

1020 BGH v. 17.9.2009 – 5 STR 521/08, NJW 2010, 92.

1021 BGH v. 17.9.2009 – 5 STR 521/08, NJW 2010, 92.

1022 BGH v. 17.9.2009 – 5 STR 521/08, NJW 2010, 92.

1023 BGH v. 17.9.2009 – 5 STR 521/08, NJW 2010, 92.

1024 BGH v. 17.9.2009 – 5 STR 521/08, NJW 2010, 92.

1025 BGH v. 17.9.2009 – 5 STR 521/08, NJW 2010, 92.

1026 BGH v. 17.9.2009 – 5 STR 521/08, NJW 2010, 92.

1027 BGH v. 17.9.2009 – 5 STR 521/08, NJW 2010, 92.

1028 BGH v. 17.9.2009 – 5 STR 521/08, NJW 2010, 92.

1029 BGH v. 17.9.2009 – 5 STR 521/08, NJW 2010, 92.

Im Übrigen veranlasste Herr Volkert, dass seine Geliebte Zahlungen im Rahmen eines „Agenturvertrages“ erhielt, obwohl daraus keine Leistungen erfolgten.[1030]

Das LG Braunschweig verurteilte Herrn Volkert daher wegen Beihilfe zur Untreue sowie wegen Anstiftung zur Untreue zu einer Gesamtfreiheitsstrafe von 2 Jahren und 9 Monaten.[1031] Der BGH hat das Urteil des LG Braunschweigs im Wesentlichen bestätigt.[1032]

Die Presse geht davon aus, dass Herr Volkert durch die Gewährung von „Prostituierten, Lustreisen und Luxus“ „auf Spur“ gehalten wurde.[1033]

bb. ArbG Bielefeld vom 11. Mai 2011 – 3 Ca 2633/10

Im Übrigen hat das Arbeitsgericht Bielefeld im folgenden Fall eine Verletzung des Ehrenamtsprinzips gesehen. Die Beklagte schloss am 15. Dezember 1988 eine Vereinbarung, die bestimmte, dass sämtliche Mitglieder des Gesamtbetriebsrats eine von ihrer beruflichen Tätigkeit unabhängige Vergütung erhalten.[1034] Für den Gesamtbetriebsratsvorsitzenden und den stellvertretenden Gesamtbetriebsratsvorsitzenden sah die Regelung eine Mindestbezahlung vor.[1035] Darüber hinaus regelt die Vereinbarung, dass nicht freigestellten Gesamtbetriebsratsmitgliedern und dem Betriebsratsvorsitzenden und deren Stellvertretern eine Funktionszulage gewährt wird.[1036] Zudem ist einem freigestellten Betriebsratsmitglied, wenn es ausscheidet oder nicht mehr freigestellt wird, ein Ausgleich i.H.d. Betrags, der sich zwischen der bisherigen und aktuellen Vergütung ergibt, zu gewähren.[1037]

Das Arbeitsgericht Bielefeld sieht in dieser Regelung einen klaren Verstoß gegen das Begünstigungsverbot nach § 37 Abs. 1 i.V.m. § 78 Satz 2 BetrVG.[1038] Indem die Regelung Mitgliedern des Gesamtbetriebsrats eine Vergütung zuspricht, die sich nicht an deren beruflicher Tätigkeit orientiert, wird entgegen dem Lohnausfallprinzip eine unzulässige Betriebsratsvergütung gewährt.[1039] Auch

1030 *Jahn*, FAZ v. 22.2.2008, abrufbar unter http://www.faz.net/aktuell/wirtschaft/vw-affaere-zwei-jahre-und-neun-monate-klaus-volkert-muss-ins-gefaengnis-1514430.html [Zuletzt abgerufen am 20.4.2017].

1031 LG Braunschweig v. 22.2.2008 – 6 KLs 20/07, BeckRS 2009, 29834.

1032 BGH v. 17.9.2009 – 5 STR 521/08, NJW 2010, 92; *Höveler*, BB 2010, 580.

1033 *Rüthers*, FAZ v. 19.12.2006, abrufbar unter http://www.faz.net/aktuell/wirtschaft/recht-steuern/wirtschaftskriminalitaet-gekaufte-betriebsraete-verraten-die-belegschaft-1385557.html [Zuletzt abgerufen am 20.4.2017]; *Läsker*, SZ v. 24.4.2012, abrufbar unter http://www.sueddeutsche.de/wirtschaft/2.220/spesenaffaere-bei-volkswagen-ein-letzter-liebesdienst-von-dr-klaus-1.1340875 [Zuletzt abgerufen am 20.4.2017].

1034 ArbG Bielefeld v. 11.5.2011 – 3 CA 2633/10, BeckRS 2011, 73560.

1035 ArbG Bielefeld v. 11.5.2011 – 3 CA 2633/10, BeckRS 2011, 73560.

1036 ArbG Bielefeld v. 11.5.2011 – 3 CA 2633/10, BeckRS 2011, 73560.

1037 ArbG Bielefeld v. 11.5.2011 – 3 CA 2633/10, BeckRS 2011, 73560.

1038 ArbG Bielefeld v. 11.5.2011 – 3 CA 2633/10, BeckRS 2011, 73560.

1039 ArbG Bielefeld v. 11.5.2011 – 3 CA 2633/10, BeckRS 2011, 73560.

die Gewährung einer Funktionszulage an die Mitglieder des Gesamtbetriebsrats und den Betriebsratsvorsitzenden und seinen Stellvertreter stellt eine unzulässige Begünstigung dar. Das Gericht hält es zwar für zulässig, dass Aufwendungen der einzelnen Betriebsratsmitglieder durch die Gewährung einer pauschalen Zahlung ausgeglichen werden können. Hier aber wird die Funktionszulage nicht den örtlichen Betriebsratsmitgliedern gewährt. Für das Gericht ist es nicht nachvollziehbar, warum lediglich bei den anderen Mitgliedern eine auszugleichende Belastung eintreten soll, sodass die Gewährung der Funktionszulage als Begünstigung zu werten ist.[1040]

cc. ArbG Stuttgart vom 13. Dezember 2012 – 24 Ca 5430/12

In diesen Kontext gehört auch folgendes Urteil des Arbeitsgerichts Stuttgarts. Der seit Juli 1980 bei der Beklagten beschäftigte Kläger war seit 2006 Betriebsratsmitglied und als solcher seit November 2008 freigestellt. Bei der Beklagten existierten seit 1972 Richtlinien „über die Vergütung von Mehrarbeit sowie über die Aufwandsentschädigung von Betriebsratsmitgliedern“.[1041] Die Richtlinie wurde über die Jahre hinweg modifiziert.[1042] In der Fassung vom 21. Dezember 2011 sah die Richtlinie vor, dass allen Betriebsratsmitgliedern für nicht mehr zu erzielende und/oder tatsächlich anfallende Mehrarbeit eine Pauschale gewährt wird, die sich „aus dem betriebsbezogenen ausbezahlten durchschnittlichen monatlichen Mehrarbeitsvolumen der aktuell vorhandenen letzten zwölf Monate gewichtet nach den Belegschaftsgruppen ergibt“.[1043] Im Weitern existierte bis zum 1. Januar 2012 eine Regelung über die Aufwandsentschädigung. Danach erhielt jedes freigestellte Betriebsratsmitglied eine monatliche Pauschale.[1044]

Das Arbeitsgericht Stuttgart wertete die Richtlinie über die Vergütung der Mehrarbeit wie die Aufwandsentschädigung als einen Verstoß gegen das Ehrenamtsprinzip und das Begünstigungsverbot.[1045] Zwar kann zum Zwecke der Aufwandsentschädigung eine Pauschale gewährt werden, wobei dies nicht zu einer versteckten Vergütung führen darf, sondern lediglich die tatsächlich entstandenen Aufwendungen decken soll.[1046] Das Gericht hielt die Pauschale hier für unzulässig, da allen Mitgliedern dieselbe Pauschale gewährt wurde, wobei es unüblich sei, dass jedem Betriebsratsmitglied dieselben Aufwendungen entstehen. Im Übrigen fehlte dem Gericht jeglicher Bezug zu tatsächlich entstandenen Aufwendungen.[1047] Die

---

1040 ArbG Bielefeld v. 11.5.2011 – 3 CA 2633/10, BeckRS 2011, 73560.
1041 ArbG Stuttgart v. 13.12.2012 – 24 Ca 5430/12, NZA-RR 2013, 140.
1042 ArbG Stuttgart v. 13.12.2012 – 24 Ca 5430/12, NZA-RR 2013, 140.
1043 ArbG Stuttgart v. 13.12.2012 – 24 Ca 5430/12, NZA-RR 2013, 140.
1044 ArbG Stuttgart v. 13.12.2012 – 24 Ca 5430/12, NZA-RR 2013, 140.
1045 ArbG Stuttgart v. 13.12.2012 – 24 Ca 5430/12, NZA-RR 2013, 140 (141).
1046 ArbG Stuttgart v. 13.12.2012 – 24 Ca 5430/12, NZA-RR 2013, 140 (142).
1047 ArbG Stuttgart v. 13.12.2012 – 24 Ca 5430/12, NZA-RR 2013, 140 (142).

Mehrarbeitspauschale orientierte sich nicht an der tatsächlich geleisteten Mehrarbeit, sondern es erhielten alle Mitglieder dieselbe Pauschale.[1048]

2. Erscheinungsformen unzulässiger Betriebsratsvergütung

Möglichkeiten, wie einem Betriebsratsmitglied eine über dem Lohnausfallprinzip liegende Vergütung – mithin eine unzulässige Betriebsratsvergütung – gewährt werden kann, sind vielfältig.[1049] Nachfolgend werden nur einige Beispiele aufgeführt.

Zum einen kann es eine unzulässige Form der Betriebsratsvergütung darstellen, wenn die Mitglieder eine pauschale Aufwandsentschädigung erhalten, die oberhalb der durchschnittlichen Kosten liegt und keine gesonderte Aufzeichnung über die Aufwendungen verlangt wird. Den Betriebsratsmitgliedern wird somit ein persönlicher Vorteil gewährt.[1050]

Eine unzulässige Bezahlung der Betriebsratstätigkeit stellt es zum anderen dar, wenn den Betriebsratsmitgliedern entgegen dem Lohnausfallprinzip ein höheres Gehalt als vergleichbaren Arbeitnehmern gewährt wird.[1051] Ebenso zu beurteilen ist es, wenn sie zusätzlich zum Lohnentgelt noch ein Sitzungsgeld erhalten, das nicht für anfallende Aufwendungen gezahlt wird – wobei evtl. noch problematisch sein könnte, ob Aufwendungen pauschal abgegolten werden können – sondern für die Betriebsratstätigkeit gewährt wird.[1052]

Ein Verstoß gegen das Ehrenamtsprinzip begründet auch die Zahlung einer Funktionsvergütung. Das Amt des Betriebsrats darf nicht vergütet werden.[1053] Daher kann dem Betriebsratsmitglied nach Beendigung seines Arbeitsverhältnisses zur Erfüllung von Betriebsratsaufgaben kein Entgelt als Entschädigung für die geleistete Freizeitopfer gewährt werden.[1054]

Gegen das Lohnausfallprinzip verstoßen solche Gehaltszahlungen an Betriebsratsmitglieder, die diesen für im Rahmen des Amtes erworbene Kenntnisse und

---

1048 ArbG Stuttgart v. 13.12.2012 – 24 Ca 5430/12, NZA-RR 2013, 140 (143).

1049 Ausführlich dazu: *Esser*, Begünstigung, S. 51 ff.

1050 BAG v. 9.11.1955 – 1 AZR 329/54, NJW 1956, 158 (159); v. 23.6.2010 – 7 ABR 103/08, NZA 2010, 1298 (1300); ArbG Stuttgart v. 13.12.2012 – 24 Ca 5430/12, juris; *Schweibert/Buse*, NZA 2007, 1080 (1083); *Moll/Roebers*, NZA 2012, 57 (59); *Nagel*, Arbeitnehmervertretung und Strafrecht, S. 63.

1051 *Weber*, in: GK-BetrVG, § 37 BetrVG Rn. 17; *Wedde*, in: Däubler/Kittner/Klebe/Wedde, BetrVG, § 37 BetrVG Rn. 4.

1052 *Farthmann*, in: FS Stahlhacke, S. 115 (119); *Rieble*, NZA 2008, 276 (277); *Esser*, Begünstigung, S. 62; *Weber*, in: GK-BetrVG, § 37 BetrVG Rn. 18.

1053 *Graf/Link*, NJW 2009, 409; vergleichbar: ArbG Bielefeld v. 11.5.2011 – 3 Ca 2633/10, juris Rn. 37 ff. bzw. vgl. auch Kapitel § 3 B III 1 d bb.

1054 BAG v. 5.5.2010 – 7 AZR 728/08, NZA 2010, 1025.

Fähigkeiten gezahlt werden.[1055] Ebenso unzulässig ist es, bei vertraglichen Vereinbarung eine Vergleichsgruppe i.S.d. § 37 Abs. 4 BetrVG festzulegen.[1056]

Ein weiterer Fall der unzulässigen Begünstigung ist dann gegeben, wenn Betriebsratsmitgliedern im Rahmen von Verhandlungen von Sozialplänen ein Vorteil gewährt wird, indem ihnen eine zusätzliche Abfindung gezahlt wird.[1057]

Boni, Geschenke oder sonstige Zulagen für die Betriebsratstätigkeit verstoßen gegen das Ehrenamtsprinzip und sind ebenfalls als unzulässige Betriebsratsvergütung zu qualifizieren.[1058] Ebenso, wenn das Betriebsratsmitglied aufgrund seiner Amtstätigkeit einen besseren Dienstwagen erhält oder diesen zusätzlich zur Privatnutzung überlassen bekommt.[1059]

Indem den Betriebsratsmitgliedern eine pauschale Überstundenvergütung gewährt wird, kann darin zugleich eine unzulässige Betriebsratsvergütung liegen. Zulässig kann eine Mehrarbeitspauschale sein, wenn aufgrund von Erfahrungswerten in der Vergangenheit davon ausgegangen werden kann, dass mit einem Bedarf der Mehrarbeit in zuverlässiger Weise zu rechnen ist. Die Mehrarbeit muss aber durch betriebsbedingte und nicht durch betriebsratsbedingte Gründe bedingt sein.[1060] Die Gewährung einer solchen Pauschale birgt die Gefahr, dass nicht die tatsächlich anfallende Mehrarbeit vorrangig in Form eines Freizeitausgleichs nach § 37 Abs. 3 BetrVG ausgeglichen wird. Eine Abgeltung in Geld kann nur vorgenommen werden, wenn ein Freizeitausgleich nicht möglich ist. Dies wird umgangen, wenn einfach pauschal eine Zahlung gewährt wird.[1061]

1055 *Bittmann/Mujan*, BB 2012, 637 (638); *Dzida/Mehrens*, NZA 2013, 753 (755); *Däubler*, SR 2017, 85 (102); *Esser*, Begünstigung, S. 55; *Jacobs/Frieling*, ZfA 2015, 241 (253); *Lunk*, in: Boecken/Düwell/Diller/Hanau, Gesamtes ArbR, § 119 BetrVG Rn. 8; a.A. wohl: *Löwisch*, DB 2008, 466; *Kehrmann*, in: FS Wlotzke, S. 357 (364); *Sturm*, Vergütung von Betriebsräten, S. 174.

1056 LAG München v. 22.12.2005 – 4 Sa 736/05, juris; *Jacobs/Frieling*, ZfA 2015, 241 (250); *Fitting*, BetrVG, § 78 BetrVG Rn. 22.

1057 LAG Düsseldorf v. 13.9.2001 – 11 (4) Sa 906/01, juris; ArbG Nürnberg v. 27.1.1997 – 12 Ca 7897/96, BeckRS 1997, 30766607; *Schweibert/Buse*, NZA 2007, 1080 (1084); *Fitting*, BetrVG, § 78 BetrVG Rn. 22.

1058 *Bittmann/Mujan*, BB 2012, 637 (638); *Byers*, NZA 2014, 65 (67); *Esser*, Begünstigung, S. 56; *Scittardr*, in: Henssler/Willemsen/Kalb, ArbR Komm, § 78 BetrVG Rn. 12; *Trümmer*, in: Däubler/Kittner/Klebe/Wedde, BetrVG, § 119 BetrVG Rn. 19.

1059 Vgl. LAG Hamburg v. 9.8.2007 – 7 Sa 27/07, juris; *Bittmann/Mujan*, BB 2012, 637 (638); *Dzida/Mehrens*, NZA 2013, 753 (756); *Jacobs/Frieling*, ZfA 2015, 241 (245).

1060 LAG-Köln v. 6.3.1998 – 11 (9) Sa 383/97, NZA-RR 1999, 247; *Däubler*, SR 2017, 85 (97); *Kerhmann*, FS Wlotzke, S. 357 (375). Ein Anspruch auf Freitzeitausgleich nach § 37 Abs. 3 BetrVG kann ebenso nur verlangt werden, wenn die Tätigkeit betriebsratsbedingt in der Freizeit auszuüben ist, LAG Baden-Württemberg v. 27.3.2012 – 3 Sa 10/11, ArbRAktuell 2012, 438.

1061 ArbG Stuttgart v. 13.12.2012 – 24 Ca 5430/12, juris; *Bittmann/Mujan*, BB 2012, 637 (638); *Dzida/Mehrens*, NZA 2013, 753 (756); *Jacobs/Frieling*, ZfA 2015, 241 (255); *Kehrmann*, in: FS Wlotzke, S. 357 (366); *Moll/Roebers*, NZA 2012, 57 (60 f.).

Ferner ist ein Verstoß gegen § 37 Abs. 1 i.V.m. § 78 Satz 2 BetrVG auch gegeben, wenn ein Betriebsratsmitglied außerhalb der nach § 38 BetrVG bzw. § 37 Abs. 2 BetrVG vorgesehenen Voraussetzungen von der Arbeit unter Entgeltfortzahlung freigestellt wird.[1062]

3. *Aufdeckung der Betriebsratsbegünstigung*

Mithin gibt es vielfältige (Gestaltungs-)Möglichkeiten, einem Betriebsratsmitglied eine unzulässige Betriebsratsvergütung zukommen zu lassen. Dabei ist jegliche Zahlung eines Vorteils, der von dem Lohnausfallprinzip nach § 37 BetrVG abweicht und kein Ersatz für notwendig, getätigte Auslagen darstellt, und dem Betriebsratsmitglied aufgrund seiner Betriebsratstätigkeit gewährt wird, als eine unzulässige Betriebsratsvergütung einzuordnen.

Im Rahmen der Gewährung solch gesetzeswidriger Vergütungen ist insofern wiederrum zwischen zwei Methoden zu unterscheiden: Zum einen kann von einer gängigen Praxis, wie der Fall „Volkert" gezeigt hat, dahingehend ausgegangen werden, dass Betriebsratsmitglieder aus einer „schwarzen Kasse" bzw. dafür vorgesehenen „Topf" eine „Vergütung" bzw. ein entsprechendes „Schmiergeld" erlangen.[1063] Mangels genauerer Kenntnisse aus der Praxis ist nicht bekannt, inwieweit solche Zweckentfremdungen von Unternehmensgeldern von entsprechenden Kontrollorganen oder -institutionen entdeckt werden können. Unklar ist, ob solche Zahlungen aus der Bilanz herausgelesen werden können. Zum anderen werden in der Literatur als auch in der Öffentlichkeit wie gezeigt immer wieder Bezahlungen im vermeintlichen „Graubereich" diskutiert. Die Zahlungen erfolgen, in der Annahme oder unter dem Deckmantel, dass sie mit der Betriebsverfassung in Einklang stehen würden. Wie oben aber dargestellt wurde, begründen solche Praktiken oftmals einen Verstoß gegen das Ehrenamtsprinzip bzw. das Begünstigungsverbot.

Der Betriebsausschuss und ein nach § 28 BetrVG gebildeter Ausschuss hat nach § 80 Abs. 2 Satz 2 2. HS BetrVG ein Recht, Einblick in die Listen über die Bruttolöhne und -gehälter zu nehmen. Soweit es einen solchen Ausschuss in kleineren Betrieben nicht gibt, steht das Einsichtsrecht dem Betriebsratsvorsitzenden oder einem nach § 27 Abs. 3 BetrVG bestimmten Betriebsratsmitglied zu.[1064] Dadurch besteht eine Möglichkeit, dass so eine Begünstigung von Betriebsratsmitgliedern aufgedeckt werden kann. Der Betriebsrat hat nach § 80 Abs. 1 Nr. 1 BetrVG die Aufgabe, die Einhaltung der Gesetze und Tarifverträge der Arbeitnehmer sicherzustellen.

1062 *Bittmann/Mujan*, BB 2012, 637 (638); *Buschmann*, in: Däubler/Kittner/Klebe/Wedde, BetrVG, § 78 BetrVG Rn. 34; *Purschwitz*, § 78 Satz 2 BetrVG, S. 232 ff., 299; *Thüsing*, in: Richardi, BetrVG, § 78 BetrVG Rn. 34.

1063 So *Sunnus* in der Diskussion zu dem Vortrag von *Franzen*, in: Rieble/Junker, Unternehmensführung, S. 47 (66) in Bezug auf LG Braunschweig v. 25.1.2007 – 6 KLs 48/06, juris; v. 22.8.2008 – 6 KLs 20/07, juris.

1064 BAG v. 23.2.1973 – 1 ABR 17/72, AP BetrVG 1972 § 80 Nr. 2; *Däubler*, SR 2017, 85 (109); *Kania*, in: ErfKomm, § 80 BetrVG Rn. 29.

Dazu gehört auch die Wahrung des allgemeinen Gleichbehandlungsgrundsatzes nach § 75 Abs. 1 BetrVG, sodass ihm ein Einsichtsrecht ohne Nachweis eines besonderen Überwachungsbedürfnisses zusteht.[1065] Fraglich bleibt dabei, ob es in diesem Gremium eine Person gibt, die von der Begünstigung nicht betroffen ist und die ein Interesse daran hat, eine solche von anderen Kollegen aufzudecken. Daneben dürfte sich ein Problem bei der Umsetzung des Einsichtsrechts ergeben, da wohl allenfalls eine Minderheit an der Einsichtnahme interessiert sein wird und damit verbunden die für den Beschluss notwendige Mehrheit nicht erreicht wird.[1066] Möglich erscheint, dass solche Begünstigungen durch Offenlegungsvorschriften aufgedeckt werden können.[1067]

C. Unzulässige Arbeitsentgelte als verdeckte Aufsichtsratsvergütung

Vielfach sind die Arbeitnehmervertreter im Aufsichtsrat zugleich in dem Betriebs-, Gesamt- oder Konzernbetriebsrat vertreten.[1068] Zu hinterfragen ist, ob die Gewährung eines unzulässigen Arbeitsentgelts bzw. einer unzulässigen Betriebsratsvergütung für die Betriebsratstätigkeit gewährt wird, oder ob diese nicht vielmehr im Zusammenhang mit der Ausübung der Aufsichtsratstätigkeit steht. Folglich stellt sich die Frage, inwieweit sich die Ausübung des Betriebsrats- von der des Aufsichtsratsamtes trennen lässt und wie sich die Vergütung dabei zuordnen lässt.

I. Verflechtung infolge von Doppelmandaten

Auch wenn sich die unzulässige Bezahlung der Arbeitnehmervertreter derzeit nicht empirisch belegen lässt, geben die zahlreichen Diskussionen über dieses Thema in der Literatur und der Öffentlichkeit sowie die wenigen Beispiele aus der Rechtsprechung Anlass zu der Vermutung, dass es eine große Grauziffer gibt.[1069]

Zu hinterfragen ist, für welche Tätigkeit diese Vergütung gewährt wird und welche Interessen damit verfolgt werden. Das Verhältnis zwischen den einzelnen Beteiligten ist deswegen genauer zu untersuchen und zu klären ist, inwieweit eventuell eigene Interessen aufgrund der Ausübung eines entsprechenden Amtes durchgesetzt werden können.

1065 BAG v. 14.1.2014 – 1 ABR 54/12, juris Rn. 23.

1066 *Däubler*, SR 2017, 85 (109).

1067 Vgl. dazu die Ausführungen in Kapitel § 4 A II.

1068 *Kolbe*, Mitbestimmung und Demokratieprinzip, S. 351; *Gentz*, in: Bitburger Gespräche Jahrbuch 2006/I, S. 33 (34); *Schönhöft/Oelze*, NZA 2016, 145.

1069 Ausführlich Kapitel § 3 B III 1.

1. *Koppelungsgeschäft*

Allgemein versteht man unter einem Koppelungsgeschäft ein Rechtsgeschäft, bei dem eine Ware oder Leistung unter der Bedingung angeboten wird, dass im Gegenzug eine Ware oder Leistung abgenommen wird.[1070] Aufgrund der Privatautonomie ist der Abschluss eines Koppelungsgeschäftes grundsätzlich zulässig.[1071] Jedoch unterliegen solche Rechtsgeschäfte der Missbrauchskontrolle nach § 242 BGB.[1072] Koppelungsgeschäfte, die unter Ausnützen eines gewissen Einigungsdruckes zustande kommen, sind grundsätzlich zulässig, können jedoch unter Umständen nach § 123 BGB angefochten werden.[1073] Wird die Entscheidungsfreiheit einer Partei in unzulässiger Weise eingeschränkt, liegt ein missbräuchliches Koppelungsgeschäft vor, das dann als unzulässig zu werten ist, wenn der damit verfolgte Zweck unzulässig ist.[1074] Ein solch missbräuchliches Koppelungsgeschäft liegt mithin vor, wenn eine Partei auf das gekoppelte Gut angewiesen ist, das Koppelungsgeschäft zu dem Grundgeschäft in keinem sachlichen Zusammenhang steht, objektiv die Angewiesenheit ausgenutzt wird und ein unzulässiger Zweck damit verfolgt wird.[1075] Solch missbräuchliche Geschäfte sind nichtig, §§ 134, 138 BGB.

Das Ausnutzen einer solchen Machtposition zu eigenen Zwecken ist auch in einem Unternehmen denkbar. Insoweit können sich solche Koppelungsgeschäfte immer dann stellen, wenn den Arbeitnehmern etwa durch Mitbestimmungsrechte eine solche Machtposition zukommt, dass sie dadurch den Arbeitgeber zu einem „angekoppelten Geschäft“ bewegen.[1076] Letzteres wird im Folgenden als Koppelungsgeschäft bezeichnet, die Regelung der mitbestimmungsrechtlichen Angelegenheit hingegen als Grundgeschäft.[1077]

a. *Mit dem Betriebsrat*

Koppelungsgeschäfte zwischen Arbeitgeber und Betriebsräten sind gängige Praxis.[1078] Durch die Mitbestimmungsrechte, die dem Betriebsrat durch das BetrVG gewährt werden, erlangt der Betriebsrat in einem Unternehmen eine gewisse

---

1070 *Brandl*, Koppelungsgeschäfte, S. 60 f.; *Gaude*, Annexbedingungen und Koppelungsgeschäfte, S. 83; *Fritz*, Koppelungsgeschäfte, S. 7.

1071 *Brandl*, Koppelungsgeschäfte, S. 65.

1072 *Rieble/Klumpp/Gistel*, Rechtsmißbrauch in der Betriebsverfassung, S. 13; *Busche*, in: MüKo BGB, Vorbem. § 145 BGB Rn. 25.

1073 *Konzen*, in: FS Zöllner, S. 799 (824).

1074 *Konzen*, in: FS Zöllner, S. 799 (824); *Brandl*, Koppelungsgeschäfte, S. 93, 103; *Armbrüster*, in: MüKo BGB, § 138 BGB Rn. 88.

1075 *Brandl*, Koppelungsgeschäfte, S. 98 ff.; *Sieweke*, NZA 2012, 426 (430); *Armbrüster*, in: MüKo BGB, § 138 BGB Rn. 88.

1076 *Fritz*, Koppelungsgeschäfte, S. 3; *Rückert*, Koppelungsgeschäfte, S. 17.

1077 Vgl. *Gaude*, Annexbedingungen und Koppelungsgeschäfte, S. 92 f.

1078 *Eich*, ZfA 1988, 93; *Brandl*, Kopplungsgeschäfte, S. 9; *Rieble/Klumpp/Gistel*, Rechtsmißbrauch in der Betriebsverfassung, S. 10; *Fritz*, Koppelungsgeschäfte, S. 3.

Machtstellung.[1079] Dies kann den Betriebsrat dazu verleiten, dass er seine Zustimmung von der Gewährung bestimmter Ursachen abhängig macht.[1080] Der Betriebsrat kann seine Zustimmung insbesondere an persönliche Vorteile, wie der Zahlung eines Sonderbonus, koppeln.[1081] Vorstellbar ist aber auch, dass der Koppelungsdruck nicht vom Betriebsrat ausgeht, sondern der Arbeitgeber eine Koppelung initiiert.[1082] Unter Koppelungsgeschäften im betriebsverfassungsrechtlichen Sinn werden folglich solche Geschäfte verstanden, bei denen für die Zustimmung eine Gegenleistung verlangt oder versprochen wird, die in der Regel mit dem jeweiligen Mitbestimmungsrecht in keinem (direkten) Zusammenhang steht.[1083]

Da es nicht generell unzulässig ist, für die Zustimmung eine gewisse Gegenleistung zu verlangen, ist nicht jedes Koppelungsgeschäft stets unzulässig.[1084] Im Betriebsverfassungsrecht existiert zwar ebenfalls ein Missbrauchsverbot, das sich

---

1079 *Brandl*, Koppelungsgeschäfte, S. 5; *von Hoyningen-Huene*, NZA 1991, 7 (10); *Löwisch*, in: Bitburger Gespräche Jahrbuch 2006/I, S. 19 (27). Der Betriebsrat hat Beteiligungsrechte in Form von Mitbestimmungs- und Mitwirkungsrechten (§§ 74 ff. BetrVG), *Besgen*, in: BeckOK ArbR, § 1 BetrVG Rn. 53; *Franzen*, in: GK-BetrVG, § 1 BetrVG Rn. 67; *Fitting*, BetrVG, § 1 BetrVG Rn. 242. Die Mitbestimmungsrechte stellen die stärkeren Beteiligungsrechte dar, da die Maßnahmen, die der Zustimmung des Betriebsrates unterliegen, regelmäßig ohne Zustimmung nicht vorgenommen werden können, *Fitting*, BetrVG, § 1 BetrVG Rn. 243; *Koch*, in: Schaub, ArbR Hdb, § 230 Rn. 5. Im Rahmen der Mitwirkungsrechte ist zwischen Unterrichtungs- und Informations-, Anhörungs- und Beratungs-, Initiativ- sowie Widerspruchs- und Zustimmungsrechten zu unterscheiden, *Hromadka/Maschmann*, ArbR Bd. 2, § 16 Rn. 347 ff.; *Koch*, in: Schaub, ArbR Hdb, § 230 Rn. 1. Dem Betriebsrat stehen dabei insbesondere in sozialen (§§ 87 ff., 112 ff. BetrVG), technisch-organisatorischen (§§ 90 f. BetrVG) und in personellen Angelegenheiten (§§ 92 ff. BetrVG) Beteiligungsrechte zu, *Hromadka/Maschmann*, ArbR Bd. 2, § 16 Rn. 343; *Koch*, in: Schaub, ArbR Hdb, § 230 Rn. 5.

1080 *Rieble/Klebeck*, NZA 2006, 758; *Achenbach*, Strafbarkeit von Betriebsratsmitgliedern, S. 37; *Fritz*, Koppelungsgeschäfte, S. 7 f.; *von Hoyningen-Huene*, NZA 1991, 7 (10); *Konzen*, in: FS Zöllner, S. 799; *Rieble/Klumpp/Gistel*, Rechtsmißbrauch in der Betriebsverfassung, S. 10.

1081 *Fritz*, Koppelungsgeschäfte, S. 10; *Rieble/Klumpp/Gistel*, Rechtsmißbrauch in der Betriebsverfassung, S. 40; *Rüthers*, NJW 2007, 195 (196).

1082 *Brandl*, Kopplungsgeschäfte, S. 8; *Gaude*, Annexbedingungen und Koppelungsgeschäfte, S. 84; *Rückert*, Koppelungsgeschäfte des Betriebsrats, S. 26.

1083 *Eich*, ZfA 1988, 93; *Fritz*, Koppelungsgeschäfte, S. 8; *Gaude*, Annexbedingungen und Koppelungsgeschäfte, S. 84; *Hanau/Reitze*, in FS Wiese, S. 149 f. Von den Koppelungsgeschäften zu unterscheiden sind Annexbedingungen; dabei steht die Bedingung der Annexregelung im Zusammenhang mit dem Mitbestimmungstatbestand. *Hanau/Reitze*, in: FS Wiese, S. 149 f.; *Gaude*, Annexbedingungen und Koppelungsgeschäfte, S 17.

1084 LAG Hessen v. 13.10.2005 – 5-9 TaBV 51/05, BeckRS 2008, 54549; *Koch*, in: Schaub ArbR Hdb, § 215 Rn. 21; *Rieble/Klumpp/Gistel*, Rechtsmißbrauch in der Betriebsverfassung, S. 44; *Rückert*, Koppelungsgeschäfte des Betriebsrats, S. 51.

aus dem Gebot der vertrauensvollen Zusammenarbeit nach § 2 Abs. 1 BetrVG ergibt. Die Grenzen dürfen dabei – wie im allgemeinen Zivilrecht – im Hinblick auf die Freiheit des Arbeitgebers bzgl. seiner Unternehmensentscheidung und dem grundsätzlichen Vertragszwang mit dem Betriebsrat im Bereich der zwingenden Mitbestimmung nicht zu eng gesetzt werden.[1085] Koppelungsgeschäfte werden von Teilen der Literatur jedenfalls dann als rechtsmissbräuchlich und unzulässig angesehen, wenn sich die Bedingung nicht innerhalb des Zweckes des Mitbestimmungsrechts hält und ein unzulässiger Zweck verfolgt wird.[1086] Solche rechtsmissbräuchliche Geschäfte, die vom Betriebsrat initiiert werden, sind nichtig. Das Grundgeschäft hingegen bleibt in der Regel wirksam.[1087] Übt der Betriebsrat einen unzulässigen Druck auf den Arbeitgeber aus, kann dies neben betriebsverfassungsrechtlichen Folgen auch zu strafrechtlichen Konsequenzen führen.[1088] Übt der Arbeitgeber den Koppelungsdruck aus, ist sogar das Grundgeschäft nichtig, wenn der Betriebsrat nicht mehr frei entscheiden kann.[1089]

Wird Arbeitsentgelt für eine Zustimmung gewährt, liegt eine unzulässige Betriebsratsvergütung vor. In diesem Fall wäre die Gewährung eines unzulässigen Arbeitsentgeltes klar dem Betriebsratsamt als Gegenleistung für die erteilte Zustimmung zuzuordnen.

b. Mit Arbeitnehmervertretern

Zwischen dem Vorstand und den Arbeitnehmervertretern kann es ebenfalls zu Koppelungsgeschäften kommen, wenn zwischen beiden ein Machtverhältnis besteht, durch das jeweils Einfluss genommen werden kann. Gerade solche Koppelungsgeschäfte könnten ein Grund dafür sein, dass der Vorstand den Arbeitnehmervertretern unter Umständen eine großzügige Vergütung zukommen lässt. Für das Unternehmen kann es durchaus einen finanziellen Vorteil darstellen, wenn die

1085 *Rieble/Klumpp/Gistel*, Rechtsmißbrauch in der Betriebsverfassung, S. 13 ff; *Sieweke*, NZA 2012, 426 (429).

1086 Ausführlich dazu: *Brandl*, Koppelungsgeschäfte, S. 147 ff.; *Gaude*, Annexbedingungen und Koppelungsgeschäfte, S. 148 ff.; *Hanau/Reitze*, in: FS Wiese, S. 149 (158); *Konzen*, in: FS Zöllner, S. 799 (811 ff.); *Rückert*, Koppelungsgeschäfte des Betriebsrats, S. 71; *Rieble*, in: Rieble/Junker, Unternehmensführung, S. 9 (19); *Sieweke*, NZA 2012, 426 (430); *Wiese/Gutzeit*, in: GK-BetrVG, § 87 BetrVG Rn. 377 m.w.N. Dies ist jedoch nicht unumstritten. Zurückhaltend: *Fritz*, Koppelungsgeschäfte, S. 22 ff.; a.A.: *von Hoyningen-Huene*, NZA 1991, 7 (11) hält Koppelungsgeschäfte solange sie nicht verboten sind für zulässig.

1087 *Brandl*, Koppelungsgeschäfte, S. 171; *Gaude*, Annexbedingungen und Koppelungsgeschäfte, S. 162; *Fritz*, Koppelungsgeschäfte, S. 154 ff.; *Kolbe*, Mitbestimmung und Demokratieprinzip, S. 285; *Rieble/Klumpp/Gistel*, Rechtsmißbrauch in der Betriebsverfassung, S. 46.

1088 *Rieble/Klebeck*, NZA 2006, 758 (760); *Achenbach*, Strafbarkeit von Betriebsratsmitgliedern, S. 126.

1089 *Gaude*, Annexbedingungen und Koppelungsgeschäfte, S. 164.

Arbeitnehmervertreter durch Gewährung eines entsprechenden Anreizes nicht so sehr die Interessen der Arbeitnehmer im Blick haben, sondern auf der Seite des Unternehmens stehen.[1090] Das Verhältnis zwischen Vorstand und Arbeitnehmervertretern wird oftmals als ein Verhältnis „des Gebens und Nehmens" charakterisiert.[1091] Der Vorstand wird häufig ein Interesse daran haben, dass der Aufsichtsrat seine Überwachungsaufgabe nicht allzu genau ausübt. Im Übrigen wird die Vergütung des Vorstands vom Aufsichtsrat festgelegt, sodass der Vorstand auf das Wohlwollen des Aufsichtsrates aus sein wird.[1092] Im Gegenzug dazu ist der Vorstand in der Position, dem Aufsichtsrat gewisse Zugeständnisse zu machen und einzelnen Mitgliedern persönliche Vorteile zu verschaffen. Ebenso können Aufsichtsratsmitglieder aufgrund eines bestehenden Interessenkonflikts an einer effektiven Überwachung nicht interessiert sein.[1093] Reizvoll erscheint das insbesondere deshalb, da die Kosten des Koppelungsgeschäftes die Gesellschaft und nicht der Vorstand tragen muss.[1094]

Insoweit wurden Fälle bekannt, in denen der Vorstandsvorsitzende eine Verlängerung seines Amtes bzw. die Abberufung entgegen dem Willen des Aufsichtsratsvorsitzenden und der Mehrheit der Anteilseigner mithilfe der Arbeitnehmervertreter durchsetzen konnte.[1095] Dabei drängt sich die Frage auf, ob die Arbeitnehmervertreter für das entsprechende Abstimmungsverhalten einen persönlichen Vorteil im Gegenzug erreichen konnten.[1096] Als Koppelungsgeschäfte zwischen Vorstand und Arbeitnehmervertretern werden insbesondere Vorgänge diskutiert, bei denen die Arbeitnehmervertreter ihre Zustimmung von einer

---

1090 *Cosack*, ZRP 2016, 177.

1091 *Rieble*, AG 2016, 315 (317); *Peltzer*, in: FS Schwark, S. 707 (711).

1092 *Borsdorff*, Interessenkonflikte bei Organmitgliedern, S. 51; *Dieling*, Kontrolle des Managements, S. 102; *Leyens*, JZ 2007, 1061 (1067). In einer empirischen Studie wurden keine Angaben darübergemacht, dass sich die Arbeitnehmervertreter für die Anhebung der Vorstandsvergütung einsetzen und dies im Gegenzug von Zugeständnissen auf betrieblicher Ebene abhängig machen, *Raabe*, Die Mitbestimmung im Aufsichtsrat, S. 280. Dies verwundert aber nicht weiter und besagt nicht, dass dies nicht dennoch gängige Praxis ist. Da Koppelungsforderungen, die in keinem Zusammenhang mit der Zustimmung stehen in der Regel rechtsmissbräuchlich sind und dies unter Umständen auch zu strafrechtlichen Sanktionen führen kann, ist es naheliegend, dass darüber nicht gesprochen wird.

1093 *Dieling*, Kontrolle des Managements, S. 104, 112.

1094 *Peltzer*, in: FS Schmidt, S. 1243 (1246). Ebenso *Martin/Zimmermann*, in: Allmendinger u.a., Corporate Governance, S. 81 (96).

1095 *Loritz*, in: FS Bauer, S. 677 (678); *Peltzer*, in: FS Schwark, S. 707 (712). Nach einer Studie, die eine durchschnittliche Amtszeit von 4,7 Jahre für Vorstandsmitglieder ermittelt hat, lässt sich mithin aber nicht belegen, dass ein solches kollusives Zusammenwirken gängige Praxis ist, *Raabe*, Die Mitbestimmung im Aufsichtsrat, S. 268.

1096 Vgl. *Peltzer*, in: FS Schwark, S. 707 (712).

Gegenleistung des Vorstands abhängig machen.[1097] Wie z.B. die Zustimmung zu einer Erhöhung der Dividenden unter gleichzeitiger Gewährung einer Sondervergütung an die Arbeitnehmerschaft, die Zustimmung zu einer Investition im Ausland, wenn im Gegenzug die Arbeitsplätze im Inland bestehen bleiben, oder die Bestellung eines Vorstands unter Zugeständnissen bei einer laufenden Tarifverhandlung abhängig zu machen.[1098] Im Weiteren wird diskutiert, dass den Arbeitnehmervertretern im Rahmen von Koppelungsgeschäften eine gesonderte Vergütung als Zugeständnis gewährt wird.[1099]

Unter Zugrundelegen der allgemeinen Maßstäbe sind solche Koppelungsgeschäfte unter Umständen als rechtsmissbräuchlich und unzulässig einzustufen.[1100] Koppelungsgeschäfte mit Arbeitnehmervertretern sind unzulässig, wenn diese dabei nicht das Unternehmensinteresse, sondern anderweitige, eigene Interessen verfolgen, die in keinem Zusammenhang mit der „erkauften" Zustimmung stehen.[1101] Aufsichtsratsmitglieder verstoßen dabei gegen den Grundsatz, dass sie ihr Handeln stets am Unternehmensinteresse ausrichten müssen,[1102] und gegen das Gebot der vertrauensvollen Zusammenarbeit. Sie nutzen somit ihre Befugnisse rechtsmissbräuchlich aus, sodass das Koppelungsgeschäft als unzulässig zu werten ist.[1103] Vergleichbar mit den Koppelungsgeschäften mit dem Betriebsrat bleibt das Grundgeschäft – die Zustimmungserteilung – in der Regel wirksam.[1104] Gleichlaufend mit Koppelungsgeschäften mit dem Betriebsrat, ist dies aber dann abzulehnen, wenn der Koppelungsdruck vom Arbeitgeber ausgeht. Bei unzulässigen Koppelungsgeschäften, bei denen den Arbeitnehmervertretern ein „Schmiergeld" gewährt wird, tritt ein Fall der Interessenkollision ein und die Arbeitnehmervertreter verletzen dabei oftmals ihre Pflicht, das Unternehmensinteresse zu wahren.[1105] Schaden für das Unternehmen droht auf Ebene der Unternehmensmitbestimmung bei Koppelungsgeschäften in der Regel nur dann, wenn die Anteilseignervertreter ihren Aufgaben nicht ordnungsgemäß nachkommen bzw. sich „opportunistisch" verhalten.[1106] Dabei ist zu berücksichtigen, dass die Anteilseigner durchaus nicht

1097 *Adams*, ZIP 2006, 1561 (1562); *Bauer*, NZA 2009, 23; *Rieble*, AG 2016, 315 (317).
1098 *Gentz*, in: Bitburger Gespräche Jahrbuch 2006/I, S. 33 (36); *Rieble*, AG 2016, 315 (318).
1099 *Peltzer*, in: FS Schwark, S. 707 (710); *Rieble*, AG 2016, 315 (318).
1100 Vgl. dazu Kapitel § 3 C I 1.
1101 *Weninger*, Mitbestimmungsspezifische Interessenkonflikte, S. 183.
1102 Dazu Kapitel § 2 B II 2 a aa.
1103 *Weninger*, Mitbestimmungsspezifische Interessenkonflikte, S. 184; vgl. auch *Spindler*, in: Spindler/Stilz, AktG, § 116 AktG Rn. 103.
1104 *Hanau/Reitze*, in: FS Wiese, S. 149 (155 ff.); *Weninger*, Mitbestimmungsspezifische Interessenkonflikte, S. 185.
1105 Vgl. *Spindler*, in: MüKo GmbHG, § 52 GmbHG Rn. 660; *Spindler*, in: MüKo AktG, § 93 AktG Rn. 111.
1106 *Raabe*, Die Mitbestimmung im Aufsichtsrat, S. 294.

immer geschlossen entscheiden und so ein „Übergewicht" der Arbeitnehmervertreter erreicht werden kann.[1107]

c. Mit Mitgliedern des Sprecherausschusses

Eine Verkopplung kommt insbesondere bei der Ausübung von Mehrfachmandaten in Betracht. Eine weitere Funktion, die unternehmensangehörige Arbeitnehmervertreter neben dem Aufsichtsratsamt noch ausüben, in denen sie eine Position mit Macht und Einfluss innehaben, ist die Position der leitenden Angestellten, die zugleich Mitglieder des Sprecherausschusses sind.

Zwar kommt den Mitgliedern des Sprecherausschusses eine besondere Stellung zu, jedoch haben sie verglichen mit den Betriebsratsmitgliedern nicht die gleiche Machtposition. Da dem Sprecherausschuss keine Mitbestimmungsrechte[1108] zustehen, können sie diese nicht zur „Erpressung" gegenüber dem Arbeitgeber einsetzen, um bestimmte Forderungen durchzusetzen. Denkbar bleibt aber, dass der Arbeitgeber in diesem Verhältnis einen Koppelungsdruck ausüben und ein Koppelungsgeschäft initiieren kann.

Eine Machtposition auf Seiten der Arbeitnehmervertreter, die zu Koppelungsgeschäften führt, könnte sich daraus ergeben, dass die leitenden Angestellten neben der Mitgliedschaft im Sprecherausschuss zugleich im Aufsichtsrat vertreten sind. Auf Ebene des Aufsichtsrats können solche leitenden Angestellten die Mitbestimmungsrechte zur Durchsetzung eines Verlangens einsetzen. Aufgrund der Verflechtung der unterschiedlichen Aufgaben und Funktionen könnte insofern die Zustimmung im Aufsichtsrat von einer Handlung auf Ebene des Sprecherausschusses bzw. der Position als leitender Angestellter abhängig gemacht werden. Insofern ist es z.B. vorstellbar, dass die Zustimmung im Aufsichtsrat davon abhängig gemacht wird, dass der Sprecherausschuss bei Abschluss einer Betriebsvereinbarung nicht nur anzuhören ist gem. § 2 Abs. 1 SpruAuG, sondern das bestimmte Belange der leitenden Angestellten dabei entsprechend berücksichtigt werden.

2. Exkurs: Vergleich zur SE

Die Wahl der SE kann als Mittel zur Unternehmensmitbestimmungsvermeidung gesehen werden. Insoweit kann die derzeitige Mitbestimmungsbeteiligung eingefroren werden. Auch bei einem Steigen des für die Anwendung des Mitbestimmungsgesetzes maßgeblichen Schwellenwerts kommt es dann zu keiner

1107 *Peltzer*, in: FS Schmidt, S. 1243 (1253 f.).

1108 Dem Sprecherausschuss kommt zum einen eine Vertretungsbefugnis der leitenden Angestellten zu und zum anderen stehen ihnen nach §§ 30 ff. SprAuG Mitwirkungsrechte zu. Da dem Sprecherausschuss keine Mitbestimmungsrechte zur Verfügung stehen, sind die Beteiligungsrechte schwächer als die des Betriebsrats, *Joost*, in: Münch Hdb ArbR, § 235 Rn. 1; *Richardi*, in: Richardi, BetrVG, § 5 BetrVG Rn. 306.

(paritätischen) Mitbestimmung.[1109] Derzeit gibt es 230 SE mit mehr als fünf Arbeitnehmern – ohne Mantel- oder Micro-SE – in Deutschland, wobei 80 eine monistische und 150 eine dualistische Struktur aufweisen.[1110] Bei 54 der 150 dualistisch betriebenen SE sind Arbeitnehmervertreter im Aufsichtsrat vertreten, 19 Unternehmen unterliegen dabei der paritätischen Mitbestimmung und 35 der Drittelbeteiligung.[1111] Von den 30 DAX-Unternehmen benutzen derzeit sechs Unternehmen die Form der SE und ein Unternehmen die der SE & Co. KGaA.[1112]

Auch im Rahmen der SE stellt das Aufsichtsratsamt nur ein Nebenamt dar, sodass die Aufsichtsratsmitglieder daneben andere Tätigkeiten verrichten. Aus diesem Grunde kommt es zu ähnlichen Verflechtungen von Positionen. Die ausländischen Arbeitnehmervertreter sind oftmals zugleich im europäischen Betriebsrat oder in dem Betriebsrat eines Tochterunternehmens oder im Betriebsrat der SE selbst vertreten.[1113] Zu vermuten ist, dass sich auf dieser Ebene dieselben Probleme mit Koppelungsgeschäften ergeben wie im Rahmen der Aktiengesellschaft.

1109 *Rieble*, BB 2014, 2997.

1110 *Hans-Böckler-Stiftung*, SE-Datenblatt – Fakten zur Europäischen Aktiengesellschaft – Stand 31.12.2016, abrufbar unter https://www.boeckler.de/pdf/pb_mitbestimmung_se_2016_12.pdf [Zuletzt abgerufen am 3.5.2017].

1111 *Hans-Böckler-Stiftung*, SE-Datenblatt – Fakten zur Europäischen Aktiengesellschaft – Stand 31.12.2016, abrufbar unter https://www.boeckler.de/pdf/pb_mitbestimmung_se_2016_12.pdf [Zuletzt abgerufen am 3.5.2017].

1112 Allianz SE, BASF SE, E.ON SE, ProSiebenSat. 1 Media SE, SAP SE, Vonovia SE und Fresenius SE & Co. KGaA, *Finanznachrichten*, abrufbar unter http://www.finanznachrichten.de/aktienkurse-index/dax-30.htm [Zuletzt abgerufen am 3.5.2017] bzw. *Handelsregister*, abrufbar unter https://www.handelsregister.de/rp_web/mask.do?Typ=e [Zuletzt abgerufen am 21.8.2017].

1113 Allianz SE: Von den sechs Arbeitnehmervertretern befinden sich zwei ausländische Vertreter. Einer davon ist zugleich Konzernbetriebsrat der Allianz France S.A. und der andere Vorsitzendes des Europäischen Betriebsrats der Allianz, *Allianz*, abrufbar unter https://www.allianz.com/de/ueber_uns/management/aufsichtsrat/mitglieder/ [Zuletzt abgerufen am 20.5.2017]. BASF SE: Von den sechs Arbeitnehmervertretern befindet sich ein ausländischer Vertreter. Dieser ist zugleich im Europabetriebsrat vertreten, *BASF*, abrufbar unter https://www.basf.com/de/company/about-us/management/supervisory-board.html [Zuletzt abgerufen am 20.5.2017]. SAP SE: Von den neun Arbeitnehmervertretern befindet sich ein ausländischer Vertreter. Dieser ist Gewerkschaftsvertreter und zugleich Mitglied des Betriebsrats der SAP Frankreich, *SAP*, abrufbar unter https://www.sap.com/corporate/de/company/leadership/supervisory-board/pierre-thiollet.html [Zuletzt abgerufen am 20.5.2017]. E.ON SE: Von neun Arbeitnehmervertretern befinden sich vier ausländische Vertreter. Zwei davon sind Gewerkschaftsvertreter, ein Mitglied des Betriebsrats der E.ON Északdunántúli Áramhálózati Zrt, freigestellter Betriebsratsvorsitzender der E.ON Hungaria und stellvertretender Vorsitzender des SE Betriebsrats der E.ON SE und ein weiteres Mitglied ist zugleich im Betriebsrat der ZSE und im SE-Betriebsrat der E.On SE vertreten, *E.ON*, abrufbar unter https://

3. (Unzulässige) Verkoppelung von verschiedenen Ämtern

In Unternehmen kommt es durchaus immer wieder zu (unzulässigen) Koppelungsgeschäften. Nicht ungewöhnlich ist es daher, wenn der Vorstand die Arbeitnehmervertreter oder die Betriebsratsmitglieder im Gegenzug für die Gewährung eines Vorteils um die Mithilfe bei einem entsprechenden Vorhaben bittet.

Die Verknüpfung des Betriebsrats- und Aufsichtsratsamtes wurde vom Gesetzgeber bewusst in Kauf genommen und nicht durch Inkompatibilitätsvorschriften verhindert.[1114] Eine Trennung der beiden Ämter soll durch die unterschiedlichen Aufgaben sowie die Treuepflicht sichergestellt werden.[1115] Durch die enge Verknüpfung dieser beiden Ämter und der daraus resultierenden Stellung, die insbesondere Vorsitzende oder stellvertretende Vorsitzende eines Gremiums in Unternehmen erlangen können, scheint es aber vielmehr, dass die Tätigkeiten nicht isoliert betrachtet werden können.[1116] Die Verknüpfung beider Ämter birgt die Gefahr von Interessenkonflikten und ist daher unter Corporate Governance-Gesichtspunkten bedenklich.[1117] Mithin besteht die Gefahr, dass es zu einer „Verkoppelung“ der verschiedenen Mandate kommt, sodass z.B. die Arbeitnehmervertreter auf der Ebene des Aufsichtsrats ihre Zustimmung von Zugeständnissen auf betrieblicher Ebene abhängig machen.[1118] Solche Koppelungsgeschäfte dürften in der Regel als unzulässig einzustufen sein, da es zum einen an einem entsprechenden Sachzusammenhang fehlen wird und dem Aufsichtsrat keine Kompetenz zusteht.[1119] Die Ämter sind nach der Intention des Gesetzgebers hingegen strikt zu trennen.

Insbesondere im Rahmen der paritätischen Mitbestimmung wird es vakant, dass sich der Vorstand und die „Arbeitnehmerbank“ kennen – aufgrund des häufigen Kontaktes auf Ebene der Unternehmensmitbestimmung sowie auf betrieblicher Ebene – und es dem Vorstand daher gelingt, die Seite für sich zu gewinnen.[1120] Zwar steht dem Aufsichtsratsvorsitzenden, der gewöhnlich ein Anteilseignervertreter ist, in der Pattsituation ein Zweitstimmrecht zu. Das Zweitstimmrecht wird aber nicht allzu oft ausgeübt und zum anderen bedingt dies zunächst, dass

www.eon.com/content/dam/eon/eon-com/investors/annual-report/EON_GB17_DE.pdf [Zuletzt abgerufen am 20.5.2017].

1114 *Lutter/Krieger/Verse*, Rechte und Pflichten des Aufsichtsrats, § 1 Rn. 20.

1115 Dazu Kapitel § 2 B II 2 a bb.

1116 *Klosterkemper*, in: FS Wissmann, S. 456 (464 f., 467); *Adams*, ZIP 2006, 1561 (1562); *Gentz*, in: Bitburger Gespräche Jahrbuch 2006/I, S. 33 (34 f.); *Peltzer*, in: FS Schmidt, S. 1243 (1246 f.); *Raiser*, in: FS Duden, S. 423 (426 f., 436); *Rüthers*, NJW 2007, 195 (196); *Weninger*, Mitbestimmungsspezifische Interessenkonflikte, S. 181.

1117 *Kolbe*, Mitbestimmung und Demokratieprinzip, S. 351 f.; *Windbichler*, in: FS Schwark, S. 805 (818). Vgl. auch Kapitel § 2 B I 2 c.

1118 *Weninger*, Mitbestimmungsspezifische Interessenkonflikte, S. 184; *Raiser*, in: FS Duden, S. 423 (430); *Raabe*, Die Mitbestimmung im Aufsichtsrat, S. 282.

1119 *Weninger*, Mitbestimmungsspezifische Interessenkonflikte, S. 184.

1120 *Peltzer*, in: FS Schmidt, S. 1243 (1253); *Bauer*, NZA 2009, 23.

die Seite der Anteilseigner geschlossen stimmt, was nicht häufig der Fall ist.[1121] Die fehlende Unabhängigkeit der Arbeitnehmervertreter sowie die Doppelmandatsstellung können zu vielfältigen Interessenkonflikten führen. Dabei gibt es nur wenige Regelungen, die der Gesetzgeber zur Vermeidung von Interessenkonflikten implementiert hat.[1122] Mit §§ 113, 114 AktG wurde zumindest ein gewisses Maß an Unabhängigkeit gesichert, indem der Vorstand nicht für die Vergütung des Aufsichtsrats verantwortlich ist. Fraglich ist jedoch, ob die Vorschriften ausreichen, um das Verhältnis des „Gebens und Nehmens" zwischen dem Vorstand und dem Aufsichtsrat hinreichend regulieren zu können, oder inwieweit derzeit ein Defizit im Hinblick auf gute Corporate Governance besteht.[1123] Insofern könnten die bilanziellen Offenlegungsvorschriften ein geeignetes Corporate Governance-Mittel sein, um Geldflüsse sichtbar zu machen, die im Zusammenhang mit solch unzulässigen Koppelungsgeschäften getätigt werden, und insoweit ein Indiz für das Vorliegen solcher Machtkoppelungen liefern.[1124]

II. Vergleich der Doppelämter im Hinblick auf die Vergütungssysteme

Festgestellt wurde, dass mehrerer Funktionen nicht getrennt voneinander ausgeübt werden können. Im Fall einer gegenseitigen Beeinflussung sind entsprechende Koppelungsgeschäfte verlockend. Unklar kann bei der Verkoppelung von Ämtern sein, für welches Amt die zum Teil oberhalb des geschuldeten Arbeitsentgelts liegende Vergütung gewährt wird. Für die Frage der Zuordnung sind zunächst die Unterschiede zwischen den verschiedenen Ämtern auch im Hinblick auf die Vergütung herauszuarbeiten.

1. Aufsichtsrats- vs. Betriebsratsamt

Das Aufsichtsratsamt ist ein Nebenamt, das in der Regel vergütet wird. Insbesondere in größeren oder börsennotierten Unternehmen sind infolge der Professionalisierung des Aufsichtsratsamtes die Anforderungen an die Aufsichtsratsmitglieder gestiegen. Daher ist es dort üblich, dass die Aufsichtsratsmitglieder eine Vergütung erhalten.[1125]

Das Aufsichtsratsamt gerät in der Praxis aber oft faktisch zum Ehrenamt, da die Arbeitnehmervertreter verpflichtet sind, einen Großteil ihrer Vergütung an

---

1121 *Peltzer*, in: FS Schmidt, S. 1243 (1253 f.).

1122 *Habersack*, in: MüKo AktG, § 100 AktG Rn. 90; *Scholderer*, NZG 2012, 168 (173). Siehe auch Kapitel § 2 B II 1.

1123 *Peltzer*, in: FS Schwark, S. 707 (711); *Peltzer*, in: FS Schmidt, S. 1243 (1247).

1124 Dazu Kapitel § 4 A II.

1125 Siehe zur Aufsichtsratsvergütung Kapitel § 3 A.

gewerkschaftsnahe Bildungseinrichtungen, wie die Hans-Böckler-Stiftung, abzuführen.[1126]

Das Betriebsratsamt ist hingegen ein Ehrenamt, für das die Betriebsratsmitglieder keine Vergütung erhalten. Durch die Ausgestaltung als Ehrenamt soll die Unabhängigkeit der Betriebsratsmitglieder vom Arbeitgeber gewährleistet werden, und dass die Arbeitnehmer so ihre Ziele effektiv verfolgen bzw. vertreten können.[1127] Ihnen wird jedoch das Arbeitsentgelt weitergezahlt, wenn sie infolge der Betriebsratstätigkeit zum Teil oder ganz von der Arbeit freigestellt sind. Die Lohnfortzahlung dient nur dazu, dass das Amt des Betriebsrats für die Arbeitnehmer attraktiv bleibt. Sie sollen neben dem Opfern von Zeit – oft wird die Betriebsratstätigkeit außerhalb der Arbeitszeit ausgeübt – keine weiteren, insbesondere keine beruflichen Nachteile zu befürchten haben. Die Fortzahlung des Arbeitsentgeltes vergütet aber nicht die Betriebsratstätigkeit.

Die beiden Ämter sind nicht nur bzgl. der Bezahlung, sondern auch bzgl. der Aufgaben und Verantwortung grundsätzlich verschieden aufgebaut.[1128]

2. *Aufsichtsratsamt vs. Sprecherausschuss*

Neben der Möglichkeit, gleichzeitig im Aufsichts- wie im Betriebsrat vertreten zu sein, kann ein Arbeitnehmervertreter neben der Ausübung des Aufsichtsratsamtes zugleich noch Mitglied im Sprecherausschuss sein. Insoweit ergibt sich eine vergleichbare Lage. Der Anreiz, ein Mitglied des Sprecherausschusses zu beeinflussen, dürfte jedoch geringer sein als bei den Betriebsrats- oder Aufsichtsratsmitgliedern, da dem Sprecherausschuss keine Mitbestimmungs-, sondern nur Mitwirkungsrechte zustehen.[1129]

III. Zuordnung der unzulässig gewährten Arbeitsentgelte

Wie gezeigt, gibt es viele verschiedene Formen, wie den Betriebsratsmitgliedern eine unzulässige Vergütung gewährt werden kann.[1130] Grundsätzlich kann man aber zwei Systeme erkennen: Zum einen wird versucht, im vermeintlichen Graubereich den Betriebsratsmitgliedern eine erhöhte Vergütung zukommen zu lassen. Diesbezüglich haben durchaus viele Unternehmen wohl oftmals im Blick, die im Rahmen der Professionalisierung des Betriebsrats gestiegenen Anforderungen an die Betriebsratsmitglieder entsprechend zu würdigen.[1131] Zum anderen wurden Fälle

---

1126 Ausführlich zur Abführungspflicht an bildungsnahe Einrichtungen Kapitel § 3 A II 3.

1127 Siehe zur Betriebsratsvergütung Kapitel § 3 B I.

1128 Näher dazu Kapitel § 2 A II 1, 2 und Kapitel § 3 A I bzw. Kapitel § 3 B I und Kapitel § 3 C I 1 a.

1129 Vgl. *Koch*, in: Schaub, ArbR Hdb, § 247 Rn. 2.

1130 Siehe auch Kapitel § 3 B III 2.

1131 Vgl. *Sunnus* in der Diskussion zu dem Vortrag von *Franzen*, in: Rieble/Junker, Unternehmensführung, S. 47 (66).

bekannt, in denen Betriebsratsmitglieder aus sogenannten „schwarzen Kassen“ oder einem gesonderten „Topf“ eine unzulässige Betriebsratsvergütung erhalten haben.[1132] Da ein solches Verhalten nicht nur zivilrechtlich unzulässig ist, sondern ebenso zu strafrechtlichen Sanktionen führt, sind Einzelheiten kaum bekannt bzw. ist ein solches Verhalten empirisch nicht belegbar. Auch sogenannte Schmiergelder können unter Umständen nicht eindeutig zugeordnet werden.

Unklar bleibt, ob diese dem Betriebsratsmitglied für ein entsprechendes Verhalten als Mitglied im Betriebsrat gewährt werden, oder ob Vorteile vielmehr dem Aufsichtsratsmitglied im Gegenzug für ein entsprechendes Verhalten auf Ebene des Aufsichtsrats zugebilligt werden. Für die weiteren Rechtsfolgen insbesondere im Hinblick auf die Offenlegungsvorschriften ist es jedoch von Bedeutung festzustellen, ob die „Schmiergeldabrede“ im Zusammenhang mit dem Betriebs- oder dem Aufsichtsratsamt getroffen wurde.[1133] Eine Zuordnung kann noch in den Fällen vorgenommen werden, in denen die Parteien klar vereinbart haben, für welche Amtstätigkeit die Vergütung gewährt werden soll. Bei der Ermittlung des subjektiven Willes der Parteien kann nicht als Auslegungshilfe auf die Rechtsfolgen abgestellt werden, insofern ist weder eine Gewährung für das Betriebsratsamt noch für das Aufsichtsratsamt günstiger. Die zugrundeliegende Vereinbarung ist sowohl im Fall der verdeckten Aufsichtsratsvergütung – wegen eines Verstoßes gegen § 113 AktG – oder als unzulässige Betriebsratsvergütung – wegen eines Verstoßes gegen das Ehrenamtsprinzip gem. § 37 Abs. 1 i.V.m. § 78 Satz 2 BetrVG – nach § 134 BGB nichtig.[1134] Hinzukommt, dass eine solche Vereinbarung aufgrund der strafrechtlichen Konsequenzen oftmals nicht schriftlich fixiert sein wird. Ein subjektiver Wille, aufgrund welcher Amtstätigkeit ein unzulässiges Arbeitsentgelt gezahlt wird, kann allenfalls aufgrund einer getroffenen Zweckvereinbarung oder einer Tilgungsbestimmung erkennbar sein.[1135]

Da sich die beiden Ämter in der Praxis aber gegenseitig beeinflussen, wird in der Literatur diskutiert, ob aufgrund der Verkoppelung beider Ämter die Gewährung einer unzulässigen Bezahlung nicht gerade auch im Hinblick auf die Ausübung der Aufsichtsratstätigkeit erfolgt.[1136] Interessant ist vor allem, wie es sich mit den Zahlungen verhält, die ein Betriebsratsmitglied unter dem Deckmantel des Betriebsratsamtes erhält – unter dem (vermeintlichen) Ausnutzen des Graubereichs der zulässigen Betriebsratsvergütung. Es sind durchaus Fälle vorstellbar, in denen nicht nur die Arbeit des Betriebsrats durch eine entsprechende Vergütung gewürdigt, sondern vielmehr dadurch das Verhalten des Mitglieds auf Ebene des

1132 Vgl. *Sunnus* in der Diskussion zu dem Vortrag von *Franzen*, in: Rieble/Junker, Unternehmensführung, S. 47 (66) in Bezug auf LG Braunschweig v. 25.1.2007 – 6 KLs 48/06, juris; v. 22.8.2008 – 6 KLs 20/07, juris. Dazu auch Kapitel § 3 B III 3.

1133 Dazu Kapitel § 4 A II 5.

1134 Vgl. Kapitel § 3 C IV 1 und Kapitel § 3 B I 4 b.

1135 Das Beweisproblem in der Praxis wird damit natürlich nicht gelöst.

1136 Vgl. *Peltzer*, in: FS Schwark, S. 707 (710).

Aufsichtsrats beeinflusst werden soll. Durch die Verknüpfung der verschiedenen Ämter, insbesondere des Betriebs- und Aufsichtsratsamtes, kann die Gewährung eines unzulässigen Arbeitsentgeltes unter Umständen nicht dem Betriebsratsamt zuzuordnen sein.

Festzustellen bleibt, dass auf Ebene des Betriebsratsamtes eine unzulässige Vergütung durch den Vorstand leichter gewährt werden kann als auf Ebene des Aufsichtsratsamtes. Das Betriebsratsamt ist zwar ein Ehrenamt, jedoch wird dem Mitglied nach dem Lohnausfallprinzip das Arbeitsentgelt weitergewährt. Dabei können die Grenzen der zulässigen Vergütung, wie gezeigt, leicht überschritten werden. Im Vergleich dazu muss auf der Ebene des Aufsichtsrats allen Aufsichtsratsmitgliedern die gleiche Vergütung gewährt werden, wenn eine solche bezahlt wird. Eine Unterscheidung muss aufgrund der Funktion des Aufsichtsratsmitglieds gerechtfertigt sein und die Entscheidung dafür obliegt nicht dem Vorstand. Durch die Abführungspflicht an eine gewerkschaftsnahe Bildungseinrichtung, der einige Arbeitnehmervertreter unterliegen, stellt das Aufsichtsratsamt faktisch ein Ehrenamt dar. Den Arbeitnehmervertretern wird in der Praxis das Arbeitsentgelt im Fall der Freistellung zwar weitergezahlt, sodass sie keine Vermögenseinbuße durch die Ausübung des Amtes zu befürchten haben. Dies verstößt jedoch wie gezeigt gegen den aktienrechtlichen Gleichbehandlungsgrundsatz.[1137] Eine Besserstellung der Arbeitnehmervertreter auf Ebene des Aufsichtsrats ist – abgesehen von der Weiterbezahlung des Arbeitsentgelts – nicht zu erreichen, sodass unter Umständen die unzulässige Betriebsratsvergütung vielmehr dem Aufsichtsratsamt zuzuordnen ist. Die Vermutung liegt besonders nahe, wenn die vermeintliche Betriebsratsvergütung dann deutlich ansteigt, wenn das Betriebsratsmitglied in den Aufsichtsrat gewählt wird.[1138]

Aufgrund der Verkoppelung der beiden Ämter ist es vor diesem Hintergrund richtigerweise fraglich, ob sich die beiden Ämter überhaupt noch trennen lassen oder so sehr miteinander verbunden sind, sodass zwischen den verschiedenen Vergütungen nicht mehr unterschieden werden kann. Zu kurz greift es, die unzulässige Betriebsratsvergütung generell als Aufsichtsratsvergütung anzusehen, da das Betriebsratsamt ein Ehrenamt ist und jede darüberhinausgehende Vergütung verboten ist und folglich dem Aufsichtsratsamt zuzuordnen sei. Denn auf der Ebene des Aufsichtsrats gilt ein strikter Gleichbehandlungsgrundsatz, der jede funktionslose Unterscheidung zwischen den Aufsichtsratsmitgliedern verbietet. Dies wäre bei der Besserstellung der Arbeitnehmervertreter durch eine gesonderte Bezahlung jedoch der Fall. Ein solcher Verstoß gegen den aktienrechtlichen Gleichbehandlungsgrundsatz bleibt nicht ohne Konsequenzen, sodass eine solche Zuordnung aufgrund des Verstoßes gegen das Ehrenamtsprinzip nicht überzeugen

1137 Dazu Kapitel § 3 A III c bb, cc.

1138 Nach *Rieble*, AG 2016, 315 (319) werden Betriebsratsmitglieder in der Praxis insbesondere dann gut bezahlt – mithin über den nach dem BetrVG zulässigen Rahmen – wenn sie zugleich Mitglieder des Aufsichtsrats sind.

kann, da eine solche Bezahlung auf Ebene des Aufsichtsrats ebenfalls nicht zulässig ist.[1139] Jedenfalls liegt die Annahme einer verdeckten Aufsichtsratsvergütung bei der Verkoppelung beider Ämter nahe, wenn äußere Umstände, wie der Anstieg der Betriebsratsvergütung mit Bestellung in den Aufsichtsrat, hinzutreten.

IV. Rechtsfolgen einer verdeckten Aufsichtsratsvergütung

Die Gewährung einer unzulässigen Betriebsratsvergütung kann erhebliche Sanktionen nach sich ziehen.[1140] Die Zahlung einer Sondervergütung als „vermeintliche Betriebsratsvergütung" kann wie gezeigt vielmehr als verdeckte Aufsichtsratsvergütung einzuordnen sein. Fraglich ist, ob vergleichbare Konsequenzen bei der Gewährung einer verdeckten Aufsichtsratsvergütung drohen.

1. Zivilrechtliche Rechtsfolgen

Eine verdeckte Aufsichtsratsvergütung ist unter mehreren Gesichtspunkten unzulässig.

Zum einen wird insoweit die ausschließliche Kompetenz der Hauptversammlung umgangen. Nach § 113 AktG kann eine Aufsichtsratsvergütung nur von der Hauptversammlung festgesetzt werden.[1141] Dagegen wird verstoßen, wenn der Vorstand die Vergütung gewährt. Zum anderen wird eine verdeckte Aufsichtsratsvergütung in der Regel gegen den im Aufsichtsratsamt geltenden Gleichbehandlungsgrundsatz verstoßen. Danach steht den Aufsichtsratsmitgliedern die gleiche Vergütung zu, soweit nicht ein sachlicher Grund existiert, der eine Differenzierung zulässt.[1142] Das Geben und Nehmen im Rahmen eines unzulässigen Koppelungsgeschäftes begründet hingegen nicht einen solch zulässigen Differenzierungsgrund. Somit ist die Zahlung einer verdeckten Aufsichtsratsvergütung unzulässig.

Vereinbarungen wie auch Beschlüsse, die gegen den Gleichbehandlungsgrundsatz verstoßen, sind nach § 134 BGB nichtig.[1143] Ebenso verhält es sich mit einem Verstoß gegen § 113 AktG.[1144] Insofern ist die Gewährung einer verdeckten Aufsichtsratsvergütung in der Regel nach § 134 BGB nichtig. In diesem Fall ergeben sich zivilrechtlich die gleichen Rechtsfolgen wie bei einer unzulässigen Betriebsratsvergütung. Der Gesellschaft kann ein Rückgewähr- oder ein Schadensersatzanspruch zustehen.[1145]

1139 Ausführlich Kapitel § 3 A II 2.

1140 Dazu Kapitel § 3 B I 4.

1141 Ausführlich Kapitel § 3 A I 2.

1142 Dazu Kapitel § 3 A II 1.

1143 BGH v. 25.2.1982 – II ZR 123/81, AP MitbestG § 25 Nr. 2; *von Frankenberg und Ludwigsdorf*, Gleichbehandlung der Aufsichtsratsmitglieder, S. 190.

1144 *Hopt/Roth*, in: GroßKomm AktG, § 113 AktG Rn. 3; *Mertens/Cahn*, in: Kölner Komm AktG, § 113 AktG Rn. 3.

1145 Vgl. die Ausführungen zu den zivilrechtlichen Rechtsfolgen einer unzulässigen Betriebsratsvergütung in Kapitel § 3 B I 4 b und Kapitel § 4 C I 1 b, 2 b zu

Anders ist dies lediglich im Fall einer Drittvergütung: Diese fällt, wie gezeigt, nicht unter § 113 AktG und verstößt nicht gegen den Gleichbehandlungsgrundsatz, da sich dieser nur an die Gesellschaft richtet.[1146] Solche Drittvergütungen sind jedoch nicht als verdeckte Aufsichtsratsvergütungen einzuordnen.

2. *Organschaftliche Konsequenzen*

Die Gewährung wie auch die Annahme der unzulässigen Aufsichtsratsvergütungen könnte zu Konsequenzen in Bezug auf die Organstellung führen.

Ergibt sich durch die Annahme der Sondervergütung ein Interessenkonflikt für das Aufsichtsratsmitglied, so gelten die allgemeinen, aktienrechtlichen Vorschriften zum Umgang mit Interessenkonflikten.[1147] Insofern besteht die Möglichkeit, dass Konsequenzen aufgrund der Abgabe einer fehlerhaften Entsprechenserklärung folgen.[1148] Inwiefern die Annahme im Übrigen unter Umständen die Abberufung aus dem Vorstand bzw. Aufsichtsrat zur Folge hat, wird weiter unten beleuchtet.[1149]

3. *Strafrechtliche Sanktionen*

Neben organschaftlichen Konsequenzen kann die Gewährung einer verdeckten Aufsichtsratsvergütung auch strafrechtliche Konsequenzen bedingen. Anders als für die Begünstigung von Arbeitnehmervertretern bei der SE oder von Betriebsratsmitgliedern im Betriebsrat gibt es keine Vorschrift, die die Aufsichtsratsbegünstigung gesondert strafrechtlich sanktioniert.[1150]

a. *Untreue*

Wenn das Unternehmen durch die verdeckte Aufsichtsratsvergütung geschädigt wird, kommt jedoch eine Strafbarkeit wegen Untreue nach § 266 StGB in Betracht.

aa. Strafbarkeit des Vorstands

Vorstandsmitglieder, die üblicherweise eine verdeckte Aufsichtsratsvergütung gewähren und somit die Aufsichtsratsmitglieder begünstigen, machen sich in der Regel wegen Untreue nach § 266 2. Alt. StGB strafbar.[1151] Da die zugrundeliegende

---

Schadensersatzansprüche wegen der Gewährung bzw. Annahme einer verdeckten Aufsichtsratsvergütung.

1146 Siehe auch Kapitel § 3 A I 3.

1147 Dazu Kapitel § 2 B II und zu den Empfehlungen des DCGK Kapitel § 2 B III 6.

1148 Dazu Kapitel § 2 B III 3.

1149 Dazu Kapitel § 4 C I 1 a, 2 a.

1150 Vgl. § 45 Abs. 2 Nr. 3 SEBG bzw. § 119 Nr. 3 BetrVG; *Gach*, in: MüKo AktG, § 26 MitbestG Rn. 14.

1151 *Rieble*, AG 2016, 315 (324). Ausführlich Erörterung der Untreuestrafbarkeit von Vorstandsmitgliedern im Rahmen der Erörterung zur Betriebsratsbegünstigungen

Vereinbarung wie gezeigt nach § 134 BGB nichtig ist, scheidet die Missbrauchsalternative aus, da nicht wirksam über das Vermögen verfügt werden kann.[1152] Voraussetzung für die Strafbarkeit der Vorstandsmitglieder ist es, dass diese eine Vermögensbetreuungspflicht trifft. Erforderlich ist, dass sich die Pflicht auf die Wahrnehmung fremder Vermögensinteressen richtet.[1153] Der Vorstand ist zur Wahrung des Gesellschaftsvermögens verpflichtet und verletzt seine Pflicht, wenn er den Aufsichtsratsmitgliedern eine Sondervergütung zukommen lässt, für die das Unternehmen keine Kompensation erhält.[1154] Indem der Vorstand die Aufsichtsratsmitglieder begünstigt, verstößt er damit gegen § 113 AktG und gegen den Gleichbehandlungsgrundsatz, sodass die Vergütungsvereinbarung gem. § 134 BGB nichtig ist. § 113 AktG dient gerade auch dem Vermögenschutz der Aktionäre und Gläubiger, sodass insoweit eine Verletzung einer Vermögensbetreuungspflicht in Betracht kommt. Zudem wird die Gesellschaft in der Regel für eine solche Begünstigungszahlung keine Kompensation erhalten.[1155] Anders kann dies unter

---

insb. *Achenbach*, Strafbarkeit von Betriebsratsmitgliedern, S. 66 ff.; *Cosack*, Untreue von Betriebsräten, S. 59 ff.; *Esser*, Begünstigung, S. 177 ff.; *Nagel*, Arbeitnehmervertretung und Strafrecht, S. 37 ff.; *Purschwitz*, § 78 Satz 2 BetrVG, S. 104 ff. Da die Situation bei der Gewährung einer unzulässigen, verdeckten Aufsichtsratsvergütung mit der bei einer Betriebsratsbegünstigung vergleichbar ist, beschränkt sich die Darstellung hier auf einen Überblick und die Unterschiede. Vgl. im Übrigen auch Kapitel § 3 B I 4 c.

1152 Vgl. *Nagel*, Arbeitnehmervertreter und Strafbarkeit, S. 116; *Kindhäuser*, in: Kindhäuser/Neumann/Paeffgen, StGB, § 266 StGB Rn. 86; a.A.: BGH v. 17.9.2009 – 5 StR 521/08, NJW 2010, 92.

1153 *Kindhäuser*, in: Kindhäuser/Neumann/Paeffgen, StGB, § 266 StGB Rn. 33. Keinen Unterschied bzgl. der Fremdheit im Rahmen der Vermögensbetreuungspflicht spielt es, ob das Vorstandsmitglied zugleich Gesellschafter ist. Das Vermögen der Gesellschaft ist für den geschäftsführenden Gesellschafter fremd, sodass auf Ebene der AG nichts anderes gelten kann, vgl. *Kindhäuser*, in: Kindhäuser/Neumann/Paeffgen StGB, § 266 StGB Rn. 30.

1154 BGH v. 21.12.2005 – 3 StR 470/04, juris; v. 17.9.2009 – 5 StR 521/08, NJW 2010, 92. Dies gilt gerade auch in einem Vergleich zu dem Urteil des BGH v. 24.5.2016 – 4 StR 440/15, NJW 2016, 3734: Eine Pflichtverletzung i.S.d. § 266 StGB stellt es dar, wenn der Oberbürgermeister bei der Einstellung von Arbeitnehmern als Tarifbeschäftigte im Öffentlichen Dienst entgegen dem Sparsamkeitsprinzip Erfahrungsstufen zugebilligt, deren Voraussetzung objektiv nicht gegeben sind. *Latzel/Dommermuth-Alhäuser* folgern daraus, dass insoweit nichts anderes gelten kann, wenn der Vorstandsvorsitzende entgegen seiner gesetzlichen Pflichten nach §§ 76, 82, 93 AktG das Gesellschaftsvermögen für zu „hohe, sachlich nicht zu rechtfertigende Vergütung seiner im Unternehmen angestellten Tochter verschwendet“, *Latzel/Dommermuth-Alhäuser*, RdA 2017, 178 (183). Dies trifft auch auf den Fall zu, wenn der Vorstand einem Aufsichtsratsmitglied eine Sondervergütung zukommen lässt, die nicht im Unternehmensinteresse ist.

1155 Vgl. BGH v. 9.6.2016 – 1 StR 104/15, BeckRS 2016, 21181; *Nagel*, Arbeitnehmervertretung und Strafrecht, S. 136 ff.

Umständen sein, wenn der Vorstand einem Rechtsirrtum unterliegt und somit nach § 16 StGB straffrei bleibt.[1156]

bb. Strafbarkeit der Aufsichtsratsmitglieder durch aktives Tun

Aufsichtsratsmitglieder werden sich in der Regel lediglich wegen Anstiftung oder Beihilfe zur Untreue strafbar machen. Dies folgt daraus, dass der Vorstand gewöhnlich über die Vergütung entscheidet und nicht das Aufsichtsratsmitglied selbst die schädigende Handlung vornehmen wird. Ist es im Einzelfall anders, kann durch Mitwirkung des Aufsichtsratsmitglieds dieses als Täter i.S.d. § 266 StGB in Betracht kommen.[1157] Voraussetzung ist, dass eine Vermögensbetreuungspflicht des Aufsichtsratsmitgliedes besteht. Dem Aufsichtsratsmitglied kommt durch die Überwachung der Geschäftsführung nach §§ 111 Abs. 1, 116 AktG sowie der Festlegung der Vorstandsvergütung, § 87 AktG, eine Vermögensbetreuungspflicht zu.[1158] Eine Vermögensbetreuungspflicht wird jedoch in Bezug auf eigene Vergütungsangelegenheiten verneint, da dem Aufsichtsrat diesbezüglich keine Kompetenz zusteht.[1159] Gem. § 113 AktG ist alleine die Hauptversammlung für die Vergütung zuständig. Der Grund für die Ablehnung der Vermögensbetreuungspflicht in eigenen Angelegenheiten besteht unter anderem darin, dass diesbezüglich die Interessen der Gesellschaft und der Aufsichtsratsmitglieder nicht gleichgerichtet sind.[1160] Der BGH hat in einer Ausnahme zu diesem Grundsatz entschieden, dass die Vermögensbetreuungspflicht aufgrund von Interessenkollisionen nur dann notwendigerweise entfällt, „wenn sich dessen Streben nach einem möglichst hohen Gehalt in den dafür vorgesehenen Entscheidungsbahnen hält"; „umgeht er [...] in kollusivem Zusammenwirken den eigentlichen Entscheidungsträger, ist sein Verhalten nicht anders zu bewerten, als wenn er sich unter Ausnutzung seiner Verfügungsmöglichkeiten aus dem Vermögen des Arbeitgebers den entsprechenden Betrag eigenmächtig verschafft"[1161]. Im Falle der verdeckten Aufsichtsratsvergütung geht

1156 Vgl. auch Kapitel § 4 C I 1 b sowie *Latzel*, wistra 2013, 334 (338 ff.).

1157 Vgl. *Tiedemann*, in: FS Tröndle, S. 319 (334).

1158 BGH v. 6.12.2001 – 1 StR 215/01, NJW 2002, 1585; vgl. auch BGH v. 17.9.2009 – 5 StR 521/08, NJW 2010, 92 (95) Rn. 49; *Kindhäuser*, in: Kindhäuser/Neumann/Paeffgen, StGB, § 266 StGB Rn. 58; *Schwerdtfeger*, Strafrechtliche Pflicht der Aufsichtsratsmitglieder, S. 69 ff.

1159 BGH v. 21.12.2005 – 3 StR 479/94, DStR 2006. 284 (292); *Hiéramente*, NZWiSt 2014, 291 (294).

1160 BGH v. 17.9.2009 – 5 StR 521/08, juris Rn. 48 ff.; OLG Braunschweig v. 14.6.2012 – Ws 44/12 und 45/12, BeckRS 9998, 65377 wie BGH v. 21.12.2005 – 3 StR 470/04, juris Rn. 80 zur Vermögensbetreuungspflicht des Vorstandes.

1161 BGH v. 12.12.2013 – 3 StR 146/13, NZWiSt 2014, 135 (139); vgl. *Tiedemann*, in: FS Tröndle, S. 319 (327). In eine vergleichbare Richtung bereits OLG Braunschweig v. 14.6.2012 – Ws 44/12 und 45/12, BeckRS 9998, 65377. Dieses kam zu der Auffassung, dass ein Aufsichtsratsmitglied „auch in eigenen Vergütungsangelegenheiten eine Vermögensbetreuungspflicht [trifft], wenn sich der Vorwurf nicht auf das

es zwar um eine eigene Vergütungsangelegenheit, die das Aufsichtsratsmitglied aber im kollusiven Zusammenwirken mit dem Vorstand erhält. Die Vergütung wird außerhalb des eigentlichen Rahmens von § 113 AktG gewährt. Dabei befindet sich das Aufsichtsratsmitglied in diesem Fall nicht in dem typischen Interessenkonflikt beim Aushandeln des eigenen Gehaltes, da die diesbezüglich bestehenden Entscheidungsbahnen verlassen wurden. Vielmehr erlangt das Aufsichtsratsmitglied aufgrund seiner Stellung eine Sondervergütung, die ohne entsprechende Kompensation einen Schaden für die Gesellschaft begründet. In einem solchen Fall kann im Hinblick auf die Entscheidung des BGH eine Verletzung einer Vermögensbetreuungspflicht angenommen werden. Das Aufsichtsratsmitglied ist grundsätzlich dazu verpflichtet, Vermögensschäden von der Gesellschaft abzuwenden, § 116 Satz 1 i.V.m. § 93 Abs. 1 Satz 1 AktG.[1162] Dieser Pflicht kommt im Fall des Aushandelns und Gewährung einer eigenen (Sonder-)Vergütung auch der entsprechende Vermögensbezug zu.[1163] Durch das kollusive Zusammenwirken zwischen Vorstand und Aufsichtsrat ist von der grundsätzlich bestehenden Vermögensbetreuungspflicht keine Ausnahme zu machen, nur weil es sich um eine Vergütungsangelegenheit in eigenen Sachen handelt. Mithin kann sich das Aufsichtsratsmitglied einer Untreue strafbar machen, wenn es die unzulässige, verdeckte Aufsichtsratsvergütung mit dem Vorstand aushandelt und die vermögensschädigende Handlung dabei selbst vollzieht.

cc. Strafbarkeit der Aufsichtsratsmitglieder durch pflichtwidriges Unterlassen

Daneben kommt eine Strafbarkeit wegen Untreue durch ein pflichtwidriges Unterlassen insbesondere bzgl. nicht selbstbetroffener Aufsichtsratsmitglieder in Betracht.[1164] Hat ein Aufsichtsratsmitglied Kenntnis von den Machenschaften und erfolgt die Gewährung der verdeckten Vergütung nicht im Interesse der Gesellschaft, kommt ein pflichtwidriges Unterlassen des Aufsichtsratsmitglieds

---

Aushandeln einer überhöhten Vergütung durch das Aufsichtsratsmitglied, sondern auf die Abrechnung und Auszahlung einer Vergütung unter bewusstem Verstoß gegen eine Satzung i.S.d. § 113 AktG richtet", OLG Braunschweig v. 14.6.2012 – Ws 44/12 und 45/12, BeckRS 9998, 65377. Dies war gerechtfertigt, da kein Interessenkonflikt bzgl. der Festsetzung der Vergütung bestand, sondern es um die konkrete Anwendung der Satzung ging, OLG Braunschweig v. 14.6.2012 – Ws 44/12 und 45/12, BeckRS 9998, 65377; *Hiéramente*, NZWiSt 2014, 291 (295).

1162 BGH v. 21.12.2005 – 3 StR 470/04, DStR 2006, 284 (285); *Hiéramente*, NZWiSt 2014, 291 (294).

1163 *Hiéramente*, NZWiSt 2014, 291 (294). Da bei einem Betriebsratsmitglied schon keine entsprechende Vermögensbetreuungspflicht besteht, hat dieses Urteil keine Bedeutung für die Betriebsratsbegünstigung. Vgl. auch Kapitel § 3 B I 4 c.

1164 *Hiéramente*, NZWiSt 2014, 291 (296); *Schwerdtfeger*, Strafrechtliche Pflicht der Aufsichtsratsmitglieder, S. 158 ff; *Krause*, NStZ, 57 (60).

in Betracht.[1165] Zum einen kann dies darin liegen, dass im Fall des Bestehens eines Schadensersatzanspruches zugunsten der Gesellschaft dessen Geltendmachung vorsätzlich unterlassen wird.[1166] Zum anderen kann es das Aufsichtsratsmitglied vorsätzlich unterlassen die Strafbarkeit des Vorstands zu verhindern bzw. aufzudecken.[1167] Insoweit mag in der Praxis aus Solidaritätsgedanken oder kollegialer Verbundenheit eine Hemmschwelle bestehen.[1168] Die Pflicht zum Einschreiten gegen gesetzeswidriges Verhalten des Vorstandes – der entgegen dem Unternehmensinteresse die unzulässige Vergütung gewährt, ohne dass die Gesellschaft dafür eine Kompensation erhalten würde – und der Geltendmachung eines Schadensersatzanspruches lässt dem Aufsichtsratsmitglied jedoch keinen Entscheidungsspielraum.[1169] Das Aufsichtsratsmitglied hat alleine im Sinne des Unternehmensinteresses zu handeln. Nach der Rechtsprechung ist zu beachten, dass ein Verstoß gegen eine vermögensschützende Pflicht vorliegen muss. Der Verstoß gegen aktienrechtliche Normen kann eine Untreuestrafbarkeit begründen, wenn die Norm vermögensschützenden Charakter hat – Voraussetzung ist somit nicht, dass sie dem Schutz des Gesellschaftsvermögens dient.[1170] Die Voraussetzung ist gegeben, wenn das Aufsichtsratsmitglied es unterlässt, eine Pflichtverletzung des Vorstandes aufzuklären bzw. einen diesbezüglichen Schadensersatzanspruch geltend zu machen, da insoweit zugleich eine Verletzung einer Vermögensbetreuungspflicht angenommen werden kann.[1171] Im Weiteren kommt auch eine Strafbarkeit wegen pflichtwidrigem Unterlassen bzgl. der selbstbetroffenen Aufsichtsratsmitglieder in Betracht, sofern man sie ebenfalls zur Geltendmachung eines Schadensersatzanspruches verpflichtet hält.[1172]

1165 *Schwerdtfeger*, Strafrechtliche Pflicht der Aufsichtsratsmitglieder, S. 84; *Tiedemann*, in: FS Tröndle, S. 319 (333).

1166 OLG Braunschweig v. 14.6.2012 – Ws 44/12 und 45/12, NZWiSt 2013, 264; *Brand/Petermann*, WM 2012, 62 (64); *Mayer*, NZG 2014, 1208 (1210); *Krause*, NStZ 2011, 57 (62).

1167 *Brand/Petermann*, WM 2012, 62 (63); *Schwerdtfeger*, Strafrechtliche Pflicht der Aufsichtsratsmitglieder, S. 83 ff.

1168 Vgl. *Mayer*, NZG 2014, 1208 (1210).

1169 *Habersack*, in: MüKo AktG, § 116 AktG Rn. 33; Lutter/Krieger/Verse, Rechte und Pflichten, § 12 Rn. 889.

1170 BGH v. 13.9.2010 – 1 StR 220/09, NJW 2011, 88 (91); *Schwerdtfeger*, Strafrechtliche Pflicht der Aufsichtsratsmitglieder, S. 124 ff.; ablehnend: *Brand/Petermann*, WM 2012, 62 (64).

1171 Vgl. *Brand/Petermann*, WM 2012, 62 (65); *Krause*, NStZ 2011, 57 (60).

1172 Vgl. dazu insbesondere Kapitel § 3 C IV 4 b.

b. Sonstige Straftatbestände

Eine Strafbarkeit nach § 299 StGB wird regelmäßig aufgrund des fehlenden Schutzzwecks der Norm, der offene Gütermarkt, ausscheiden.[1173] Zudem wird § 30 OWiG im Hinblick auf § 266 StGB ausscheiden, da es an der erforderlichen Bereicherung der Gesellschaft fehlen wird.[1174]

4. Steuer(straf-)rechtliche Konsequenzen

a. Steuerhinterziehung

Im Übrigen kann die Gewährung einer verdeckten Aufsichtsratsvergütung noch steuerstrafrechtliche Konsequenzen haben. Im Gegensatz zur Betriebsratsvergütung kann die Aufsichtsratsvergütung nur zur Hälfte als Betriebsausgabe abgezogen werden, § 10 Nr. 4 KStG. Wird die verdeckte Aufsichtsratsvergütung als Sondervergütung komplett als Betriebsausgabe abgezogen, kommt eine Steuerhinterziehung gem. § 370 Abs. 1 Nr. 1 AO der für den Jahresabschluss verantwortlichen Mitglieder oder denjenigen, die von den Machenschaften Kenntnis haben und durch die Aufklärungspflicht zum Einschreiten verpflichtet sind, in Betracht.

Eine Verletzung einer weiteren steuerrechtlichen Pflicht könnte daneben im Hinblick auf § 4 Abs. 5 Nr. 10 EStG in Betracht kommen. Danach ist es untersagt, Zuwendungen von Vorteilen, die einen Straftatbestand des StGB erfüllen, als Betriebsausgaben abzuziehen. Die Vorschrift findet über § 8 Abs. 1 Satz 1 KStG auch auf körperschaftssteuerpflichtige Gesellschaften wie die AG Anwendung.[1175] Indem das Aufsichtsratsmitglied eine verdeckte Aufsichtsratsvergütung erhält, erlangt es einen Vorteil. Wie gezeigt kann sich ein Vorstandsmitglied der Untreue nach § 266 StGB strafbar machen, wenn es dem Aufsichtsratsmitglied einen solchen Vorteil gewährt. Die Untreue ist in dem BMF-Schreiben vom 10. Oktober 2002, das die in Betracht kommenden rechtswidrigen Tatbestände aufzählt, nicht genannt.[1176] Die Aufzählung der rechtswidrigen Tatbestände entfaltet jedoch keine rechtlich relevante Bindung außerhalb der Finanzverwaltung.[1177] Zu beachten ist aber, dass die Strafbarkeit wegen der Vermögensschädigung der Gesellschaft und nicht wegen der Zuwendung des Vorteils erfolgt. Die Strafbarkeit im Rahmen des § 4 Abs. 5

1173 Vgl. *Esser*, Begünstigung, S. 178; *Fischer*, BB 2007, 997 (1000); *Nagel*, Arbeitnehmervertretung und Strafrecht, S. 128 f.

1174 *Nagel*, Arbeitnehmervertretung und Strafrecht, S: 176.

1175 § 10 KStG ist nicht abschließend. Über § 8 Abs. 1 Satz 1 findet auch das Abzugsverbot nach § 4 Abs. 5 EStG Anwendung, BMF-Schreiben v. 10.10.2002 IV A 6 – S 2145 – 35/02, DStR 2002, 1990 (1991); *Pfirrmann*, in: Blümich, EStG/KStG, § 10 KStG Rn. 7, 8.

1176 BMF-Schreiben v. 10.10.2002 – IV A 6-S 2145–35/02, BStBl. 2002 I, S. 1031.

1177 *Rieble*, NZA 2008, 276 (279); *Graf/Link*, NJW 2009, 409 (411); *Wied*, in: Blümich, EStG/KStG, § 4 EStG Rn. 906.

Nr. 10 Satz 1 EStG muss aber wegen der Zuwendung des Vorteils gegeben sein.[1178] Insofern ist der Tatbestand des § 4 Abs. 5 Nr. 10 Satz 1 EStG nicht erfüllt.[1179]

Insoweit kommt nur ein Verstoß gegen § 10 Nr. 4 KStG i.S.d. § 370 AO in Betracht. Eine aus der Prüfpflicht und Überwachungspflicht folgende Pflicht zur Berichtigung des Jahresabschlusses besteht jedenfalls für die nicht selbstbetroffenen Mitglieder, die Kenntnis von der verdeckten Aufsichtsratsvergütung und der falschen Darstellung im Jahresabschluss haben.[1180] Unterlassen die Mitglieder dies, wird eine steuerrechtliche Pflicht verletzt und es kommt eine Strafbarkeit wegen Steuerhinterziehung in Betracht § 370 AO bzw. § 369 AO i.V.m. § 27 StGB.

b. Steuerhinterziehung selbstbetroffener Aufsichtsratsmitglieder?

Das begünstigte Aufsichtsratsmitglied könnte sich unter Umständen auch der Steuerhinterziehung gem. § 370 Abs. 1 Nr. 1 AO bzw. der Beihilfe zur Steuerhinterziehung gem. § 369 Abs. 2 AO i.V.m. § 27 StGB strafbar machen. Fraglich ist, ob das selbstbetroffene Aufsichtsratsmitglied eine entsprechende Pflicht trifft, den Jahresabschluss zu berichtigen.[1181] Die Aufsichtsratsmitglieder sind grundsätzlich mit der Prüfung des Jahresabschlusses betraut nach §§ 170 f., 111 Abs. 2 AktG. Zudem gehört zu ihrer Überwachungspflicht auch die Kontrolle, ob sich der Vorstand an Recht und Gesetz hält.[1182] Bei möglichen Verstößen ist der Aufsichtsrat verpflichtet, entsprechend einzuschreiten.[1183] Daneben hat das Aufsichtsratsmitglied das Bestehen eines konkreten Interessenkonflikts anzuzeigen – dies kann insbesondere die Einschränkung der Mitwirkungsrechte zur Folge haben (Stimmverbot, Teilnahmeverbot etc.).[1184]

Zu erörtern ist, ob die persönliche Betroffenheit des selbstbetroffenen Aufsichtsratsmitglieds zur Suspendierung dieser Aufsichtsratspflichten führt. Im Hinblick auf die Gesamtverantwortung des Aufsichtsrats erscheint dies grundsätzlich bedenklich.[1185]

1178 *Joecks*, DStR 1997, 1025 (1026 f.).

1179 Anders als für die Begünstigung von Arbeitnehmervertreter bei der SE oder von Betriebsratsmitgliedern im Betriebsrat gibt es keine Vorschrift, die die Aufsichtsratsbegünstigung gesondert strafrechtlich sanktioniert, sodass nur die Untreue als relevanter Straftatbestand in Betracht kommt, vgl. § 45 Abs. 2 Nr. 3 SEBG bzw. § 119 Nr. 3 BetrVG; *Gach*, in: MüKo AktG, § 26 MitbestG Rn. 14.

1180 Vgl. *Lutter/Krieger/Verse*, Rechte und Pflichten des Aufsichtsrats, § 3 Rn. 74; *Grunewald*, NZG 2013, 841 (843).

1181 Die gleiche Frage stellt sich bei selbstbetroffenen Vorstandsmitgliedern.

1182 *Lutter/Krieger/Verse*, Rechte und Pflichten des Aufsichtsrats, § 3 Rn. 74.

1183 *Habersack*, in: MüKo AktG, § 116 AktG Rn. 33; *Lutter/Krieger/Verse*, Rechte und Pflichten des Aufsichtsrats, § 12 Rn. 892.

1184 Dazu Kapitel § 2 B II 2 b.

1185 Vgl. *Dreher*, JZ 1990, 896 (901); *Heinzelmann*, Mehrfachmandate, S. 130; *Krebs*, Interessenkonflikte, S. 167; *Kumpan*, Interessenkonflikt, S. 543. Vgl. auch Kapitel § 3 B I 4 b cc.

Rechtsprechung und der Literatur vertreten zum Teil die Ansicht, dass es keine Selbstbelastungspflicht dahingehend gibt, dass eigene Fehler offengelegt werden müssen.[1186] Vor der Schuldrechtsreform wurde in der Rechtsprechung zwar eine Pflicht zur Offenlegung eigener Verfehlungen etwa bei Steuerberatern angenommen, sodass bei einem Verstoß dagegen eine sogenannte „Sekundärhaftung" bestand.[1187] Aufgrund der Änderung der entsprechenden Verjährungsregeln besteht nun nicht mehr die gleiche Situation, sodass die Rechtsprechung nicht übertragbar ist.[1188] Eine explizite Regelung zur Offenlegung von eigenen Fehlern findet sich nun aber in § 630c Abs. 2 Satz 2 BGB. Eine solche Offenlegungspflicht war zuvor nicht allgemein anerkannt.[1189] Eine entsprechende Vorschrift existiert für Vorstand- und Aufsichtsratsmitglieder nicht. Eine derartige Pflicht lässt sich wohl auch nicht aus der allgemeinen Treuepflicht ableiten. Die Selbstanzeige kann aufgrund der eigenen Belastung vielmehr nicht erwartet werden. Anders als im Arzthaftungsrecht geht es hier nicht um höchstpersönliche Rechtsgüter, sodass eine Offenbarungspflicht nicht zwingend nötig ist.[1190]

Die Berichtigung des Jahresabschlusses kommt einer Offenbarung und Selbstbelastung gleich. Zu klären ist, ob neben dem grundsätzlichen Nichtbestehen einer Offenlegungspflicht bzgl. eigener Pflichtverletzungen auch weitergehende Aufsichtsratspflichten insoweit suspendiert sind, wenn bei ordnungsgemäßer Wahrnehmung der Pflichten zu befürchten ist, dass der eigene Fehler offengelegt wird. Die Rechtsprechung vertritt unterdessen die Ansicht, dass auch dann eine Aufklärungspflicht besteht. „Ist mit der Vornahme der rechtlich gebotenen Handlung die Gefahr der Aufdeckung eigener Straftaten des Garanten verbunden, steht dies der Zumutbarkeit normgemäßen Verhaltens gerade wegen des eigenen rechtswidrigen Verhaltens im Vorfeld regelmäßig nicht entgegen."[1191] Dafür spricht auch, dass eine Offenlegung der Pflichtverletzung und eine eventuell damit verbundene Offenlegung verwirklichter Straftatbestände nur intern und nicht extern gegenüber einer Rechtsverfolgungsbehörde erfolgen. Der im Strafrecht geltende nemo

---

1186 BGH v. 29.9.2008 – II ZR 234/07, NZG 2008, 908; OLG Düsseldorf v. 25.11.1999 – 6 U 146/98, NZG 2000, 651; OLG Köln v. 29.6.2000 – 18 U 31/00, NZG 2000, 1137; *Grunewald*, NZG 2013, 841 (843), a.A.: *Kort*, in: FS Hopt, S. 983 (1001). *Franzen*, in: FS Köhler, S. 133 (138 ff.), hält zumindest einen Auskunftsanspruch für gegeben. Dazu auch Kapitel § 4 C II 3.

1187 BGH v. 20.1.1982 – IV a ZR 314/80, NJW 1982, 1285; v. 11.5.1995 – IX ZR 140/94, NJW 1995, 2108; *Grunewald*, NZG 2013, 841 (844).

1188 *Grunewald*, NZG 2013, 841 (844); *Wagner*, in: MüKo BGB, § 630c BGB Rn. 28; zurückhaltend hingegen *Franzen*, in: FS Köhler, S. 133 (134).

1189 *Franzen*, in: FS Köhler, S. 133 (134); *Wagner*, in: MüKo BGB, § 630c BGB Rn. 27.

1190 So *Grunewald*, NZG 2013, 841 (845); vgl. auch *Wagner*, in MüKo BGB, § 630c BGB Rn. 30.

1191 BGH v. 8.3.2017 – 1 StR 540/16, BeckRS 2017, 110960 Rn. 35; vgl. auch BGH v. 1.4.1958 – 1 StR 24/58, BGHSt 11, 353; v. 19.12.1997 – 5 StR 569–98, NJW 1998, 1568.

tenetur Grundsatz schützt nur vor einem staatlich veranlassten Aussagezwang.[1192] Eine vergleichbare Situation kann bzgl. einer Pflicht zur Berichtigung des Jahresabschlusses nicht angenommen werden. Dem selbstbetroffenen Aufsichtsratsmitglied verbleibt vielmehr die Option, dass es der Situation ausweichen kann, indem es etwa sein Amt niederlegt. Es kann sodann diskutiert werden, ob der Verwertung der Aussage gegenüber der Gesellschaft für einen möglichen Prozess ein Beweisverwertungsverbot entgegensteht. Dies wird von der Rechtsprechung in der Regel nur bei einer Verletzung eines Grundrechts angenommen,[1193] sodass dies vorliegend zu verneinen wäre. Es ist aber im Hinblick auf die Pflicht, das Unternehmensinteresse zu wahren und bei möglichen Pflichtverletzungen des Vorstandes einzuschreiten, kein Grund erkennbar, warum im Falle einer möglichen Selbstbelastung des Aufsichtsratsmitglieds die weiteren Aufsichtsratspflichten suspendiert sein sollten. Dies hätte eine beschränkte Wahrnehmung der Aufsichtstätigkeit zur Folge und unter Umständen eine Einschränkung der Funktionsfähigkeit des Aufsichtsrates. Insoweit ist die Situation zwar nicht ganz vergleichbar mit der Frage, ob neben der Pflichtverletzung auch eine Pflicht des Aufsichtsratsmitgliedes dahingehend besteht, den Schadensersatzanspruch zugunsten der Gesellschaft hinsichtlich der Primärpflichtverletzung des Vorstandes geltend zu machen. Hier wird zum Teil vertreten, dass bei Unterlassen der Geltendmachung eines Schadensersatzanspruches hinsichtlich der Primärpflichtverletzung keine weitere Pflichtverletzung hinzutritt.[1194] Verstößt das Aufsichtsratsmitglied gegen eine solche Pflicht, ist der Anspruch zunächst grundsätzlich vom Umfang gleich wie der zugrundeliegende Primäranspruch. Konsequenzen ergeben sich vor allem im Hinblick auf die Verjährung,[1195] die durch die besondere Pflichtenstellung des Aufsichtsratsmitglieds aber durchaus gerechtfertigt erscheinen. Bei einem Verstoß gegen die Pflicht der Berichtigung des Jahresabschlusses als Ausfluss der Überwachungspflicht ist dies in Bezug auf die Nichtgeltendmachung eines Schadensersatzanspruches anders. Hier kann jedenfalls keine Suspendierung der Aufsichtsratspflichten angenommen werden. Zum einen handelt es sich um keine permanente (Überwachungs-)Pflicht, sondern die Pflicht zur Berichtigung des Jahresabschlusses wird in der Regel nur einmal im Jahr bei der Anfertigung und Billigung des Abschlusses relevant. Zum anderen ist zu beachten, dass der Jahresabschluss eine Schutzfunktion gegenüber Dritten und Gläubigern hat.[1196] Es handelt sich somit um keine bloße interne Aufklärungspflicht, sondern der Pflicht zur Berichtigung des Jahresabschlusses kommt eine gewisse Außenwirkung zu. Im Hinblick auf die Zumutbarkeit ist insbesondere zu berücksichtigen, dass die Möglichkeit besteht, das Aufsichtsratsamt

---

1192 BVerfG v. 13.1.1981 – 1 BvR 116/77; NJW 1981, 1431.

1193 BAG v. 21.11.2013 – 2 AZR 797/11, NJW 2014, 810; BAG v. 21.11.2013 – 2 AZR 797/11, NZA 2014, 243.

1194 *Gruenewald*, NZG 2013, 841 (845).

1195 *Gruenewald*, NZG 2013, 841 (844).

1196 Vgl. Kapitel § 4 A I 1 b, 2 b.

niederzulegen, um einer weitergehenden Haftung zu entkommen. Mithin trifft auch das selbstbetroffene Aufsichtsratsmitglied eine Pflicht den Jahresabschluss zu berichtigen.

c. Mitteilungspflicht

Im Übrigen ergibt sich aus § 153 Abs. 1 Nr. 1 AO eine Berichtspflicht, dass der Steuerpflichtige es anzuzeigen hat, wenn eine abgegebene Erklärung unrichtig war und es insofern zu einer Verkürzung von Steuern kommt. Für diejenigen Mitglieder, die eine Pflicht zur Berichtigung des Jahresabschlusses trifft, besteht auch eine Pflicht, anzuzeigen, dass es unter Verstoß von § 10 Nr. 4 KStG zu einem vollständigen Betriebsausgabenabzug gekommen ist und mithin zu einer Verkürzung von Steuern. Wird dagegen verstoßen kommt eine Strafbarkeit wegen Steuerhinterziehung gem. § 370 Abs. 1 Nr. 2 AO in Betracht.

§ 4 Publizität und Vergütung

Transparenz ist ein geeignetes Corporate Governance-Mittel, um die Entstehung von Interessenkonflikten oder Koppelungsgeschäfte zu verhindern.[1197] In der Corporate Governance-Debatte nimmt die Transparenz eine entscheidende Rolle ein und wurde in den letzten Jahren stets ausgeweitet.[1198] Der Ausbau der Unternehmenspublizität soll dem Anlegerschutz wie auch der Markteffizienz dienen.[1199] Transparenz im Hinblick auf die Unternehmensführung verlangt unter anderem, dass den Anlegern Informationen über die Vergütung des Managements zur Verfügung gestellt werden.[1200] Zu untersuchen ist, wie die Verkoppelung der verschiedenen Ämter im Rahmen der Publizität berücksichtigt werden muss, und welche geeigneten, gesetzlichen Regelungen ein unzulässiges Verhalten unterbinden können. Zum Verständnis der Rechnungslegungsvorschriften, die Vorgaben bzgl. der Vergütung des Managements enthalten, ist zunächst auf deren Art und Funktion einzugehen und das Verhältnis zu den Offenlegungsvorschriften darzustellen (A). Erst anschließend daran ist zu beleuchten, welche Sanktionsmittel bei einer unzulässigen Vergütungspraxis bestehen und somit eine gute Corporate Governance sicherstellen können (B). Abschließend sind die Compliancepflichten der Gesellschaft zu untersuchen (C).

A. Rechnungslegungsvorschriften und Corporate Governance

Transparenz und Offenlegungsvorschriften sind meist eng miteinander verknüpft.[1201] Offenlegungsvorschriften finden sich vor allem im Bereich des Bilanzrechts. Kapitalgesellschaften haben die Offenlegungsvorschriften nach §§ 325–329 HGB zu beachten, durch die eine Offenlegung der Rechnungslegung erfolgt. Im

---

1197 *Böcking*, in: FS Pohle, S. 247 (256); *Leyens*, JZ 2007, 1061 (1067). Siehe Kapitel § 2 B II 2 a cc zur Vermeidung von Interessenkonflikten durch Transparenz und Kapitel § 3 C I 1 zu Koppelungsgeschäften.

1198 Vgl. etwa die Reformgesetze KonTraG (Gesetz zur Kontrolle und Transparenz im Unternehmensbereich v. 27.4.1998, BGBl. 1998 Teil I Nr. 24, S. 786) sowie TransPuG (Gesetz zur weiteren Reform des Aktien- und Bilanzrechts, zu Transparenz und Publizität v. 19.7.2002, BGBl. 2002 Teil I Nr. 50, S. 2681) wie auch das VorstOG (Gesetz über die Offenlegung der Vorstandsvergütung v. 3.8.2005, BGBl. 2005 Teil I Nr. 47, S. 2267); *Böcking*, in: FS Pohle, S. 247 (250).

1199 *Böcking*, in: FS Pohle, S. 247 (256); *Hesse*, Veröffentlichungspflichten, S. 223 ff.

1200 *Böcking*, in: FS Pohle, S. 247 (262); *Hüttemann/Meyer*, in: Staub, HGB, § 285 HGB Rn. 59.

1201 *Böcking*, in: FS Pohle, S. 247 (256).

Rahmen der Rechnungslegungsvorschriften existieren verschiedene Regelungen zur Vergütung von Managern: §§ 285 Nr. 9, 314 Abs. 1 Nr. 6 HGB, International Accounting Standard (IAS) 24.17 und IAS 24.18, Deutscher Rechnungslegungs Standard (DRS) 17 und Nr. 5.4.6 Abs. 3 DCGK.[1202]

I. Funktion der Offenlegungs- und Rechnungslegungsvorschriften

Um den Umfang der Offenlegung bzgl. der Vergütung von Managern klären zu können, bedarf es zunächst eines Überblicks über den Anwendungsbereich und den Zweck der Offenlegungsvorschriften. Sodann sind die verschiedenen Arten und der Zweck der Rechnungslegungsvorschriften zu erörtern.

1. Offenlegungsvorschriften

Unter Offenlegung versteht man, dass bestimmte Informationen durch die Einreichung und daran anschließende Bekanntmachung im Bundesanzeiger der Öffentlichkeit zugänglich gemacht werden.[1203]

a. Anwendungsbereich und Regelungsumfang der Offenlegung

Die Pflicht zur Offenlegung trifft die Kapitalgesellschaften und bestimmte offene Handels- und Kommanditgesellschaften i.S.d. § 264a HGB.[1204] Erleichterungen sehen die §§ 326, 327 HGB für kleine und mittelgroße Kapitalgesellschaften – neben den sonstigen größenbezogenen Aufstellungserleichterungen – vor.[1205] Daneben kann sich noch eine Befreiung nach § 264 Abs. 3, 4 HGB oder § 264b HGB ergeben. Innerhalb der Gesellschaft ist der gesetzliche Vertreter für die Einhaltung der §§ 325–329 HGB verantwortlich.[1206]

1202 Dazu sogleich in Kapitel § 4 A II.

1203 *Fehrenbacher*, in: MüKo HGB, § 325 HGB Rn. 2; *Haller/Hütten/Löffelmann*, in: Küting/Weber, Hdb Rechnungslegung, Vorbem §§ 325–329 HGB Rn. 5; *Kaminski*, in: Haufe, HGB, § 325 HGB Rn. 5.

1204 Ebenso ist der Konzernabschluss, der nach dem PublG aufzustellen ist, nach § 15 PublG entsprechend § 325 Abs. 3 bis 6 HGB offenzulegen. Daneben sind noch Kreditinstitute, § 340l HGB, Versicherungsunternehmen, § 341l HGB, sowie bestimmte Unternehmen des Rohstoffsektors, § 341w HGB, zur Offenlegung verpflichtet.

1205 *Fehrenbacher*, in: MüKo HGB, § 325 HGB Rn. 20; *Grottel*, in: BeckOK BilanzR, § 325 HGB Rn. 6; *Muzzu/Prystav/Stein*, DStR 2013, 1300 (1301).

1206 Zwar können die gesetzlichen Vertreter eines Unternehmens die Aufgaben innerhalb des Organs verteilen, aber dadurch werden sie nicht von der Verpflichtung zur Offenlegung frei, sondern müssen auf deren Einhaltung hinwirken, *Fehrenbacher*, in: MüKo HGB, § 325 HGB Rn. 17 ff.; *Kaminski*, in: Haufe, HGB, § 325 HGB Rn. 31 ff.

aa. Offenlegungspflichtige Unterlagen

Nach § 325 Abs. 1 Satz 1, Abs. 1b HGB sind neben dem festgestellten und gebilligten Jahresabschluss, der Bestätigungs- bzw. Versagungsvermerk, der Lagebericht, der Bericht des Aufsichtsrats, die Entsprechenserklärung nach § 161 AktG, der Vorschlag für die Verwendung des Ergebnisses und der Beschluss darüber sowie Änderungen des Jahresabschlusses offenzulegen. Entsprechendes gilt nach § 325 Abs. 3 HGB für Gesellschaften, die einen Konzernabschluss aufzustellen haben. Die Aufzählung ist abschließend. Eine freiwillige weitergehende Offenlegung ist jedoch möglich.[1207]

bb. Verfahren der Offenlegung

Die offenlegungspflichtigen Unterlagen sind beim Bundesanzeiger einzureichen, § 325 Abs. 1 Satz 2 HGB.[1208] Nach der Einreichung der erforderlichen Unterlagen beim Bundesanzeiger sind diese unverzüglich bekanntzumachen, § 325 Abs. 2 HGB. Die Bekanntmachung erfolgt durch den Bundesanzeiger, sodass es den gesetzlichen Vertretern der Unternehmen obliegt, diese zu veranlassen.[1209] Eine Unterscheidung zwischen den zwei verschiedenen Pflichten nach § 325 HGB wird bei einem Konzernabschluss relevant, der nach internationalen Rechnungslegungsvorschriften aufgestellt wird. Nach § 325 Abs. 2a HGB besteht die Möglichkeit einen Konzernabschluss, der nach den internationalen Rechnungslegungsvorschriften gem. § 315e HGB aufgestellt wurde und die Voraussetzungen nach § 325 Abs. 2a, 2b HGB erfüllt, anstelle des Jahresabschlusses mit befreiender Wirkung offenzulegen. Ein Verweis findet nur auf § 325 Abs. 2 HGB statt, sodass die Pflicht den Konzernabschluss nach den HGB-Regelungen bei dem Bundesanzeiger einzureichen von der Befreiung nicht mitumfasst ist.[1210]

Die Offenlegung des Konzernabschlusses und des Konzernlageberichtes erfolgt grundsätzlich in derselben Art und Weise wie die Offenlegung des

1207 *Kaminski*, in: Haufe, HGB, § 325 HGB Rn. 60; *Fehrenbacher*, in: MüKo HGB, § 325 HGB Rn. 20.

1208 Die Unterlagen müssen auf elektronischen Weg eingereicht werden, § 325 Abs. 1 Satz 2 HGB. Dabei ist die Frist nach § 325 Abs. 1a Satz 1 bzw. § 325 Abs. 4 Satz 1 HGB zu wahren. Der Jahresbericht ist in deutscher Sprache und in Euro aufzustellen, vgl. § 244 HGB; *Grottel*, in: BeckOK BilanzR, § 325 HGB Rn. 34; *Haller/Hütten/Löffelmann*, in: Küting/Weber, Hdb Rechnungslegung, § 325 HGB Rn. 13. Die anderen Unterlagen sind ebenfalls in deutscher Sprache einzureichen, § 325 Abs. 1 Satz 1 HGB, und können zusätzlich in jeder Amtssprache eines Mitgliedstaates der Europäischen Union übermittelt werden, § 325 Abs. 6 i.V.m. § 11 Abs. 1 HGB. Bzgl. der Form ist im Übrigen § 328 HGB zu beachten.

1209 *Kaminski*, in: Haufe, HGB, § 325 HGB Rn. 118; *Kersting*, in: Staub, HGB, § 325 HGB Rn. 36.

1210 *Kaminski*, in: Haufe, HGB, § 325 Rn. 120; *Kersting*, in: Staub, HGB, § 325 HGB Rn. 37.

Jahresabschlusses, § 325 Abs. 3 HGB.[1211] Wenn der Konzernabschluss gem. § 315e HGB nach internationalen Rechnungslegungsvorschriften erstellt wird, so ist dieser ebenfalls nach § 325 Abs. 3 HGB offenzulegen.[1212]

b. Zweck der Offenlegungsvorschriften

Die Vorschriften zu den Offenlegungspflichten im HGB dienen dem Gläubigerschutz und sollen eine Informationsquelle für die Gesellschafter sowie interessierte Dritte darstellen.[1213] Indem die nach § 325 Abs. 1 HGB normierten Unterlagen offenzulegen sind, können sich Interessierte standardisierte Informationen insbesondere aus dem Jahres- bzw. Konzernabschluss verschaffen und einen Überblick über die Lage des Unternehmens erlangen.[1214] Die Publizität trägt der beschränkten Haftung der Unternehmen Rechnung.[1215] Die h.M. hält die Offenlegungsvorschriften für verfassungsgemäß. Der grundrechtliche Eingriff ist durch den Schutz der Gläubiger gerechtfertigt.[1216] Von vielen Unternehmen werden durch die Verpflichtung zur Offenlegung von unternehmensinternen Informationen jedoch Nachteile für das Unternehmen befürchtet, sodass oftmals eine Strategie zur Vermeidung der Offenlegung praktiziert wird.[1217]

2. Rechnungslegungsvorschriften

Unter Rechnungslegung sind Aufstellungen und Berechnungen der Tätigkeiten und Zustände zu verstehen.[1218] Zur Einordnung der verschiedenen Rechnungslegungsvorschriften bzgl. der Vergütung von Managern ist es erforderlich, die Arten der Rechnungslegungsvorschriften sowie deren Zweck zu erörtern.

1211 *Fehrenbacher*, in: MüKo HGB, § 325 HGB Rn. 88; *Kaminski*, in: Haufe, HGB, § 325 HGB Rn. 144 ff.

1212 *Fehrenbacher*, in: MüKo HGB, § 325 HGB Rn. 93; *Kaminski*, in: Haufe, HGB, § 325 HGB Rn. 148.

1213 *Fehrenbacher*, in: MüKo HGB, § 325 HGB Rn. 6; *Kaminski*, in: Haufe, HGB, § 325 HGB Rn. 1; *Kersting*, in: Staub, HGB, § 325 HGB Rn. 8 f.; *Zetzsche*, in: Kölner Komm RechnungslegungsR, Vorbem § 325 HGB Rn. 3.

1214 *Fehrenbacher*, in: MüKo HGB, § 325 HGB Rn. 6; *Kaminski*, in: Haufe, HGB, § 325 HGB Rn. 1; *Wagenhofer*, in: Jost, Prinzipal-Agenten-Theorie, S. 439.

1215 BT-Drs. 14/2353, S. 26; *Haller/Hütten/Löffelmann*, in: Küting/Weber, Hdb Rechnungslegung, Vorbem §§ 325–329 HGB Rn. 16; *Kaminski*, in: Haufe, HGB, § 325 HGB Rn. 3; *Pellens/Füllbier/Gassen/Sellhorn*, IFRS, S. 1071.

1216 *Kersting*, in: Staub, HGB, § 325 HGB Rn. 14; *Masling*, Publizitätspflichten, S. 277.

1217 *Kaminski*, in: Haufe, HGB, § 325 HGB Rn. 167 ff.; *Kersting*, in: Staub, HGB, § 325 Rn. 16 f.; *Muzzu/Prystav/Stein*, DStR 2013, 1300 (1303).

1218 *Garf von Kanitz*, Bilanzkunde, S. 7; *Pöschke*, in: Staub, HGB, Vorbem §§ 238 HGB Rn. 1; *Tanski*, Rechnungslegung, S. 27.

a. Arten von Rechnungslegungsvorschriften

Im Bereich der Rechnungslegungsvorschriften ist zwischen gesetzlichen und solchen Regelungen, die von einem privaten Institut erarbeitet werden, zu unterscheiden.[1219]

aa. Nationale Rechnungslegungsvorschriften

Bzgl. der Vergütung von Managern stellen § 285 Nr. 9 und § 314 Abs. 1 Nr. 6 HGB nationale Rechnungslegungsvorschriften dar.

Die nationalen Rechnungslegungsvorschriften finden sich vor allem in den §§ 238 ff. HGB und beschränken sich auf einige wenige allgemeine Regelungen. Die Generalnorm der nationalen Rechnungslegungsvorschriften bildet § 243 HGB für den Jahresabschluss eines Kaufmanns, § 264 Abs. 2 HGB für den Jahresabschluss der Kapitalgesellschaften und § 297 Abs. 2 Satz 2 HGB entsprechend für den Konzernabschluss.[1220] Der Abschluss hat danach den Grundsätzen ordnungsgemäßer Buchführung zu entsprechen.[1221] Die jeweilige Generalnorm soll zum einen eine Auslegungshilfe darstellen und zum anderen Gesetzeslücken schließen.[1222]

1219 *Schulze-Osterloh*, ZIP 2001, 1433 (1437 f.); *Wagenhofer*, in: Jost, Prinzipal-Agenten-Theorie, S. 439 (440).

1220 Weitere Regelungen: Nach § 243 Abs. 2 HGB (§ 297 Abs. 2 Satz 1 HGB für den Konzernabschluss) muss der Jahresabschluss klar und übersichtlich aufgebaut sein, *Baetge/Kirsch/Thiele*, Bilanzen, S. 121; *Scherrer*, Konzernrechnungslegung nach HGB, S. 93. Daneben ist der Grundsatz der Richtigkeit (§ 239 Abs. 2 HGB) und der Vergleichbarkeit bzw. Stetigkeit (§ 252 Abs. 1 Nr. 1 bzw. § 243 Abs. 2 HGB für die formelle und § 246 Abs. 3 HGB bzw. § 252 Abs. 1 Nr. 6 HGB für die materielle Stetigkeit) zu beachten – der Grundsatz der Vergleichbarkeit und Stetigkeit gilt für den Konzernabschluss entsprechend, § 298 Abs. 1 HGB bzw. § 297 Abs. 3 HGB, *Baetge/Kirsch/Thiele*, Bilanzen, S. 118 f.; *Busse von Colbe*, in: MüKo HGB, Vorbem §§ 290 ff HGB Rn. 53; *Scherrer*, Konzernrechnungslegung nach HGB, S. 98. Ein wesentliches Grundprinzip ist daneben noch der Grundsatz der Vollständigkeit nach § 239 Abs. 2 HGB und § 246 Abs. 1 HGB (bzw. § 294 Abs. 1 und § 300 Abs. 2 HGB), sowie die Anwendung einheitlicher (§ 308 Abs. 1 HGB) bzw. allgemeiner Bewertungsmethoden (§ 252 i.V.m. § 298 Abs. 1 HGB), *Baetge/Kirsch/Thiele*, Bilanzen, S. 121 f.; *Busse von Colbe*, in: MüKo HGB, § 297 HGB Rn. 9. Der Grundsatz der Wirtschaftlichkeit stellt ebenfalls einer der wesentlichen Grundsätze der Rechnungslegung dar, *Baetge/Kirsch/Thiele*, Bilanzen, S. 123; *Winkeljohann/Rimmelspacher*, in: BeckOK BilanzR, § 297 HGB Rn. 195.

1221 *Buchholz*, Grundzüge des Jahresabschlusses nach HGB und IFRS, S. 114; *Scherrer*, Konzernrechnungslegung nach HGB, S. 94 f.; *Pellens/Strzyz*, in: Hommelhoff/Hopt/von Werder, Hdb CG, S. 533 (542).

1222 *Busse von Colbe*, in: MüKo HGB, Vorbem §§ 290 ff. HGB Rn. 41; *Scherrer*, Konzernrechnungslegung nach HGB, S. 95; *Winkeljohann/Schellhorn*, in: BeckOK BilanzR, § 264 HGB Rn. 34.

bb. Internationale Offenlegungsvorschriften (IFRS)

Im Rahmen der Rechnungslegungsregelungen zur Vergütung von Managern ist IAS 24 eine internationale Rechnungslegungsvorschrift.

Die IFRS werden seit 2001 von dem privatrechtlichen organisierten Normsetzungsgremium International Accounting Standards Board (IASB) entwickelt, die der Dachorganisation International Accounting Standards Committee Foundation (IASCF) angehört.[1223] Unter IFRS versteht man nach IAS 1.7 die vom IASB aufgestellten Standards und Interpretationen. Diese umfassen die IFRS, die IAS sowie die Interpretationen des International Financial Reporting Interpretations Committee (IFRIC) bzw. des ehemaligen Standing Interpretations Committee (SIC). Die IAS und SIC-Interpretationen wurden bis zum 31. März 2001 von dem International Accounting Standards Committee (IASC) und dem SIC verabschiedet. 2003 wurden die IAS in IFRS umbenannt.[1224]

Die IFRS-Vorschriften werden durch das „Komitologieverfahren“, das in den Art. 3 und Art. 5 IAS-VO geregelt ist, in europäisches Recht umgesetzt.[1225] Die IAS-VO gilt unmittelbar.[1226] Die IFRS Vorschriften selbst sind unverbindliche Empfehlungen, sodass eine Umsetzung in (nationale) Gesetze notwendig ist, damit sie eine Rechtswirkung entfalten können.[1227] Die IFRS wurden mittlerweile in einige Sprachen übersetzt, der maßgebliche Ursprungstext ist jedoch die englische Version nach § 37 der Satzung der IASCF.[1228] Indem die Regelungen durch das Komitologieverfahren in europäisches Recht umgesetzt werden und alle Übersetzungen offizielle legislative Texte sind, kann der englischen Version aber kein Geltungsvorrang zukommen.[1229] Ist die Bedeutung der deutschen Regelung jedoch nicht klar, ist bei der Auslegung der ursprüngliche englische Text zu berücksichtigen.[1230]

1223 *Coenenberg/Haller/Schultze*, Jahresabschluss, S. 54 f.; *Heuser*, in: Heuser/Theile, IFRS Hdb, S. 13.

1224 *Ballwieser*, in: MüKo HGB, Vorbem §§ 238 ff. HGB Rn. 12; *Driesch*, in: Beck'sches IFRS Hdb, § 1 Rn. 36.

1225 *Driesch*, in: Beck'sches IFRS Hdb, § 1 Rn. 71; *Grottel/Kreher*, in: BeckOK BilanzR, § 315e HGB Rn. 8; *Senger/Brune*, in: MüKo BilanzR, § 315a HGB Rn. 15.

1226 *Böcking/Gros*, in: Ebenroth/Boujong/Joost/Strohn, HGB, § 315a, Rn. 1; *Busse von Colbe*, in: MüKo HGB, § 315a HGB Rn. 9; *Senger/Brune*, in: MüKo BilanzR, § 315a HGB Rn. 13.

1227 *Ballwieser*, in: MüKo HGB, Vorbem §§ 238 HGB Rn. 15; *Hohl*, Private Standardsetzung, S. 146.

1228 *Petersen/Bansbach/Dornbach*, IFRS, S. 4; *Wojcik*, Rechnungslegungsstandards, S. 270. Der englische Text wird in die verschiedenen Mitgliedssprachen übersetzt ohne dass es dabei zu einer inhaltlichen Änderung kommt. Aufgrund der Übersetzungsschwierigkeiten kommt dem englischen Text daher bei der Auslegung entscheidendes Gewicht zu, vgl. *Wojcik*, Rechnungslegungsstandards, S. 296 f.

1229 *Wagenhofer*, IFRS, S. 145.

1230 *Petersen/Bansbach/Dornbach*, IFRS, S. 4; *Wojcik*, Rechnungslegungsstandards, S. 270.

Die Rechnungslegungsvorschriften sind in drei Teile zu unterteilen: Conceptual Framework (die Grundlagen der Rechnungslegung), Standards (IAS und IFRS befassen sich mit Einzelproblemen) und Interpretations (SIC, IFRIC und IFRSIC beinhalten Auslegungshilfen).[1231] Das Conceptual Framework hat eine vergleichbare Funktion wie die Grundsätze ordnungsgemäßer Buchführung.[1232] Im Gegensatz zu den IFRS ist es von den Anwendern jedoch nicht verbindlich einzuhalten.[1233]

cc. DRS

Auch die DRS enthalten mit DRS 17 eine Empfehlung des DRSC zur Vergütung von Managern.

Das Deutsche Rechnungslegungs Standards Committee (DRSC) wurde vom Bundesministerium der Justiz mit Vertrag vom 2. Dezember 2011 als privatrechtliche Einrichtung anerkannt und die Aufgaben nach § 342 Abs. 1 Satz 1 2. HS HGB übertragen.[1234] Dabei handelt es sich um einen eingetragenen Verein, dessen wesentliches Organ im Rahmen der Rechnungslegung zunächst der DRS und nun die Fachausschüsse sind.[1235] Das Rechnungslegungs Interpretations Committee (RIC) hat für das DRSC bis Ende 2011 Interpretationen zur Umsetzung der IFRS entwickelt. Die Aufgabe des RIC wurde sodann von dem IFRS-Fachausschuss übernommen.[1236] Dies ist gesetzlich in § 342 Abs. 1 Nr. 4 HGB verankert. Die

---

1231 *Baetge/Kirsch/Thiele*, Bilanzen, S. 145 ff.; *Buchholz*, Grundzüge des Jahresabschlusses nach HGB und IFRS, S. 233; *Theile*, in: Heuser/Theile, IFRS Hdb, S. 17; *Petersen/Bansbach/Dornbach*, IFRS, S. 3.

1232 Zu den Fundamentgrundsätzen der IFRS-Rechnungslegung gehört etwa der Grundsatz der Verständlichkeit, der Wesentlichkeit (IAS 1.7), der Vollständigkeit, Einhaltung einer glaubwürdigen Darstellung sowie der Vergleichbarkeit. Die Darstellung hat vollständig, neutral und fehlerfrei zu erfolgen, *Baetge/Kirsch/Thiele*, Bilanzen, S. 153; *Theile*, in: Heuser/Theile, IFRS Hdb, S. 87 ff.; *Pellens/Füllbier/Gassen/Sellhorn*, IFRS, S. 107 ff.; *Wagenhofer*, IFRS, S. 128 f.

1233 Durch die Fortentwicklung der Standards finden sich dort nun auch Regelungen zu den Grundprinzipien, die dem Framework sodann vorgehen; *Wagenhofer*, IFRS, S. 125; vgl. auch *Pellens/Füllbier/Gassen/Sellhorn*, IFRS, S. 124.

1234 Nach § 342 Abs. 1 Satz 1 HGB kann das Bundesministerium der Justiz eine privatrechtlich organisierte Einrichtung vertraglich anerkennen und ihr folgende Aufgaben übertragen: Empfehlungen zur Anwendung der Grundsätze über die Konzernrechnungslegung zu entwickeln, das Bundesministerium der Justiz bei Gesetzgebungsvorhaben zu Rechnungslegungsvorschriften zu beraten, die Bundesrepublik Deutschland in internationalen Standardisierungsgremien zu vertreten und Interpretationen zu den internationalen Rechnungslegungsvorschriften i.S.d. § 315e Abs. 1 HGB zu erarbeiten, vgl. auch: *Driesch*, in: Beck'sches IFRS Hdb, § 1 Rn. 87; *Kleindiek*, in: MüKo BilanzR, § 342 HGB Rn. 38.

1235 *Böcking/Gros*, in: Ebenroth/Boujong/Joost/Strohn, HGB, § 342 HGB Rn. 5; *Küting/Dürr/Zwirner*, BC 2002, 197 (198); *Schülke*, IDW-Standards, S. 88 f.

1236 *Böcking/Gros*, in: Ebenroth/Boujong/Joost/Strohn, HGB, § 342 HGB Rn. 15; *Coenenberg/Haller/Schultze*, Jahresabschluss, S. 50. Dem Standardisierungsrat bzw. German

Interpretationen sollen in Ergänzung zu den Interpretationen der IASB als Leitfaden dienen.[1237]

Nach überwiegender Meinung werden die Empfehlungen als private Regelungen eingestuft, die an sich keine Rechtswirkung entfalten.[1238] Für Empfehlungen, die vom Bundesministerium der Justiz im Bundesanzeiger bekannt gemacht wurden, greift die Vermutungswirkung nach § 342 Abs. 2 HGB. Die Vermutungswirkung gilt nur im Rahmen der Aufgabenzuweisung nach § 342 Abs. 1 HGB.[1239] Ferner können nur dann Empfehlungen des DRSC erarbeitet werden, wenn sich diese im Rahmen des Ermessensspielraums der betreffenden Konzernrechnungslegungsvorschrift halten.[1240] Die dogmatische Einordnung der Vermutungswirkung ist umstritten.[1241] Die unverbindlichen Empfehlungen erlangen jedenfalls auch nach Bekanntmachung keine Gesetzeskraft.[1242] Über den § 342 Abs. 2 HGB kommt ihnen jedoch eine mittelbare Rechtswirkung zu.[1243] Die Empfehlungen stellen eine Konkretisierung der zu beachtenden Rechnungslegungsvorschriften dar, sodass die Gerichte bei Einhaltung der Empfehlung davon ausgehen können, dass die Grundsätze ordnungsgemäßer Buchführung beachtet wurden.[1244] Diese sind aber widerlegbar und den Gerichten kommt vielmehr die abschließende Aufgabe zu, die Empfehlungen zu konkretisieren.[1245] Die Empfehlungen sind auch nach Bekanntmachung bei Aufstellung des Konzernabschlusses nicht verpflichtend zu beachten. Werden diese nicht eingehalten, so kann dies aber zur Folge haben, dass

---

Accounting Standards Board stand ein Vetorecht gegen die Verlautbarungen des RIC zu; *Claussen/Mock*, in: Kölner Komm RechnungslegungsR, § 342 HGB Rn. 4.

1237 *Böcking/Gros*, in: Ebenroth/Boujong/Joost/Strohn, HGB, § 342 HGB Rn. 15; *Coenenberg/Haller/Schultze*, Jahresabschluss, S. 50.

1238 *Engler*, Private Regelsetzung, S. 95; *Hellermann*, NZG 2000, 1097 (1098); *Kleindiek*, in: MüKo BilanzR, § 342 HGB Rn. 28; a.A.: *Hohl*, Private Standardsetzung, S. 315.

1239 *Böcking/Gros*, in: Ebenroth/Boujong/Joost/Strohn, HGB, § 342 HGB Rn. 12; *Kleindiek*, in: MüKo BilanzR, § 342 HGB Rn. 30, 32.

1240 *Kleindiek*, in: MüKo BilanzR, § 342 BGB Rn. 11; *Küting/Dürr/Zwirner*, BC 2002, 197, 198; *Schwab*, in: Staub, HGB, § 342 HGB Rn. 35b.

1241 *Engler*, Private Regelsetzung, S. 97; *Hellermann*, NZG 2000, 1097 (1098); *Hohl*, Private Standardsetzung, S. 313 ff.; *Kleindiek*, in: MüKo BilanzR, § 342 HGB Rn. 27.

1242 *Buchholz*, Ein neues DRSC?, S. 135; *Ebke/Paal*, in: MüKo HGB, § 342 HGB Rn. 22; *Schmidt/Holland*, in: BeckOK BilanzR, § 342 HGB Rn. 18.

1243 *Engler*, Private Regelsetzung, S. 96; *Hohl*, Private Standardsetzung, S. 316; *Schmidt/Holland*, in: BeckOK BilanzR, § 342 HGB Rn. 19.

1244 *Engler*, Private Regelsetzung, S. 99; *Hellermann*, NZG 2000, 1097 (1099).

1245 *Ebke/Paal*, in: MüKo HGB, § 342 HGB Rn. 24 f.; *Hellermann*, NZG 2000, 1097 (1099); *Kleindiek*, in: MüKo BilanzR, § 342 HGB Rn. 30; *Küting/Dürr/Zwirner*, BC 2002, 197 (198); *Schulze-Osterloh*, ZIP 2001, 1433 (1439).

der Bestätigungsvermerk oder der Prüfbericht des Abschlussprüfers entsprechend eingeschränkt werden muss.[1246]

dd. Anwendungsbereich der verschiedenen Rechnungslegungsvorschriften

Im Hinblick auf die unterschiedlichen Rechnungslegungsvorschriften zur Vergütung von Managern ist zu klären, von welchen Unternehmen die Vorschriften zu beachten sind. Der Anwendungsbereich der verschiedenen Rechnungslegungsvorschriften richtet sich danach, ob das Unternehmen der Rechnungslegungspflicht unterliegt und welche Art von Abschluss es aufstellen muss. Der Umfang der Rechnungslegung ist von der Rechtsform des Unternehmens sowie der Unternehmensgröße abhängig.[1247]

[1] Aufstellung des Jahresabschlusses

Nach § 242 Abs. 1 Satz 1 HGB hat jeder Kaufmann einen Jahresabschluss aufzustellen.[1248] Der Jahresabschluss umfasst die Bilanz sowie die Gewinn- und Verlustrechnung (GuV), § 242 Abs. 3 HGB. Bei Kapitalgesellschaften erfolgt noch eine Erweiterung um den Anhang, § 264 Abs. 1 HGB. Anzuwenden sind die für den Jahresabschluss bestehenden nationalen Rechnungslegungsvorschriften.

[2] Aufstellung des Konzernabschlusses

Nach § 290 Abs. 1 Satz 1 HGB ist ein Konzernabschluss und ein Konzernlagebericht aufzustellen, wenn die Kapitalgesellschaft einen Sitz im Inland hat und auf ein anderes Unternehmen (Tochterunternehmen) unmittelbar oder mittelbar einen beherrschenden Einfluss ausüben kann und keine Befreiung von der Aufstellungspflicht nach § 290 Abs. 5 HGB greift.[1249]

1246 *Buchholz*, Ein neues DRSC?, S. 137; *Ebke/Paal*, in: MüKo HGB, § 342 HGB Rn. 25; *Schmidt/Holland*, in: BeckOK BilanzR, § 342 HGB Rn. 19; *Schülke*, IDW-Standards, S. 98.

1247 *Lück*, Rechnungslegung nach Handels- und Steuerrecht, S. 15, 52; *Muzzu/Prystav/Stein*, DStR 2013, 1300.

1248 Unternehmen, die den PublG unterliegen, haben ebenfalls nach § 5 Abs. 1 Satz 1 PublG einen Jahresabschluss aufzustellen, ebenso Kredit- und Versicherungsunternehmen (§§ 340a Abs. 1, 341a Abs. 1 HGB).

1249 Nach § 264a HGB trifft die Pflicht zur Aufstellung eines Konzernabschlusses auch bestimmte offene Handelsgesellschaften und Kommanditgesellschaften. Ferner kann sich diese Pflicht aus §§ 11 ff. PublG bzw. für Kredit- und Versicherungsunternehmen aus §§ 340a Abs. 1, 341a Abs. 1 HGB ergeben, vgl. *Böcking/Gros/Schurbohm-Ebneth*, in: Ebenroth/Boujong/Joost/Strohn, HGB, § 290 HGB Rn. 3; *Senger/Hoehne*, in: MüKo BilanzR, § 290 HGB Rn. 10.

Der Konzernabschluss besteht aus der Konzernbilanz, der Konzern-GuV-Rechnung, dem Konzernanhang, der Kapitalflussrechnung und der Eigenkapitalveränderung und dem Eigenkapitalspiegel, § 297 Abs. 1 Satz 1 HGB. Anzuwenden sind die für den Konzernabschluss bestehenden nationalen Rechnungslegungsvorschriften.

[3] Konzernabschluss nach International Financial Reporting Standards (IFRS)

Aufgrund einer IAS-Verordnung[1250] müssen kapitalmarktorientierte Unternehmen mit Sitz in der Europäischen Union seit dem 1. Januar 2005 ihren konsolidierten Konzernabschluss nach internationalen Rechnungslegungsvorschriften aufstellen.[1251] Die IAS-VO gilt unmittelbar.[1252] § 315e HGB regelt daneben ergänzend die Anwendung der IFRS-Vorschriften.[1253] Die Pflicht zur Aufstellung eines Konzernabschlusses nach den Vorschriften der IFRS trifft jedes kapitalmarktorientierte Mutterunternehmen, das verpflichtet ist, einen Konzernabschluss aufzustellen gem. § 290 HGB bzw. § 11 PublG und die Voraussetzung nach Art. 4 IAS-VO i.V.m. § 315e Abs. 1, 2 HGB erfüllt.[1254] Eine Umsetzung erfolgte zum Teil durch § 315e Abs. 2 und Abs. 3 HGB wie durch § 325 Abs. 2a HGB. Kapitalmarktorientierte Unternehmen, für die keine Pflicht zur Aufstellung eines Konzernabschlusses unter Anwendung der internationalen Rechnungslegungsstandards nach § 315e Abs. 1 und Abs. 2 HGB besteht, haben ein Wahlrecht, § 315e Abs. 3 HGB.

1250 Verordnung (EG) Nr. 1606/2002 des Europäischen Parlaments und des Rates v. 19.7.2002 betreffend die Anwendung internationaler Rechnungslegungsstandards, ABl. L 243/1 v. 11.9.2002, S 1.

1251 *Grottel/Kreher*, in: BeckOK BilanzR, § 315e HGB Rn. 3; *Hohl*, Private Standardsetzung, S. 126; *Graf von Kanitz*, Bilanzkunde, S. 16; *Senger/Brune*, in: MüKo BilanzR, § 315a HGB Rn. 2.

1252 Art. 5 IAS-VO gewährt den Mitgliedsstaaten einige Wahlrechte: Danach besteht zum einen die Möglichkeit, dass die Pflicht zur Aufstellung des Konzernabschlusses nach den IFRS-Reglungen ausgeweitet werden kann, auch auf nicht-kapitalmarktorientierte Unternehmen. Im Weiteren können die Mitgliedsstaaten für die kapitalmarktorientierten Unternehmen ein Wahlrecht einrichten, ob sie ihren Konzernabschluss nach den IFRS-Vorschriften aufstellen wollen oder nicht. Sie können ein Wahlrecht einführen, das auch nicht-kapitalmarktorientierten Unternehmen die Möglichkeit bietet, ihren Konzernabschluss nach IFRS-Vorschriften aufzustellen, vgl. *Böcking/Gros*, in: Ebenroth/Boujong/Joost/Strohn, HGB, § 315a, Rn. 1; *Busse von Colbe*, in: MüKo HGB, § 315a HGB Rn. 9; *Senger/Brune*, in: MüKo BilanzR, § 315a HGB Rn. 13.

1253 *Busse von Colbe*, in: MüKo HGB, § 315a HGB Rn. 6; *Driesch*, in: Beck'sches IFRS Hdb, § 1 Rn. 70; *Grottel/Kreher*, in: BeckOK BilanzR, § 315e HGB Rn. 1.

1254 *Böcking/Gros*, in: Ebenroth/Boujong/Joost/Strohn, HGB, § 315a HGB Rn. 4 f.; *Senger/Brune*, in: MüKo BilanzR, § 315a HGB Rn. 3.

Ein Konzernabschluss, der nach den IFRS-Vorschriften errichtet wird, besteht nach IAS 1.10 aus „einer Bilanz zum Abschlussstichtag; einer Darstellung von Gewinn und Verlust und sonstigem Ergebnis [...] für die Periode; einer Eigenkapitalveränderungsrechnung für die Periode; einer Kapitalflussrechnung für die Periode; dem Anhang, der eine Darstellung der wesentlichen Rechnungslegungsmethoden und sonstigen Erläuterungen enthält; Vergleichsinformationen hinsichtlich der vorangegangenen Periode [...]."

Neben den IFRS kommen auch noch nationale Rechnungslegungsvorschriften zur Anwendung. Diese werden in § 315e Abs. 1 HGB aufgezählt. Die Empfehlungen des DRSC (DRS) werden primär auf nicht kapitalmarktorientierte Unternehmen angewandt, die das Wahlrecht nach § 315e Abs. 3 HGB nicht nutzen. Der Anwendungsbereich neben den IFRS ist somit klein.[1255]

b. Zweck der Rechnungslegungsvorschriften

Mit der Rechnungslegung werden im Wesentlichen drei Zwecke verfolgt: Rechenschaft, Gewinnermittlung und Information.[1256]

Die Rechnungslegung bewirkt, dass die Unternehmensleitung insoweit der Kontrolle unterliegt und zumindest gegenüber den Gesellschaftern Rechenschaft ablegen muss.[1257] Der Rechnungslegung kommt zum Schutz der Gesellschafter und Gläubiger daneben eine Ermittlungs- und Dokumentationsfunktion zu.[1258] Wesentliche Funktion ist aber vor allem die Informationsverschaffung.[1259] Adressat der Rechnungslegung sind zum einen die Anteilseigner wie auch die Geschäftsführung. Die Rechnungslegung richtet sich zum anderen an außenstehende Dritte, wie potentielle Anteilseigner, Kunden oder Lieferanten.[1260] Im Vergleich mit Kaufleuten wird die Informationsfunktion des Jahresabschlusses für Kapitalgesellschaften genauer im Gesetz geregelt.[1261] Nach § 264 Abs. 2 Satz 1 HGB hat der

---

1255 *Coenenberg/Haller/Schultze*, Jahresabschluss, S. 49; *Hohl*, Private Standardsetzung, S. 313; *Küting/Dürr/Zwirner*, BC 2002, 197 (199); *Schmidt/Holland*, in: BeckOK BilanzR, § 342 HGB Rn. 9.

1256 *Busse von Colbe*, in: Sandrock/Jäger, Unternehmenskontrolle, S. 37 (44); *Graf von Kanitz*, Bilanzkunde, S. 15 f.

1257 *Busse von Colbe*, in: Sandrock/Jäger, Unternehmenskontrolle, S. 37 (44 f.); *Winnefeld*, Bilanz Hdb, Einf. Rn. 1; *Scherrer*, Konzernrechnungslegung nach HGB, S. 16; *Schulze-Osterloh*, ZIP 2001, 1433 (1436).

1258 *Busse von Colbe*, in: Sandrock/Jäger, Unternehmenskontrolle, S. 37 (45); *Lück*, Rechnungslegung nach Handels- und Steuerrecht, S. 15; *Pellens/Strzyz*, in: Hommelhoff/Hopt/von Werder, Hdb CG, S. 533 (535); *Winnefeld*, Bilanz Hdb, Einf. Rn. 10.

1259 *Busse von Colbe*, in: Sandrock/Jäger, Unternehmenskontrolle, S. 37 (47); *Lück*, Rechnungslegung nach Handels- und Steuerrecht, S. 16; *Tanski*, Rechnungslegung, S. 27.

1260 *Scherrer*, Konzernrechnungslegung nach HGB, S. 12; *Wagenhofer*, in: Jost, Prinzipal-Agenten-Theorie, S. 439; *Winnefeld*, Bilanz Hdb, Einf. Rn. 17.

1261 Vgl. § 243 HGB.

Jahresabschluss die Grundsätze ordnungsgemäßer Buchführung zu beachten und über die Vermögens-, Finanz- und Ertragslage der Gesellschaft entsprechend den tatsächlichen Verhältnissen zu berichten (bzw. § 297 Abs. 2 Satz 2, Abs. 3 HGB für den Konzernabschluss). Insofern sollen insbesondere externe Rechnungslegungsadressaten die Lage der Gesellschaft einschätzen und eine fundierte Prognose entwickeln können.[1262] Die Rechnungslegung ist aufgrund ihrer Informationsfunktion ein geeignetes Mittel, um die durch den Prinzipal-Agenten-Konflikt bedingte Informationsasymmetrie abzubauen.[1263] Durch die Offenlegung der Rechnungslegung und damit ermöglichte Information der Rechnungslegungsadressaten wird die asymmetrische Informationsverteilung zwischen Management und Stakeholdern vermindert.[1264] Im Vergleich zur Rechnungslegung im angelsächsischen Raum verfolgt der deutsche Jahresabschluss aber nicht nur die Information der Rechnungslegungsadressaten. Neben der Informations- und bereits erörterten Rechenschaftsfunktion besteht auch eine Kapitalerhaltungsfunktion.[1265] Durch die Rechnungslegungsvorschriften soll eine periodengerechte Ermittlung des Gewinns eines Unternehmens sichergestellt werden.[1266] Dieses Ziel wird vor allem durch die Offenlegungsvorschriften nach §§ 325 ff. HGB erreicht, die nicht zu den Rechnungslegungsvorschriften zählen, sondern nur den Rechnungslegungsadressaten deren Ergebnisse zugänglich machen.[1267] Das wesentliche Instrument der externen Rechnungslegung stellt der Jahresabschluss dar.[1268]

Der Konzernabschluss wie auch der Konzernabschluss nach internationalen Rechnungslegungsvorschriften dienen primär der Information der Kapitalmärkte.[1269] Neben der Informationsfunktion haben sie wie der Jahresabschluss eine

---

1262 *Scherrer*, Konzernrechnungslegung nach HGB, S. 12; *Winnefeld*, Bilanz Hdb, Einf. Rn. 20.

1263 *Henne*, Information und Corporate Governance, S. 246; *Pellens/Strzyz*, in: Hommelhoff/Hopt/von Werder, Hdb CG, S. 533 (534); *Wiemann*, Prüfungsqualität, S. 20. Vgl. auch Kapitel § 2 A II 3 b.

1264 *Pellens/Strzyz*, in: Hommelhoff/Hopt/von Werder, Hdb CG, S. 533 (557).

1265 *Baetge/Kirsch/Thiele*, Bilanzen, S. 98; *Hohl*, Private Standardsetzung, S. 128; *Reiner*, in: MüKo HGB, § 264 HGB Rn. 27; *Winnefeld*, Bilanz Hdb, Einf. Rn. 11.

1266 *Wagenhofer*, in: Jost, Prinzipal-Agenten-Theorie, S. 439 (440); *Winnefeld*, Bilanz Hdb, Einf. Rn. 11.

1267 *Masling*, Publizitätspflichten, S. 196; *Pöschke*, in: Staub, HGB, Vorbem §§ 238 HGB Rn. 2.

1268 *Coenenberg/Hallter/Schultze*, Jahresabschluss, S. 17; *Graf von Kanitz*, Bilanzkunde, S. 19; *Winnefeld*, Bilanz Hdb, Einf. Rn. 1.

1269 *Buchholz*, Grundzüge des Jahresabschlusses nach HGB und IFRS, S. 168; *Hohl*, Private Standardsetzung, S. 128; *Pellens/Strzyz*, in: Hommelhoff/Hopt/von Werder, Hdb CG, S. 533 (539); *Tanski*, Rechnungslegung, S. 14. Die Ziele, die die Rechnungslegung nach den HGB-Vorschriften vorrangig verfolgt, wie etwa das Vorsichtsgebot, zeichnen die IFRS hingegen nicht aus, *Graf von Kanitz*, Bilanzkunde, S. 18; *Pellens/Füllbier/Gassen/Sellhorn*, IFRS, S. 125; *Schulze-Osterloh*, ZIP 2001, 1433 (1438).

Dokumentationsfunktion, und ebenfalls keine Ausschüttungs- und Steuerfunktion.[1270] Die Funktion der IFRS ist es insbesondere, eine leichte Vergleichbarkeit des Jahresabschlusses mit solchen von anderen Unternehmen zu ermöglichen.[1271] Die IFRS-Rechnungslegungsvorschriften sind standardisiert und für die weltweite Anwendung konzipiert.[1272] Im Gegensatz zu den HGB-Rechnungslegungsvorschriften sind die IFRS-Rechnungslegungsvorschriften umfangreicher und detaillierter geregelt.[1273]

II. Offenlegung der Vergütung des Managements

Aufgrund der Ausübung von Doppelmandaten besteht gerade die Gefahr, dass der Aufsichtsrat seiner Überwachungstätigkeit nicht mehr effektiv nachkommt, wenn ihm dabei entsprechende Vorteile gewährt werden.[1274] Nach gewissen Rechnungslegungsvorschriften ist die Vergütung von Managern offenzulegen. So kann unzulässigen Koppelungsgeschäften jedenfalls insoweit begegnet werden, als den betreffenden Personen im Rahmen ihrer Tätigkeit kein unzulässig hohes Gehalt gewährt werden kann, ohne dass dies publik zu machen ist und darüber Rechenschaft abgelegt werden muss.[1275] Zweck der Offenlegungsvorschriften ist es nämlich gerade, dass das Unternehmen Rechenschaft ablegen muss und sich die Öffentlichkeit über die Lage des Unternehmens informieren kann.[1276] Indem nun die Öffentlichkeit durch solche Vorschriften in die Lage versetzt wird, sich über die Höhe der jeweiligen Gehälter und die wirtschaftliche Situation des Unternehmens

1270 *Buchholz*, Grundzüge des Jahresabschlusses nach HGB und IFRS, S. 168, 236 f.; *Busse von Colbe*, in: Sandrock/Jäger, Unternehmenskontrolle, S. 37 (48); *Scherrer*, Konzernrechnungslegung nach HGB, S. 14; *Wawrzinek/Lübbig*, in: Beck'sches IFRS Hdb, § 2 Rn. 39.

1271 *Buchholz*, Grundzüge des Jahresabschlusses nach HGB und IFRS, S. 229; *Schulze-Osterloh*, ZIP 2001, 1433 (1438).

1272 *Buchholz*, Grundzüge des Jahresabschlusses nach HGB und IFRS, S. 229; *Busse von Colbe*, in: MüKo HGB, § 315a HGB Rn. 2; *Senger/Brune*, in: MüKo BilanzR, § 315a HGB Rn. 8. Nach einer Analyse IFRS Foundation kommen die IFRS in 116 der insgesamt 140 untersuchten Länder verpflichtend zur Anwendung, *Driesch*, in: Beck'sches IFRS Hdb, § 1 Rn. 1, 51. Die Abschlüsse nach IFRS-Regelungen werden von der US-amerikanische Börsenaufsicht (SEC) anerkannt, *Pellens/Füllbier/Gassen/Sellhorn*, IFRS, S. 45.

1273 *Baetge/Kirsch/Thiele*, Bilanzen, S. 145; *Buchholz*, Grundzüge des Jahresabschlusses nach HGB und IFRS, S. 232 f.; *Heuser*, in: Heuser/Theile, IFRS Hdb, S. 1.

1274 Vgl. Kapitel § 3 C I 3.

1275 *Ott/Rexer*, Sz v. 21.9.2013, abrufbar unter http://www.sueddeutsche.de/wirtschaft/aufsichtsrats-gehaelter-der-blinde-fleck-1.1776729 [Zuletzt abgerufen am 5.6.2017].

1276 *Fehrenbacher*, in: MüKo HGB, § 325 HGB Rn. 6. Dazu Kapitel § 4 A I 1 b.

zu informieren, erzeugt dies einen Druck für das Unternehmen, keine unangemessen hohen Vergütungen zu gewähren.[1277]

Dabei ist im Folgenden näher zu untersuchen, ob und in welchem Umfang die Gehälter von Managern offengelegt werden müssen. Interessant ist vor allem in Bezug auf Koppelungsgeschäfte mit Arbeitnehmervertretern, ob die Höhe der Vergütung von Betriebsräten offengelegt werden muss und ob so ersichtlich ist, inwieweit sich das Gehalt verändert, wenn die Arbeitnehmervertreter neben dem Betriebsrats- auch das Aufsichtsratsamt ausüben.[1278]

Die Angaben zur Vergütung des Managements befinden sich im Anhang des Jahres- bzw. Konzernabschlusses. Dabei ist zwischen Jahres- und Konzernabschluss sowie der Anwendung von nationalen und internationalen Rechnungslegungsvorschriften zu unterscheiden. Bevor die einzelnen Regelungen und deren Umfang näher dargestellt werden, ist zunächst auf den Anhang und dessen Funktion einzugehen.

1. *Funktion des Anhangs*

Nach § 264 HGB sind die Kapitalgesellschaften und die Personengesellschaften i.S.d. § 264a HGB verpflichtet, den Jahresabschluss um einen Anhang zu erweitern, sofern keine Befreiung nach § 264 Abs. 1 Satz 5, Abs. 3, Abs. 4 HGB bzw. § 264b HGB greift.[1279] Soweit keine gesetzliche Verpflichtung greift, kann ein Anhang auch freiwillig von dem Unternehmen aufgestellt werden.[1280] Im Rahmen des Konzernabschlusses ist der Anhang ebenfalls ein Bestandteil des Abschlusses, § 297 Abs. 1 HGB. Der Konzernanhang kann mit dem Anhang des Jahresabschlusses des Mutterunternehmens zusammengefasst werden, § 298 Abs. 2 Satz 1 HGB.

Mit dem Anhang werden Erläuterungen zu der Bilanz und der GuV geliefert.[1281] Zudem enthält der Anhang weitere Informationen des Unternehmens.[1282] Dem

---

1277 *Andrejewski*, in: Böcking/Casten/Heymann, Beck'sches Hdb Rechnungslegung, B 40 Rn. 312; *Berger*, Vorstandsvergütung, S. 75; *Freidank/Sassen*, BB 2013, 1195 (1200); *Hüttemann/Meyer*, in: Staub, HGB, § 285 HGB Rn. 59.

1278 *Ott/Rexer*, Sz v. 21.9.2013, abrufbar unter http://www.sueddeutsche.de/wirtschaft/aufsichtsrats-gehaelter-der-blinde-fleck-1.1776729 [Zuletzt abgerufen am 5.6.2017].

1279 Daneben haben etwa auch Kreditinstitute und Versicherungsunternehmen wie Unternehmen, die dem Publikumsgesetz unterliegen, einen Anhang aufzustellen, vgl. *Graf/Bisle*, in: MüKo BilanzR, § 264 HGB Rn. 2; *Scherrer*, Konzernrechnungslegung nach HGB, S. 393.

1280 *Winkeljohann/Schellhorn*, in: BeckOK BilanzR, § 264 HGB Rn. 1; *Winnefeld*, Bilanz Hdb, J Rn. 1.

1281 *Buchholz*, Grundzüge des Jahresabschlusses nach HGB und IFRS, S. 146, 281; *Driesch*, in: Beck'sches IFRS Hdb, § 19 Rn. 4; *Eidel/Strickmann*, Der Anhang nach HGB, S. 17; *Poelzig*, in: MüKo HGB, § 284 HGB Rn. 12.

1282 *Buchholz*, Grundzüge des Jahresabschlusses nach HGB und IFRS, S. 146, 281; *Coenenberg/Haller/Schultze*, Jahresabschluss, S. 851; *Poelzig*, in: MüKo HGB, § 284 HGB Rn. 10.

Anhang kommt neben der Erläuterungs-, Informations- und Ergänzungsfunktion auch eine Korrekturfunktion zu, wobei der primäre Zweck auf der Rechenschaft liegt.[1283] Daneben hat der Anhang noch eine Entlastungsfunktion.[1284] Bei Anwendung der IFRS-Vorschriften hat der Anhang („notes") eine vergleichbare Funktion: er hat eine Erläuterungs-, Ergänzungs- und Entlastungsfunktion, jedoch keine Korrekturfunktion. Der Anhang nach IFRS ist in der Regel umfangreicher und informativer als der nach den nationalen Rechnungslegungsvorschriften.[1285] Vergleichbar mit dem Anhang nach nationalen Vorschriften, gibt es Pflicht- und Wahlangaben in den notes.[1286]

Der Anhang wird als Teil des Jahres- bzw. Konzernabschlusses von der Offenlegungspflicht des § 325 HGB umfasst.[1287]

2. *Nationale Rechnungslegungsvorschriften*

Das HGB sieht sowohl für den Jahresabschluss als auch für den Konzernabschluss vor, dass die Vergütung des Managements im Anhang offengelegt werden muss, § 285 Nr. 9 HGB bzw. § 314 Abs. 1 Nr. 6 HGB.

a. *Zweck*

Diese Angaben stellen eine Ergänzung zum Jahresabschluss dar und geben Informationen, die Rückschlüsse auf die wirtschaftliche Lage der Gesellschaft zulassen.[1288] Durch die Vorschriften soll die Vergütung des Managements transparent und

---

1283 *Baetge/Kirsch/Thiele*, Bilanzen, S. 701; *Driesch*, in: Beck'sches IFRS Hdb, § 19 Rn. 4; *Lück*, Rechnungslegung, S. 256; *Scherrer*, Konzernrechnungslegung nach HGB, S. 394.

1284 *Eidel/Strickmann*, Der Anhang nach HGB, S. 17; *Hüttemann/Meyer*, in: Staub, HGB, § 284 HGB Rn. 8; *Kessler*, in: MüKo BilanzR, § 284 HGB Rn. 12.

1285 Vgl. IAS 1.18; *Buchholz*, Grundzüge des Jahresabschlusses nach HGB und IFRS, S. 281 f.; *Coenenberg/Haller/Schultze*, Jahresabschluss, S. 869; *Driesch*, in: Beck'sches IFRS Hdb, § 19 Rn. 5, 61 ff.; *Petersen/Bansbach/Dornbach*, IFRS, S. 599; *Poelzig*, in: MüKo HGB, § 314 HGB Rn. 126; *Winnefeld*, Bilanz Hdb, J Rn. 440, 445.

1286 *Poelzig*, in: MüKo HGB, § 314 HGB Rn. 129; *Winnefeld*, Bilanz Hdb, J Rn. 440.

1287 *Dirnhausen*, in: MüKo BilanzR, § 325 HGB Rn. 39; *Grottel*, in: BeckOK BilanzR, § 325 HGB Rn. 6.

1288 *Baetge/Kirsch/Thiele*, Bilanzen. S. 723; *Böcking/Gros*, in: Ebenroth/Boujong/Joost/Strohn, HGB, § 285 HGB Rn. 13. Nach einer empirischen Studie, die 2.725 Kapitalmarktexperten befragte, ist die Information über die Gesamtvergütung des Vorstands- und des Aufsichtsrats lediglich von mittlerer Bedeutung für die Befragten, *Hippel*, Konzernlagebericht, S. 185. Verfehlt ist es für die Abschaffung der Angabe aus dem Vergütungsbericht zu plädieren (so *Hippel*, Konzernlagebericht, S. 187), da sich durch die Angabe der Gesamtvergütung nicht sicher der künftige Ertrag einschätzen lasse. Wesentliche Funktion der Angabe ist es auch, Rechenschaft

Verflechtungen offengelegt werden.[1289] Die Öffentlichkeit und die Aktionäre sollen über die Höhe der Vergütung der Organmitglieder informiert werden.[1290] Diese Offenlegungspflichten schaffen einen indirekten Anstoß, die Vergütung angemessen auszugestalten, indem ein Anreiz für eine effektivere Kontrolle durch die Anteilseigner gesetzt wird und der Markt sich über die Höhe der Vergütung informieren kann.[1291] Die gesetzliche Regelung beruht auf Art. 43 Abs. 1 Nr. 12 der 4. EG-Richtlinie.[1292] Die Anforderung der gesonderten, individuellen Offenlegung nach § 285 Nr. 9 lit. a Satz 5–8 HGB wurde durch das VorstOG eingeführt und geht auf eine Empfehlung der EU-Kommission v. 14. Dezember 2004 zurück.[1293] Bereits zuvor enthielt der Kodex eine entsprechende Anregung, die sodann in eine Empfehlung umgeändert wurde, sodass zumindest gem. § 161 AktG offenzulegen war, ob die Empfehlung beachtet wird.[1294] Aufgrund der geringen Akzeptanz bei den Unternehmen war eine Umsetzung in eine gesetzliche Regelung angezeigt.[1295] Jedoch gibt es auch durchaus kritische Stimmen, die bezweifeln, ob die individuelle Offenlegung wirklich dazu beitragen kann, dass die Vergütung in einer angemessenen Höhe gewährt wird. Zu befürchten ist, dass durch die Offenlegung und die so bestehende Möglichkeit der Vergleichbarkeit mit Kollegen und anderen Managementmitgliedern in einer komparablen Situation vielmehr eine Angleichung der Vergütung nach oben erfolgt.[1296] Solch eine Vermutung liegt nahe, wenn man die Entwicklung der Managergehälter in den USA betrachtet. Dort hat die Offenlegung der Managementvergütung den stetigen Anstieg der Vergütungen nicht verhindert.[1297] Jedoch ist fraglich, inwieweit sich die Lage in den USA mit der in Deutschland vergleichen lässt.[1298]

---

abzulegen und einen Anreiz zu setzen, dass lediglich angemessene Vergütungen gewährt werden. Zudem lässt sich der Höhe durchaus eine Prognose, insbesondere im Vergleich zu den Angaben der vergangenen Jahre, ableiten und durch den Umstand, dass die Information eine mittlere Bedeutung für die Befragten zeigte, ist klar, dass durchaus ein Interesse an der Angabe in der Praxis besteht.

1289 *Hüttemann/Meyer*, in: Staub, HGB, § 285 HGB Rn. 59; *Müller*, in: Haufe, HGB, § 285 HGB Rn. 49 f.; *Peters*, in: Kölner Komm RechnungslegungsR, § 285 HGB Rn. 86.

1290 *Andrejewski*, in: Böcking/Casten/Heymann, Beck'sches Hdb Rechnungslegung, B 40 Rn. 312; *Kessler*, in: MüKo BilanzR, (2013) § 285 HGB Rn. 91.

1291 *Andrejewski*, in: Böcking/Casten/Heymann, Beck'sches Hdb Rechnungslegung, B 40 Rn. 312; *Marsch-Barner*, in: FS Röhricht, S. 401 (407); *von Medem*, in: Allmendinger u.a., Corporate Governance, S. 111 (124).

1292 Bilanzrichtlinien-Gesetz v. 19.12.1985, BGBl. 1985 Teil I Nr. 62, S. 2355.

1293 VorstOG v. 3.8.2005, BGBl. 2005 Teil I Nr. 47, S. 2267; ABl. EU L 222 v. 14.8.1978, S. 11 ff.; ABl. EU Nr. L 385 v. 29.12.2004, S. 55; *Hüttemann/Meyer*, in: Staub, HGB, § 285 HGB Rn. 59.

1294 *Lutter*, EuZW 2009, 799 (800); *Masling*, Publizitätspflichten, S. 162.

1295 *Lutter*, EuZW 2009, 799 (800); *Masling*, Publizitätspflichten, S. 162.

1296 *Bachmann*, AG 2011, 181 (187); *Marsch-Barner*, in: FS Röhricht, S. 401 (407 f.).

1297 *Hoffmann-Becking*, ZHR 169 (2005), 155 (173); *Marsch-Barner*, in: FS Röhricht, S. 401 (407).

1298 *Hoffmann-Becking*, ZHR 169 (2005), 155 (173); *Masling*, Publizitätspflichten, S. 221 f.

b. Offenlegung der Organvergütung im Jahresabschluss (§ 285 Nr. 9 HGB)

Im Anhang des Jahresabschlusses sind nach § 285 Nr. 9 HGB die Gesamtbezüge der Organvergütungen anzugeben. Der Anhang ist als Teil des Jahresabschlusses sodann im Wege der Offenlegung nach § 325 Abs. 1 Satz 1 Nr. 1 HGB den Rechnungslegungsadressaten bekannt. Die Regelung ist von denjenigen Unternehmen zu beachten, die einen Jahresabschluss samt Anhang aufstellen müssen.[1299]

aa. Offenlegungsumfang

Nach § 285 Nr. 9 lit. a Satz 1 HGB sind zum einen die Gesamtbezüge der Organmitglieder für jede Personengruppe im Anhang des Jahresabschlusses anzugeben. Daneben sind auch die Gesamtbezüge der früheren Mitglieder der bezeichneten Organe und ihrer Hinterbliebenen mitzuteilen, sowie der Betrag der Rückstellungen (§ 285 Nr. 9 lit. b HGB) und die gewährten Vorschüsse, Kredite und Haftungsverhältnisse (§ 285 Nr. 9 lit. c HGB).

[1] Betroffener Personenkreis

Von der Offenlegungspflicht umfasst sind nach dem Wortlaut von § 285 Nr. 9 HGB nur Organmitglieder. Darunter sind gem. § 285 Nr. 9 HGB Geschäftsführungsorgane, Aufsichtsratsmitglieder, Mitglieder eines Beirates oder einer ähnlichen Einrichtung zu verstehen. Zu den angabepflichtigen Aufsichtsratsmitgliedern zählen dabei sowohl die Aufsichtsratsmitglieder eines obligatorischen wie die eines fakultativen Aufsichtsrats.[1300] Bei der SE gilt der Verwaltungsrat als Aufsichtsrat.[1301] § 285 Nr. 9 HGB unterscheidet nicht zwischen Anteilseigner- und Arbeitnehmervertretern, sodass die Gesamtvergütung von allen Aufsichtsratsmitgliedern im Anhang anzugeben ist.[1302] Ersatzmitglieder sind nur dann einzubeziehen, wenn ein Aufsichtsratsmitglied vor der regulären Amtszeit aus dem Aufsichtsrat ausscheidet.[1303] Daneben sind die Ehrenmitglieder des Aufsichtsrates zu berücksichtigen, wenn sie durch ordnungsgemäße Wahl zum Aufsichtsratsmitglied bestellt und bei der vorgeschriebenen Mitgliederzahl mit gezählt wurden.[1304] Für die Beurteilung,

---

1299 Siehe dazu Kapitel § 4 A I 2 a dd [1].

1300 *Grottel*, in: BeckOK BilanzR, § 285 HGB Rn. 235; *Peters*, in: Kölner Komm RechnungslegungsR, § 285 HGB Rn. 94; *Poelzig*, in: MüKo HGB, § 285 HGB Rn. 147.

1301 *Hoffmann/Lüdenbach*, NWB Komm Bilanzierung, § 285 HGB Rn. 43; *Wulf*, in: Baetge/Kirsch/Thiele, BilanzR, § 285 HGB Rn. 143.

1302 *Grottel*, in: BeckOK BilanzR, § 285 HGB Rn. 246; *Poelzig*, in: MüKo HGB, § 285 HGB Rn. 147.

1303 *Oser/Holzwarth*, in: Küting/Weber, Hdb Rechnungslegung, §§ 284–288 HGB Rn. 417; *Poelzig*, in: MüKo HGB, § 285 HGB Rn. 147.

1304 *Kessler*, in: MüKo BilanzR, § 285 HGB Rn. 89; *Poelzig*, in: MüKo HGB, § 285 HGB Rn. 147.

ob ein Beirat den in § 285 Nr. 9 HGB aufgezählten Organmitgliedern entspricht, ist darauf abzustellen, ob den Beirat vergleichbare Aufgaben treffen.[1305] Dem Betriebsrat kommt nach § 80 Abs. 1 Nr. 1 BetrVG zwar eine Überwachungsaufgabe zu. Diese bezieht sich jedoch nicht auf die Geschäftsleitung und ist folglich nicht mit der des Aufsichtsrats vergleichbar.[1306] Der Betriebsrat stellt keine ähnliche Einrichtung dar, da dort keine gesellschaftsrechtlichen Aufgaben wahrgenommen werden.[1307] Somit ist die Betriebsratsvergütung von der Angabepflicht nicht erfasst.[1308]

[2] Art der Vergütung

Offenzulegen sind die Gesamtbezüge der jeweiligen Personengruppe, § 285 Nr. 9 lit. a Satz 1 HGB. Unter Gesamtbezügen sind nach der gesetzlichen Aufzählung Gehälter, Gewinnbeteiligungen, Bezugsrechte und sonstige aktienbasierte Vergütungen, Aufwandsentschädigungen, Versicherungsentgelte, Provisionen und Nebenleistungen jeder Art zu verstehen. Mithin fallen alle Zahlungen darunter, die dem Organmitglied aufgrund der Organtätigkeit gewährt werden.[1309]

Von der Angabepflicht werden nicht nur die unmittelbaren, sondern auch die mittelbaren Bezüge, die einem Organmitglied für seine Tätigkeit gewährt werden, umfasst, soweit das berichtende Unternehmen die Kosten zu tragen hat.[1310] Hingegen nicht aufzuführen sind grundsätzlich Drittvergütungen nach § 285 Nr. 9 lit. a Satz 1 HGB, da kein anzuerkennendes Informationsinteresse besteht.[1311] Dies ergibt sich aus einem Umkehrschluss zu § 285 Nr. 9 lit. a Satz 7, der für die individualisierte Angabe der Vorstandsvergütung klarstellt, dass Leistungen Dritter, die im Bezug zur Vorstandsvergütung erfolgen, einzubeziehen sind. Eine solche explizite Anweisung gibt es für die übrigen Organvergütungen nicht. § 285 Nr. 9 lit. a Satz 7 HGB wurde mit dem VorstOG eingeführt und verdeutlich, dass nun die Leistungen

---

1305 *Adler/Düring/Schmalz*, RechnungslegungsR, § 285 HGB Rn. 165; *Kessler*, in: MüKo BilanzR, § 285 HGB Rn. 89.

1306 Vgl. *Weber*, in: GK-BetrVG, § 80 BetrVG Rn. 11 ff.; *Kania*, in ErfKomm, § 80 BetrVG Rn. 3 ff. Vgl. auch Kapitel § 4 A II 3 a aa.

1307 Der Betriebsrat ist ein betriebsverfassungsrechtliches Organ, das im Vergleich zu gesellschaftsrechtlichen Organen an der Geschäftsführung nicht beteiligt ist. Vgl. Kapitel § 3 C I 1 a, Fn. 1079, wie *Adler/Düring/Schmalz*, RechnungslegungsR, § 285 HGB Rn. 166; *Franzen*, in: GK-BetrVG, § 1 BetrVG Rn. 63 ff. Aus vergleichbaren Gründen kommt auch der Wirtschaftsausschuss nicht als ein Beirat oder ähnliche Einrichtung i.S.d. § 285 Nr. 9 HGB in Betracht.

1308 *Adler/Düring/Schmalz*, RechnungslegungsR, § 285 HGB Rn. 166; *Poelzig*, in: MüKo HGB, § 285 HGB Rn. 151.

1309 *Andrejewski*, in: Böcking/Casten/Heymann, Beck'sches Hdb Rechnungslegung, B 40 Rn. 320, 335; *Kessler*, in: MüKo BilanzR, § 285, Rn. 91.

1310 *Andrejewski*, in: Böcking/Casten/Heymann, Beck'sches Hdb Rechnungslegung, B 40 Rn. 322; *Grottel*, in: BeckOK BilanzR, § 285 HGB Rn. 250.

1311 *Neuhaus/Gellißen*, NZG 2011, 1361 (1365); *Poelzig*, in: MüKo HGB, § 285 HGB Rn. 168.

Dritter ebenfalls zu berücksichtigen sind. Diese Regelung wäre nicht erforderlich gewesen, wenn bereits vor der Gesetzesänderung schon Leistungen Dritter anzugeben gewesen wären.[1312] Die Angabe und Offenlegung der Informationen dient vor allem dem Gläubigerschutz, der aber bei einer Vergütung durch Dritte nicht betroffen ist.[1313] Eine Angabepflicht von Leistungen Dritter ist aber gerade im Hinblick auf eine gute Corporate Governance sinnvoll, da § 285 Nr. 9 lit. a Satz 7 HGB bezweckt, den Aktionären mögliche Interessenkonflikte aufzuzeigen.[1314] Dieses Bedürfnis besteht nicht nur im Bezug zur Vorstandsvergütung, sondern auch bei den sonstigen Vergütungen und insbesondere bei der Aufsichtsratsvergütung. Eine entsprechende Änderung de lege ferenda wäre daher zu begrüßen.

Zu den anzugebenden Gesamtbezügen gehören nicht nur die Bezüge des jeweiligen Geschäftsjahres, sondern auch diejenigen, die bisher in keinem Jahresabschluss angegeben worden sind, § 285 Nr. 9 lit. a Satz 3 HGB. Die Vergütung gilt als gewährt und somit angabepflichtig, sobald eine rechtsverbindliche Zusage zur Zahlung erteilt und die dafür zugrundliegende Leistung erbracht wurde.[1315] Ferner sind auch diejenigen Vergütungen umfasst, die dem einzelnen Mitglied zwar nicht ausbezahlt werden, sondern in Ansprüche anderer Art umgewandelt werden.[1316]

[3] Aufsichtsratsvergütung

Aufsichtsratsmitglieder sind von § 285 Nr. 9 lit. a HGB erfasst, sodass die Vergütung für die Aufsichtsratstätigkeit anzugeben ist. Zu berücksichtigen ist die komplette Organvergütung, unabhängig von der Art, in der sie gewährt wird – Geld- als auch

1312 VorstOG v. 3.8.2005, BGBl. 2005 Teil I Nr. 47, S. 2267; so auch *Kiem*, in: FS Stilz, S. 329 (343).

1313 So auch *Neuhaus/Gellißen*, NZG 2011, 1361 (1365).

1314 Vgl. BT-Drs. 15/5860, S. 10. Kritisch angemerkt wurde, dass die Namensnennung der Dritten nicht erforderlich ist und die Informationserlangung nur zum Teil zur Interessenkonfliktvermeidung geeignet sei, *Berger*, Vorstandsvergütung, S. 66. Jedoch ist zu berücksichtigen, dass die Aktionäre bei hohen Zahlungen der Sache nachgehen können und einen Auskunftsanspruch nach § 131 AktG geltend machen können und insofern die Namensnennung des Dritten durchsetzen können, vgl. *Kubis*, in: MüKo AktG, § 131 AktG Rn. 200. Die Kritik greift somit nicht durch, sondern ein solch „zweistufiges Verfahren" bringt vielmehr den Vorteil, dass die Privatsphäre des Dritten geschützt ist und ein evtl. bestehendes Geheimhaltungsinteresse gewahrt ist, da die Auskunft nur gegenüber der Hauptversammlung und nicht auch gegenüber externen Rechnungslegungsadressaten erfolgt.

1315 Vgl. DRS 17.20 ff.; *Hoffmann/Lüdenbach*, NWB Komm Bilanzierung, § 285 HGB Rn. 66; *Oser/Holzwarth*, in: Küting/Weber, Hdb Rechnungslegung, §§ 284–288 HGB Rn. 396.

1316 Vgl. DRS 17.18; *Hoffmann/Lüdenbach*, NWB Komm Bilanzierung, § 285 HGB Rn. 65; *Oser/Holzwarth*, in: Küting/Weber, Hdb Rechnungslegung, §§ 284–288 HGB Rn. 410.

Sachleistungen wie einmalige oder wiederkehrende Zahlungen.[1317] Umfasst sind auch die Vergütungen, die die Aufsichtsratsmitglieder neben der Grundvergütung für die zusätzliche Ausschusstätigkeit erhalten. Bei der Ausschusstätigkeit handelt es sich um eine originäre Aufsichtsratstätigkeit – die unter anderem der effizienteren Wahrnehmung der Aufsichtsratstätigkeit dient. Die Ausschüsse sind Teil des Aufsichtsrats und ebenfalls mit Überwachungsaufgaben beschäftigt, sodass die Ausschussvergütung Teil der angabepflichtigen Vergütung ist.[1318] Neben der Organvergütung ist auch die Aufwandsentschädigung erfasst.[1319] Darunter fallen Zahlungen wie Sitzungsgelder, nicht hingegen Aufwendungen, die als Ersatz für getätigte Auslagen gewährt werden.[1320]

Hingegen zählen Zahlungen, die den Aufsichtsratsmitgliedern nicht aufgrund der Aufsichtsratstätigkeit gewährt werden, nicht zu der angabepflichtigen Gesamtvergütung i.S.d. § 285 Nr. 9 lit. a HGB. Zahlungen im Rahmen eines Beratungsvertrags nach § 114 AktG oder Erstattungen getätigter Auslagen werden somit nicht einbezogen.[1321] Ebenfalls nicht vom Umfang der Angabepflicht umfasst sind die Vergütungen, die den Aufsichtsratsmitgliedern als Arbeitnehmern gewährt werden.[1322]

Die Angabepflicht entfällt aber nicht deshalb, weil die Mitglieder aufgrund gewerkschaftlicher oder sonstiger Verpflichtung die Vergütung abführen müssen.[1323] Die Pflicht zur Abführung ist der Gesellschaft nicht zuzurechnen. Die Vergütung wird den Aufsichtsratsmitgliedern für die Aufsichtsratstätigkeit gewährt und in deren Verwendung ist das Mitglied frei, sodass es keinen Grund gibt, die Vergütung von der Angabepflicht nach § 285 Nr. 9 lit. a Satz 1 HGB auszunehmen.

Nach § 285 Nr. 9 lit. a HGB müssen die Gesamtbezüge der Aufsichtsratsmitglieder im Anhang des Jahresabschlusses angegeben werden, der sodann als Teil des Jahresabschlusses offengelegt wird. Eine gesetzliche Pflicht – wie für die

1317 *Poelzig*, in: MüKo HGB, § 285 HGB Rn. 156; *Wulf*, in: Baetge/Kirsch/Thiele, BilanzR, § 285 HGB Rn. 146 f. Zur Aufsichtsratsvergütung Kapitel § 3 A I 4, 5.

1318 *Adler/Düring/Schmalz*, RechnungslegungsR, § 285 HGB Rn. 175.

1319 § 285 Nr. 9 lit. a Satz 1 HGB; vgl. auch *Adler/Düring/Schmalz*, Rechnungslegung, § 285 HGB Rn. 178.

1320 *Andrejewski*, in: Böcking/Casten/Heymann, Beck'sches Hdb Rechnungslegung, B 40 Rn. 326; *Wulf*, in: Baetge/Kirsch/Thiele, BilanzR, § 285 HGB Rn. 147. Dazu auch Kapitel § 3 A I 1 c, 5.

1321 *Andrejewski*, in: Böcking/Casten/Heymann, Hdb Rechnungslegung, B 40 Rn. 333; *Kessler*, in: MüKo BilanzR, § 285 HGB Rn. 91; *Oser/Holzwarth*, in: Küting/Weber, Hdb Rechnungslegung, §§ 284–288 HGB Rn. 419; *Peters*, in: Kölner Komm RechnungslegungsR, § 285 HGB Rn. 97.

1322 *Adler/Düring/Schmalz*, Rechnungslegung, § 285 HGB Rn. 175; *Eidel/Strickmann*, Der Anhang nach HGB, S. 267; *Hopt/Roth*, in: GroßKomm AktG, § 113 AktG Rn. 138; *Wulf*, in: Baetge/Kirsch/Thiele, BilanzR, § 285 HGB Rn. 150.

1323 *Grottel*, in: BeckOK BilanzR, § 285 Rn. 246; *Hoffmann/Lüdenbach*, NWB Komm Bilanzierung, § 285 HGB Rn. 64. Vgl. auch Kapitel § 3 A II 3.

Vorstandsmitglieder nach § 285 Nr. 9 lit. a Satz 5–8 – die Aufsichtsratsbezüge individualisiert offenzulegen, existiert hingegen nicht. Die Vergütung der Aufsichtsratsmitglieder wird entweder durch die Satzung geregelt oder durch Hauptversammlungsbeschluss festgesetzt, sodass bereits eine gewisse Publizität der Vergütung besteht.[1324]

bb. Verdeckte Aufsichtsratsvergütung und sonstige Arbeitsentgelte

Durch die Ausübung von Doppelmandaten können sich wie gezeigt Koppelungsgeschäfte ergeben.[1325] Die Offenlegungspflicht der Organvergütung würde in diesem speziellen Fall nur dann eine präventive Wirkung entfalten können, wenn insbesondere die Betriebsratsvergütung neben der Aufsichtsratsvergütung offenzulegen wäre oder zumindest die unzulässige Betriebsratsvergütung, die eine verdeckte Aufsichtsratsvergütung darstellt.[1326]

Bzgl. der regulären Betriebsratsvergütung und sonstigen Arbeitsentgelten der Aufsichtsratsmitglieder ist der Wortlaut von § 285 Nr. 9 lit. a HGB klar: Danach sind nur die Bezüge, die einem Organmitglied im Rahmen der Amtstätigkeit gewährt werden, offenzulegen. Gerade nicht erfasst sind Bezüge, die Organmitglieder aufgrund eines Arbeitsverhältnisses mit der Gesellschaft bekommen.[1327] Die Betriebsratsvergütung ist ebenfalls nicht offenzulegen, da den Betriebsratsmitgliedern alleine aufgrund der Betriebsratstätigkeit das Arbeitsentgelt weitergewährt wird und dies in keinem Bezug mit dem Aufsichtsratsamt steht. Die Betriebsratsmitglieder sind wie gezeigt von dem betroffenen Personenkreis nach § 285 Nr. 9 HGB nicht umfasst.[1328]

Nicht eindeutig ist die Rechtslage hingegen bzgl. der unzulässigen Betriebsratsvergütung. Wie bereits im vorherigen Kapitel herausgearbeitet wurde, kommt es bei der Ausübung von Doppelmandaten zu einer Verkoppelung der verschiedenen Ämter und eine klare Trennung erscheint insofern kaum mehr möglich zu sein. Aufgrund der Machtposition, die den Arbeitnehmervertretern zukommt, wenn sie neben der Tätigkeit im Betriebsratsamt zugleich im Aufsichtsrat tätig sind, liegt die Annahme nahe, dass die Vergütung, die den Arbeitnehmervertretern außerhalb des zulässigen Rahmens als Betriebsratsvergütung gewährt wird, vielmehr auch

---

1324 *Kremer*, in: Kremer/Bachmann/Lutter/von Werder, DCGK, Ziff. 5.4.6 Rn. 1442; *Lutter*, EuZW 2009, 799 (801); *Marsch-Barner*, in: FS Röhricht, S. 401 (418). Dazu auch Kapitel § 3 A I 2.

1325 Dazu Kapitel § 3 C I 3.

1326 Vgl. die Ausführungen in Kapitel § 3 C III.

1327 *Adler/Düring/Schmalz*, Rechnungslegung, § 285 HGB Rn. 175; *Hopt/Roth*, in: GroßKomm AktG, § 113 AktG Rn. 138. Siehe auch Kapitel § 4 A II 2 b aa [3].

1328 *Adler/Düring/Schmalz*, RechnungslegungsR, § 285 HGB Rn. 166; *Poelzig*, in: MüKo HGB, § 285 HGB Rn. 151. So auch die *Regierungskommission DCGK* im Rahmen einer Anfrage der Staatsanwaltschaft Braunschweig, Geschäftsnummer NZS 406 AR 28849/16, n.v. Vgl. auch Kapitel § 4 A II 2 b aa [1].

eine Honorierung bzw. Beeinflussung der Aufsichtsratstätigkeit darstellen soll.[1329] Soweit eine Gewährung aufgrund der Aufsichtsratstätigkeit erfolgt – auch wenn eine Zahlung nur als verdecktes Entgelt gewährt wird – muss diese nach § 285 Nr. 9 lit. a HGB offengelegt werden.[1330]

cc. Befreiungsmöglichkeiten

Für kleine Kapitalgesellschaften nach § 267 Abs. 1 HGB besteht gem. § 288 Abs. 1 Nr. 1 HGB die Möglichkeit, die dort aufgezählten Pflichtangaben – wozu auch § 285 Nr. 9 lit. a HGB zählt – im Anhang zu unterlassen. Das Unternehmen hat die Wahl, ob sie nur von einzelnen Angaben, die in § 288 Abs. 1 Nr. 1 HGB aufgezählt sind, absieht oder alle Angaben unterlässt. Zu beachten ist lediglich die Darstellungsstetigkeit nach § 265 Abs. 1 Satz 1 HGB analog.[1331] Wenn von der Befreiungsmöglichkeit nach § 288 Abs. 1 HGB Gebrauch gemacht wird, steht dem Aktionär der Aktiengesellschaft der besondere Auskunftsanspruch nach § 131 Abs. 1 Satz 3 AktG zu.[1332] Dieser berechtigt den Aktionär dazu, dass ihm auf Verlangen in der Hauptversammlung über den Jahresabschluss der Abschluss in der Form vorgelegt wird, den er ohne die Erleichterungen nach § 288 HGB gehabt hätte. Folglich kann aber nur die Gesamtvergütung in Erfahrung gebracht werden und in der Regel nicht Informationen über die individuelle Vergütung der Aufsichtsratsmitglieder. Zudem dürfte wegen der Entscheidungskompetenz der Hauptversammlung über die Aufsichtsratsvergütung, § 113 Abs. 1 AktG, diese grundsätzlich nicht als Gegenstand des Auskunftsrechts in Betracht kommen.[1333] Sinn und Zweck des Auskunftsrechts ist es gerade, dass die Aktionäre von dem Vorstand Informationen erhalten um ihre Rechte entsprechend ausüben zu können.[1334] Da die Aufsichtsratsvergütung jedoch durch die Hauptversammlung und nicht den Vorstand festgesetzt wird, besteht kein entsprechendes Informationsbedürfnis. Anders ist dies hingegen im Fall einer Gewährung einer verdeckten Vergütung zu beurteilen, da

---

1329 Dazu Kapitel § 3 C III.

1330 Vgl. *Winnefeld*, Bilanz Hdb, Kapitel J Rn. 286; *Wulf*, in: Baetge/Kirsch/Thiele, BilanzR, § 285 HGB Rn. 149.

1331 *Grottel*, in: BeckOK BilanzR, § 288 HGB Rn. 1; *Kessler*, in: MüKo BilanzR, § 288 HGB Rn. 1.

1332 Den Gesellschaftern einer GmbH steht ebenfalls ein vergleichbarer Auskunftsanspruch nach § 51a GmbHG zu, vgl. *Berger*, Vorstandsvergütung, S. 59; *Kubis*, in: MüKo AktG, § 131 AktG Rn. 200; *Zöllner/Noack*, in: Baumbach/Hueck, GmbHG, § 51a GmbHG Rn. 10. Kommanditisten steht das Kontrollrecht nach § 166 HGB zur Verfügung und Gesellschaftern einer OHG das Kontrollrecht nach § 118 HGB zu, vgl. *Böcking/Gros*, in: Ebenroth/Boujong/Joost/Strohn, HGB, § 288 HGB Rn. 1.

1333 *Kubis*, in: MüKo AktG, § 131 AktG Rn. 200.

1334 *Kubis*, in: MüKo AktG, § 131 AktG Rn. 1; *Dirnhausen*, in: Hölters, AktG, § 131 AktG Rn. 1.

diese in der Regel vom Vorstand und nicht von der Hauptversammlung gewährt wird.[1335]

Eine weitere Einschränkung von § 285 Nr. 9 lit. a Satz 1 HGB sieht § 286 Abs. 4 HGB vor: Eine Angabe nach § 285 Nr. 9 lit. a Satz 1 HGB kann bei nicht börsennotierten Kapitalgesellschaften unterbleiben, wenn sich infolge der Angabe die Bezüge eines einzelnen Organmitglieds feststellen lassen würden. Voraussetzung ist mithin, dass der Name des Organmitglieds bereits bekannt ist. Der Name des amtierenden Geschäftsführungs- und Aufsichtsratsmitglied kann durch die Angabe des § 285 Nr. 10 HGB in Erfahrung gebracht werden, sodass eine Befreiung nach § 286 Abs. 4 HGB relevant werden kann. Zudem ist ein Rückschluss auf die Höhe des Bezugs eines einzelnen Organmitglieds nach § 286 Abs. 4 HGB nur möglich, wenn das Organ aus einem oder aus wenigen Mitgliedern besteht.[1336] Der Aufsichtsrat besteht aus mindestens drei Mitgliedern, sodass unter Umständen – wenn die Vergütungshöhe des einzelnen Mitglieds geschätzt werden kann – eine Befreiung nach § 286 Abs. 4 HGB in Betracht kommt.[1337] Zweck von § 286 Abs. 4 HGB ist der Datenschutz. Die Öffentlichkeit soll keine Kenntnis haben, wie hoch das Einkommen eines einzelnen Organmitglieds ist.[1338] Möglich bleibt aber auch in diesem Fall der Auskunftsanspruch des Aktionärs nach § 131 AktG.[1339]

Bei börsennotierten Gesellschaften kann zudem die Angabe nach § 285 Nr. 9 lit. a Satz 5 bis Satz 8 HGB unterbleiben, wenn dies von der Hauptversammlung mit einer Dreiviertelmehrheit beschlossen wurde, § 286 Abs. 5 HGB.[1340] § 285 Nr. 9 lit. a Satz 5 bis 8 HGB sieht eine weitergehende Publizität bei börsennotierten Gesellschaften für die Vorstandsvergütung vor, indem dort die Vergütung der Vorstände individualisiert offengelegt werden muss.

dd. Grundzüge des Vergütungssystems

Neben der Angabe der Organvergütung im Anhang muss eine börsennotierte Gesellschaft zusätzlich im Lagebericht die Grundzüge des Vergütungssystems der Gesellschaft für die in § 285 Nr. 9 HGB genannten Gesamtbezüge näher

---

1335 Vgl. *Kubis*, in: MüKo AktG, § 131 AktG Rn. 200; *Berger*, Vorstandsvergütung, S. 59.

1336 *Eidel/Strickmann*, Der Anhang nach HGB, S. 258 ff.; *Grottel*, in: BeckOK BilanzR, § 286 HGB Rn. 43.

1337 *Grottel*, in: BeckOK BilanzR, § 286 HGB Rn. 43; *Eidel/Strickmann*, Der Anhang nach HGB, S. 260; *Kessler*, in: MüKo BilanzR, § 286 HGB Rn. 21.

1338 Schreiben des BMJ v. 6.3.1995, DB 1995, 639; *Hüttemann/Meyer*, in: Staub, HGB, § 286 HGB Rn. 19; *Kessler*, in: MüKo BilanzR, § 286 HGB Rn. 22.

1339 *Grottel*, in: BeckOK BilanzR, § 286 HGB Rn. 41; *Hüttemann/Meyer*, in: Staub, HGB, § 286 HGB Rn. 18; *Kessler*, in: MüKo BilanzR, § 286 HGB Rn. 19; *Mertens/Cahn*, in: Kölner Komm AktG, § 113 AktG Rn. 59.

1340 Einen „Opt out" nach § 286 Abs. 5 bzw. § 314 Abs. 3 Satz 2 HGB wird es nach der Umsetzung der neuen Aktionärsrichtlinie nicht mehr geben (vgl. Art. 9b Abs. 1 UAbs. 2 lit. a ARR n.F.), *Leuering*, NZG 2017, 646 (650).

beschreiben, § 289a Abs. 2 Satz 1 HGB. Damit erfolgen Erläuterungen zu den einzelnen Vergütungsparametern.[1341] Nur durch die Offenlegung der Anreizstruktur des Vergütungssystems kann eine entsprechende Beurteilung der Vergütung des Managements erfolgen.[1342]

Nach den nationalen Rechnungslegungsvorschriften ist die Vergütung der Organmitglieder im Anhang anzugeben, § 285 Nr. 9 HGB; die Grundzüge des Vergütungssystems im Lagebericht, § 289a Abs. 2 HGB. Da der Lagebericht kein Bestandteil des Abschlusses ist, §§ 242 Abs. 3 i.V.m. 264 Abs. 1 Satz 1 HGB bzw. § 290 Abs. 1 HGB, kann weder im Lagebericht noch im Anhang auf die Angaben im jeweils anderen Berichtsteil verwiesen werden.

c. *Offenlegung der Organvergütung im Konzernabschluss (§ 314 Abs. 1 Nr. 6 HGB i.V.m. DRS 17)*

Im Rahmen des Konzernabschlusses ist bzgl. der Angabe der Organbezüge im Konzernanhang die gesetzliche Vorschrift § 314 Abs. 1 Nr. 6 HGB sowie die Empfehlung eines privaten Standardsetters, DRS 17, von Bedeutung. Die Angabe erfolgt im Anhang des Konzernabschlusses, der als Teil des Abschlusses durch die Offenlegung nach § 325 Abs. 3, 1 Satz 1 Nr. 1 HGB den Rechnungslegungsadressaten bekannt wird. § 314 Abs. 1 Nr. 6 HGB ist von denjenigen Unternehmen zu beachten, die einen Konzernabschluss aufstellen müssen.[1343] Die Unternehmen, die dem PublG unterliegen, haben die Regelung hingegen nicht zu beachten, § 13 Abs. 3 Satz 1 PublG.

aa. Offenlegungsumfang

Im Konzernanhang sind – wie im Anhang des Jahresabschlusses – die im Geschäftsjahr gewährten Gesamtbezüge der Organmitglieder anzugeben, § 314 Abs. 1 Nr. 6 lit. a HGB.

Die Angabepflicht im Rahmen des Konzernabschlusses ist nahezu inhaltsgleich wie § 285 Nr. 9 HGB ausgestaltet, sodass bzgl. des betroffenen Personenkreises und

---

1341 *Kleindiek*, in: MüKo BilanzR, § 289 HGB Rn. 101; *Lange*, in: MüKo BilanzR, § 289 HGB Rn. 121.

1342 *Berger*, Vorstandsvergütung, S. 69; *Böcking*, in: FS Pohle, S. 247 (262); *Kleindiek*, in: MüKo BilanzR, § 289 HGB Rn. 98. Dieser Angabe kommt nach dem Ergebnis einer empirischen Studie, die 2.725 Kapitalmarktexperten befragt hat, eine mittlere bis hohe Bedeutung zu, *Hippel*, Konzernlagebericht, S. 204 f.

1343 Die Angabepflicht besteht zudem für Kreditinstitute, wobei diese von einer Angabe nach § 314 Abs. 1 Nr. 6 lit. c HGB befreit sind (§ 340i Abs. 1, Abs. 2 Nr. 2 HGB). Siehe dazu Kapitel § 4 A I 2 a dd [2].

des Umfangs der aufzuführenden Vergütungen grundsätzlich auf § 285 Nr. 9 HGB verwiesen werden kann.[1344]

Ein Unterschied besteht darin, dass § 314 Abs. 1 Nr. 6 HGB auch die Bezüge erfasst, die den Organmitgliedern für ihre Aufgaben bei den Tochterunternehmen – unabhängig davon, ob dort die gleiche oder eine andere Organfunktion ausgeübt wird – gewährt werden.[1345] Eine Differenzierung nach Bezügen vom Mutter- und Tochterunternehmen ist gesetzlich nicht vorgeschrieben. Bei einer Zusammenfassung des Jahresabschlussanhangs mit dem des Konzernabschlusses gem. § 298 Abs. 2 Satz 1 HGB, muss jedoch differenziert werden. Nach § 298 Abs. 2 Satz 3 HGB muss ersichtlich sein, welche Angaben sich auf den Konzern und welche sich nur auf das Mutterunternehmen beziehen. Im Übrigen spielt es keine Rolle, ob das Tochterunternehmen, welches Organmitgliedern Bezüge gewährt, in den Konzernabschluss miteinbezogen worden ist oder nicht.[1346] Hingegen nicht zu beachten sind Bezüge von Gesamtunternehmen i.S.d. § 310 HGB bzw. assoziierten Unternehmen nach § 311 HGB.[1347]

Zudem ist § 314 Abs. 1 Nr. 6 HGB weiter als § 285 Nr. 9 HGB, indem nach § 314 Abs. 1 Nr. 6 HGB alle Bezüge für die Wahrnehmung der Aufgaben der Organmitglieder erfasst werden. Nach § 285 Nr. 9 HGB werden nur die Bezüge, die den Organmitgliedern für ihre Tätigkeit gewährt werden, erfasst.[1348] Der Wortlaut von § 314 Abs. 1 Nr. 6 HGB beschränkt sich nicht auf Organvergütungen. Mithin sind auch solche Vergütungen mit anzugeben sind, die ein Organmitglied des Mutterunternehmens von dem Mutter- oder Tochterunternehmen im Rahmen eines Anstellungsverhältnisses erlangt.[1349]

1344 *Hachmeister/Zeyer*, in: Böcking/Casten/Heymann, Beck'sches Hdb Rechnungslegung, C 600 Rn. 182; *Müller*, in: Baetge/Kirsch/Thiele, BilanzR, § 314 HGB Rn. 79; *Poelzig*, in: MüKo HGB, § 314 HGB Rn. 45.

1345 *Adler/Düring/Schmaltz*, Rechnungslegung Komm, § 314 HGB Rn. 44; *Müller*, in: Baetge/Kirsch/Thiele, BilanzR, § 314 HGB Rn. 73; *Poelzig*, in: MüKo HGB, § 314 HGB Rn. 47.

1346 *Grottel*, in: BeckOK BilanzR, § 314 HGB Rn. 75; *Poelzig*, in: MüKo HGB, § 314 HGB Rn. 49.

1347 *Müller*, in: Baetge/Kirsch/Thiele, BilanzR, § 314 HGB Rn. 73; *Poelzig*, in: MüKo HGB, § 314 HGB Rn. 49.

1348 *Grottel*, in: BeckOK BilanzR, § 314 HGB Rn. 88; *Poelzig*, in: MüKo HGB, § 285 HGB Rn. 47.

1349 *Adler/Düring/Schmaltz*, Rechnungslegung Komm, § 314 HGB Rn 43; *Senger/Maier*, in: MüKo BilanzR, § 314 HGB Rn. 43; *Poelzig*, in: MüKo HGB, § 314 HGB Rn. 47; *Grottel*, in: BeckOK BilanzR, § 314 HGB Rn. 87; a.A.: *Kraft*, in: Staub, HGB, § 314 HGB Rn. 39; *Scherrer*, in: Kölner Komm RechnungslegungsR, § 314 HGB Rn. 62.

bb. Deutscher Rechnungslegungs Standard Nr. 17 (DRS 17)

§ 314 Abs. 1 Nr. 6 HGB wird ergänzt durch eine Empfehlung des privaten Standardsetters DRSC.[1350] DRS 17 stellte eine Empfehlung zu der Konzernrechnungslegungsvorschrift § 314 Abs. 1 Nr. 6 HGB dar, die die Vermutungswirkung von § 342 Abs. 2 HGB auslöst.[1351] Eine entsprechende Anwendung der Empfehlungen auf die vergleichbare Rechnungslegungsvorschrift bzgl. des Jahresabschlusses (§ 285 Nr. 9 lit. a HGB) wird empfohlen, DRS 17.8, 83, A2. Ziel von DRS 17 ist es, Zweifelsfragen in Bezug auf § 314 Abs. 1 Nr. 6 HGB zu beheben, um eine einheitliche Anwendung sicherzustellen, DRS 17.1.

Eine klarstellende Empfehlung bzgl. des Umfangs der nach § 314 Abs. 1 Nr. 6 lit. a HGB anzugebenden Vergütung enthält DRS 17.17. Danach sind nur diejenigen Bezüge nach § 314 Abs. 1 Nr. 6 lit. a HGB mitzuteilen, die ein Organ als Gegenleistung für die Tätigkeit in einem Gremium erhalten hat und nicht etwa alle Bezüge, die ein Organmitglied für die Wahrnehmung seiner Aufgaben erhält. Die Empfehlung schränkt den weiten Wortlaut von § 314 Abs. 1 Nr. 6 lit. a HGB – der an sich auch die Bezüge aus einem Anstellungsverhältnis erfassen würde – ein.

cc. Verdeckte Aufsichtsratsvergütung und sonstige Arbeitsentgelte

Nach dem weiten Wortlaut des § 314 Abs. 1 Nr. 6 lit. a HGB wäre das Arbeitsentgelt, das etwa einem Aufsichtsratsmitglied des Konzernunternehmens für seine Betriebsratstätigkeit im Tochterunternehmen gewährt wird, erfasst. Zu einem anderen Ergebnis kommt man unter Anwendung der Empfehlung von DRS 17.17. Danach gehören Arbeitsbezüge mangels Organbezug nicht zu den angabepflichtigen Bezügen. Da DRS 17 vom Bundesministerium für Justiz bekannt gemacht wurde, greift die Vermutungswirkung nach § 342 Abs. 2 HGB. Das berichtende Unternehmen verhält sich konform, wenn es entsprechend der Empfehlung von DRS 17 das Arbeitsentgelt, das ein Organmitglied neben seiner Organtätigkeit erlangt, nicht zu den angabepflichtigen Bezügen i.S.d. § 314 Abs. 1 Nr. 6 HGB rechnet. Insoweit könnten Bedenken geäußert werden, dass der Gesetzestext durch eine Empfehlung eines privaten Standartsetters praktisch eingeschränkt werden kann.[1352] Solche kommen gerade vor dem Hintergrund auf, dass der weite Wortlaut von § 314 Abs. 1 Nr. 6 lit. a HGB im Gegensatz zu § 285 Nr. 9 lit. a HGB, der ansonsten eine vergleichbare Angabepflicht enthält, wohl bewusst weiter gefasst wurde.

Bzgl. der verdeckten Aufsichtsratsvergütung, insbesondere in Gestalt der unzulässigen Betriebsratsvergütung, gilt – auch unter Anwendung von DRS 17.17 – dasselbe wie im Rahmen von § 285 Nr. 9 lit. a HGB: Da die Vergütung wegen der Aufsichtsratstätigkeit gewährt wird, zählt sie zu den angabepflichtigen Bezügen.[1353]

1350 Ausführungen zum DRSC in Kapitel § 4 A I 2 a cc.

1351 DRS 17.3; *Bundesministerium der Justiz*, BAnz. Nr. 15a v. 27.1.2011.

1352 *Engler*, Private Regelsetzung, S. 48 ff., sieht Nachteile der privaten Regelsetzung gerade durch das Demokratie- und Rechtsstaatlichkeitsdefizit gegeben.

1353 Vgl. Kapitel § 4 A II 2 b bb.

dd. Befreiungsmöglichkeiten

Gem. § 314 Abs. 3 Satz 1, 2 HGB sind die Befreiungsmöglichkeiten nach § 286 Abs. 4, 5 HGB für § 314 Abs. 1 Nr. 6 lit. a HGB entsprechend anzuwenden. Mit der Gesetzesänderung zum 23. Juli 2015 wurde auch die Anwendung des § 286 Abs. 4 HGB für den Konzernabschluss als Befreiungsmöglichkeit gesetzlich normiert.[1354] Insoweit wird dem Schutz der persönlichen Daten eines Organmitglieds genüge getan.[1355] Den Aktionären verbleibt insoweit jedoch ein Auskunftsrecht nach § 131 AktG.[1356]

ee. Grundzüge des Vergütungssystems

Neben der Angabe der Organvergütung im Anhang haben Mutterunternehmen, in der Form einer börsennotierten Aktiengesellschaft, im Konzernlagebericht auf die Grundzüge des Vergütungssystems für die in § 314 Abs. 1 Nr. 6 HGB genannten Gesamtbezüge einzugehen, § 315a Abs. 2 Satz 1 HGB.

Angaben nach § 314 Abs. 1 Nr. 6 lit. a Satz 5 bis 8 HGB können dabei im Konzernanhang unterbleiben, sofern sie im Konzernlagebericht erfolgen, § 315a Abs. 2 Satz 2 HGB. § 315a Abs. 2 Satz 2 HGB beschränkt sich auf § 314 Abs. 1 Nr. 6 lit. a Satz 5 bis 8 HGB, sodass im Übrigen eine Zusammenfassung nicht möglich ist. Der Lagebericht ist kein Bestandteil des Abschlusses, § 290 Abs. 1 HGB, somit kann weder im Lagebericht noch im Anhang auf die Angaben im jeweils anderen Berichtsteil verwiesen werden. Dies folgt auch aus DRS 17.12.

3. Internationale Offenlegungspflichten (IFRS)

Auch bei einem Jahresabschluss, der nach den Vorschriften der IFRS aufgestellt wird, sind die Vergütungen der Organmitglieder offenzulegen.[1357] Bei einer Aufstellung des Konzernabschlusses nach den Vorschriften der IFRS sind zum einen die nationalen Vorschriften zu beachten, die in § 315e Abs. 1 HGB aufgezählt werden. Dazu zählt auch § 314 Abs. 1 Nr. 6 HGB. Daneben ist auch § 285 Nr. 9 HGB über den Verweis in § 325 Abs. 2a Satz 3 zu beachten, sofern ein Konzernunternehmen, das seinen Konzernabschluss nach den internationalen Rechnungslegungsvorschriften aufzustellen hat, auf die parallele Offenlegung eines Konzernabschlusses nach den HGB-Regelungen gem. § 325 Abs. 2a HGB verzichtet.[1358] Im Rahmen

---

1354 Bilanzrichtlinie-Umsetzungsgesetz v. 17.7.2015, BGBl. 2015 Teil I Nr. 30, S. 1245 (1253).

1355 *Grottel*, in: BeckOK BilanzR, § 286 HGB Rn. 40; *Poelzig*, in: MüKo HGB, § 314 HGB Rn. 54.

1356 *Grottel*, in: BeckOK BilanzR, § 286 HGB Rn. 41; *Müller*, in: Baetge/Kirsch/Thiele, BilanzR, § 314 HGB Rn. 79.

1357 Vgl. Kapitel § 4 A I 2 dd [3].

1358 Dies ist dann möglich, wenn die Voraussetzungen nach § 325 Abs. 2a, Abs. 2b HGB und § 315e Abs. 1 HGB erfüllt sind.

der Offenlegung der Organvergütung ist somit nicht nur § 314 Abs. 1 Nr. 6 HGB, sondern auch § 285 Nr. 9 lit. a HGB zu beachtet.[1359] Zum anderen enthalten die internationalen Rechnungslegungsstandards zur Vergütung des Managements gesonderte Angaben in IAS 24. Keine Anwendung findet IAS 24 hingegen auf den Konzern- und Jahresabschluss, der nicht nach internationalen Rechnungslegungsvorschriften aufzustellen ist.[1360]

a. Offenlegungsumfang der Organvergütung im Konzernabschluss nach IFRS (IAS 24.17)

IAS 24.17 normiert, dass „ein Unternehmen die Vergütung der Mitglieder seines Managements in Schlüsselpositionen sowohl insgesamt als auch gesondert für jede der [genannten] Kategorien anzugeben hat". Die Angabe soll ähnlich wie § 314 Abs. 1 Nr. 6 HGB in den „notes" – im Anhang – gemacht werden.[1361] IAS 24 gilt für alle Unternehmen, die ihren Konzernabschluss nach den internationalen Rechnungsvorschriften erstellen.[1362] Zweck dieses Offenlegungsstandards ist es, durch Transparenz die Rechnungslegungsadressaten darüber zu informieren, dass „die Vermögens- und Finanzlage und der Gewinn oder Verlust des Unternehmens" durch die Beziehungen des Unternehmens zu nahe stehenden Unternehmen wie Personen beeinflusst werden können.[1363]

1359 Gem. § 315e Abs. 1 bzw. § 325 Abs. 2a Satz 3 HGB; *Boecker/Busch*, IRZ 2014, 371 (372); *Driesch*, in: Beck'sches IFRS Hdb, § 1 Rn. 96.

1360 *Driesch*, in: Beck'sches IFRS Hdb., § 1 Rn. 86; *Hennrichs/Schubert*, in: MüKo BilanzR, IAS 24 Rn. 22 f.

1361 *Adler/Düring/Schmalz*, RechnungslegungsR, Int. Abs. 27 Rn. 104; *Boecker/Busch*, IRZ 2014, 371 (372); *Leippe/Theile*, in: Heuser/Theile, IFRS Hdb, S. 1188; *Lüdenbach/Hoffmann/Freiberg*, IFRS Komm, § 5 Rn. 18. Vgl. zur Funktion des Anhangs auch Kapitel § 4 A II 1.

1362 *Thurow*, BC 2012, 492; *Winnefeld*, Bilanz Hdb, J Rn. 440. Vgl. dazu auch Kapitel § 4 A I 2 a dd [3]. Der Standard wurde durch eine Verordnung in das europäische Gemeinschaftsrecht übernommen und ist zwingend bei der Aufstellung eines Jahresabschlusses nach den Vorschriften internationaler Rechnungslegungsvorschriften zu beachten, EU-Verordnung Nr. 632/2010 der Kommission v. 19.7.2010, ABl. L 186/1 sowie späterer Änderungsverordnungen, zuletzt geändert durch ÄndVO (EU) 2015/28 v. 17.12.2014, ABl. 2015 Nr. L 5 S. 1; *Hennrichs/Schubert*, in: MüKo BilanzR, IAS 24 Rn. 14; *Senger/Brune*, in: MüKo BilanzR, § 315a HGB Rn. 18. Für kleine und mittelgroße Unternehmen gibt es einen eigenen Standard „International Financial Reporting Standards for Small and Medium-Sized Entities (IFRS for SME)", der in Abs. 33 einen vergleichbaren Standard wie IAS 24 vorsieht, der jedoch von der EU-Kommission noch nicht anerkannt wurde, vgl. *Reiner*, in: MüKo HGB, § 267 HGB Rn. 24.

1363 Vgl. IAS 24.1; *Fink/Zeyer*, in: Baetge/Wollmert/Kirsch/Oser/Bischof, RechnungslegungsR, IAS 24 Rn. 3 f.; *Hennrichs/Schubert*, in: MüKo BilanzR, IAS 24 Rn. 1; *Lüdenbach/Hoffmann/Freiberg*, IFRS Komm, § 30 Rn. 1, 7; *Senger/Prengel*, in: Beck'sches IFRS Hdb, § 20 Rn. 1.

aa. Betroffener Personenkreis

Welche Personen als Mitglieder des Managements in Schlüsselpositionen gelten, definiert der auf monistische Gesellschaften zugeschnittene IAS 24.9 lit. a:[1364] „key management personnel" sind „those persons having authority and responsibility for planning, directing and controlling the activities of the entity, directly or indirectly, including any director (whether executive or otherwise) of that entity". Darunter fällt sowohl der geschäftsführende Direktor wie auch der Direktor, dem lediglich eine Aufsichtsfunktion zukommt („whether executive or otherwise"). Mitglieder des Managements i.S.d. IAS 24.9 bzw. IAS 24.17 sind somit alle Personen, „die direkt oder indirekt für die Planung, Leitung und Überwachung der Tätigkeiten des Unternehmens zuständig und verantwortlich sind; dies schließt Mitglieder der Geschäftsführungs- und Aufsichtsorgane ein."[1365] Bei der Beurteilung, ob eine Person eine Schlüsselposition innehat, ist nicht allein die rechtliche Gestaltung maßgeblich, sondern auch zu berücksichtigen, wer faktisch eine Schlüsselposition ausübt, IAS 24.10. Zu den betroffenen Personen in Schlüsselpositionen zählen somit auch natürliche wie juristische Personen, die tatsächlich für die Planung, Leitung oder Überwachung zuständig und verantwortlich sind und sich die Position nicht nur (eigenmächtig) angemaßt haben.[1366] Im Weiteren fallen unter IAS 24.17 nur solche Personen, die im Unternehmen selbst oder im Mutterunternehmen faktisch eine Schlüsselposition ausüben.[1367] Der Personenkreis nach IFRS unterscheidet sich mithin von dem der nationalen Vorschriften, nach denen Organmitglieder und Mitglieder eines entsprechenden Beirats erfasst sind.[1368] Zu dem nach IAS 24 erfassten Personenkreis zählen Aufsichtsratsmitglieder. Mangels entsprechender Kontroll- bzw. Überwachungsfunktion im Unternehmen fallen Betriebsratsmitglieder hingegen nicht unter den Personenkreis i.S.d. IAS 24.[1369] Wie nach den nationalen Vorschriften kommt es bei IAS 24 maßgeblich darauf an, dass sich die Planung, Leitung bzw. Kontrolle auf die Unternehmensleitung

---

1364 *Lüdenbach/Hoffmann/Freiberg*, IFRS Komm, § 30 Rn. 36. Dem englischen Text kommt bei der Auslegung als Ursprungstext maßgebliche Bedeutung zu, vgl. Kapitel § 4 A I 2 bb und Fn. 1228.

1365 Deutsche Übersetzung zu IAS 24.9; vgl. auch *Fink*, in: Merkt/Probst/Fink, RechnungslegungsR, Kapitel 12 Rn. 100.

1366 *Fink*, in: Merkt/Probst/Fink, RechnungslegungsR, Kapitel 12 Rn. 100, 102; *Hennrichs/Schubert*, in: MüKo BilanzR, IAS 24 Rn. 56, 59; *Lüdenbach/Freiberg*, IFRS Komm, § 30 Rn. 36.

1367 *Adler/Düring/Schmalz*, RechnungslegungsR, Int. Abs. 27 Rn. 54 ff.; *Hennrichs/Schubert*, in: MüKo BilanzR, IAS 24 Rn. 58.

1368 *Hennrichs/Schubert*, in: MüKo BilanzR, IAS 24 Rn. 56; *Lüdenbach/Freiberg*, BB 2013, 2539 (2540).

1369 Vgl. *Hennrichs/Schubert*, in: MüKo BilanzR, IAS 24 Rn. 55. Vgl. Kapitel § 4 A II 2 b aa [1] und Fn. 1307.

bezieht und folglich eine Organstellung nötig ist.[1370] IAS 24 ist lediglich insofern weiter als es auch faktische Organmitglieder erfasst.[1371] Mangels entsprechender Aufgaben kann der Betriebsrat aber auch nicht als faktisches Organmitglied in diesem Sinne eingeordnet werden. Der Wirtschaftsausschuss nach § 106 BetrVG ist ebenfalls lediglich ein betriebsverfassungsrechtliches und kein gesellschaftsrechtliches Organ.[1372] Dieser ist jedoch auch mit keinen geschäftsführenden Aufgaben betreut. Seine Aufgabe besteht vor allem in der Beratung des Unternehmens in wirtschaftlichen Angelegenheiten.[1373] Mangels vergleichbarer Funktion zu einem gesellschaftsrechtlichen Organ, fällt der Wirtschaftsausschuss ebenfalls nicht unter den Personenkreis von IAS 24.

bb. Art der Vergütung

Nach IAS 24.17 sind Vergütungen „für jede der folgenden Kategorien anzugeben: kurzfristig fällige Leistungen, Leistungen nach Beendigung des Arbeitsverhältnisses, andere langfristig fällige Leistungen, Leistungen aus Anlass der Beendigung des Arbeitsverhältnisses und anteilsbasierte Vergütungen".[1374] Eine Aufteilung nach den einzelnen Organen muss hingegen nicht vorgenommen werden („insgesamt"). IAS 24 enthält keine Bestimmung bzgl. der zeitlichen Zuordnung der Vergütungen und der Darstellung im Anhang. Aufgrund des Konsistenzgebots hat im Vergleich zu den restlichen Bestandteilen des Abschlusses eine aufwandsbezogene Betrachtungsweise zu erfolgen.[1375]

Unter IAS 24.17 fallen solche Zahlungen des Unternehmens, die für das Mutterunternehmen getätigt werden, wenn die Organtätigkeit selbst auch einen Bezug zum Unternehmen hat.[1376] Eine Vergütung ist auch dann zu berücksichtigen, wenn diese von einem Dritten für die Organtätigkeit gewährt wird, soweit dies für die Rechnung des berichtenden Unternehmens erfolgt.[1377] Drittvergütungen, die unabhängig von einer Verpflichtung des Unternehmens erbracht werden, sind hingegen nicht erfasst.

1370 *Lüdenbach/Hoffmann/Freiberg*, IFRS Komm, § 30 Rn. 36; vgl. auch *Hennrichs/Schubert*, in: MüKo BilanzR, IAS 24 Rn. 57.

1371 *Lüdenbach/Hoffmann/Freiberg*, IFRS Komm, § 30 Rn. 37; *Hennrichs/Schubert*, in: MüKo BilanzR, IAS 24 Rn. 56.

1372 *Oetker*, in: GK-BetrVG, § 106 BetrVG Rn. 11. Der Wirtschaftsausschuss ist vielmehr ein Hilfsorgan des Betriebsrates, *Oetker*, in: GK-BetrVG, § 106 BetrVG Rn. 51.

1373 *Oetker*, in: GK-BetrVG, § 106 BetrVG Rn. 51 ff.

1374 Für aktienbasierte Vergütungen ist neben IAS 24.17 noch IFRS 2 zu beachten.

1375 *Lüdenbach/Freiberg*, BB 2013, 2539 (2541).

1376 *Adler/Düring/Schmalz*, RechnungslegungsR, Int. Abs. 27 Rn. 112; *Hennrichs/Schubert*, in: MüKo BilanzR, IAS 24 Rn. 95.

1377 *Adler/Düring/Schmalz*, RechnungslegungsR, Int. Abs. 27 Rn. 120; *Hennrichs/Schubert*, in: MüKo BilanzR, IAS 24 Rn. 95.

cc. Aufsichtsratsvergütung

Fraglich ist aber, ob die Vergütung, die einem Aufsichtsratsmitglied gewährt wird, ebenfalls von IAS 24.17 erfasst ist. Anzugeben ist nach IAS 24.17 die „compensation", wobei IAS 24.17 sowie die Definition zu „compensation" in IAS 24.9 von den „employee benefits" ausgehen. Somit wird eine Leistung an Arbeitnehmer vorausgesetzt. Zum Teil wird daher vertreten, dass die Aufsichtsratsmitglieder, die das Aufsichtsratsamt lediglich als Nebenamt ausüben und nur gelegentlich, etwa zu Aufsichtsratssitzungen, im Unternehmen anwesend sind, nicht vergleichbar wie Vorstände in das Unternehmen eingegliedert sind.[1378] Folglich wären die Vergütungen an die Aufsichtsratsmitglieder mangels Leistung an Arbeitnehmer von der Angabepflicht von IAS 24.17 nicht umfasst.[1379] Die h.M. hält richtigerweise jedoch die Aufsichtsratsmitglieder sowohl von IAS 24.9 als auch von IAS 24.17 erfasst, sodass auch die Aufsichtsratsvergütungen anzuführen sind.[1380] Die Aufsichtsratsmitglieder gehören, wie gezeigt, zu der Personengruppe i.S.d. IAS 24. Nach dem Sinn der Vorschrift ist vielmehr davon auszugehen, dass die jeweilige Organvergütung anzugeben ist, sodass auch die Aufsichtsratsvergütung zu berücksichtigen ist.

Wie auch bei § 314 Abs. 1 Nr. 6 lit. a HGB bzw. § 285 Nr. 9 lit. a HGB fallen die Vergütungen, die ein Aufsichtsratsmitglied neben seinem Amt als Arbeitnehmervertreter im Unternehmen erhält, nicht unter IAS 24.17 und müssen deshalb nicht angegeben werden. Nötig ist stets, dass die Zahlung für die Organtätigkeit erfolgt und nicht wegen einer anderen Tätigkeit gewährt wird.[1381]

dd. Angabepflicht nach IAS 24.18

Neben IAS 24.17 sind nach IAS 24.18 Geschäftsvorfälle mit nahestehenden Unternehmen oder Personen anzugeben: „If an entity has had related party transactions during the periods covered by the financial statments, it shall disclose [...]

1378 *Lüdenbach/Hoffmann/Freiberg*, IFRS Komm, § 30 Rn. 31; *Lüdenbach/Freiberg*, BB 2013, 2539 (2541).

1379 *Lüdenbach/Hoffmann/Freiberg*, IFRS Komm, § 30 Rn. 31; *Lüdenbach/Freiberg*, BB 2013, 2539 (2541).

1380 *Adler/Düring/Schmalz*, RechnungslegungsR, Int. Abs. 27 Rn. 119; *Fink*, in: Merkt/Probst/Fink, RechnungslegungsR, Kapitel 12 Rn. 132; a.A.: *Lüdenbach/Hoffmann/Freiberg*, IFRS Komm, § 30 Rn. 31 mit Hinweis auf die anderslautende h.M.

1381 *Bömelburg/Luce*, in: Thiele/von Keitz/Brücks, Int. BilanzR, IAS 24 Rn. 166; *Lüdenbach/Hoffmann/Freiberg*, IFRS Komm, § 7 Rn. 17; *Thurow*, BC 2012, 492 (495); a.A.: *DGB*, Aktuelle Informationen zum IAS 24, mitbestimmungaktuell 2012/2, abrufbar unter https://www.google.de/url?sa=t&rct=j&q=&esrc=s&source=web&cd=2&ved=0ahUKEwib0pP22YvVAhXCtBoKHeU8DqYQFggrMAE&url=http%3A%2F%2Fwww.dgb.de%2Fthemen%2F%2B%2Bco%2B%2B98eb88a4-a3f9-11e1-4716-00188b4dc422&usg=AFQjCNGY VKtb2 4dqI2sSVeQGE6rwH0ZJLA&cad=rja [Zuletzt abgerufen am 15.7.2017]; *Fink/Zeyer*, in: Baetge/Wollmert/Kirsch/Oser/Bischof, RechnungslegungsR, IAS 24 Rn. 66.

information about thoses transactions [...] necessary for users to understand the potential effect of the relationship on the financial statements", IAS 24.18 Satz 1. Sinn der Regelung ist es – entsprechend IAS 24.17 – auf mögliche Beeinflussungen aufgrund des Bestehens eines Näheverhältnisses aufmerksam zu machen.[1382] Eine Definition, welche Personen als nahestehend gelten, enthält IAS 24.9. Darunter fallen auch Mitglieder des Managements nach IAS 24.9 lit. a sublit. iii[1383], wozu wie gezeigt auch Aufsichtsratsmitglieder zählen. Nach IAS 24.18 lit. a ist insbesondere die Höhe der Geschäftsvorfälle anzugeben. Die Angaben nach IAS 24.18 müssen gem. IAS 24.19 in folgende Gruppen eingeteilt werden: „das Mutterunternehmen; Unternehmen unter deren gemeinschaftlicher Führung oder maßgeblichen Einfluss das Unternehmen steht; Tochterunternehmen; assoziierte Unternehmen; Gemeinschaftsunternehmen, bei denen das Unternehmen ein Partnerunternehmen ist; Mitglieder des Managements in Schlüsselpositionen des Unternehmens oder dessen Mutterunternehmens und sonstige nahestehende Unternehmen und Personen". Daneben können nach IAS 24.24 gleichartige Posten zusammengefasst werden, soweit dies die Beurteilung der Auswirkung der Geschäftsvorfälle mit nahestehenden Unternehmen und Personen auf den Abschluss des Unternehmens nicht beeinträchtigt.

b. Verdeckte Aufsichtsratsvergütung und sonstige Arbeitsentgelte

Fraglich ist, ob sonstige Arbeitsentgelte, insbesondere die (unzulässige) Betriebsratsvergütungen, nach den internationalen Rechnungslegungsvorschriften im Anhang angegeben werden müssen.

Die Angabepflicht nach IAS 24.17 erstreckt sich nur auf solche Vergütungen, die in einem Bezug zur Organtätigkeit stehen. Wie gezeigt fällt eine verdeckte Aufsichtsratsvergütung darunter, da diese für die Organtätigkeit gewährt wird.[1384] Keinen Unterschied macht es, ob die Aufsichtsratsvergütung als solche tituliert wird oder verdeckt gezahlt wird – gleichgültig aus welchen Gründen eine verdeckte Vergütung gewählt wird –, sofern diese eine Honorierung der Organtätigkeit darstellt. Mangels Organbezug sind sonstige Arbeitsentgelte der Arbeitnehmervertreter hingegen nicht erfasst.

Die sonstigen Arbeitsentgelte könnten jedoch nach IAS 24.18 offenlegungspflichtig sein. Fraglich ist, welche Geschäftsvorfälle mit Aufsichtsratsmitgliedern nach IAS 24.18 anzugeben sind.

Zu klären ist zunächst, wie die IAS-Standards zu interpretieren sind. Durch die Übernahme des Standards in Gemeinschaftsrecht sind die Standards entsprechend

---

1382 *Hennrichs/Schubert*, in: MüKo BilanzR, IAS 24 Rn. 6.

1383 „A person or a close member of that person's family is related to a reporting entity if that person: [...] is a member of the key management personnel of the reporting entity or of a parent of the reporting entity.", IAS 24.9 lit. a sublit. iii.

1384 Vgl. auch Kapitel § 4 A II 2 b bb, c cc.

dem Gemeinschaftsrecht auszulegen.[1385] Unterschiede zum nationalen Recht bestehen dabei kaum.[1386] Zu beachten ist, dass die englische Version die Ursprungsfassung für die nationalen Übersetzungen ist und daher besonders bei der Analyse besonders zu berücksichtigen ist.[1387] Im Rahmen der historischen Auslegung ist nicht der Wille des IASB, sondern der der Europäischen Kommission sowie des Rates der Europäischen Union und des Europäischen Parlaments maßgeblich, da diese für die Verordnung, mit der der Standard in das Gemeinschaftsrecht übernommen wird, verantwortlich sind.[1388] Bei der teleologischen Auslegung ist zu berücksichtigen, dass eine Vergleichbarkeit der Abschlüsse erreicht werden soll, IAS 1.1, und die Standards insbesondere in Bezug auf den Binnen- und Kapitalmarkt auszulegen sind.[1389]

IAS 24.9 definiert „Geschäftsvorfall" als „a transfer of resources, services or obligations between a reporting entity and a related party, regardless of whether a price is charged".[1390] IAS 24.21 zählt Beispiele auf, die als Geschäftsvorfall i.S.d. IAS 24.18 anzusehen sind: „The following are examples of transactions that are disclosed if they are with a related party: [...] rendering or receiving of services"[1391]. Davon erfasst sind Verträge des Unternehmens mit dem Aufsichtsratsmitglied i.S.d. § 114 AktG.[1392] Ein Bezug zur Organtätigkeit ist nicht erforderlich. Unter den Wortlaut lassen sich auch alle sonstigen Arbeitsentgelte subsumieren, die ein Aufsichtsratsmitglied von dem Unternehmen bezieht (vgl. „geleistete und bezogene Dienstleistungen", IAS 24.21 lit. c). Die Aufzählung in IAS 24.21 ist im Übrigen nicht abschließend, sodass auch wenn man eine Subsumtion unter IAS 24.21 ablehnen möchte, die Zahlung eines Arbeitsentgelts von IAS 24.18 erfasst ist.[1393] Das zwischen dem Aufsichtsratsmitglied und dem Unternehmen bestehenden Arbeitsverhältnis begründet Verpflichtungen zwischen diesen Parteien, zu denen auch die Zahlung des Arbeitsentgeltes zählt. Gegen diese Annahme spricht auch nicht

---

1385 *Wojcik*, Rechnungslegungsstandards, S. 268.

1386 *Wojcik*, Rechnungslegungsstandards, S. 268.

1387 *Wojcik*, Rechnungslegungsstandards, S. 270. Vgl. Kapitel § 4 A I 2 a bb und Fn. 1228.

1388 *Wojcik*, Rechnungslegungsstandards, S. 272.

1389 *Wojcik*, Rechnungslegungsstandards, S. 277.

1390 „Ein Geschäftsvorfall mit nahestehenden Unternehmen und Personen ist eine Übertragung von Ressourcen, Dienstleistungen oder Verpflichtungen zwischen einem berichtenden Unternehmen und [...] einer nahestehenden Person, unabhängig davon, ob dafür ein Entgelt in Rechnung gestellt wird", IAS 24.9 (deutsche Fassung).

1391 „Es folgen Beispiele von Geschäftsvorfällen, die anzugeben sind, wenn sie mit nahestehenden Unternehmen oder Personen abgewickelt werden: [...] geleistete oder bezogene Dienstleistungen", IAS 24.21 lit. c (deutsche Fassung).

1392 Vgl. *Senger/Prengel*, in: Beck'sches IFRS Hdb, § 20 Rn. 44; *Lüdenbach/Hoffmann/Freiberg*, IFRS Komm, § 30 Rn. 32.

1393 So auch: *Senger/Prengel*, in: Beck'sches IFRS Hdb, § 20 Rn. 44; *Lüdenbach/Hoffmann/Freiberg*, IFRS Komm, § 30 Rn. 32.

IAS 19, nach dem bereits die Leistungen an Arbeitnehmer aufzuführen sind, da die Angabe dort nicht zwangsläufig die Angabe nach einer anderen Bestimmung ausschließt. IAS 24.18 bezweckt gerade durch die Offenlegung in Erfahrung zu bringen, ob die Mitglieder des Managements außerhalb ihres Amtes Vergütungen von dem Unternehmen erhalten, um so auf mögliche Interessenkonflikte bzw. Verstrickungen aufmerksam zu machen.[1394] Eine weitergehende Angabepflicht gerade für Arbeitnehmervertreter im Aufsichtsrat wird von Teilen der Literatur zwar kritisch gesehen, da somit die Höhe des Gehalts der Öffentlichkeit bekannt wäre und dadurch in das Recht auf Privatsphäre eingegriffen werden würde.[1395] Zudem würde sich das Gehalt der Arbeitnehmer oftmals nach einem gültigen Tarifvertrag richten, sodass ein gesonderter Ausweis sachlich nicht gerechtfertigt sei.[1396] Dies kann man aber durchaus bezweifeln. In der Öffentlichkeit sind bislang einige wenige Fälle bekannt, bei denen es durchaus andere Praxis war. Gerade solche Arbeitnehmervertreter, die im Betriebsrat den Vorsitz innehaben und sich als Co-Manager des Unternehmens verstehen, erhalten oftmals mehr als ihnen gesetzlich zustehen würde.[1397] Neben der bloßen Entgeltfortzahlung während der Freistellung für das Betriebsratsamt beziehen diese noch einen üppigen Bonus oder sonstige Sondervergütung.[1398] Zudem ist nach derzeitigen Anforderungen kein Eingriff in die Privatsphäre zu befürchten, da die Vergütung – im Gegensatz zu der Empfehlung in Nr. 5.4.6 Abs. 3 Satz 2 DCGK – nicht individuell für jedes Aufsichtsratsmitglied zu erfolgen hat, sondern lediglich der Gesamtbetrag angegeben werden muss, sodass die Bedenken nicht durchgreifen.

1394 Vgl. *Hennrichs/Schubert*, in: MüKo BilanzR, IAS 24 Rn. 6.

1395 Vgl. *DGB*, Aktuelle Informationen zum IAS 24, mitbestimmungaktuell 2012/2, abrufbar unter https://www.google.de/url?sa=t&rct=j&q=&esrc=s&source=web&cd=2&ved=0ahUKEwib0pP22YvVAhXCtBoKHeU8DqYQFggrMAE&url=http%3A%2F%2Fwww.dgb.de%2Fthemen%2F%2B%2Bco%2B%2B98eb88a4-a3f9-11e1-4716-00188b4dc422&usg=AFQjCNGYV Ktb24dqI2sSVeQGE6rwH0ZJLA&cad=rja [Zuletzt abgerufen am 15.7.2017]; *Lüdenbach/Hoffmann/Freiberg*, IFRS Komm, § 30 Rn. 32; *Lüdenbach/Freiberg*, BB 2013, 2539 (2541); *Ott/Rexer*, Sz v. 21.9.2013, abrufbar unter http://www.sueddeutsche.de/wirtschaft/aufsichtsrats-gehaelter-der-blinde-fleck-1.1776729 [Zuletzt abgerufen am: 5.6.2017].

1396 *DGB*, Aktuelle Informationen zum IAS 24, mitbestimmungaktuell 2012/2, abrufbar unter https://www.google.de/url?sa=t&rct=j&q=&esrc=s&source=web&cd=2&ved=0ahUKEwib0pP22YvVAhXCtBoKHeU8DqYQFggrMAE&url=http%3A%2F%2Fwww.dgb.de%2Fthemen%2F%2B%2Bco%2B%2B98eb88a4-a3f9-11e1-4716-00188b4dc422&usg=AFQjCNGYV Ktb24dqI2sSVeQGE6rwH0ZJLA&cad=rja [Zuletzt abgerufen am 15.7.2017].

1397 Dazu Kapitel § 3 B III 1.

1398 So auch *Rieble*, AG 2016, 315 (319, 322). Ausführlich dazu Kapitel § 3 B III 2.

Folglich sind nach IAS 24.18 auch die Arbeitsentgelte der Arbeitnehmervertreter mitzuteilen. Diese Auffassung vertrat auch die RIC in der 47. RIC-Sitzung.[1399]

Ergänzend zu der Feststellung in der 47. RIC-Sitzung kam das RIC in einer Telefonkonferenz vom 1. Dezember 2011 zu dem Ergebnis, dass es zulässig und möglich ist, die Angaben, die für Arbeitnehmervertreter im Aufsichtsrat i.S.d. IAS 24.18 zu machen sind, unter der Bezeichnung „Management in Schlüsselpositionen des Unternehmens“ vorgenommen werden können und mit anderen Geschäftsvorfällen des Managements in Schlüsselpositionen zusammengefasst werden können.[1400] Könnte man die Arbeitsentgelte der Arbeitnehmervertreter mit den Vergütungen des Managements in Schlüsselpositionen zusammenfassen, so wäre der Erklärungs- und der Informationscharakter der Angabe gering, da nicht mehr nachvollzogen werden kann, für welche Funktion das Organ wieviel erhalten hat. Im Hinblick auf eine gute Corporate Governance würde eine solche Handhabung der Rechnungslegungsvorschrift dem gewünschten Transparenzeffekt nicht gerecht werden.[1401] Dem Wortlaut von IAS 24 kann eine solche Handhabung nicht entnommen werden. IAS 24 unterscheidet vielmehr zwischen Vergütungen des Managements in Schlüsselpositionen, IAS 24.17, und der Vergütung aus Geschäftsvorfällen mit nahestehenden Personen, IAS 24.18. Dabei stellt IAS 24.18 klar, dass die Angabepflicht zusätzlich zu IAS 24.17 besteht. Insoweit erfolgt die Darstellung nicht zu detailliert, sondern nur nach den IAS 24 aufgestellten Anforderungen, sodass durch eine getrennte Darstellung nicht gegen die in den Frameworks aufgestellten Grundsätzen der Relevanz und Wesentlichkeit verstoßen wird.[1402] Eine

---

1399 *RIC*, IAS 24 – Angabepflichten für AN-Vertreter im AR, 47. RIC-Sitzung v. 12.9.2011, abrufbar unter https://www.drsc.de/app/uploads/2017/03/07_IAS_24_Agendaentscheidung.pdf [Zuletzt abgerufen am 15.7.2017]; ebenso *Adler/Düring/Schmalz*, RechnungslegungsR, Int. Abs. 27 Rn. 115; *Bömelburg/Luce*, in: Thiele/von Keitz/Brücks, Int. BilanzR, IAS 24 Rn. 166; *Fink*, in Merkt/Probst/Fink, RechnungslegungsR, Kapitel 12 Rn. 132. Weitere Ausführungen zum RIC in Kapitel § 4 A I 2 a cc.

1400 *RIC*, Ergebnisbericht zur Telefonkonferenz des RIC v. 1.12.2011, abrufbar unter http://www.standardsetter.de/drsc/docs/press_releases/2011/RIC-Ergebnisbericht_Telco_111201.pdf [Zuletzt abgerufen am 15.3.2016]. Anlass für die Telefonkonferenz des RIC war ein Meinungsaustausch mit dem DBG, *DGB*, Aktuelle Informationen zum IAS 24, mitbestimmungaktuell 2012/2, abrufbar unter https://www.google.de/url?sa=t&rct=j&q=&esrc=s&source=web&cd=2&ved=0ahUKEwib0pP22YvVAhXCtBoKHeU8DqYQFggrMAE&url=http%3A%2F%2Fwww.dgb.de%2Fthemen%2F%2B%2Bco%2B%2B98eb88a4-a3f9-11e1-4716-00188b4dc422&usg=AFQjCNGYVKtb24dqI2sSVeQGE6rwH0ZJLA&cad=rja [Zuletzt abgerufen am 15.7.2017]; *Fink/Zeyer*, in: Baetge/Wollmert/Kirsch/Oser/Bischof, RechnungslegungsR, IAS 24 Rn. 67. So auch *BaFin* im Rahmen einer Anfrage der Staatsanwaltschaft Braunschweig, Geschäftsnummer NZS 406 Ar 28849/16, n.V.

1401 So auch *Rieble*, AG 2016, 315 (322).

1402 Vgl. *Adler/Düring/Schmalz*, RechnungslegungsR, Int. Abs. 27 Rn. 132; *Bömelburg/Luce*, in: Thiele/von Keitz/Brücks, Int. BilanzR, IAS 24 Rn. 173.

Zusammenfassung kann nach IAS 24.24 nur dann vorgenommen werden, wenn dies dem Zweck von IAS 24 nicht entgegensteht. Die Stellungnahme des RIC ist mangels entsprechender Bekanntmachung nach § 342 Abs. 2 HGB nicht verbindlich.[1403] Eine Zusammenfassung ist sowohl nach dem Wortlaut als auch dem Zweck von IAS 24 entgegen der Stellungnahme des RIC daher abzulehnen.

Folglich ist nach IAS 24.18 das Arbeitsentgelt, das den Arbeitnehmervertreter neben dem Aufsichtsrat fortbezahlt wird, miteinzubeziehen. Die Betriebsratsvergütung stellt ebenfalls eine Vergütung aus dem zugrundliegenden Arbeitsverhältnis der Arbeitnehmervertreter dar und ist somit auch von der Angabepflicht nach IAS 24.18 erfasst.

c. Vergleich zu den nationalen Rechnungslegungsvorschriften

Eine explizite Befreiungsregelung von der Angabepflicht nach IAS 24.17 bzw. IAS 24.18 gibt es nicht.[1404] Wenn durch die Angabe der Organvergütung aber die Vergütung eines Organmitglieds offengelegt wird, so ist von einer solchen Befreiungsmöglichkeit aufgrund des ansonsten bestehenden Eingriffes in das Persönlichkeitsrecht des betroffenen Organmitgliedes nach den europäischen Grundrechten und des Art 3 Abs. 2 IAS-VO auszugehen.[1405] Dies wird jedoch selten den Fall sein. Sowohl nach nationalen als auch nach internationalen Vorschriften sind jeweils die Vergütungen des Vorstands wie auch die des Aufsichtsrats anzugeben, nach den IFRS-Vorschriften muss jedoch keine Aufteilung nach den Personengruppen vorgenommen werden.[1406] Im Übrigen muss nach den IFRS-Vorschriften die Vorstandsvergütung auch nicht individualisiert angegeben werden.[1407] Im Unterschied zu den nationalen Vorschriften müssen nach den IFRS-Vorschriften die Grundzüge des Systems der Gesamtbezüge nicht angegeben werden.[1408]

Zur Vermeidung von Wiederholungen im Geschäftsbericht können die Angaben zur Vergütung des Managements nach den nationalen Vorschriften wie nach den des IFRS nicht lediglich in einem Berichtsteil angegeben werden. Der Konzernlagebericht stellt keinen Teil des IFRS-Abschlusses dar, IAS 1.10 ff., und muss nach

---

1403 *Rieble*, AG 2016, 315 (322).

1404 *Boecker/Busch*, IRZ 2014, 371 (372); *Fink/Zeyer*, in: Baetge/Wollmert/Kirsch/Oser/Bischof, RechnungslegungsR, IAS 24 Rn. 67; *Hennrichs/Schubert*, in: MüKo BilanzR, IAS 24, Rn. 94.

1405 *Hennrichs/Schubert*, in: MüKo BilanzR, IAS 24, Rn. 96; *Wagenhofer*, IFRS S. 507, geht von einem Abwägungserfordernis aus, soweit das allgemeine Persönlichkeitsrecht betroffen ist.

1406 *Adler/Düring/Schmalz*, RechnungslegungsR, Int. Abs. 27 Rn. 116; *Lüdenbach/Freiberg*, BB 2013, 2539.

1407 *Leippe/Theile*, in: Heuser/Theile, IFRS Hdb, S. 118; *Lüdenbach/Freiberg*, BB 2013, 2539.

1408 Nach nationalen Vorschriften (§ 289a Abs. 2 Satz 1 HGB bzw. § 315a Abs. 2 Satz 1 HGB) ist dies im Lagebericht anzugeben, der sodann nach § 325 Abs. 1 HGB offenzulegen ist.

DRS 20.15 vielmehr ohne Rückgriff auf den Konzernabschluss verständlich sein. Somit wäre der IFRS-Anhang folglich unvollständig, wenn dort nur auf den Konzernlagebericht verwiesen würde. Umgekehrt wäre auch der Konzernlagebericht fehlerhaft, wenn sich dort nur ein Verweis auf den IFRS-Anhang finden würde.[1409]

4. *Empfehlung des DCGK*

Neben nationalen und internationalen Rechnungslegungsvorschriften enthält auch der Kodex in Nr. 5.4.6 Abs. 3 DCGK eine Empfehlung zur Offenlegung der Aufsichtsratsvergütung.

a. *Nr. 5.4.6 Abs. 3 Satz 1 DCGK*

Der Kodex enthält in Nr. 5.4.6 Abs. 3 Satz 1 DCGK für börsennotierte Kapitalgesellschaften die weitergehende Empfehlung, dass die Gesamtbezüge der Aufsichtsratsmitglieder individualisiert und aufgegliedert nach ihren Bestandteilen im Anhang oder im Lagebericht dargestellt werden sollen. Die Empfehlung der Kommission vom 14. Dezember 2004, die die individualisierte Offenlegung der Vergütung der Mitglieder der Unternehmensleitung empfiehlt, wurde nur zum Teil in nationales Recht umgesetzt. Mit dem VorstOG wurde lediglich die individuelle Offenlegung der Vorstandsvergütung ins nationale Recht transformiert, aber nicht die individuelle Offenlegung der Vergütung des Aufsichtsrats.[1410] Die Empfehlung in Nr. 5.4.6 Abs. 3 Satz 1 DCGK ist mithin nicht deskriptiv, sondern hat eine eigenständige Bedeutung. Ebenso wie die gesetzliche Regelung beschränkt sich die Empfehlung bzgl. des Umfangs der offenzulegenden Vergütungen auf die Aufsichtsratsvergütung. Die Vergütungen der Arbeitnehmervertreter aus dem Arbeitsvertrag sind von der Empfehlung zur Offenlegung nicht umfasst.[1411] Hingegen fällt unter Nr. 5.4.6 Abs. 3 Satz 1 DCGK – wie unter die nationalen Rechnungslegungsvorschriften – die verdeckte Aufsichtsratsvergütung. Diese wird in Bezug auf die Organtätigkeit gewährt, sodass sie anzugeben ist. Als Ort der Bekanntmachung wird der Anhang oder der Lagebericht genannt, Nr. 5.4.6 Abs. 3 Satz 1 DCGK. Da die individualisierte Offenlegung der Aufsichtsratsvergütung vom Gesetz nicht vorgeschrieben ist, hat das berichtende Unternehmen die Wahl, ob die Angabe im Anhang oder im Lagebericht erfolgt.

Nach dem Ergebnis einer Umfrage aus dem Jahr 2015 wird diese Empfehlung des Kodex von allen 30 DAX-Unternehmen beachtet.[1412] Auch bei den restlichen börsennotierten Gesellschaften findet die Empfehlung weitgehend Beachtung – 86 % aller börsennotierten Gesellschaften setzen die Empfehlung des Kodex um.[1413]

1409 *Lüdenbach/Freiberg*, BB 2013, 2539 (2540).
1410 ABl. EU Nr. L 385 v. 29.12.2004; *Lutter*, EuZW 2009, 799 (801).
1411 *Kremer*, in: Kremer/Bachmann/Lutter/von Werder, DCGK, Ziff. 5.4.6 Rn. 1442.
1412 *Kremer*, in: Kremer/Bachmann/Lutter/von Werder, DCGK, Ziff. 5.4.6 Rn. 1443; *von Werder/Turkali*, DB 2015, 1357 (1362).
1413 *Von Werder/Turkali*, DB 2015, 1357 (1362); *Beyenbach/Rapp/Wolf*, AR 2017, 102.

b. Nr. 5.4.6 Abs. 3 Satz 2 DCGK

Im Weiteren empfiehlt der Kodex in Nr. 5.4.6 Abs. 3 Satz 2 DCGK, dass Zahlungen an Aufsichtsratsmitglieder für persönlich erbrachte Leistungen, wie Beratungs- und Vermittlungsleistungen, von der Gesellschaft individuell offenzulegen sind. Fraglich ist im Hinblick auf das Arbeitsentgelt von Aufsichtsratsmitgliedern, welche Vergütungen nach der Empfehlung erfasst sind. *Wilsing* sieht von der Regelung nur Vergütungen aus Beraterverträgen und dergleichen erfasst, aber keine Entgelte aus Arbeitsverträgen, da eine solche Angabe unter datenschutzrechtlichen Gesichtspunkten bedenklich wäre.[1414] Die *Regierungskommission DCGK* vertrat im Rahmen eines Ermittlungsverfahrens die gleiche Ansicht: „Individuelle Offenlegungspflichten bestehen demnach für Vorstand und Aufsichtsrat bisher nur insoweit, als ihre Funktion im Unternehmen betroffen ist. Für alle Mitarbeiter des Unternehmens gilt dies nicht. Wenn man die Gefahr von Koppelungsgeschäften durch Offenlegung der Vergütungen von Betriebsrats-/Sprecherausschussmitgliedern, die gleichzeitig Mitglieder des Aufsichtsrats sind, transparent machen und damit reduzieren will, wird man dazu eine besondere gesetzliche Verpflichtung im Betriebsverfassungsgesetz oder in den Mitbestimmungsgesetzen schaffen müssen."[1415] Die *Regierungskommission DCGK* stützt ihre Ansicht vor allem auf die Kommentierung von *Kremer* zu Nr. 5.4.6 Abs. 3 Satz 1 DCGK, die besagt, dass Bezüge der Arbeitnehmervertreter aus ihrem Arbeitsvertrag in keinem Zusammenhang mit der Aufsichtsratsvergütung stehen und somit nicht zu den nach Nr. 5.4.6 Abs. 3 Satz 1 DCGK zu berücksichtigenden Vergütungen zählen.[1416]

Zu klären ist mithin, nach welchen Methoden der Kodex auszulegen ist. Überwiegend wird angenommen, dass die Methoden der Gesetzesauslegung auch im Rahmen des Kodex zur Anwendung kommen.[1417] Neben dem argumentum a majore ad minus wird als weiteres Argument angebracht, dass es bei Empfehlungen vergleichbar wie bei Gesetzesregelungen darum geht, den Zweck der einzelnen Vorschrift zu ermitteln und zudem den Empfehlungen über § 161 AktG eine faktische Rechtswirkung zukommt.[1418]

1414 *Wilsing*, in: Wilsing, DCGK, Ziff. 5.4.6 Rn. 12.

1415 *Regierungskommission DCGK* im Rahmen einer Anfrage der Staatsanwaltschaft Braunschweig, Geschäftsnummer NZS 406 AR 28849/16, n.v.

1416 *Kremer*, in: Kremer/Bachmann/Lutter/von Werder, DCGK, Ziff. 5.4.6 DCGK Rn. 1442; *Regierungskommission DCGK* im Rahmen einer Anfrage der Staatsanwaltschaft Braunschweig, Geschäftsnummer NZS 406 AR 28849/16, n.v.

1417 *Huttner*, Auslegung des DCGK, S. 79; *Keßler*, Corporate Governance, S. 136; wobei nach *Bachmann*, AG 2011, 181 (192) zu berücksichtigen ist, dass eine „echte Subsumtion" aufgrund des durch die Empfehlung eingeräumten Ermessenspielraums nicht möglich ist.

1418 *Huttner*, Auslegung des DCGK, S. 79; *Keßler*, Corporate Governance, S. 136; *Bachmann*, AG 2011, 181 (192).

Die Aufzählung der Empfehlung ist nicht abschließend, sondern der Wortlaut („insbesondere") ist so auszulegen, dass alle Vergütungen erfasst sind und nicht nur solche aus einem Beratungsvertrag i.S.d. § 114 AktG.[1419] Da der Kodex in anderen Teilen durchaus zwischen Anteilseigner- und Arbeitnehmervertreter unterscheidet (Nr. 5.4.1 Abs. 4 Satz 3 DCGK bezieht sich im Gegensatz zu anderen Nummern explizit nur auf die Anteilseignervertreter), kann hier nicht davon ausgegangen werden, dass nur die Anteilseignervertreter, sondern alle Mitglieder und insofern auch die Arbeitnehmervertreter erfasst sind. Nach der teleologischen Auslegung ist der Zweck der Empfehlung, dass Interessenkonflikte offengelegt werden.[1420] Zur Erreichung dieses Zieles ist es nötig, dass nicht nur solche Vergütungen i.S.d. § 114 AktG offengelegt werden, sondern auch die sonstigen Arbeitsentgelte der Arbeitnehmervertreter, da diese durchaus auch einen Einfluss auf das Aufsichtsratsamt haben können und nur dadurch hinreichend sichergestellt werden kann, dass eine Selbstbedienung des Aufsichtsrats unterbunden wird. Man könnte die Angabepflicht in Bezug auf die Arbeitsentgelte auf den Betrag beschränken, den die Arbeitnehmer nach ihrer Bestellung zum Aufsichtsrat (mehr) erlangen. Jedoch kann auch bereits im Voraus eine Absprache stattfinden und das Arbeitsentgelt bereits vor der Amtsbestellung angehoben werden, sodass dieses nicht erfasst wäre. Im Übrigen können Erhöhungen nach der Bestellung zum Aufsichtsratsmitglied auch in keinem unmittelbaren Zusammenhang mit dem Amt stehen, sodass die generelle Angabepflicht nur der danach anfallenden (Mehr-)Vergütung kein geeignetes Differenzierungsmerkmal darstellt.

Dem Einwand, dass der Offenlegung von Vergütungen aus dem Arbeitsvertrag datenschutzrechtliche Einwände entgegenstehen, ist zu entgegnen, dass sich das Unternehmen auch gegen die Anwendung der Empfehlung entscheiden kann und somit dem Stellenwert des Datenschutzes selbst gestalten kann.[1421] Zudem ist zu berücksichtigen, dass bei der Angabe nach Nr. 5.4.3. Abs. 3 Satz 2 DCGK alle persönlich erbrachten Leistungen eines Aufsichtsratsmitglieds zusammengefasst werden und insoweit in der Regel nicht nur das Arbeitsentgelt, sondern auch noch weitere Leistungen erfasst werden. Aus der Angabe geht somit nicht klar hervor, wie hoch das Arbeitsentgelt ist. Bei der Auslegung des Kodex ist aber zu berücksichtigen, dass die Kodexkommission nur solche Empfehlungen erlässt, bei deren Anwendung das Unternehmen nicht gegen das Grundgesetz oder andere gesetzlichen Vorschriften verstößt. Insbesondere ergibt sich für das Unternehmen aufgrund des Arbeitsverhältnisses mit dem Arbeitnehmervertreter jedenfalls eine

---

1419 So auch *Hambloch-Gesinn/Gesinn*, in: Hölters, AktG, § 114 AktG Rn. 7; *Kremer*, in: Kremer/Bachmann/Lutter/von Werder, DCGK, Ziff. 5.4.6 Rn. 1445; *Rieble*, AG 2016, 315 (323); *Spindler*, in: Spindler/Stilz, AktG, § 113 AktG Rn. 65; a.A.: *Wilsing*, in: Wilsing, DCGK, Ziff. 5.4.6 Rn. 12.

1420 *Bicker/Preute*, in: Fuhrmann/Linnerz/Pohlmann, DCGK, Ziff. 5 Rn. 285.

1421 Gegen eine Erfassung der Bezüge aus den Arbeitsverträgen ist *Wilsing*, in: Wilsing, DCGK, Ziff. 5.4.6 Rn. 12.

mittelbare Grundrechtswirkung, sodass insbesondere das allgemeine Persönlichkeitsrecht nach Art. 2 Abs. 1 i.V.m. Art. 1 Abs. 1 GG zu wahren ist. Durch die individualisierte Angabe der Vorstandsvergütung wie auch sonstigen Vergütungen, die das Organ von Unternehmen erhält, ist das informelle Selbstbestimmungsrecht tangiert.[1422] Durch die individuelle Offenlegung der Vergütung aus solchen Verträgen kann aber missbräuchlichen Koppelungsgeschäften vorgebeugt werden.[1423] Dem Informationsbedürfnis der Aktionäre und der potentiellen Anleger über Abhängigkeitsverhältnisse der Aufsichtsratsmitglieder wird genüge getan und rechtfertigt im Rahmen der Verhältnismäßigkeitsprüfung unter Abwägung der betroffenen Interessen einen Eingriff in das informelle Selbstbestimmungsrecht.[1424] Mit der Bestellung zum Aufsichtsratsmitglied ist das Mitglied dem Unternehmensinteresse verpflichtet und hat sich bewusst zur Ausübung dieses Amtes entschieden, sodass es nicht mehr im gleichen Maße schutzwürdig ist wie ein normaler Arbeitnehmer.

Der Ansicht der *Regierungskommission DCGK* ist zwar zuzustimmen, dass unter Nr. 5.4.6 Abs. 3 Satz 1 DCGK die Angabe der sonstigen Arbeitsentgelte der Arbeitnehmervertreter nicht fällt, sondern ein Organbezug nötig ist. Zwischen Nr. 5.4.6 Abs. 3 Satz 1 und Satz 2 DCGK ist aber strikt zu unterscheiden. Die Arbeitsentgelte der Aufsichtsratsmitglieder sind vielmehr nach Nr. 5.4.6 Abs. 3 Satz 2 DCGK anzugeben. Erfasst dürften danach vielmehr sämtliche Zahlungen der Gesellschaft an das Aufsichtsratsmitglied sein, mithin auch Bezüge, die den Arbeitnehmervertretern aufgrund ihrer Betriebsratstätigkeit gewährt werden, wie auch sonstiges Arbeitsentgelt.

Für die Empfehlung nach Nr. 5.4.6 Abs. 3 Satz 2 DCGK enthält der Kodex nunmehr keine Vorgabe, wo die Angabe zu erfolgen hat.[1425] In der Praxis enthält meist der Vergütungsbericht, der Teil des Lageberichts ist, Nr. 4.2.5 Satz 2 DCGK, und nicht des Corporate Governance Berichts ist – der über die Grundzüge Unternehmensleitung und -kontrolle berichtet nach Nr. 3.10 Satz 1 DCGK – eine ausführliche Angabe zur Vergütung des Aufsichtsrats. Nach den nationalen Vorschriften müssen im Lagebericht bereits die Grundzüge des Vergütungssystems dargestellt werden.[1426] Die Angaben zur individualisierten Vergütung werden meist im

1422 Ausführlich zur Verfassungsmäßigkeit der individualisierten Offenlegung der Vorstandsvergütung im Hinblick auf das informelle Selbstbestimmungsrecht, *Masling*, Publizitätspflichten, S. 176 ff., wie *Hesse*, Veröffentlichungspflicht, S. 110 ff.

1423 *Kremer*, in: Kremer/Bachmann/Lutter/von Werder, DCGK, Ziff. 5.4.6 Rn. 1446; *Wilsing*, in: Wilsing, DCGK, Ziff. 5.4.6 Rn. 12; *Vetter*, ZIP 2008, 1 (10).

1424 Ausführlich: *Masling*, Publizitätspflichten, S. 237 ff.; *Vetter*, ZIP 2008, 1 (10).

1425 Mit der Kodexänderung v. 15.5.2012, die das Verhältnis zwischen dem Corporate Governance Bericht und der Erklärung zur Unternehmensführung nach § 161 AktG neu geregelt hat, wurde die Vorgabe, dass die Angabe im Corporate Governance Bericht zu erfolgen, hat gestrichen; *Kremer*, in: Kremer/Bachmann/Lutter/v. Werder, DCGK, Ziff. 5.4.6 Rn. 1447.

1426 Vgl. dazu Kapitel § 4 A II 2 b dd, c ee.

Zusammenhang damit veröffentlicht.[1427] Da Nr. 5.4.6 DCGK aber selbst keinen Ort vorschreibt, hat das Unternehmen somit die Wahl, ob sie die Angabe im Anhang, Lagebericht, Vergütungsbericht oder im Corporate Governance Bericht trifft.

Nach dem Ergebnis einer Umfrage aus dem Jahr 2015 wird diese Empfehlung von allen 30 DAX-Unternehmen umgesetzt, sowie von 77,2 % der anderen börsennotierten Gesellschaften.[1428] Die korrekte Anwendung der Empfehlungen kann unter Zugrundelegen der Analyse von *Rieble* aber durchaus bezweifelt werden. Dieser analysierte verschiedene Fälle einer möglichen unzulässigen Betriebsratsvergütung, über die in der medialen Berichterstattung berichtet wurde, mit den entsprechenden Angaben im Geschäftsbericht.[1429] Der Vergleich lässt darauf schließen, dass die Empfehlungen nicht korrekt angewandt wurden.[1430]

Nach der Empfehlung in Nr. 5.4.6 Abs. 3 Satz 2 DCGK ist folglich das Arbeitsentgelt, das einem Aufsichtsratsmitglied gewährt wird, anzugeben. Unter Nr. 5.4.6 Abs. 3 Satz 1 DCGK fällt hingegen die verdeckte Aufsichtsratsvergütung – entsprechend der Regelung nach § 285 Nr. 9 lit. a bzw. § 314 Abs. 1 Nr. 6 lit. a HGB.[1431]

Die Empfehlung des Kodex zur Offenlegung der Aufsichtsratsvergütung muss von den Unternehmen aufgrund des unverbindlichen Charakters des Kodex nicht eingehalten werden. Jedoch muss die Entsprechenserklärung nach § 161 AktG fehlerfrei abgegeben werden, da ansonsten mit Sanktionen zu rechnen ist.[1432]

1427 Vgl. die Abschlüsse der 30 Dax-Unternehmen, abrufbar unter https://www.bundesanzeiger.de/ebanzwww/wexsservlet [Zuletzt abgerufen am 26.8.2017].

1428 *von Werder/Turkali*, DB 2015, 1357 (1362); *Beyenbach/Rapp/Wolf*, AR 2017, 102. Aus den Anmerkungen in den Abschlüssen der Gesellschaften lässt sich schließen, dass die Empfehlung in der Praxis wohl zum Teil anders ausgelegt und angewandt wird (z.B. Allianz SE gibt in dem Vergütungsbericht 2016, der Teil des Jahresabschlusses ist, an, dass die Arbeitnehmervertreter daneben noch eine marktübliche Vergütung erhalten, ohne diese entsprechend Nr. 5.4.6 Abs. 3 Satz 2 DCGK anzugeben. Nach der Entsprechenserklärung wurden alle Empfehlungen eingehalten. Die Annahme liegt auch bei der Auswertung des Jahresabschluss 2016 der thyssenkrupp AG nahe. Im Vergütungsbericht erfolgt der Hinweis, dass, obwohl im Aufsichtsrat Arbeitnehmervertreten sind, keine weiteren Vergütungen an die Aufsichtsratsmitglieder gezahlt wurden. Die thyssenkrupp AG gibt aber an, dass alle Empfehlung eingehalten wurde. Abrufbar jeweils unter https://www.bundesanzeiger.de/ebanzwww/wexsservlet [Zuletzt abgerufen am 27.8.2017]).

1429 *Rieble*, AG 2016, 315 (322) stellt verglichen mit Informationen aus der Presseberichterstattung und den Geschäftsberichten exemplarisch bei drei Unternehmen eine unzutreffende Anwendung der Kodexempfehlungen fest, ohne dass dies in der Entsprechenserklärung offengelegt wurde.

1430 So *Rieble*, AG 2016, 315 (322).

1431 Vgl. Kapitel § 4 A II 2 b bb, c cc.

1432 Vgl. die Ausführungen im Kapitel § 2 B III 3.

5. *Offenlegungspflicht für die Arbeitsentgelte der Aufsichtsratsmitglieder?*

Zusammenfassend festzustellen ist, dass zwischen sonstigen Arbeitsentgelten, die in keinem Zusammenhang mit der Aufsichtsratstätigkeit stehen, und Vergütungen, die den Arbeitnehmervertretern gerade (auch) wegen der Aufsichtsratstätigkeit gewährt wird, zu unterscheiden ist.

Wie gezeigt sind all diejenigen Zahlungen stets mitzuteilen, die einem Arbeitnehmervertreter im Hinblick auf die Aufsichtsratstätigkeit gezahlt werden.[1433] Keinen Unterschied macht es dabei, dass die Vergütung in der Praxis wohl oftmals nicht als Aufsichtsratsvergütung tituliert wird. Die Gründe für die Gewährung einer verdeckten Aufsichtsratsvergütung sind vielfältig. Einer liegt sicher darin, dass im Aufsichtsrat das Prinzip der Gleichbehandlung gilt und somit ohne sachlichen Grund allen Mitgliedern dasselbe zu zahlen ist. Ein sachlicher Grund ist in Fällen der Koppelungsgeschäfte in der Regel nicht gegeben. Zudem wird die Aufsichtsratsvergütung von der Hauptversammlung und nicht von dem Vorstand festgesetzt. In der Praxis wird der Vorstand aber oftmals ein Interesse haben, den Arbeitnehmervertretern ein zusätzliches Entgelt für die Aufsichtsratstätigkeit zu gewähren, insbesondere im Hinblick auf mögliche Koppelungsgeschäfte. Wenn die überhöhte Betriebsratsvergütung an sich eine Vergütung des Aufsichtsratsamtes darstellt, mit dem Zweck so die Aufsichtsratsmitglieder für den Vorstand zu gewinnen, ist diese Zahlung ebenfalls eine (verdeckte) Aufsichtsratsvergütung und als solche von den Rechnungslegungsvorschriften erfasst und muss dann entsprechend offengelegt werden. Ebenso einzuordnen ist das Arbeitsentgelt, das den Arbeitnehmervertreter trotz Freistellung vom Arbeitsverhältnis für die Aufsichtsratstätigkeit weitergezahlt wird.

Daneben sind nach dem klaren Wortlaut von § 285 Nr. 9 HGB keine Angaben zu sonstigen Arbeitsentgelten, die den Arbeitnehmervertretern gewährt werden, zumachen. Bei § 314 Abs. 1 Nr. 6 HGB könnte man durch die weite Formulierung des Wortlauts („Wahrnehmung der Aufgaben") auch zu einem anderen Ergebnis kommen. Da DRS 17.17 hierzu eine klare Aussage trifft, ist § 314 Abs. 1 Nr. 6 HGB so auszulegen, dass nur Vergütungen, die für die Aufsichtsratstätigkeit bezahlt werden, offenzulegen sind. Nach den nationalen Rechnungslegungsvorschriften muss eine Angabe der sonstigen Arbeitsentgelte der Arbeitnehmervertreter nicht erfolgen.

Hingegen sind sonstige Arbeitsentgelte der Arbeitnehmervertreter von IAS 24.18 sowie der Empfehlung in Nr. 5.4.6 Abs. 3 Satz 2 DCGK erfasst.[1434] Deswegen haben börsennotierte Unternehmen auch sonstige Arbeitsentgelte anzugeben oder zumindest zu erklären, dass die Empfehlung in Nr. 5.4.6 Abs. 3 Satz 2 DCGK nicht eingehalten worden ist. Dagegen ist die Auslegung von IAS 24 nicht

---

1433 Dazu Kapitel § 4 A II 2 b aa [3], c aa, 3 a cc.

1434 Vgl. die Ausführungen in Kapitel § 4 A II 3 b, 4 b.

zwingend auf die nationalen Bilanzvorschriften zu übertragen. Zudem ist zu berücksichtigen, dass nach IAS 24.17 bzw. IAS 24.18 die Vergütung nicht individualisiert für die einzelnen Aufsichtsratsmitglieder angegeben werden muss. Im Übrigen muss keine Aufteilung nach den verschiedenen Organen des Managements in Schlüsselpositionen vorgenommen werden, sondern die Höhe der Geschäftsvorfälle von Vorstand und Aufsichtsrat können vielmehr zusammengefasst werden. Dadurch ist die Aussagekraft der Angabe beschränkt. So kann man nur in Erfahrung bringen, ob es Geschäftsvorfälle mit nahestehenden Personen gegeben hat und in welcher Gesamthöhe solche stattgefunden haben. Die Gesamtkosten können noch mit sonstigen Kosten und Verbindlichkeiten, die die Gesellschaft in dem Berichtsjahr eingegangen ist, verglichen werden. Rückschluss auf einzelne Koppelungsgeschäfte, die ein Organmitglied eventuell mit einem anderen Organmitglied gegen Vergütung eingegangen ist, kann man so schwerlich in Erfahrung bringen. Hilfreicher sind die Angaben nach Nr. 5.4.6 Abs. 3 Satz 2 DCGK bei korrekter Anwendung der Empfehlung.

Ein Teil der Literatur und die Praxis gehen jedoch davon aus, dass Bezüge, die Arbeitnehmervertreter des Aufsichtsrates als Arbeitnehmer beziehen, nicht mitgeteilt werden müssen.[1435] Aus den Angaben der Jahres- bzw. Konzernabschlüsse ergibt sich vielmehr, dass solche „Doppelvergütungen" nicht angegeben werden.[1436] Im Weiteren kommt fast die Hälfte der DAX-Unternehmen der Empfehlung nach Nr. 5.4.6 Abs. 3 Satz 1 DCGK nicht vollkommen nach. Die Vergütung wird von allen Unternehmen zwar individualisiert für die einzelnen Aufsichtsratsmitglieder angegeben, aber die Aufteilung nach den Bestandteilen der Vergütung wird nicht von allen Unternehmen beachtet.[1437] So wird zum Teil nur der Gesamtwert der gezahlten Sitzungsgelder angegeben, aber es erfolgt kein individualisierter Ausweis. Vergleichbar verhält es sich mit der Angabe der Ausschussvergütungen. Bei einem Drittel der DAX-Unternehmen ist die Ausschussvergütung nicht einzeln ausgewiesen.[1438] Insoweit kann die externe Kontrolle der gewährten Vergütungen nur unzureichend erfolgen.[1439]

Jedenfalls steht den Aktionären in der Hauptversammlung ein Auskunftsrecht nach § 131 AktG zu, mit dem sie in Erfahrung bringen können, ob den Arbeitnehmervertretern eine verdeckte Aufsichtsratsvergütung bezahlt wurde bzw. wie hoch die unzulässige Betriebsratsvergütung ist.[1440] Dadurch erhalten sie auch Auskunft, ob dem Aufsichtsratsmitglied eine Drittvergütung gewährt wurde oder

1435 *Grottel*, in: BeckOK BilanzR, § 285, Rn. 24; *Kremer*, in: Kremer/Bachmann/Lutter/von Werder, DCGK, Ziff. 5.4.6 Rn. 1442. Vgl. Kapitel § 4 A II 4 b.

1436 *Rieble*, AG 2016, 315 (322).

1437 *Evers*, AR 2017, 82.

1438 *Böcking/Althoff/Bundle u.a.*, Der Konzern 2016, 549 (554); *Evers*, AR 2017, 82.

1439 *Evers*, AR 2017, 82.

1440 Dazu Kapitel § 4 A II 2 b cc.

nicht.[1441] Die Tatsache ist im Hinblick auf den Jahresabschluss relevant wie auch für die Entlastung des Vorstandes als auch des Aufsichtsrates.

6. *Angaben zu nahestehenden Personen (§§ 285 Nr. 21, 314 Abs. 1 Nr. 13 HGB)*

Eine Angabepflicht für die sonstigen Arbeitsentgelte der Aufsichtsratsmitglieder könnte sich evtl. noch aufgrund einer anderen nationalen Rechnungslegungsvorschrift ergeben.

Nach § 285 Nr. 21 HGB bzw. § 314 Abs. 1 Nr. 13 HGB sind die nicht zu marktüblichen Bedingungen zustande gekommen Geschäfte mit nahestehenden Personen im Jahres- bzw. Konzernabschluss anzugeben. Mit der Einführung der Angabepflicht sollte eine Annäherung an die Angabepflichten nach internationalen Rechnungslegungsvorschriften erfolgen.[1442] Ziel ist es, den Rechnungslegungsadressaten offenzulegen, welchen nahestehenden Personen das berichtende Unternehmen Vorteile gewährt und ob damit Interessenkonflikte bestehen.[1443]

Bzgl. der Definition der nahestehenden Personen ist auf IAS 24.9 abzustellen, Art. 43 Abs. 1 Nr. 7 lit. b der Bilanzrichtlinie und Art. 34 Nr. 7 lit. b der Konzernbilanzrichtlinie.[1444] Die Aufsichtsratsmitglieder sind nahestehende Personen i.S.d. §§ 285 Nr. 21, 314 Abs. 1 Nr. 13 HGB. Der Begriff der Geschäfte wird in der Begründung des Gesetzesentwurfs der Bundesregierung zum BilMoG näher definiert: Darunter fallen „nicht allein Rechtsgeschäfte, sondern auch andere Maßnahmen, die eine unentgeltliche oder entgeltliche Übertragung oder Nutzung von Vermögengegenständen oder Schulden zum Gegenstand haben".[1445] Arbeitsleistungen sind grundsätzlich von der Angabepflicht erfasst.[1446] Im Weiteren müssen die Geschäfte wesentlich, mithin für die Beurteilung der Finanzlage des

---

1441 *Kiem*, in: FS Stilz, S. 329 (343); *Kubis*, in: MüKo AktG, § 131 AktG Rn. 200.

1442 Begr RegE BilMoG, BT-Drs 16/10067, S. 72; *Poelzig*, in: MüKo HGB, § 285 HGB Rn. 347.

1443 Vgl. IAS 24.1 sowie *DRSC*, Stellungnahme der DRSC im Rahmen einer Anfrage der Staatsanwaltschaft Braunschweig, Geschäftsnummer NZS 406 AR 28849/16, n.v.

1444 Art. 2 Abs. 1 Nr. 3 der Richtlinie 2013/34/EU des europäischen Parlaments und des Rates vom 26. Juni 2014, Abl. L 182/19 (27) i.V.m. Begr RegE BilMoG, BT-Drs 16/10067, S. 72 (86); *Kessler*, in: MüKo BilanzR, § 285 HGB Rn. 231; a.A.: *DRSC*. im Rahmen einer Anfrage der Staatsanwaltschaft Braunschweig, Geschäftsnummer NZS 406 AR 28849/16, n.v. Das *DRSC* ist der Auffassung, dass sich der Personenkreis alleine nach § 285 Nr. 21 HGB bestimmt und insoweit nicht IAS 24 herangezogen werden kann. Dies ist steht klar im Widerspruch zu der Gesetzesbegründung und der Richtlinie, die die Anwendbarkeit der IAS-Vorschriften bzgl. der Definition „nahe stehende Unternehmen und Personen" vorsehen.

1445 Begr RegE BilMoG, BT-Drs 16/10067, S. 72.

1446 So auch *Rimmelspacher/Fey*, WPg 2010, 180 (184).

Unternehmens von Belang sein.[1447] Zur Feststellung, ob das Geschäft zu marktüblichen Bedingungen zustande gekommen ist oder nicht, ist ein Drittvergleich durchzuführen.[1448]

Da nur Geschäfte unter marktunüblichen Bedingungen anzugeben sind, fallen übliche Arbeitsentgelte der Aufsichtsratsmitglieder nicht darunter. Das heißt, dass das normale Arbeitsentgelt der Arbeitnehmervertreter nach § 285 Nr. 21 HGB bzw. § 314 Abs. 1 Nr. 13 HGB nicht anzugeben ist. Erfasst könnte aber die unzulässige Betriebsratsvergütung sein, da diese unter marktunüblichen Bedingungen zustande gekommen ist. In der Literatur gibt es jedoch eine Ansicht, die Organbezüge von der Angabepflicht ausnehmen will, da die §§ 285 Nr. 9, 314 Abs. 1 Nr. 6 HGB spezieller seien und die Schutzvorschrift § 286 Abs. 4 HGB nicht auf diese Weise ausgehebelt werden sollte.[1449] Dies kann aber nicht überzeugen. Börsennotierte Unternehmen bedürfen dieses Schutzes gerade nicht, indem sie in der Regel weitreichenderen Offenlegungspflichten unterliegen.[1450] Zudem kann umgekehrt für nicht börsennotierte Unternehmen eine analoge Anwendung von § 286 Abs. 4 HGB in Erwägung gezogen werden. Eine Ausnahme von der Angabepflicht der Organbezüge scheidet aber insbesondere im Hinblick auf IAS 24 aus. Darunter fallen gerade auch solche Konstellationen. Im Übrigen muss berücksichtigt werden, dass es sich bei der unzulässigen Betriebsratsvergütung schon um keine Organvergütung i.S.d. § 285 Nr. 9 lit. a HGB bzw. § 314 Abs. 1 Nr. 6 HGB handelt.[1451]

Von der Angabepflicht ausgenommen sind die in §§ 285 Nr. 21 2. HS, 314 Abs. 1 Nr. 13 2. HS HGB genannten Unternehmen sowie kleine und mittelgroße Unternehmen nach § 288 Abs. 1 Nr. 1, Abs. 2 Satz 3 HGB. Eine vergleichbare Schutzklausel wie § 286 (Abs. 4) HGB gibt es nicht und eine solche Angabe hat auch nicht zu unterbleiben, da dies einen Nachteil für das Unternehmen oder die nahestehende Person begründen könnte. Mit Blick auf den Sinn der Vorschrift von IAS 24 ist eine analoge Anwendung auch nicht geboten.[1452]

1447 *Poelzig*, in: MüKo HGB, § 285 HGB Rn. 267; *Rimmelspacher/Fey*, WPg 2010, 180 (186).

1448 *Kessler*, in: MüKo BilanzR, § 285 HGB Rn. 229; *Poelzig*, in: MüKo HGB, § 285 HGB Rn. 369.

1449 IDW RS HFA 33 Rn. 24; *Rimmelspacher/Fey*, WPg 2010, 180 (187). Bei den IDW Verlautbarungen handelt es sich um Standards und Stellungnahmen eines privaten Gremiums, die keine Rechtswirkung entfalten. Dabei ist vor allem zwischen Verlautbarungen zu Fragen der Durchführung von Abschlussprüfungen (IDW PS) und zur Rechnungslegung (IDW RS) zu unterscheiden, *Schülke*, IDW-Standards, S. 37, 49 ff.

1450 Vgl. § 285 Nr. 9 lit. a Satz 5–8 HGB, § 288 HGB bzw. § 286 Abs. 4 HGB. Dazu auch Kapitel § 4 A II 2 b cc.

1451 Dazu Kapitel § 4 A II 5 sowie Kapitel § 4 A II 2 b bb, cc.

1452 *Rimmelspacher/Fey*, WPg 2010, 180 (189).

B. Rechtsfolgen bei Nichtbeachtung der Offenlegungspflichten

Zur Sicherstellung, dass die Rechnungslegungsvorschriften vom Management eingehalten werden, ist eine Überwachung und Kontrolle notwendig, ein geeignetes Enforcement.[1453] Nötig ist es insofern, dass die Aufsicht von dem Management unabhängig ist.[1454] Daneben muss im Falle eines Verstoßes gegen eine Rechnungslegungsvorschrift eine effektive Sanktion bestehen.[1455]

I. Enforcement

Insoweit ist zwischen der regelmäßig stattfindenden Abschlussprüfung und dem Enforcement durch die DPR bzw. BaFin zu unterscheiden.

1. Abschlussprüfung

Nach § 316 Abs. 1, 2 HGB ist der Jahres- bzw. Konzernabschluss und der Lagebericht von Kapitalgesellschaften, sofern sie keine kleine Gesellschaft i.S.d. § 267 Abs. 1 HGB sind, durch einen Abschlussprüfer zu prüfen. Unter die Prüfungspflicht fallen auch solche Kapitalgesellschaften, die ihren Abschluss nach den internationalen Rechnungslegungsvorschriften aufstellen, § 325 Abs. 2a HGB.[1456] Die Kontrollfunktion des Abschlussprüfers stellt ein Mittel zur Sicherung der Corporate Governance dar.[1457] Dadurch soll ein Anreiz zur korrekten Anwendung der Rechnungslegungsvorschriften gesetzt werden. Ein entsprechender Anreiz entfaltet gerade der Bestätigungsvermerk und dessen Veröffentlichung.[1458] Der Gegenstand und der Umfang der Prüfung ist in § 317 HGB normiert.

Der Anhang als Bestandteil des Jahres- bzw. Konzernabschlusses ist Gegenstand der Prüfung. Somit ist vom Abschlussprüfer grundsätzlich zu kontrollieren,

---

1453 *Wagenhofer*, IFRS, S. 120; *Wiemann*, Prüfungsqualität, S. 42.

1454 Mithin besteht ein gesetzliches Erfordernis (§ 43 Abs. 1 WPO, §§ 319, 319a HGB bzw. in der Berufssatzung), dass der Abschlussprüfer unabhängig sein muss, *Wiemann*, Prüfungsqualität, S. 54; *Mattheus*, in: Hommelhoff/Hopt/von Werder, Hdb CG, S. 563 (579).

1455 *Pellens/Füllbier/Gassen/Sellhorn*, IFRS, S. 84.

1456 Aufgrund gesetzlicher Bestimmung kann die Pflicht zur Abschlussprüfung auch für andere Unternehmen bestehen, z.B. für Unternehmen, die dem PublG unterliegen, § 6 i.V.m. § 3 Abs. 1 PublG, *Ebke*, in: MüKo HGB, § 316 HGB Rn. 9; *Schmidt/Küster*, in: BeckOK BilanzR, § 316 HGB Rn. 5.

1457 *Henne*, Information und Corporate Governance, S. 247 f.; *Mattheus*, in: Hommelhoff/Hopt/von Werder, Hdb CG, S. 563 (564, 577).

1458 *Bormann*, in: MüKo BilanzR, § 316 HGB Rn. 1; *Henne*, Information und Corporate Governance, S. 247 f.; *Leyens*, Aufsichtsrat, S. 201 f.; *Mattheus*, in: Hommelhoff/Hopt/von Werder, Hdb CG, S. 563 (564, 577).

ob die nach §§ 285 Nr. 9, 314 Abs. 1 Nr. 6 HGB getätigten Angaben korrekt sind. Zu beachten ist, dass der Prüfer nur verpflichtet ist, Verstöße aufzudecken, die eine wesentliche Auswirkung auf die Rechnungslegung haben, § 317 Abs. 1 Satz 3, Abs. 2 Satz 3 HGB. Fraglich ist, ob eine verdeckte Aufsichtsratsvergütung, die nicht in der Angabe der Gesamtvergütung des Aufsichtsrats enthalten ist, dabei aufgedeckt werden kann. Wird die verdeckte Aufsichtsratsvergütung (fälschlicherweise) als Teil der Betriebsratsvergütung ausgezahlt, müsste die Prüfung der Betriebsratsvergütung ebenfalls Teil der Abschlussprüfung sein. Die Betriebsratsvergütung stellt als Arbeitsentgeltfortzahlung eine Betriebsausgabe dar, die als Ausgabe in der Bilanz verzeichnet sein wird. Folglich müsste der Abschlussprüfer die Höhe der Betriebsausgabe überprüfen, wenn diese gegenüber dem Vorjahr erheblich gestiegen ist. Bei genauer Prüfung besteht die Möglichkeit, dass der Abschlussprüfer – je nachdem wie viel Aufwand sich das Unternehmen bzw. der Vorstand bei der Verschleierung der verdeckten Aufsichtsratsvergütung gemacht hat – dies aufdecken und entsprechend beanstanden wird. Da wenig bekannt ist und die bilanzielle Gestaltung im Fall von „Korruption" vielfältig ist, kann nur festgestellt werden, dass prinzipiell die Möglichkeit besteht, dass der Abschlussprüfer im Rahmen der Prüfung eine verdeckte Aufsichtsratsvergütung aufdecken und fehlerhafte Angaben nach §§ 285 Nr. 9, 314 Abs. 1 Nr. 6 HGB beanstanden kann.[1459] Für den Abschlussprüfer ist es aber keine generelle Aufgabe, Korruption aufzudecken. Auch nach der Abschlussprüfung besteht mithin noch die Möglichkeit, dass der Abschluss aufgrund von Täuschung fehlerhaft ist.[1460] Erfolgt bei Beanstandung durch das Unternehmen sodann keine Korrektur, hat der Abschlussprüfer dies dem gesetzlichen Vertreter oder Aufsichtsorgan mitzuteilen, § 321 HGB. An die externen (Rechnungslegungs-)Adressaten ist hingegen der Bestätigungsvermerk gerichtet, § 322 HGB.[1461]

Eine fehlerhafte Angabe bzgl. einer Empfehlung in der Entsprechenserklärung nach § 161 AktG wird vom Abschlussprüfer nicht aufgedeckt. Dieser prüft nicht die inhaltliche Richtigkeit der Entsprechenserklärung nach § 161 AktG.[1462]

1459 In Bezug auf Koppelungsgeschäfte und die Darstellung bzw. Verschleierung ist mangels empirischer Beweise nichts bekannt. Insoweit dürfte die Gestaltung vielfältig und von vielen verschiedenen Faktoren (z.B. Auszahlung aus einer „schwarzen Kasse" oder als „Betriebsratsvergütung", unrichtige Angabe im Abschluss bzw. Manipulation der Buchführung) abhängen; vgl. zur Bilanzfälschung *Wiemann*, Prüfungsqualität, S. 24; vgl. zur Art der Verschleierung *Hauser*, Jahresabschlussprüfung, S. 48.

1460 *Mattheus*, in: Hommelhoff/Hopt/von Werder, Hdb CG, S. 563 (593). Es besteht auch nach den IDW-Verlautbarungen keine Pflicht zur Aufdeckung für den Abschlussprüfer, *Hauser*, Jahresabschlussprüfung, S. 63 ff.

1461 *Ebke*, in: MüKo HGB, § 322 HGB Rn. 2; *Mattheus*, in: Hommelhoff/Hopt/von Werder, Hdb CG, S. 563 (566).

1462 Vgl. die Ausführungen in Kapitel § 2 B III 3 a.

2. *Weitere Kontrollverfahren*

Die Kontrolle des Abschlussprüfers reicht nicht aus, um die korrekte Anwendung der Rechnungslegungsvorschriften sicherzustellen.[1463] Daneben findet ein weiteres Enforcement statt: auf der ersten Stufe durch die DPR, die privat organisiert ist und nach § 342b Abs. 1 Satz 1 HGB durch das Bundesministerium der Justiz zur Prüfung von Verstößen gegen Rechnungslegungsvorschriften durch kapitalmarktorientierte Unternehmen anerkannt wurde.[1464] Die Prüfung der DPR kann bei Vorliegen eines Anhaltspunktes für einen Verstoß gegen Rechnungslegungsvorschriften, auf Verlangen der BaFin oder stichprobenartig erfolgen, § 342b Abs. 2 Satz 3 HGB. Die BaFin kann eine Prüfung anordnen, wenn konkrete Anhaltspunkte dafür vorliegen, dass eine Rechnungslegungsvorschrift verletzt wurde, § 107 Abs. 1 Satz 1 WpHG. Das Enforcement stellt mithin keine „zweite Abschlussprüfung" dar.[1465] Soweit bei der Prüfung der DPR Fehler gefunden werden und es zu keiner Lösung mit dem Unternehmen kommt, wird die BaFin auf zweiter Stufe mit der nochmaligen Prüfung des Sachverhalts betraut.[1466] Zur Gewährung eines einheitlichen europäischen Enforcement existiert noch eine dritte Stufe: die European Securities and Markets Authority (ESMA) sorgt für eine Abstimmung mit den nationalen Aufsichtsbehörden und einer Abstimmung mit der SEC.[1467]

Ziel des Enforcement-Verfahrens ist es, die Qualität der Rechnungslegung sicherzustellen, indem Fehler aufgedeckt werden.[1468] Gegenstand der Prüfung ist insbesondere der Jahres- bzw. Konzernabschluss sowie der Lagebericht, § 342b Abs. 2 Satz 1, Abs. 2a HGB. Geprüft wird, ob ein Verstoß gegen

1463 Empirische Studien, die IFRS-Abschlüsse auf Abweichungen untersucht haben, kommen zu dem Ergebnis, dass in vielen Fällen Angaben nicht gemacht werden; vgl. *Wagenhofer*, IFRS, S. 120 f.

1464 *Pellens/Füllbier/Gassen/Sellhorn*, IFRS, S. 87; *Wagenhofer*, IFRS, S. 121; *Kleindiek/Schmidt-Versteyl*, in: MüKo BilanzR, § 342b HGB Rn. 3 ff. Nach § 342b Abs. 1 Satz 2 HGB kann „eine solche Einrichtung anerkannt werden, die aufgrund ihrer Satzung, ihrer personellen Zusammensetzung und der von ihr vorgelegten Verfahrensordnung gewährleistet, dass die Prüfung unabhängig, sachverständig, vertraulich und unter Einhaltung eines festgelegten Verfahrensablaufes erfolgt". Das DPR untergliedert sich in die Prüfstelle sowie die drei Organe: Vorstand, Nominierungsausschuss und Mitgliedversammlung, vgl. *Paal*, in: MüKo HGB, § 342b HGB Rn. 4.

1465 *Paal*, in: MüKo HGB, § 342b HGB Rn. 19.

1466 *Grottel*, in: BeckOK BilanzR, § 342b HGB Rn. 2; *Pellens/Füllbier/Gassen/Sellhorn*, IFRS, S. 87.

1467 *Pellens/Füllbier/Gassen/Sellhorn*, IFRS, S. 88. Es gibt auch SEC-Reglungen, die eine Offenlegung der Vorstandsgehälter vorsehen. Im Gegensatz zu der entsprechenden deutschen Regelung, sind die Vorgaben in der SEC-Reglung detaillierter und Verstöße sind in den USA mit höheren Strafen versehen. Der SEC und ihren Reglungen unterliegen deutsche Unternehmen, die Wertpapiere an einer US-Börse emittieren, vgl. *Spengler/Pant*, CCZ 2009, 110.

1468 *Grottel*, in: BeckOK BilanzR, § 342b HGB Rn. 1.

Rechnungslegungsvorschriften vorliegt – dabei erfolgt keine Unterscheidung danach, wie schwerwiegend ein Verstoß ist.[1469]

Folglich kann innerhalb des Enforcement-Verfahrens geprüft werden, ob die berichtenden Unternehmen die für die Organvergütung maßgeblichen Rechnungslegungsvorschriften richtig handhaben. Die nationalen Rechnungslegungsvorschriften werden falsch angewandt, wenn die verdeckte Aufsichtsratsvergütung nicht in den entsprechenden Angaben zur Aufsichtsratsvergütung mitumfasst ist. Bzgl. der internationalen Rechnungslegungsvorschriften ist zu überprüfen, ob IAS 24 von den berichtenden Unternehmen korrekt angewendet wird. Dies ist der Fall, wenn das Unternehmen nach IAS 24.18 etwa nicht nur Beratungshonorare, die Aufsichtsratsmitgliedern von diesem erhalten hat, sondern auch sonstige, vom Unternehmen an die Arbeitnehmervertreter gezahlten Arbeitsentgelte, angibt.[1470]

Da an das Vorliegen konkreter Tatsachen für die Annahme eines Verstoßes gegen Rechnungslegungsvorschriften hinreichende Anhaltspunkte vorliegen müssen, kann bezweifelt werden, ob es in der Praxis tatsächlich zur Einleitung eines solchen Verfahrens kommen wird. An konkreten Anhaltspunkten fehlt es nach Ansicht der *BaFin* im Rahmen einer Anfrage der Staatsanwaltschaft Braunschweig in dem zugrundeliegenden Fall schon deshalb, weil es mit der von der RIC vertretenen Ansicht zulässig sei, die „Gehälter der Arbeitnehmervertreter im Aufsichtsrat mit anderen Geschäftsvorfällen mit dem Management in Schlüsselpositionen" zusammenzufassen.[1471] Die von der RIC vertretene Ansicht wurde jedoch nicht bekannt gemacht und strahlt somit keine Vermutungswirkung nach § 342 Abs. 2 HGB aus.[1472] Die Auslegung von IAS 24.18 zeigt vielmehr, dass eine Zusammenfassung dem Sinn und Zweck widerspricht.[1473] Eine andere davon abweichende Vorgehensweise im Sinne der RIC-Ansicht ist nach vorliegend vertretener Auslegung von IAS 24.18 vielmehr als nicht richtig einzustufen. Zuzustimmen ist dem Einwand der BaFin aber, dass es an konkreten Hinweisen fehlen würde, da die Angabe dafür einzeln für jedes Organmitglied erfolgen müsste. Der Aussagegehalt der nach IAS 24.18 offengelegten Informationen ist beschränkt.[1474] An andere Tatsachen, die die Vermutung nahelegen, dass die Offenlegungsvorschriften nicht richtig angewandt wurden, werden für das Einleiten eines Enforcements-Verfahrens hingegen hohe Anforderungen gestellt. Als nicht ausreichend wurde von der *BaFin* befunden, dass es öffentliche Hinweise gibt, die die Vermutung nahe legen, dass ein Betriebsratsmitglied neben der Ausübung der Aufsichtsratstätigkeit

1469 Geprüft werden dabei die angewandten Rechnungslegungsvorschriften, mithin auch solche nach IFRS, *Grottel*, in: BeckOK BilanzR, § 342b HGB Rn. 30.

1470 Dazu Kapitel § 4 A II 3 b.

1471 *BaFin* im Rahmen einer Anfrage der Staatsanwaltschaft Braunschweig, Geschäftsnummer NZS 406 AR 28849/16 n.v.

1472 Dazu Kapitel § 4 A II 3 b.

1473 Dazu Kapitel § 4 A II 3 b.

1474 Dazu Kapitel § 4 A II 3 c.

deutlich mehr Arbeitsentgelt erhält, als ihm gewöhnlich nach dem Lohnausfallprinzip zustehen würde und es sich dabei um eine verdeckte Aufsichtsratsvergütung handeln könnte.[1475]

Unter Umständen kann die Feststellung eines Fehlers in der Rechnungslegung zur Nichtigkeit des Jahresabschlusses gem. § 256 AktG führen. Fehlerhafte Angaben im Anhang können grundsätzlich die Nichtigkeit nach § 256 AktG begründen. Dies wird bei der fehlerhaften Angabe bzgl. der verdeckten Aufsichtsratsvergütung aber unter Umständen zu verneinen sein. Zwar wird eine gläubigerschützende Vorschrift verletzt, aber der Verstoß wird in der Regel nicht als wesentlich einzustufen sein, da es sich um keine derart hohen Beträge handeln wird, die einen maßgeblichen Einfluss auf die Lage des Unternehmens haben werden.[1476] Anders kann dies zu beurteilen sein, wenn man auf die korruptive Wirkung solch unzulässiger Zahlungen abstellt und berücksichtigt, dass die Aufsichtsratskontrolle mit einem schwerwiegenden Interessenkonflikt belastet ist. Ergibt die Prüfung, dass die Rechnungslegung fehlerhaft ist, obliegt es dem Unternehmen, ob es sich mit dem Prüfungsergebnis einverstanden erklärt oder nicht. Im letzteren Fall wird das Verfahren der BaFin übergeben nach § 342b Abs. 5, 6 HGB i.V.m. § 108 Abs. 1 Satz 2 Nr. 1 WpHG. Im Fall des Bestehens eines Fehlers wird dieser von der BaFin festgestellt und ist bei öffentlichem Interesse zu veröffentlichen, § 109 Abs. 1, Abs. 2 Satz 1 WpHG.[1477] Erlangt die BaFin Kenntnis von Tatsachen, die den Verdacht einer Straftat begründen, so müssen sie dies der zuständigen Behörde anzeigen, § 110 Abs. 1 Satz 1 WpHG.

Die Möglichkeit einer Außenprüfung nach § 193 Abs. 1 AO, die bei Steuerpflichtigen, die Einkünfte aus Gewerbe, Land- und Forstwirtschaft oder selbständiger Tätigkeit beziehen, durchgeführt werden kann, hat hingegen die steuerrechtlichen Verhältnisse zum Gegenstand, § 194 AO. Dabei findet keine Kontrolle der Rechnungslegungsvorschriften statt. Koppelungsgeschäfte können so jedoch aufgedeckt werden, wenn die verdeckte Aufsichtsratsvergütung als Betriebsratsvergütung gezahlt und entsprechend als Betriebsausgabe abgezogen wird. Ein solcher

---

1475 *BaFin* im Rahmen einer Anfrage der Staatsanwaltschaft Braunschweig, Geschäftsnummer NZS 406 AR 28849/16, n.v. Das Verfahren auf Prüfung eines Anfangsverdachts wegen eines vorsätzlichen strafbaren Verstoßes gegen Bilanzierungsvorschriften wurde in dem Fall somit eingestellt, NZS 406 AR 28849/16, n.v.

1476 *Koch*, in: MüKo AktG, § 256 AktG Rn. 15; *Rölike*, in: Spindler/Stilz AktG, § 256 AktG Rn. 25.

1477 Die Bekanntmachung des Fehlers samt den wesentlichen Teilen der Begründung dazu hat „im Bundesanzeiger sowie entweder in einem überregionalen Börsenpflichtblatt oder über ein elektronisch betriebenes Informationsverbreitungssystem" zu erfolgen, § 109 Abs. 2 Satz 4 WpHG. Von einer Bekanntmachung sieht die BaFin, wenn kein öffentliches Interesse besteht, ab gem. § 109 Abs. 2 Satz 2 WpHG. Daneben kann die BaFin von einer Veröffentlichung bei Vorliegen berechtigter Interessen auf Antrag von einer Veröffentlichung absehen gem. § 109 Abs. 2 Satz 3 WpHG.

Abzug ist unzulässig, da die Aufsichtsratsvergütung dem hälftigen Abzugsverbot nach § 10 Nr. 4 KStG unterliegt.[1478]

3. *Mitteilungspflichten*

Das Verbot, Schmiergelder als Betriebsausgaben abzuziehen, wird in § 4 Abs. 5 Satz 1 Nr. 10 Satz 2 EStG durch eine Mitteilungspflicht ergänzt: „Gerichte, Staatsanwaltschaften oder Verwaltungsbehörden haben Tatsachen, die sie dienstlich erfahren und die den Verdacht einer Tat im Sinne des Satzes 1 begründen, der Finanzbehörde für Zwecke des Besteuerungsverfahrens und zur Verfolgung von Steuerstraftaten und Steuerordnungswidrigkeiten mitzuteilen". Die Vorschrift findet über § 8 Abs. 1 Satz 1 KStG auch auf körperschaftssteuerpflichtige Gesellschaften wie die AG Anwendung.[1479] Nach § 4 Abs. 5 Satz 1 Nr. 10 Satz 3 EStG ist die Finanzbehörde korrespondierend zur Mitteilungspflicht der Gerichte, Staatsanwaltschaften bzw. Verwaltungsbehörden ebenfalls zur Mitteilung verpflichtet. Anzugeben ist dabei jede Tatsache, die den Verdacht einer Vorteilsgewährung begründen kann.[1480] Die Mitteilungspflicht besteht nicht, wenn das Abzugsverbot nicht anwendbar ist.[1481] In diesem Fall kann sich eine Mitteilungspflicht aus § 30 Abs. 4 Nr. 5 lit. b AO ergeben.[1482] Erlangt eine Behörde davon Kenntnis, dass einem Arbeitnehmervertreter auf Ebene des Betriebsrats eine unzulässige Vergütung gewährt wurde, die ihm nach dem Gesetz nicht zusteht, so muss sie nach § 4 Abs. 5 Satz 1 Nr. 10 Satz 2, 3 EStG eine entsprechende Mitteilung machen.

Daneben existiert noch die Mitteilungspflicht nach § 116 Abs. 1 Satz 1 AO: „Gerichte und die Behörden von Bund, Ländern und kommunalen Trägern der öffentlichen Verwaltung, die nicht Finanzbehörden sind, haben Tatsachen, die sie dienstlich erfahren und die auf eine Steuerstraftat schließen lassen, dem Bundeszentralamt für Steuern oder, soweit bekannt, den für das Steuerstrafverfahren zuständigen Finanzbehörden mitzuteilen".

1478 Vgl. Kapitel § 3 A I 6 bzw. Kapitel § 3 C IV 4.

1479 § 10 KStG ist nicht abschließend, es finden sich noch andere Abzugsverbote und über § 8 Abs. 1 Satz 1 findet auch das Abzugsverbot nach § 4 Abs. 5 EStG Anwendung, BMF-Schreiben v. 10.10.2002 IV A 6 – S 2145 – 35/02, DStR 2002, 1990 (1991); *Pfirrmann*, in: Blümich, EStG/KStG, § 10 KStG Rn. 7, 8.

1480 BMF-Schreiben v. 10.10.2002 IV A 6 – S 2145 – 35/02, DStR 2002, 1990 (1994). Erforderlich ist es nicht, dass ein hinreichender Tatverdacht i.S.d. § 152 Abs. 2 StPO besteht. Mit der Mitteilung wird vielmehr eine Ermittlung durch die Staatsanwaltschaft ermöglicht, die geeignete Nachforschungen anzustellen hat, vgl. BFH v. 14.7.2008 – VII B 92/08, DStR 2008, 1734 (1735); *Spilker*, in: Kirchhof/Mellinghoff/Söhn EStG, § 4 EStG RN. Q39.

1481 Vgl. Kapitel § 3 B I 4 d und Kapitel § 3 C IV 4.

1482 BMF-Schreiben v. 10.10.2002 IV A 6 – S 2145 – 35/02, DStR 2002, 1990 (1994).

II. Steuerrechtliche Sanktionsmöglichkeiten

Die Vergütung von Managern betreffend kommen unter unterschiedlichen Gesichtspunkten steuerrechtliche Sanktionsmöglichkeiten in Betracht.

1. *Grund für eine mögliche Sanktion*

a. *Nichtangabe der verdeckten Aufsichtsratsvergütung*

Vorausgesetzt, dass es gelingt, verdeckte Aufsichtsratsvergütung trotz bilanziell vielfältiger Gestaltungsmöglichkeiten aufzudecken, ist zu unterscheiden, gegen welche Vorschrift verstoßen wird – §§ 285 Nr. 9 lit. a, 314 Abs. 1 Nr. 6 HGB bzw. IAS 24.17 – und worin der Verstoß besteht, wenn die verdeckte Aufsichtsratsvergütung entgegen den Rechnungslegungsvorschriften nicht im Anhang angegeben wird. Insoweit ist sodann zu prüfen, welche steuerrechtliche Sanktionsmöglichkeiten in Betracht kommen.

b. *Nichtangabe der sonstigen Arbeitsentgelte*

Im Übrigen liegt zwar nach den nationalen Vorschriften kein Verstoß gegen steuerrechtliche Sanktionsvorschriften vor, wenn die sonstigen Arbeitsentgelte der Aufsichtsratsmitglieder nicht offengelegt werden. Aber ein Verstoß gegen die internationalen Rechnungslegungsvorschriften kann zu steuerrechtlichen Sanktionen führen. Nach IAS 24 müssen nicht nur verdeckte Aufsichtsratsvergütungen angegeben werden, sondern auch sonstige Arbeitsentgelte der Arbeitnehmervertreter.[1483] Soweit ein Unternehmen die Rechnungslegungsvorschriften nicht korrekt befolgt, ist zu untersuchen, welche steuerrechtlichen Sanktionen ein solcher Verstoß nach sich zieht.

c. *Unrichtige Anwendung einer Empfehlung des DCGK*

Befolgt ein Unternehmen die Empfehlung von Nr. 5.4.6 Abs. 3 Satz 2 DCGK nicht korrekt in der Weise, dass die sonstigen Arbeitsentgelte der Arbeitnehmervertreter nicht offengelegt werden, in der Entsprechenserklärung nach § 161 AktG dennoch angegeben wird, dass die Empfehlung befolgt wird, kann dies ebenfalls zu erheblichen Sanktionen führen. Mangels Verstoß gegen eine gesetzliche Rechnungslegungsvorschrift – die Empfehlungen des DCGK entfalten keine Rechtswirkung – kommt eine Sanktion aus Steuerstraftatbeständen bei Abgabe einer fehlerhaften Entsprechenserklärung aber nicht in Betracht.[1484]

1483 Dazu Kapitel § 4 A II 3 b bzw. Kapitel § 4 A II 2 b bb, c cc.

1484 *BaFin* im Rahmen einer Anfrage der Staatsanwaltschaft Braunschweig, Geschäftsnummer NZS 404 AR 28849/16, n.v.; a.A.: *Keßler*, Corporate Governance, S. 356 ff., nimmt an, dass der Jahresabschluss durch eine fehlerhafte Entsprechenserklärung nach § 161 AktG bzw. § 289f Abs. 2 Nr. 1 HGB unrichtig wird. Da die inhaltliche Erklärung nicht zum Prüfungsumfang des Abschlussprüfers zählt, ist gleichlaufend

2. *Mögliche Bilanzdelikte*

Mithin sind Bilanzdelikte im Hinblick auf die Nichtangabe der verdeckten Aufsichtsratsvergütungen bzgl. § 285 Nr. 9 lit. a bzw. § 314 Abs. 1 Nr. 6 HGB und auf die Nichtangabe der sonstigen Arbeitsentgelte bzgl. IAS 24.18 zu untersuchen.

a. *Unrichtige Darstellung im Jahresabschluss, § 331 HGB*

Werden falsche Angaben im Jahresabschluss, im Konzernabschluss bzw. im Konzernabschluss nach internationalen Rechnungslegungsvorschriften zum Zwecke der Befreiung nach § 325 Abs. 2a Satz 1 HGB – zudem auch jeweils der Anhang zählt – gemacht oder eine falsche Versicherung abgegeben, kann dies zu einer Strafbarkeit des Vorstands nach § 331 Nr. 1, Nr. 1a, Nr. 2 HGB führen. Dieser ist für die Aufstellung des Jahresabschlusses verantwortlich und ist von dem in § 331 Nr. 1 HGB aufgezählten Personenkreis umfasst. Daneben könnte sich auch eine Strafbarkeit des Aufsichtsratsmitglieds ergeben. Dieses zählt zu den von § 331 Nr. 1 HGB aufgezählten Personen und ist für die Überprüfung des Jahresabschlusses zuständig (§§ 111 Abs. 2 Satz 1, 171 ff. AktG).[1485] Da sie auch für die Prüfung des Konzernabschlusses und eines Konzernabschlusses nach internationalen Rechnungslegungsvorschriften zum Zwecke der Befreiung nach § 325 Abs. 2a Satz 1 HGB zuständig sind, kommen sie auch als Täter von § 311 Nr. 1a und Nr. 2 HGB in Betracht.[1486] Bzgl. der Organmitglieder, die unmittelbar an der unzulässigen Vergütungspraxis beteiligt sind, kommt aufgrund deren Kenntnis und ihres Wissens, dass die Vergütung entgegen den Rechnungslegungsvorschriften nicht im Anhang angegeben wurden, grundsätzlich eine Verwirklichung des Tatbestands von § 331 Nr. 1, Nr. 1a bzw. Nr. 2 HGB in Betracht. Auch das selbstbetroffene Aufsichtsratsmitglied bleibt grundsätzlich verpflichtet, den Jahresabschluss zu berichtigen.[1487] Soweit eine Rechtspflicht zum Handeln besteht, kann die unrichtige Wiedergabe auch durch ein Unterlassen verwirklicht werden; diese ergibt sich für Aufsichtsratsmitglieder aus §§ 116, 93 AktG.[1488] Dies ist etwa bei einer Anhangangabe nach § 285 HGB der Fall, nach der eine vollständige Mitteilung erforderlich ist.[1489]

---

dazu davon auszugehen, dass die Erklärung den Jahresabschluss nicht unrichtig darstellen kann, da sich die Angabepflicht auf eine reine Offenlegung der Entsprechenserklärung beschränkt. Vgl. die Ausführungen in Kapitel § 2 B III 3 zu den verschiedenen Rechtsfolgen bei Abgabe einer fehlerhaften Entsprechenserklärung.

1485 Vgl. *Altenhain*, in: Kölner Komm RechnungslegungsR, § 331 HGB Rn. 65.

1486 *Hennrichs/Pösche*, in: MüKo AktG, § 171 AktG Rn. 229; *Waßmer*, in: MüKo BilanzR, § 331 HGB Rn. 65.

1487 Vgl. Kapitel § 3 C IV 4 b und Kapitel § 4 C II 3.

1488 *Altenhain*, in: Kölner Komm RechnungslegungsR, § 331 HGB Rn. 70; *Münster/Meier-Behringer*, in: Haufe, HGB, § 331 HGB Rn. 39.

1489 *Altenhain*, in: Kölner Komm RechnungslegungsR, § 331 HGB Rn. 57; *Münster/Meier-Behringer*, in: Haufe, HGB, § 331 HGB Rn. 39.

Werden verdeckte Aufsichtsratsvergütungen nicht angeführt, ist die Angabe nach § 285 Nr. 9 bzw. § 314 Abs. 1 Nr. 6 HGB unvollständig. Ebenso ist dies im Hinblick auf die Anforderungen von IAS 24.18 zu werten. Zudem wird verschleiert, dass das Aufsichtsratsmitglied aufgrund seiner Verflechtungen, in der Regel zum Vorstand nicht unabhängig ist und zu befürchten ist, dass sich aus dem potentiellen Interessenkonflikt ein konkreter entwickelt und unter Umständen sogar die Tätigkeit des Aufsichtsratsmitglieds beeinflusst.[1490] Erforderlich ist jedoch, dass es sich um einen wesentlichen Verstoß der Rechnungslegungsvorschriften handelt.[1491] Der Zweck von § 331 HGB ist der Schutz des Vertrauens in eine richtige und korrekte Anwendung der Rechnungslegungsvorschriften. Demnach kommt es insbesondere auf den Zweck der Rechnungslegungsvorschriften an.[1492] Den Geldwert, den die verdeckte Aufsichtsratsvergütung bzw. die sonstigen Arbeitsentgelte ausmachen, dürfte im Hinblick auf die gesamte Vergütung eher gering sein.[1493] Für eine gute Corporate Governance ist es jedoch entscheidend, dass Verflechtungen und Interessenkonflikte offengelegt werden, sodass im Einzelfall durchaus ein wesentlicher Verstoß gegen eine Rechnungslegungsvorschrift angenommen werden kann. Zur Verwirklichung des Tatbestandes muss der Täter mit Vorsatz handeln, also wissen und/oder wollen, dass die verdeckte Aufsichtsratsvergütung in der Anhangangabe nicht enthalten ist; eine darüberhinausgehende Täuschungsabsicht ist nicht erforderlich.[1494]

Soweit keine Strafbarkeit nach § 331 HGB in Betracht kommt, kann eine unrichtige Darstellung zur Strafbarkeit gem. § 400 AktG, gem. § 17 PublG oder gem. § 283b StGB führen.

b. Verletzung der Berichtspflicht, § 332 HGB

Durch § 332 HGB wird das Vertrauen in eine richtige und vollständige Prüfung des Jahres- bzw. Konzernabschlusses geschützt.[1495] Danach kann sich eine Strafbarkeit für den Abschlussprüfer ergeben, wenn er unrichtig Bericht erstattet oder erhebliche Umstände in seinem Bericht verschweigt oder einen unrichtigen Bestätigungsvermerk erteilt, § 332 Abs. 1 HGB. Die Strafbarkeit ergibt sich nur, wenn der Abschlussprüfer in erheblichem Maße dagegen verstößt.[1496] Zweifelhaft ist bereits, ob das Unterlassen der Angabe der verdeckten Aufsichtsratsvergütung bzw. der sonstigen Arbeitsentgelte im Anhang einen erheblichen Verstoß gegen die Rechnungslegungsvorschriften begründen kann, spiegelbildlich verhält es sich,

---

1490 *Rieble*, AG 2016, 315 (323).
1491 *Altenhain*, in: Kölner Komm RechnungslegungsR, § 331 HGB Rn. 61.
1492 *Altenhain*, in: Kölner Komm RechnungslegungsR, § 331 HGB Rn. 12.
1493 *Rieble*, AG 2016, 315 (323).
1494 *Altenhain*, in: Kölner Komm RechnungslegungsR, § 331 HGB Rn. 73; *Münster/Meier-Behringer*, in: Haufe, HGB, § 331 HGB Rn. 71.
1495 *Münster/Meier-Behringer*, in: Haufe, HGB, § 332 HGB Rn. 1.
1496 *Münster/Meier-Behringer*, in: Haufe, HGB, § 332 HGB Rn. 22.

wenn der Abschlussprüfer Angaben diesbezüglich unterlässt. Voraussetzung ist jedenfalls, dass der Abschlussprüfer mit Vorsatz handelt. Von § 332 Abs. 1 HGB sind solche Fälle folglich nicht erfasst, in denen der Abschlussprüfer im Hinblick auf seinen weiten Ermessensspielraum die verdeckte Aufsichtsratsvergütung und deren Fehlen im Anhang nicht entdeckt.

Daneben kommt noch eine Strafbarkeit nach § 403 AktG in Betracht, die mit § 332 HGB vergleichbar ist.

c. *Zuwiderhandlungen bei Aufstellung bzw. Offenlegung des Abschlusses, § 334 HGB*

Wie durch die anderen, gerade erörterten Bilanzdelikte dient auch § 334 HGB dem Schutz des Vertrauens, dass die Angaben über die Verhältnisse der Gesellschaft richtig und vollständig sind.[1497] Nach § 334 Abs. 1 Nr. 1 lit. d bzw. § 334 Abs. 1 Nr. 2 lit. f HGB werden Falschangaben im Anhang zudem als Ordnungswidrigkeiten geahndet. Erhält ein Aufsichtsratsmitglied eine verdeckte Aufsichtsratsvergütung und wird diese nicht entsprechend nach §§ 285 Nr. 9, 314 Abs. 1 Nr. 6 HGB angegeben bzw. eine korrekte Angabe nach IAS 24.18 unterlassen, ist die Angabe im Anhang fehlerhaft. Insoweit ist der objektive Tatbestand zunächst erfüllt. § 334 HGB ist wie die anderen Bilanzdelikte ein Sonderdelikt, sodass Täter nur ein Mitglied des vertretungsberechtigten Organs oder des Aufsichtsrats sein kann, das zur Feststellung des Jahresabschlusses zuständig ist. Voraussetzung für die Verhängung eines Ordnungsgeldes ist nach der Rechtsprechung ein Verschulden.[1498] Deshalb kommen wie bei § 331 HGB Mitglieder des Vorstands als auch die des Aufsichtsrats als Täter in Betracht, wobei die selbstbetroffenen Mitglieder ebenfalls mit erfasst sind.[1499]

d. *Missachtung der Offenlegungsvorschriften, § 335 HGB*

Bei Missachtung der Offenlegungspflichten kann ein Ordnungsgeld gem. § 335 HGB verhängt werden. Adressat der Vorschrift sind die vertretungsberechtigten Organe einer Kapitalgesellschaft, § 335 Abs. 1 HGB. Für die Erfüllung des Tatbestands von § 335 HGB ist es nicht erforderlich, dass der Jahres- bzw. Konzernabschluss vollständig nicht offengelegt wurde.[1500] Es besteht zumindest theoretisch die Möglichkeit, dass das Bundesamt für Justiz durch die Verhängung eines Ordnungsgelds die richtige Darstellung der verdeckten Aufsichtsratsvergütung im Anhang erzwingt. Eine entsprechende Regelung enthält § 21 PublG.

1497 *Münster/Meier-Behringer*, in: Haufe, HGB, § 334 HGB Rn. 1.
1498 LG Bonn v. 16.9.2009 – 30 T 366/09, juris Rn. 5.
1499 Vgl. Kapitel § 3 C IV 4 b und Kapitel § 4 C II 3.
1500 *Altenhain*, in: Kölner Komm RechnungslegungsR, § 335 HGB Rn. 26.

III. Sonstige Sanktionsmöglichkeiten

Bilanzdelikte gehen meist mit weiteren Delikten, wie der Steuerhinterziehung nach § 371 AO einher.[1501] Durch die Nichtangabe der verdeckten Aufsichtsratsvergütung bzw. sonstiger Vergütung selbst wird der Tatbestand der Steuerhinterziehung nicht verwirklicht. Auch wenn die Steuer- grundsätzlich mit der Handelsbilanz insofern übereinstimmt, dient die Angabe im Anhang lediglich der Information und hat auf die Ermittlung des zu versteuernden Einkommens keine Auswirkungen, sodass weder das Tatbestandsmerkmal der Verkürzung von Steuern noch das der Erlangung eines Steuervorteils gegeben ist.

Die Gewährung einer unzulässigen Betriebsratsvergütung bzw. die Zahlung einer verdeckten Aufsichtsratvergütung kann aber zu weiteren, insbesondere strafrechtlichen Sanktionen führen.[1502] Daneben kann sich auch noch eine Haftung gerade aufgrund der fehlerhaften Rechnungslegungsinformationen ergeben.[1503]

IV. Vergleich zu den Offenlegungspflichten bei Vorstandsvergütungen

Festzustellen bleibt, dass es für die Aufdeckung der unzulässigen, verdeckten Aufsichtsratsvergütung zumindest theoretische Kontrollmöglichkeiten gibt, und die unzulässige Vergütungspolitik durchaus Sanktionen nach sich ziehen kann. In der Praxis dürfte es aber schwierig sein, solche Koppelungsgeschäfte aufzudecken. Zudem muss nach den gesetzlichen Rechnungslegungsvorschriften die Aufsichtsratsvergütung gerade nicht individualisiert angegeben werden. Dazu ist nur die Organvergütung, die das Unternehmen gewährt, aber nicht die Drittvergütung, zu berücksichtigen. Zu untersuchen ist, ob die Transparenzvorschriften in Bezug auf die Vorstandsvergütung weiter sind und eine entsprechende Ausdehnung bei der Aufsichtsratsvergütung im Hinblick auf eine gute Unternehmensführung ebenfalls angezeigt ist.

1. Offenlegungspflichten bei Vorstandsvergütungen

Für den Jahresabschluss regelt § 285 Nr. 9 lit. a Satz 5–8 HGB eine weitergehende Angabepflicht für die Vergütungen von Vorständen im Vergleich zu der Angabe von Aufsichtsratsvergütungen. Die Angabe bzgl. der Vorstandsvergütung beschränkt sich bei börsennotierten Unternehmen nicht nur auf die Darstellung der Gesamtbezüge im Anhang, sondern hat individualisiert zu erfolgen. Für den Konzernabschluss existiert mit § 314 Abs. 1 Nr. 6 lit. a Satz 5–8 HGB eine entsprechende Vorschrift. Diese erweiterte Angabepflicht für börsennotierte Unternehmen

1501 Dazu Kapitel § 3 C IV 4.

1502 Vgl. die Ausführungen in Kapitel § 3 B I 4 bzw. Kapitel § 3 C IV.

1503 Vgl. dazu die ausführliche Darstellung bei *Henne*, Information und Corporate Governance, S. 336 ff.; *Keßler*, Corporate Governance, S. 323 ff.

rechtfertigt sich dadurch, dass in solchen Unternehmen typischerweise eine anonyme Aktionärsstruktur besteht und der Anteilsbesitz über viele Länder verstreut ist.[1504] Zudem erfolgt durch die Offenlegung der Information gegenüber einer Vielzahl von Aktionären bereits eine gewisse Publizität, sodass eine individualisierte Angabe im Anhang durch das Interesse der Aktionäre gerechtfertigt ist.[1505] Im Unterschied zur Aufsichtsratsvergütung muss die Angabe zur Vorstandsvergütung auch Drittvergütungen enthalten, §§ 285 Nr. 9 Satz 7, 314 Abs. 1 Nr. 6 lit. a Satz 7 HGB.

Eine Differenzierung wie auf der nationalen Ebene findet auf der internationalen Ebene hingegen nicht statt. Nach IAS 24.17 bzw. IAS 24.18 sind die Anforderungen bzgl. der Vorstands- als auch Aufsichtsratsvergütung gleich. Insbesondere besteht keine Verpflichtung, die Vorstandsvergütungen individualisiert offenzulegen. Jedoch sind auch bei einem Abschluss nach den internationalen Rechnungslegungsstandards gem. § 315e HGB gewisse Vorschriften des HGB anzuwenden, zu denen auch § 314 Abs. 1 Nr. 6 HGB bzw. § 285 Nr. 9 HGB zählt. Somit sind die Vorstandsvergütungen auch unter Anwendung der internationalen Rechnungslegungsvorschriften individualisiert anzugeben, obwohl es auf internationaler Ebene keine entsprechende Verpflichtung dafür gibt.

2. *Vorstands- vs. Aufsichtsratsvergütung*

Zu einem selben Ergebnis wie § 285 Nr. 9 lit. a Satz 5–8 HGB bzw. § 314 Abs. 1 Nr. 6 lit. a Satz 5–8 HGB kommt man über die Anwendung des Kodex. Danach sind ebenfalls die Vergütungen individualisiert aufzuführen, Nr. 5.4.6 Abs. 3 Satz 1 DCGK. Im Unterschied zur Vorstandsvergütung muss die Drittvergütung nicht angegeben werden. Durch die Verpflichtung zur individualisierten Angabe der Vorstandsgehälter soll ein öffentlicher Druck erzeugt werden, der die Aufsichtsratsmitglieder dazu anhalten soll, lediglich eine angemessen hohe Vorstandsvergütung zu gewähren.[1506] Ziel war es – gerade durch die Angabe von Leistungen Dritter – Verflechtungen der Organmitglieder transparent zu machen.[1507] Der Einschnitt in das allgemeine Persönlichkeitsrecht des Vorstandsmitglieds lässt sich auf Ebene börsennotierter Unternehmen durch das Interesse der Aktionäre rechtfertigen.[1508] Ein Grund für die individualisierte Angabepflicht besteht auch darin, dass der Aufsichtsrat als Kontrollorgan des Vorstandes dessen Vergütung festsetzt. Der Aufsichtsrat ist jedoch nicht nur der Prinzipal des Vorstandes, sondern zugleich

1504 BT-Drs. 15/5577, S. 5.

1505 BT-Drs. 15/5577, S. 5.

1506 *Berger*, Vorstandsvergütung, S. 52; *Poelzig*, in: MüKo HGB, § 285 HGB Rn. 176.

1507 *Müller*, in: Haufe, HGB, § 285 HGB Rn. 64; *Peters*, in: Kölner Komm RechnungslegungsR, § 285 HGB Rn. 86.

1508 Ausführlich dazu *Hesse*, Veröffentlichungspflicht, S. 151 ff., 264; *Masling*, Publizitätspflichten, S. 184 ff.

der Agent der Hauptversammlung und wird von dieser überwacht. Insofern steht diesem ein Informationsinteresse zu. Folglich hat er einen Auskunftsanspruch nach § 131 AktG.

Die Aufsichtsratsvergütung wird hingegen durch die Hauptversammlung festgesetzt. Die Aktionäre haben – im Gegensatz zur Vorstandsvergütung – einen direkten Einfluss auf die Höhe der Vergütung. Festzustellen ist, dass den Aktionären als Eigentümern bzgl. der Vorstandsvergütung ein höheres Informationsinteresse zuzubilligen ist. Richtig ist, dass bei der Aufsichtsratsvergütung durch § 113 AktG bereits eine gewisse Transparenz besteht. Dies gilt jedoch nicht für Drittvergütungen. Im Hinblick auf eine gute Unternehmensführung wäre es zu begrüßen, wenn die Pflicht zur individualisierten Angabe auch auf Ebene der Aufsichtsratsvergütung gesetzlich fixiert werden würde. Zur Wahrung der informationellen Selbstbestimmung bietet sich die Implementierung einer entsprechenden Opting-Out-Regel an, wie sie im Rahmen der Vorstandsvergütung existiert, § 286 Abs. 5 HGB. Zwar ist das Aufsichtsratsamt im Gegensatz zum Vorstandsamt als Nebenamt ausgestaltet, aber das Amt erfährt eine immer weitreichendere Professionalisierung. Gerade für eine gute Unternehmensführung ist es dienlich, wenn Interessenkonflikte, die sich unter anderem bei Drittvergütungen ergeben, offengelegt werden und für die Aktionäre wie auch die sonstigen Rechnungslegungsadressaten nachvollzogen werden können. Die Bereitschaft der großen Unternehmen zur individuellen Offenlegung zeigt sich bereits durch die hohe Akzeptanz der Empfehlung im Kodex, Nr. 5.4.6 Abs. 3 Satz 1 DCGK.[1509]

V. Keine weitere Offenlegungspflicht für die Aufsichtsratsvergütung?

Gerade im Hinblick auf eine gute Unternehmensführung und die mit der Professionalisierung des Aufsichtsrats einhergehenden Anhebung der Aufsichtsratsvergütung ist nicht nur die Transparenz der Vorstands-, sondern auch die der Aufsichtsratsvergütung wichtig, und sollte zumindest bzgl. der Drittvergütung entsprechend gesetzlich normiert werden.

Ob darüber hinaus eine Offenlegung der Betriebsratsvergütung bzw. der sonstigen Arbeitsentgelte auf gesetzlicher Ebene zu fordern ist, ist hingegen differenziert zu beurteilen. Gerade im Hinblick auf die existierenden Verflechtungen, insbesondere in den Fällen, in denen sich der Betriebsratsvorsitzende als Co-Manager versteht, würde eine entsprechende Offenlegungspflicht zur guten Unternehmensführung beitragen. In solchen Fällen hätten die Aktionäre auch ein entsprechendes Informationsinteresse. Auf der anderen Seite ist zu fragen, ob die Bestellung zum Aufsichtsrat alleine einen so weitgehenden Eingriff in das

1509 Vgl. *von Werder/Turkali*, DB 2015, 1357 (1362); *Beyenbach/Rapp/Wolf*, AR 2017, 102. Anzumerken ist zwar, dass die Entsprechensquote insgesamt bei weniger als 90% liegt, von den DAX-Unternehmen jedoch zu 100% beachtet wird.

allgemeine Persönlichkeitsrecht rechtfertigt und der Datenschutz insoweit zurückzutreten hat. Eine individualisierte Publizität – die alleine einen Rückschluss auf unzulässige Koppelungsgeschäfte zulassen würde – würde vielmehr dazu führen, dass die einzelnen Gehälter für die Öffentlichkeit bekannt wären und die Gehaltsstruktur in den Unternehmen somit transparent gemacht werden würde. Zu berücksichtigen ist jedoch, dass eine Offenlegung nicht getrennt nach den einzelnen Vergütungsbestandteilen (Aufsichtsratsvergütung und sonstiges Arbeitsentgelt) zu erfolgen hat, sodass das Arbeitsentgelt nur indirekt aus einem Vergleich mit den Bezügen anderer Aufsichtsratsmitglieder herausgelesen werden könnte. Eine individualisierte Publizitätspflicht wäre somit auch nicht gänzlich dafür geeignet, einen Verstoß gegen das Begünstigungsverbot gem. § 37 Abs. 1 BetrVG i.V.m. § 78 BetrVG offenzulegen. Da solche unzulässigen Koppelungsgeschäfte zudem eher die Ausnahme darstellen dürften, rechtfertigt dies einen so weitgehenden Eingriff in das allgemeine Persönlichkeitsrecht nicht. Eine Offenlegung und erst recht eine individualisierte Offenlegung der sonstigen Arbeitsentgelte der Arbeitnehmervertreter über den bereits bestehenden gesetzlichen Rahmen ist daher nicht indiziert.

C. Compliancepflichten bei unzulässiger Vergütungspolitik

Aufgezeigt wurde, dass eine verdeckte Aufsichtsratsvergütung erhebliche Konsequenzen haben kann, insbesondere, wenn Offenlegungsvorschriften nicht korrekt angewendet werden. Zu untersuchen ist, welche Folgen eine solche Vergütungspolitik für die betroffenen Organmitglieder hat und welche Handlungspflichten für die zunächst unbeteiligten Organmitglieder bestehen.

I. Folgen für die betroffenen Organmitglieder

Je nach Organstellung ergeben sich unterschiedliche Folgen. Mit Konsequenzen haben zum einen die Mitglieder des Vorstands, die in der Regel die verdeckte Aufsichtsratsvergütung gewähren, und zum anderen die Mitglieder des Aufsichtsrats, die die unzulässige Vergütung erhalten, zu rechnen.

1. Für die Vorstandsmitglieder

Vorstandsmitglieder können als Folge der Gewährung der verdeckten Aufsichtsratsvergütung abberufen werden und zum Schadensersatz verpflichtet sein.

a. Abberufung durch den Aufsichtsrat

Aufgrund der rechtswidrigen Gewährung einer verdeckten Aufsichtsratsvergütung könnte das verantwortliche Vorstandsmitglied abberufen werden.

Nach § 84 Abs. 3 Satz 1 AktG kann der Aufsichtsrat die Bestellung zum Vorstandsmitglied bei Vorliegen eines wichtigen Grundes widerrufen. Ein solch wichtiger Grund ist bei einer „grobe[n] Pflichtverletzung, Unfähigkeit zur ordnungsgemäßen Geschäftsführung oder Vertrauensentzug durch die Hauptversammlung“ gegeben, § 84 Abs. 3 Satz 2 AktG.

Der Grund für die Abberufung ist eine Pflichtverletzung des Vorstandmitglieds. Diese kann darin bestehen, dass gegen eine Sorgfaltspflicht verstoßen wird, § 93 Abs. 1 Satz 1 AktG.[1510] Die Sorgfaltspflicht beinhaltet auch, dass die Vorstandsmitglieder sich an Recht und Gesetz halten müssen, Legalitätspflicht.[1511] Bei Ausübung seiner Sorgfaltspflichten steht dem Vorstand nach der Business Judgement Rule ein unternehmerisches Ermessen zu, sodass nicht voreilig in jeder seiner Handlung eine Pflichtverletzung gesehen werden kann, § 93 Abs. 1 Satz 2.[1512] Die Grenzen des zulässigen Entscheidungsspielraumes sind jedoch dann überschritten, wenn der Vorstand zumindest grob fahrlässig davon ausgehen musste, dass das Handeln nicht im Unternehmensinteresse liegt.[1513] Auf die Legalitätspflichten findet die Business Judgement Rule hingegen keine Anwendung.[1514] Bei der Begehung einer Straftat wird es sich in der Regel um einen Legalitätsverstoß handeln und oftmals einen wichtigen Grund für die Abberufung darstellen.[1515]

Durch die Gewährung einer verdeckten Aufsichtsratsvergütung könnte das Vorstandsmitglied seine Pflicht grob verletzen, sodass ein wichtiger Grund zur Abberufung besteht. Billigt ein Vorstandsmitglied, etwa im Rahmen eines Koppelungsgeschäfts, einem Aufsichtsratsmitglied eine verdeckte Aufsichtsratsvergütung zu, für die das Unternehmen keine Kompensation erhält, und handelt das Vorstandsmitglied nicht im Interesse des Unternehmens, stellt dies eine erhebliche Pflichtverletzung dar. Durch ein solches Verhalten kann sich das Vorstandsmitglied insbesondere der Untreue strafbar machen.[1516] Zudem fällt ein solches Verhalten unter den besonderen Haftungstatbestand von § 93 Abs. 3 Nr. 7 AktG. § 93 Abs. 3 AktG zählt besonders schwere Verstöße auf, denen eine Minderung des Gesellschaftsvermögens gemein ist.[1517] Bzgl. der aufgezählten Handlungen besteht eine Schadensvermutung.[1518] Da in der Gewährung einer verdeckten

1510 *Fleischer*, in: Spindler/Stilz, AktG, § 93 AktG Rn. 75; *Spindler*, in: MüKo AktG, § 93 AktG Rn. 22.

1511 *Fleischer*, in: Spindler/Stilz, AktG, § 93 AktG Rn. 14 ff.; *Kort*, in: FS Hopt, S. 983; *Spindler*, in: MüKo AktG, § 93 AktG Rn. 75 ff.

1512 BGH v. 21.4.1997 – II ZR 175/95 (ARAG/Garmenbeck), NJW 1997, 1926; *Dauner-Lieb*, in: Henssler/Strohn, GesR, § 93 AktG Rn. 17.

1513 *Fleischer*, in: Spindler/Stilz, AktG, § 93 AktG Rn. 63.

1514 *Hopt/Roth*, in: GroßKomm AktG, § 93 AktG Rn. 99; *Spindler*, in: MüKo AktG, § 93 AktG Rn. 74.

1515 *Kort*, in: GroßKomm AktG, § 84 AktG Rn. 156; *Spindler*, in: MüKo AktG, § 84 AktG Rn. 131.

1516 Dazu Kapitel § 3 C IV 3 a.

1517 *Spindler*, in: MüKo AktG, § 93 AktG Rn. 221.

1518 *Krieger/Sailer-Coceani*, in: Schmidt/Lutter, AktG, § 93 AktG Rn. 57; *Spindler*, in: MüKo AktG, § 84 AktG Rn. 222.

Aufsichtsratsvergütung eine der in § 93 Abs. 3 AktG aufgezählten „Todsünden" erfüllt ist, spricht dies für die Annahme einer solch groben Pflichtverletzung, die einen wichtigen Grund i.S.d. § 84 Abs. 3 Satz 2 AktG begründet. In der Vergütung der Aufsichtsratsmitglieder durch den Vorstand wird man im Übrigen eine Unfähigkeit zur ordnungsgemäßen Geschäftsführung sehen können. Der Vorstand setzt sich über die klare Kompetenzregel in § 113 AktG hinweg, sodass das Vertrauen der Hauptversammlung in eine ordnungsgemäße Geschäftsführung nicht mehr besteht. In einem solchen Fall liegt mithin in der Regel ein wichtiger Grund i.S.d. § 84 Abs. 3 Satz 2 AktG vor. Anders ist dies, wenn die Gesellschaft durch die Gewährung der verdeckten Aufsichtsratsvergütung eine Kompensation erlangt. Insofern besteht kein Schaden der Gesellschaft und das Verhalten ist nicht als grobe Pflichtverletzung i.S.d. § 84 Abs. 3 Satz 2 AktG einzustufen.[1519]

Das Anstellungsverhältnis ist vom Organverhältnis grundsätzlich unabhängig.[1520] Das Anstellungsverhältnis kann vertraglich jedoch an die Organstellung gekoppelt sein, sodass der Widerruf der Bestellung dann auch zur Beendigung des Anstellungsverhältnisses führt.[1521] Der wichtige Grund i.S.d. § 84 Abs. 3 Satz 2 AktG kann zudem zugleich einen Kündigungsgrund bilden, der sodann auch zur Beendigung des Anstellungsvertrags führt.

b. Schadensersatzanspruch

Erlangt die Gesellschaft keine Kompensation für die Zahlung der verdeckten Aufsichtsratsvergütung, weil selbst das Koppelungsgeschäft und die damit verbundene Vergütung lediglich dem Vorstandsmitglied zugutekommt, kann sich unter anderem ein Schadensersatzanspruch der Gesellschaft gegen das Vorstandsmitglied ergeben, § 93 Abs. 2 Satz 1 AktG. Für das Vorliegen eines Schadens spricht die Vermutung in § 93 Abs. 3 Nr. 7 AktG. Die Vermutung kann jedoch von dem Vorstandmitglied widerlegt werden.[1522] Anders kann dies in Fällen sein, wenn entsprechender Rechtsrat eingeholt wurde und sich der Vorstand mithin in einem Rechtsirrtum befunden hat. Angesichts der Schwierigkeit in der Praxis, das Arbeitsentgelt bei Freistellung eines Betriebsratsmitglieds richtig zu bemessen,[1523] kann nicht davon ausgegangen werden, dass der Vorstand alleine über die notwendigen Kenntnisse verfügt. Insoweit ist er aber verpflichtet einen Rechtsbeistand

1519 *Nagel*, Arbeitnehmervertretung und Strafrecht, S. 129 ff.; *Schwerdtfeger*, Strafrechtliche Pflicht der Aufsichtsratsmitglieder, S. 135 ff.

1520 *Spindler*, in: MüKo AktG, § 84 AktG Rn. 160; *Wiesner*, in: Münch Hdb GesR, § 20 Rn. 11.

1521 *Spindler*, in: MüKo AktG, § 84 AktG Rn. 161.

1522 *Krieger/Sailer-Coceani*, in: Schmidt/Lutter, AktG, § 93 AktG Rn. 57; *Fleischer*, in: Spindler/Stilz, AktG, § 93 AktG Rn. 258.

1523 Dazu Kapitel § 3 B I 3, III 2.

hinzuziehen und darf auf dessen Einschätzung vertrauen.[1524] Im Übrigen könnte aufgrund der allgemeinen Handhabung in der Praxis und der überwiegenden Ansicht in der Literatur[1525] von einem unvermeidbaren Rechtsirrtum auszugehen sein, wenn der Vorstand der Ansicht ist, die Aufsichtsratsmitglieder entgeltlich für die Aufsichtsratstätigkeit freistellen zu dürfen. Insoweit fehlt es am erforderlichen Vertretenmüssen i.S.d. § 276 BGB.[1526]

2. *Für die Aufsichtsratsmitglieder*

Daneben kommen auch Konsequenzen für das begünstigte Aufsichtsratsmitglied in Betracht bzw. für die Aufsichtsratsmitglieder, die ihrer Überwachungsaufgabe nicht hinreichend nachgekommen sind.

a. *Abberufung durch den Aufsichtsrat*

Möglich erscheint, dass ein derartiges Verhalten zur Abberufung des entsprechenden Aufsichtsratsmitglieds führt. Gem. § 103 Abs. 3 AktG gibt es die Möglichkeit des Aufsichtsrats, bei Vorliegen eines wichtigen Grundes in der Person eines Mitglieds, dieses gerichtlich abberufen zu lassen. Daneben kann die das Mitglied entsendende Interessengruppe das Aufsichtsratsmitglied abberufen, § 103 Abs. 1, 2 AktG. Für Arbeitnehmervertreter im Aufsichtsrat regelt dies § 23 Abs. 1 Satz 1 MitbestG.[1527]

Ein wichtiger Grund i.S.d. § 103 Abs. 3 AktG liegt vor, wenn es im Hinblick auf die Funktionsfähigkeit des Aufsichtsrats für die Gesellschaft nicht zumutbar ist, dass das Aufsichtsratsmitglied bis zum Ende seiner Amtszeit im Amt verbleibt.[1528] Die Aufsichtsratsmitglieder unterliegen einer Treuepflicht und haben ihr Handeln stets am Unternehmensinteresse auszurichten.[1529] Erhält ein Aufsichtsratsmitglied eine verdeckte Vergütung, für die die Gesellschaft keine Kompensation erhält, verstößt das Mitglied mit der Annahme gegen seine Treuepflicht. Wie gezeigt kann sich das Mitglied dabei durchaus der Anstiftung oder Beihilfe zur Untreue strafbar

---

1524 *Arnold*, ZGR 2014, 76 (83); *Fleischer*, in: Spindler/Stilz, AktG, § 93 AktG Rn. 209; *Lutter/Krieger/Verse*, Rechte und Pflichten des Aufsichtsrats, § 13 Rn. 1012 ff.

1525 Dazu Kapitel § 3 A III 2 c.

1526 Vgl. *Koch*, in: Hüffer/Koch, AktG, § 93 AktG Rn. 43 ff. zum Rechtsirrtum, sowie *Latzel* zu Rechtsirrtümer bei der Betriebsratsbenachteiligung, wistra 2013, 334 (339).

1527 Bzw. § 11 Abs. 2 Montan-MitbestG, § 10n Montan-MitbestErgG, § 12 DrittelbG bzw. §§ 4, 5, 26 MgVG. Für den Antrag auf Abberufung ist kein gesetzlicher Grund nötig, sondern es muss nur das erforderliche Maß an Zustimmung der Wählerschaft vorliegen, das vor einer missbräuchlichen Verwendung schützt, vgl. *Wißmann*, in: Wißmann/Kleinsorge/Schubert, MitbestR, § 23 MitbestG Rn. 1, 9.

1528 *Habersack*, in: MüKo AktG, § 103 AktG Rn. 39; *Mertens/Cahn*, in: Kölner Komm AktG, § 103 AktG Rn. 33 m.w.N.

1529 *Hambloch-Gesinn/Gesinn*, in: Hölters, AktG, § 116 AktG Rn. 53.

machen.[1530] Die Annahme der unzulässigen, verdeckten Aufsichtsratsvergütung ist in diesen Fällen als wichtiger Grund i.S.d. § 103 Abs. 3 Satz 1 AktG einzuordnen. Auch wenn die Annahme der verdeckten Aufsichtsratsvergütung keine solch schwerwiegende Pflichtverletzung darstellt, kann sich aus dem dadurch entstehenden konkreten Interessenkonflikt ein wichtiger Grund ergeben, der zur Abberufung berechtigt.[1531]

b. Schadensersatzanspruch

Die Aufsichtsratsmitglieder, die entgegen dem Unternehmensinteresse eine verdeckte Aufsichtsratsvergütung annehmen, sind gegenüber der Gesellschaft unter Umständen schadensersatzpflichtig. Bei Ausführung ihrer Tätigkeit sind die Aufsichtsratsmitglieder dem Unternehmensinteresse verpflichtet.[1532] Erleidet die Gesellschaft durch die Gewährung der verdeckten Aufsichtsratsvergütung einen Schaden, so verstößt dies gegen die Treuepflicht der Aufsichtsratsmitglieder. Nehmen diese entgegen der Treuepflicht eine solche Vergütung an, so sind sie schadenersatzpflichtig nach §§ 116 Satz 1, 93 Abs. 2 Satz 1 AktG.

II. Handlungspflichten der Organmitglieder

Für die Organmitglieder, die an der Gewährung der unzulässigen, verdeckten Aufsichtsratsvergütung nicht beteiligt sind, bestehen Handlungspflichten, deren Nichtbeachtung auch zu Konsequenzen für die unbeteiligten Organmitglieder führen kann.

1. Der Vorstandsmitglieder

Vorstandsmitglieder, die nicht selbst an der Gewährung der unzulässigen Vergütung beteiligt sind, aber Kenntnis davon haben, trifft die Pflicht gegen das unzulässige Verhalten der anderen Mitglieder vorzugehen. Es ist gerade auch die Aufgabe des Vorstandes, präventiv einen Gesetzesverstoß zu verhindern bzw. gegen Verstöße vorzugehen.[1533] Dies folgt sowohl aus der Legalitätspflicht wie aus der Treuepflicht.[1534] Zwar gilt der Grundsatz der Ressortverantwortung, sodass sich die Vorstandsmitglieder nicht gegenseitig überwachen müssen. Erlangen sie dennoch Kenntnis, müssen sie aber dagegen vorgehen.[1535] Insofern müssen die Vorstandsmitglieder auch tätig werden, wenn ihnen z.B. durch ein eingeleitetes

1530 Dazu Kapitel § 3 C IV 3 a.
1531 Dazu Kapitel § 2 B II 2 b dd.
1532 *Habersack*, in: MüKo AktG, § 116 AktG Rn. 44.
1533 *Arnold*, ZGR 2014, 76 (80 f.); *Grunewald*, NZG 2013, 841 (843).
1534 *Arnold*, ZGR 2014, 76 (81); *Fleischer*, in: Spindler/Stilz, AktG, § 91 AktG Rn. 49 f.
1535 *Grunewald*, NZG 2013, 841; *Kort*, in: FS Hopt, S. 983 (986 ff.); *Spindler*, in: MüKo AktG, § 93 AktG Rn. 148.

Ermittlungsverfahren Tatsachen bekannt werden, die den Schluss zu lassen, dass eine Pflichtverletzung eines anderen Organmitglieds gegeben ist.[1536] Die Vorstandmitglieder sind dann dazu verpflichtet, eigene Ermittlungen aufzunehmen, um herauszufinden, ob ein solcher Verstoß vorliegt und welche Konsequenzen in diesem Fall vorzunehmen sind. Mithin ist ein Vorstandsmitglied etwa dazu angehalten, den Jahresabschluss zu berichtigen, wenn dort z.B. in Bezug auf Schmiergelder falsche Angaben gemacht wurden.[1537] Keine Aufklärungs- bzw. Handlungspflicht des Vorstandsmitglieds besteht, wenn dies nicht mehr im Unternehmensinteresse ist.[1538] Das wird im Fall der Schmiergeldzahlungen in der Regel nicht der Fall sein.[1539] Besteht mithin eine solche Pflicht und wird dagegen verstoßen, kann sich daraus ebenfalls ein Schadensersatzanspruch nach § 93 Abs. 2 Satz 1 AktG ergeben.[1540] Unter Umständen kann der Verstoß gegen die aktienrechtliche Sorgfaltspflicht so schwerwiegend sein, dass dies wiederum einen wichtigen Grund darstellt und somit eine Abberufung i.S.d. § 84 Abs. 3 Satz 1 AktG begründet.

2. Der Aufsichtsratsmitglieder

Korrespondierend zu der Pflicht der unbeteiligten Vorstandsmitglieder trifft die unbeteiligten Aufsichtsratsmitglieder ebenfalls eine Handlungspflicht, wenn sie von einer verdeckten Aufsichtsratsvergütung Kenntnis erlangen.

Zum einen sind sie verpflichtet, wenn sie von einem rechtswidrigen Verhalten eines anderen Aufsichtsratsmitglied erfahren, das einen wichtigen Grund i.S.d. § 103 Abs. 3 Satz 1 AktG begründet, den Aufsichtsrat zu informieren und auf die Stellung eines Antrags nach § 103 Abs. 3 Satz 2 AktG hinzuwirken.[1541] Erlangen andere Aufsichtsratsmitglieder Kenntnis, dass der Vorstand mit einem Aufsichtsratsmitglied eine unzulässige, verdeckte Aufsichtsratsvergütung etwa durch ein Koppelungsgeschäft gewährt wurde, die mit dem Unternehmensinteresse im Widerspruch steht, ergibt sich für diese eine Handlungspflicht. Das einzelne Aufsichtsratsmitglied hat die Pflicht, dies dem Aufsichtsrat mitzuteilen und dafür Sorge zu tragen, dass ein Beschluss gefasst wird, einen Antrag auf Abberufung

1536 *Koch*, in: Hüffer AktG, § 111 AktG Rn. 8.

1537 *Arnold*, ZGR 2014, 76 (81).

1538 *Arnold*, ZGR 2014, 76 (84); *Mayer*, NZG 2014, 1208 (1209).

1539 Eine Einschränkung der Aufklärungspflicht im Hinblick auf das Unternehmensinteresse kann z.B. dann in Betracht kommen, wenn ein Imageschaden des Unternehmens zu befürchten ist, sodass der Vermögensschaden durch die Schmiergeldzahlung dahingegen zu vernachlässigen ist, vgl. *Habersack*, in: MüKo AktG, § 116 AktG Rn. 33.

1540 *Kort*, in: FS Hopt, S. 983 (990 ff.).

1541 *Grunewald*, NZG 2013, 841 (846); *Habersack*, in: MüKo AktG, § 116 AktG Rn. 35; *Lutter/Krieger/Verse*, Rechte und Pflichten des Aufsichtsrats, § 12 Rn. 889; *Spindler*, in: Spindler/Stilz, AktG, § 116 AktG Rn. 81.

des betroffenen Aufsichtsratsmitglieds zu stellen.[1542] Die Pflicht des einzelnen Aufsichtsratsmitglieds ergibt sich aus der allgemeinen Sorgfaltspflicht; eine effektive Überwachung des Aufsichtsrats muss gewährleistet sein.

Daneben besteht eine allgemeine Aufklärungspflicht sowie Verpflichtung, das gesetzeswidrige Verhalten der anderen Organmitglieder abzustellen.[1543] Nach Vorgabe der „ARAG-Garmenbeck"-Entscheidung müssen Ansprüche gegen Vorstandsmitglieder nicht nur geprüft, sondern bei Bestehen auch geltend gemacht werden.[1544] Zu beachten ist auch, dass Interessenkonflikte – die in solchen Konstellationen häufig bestehen dürften – ebenfalls von den Aufsichtsratsmitgliedern offenzulegen sind.[1545] Kommen die unbeteiligten Aufsichtsratsmitglieder ihrer Pflicht nicht nach, kann dies zu einem Schadensersatzanspruch der Gesellschaft nach §§ 116 Satz 1, 93 Abs. 2 Satz 1 AktG führen bzw. selbst einen wichtigen Grund i.S.d. § 103 Abs. 3 AktG darstellen.

3. *(Keine) Selbstanzeigepflicht*

Zum Teil ist die Rechtsprechung und die Literatur der Ansicht, dass keine Pflicht besteht, auf das eigene Fehlverhalten hinzuweisen, sodass das Unterlassen eines solchen Hinweises keine eigenständige Pflichtverletzung begründet.[1546] Gleichlaufend damit könnte man annehmen, dass das selbstbetroffene Aufsichtsratsmitglied keine Handlungspflicht trifft, die zur Aufdeckung der eigenen Pflichtverletzung führt.[1547] Dies ist jedoch zu verneinen, da die Aufsichtsratsmitglieder dem Unternehmensinteresse verpflichtet sind und darüber hinaus verpflichtet sind, bei einer Pflichtverletzung des Vorstandes entsprechend einzuschreiten. Es ist somit nicht ersichtlich, warum selbstbetroffene Organmitglieder dann keine Handlungspflicht treffen sollten, wenn dies zur Aufdeckung der vorangegangenen Pflichtverletzung führen könnte. Die Primärpflichtverletzung führt zu keiner Suspendierung weiterer Aufsichtsratspflichten, sodass auch für das selbstbetroffene Aufsichtsratsmitglied gelten dieselben Handlungspflichten wie für die anderen Aufsichtsratsmitglieder.

1542 *Lutter/Krieger/Verse*, Rechte und Pflichten, § 12 Rn. 889; *Spindler*, in: Spindler/Stilz, AktG, § 116 AktG Rn. 53.

1543 *Arnold*, ZGR 2014, 76 (86); *Grunewald*, NZG 2013, 841 (845); *Habersack*, in: MüKo AktG, § 111 AktG Rn. 61, 66; *Kort*, in: FS Hopt, S. 983 (997).

1544 BGH v. 21.4.1997 – II ZR 175/95, NJW 1997, 1926; *Arnold*, ZGR 2014, 76 (86); *Goette*, in: FS 50. Jahre BGH, S. 123 (139).

1545 Dazu Kapitel § 2 B II 2 a cc bzw. Kapitel § 2 B III 6 c.

1546 BGH v. 29.9.2008 – II ZR 234/07, NZG 2008, 908; OLG Düsseldorf v. 25.11.1999 – 6 U 146/98, NZG 2000, 651; OLG Köln v. 29.6.2000 – 18 U 31/00, NZG 2000, 1137; *Grunewald*, NZG 2013, 841 (843), a.A. wohl: *Kort*, in: FS Hopt, S. 983 (1001). Vgl. auch Kapitel § 3 C IV 4 b.

1547 Ausführlich dazu Kapitel § 3 C IV 4 b.

III. Folgen für den Betriebsrat und die Arbeitnehmer

Zu klären bleibt, ob auch mit Konsequenzen auf Ebene des Betriebsratsamtes bzw. des Arbeitsverhältnisses zu rechnen ist, wenn die Arbeitnehmervertreter solch unzulässige, verdeckte Vergütungen annehmen.

1. Abberufung der Betriebsratsmitglieder

Nach § 23 Abs. 1 Satz 1 BetrVG kann ein Viertel der wahlberechtigten Arbeitnehmer, der Arbeitgeber oder eine im Betrieb vertretene Gewerkschaft den Ausschluss eines Mitglieds im Fall einer groben Pflichtverletzung beantragen. Das Betriebsratsmitglied muss dafür gegen eine Amtspflicht verstoßen haben.[1548] Durch die Annahme einer verdeckten Aufsichtsratsvergütung verstößt ein Arbeitnehmervertreter nicht per se gegen eine Amtspflicht, die ihn als Betriebsratsmitglied trifft. Wird die verdeckte Aufsichtsratsvergütung unter dem Deckmantel der Betriebsratsvergütung gewährt bzw. ist dadurch zugleich eine Honorierung der Betriebsratstätigkeit bezweckt, ist durchaus eine gewisse Verknüpfung der Ämter zu bemerken, die einen Abberufungsgrund i.S.d. § 23 Abs. 1 Satz 1 BetrVG darstellen könnte.[1549]

2. Schadensersatzanspruch gegen die Betriebsratsmitglieder

Wird mit der verdeckten Aufsichtsratsvergütung nicht nur die Aufsichtsratstätigkeit, sondern auch die Betriebsratstätigkeit honoriert, ergeben sich dieselben Sanktionen und Rechtsfolgen wie sie bereits oben im Rahmen der unzulässigen Betriebsratsvergütung erörtert wurden.[1550] Die Betriebsratsmitglieder können sich durch die Annahme einer solchen Vergütung unter anderem nach §§ 280 Abs. 1, 241 Abs. 2 BGB schadensersatzpflichtig machen.

3. Kündigung der Arbeitnehmer

Zu beachten ist zunächst, dass das Arbeitsverhältnis strikt von der Aufsichtsratstätigkeit zu trennen ist.[1551] Ein Fehlverhalten auf Ebene des Aufsichtsrates schlägt nicht auf das Arbeitsverhältnis durch. In Ausnahmefällen kann ein Verhalten, mit dem ein Arbeitnehmervertreter seine Aufsichtsratspflichten verletzt, unter Umständen auch ein kündigungsrelevantes Verhalten begründen. Denn schließlich

---

1548 *Koch*, in: ErfKomm AktG, § 23 BetrVG Rn. 2; *Oetker*, in: GK-BetrVG, § 23 BetrVG Rn. 26, 71.

1549 Vgl. *Fischer*, BB 2007, 997; *Schweibert/Buse*, NZA 2007, 1080 (1084) zur unzulässigen Betriebsratsvergütung. Siehe auch Kapitel § 3 B I 4 a.

1550 Dazu Kapitel § 3 B I 4 b, c, d.

1551 *Schönhöft/Oelze*, NZA 2016, 145 (146); *Henssler*, in: MüKo BGB, § 626 BGB Rn. 36. Vgl. auch Kapitel § 2 B II 2 a bb.

existieren auch andere kündigungsrelevante Sachverhalte, bei denen das originäre kündigungsbegründende Verhalten keine Verletzung einer Arbeitspflicht darstellt, aber die Schwere oder Art der Pflichtverletzung es dem Arbeitgeber unzumutbar macht, den Arbeitnehmer weiter zu beschäftigen.[1552] Macht sich ein Aufsichtsratsmitglied durch die Annahme einer verdeckten Aufsichtsratsvergütung strafbar, ist es durchaus vorstellbar, dass das Vertrauensverhältnis zum Arbeitgeber maßgeblich beschädigt ist, sodass es diesem unzumutbar sein kann, den Arbeitnehmer weiter zu beschäftigen.

IV. Unzulässige Vergütungspolitik und ihre Folgen

Mithin ergeben sich durchaus Handlungspflichten für die Gesellschaft bzw. für die verantwortlichen Organmitglieder, in einem Fall der unzulässigen Vergütungspraxis zu reagieren. Insofern besteht für die begünstigten Mitglieder die Gefahr, dass sie aus ihrem Amt abberufen werden. Fraglich ist jedoch die Umsetzung der bestehenden Handlungspflichten in der Praxis. Aufsichtsratsmitglieder, die selbst begünstigt werden, werden wohl kein Interesse an der Aufdeckung des unzulässigen Verhaltens bei den Kollegen haben. Auf Ebene des Vorstands liegt die Annahme nahe, dass das Zugeständnis der Arbeitnehmervertreter an den Vorstand wohl auch allen Vorstandsmitglieder zugutekommt, sodass dort wohl ebenfalls kein Interesse bestehen wird, die Handlungspflichten umzusetzen.

1552 *Henssler*, in: MüKo BGB, § 626 BGB Rn. 190.

§ 5 Zusammenfassung und Ausblick

A. Aufsichtsrat im Corporate Governance-System

I. Struktur und Funktion des Aufsichtsrats

[1.] Soweit es ein Mitbestimmungsgesetz vorschreibt, ist die Zusammensetzung des Aufsichtsrats aus Anteilseigner- und Arbeitnehmervertretern zwingend. Eine Abweichung von dem vorgeschriebenen Mitbestimmungsmodell durch Satzungsregelung ist nicht möglich. Je nach anzuwendendem Mitbestimmungsgesetz können Arbeitnehmervertreter unternehmensangehörige Arbeitnehmer, leitende Angestellte oder Gewerkschaftsvertreter sein, für die neben den allgemeinen noch besondere Wählbarkeitsvoraussetzungen zu beachten sind. (Kapitel § 2 A I 1, 2 a, b)

[2.] Die paritätische Besetzung mit Anteilseigner- und Arbeitnehmervertretern in den Aufsichtsräten bedingt eine Zusammensetzung aus mindestens zwölf, elf bzw. fünfzehn Mitgliedern. Dagegen liegt die Mindestanzahl in mitbestimmungsfreien oder zu einem Drittel mit Arbeitnehmervertretern zu besetzenden Aufsichtsräten bei lediglich drei Mitgliedern, was eine effektive Aufgabenerfüllung erleichtert. (Kapitel § 2 A I 2 c)

[3.] Die paritätische Zusammensetzung des Aufsichtsrats wird im MitbestG durch das Zweitstimmrecht des Aufsichtsratsvorsitzenden zumeist zugunsten der Anteilseignervertreter verschoben. Die Bildung von Ausschüssen als Corporate Governance-Mittel ermöglicht, dass spezifische Aufgaben im kleinen Kreis effektiv bearbeitet werden können. Die Ausschüsse sind nicht wie das Aufsichtsratsplenum nach dem jeweiligen Mitbestimmungsmodell zu besetzen. Bei der Besetzung der Ausschüsse muss aber beachtet werden, dass die Arbeitnehmervertreter nicht diskriminiert werden. (Kapitel § 2 A I 3)

[4.] Die Kernaufgaben des Aufsichtsrats sind die Überwachung und Kontrolle der Geschäftsführung. Da das Aufsichtsratsamt lediglich ein Nebenamt ist, sind nicht alle Maßnahmen der Geschäftsführung zu überwachen, sondern lediglich die Leitungsmaßnahmen und wesentliche Einzelmaßnahmen. Die Kontrolle des Aufsichtsrats beschränkt sich nicht auf die Vergangenheit, sondern ist insbesondere durch die Beratung des Vorstands auch zukunftsorientiert. Aus dem Aktiengesetz ergeben sich neben der Berichterstattung nach § 90 AktG verschiedene Überwachungsinstrumente für den Aufsichtsrat. (Kapitel § 2 A II 1 a, b)

[5.] Bei dem Maßstab der Überwachung gilt, dass die Aufsichtsratsmitglieder bei Wahrnehmung der Überwachungspflicht dem Unternehmensinteresse verpflichtet sind. Nehmen die Aufsichtsratsmitglieder die Kontrolle nicht sorgfältig wahr, können sie sich unter Umständen gem. §§ 116, 93 AktG schadensersatzpflichtig machen. (Kapitel § 2 A II 1 c)

[6.] Im dualistischen System der AG ist die Überwachung von der Leitung getrennt („Two-Tier-Board“). Der Aufsichtsrat kann jedoch durch die ihm zustehende Personalkompetenz, § 84 AktG, die Festsetzung der Vorstandsvergütung und der ihm durch die Satzung eingeräumten Zustimmungsvorbehalte Einfluss auf die Geschäftsführung nehmen. (Kapitel § 2 A II 2)

[7.] Die sich aus der grundsätzlichen Trennung der Überwachung von der Leitung entwickelnden Interessenkonflikte werden im Rahmen der Corporate Governance-Debatte diskutiert. Die Corporate Governance-Debatte ist auf das Werk von *A. Berle* und *G. Means*, „The Modern Corporation and Private Property“, zurückzuführen. Corporate Governance ist nicht allgemeingültig definiert. Oftmals werden darunter die „Unternehmensverfassung“ und ein System der Unternehmensleitung und -kontrolle verstanden.
Das System der Unternehmensleitung hat sich am Leitziel der Gesellschaft zu orientieren. Nach dem in Deutschland überwiegend vertretenen Stakeholder Ansatz haben die Organe dabei die Interessen aller Stakeholder zu berücksichtigen (Kapitel § 2 A II 3 a)

[8.] Die aus der Trennung von Eigentum und Leitung resultierenden Interessenkonflikte werden als Fall der Prinzipal-Agenten-Theorie diskutiert. Dem Aufsichtsrat kommt dabei eine doppelte Stellung zu, indem er der Prinzipal des Vorstands und zugleich der Agent der Hauptversammlung ist. Daraus ergebende Konflikte können durch die Implementierung eines geeigneten Corporate Governance-Systems vermieden werden. Dies kann sowohl durch externe als auch interne Maßnahmen erreicht werden. (Kapitel § 2 A II 3 b)

[9.] Zur Sicherstellung der geeigneten Aufgabenerfüllung stellt das Gesetz an die Qualifikation der Aufsichtsratsmitglieder jedoch nur wenige Anforderungen: Erfüllt werden müssen lediglich die allgemeinen Wählbarkeitsvoraussetzungen nach §§ 100 Abs. 1, 2, 105 AktG. Daneben folgt aus §§ 116, 93 AktG, dass die Aufsichtsratsmitglieder auch in der Lage sein müssen, die Geschäftsvorfälle nachzuvollziehen. (Kapitel § 2 A II 4)

[10.] Nach dem AktG ist auch die Unabhängigkeit der Aufsichtsratsmitglieder keine Voraussetzung; insoweit wird nur eine strukturelle Unabhängigkeit der Mitglieder gefordert, §§ 100 Abs. 2, 105 AktG. Der Kodex enthält aber eine Empfehlung, dass dem Aufsichtsrat eine angemessene Anzahl unabhängiger Mitglieder angehören soll. Nach dem Kodex ist ein Mitglied nicht unabhängig, wenn es in einer Beziehung zur Gesellschaft, einem Organ, einem kontrollierenden Aktionär oder einem mit diesem verbundenen Unternehmen steht, die einen wesentlichen und nicht nur vorübergehenden Interessenkonflikt begründen kann. (Kapitel § 2 A III 1, 2 a)

[11.] Arbeitnehmervertreter sind als nicht unabhängige Mitglieder einzuordnen. Aufgrund der Verbundenheit mit dem Unternehmen – sei es durch ein Arbeitsverhältnis oder die Tarifzuständigkeit der Gewerkschaft für das Unternehmen – und der Fokussierung auf die Arbeitnehmerinteressen ist eine unabhängige Aufgabenwahrnehmung nicht möglich und kann zur lückenhaften Überwachung des Vorstands führen. (Kapitel § 2 A III 2 b)

[12.] Alle Aufsichtsratsmitglieder treffen die gleichen Rechte und Pflichten (aktienrechtlicher Gleichbehandlungsgrundsatz). Der mitbestimmungsrechtliche Gleichbehandlungsgrundsatz verbietet insbesondere eine unterschiedliche Behandlung aufgrund der Arbeitnehmerstellung. Eine Differenzierung darf nur bei Vorliegen eines sachlichen Grundes erfolgen. Ein Verstoß gegen den Grundsatz der Gleichbehandlung, der ein elementares Prinzip des Aufsichtsrats darstellt, führt zur Nichtigkeit der gegen den Gleichbehandlungsgrundsatz verstoßenden Vereinbarung bzw. des Beschlusses. (Kapitel § 2 IV)

II. Umgang mit Interessenkonflikten im Aufsichtsrat

[1.] Interessenkonflikte bei Aufsichtsratsmitgliedern ergeben sich aus einer Mehrfachbindung der Interessen. Bei einem Aufsichtsratsmitglied kann sich die mehrfache Interessenbindung gerade durch die Ausübung von mehreren Mandaten ergeben. Insbesondere bei unternehmensangehörigen Arbeitnehmervertretern können sich durch Doppelmandate Interessenkonflikte entwickeln. (Kapitel § 2 B I)

[2.] Das Gesetz geht davon aus, dass die Aufsichtsratsmitglieder grundsätzlich zwischen den verschiedenen, sie treffenden Pflichten unterscheiden können und nimmt im Übrigen Interessenkonflikte in Kauf. Demnach gibt es keine spezifischen Vorschriften zur Verhinderung eines Interessenkonflikts. Solche werden allenfalls durch allgemeine Regelungen, wie die Inkompatibilitätsregeln, §§ 100 Abs. 2, 105 AktG vermieden. Daneben zielen unter anderem die §§ 113–115 AktG im Rahmen der Aufsichtsratsvergütung darauf ab, das Entstehen von Interessenkonflikten zu verhindern. Durch die Bildung von Ausschüssen können im Übrigen Konflikte vermieden werden. (Kapitel § 2 B II 1)

[3.] Eine allgemeine Vorschrift zur Bewältigung eines Interessenkonflikts ist zum einen die Verpflichtung, dem Unternehmensinteresse im Fall eines Konflikts den Vorrang zu geben. Die Arbeitnehmerinteressen sind zwar als solche ein Bestandteil des Unternehmensinteresses. Jedoch haben Sonderinteressen immer dann zurückzutreten, wenn in deren Verfolgung eine Treuepflichtverletzung liegt. Zum anderen gilt der Grundsatz der strikten Trennung der Ämter: Verschiedene Funktionen sind voneinander zu trennen. Daneben stellen die Transparenz und die Offenlegung von Konflikten ein Mittel zur Bewältigung von Interessenkonflikten dar. Bei konkreter Missbrauchsgefahr durch den Aufsichtsrat kann dem Vorstand im Falle eines Interessenkonflikts ein Auskunftsverweigerungsrecht zukommen. (Kapitel § 2 B II 2 a)

[4.] Soweit sich ein konkreter Interessenkonflikt gebildet hat, gibt es allgemeine Vorschriften zur Auflösung eines solchen Konflikts. Je nach Intensität und Dauer ist zwischen Stimmenthaltung bzw. -verbot als mildestes Mittel, einem Teilnahmeausschluss bis hin zur Pflicht das Amt niederzulegen zu unterscheiden. Das Vorliegen eines Interessenkonflikts alleine begründet aber kein Stimmverbot, sondern das Aufsichtsratsmitglied muss persönlich betroffen sein und soll nicht in eigenen Angelegenheiten richten können. Im Übrigen ist bei allen Maßnahmen der Grundsatz der Gesamtverantwortung des Aufsichtsrats zu beachten. Daneben kommt im Falle eines gravierenden, nicht nur vorübergehenden Interessenkonflikts als ultima ratio die Abberufung des betroffenen Aufsichtsratsmitglieds in Betracht. Wird der Interessenkonflikt von den Aufsichtsratsmitgliedern nicht pflichtgemäß aufgelöst, so können neben der organschaftlichen Haftung auch arbeitsrechtliche Sanktionen drohen oder kann die Entlastung nach § 120 AktG verweigert werden. (Kapitel § 2 B II 2 b, c)

[5.] Der Kodex enthält Empfehlungen zur guten Unternehmensführung, um so insbesondere das Vertrauen der Anleger zu stärken. Umstritten ist, wie der Kodex in die geltenden Rechtsquellen einzuordnen ist. Der Kodex ist richtigerweise als unverbindliches Regelwerk einzuordnen, das keine Rechtswirkung entfaltet, da an der Ausgestaltung weder der Gesetzgeber noch die Bundesregierung beteiligt war. Insbesondere sind sowohl § 161 AktG als auch der Kodex selbst als verfassungskonform anzusehen. Über § 161 AktG kommt dem Kodex eine faktische Wirkung zu. Danach muss jährlich erklärt werden, welche Empfehlungen eingehalten worden sind und die Nichteinhaltung begründet werden. Durch die Begründungspflicht soll der Druck zur Befolgung des Kodex erhöht werden. (Kapitel § 2 B III 1, 2)

[6.] Das Nichtbefolgen des Kodex zieht mangels Rechtswirkung keine Rechtsfolgen nach sich. Wird die Entsprechenserklärung nicht oder fehlerhaft abgegeben, so kann dies Folgen haben: Eine formelle Kontrolle findet durch die Veröffentlichung im Bundesanzeiger sowie die Abschlussprüfung statt. Daneben ist eine Überprüfung im Rahmen des Enforcement-Verfahrens möglich. Ansonsten kommt die Anfechtbarkeit des Entlastungsbeschlusses der Hauptversammlung sowie des Beschlusses der Wahl in den Aufsichtsrat in Betracht. Im Übrigen ist eine Haftung der Organe bzw. der Gesellschaft möglich. (Kapitel § 2 B III 3)

[7.] Der Kodex wird von vielen Unternehmen akzeptiert. Konflikte, die sich aus der Unternehmensmitbestimmung ergeben, wurden in dem Kodex hingegen nicht berücksichtigt. Solche Konfliktfelder stellen etwa die Unabhängigkeit und die Qualifikation der Arbeitnehmervertreter sowie die Größe des Aufsichtsrats insgesamt dar. (Kapitel § 2 B III 4, 5)

[8.] Zum Umgang mit Interessenkonflikten enthält der Kodex wenige ergänzende Empfehlungen: Klargestellt wird, dass die Aufsichtsratsmitglieder ihr Handeln am Unternehmensinteresse auszurichten haben, Nr. 5.5.1 Satz 1 DCGK. Daneben soll dem Aufsichtsrat eine angemessene Anzahl unabhängiger Mitglieder angehören, Nr. 5.4.2 DCGK. Aufsichtsratsmitglieder sollen keine Organfunktion oder Beratungsaufgabe bei wesentlichen Wettbewerbern des Unternehmens ausüben, Nr. 5.4.2 Satz 4 DCGK. Zudem soll der Vorsitzende des Prüfungsausschusses unabhängig und kein ehemaliges Mitglied des Vorstandes sein, Nr. 5.3.2 Abs. 3 Satz 3 DCGK. Im Weiteren finden sich auch noch Transparenz-Empfehlungen: Offenlegung von Interessenkonflikten, Nr. 5.5.2

DCGK, Offenlegung von persönlichen und geschäftlichen Beziehungen der Aufsichtsratsmitglieder bei der Wahl, Nr. 5.4.1 Abs. 6 DCGK, Offenlegung der vom Unternehmen an die Mitglieder gezahlten Vergütungen, Nr. 5.4.6 Abs. 3 DCGK, sowie Bericht an die Hauptversammlung über die Interessenkonflikte, Nr. 5.5.3 Satz 1 DCGK. (Kapitel § 2 B III 6)

[9.] Zur Vermeidung von Interessenkonflikten gibt es keine allgemeinen Inkompatibilitätsregeln. Ein Interessenkonflikt ist daher im Einzelfall unter Anwendung der entsprechenden Vorschriften zu bewältigen. (Kapitel § 2 B IV)

B. Bezahlung der Arbeitnehmervertreter

I. Vergütung der Aufsichtsratsmitglieder

[1.] Das Aufsichtsratsamt als Nebenamt muss nicht vergütet werden. Gerade in börsennotierten Unternehmen ist dies jedoch die Regel. Rechtsgrundlage bildet das korporationsrechtliche Rechtsverhältnis zwischen Aufsichtsratsmitglied und Unternehmen. (Kapitel § 3 A I 1 a)

[2.] Durch § 113 AktG soll eine „Selbstbedienung" der Aufsichtsratsmitglieder ausgeschlossen werden. Zudem dient die Vorschrift dem Gläubigerschutz. Durch die ausschließliche Kompetenz der Hauptversammlung soll eine angemessen hohe Vergütung sichergestellt werden. Daher ist § 113 AktG zwingend und keiner vertraglichen Gestaltung zugänglich. (Kapitel § 3 A I 1 b)

[3.] Nicht unter § 113 AktG fällt der Aufwendungsersatz. Auslagen sind den Aufsichtsratsmitgliedern von dem Aufsichtsrat zu ersetzen, soweit diese erforderlich und angemessen sind. (Kapitel § 3 A I 1 c)

[4.] Die Festsetzung der Vergütung erfolgt durch eine hinreichend bestimmte Satzungsbestimmung oder entsprechenden Beschluss der Hauptversammlung. Somit wird eine gewisse Publizität der Vergütung erreicht. Die Hauptversammlung kann eine Gesamtvergütung festlegen, soweit der Aufsichtsrat bei Ausübung seiner Ermessensentscheidung an gewisse Kriterien gebunden ist. Es steht dem Aufsichtsratsmitglied frei, auf seine Vergütung zu verzichten. (Kapitel § 3 A I 2)

[5.] Eine Drittvergütung ist zulässig. Die durch § 113 AktG normierte Kompetenz der Hauptversammlung, die Aufsichtsratsvergütung festzusetzen, steht einer Drittvergütung nicht entgegen, da der Zweck von § 113 AktG – Schutz der Gläubigerinteressen – nicht betroffen ist. Die Drittvergütung kann zwar zu einem potentiellen Interessenkonflikt führen, dieser wird aber vom Gesetz grundsätzlich in Kauf genommen. Entwickelt sich dieser zu einem konkreten Konflikt, greifen vielmehr die allgemeinen aktienrechtlichen Regelungen zum Umgang mit Interessenkonflikten. (Kapitel § 3 A I 3)

[6.] Die Vergütungshöhe hat in Bezug zur Tätigkeit und Lage der Gesellschaft angemessen zu sein. Die Art der Vergütung kann vom Unternehmen bestimmt werden. Zulässig ist grundsätzlich eine feste wie auch variable Vergütung. Zu beachten ist, dass ein Stundenhonorar mangels hinreichender

Bestimmtheit nicht zulässig ist. Ebenso scheidet eine variable Vergütung, die sich am Aktienkurs orientiert, aus. (Kapitel § 3 A I 4, 5 a)

[7.] Die Art der Vergütung kann zur Auflösung des Prinzipal-Agenten-Konflikts beitragen. Insbesondere kann eine variable Vergütung einen Anreiz entfalten. Die variable Komponente sollte dabei im Hinblick auf eine mögliche Unternehmenskrise in einem angemessenen Verhältnis zur festen Vergütung stehen. Aufgrund der Abführungspflicht der Vergütung der Arbeitnehmervertreter ist die Anreizwirkung bei diesen jedoch beschränkt. (Kapitel § 3 A I 5 b)

[8.] Steuerrechtlich kann Aufsichtsratsvergütung auf Ebene des zahlenden Unternehmens wegen des Abzugsverbots nach § 10 Nr. 4 KStG – das in Anbetracht der Bestimmungen zur Angemessenheit der Vergütung nicht mehr zeitgemäß ist und zurecht kritisiert wird – nur hälftig als Betriebsausgabe abgezogen werden. Für alle Aufsichtsratsmitglieder stellt die Aufsichtsratsvergütung eine Einnahme aus selbständiger Tätigkeit dar. Der Teil, der an eine Einrichtung abgeführt werden muss, kann als Betriebsausgabe abgezogen werden, sofern die Verpflichtung bereits vor der Bestellung zum Aufsichtsratsmitglied bestand. (Kapitel § 3 A I 6)

[9.] Der Gleichbehandlungsgrundsatz bewirkt, dass alle Mitglieder gleich zu vergüten sind und davon nur bei Vorliegen eines sachlichen Grundes abgewichen werden darf, wobei die Qualifikation zutreffend kein zulässiges Differenzierungsmerkmal darstellt. Ein Verstoß gegen den Gleichbehandlungsgrundsatz hat grundsätzlich die Nichtigkeit der Vereinbarung zur Folge. (Kapitel § 3 A II 1, 2)

[10.] Die gewerkschaftliche Verpflichtung, einen Teil der Aufsichtsratsvergütung abzuführen, ist unter Gleichbehandlungsgesichtspunkten nicht zu beanstanden. Diese verstößt mangels Einfluss der Gesellschaft nicht gegen den aktienrechtlichen Gleichbehandlungsgrundsatz und mangels Einfluss der Gewerkschaft auf nicht organisierte Aufsichtsratsmitglieder auch nicht gegen den vereinsrechtlichen Gleichbehandlungsgrundsatz. (Kapitel § 3 A II 3)

[11.] Aufgrund des Gleichbehandlungsgrundsatzes haben Arbeitnehmervertreter die gleiche Stellung wie Anteilseignervertreter, sodass sie die gleichen Rechte und Pflichten treffen. Der Besonderheit, dass die Arbeitnehmervertreter daneben noch in einem Arbeitsverhältnis mit der Gesellschaft stehen, wird durch das Behinderungsverbot Rechnung getragen. Im Übrigen gilt für Arbeitnehmer noch ein Benachteiligungsverbot und in drittelmitbestimmten Unternehmen zudem ein Begünstigungsverbot, das sich jeweils an jedermann richtet, § 26 MitbestG, § 9 DrittelbG. (Kapitel § 3 A III 1, 2 a)

[12.] Kollidiert das Aufsichtsratsamt mit dem Arbeitsverhältnis, hat das Aufsichtsratsamt nach dem Behinderungsverbot, § 26 MitbestG bzw. § 9 DrittelbG, Vorrang, sodass die Arbeitnehmervertreter bei Bedarf zur Wahrnehmung der Aufsichtsratstätigkeit freizustellen sind. (Kapitel § 3 A III 2 b)

[13.] Im Gegensatz zur Betriebsratsvergütung existiert kein Anspruch auf entgeltliche Freistellung. Ein Entgeltanspruch ist im Hinblick auf den

Gleichbehandlungsgrundsatz vielmehr abzulehnen. Die Weiterzahlung des Arbeitsentgelts stellt eine Ungleichbehandlung gegenüber den Anteilseignervertretern dar, die nicht gerechtfertigt werden kann. Infolgedessen ist generell – und nicht nur soweit durch die Aufsichtsratsvergütung kein Ausgleich geschaffen wird – ein Entgeltfortzahlungsanspruch abzulehnen. (Kapitel § 3 A III 2 c)

[14.] Die Abführungspflicht, der die Arbeitnehmervertreter unterliegen, verstößt gegen das Benachteiligungsverbot, § 26 MitbestG bzw. § 9 DrittelbG. Als Sachgrund für die Ungleichbehandlung kann die durch die Abführungspflicht ermöglichte Förderung der Arbeitnehmermitbestimmung nicht herangezogen werden, da die Aufsichtsratstätigkeit ein unzulässiges Differenzierungsmerkmal darstellt. (Kapitel § 3 A III 2 d)

[15.] Die Gewährung einer Aufsichtsratsvergütung stellt mangels Bezug zum Betriebsratsamt keinen Verstoß gegen das Begünstigungsverbot nach § 78 BetrVG dar. (Kapitel § 3 A III 2 e)

II. Arbeitsentgelt der Doppelmandatsträger

[1.] Arbeitnehmervertreter sind oftmals auch Betriebsratsmitglieder. Als Interessenvertreter der Belegschaft ist es nötig, dass die Betriebsratsmitglieder unabhängig und unparteilich sind. Mithin ist das Amt als Ehrenamt ausgestaltet, § 37 Abs. 1 BetrVG, und es gilt ein striktes Begünstigungs- und Benachteiligungsverbot, § 78 BetrVG. (Kapitel § 3 B I 1)

[2.] Soweit zur Ausübung des Amtes eine Freistellung nötig ist, erfolgt diese nach dem Lohnausfallprinzip. Eine Amtsvergütung gibt es hingegen nicht. Lediglich die erforderlichen Auslagen werden ersetzt. (Kapitel § 3 B I 2, 3)

[3.] Verstöße gegen das Ehrenamtsprinzip können aufgrund des Antragserfordernisses eine eher theoretische Möglichkeit der Abberufung nach § 23 Abs. 1 BetrVG begründen sowie zu einem Rückgewähr- bzw. Schadensersatzanspruch führen. Daneben kommen auch noch strafrechtliche Sanktionen, wie eine Strafbarkeit wegen Untreue oder Steuerhinterziehung, in Betracht. Mit einer Strafbarkeit nach § 119 Abs. 1 Nr. 3 BetrVG wird wegen des absoluten Antragserfordernisses in der Praxis hingegen eher nicht zu rechnen sein. (Kapitel § 3 B I 4)

[4.] Trotz der zunehmenden Professionalisierung der Betriebsratstätigkeit ist eine Abschaffung des Ehrenamtsprinzips derzeit im Hinblick auf die Sicherung der Unabhängigkeit und Unparteilichkeit abzulehnen. Die verschiedenen Reformvorschläge müssen sich noch Kritikpunkten aussetzen. (Kapitel § 3 B I 5)

[5.] Ein Doppelmandat eines Arbeitnehmervertreters im Aufsichtsrat kann sich auch dadurch ergeben, dass er als leitender Angestellter im Sprecherausschuss vertreten ist. Das Amt wird nicht vergütet, sondern lediglich das Arbeitsentgelt im Fall der Freistellung fortgezahlt. (Kapitel § 3 B II)

[6.] In der Öffentlichkeit als auch in der Rechtsprechung wurden einige Fälle bekannt, in denen die Betriebsratsvorsitzenden bzw. -mitglieder, die in der Regel auch zugleich Aufsichtsratsmitglieder sind, höhere Sonderzahlungen, als dies nach dem BetrVG zulässig ist, erhalten haben. Die Gestaltungsformen einer solchen unzulässigen Betriebsratsvergütung sind dabei vielfältig. (Kapitel § 3 B III)

III. Unzulässige Arbeitsentgelte als verdeckte Aufsichtsratsvergütung

[1.] Soweit Arbeitnehmer aufgrund ihrer Stellung im Unternehmen Macht gegenüber dem Vorstand bzw. Unternehmen innehaben, gibt dies Spielraum für (unzulässige) Koppelungsgeschäfte. Diese finden auf Ebene des Betriebsratsamtes statt. Aufgrund des Verhältnisses des „Gebens und Nehmens" zwischen Vorstand und Aufsichtsrat kommt es auch auf Ebene des Aufsichtsratsamtes zu Koppelungsgeschäften. Daneben sind solche Machenschaften auch bei Arbeitnehmervertretern denkbar, die zugleich Mitglied eines Sprecherausschusses sind. Solche Koppelungen der Arbeitnehmervertreter sind auch auf Ebene der SE denkbar. Die Verknüpfung der verschiedenen Ämter in einer Person führt dazu, dass sich die Ämter nicht strikt voneinander trennen lassen. (Kapitel § 3 C I)

[2.] Das Aufsichtsratsamt ist grundsätzlich im Gegensatz zum Betriebsratsamt bzw. Sprecherausschuss als vergütetes Nebenamt ausgestattet. Durch die Verpflichtung der Arbeitnehmervertreter, die Vergütung an eine gewerkschaftsnahe Bildungseinrichtung abzuführen, ist das Aufsichtsratsamt faktisch auch ein Ehrenamt. Dieser Umstand und die Verknüpfung beider Ämter können Anlass dafür sein, dass die Gewährung eines (unzulässig) hohen Arbeitsentgelts als verdeckte Vergütung des Aufsichtsratsamtes einzuordnen ist. (Kapitel § 3 C II)

[3.] Unzulässigen Vergütungen, die einem Betriebsratsmitglied im vermeintlichen Graubereich der Betriebsratsvergütung gewährt werden, sind mithin nicht stets dem Betriebsratsamt zuzuordnen. Lässt sich kein eindeutiger subjektiver Zuordnungswille ermitteln, legen es objektive Umstände, wie der Anstieg der Betriebsratsvergütung mit der Bestellung zum Aufsichtsratsmitglied nahe, dass die Ämter verkoppelt sind und die Vergütung nicht lediglich dem Betriebsratsamt zuzuordnen ist. (Kapitel § 3 C III)

[4.] Vergleichbar mit der unzulässigen Betriebsratsvergütung ist die Gewährung einer verdeckten Aufsichtsratsvergütung unzulässig. Die Annahme kann neben organschaftlichen Folgen auch zu zivilrechtlichen und strafrechtlichen Konsequenzen führen. Selbstbetroffene Aufsichtsratsmitglieder unterliegen dabei grundsätzlich den gleichen Pflichten wie die anderen Aufsichtsratsmitglieder. Die Gefahr der Selbstbelastung bei Wahrnehmung einer Aufsichtsratspflicht führt nicht zur Suspendierung dieser Pflicht. (Kapitel § 3 C IV)

C. Publizität und Vergütung

I. Rechnungslegungsvorschriften und Corporate Governance

[1.] Transparenz ist ein geeignetes Corporate Governance-Mittel, um Interessenkonflikte zu vermeiden. Transparenzvorschriften sind eng mit Offenlegungsvorschriften verknüpft. Letztere finden sich gerade im Bilanzrecht und dienen der Offenlegung der Rechnungslegung.
Zur Offenlegung sind Kapitalgesellschaften verpflichtet. Die Publizität trägt dabei der beschränkten Haftung der Unternehmen Rechnung und dient dem Schutz der Gläubiger. Durch die Offenlegungsvorschriften werden die Rechnungslegungsinformationen den Adressaten zugänglich gemacht. (Kapitel § 4 A I 1)

[2.] Bei den Rechnungslegungsvorschriften ist zwischen gesetzlichen Vorschriften und solchen Standards zu unterscheiden, die von einer privaten Institution, DRSC, zur Auslegung der Rechnungslegungsvorschriften entwickelt werden. Die Rechnungslegung verfolgt im Wesentlichen drei Ziele: Rechenschaft, Gewinnermittlung und Information. Adressaten sind dabei nicht nur die Geschäftsführung und Aktionäre, sondern auch außenstehende Dritte. Die Rechnungslegung ist ein geeignetes Mittel, um Informationsasymmetrien abzubauen. Das wesentliche Instrument der Rechnungslegung ist der Jahresabschluss. (Kapitel § 4 A I 2)

[3.] Im Anhang, der Teil des Jahres- bzw. Konzernabschlusses ist, sind Angaben über die Vergütung des Managements zu machen. Der Anhang hat dabei eine Informations- und Rechenschaftsfunktion. Als Bestandteil des Jahres- bzw. Konzernabschlusses ist dieser offenzulegen. (Kapitel § 4 A II 1)

[4.] Zweck der nationalen Rechnungslegungsvorschriften zu der Vergütung der Organmitglieder ist es, Verflechtungen zwischen den Organen und dem Unternehmen offenzulegen, indem die Vergütung der Organmitglieder offenzulegen ist. (Kapitel § 4 A II 2 a)

[5.] Für den Jahresabschluss normiert § 285 Nr. 9 HGB die Offenlegungspflicht von Managervergütungen. Angabepflichtig sind danach die Vergütungen der Aufsichtsratsmitglieder, die für die Aufsichtsratstätigkeit gewährt werden. Drittvergütungen sind nicht erfasst. Sonstiges Arbeitsentgelt muss nicht angegeben werden. Verdeckte Aufsichtsratsvergütungen sind, da sie für die Organtätigkeit gewährt werden, jedoch erfasst. Daneben sind im Lagebericht die Grundzüge des Vergütungssystems der Gesellschaft darzustellen, § 289a Abs. 2 Satz 1 HGB. (Kapitel § 4 A II 2 b)

[6.] Eine vergleichbare Angabepflicht für Managervergütungen besteht für den Konzernabschluss nach § 314 Abs. 1 Nr. 6 HGB. Der an sich weitere Angabeumfang wird durch DRS 17 eingeschränkt, sodass ebenfalls lediglich die Vergütung, die für die Organtätigkeit gewährt wird, anzugeben ist. Erfasst sind demnach auch verdeckte Aufsichtsratsvergütungen, nicht aber sonstige Arbeitsentgelte. (Kapitel § 4 A II 2 c)

[7.] Eine ähnliche Angabepflicht für Managervergütungen existiert auch bei Anwendung der IFRS-Vorschriften auf einen Konzernabschluss nach internationalen Rechnungslegungsvorschriften mit IAS 24. Der Zweck ist vergleichbar mit dem der nationalen Vorschriften: Die Adressaten sollen darüber informiert werden, dass Beziehungen die Vermögens- und Ertragslage des Unternehmens beeinflussen können. Nach IAS 24.17 sind (verdeckte) Aufsichtsratsvergütungen ebenfalls mitzuteilen. Ebenfalls und gesondert zu IAS 24.17 sind sonstige Arbeitsentgelte der Arbeitnehmervertreter anzugeben, IAS 24.18. Mangels Pflicht, die Angaben individualisiert für die Organmitglieder vorzunehmen, ist die Aussagekraft beschränkt. (Kapitel § 4 A II 3)

[8.] Vergleichbare Empfehlungen zur Offenlegung der Managervergütung finden sich im DCGK: Mit Nr. 5.4.6 Abs. 3 DCGK soll erreicht werden, dass Interessenkonflikte offengelegt werden. Im Unterschied zu den gesetzlichen Regelungen, ist die Aufsichtsratsvergütung nach der Empfehlung des Kodex jedoch individualisiert aufzuführen. Mitumfasst ist dabei das Arbeitsentgelt der Arbeitnehmervertreter. (Kapitel § 4 A II 4)

[9.] Die verdeckte Aufsichtsratsvergütung ist somit nach allen Rechnungslegungsvorschriften anzugeben und offenzulegen. Sonstiges Arbeitsentgelt der Arbeitnehmervertreter ist bei Anwendung der internationalen Rechnungslegungsvorschriften, IAS 24.18, sowie nach der Empfehlung im Kodex in Nr. 5.4.6 Abs. 3 Satz 2 anzugeben. Die unzulässige Betriebsratsvergütung kann im Einzelfall über § 285 Nr. 21 HGB bzw. § 314 Abs. 1 Nr. 13 HGB angabepflichtig sein. (Kapitel § 4 A II 5, 6)

II. Rechtsfolgen bei Nichtbeachtung der Offenlegungspflichten

[1.] Um sicherzustellen, dass die Rechnungslegungsvorschriften vom Management eingehalten werden, ist eine Überwachung und Kontrolle notwendig. Die zu tätigenden Angaben zur Organvergütung unterliegen grundsätzlich der Prüfpflicht des Abschlussprüfers und können daneben Gegenstand des Enforcement-Verfahrens sein. Aufgrund der bilanziell vielfältigen Möglichkeiten, eine verdeckte Aufsichtsratsvergütung zu verschleiern, besteht das Risiko, dass dies im Rahmen einer Kontrolle nicht aufgedeckt wird. Falls eine Aufdeckung gelingt, stellen Mitteilungspflichten sicher, dass Informationen an die zuständige Stelle gelangen, sobald eine Behörde von einem unzulässigen Verhalten Kenntnis erlangt. (Kapitel § 4 B I)

[2.] Werden die verdeckten Aufsichtsratsvergütungen nicht den Vorgaben entsprechend angegeben, kann dies zur Verwirklichung von Steuerbilanzdelikten führen. Daneben können sich zivilrechtliche und auch strafrechtliche Sanktionen ergeben. (Kapitel § 4 B II, III)

[3.] Die Offenlegungsvorschriften bzgl. der Vorstandsvergütung sind insofern weiter als bereits durch das Gesetz eine individuelle Offenlegung der Vergütung normiert wird. Auf Ebene der Aufsichtsratsvergütung existiert dazu nur eine Empfehlung im Kodex, Ziff. 5.4.6 Abs. 3 Satz 1 DCGK. Eine entsprechende gesetzliche Verankerung wäre zu begrüßen. Im Hinblick auf eine gute Unternehmensführung sollte auch die Offenlegung der Drittvergütung gesetzlich geregelt werden. Eine Implementierung einer Offenlegungspflicht für die Betriebsratsvergütung ist hingegen nicht erforderlich. (Kapitel § 4 B IV, V)

III. Compliancepflichten bei einer unzulässigen Vergütungspolitik

[1.] Die Gewährung einer rechtswidrigen, verdeckten Aufsichtsratvergütung begründet zudem Compliancepflichten für die Gesellschaft. Zum einen kann darin eine Pflichtverletzung der Vorstands- bzw. der Aufsichtsratsmitglieder bestehen und somit eine Abberufungspflicht dieser Mitglieder wie einen Schadensersatzanspruch begründen. (Kapitel § 4 C I)

[2.] Zudem können sich für die unbeteiligten Organmitglieder Handlungspflichten in Bezug auf die verdeckte Aufsichtsratsvergütung ergeben. Insoweit haben die Organmitglieder dafür Sorge zu tragen, dass die Pflichtverletzung unterlassen wird bzw. das betroffene Mitglied abberufen wird. Daneben haben sie unter Umständen sicherzustellen, dass ein bestehender Schadensersatzanspruch geltend gemacht wird. Eine Selbstanzeigepflicht besteht dabei aber nicht. Weitergehende Aufsichtsratspflichten sind jedoch durch den Umstand der Selbstbelastung nicht suspendiert. (Kapitel § 4 C II)

[3.] Im Übrigen kann die Annahme einer verdeckten Aufsichtsratsvergütung einen Grund für die Abberufung aus dem Betriebsratsamt begründen. Daneben kann auch ein Schadensersatzanspruch gegen die Betriebsratsmitglieder in Betracht kommen, wenn durch die Gewährung der verdeckten Aufsichtsratsvergütung zugleich eine Honorierung der Betriebsratstätigkeit erfolgt. Unter Umständen kann die Annahme einer unzulässigen Vergütung auch Auswirkungen auf das Arbeitsverhältnis haben. (Kapitel § 4 C III)

[4.] Die unzulässige Vergütungspolitik bewirkt erhebliche Compliancepflichten, denen in der Praxis wohl aufgrund der Selbstbetroffenheit nicht entsprochen werden und auch im Übrigen ist eine Beachtung der Pflichten zu bezweifeln. (Kapitel § 4 C IV)

D. Ausblick

Die verschiedenen Funktionen, die ein Arbeitnehmervertreter im Unternehmen ausübt, können nicht isoliert betrachtet werden. Durch die Verflechtung der verschiedenen Ämter besteht die Gefahr von Interessenkonflikten. In Anbetracht einer guten Unternehmensführung wäre es daher zu begrüßen, wenn das Aufsichtsratsamt klar von sonstigen Ämtern im Unternehmen getrennt wird. Viele Interessenkonflikte könnten vermieden werden, indem die Arbeitnehmervertreter neben ihrer Aufsichtsratstätigkeit nicht zugleich Mitglieder des Betriebsrats oder eines Sprecherausschusses wären. De lege ferenda sollten solche Doppelmandate daher ausgeschlossen werden. Nicht gelöst wäre damit das Problem, dass ein Interessenkonflikt durch die Besetzung des Aufsichtsrats mit Arbeitnehmervertreter, die zugleich in einer Gewerkschaft organisiert sind, entstehen kann. Der Anreiz der Aufsichtsratstätigkeit besteht bei gewerkschaftlich organisierten Arbeitnehmervertretern unter Umständen nicht mehr im gleichen Maße, wenn sich die Unternehmen an das Gesetz halten würden und die Arbeitnehmervertreter nicht entgeltlich für die Arbeit freistellen würden.

Die gesetzlichen Rechnungslegungsvorschriften dienen jedenfalls in dem Maße, wie sie derzeit in der Praxis Anwendung finden, nur bedingt als Corporate Governance-Mittel. Koppelungsgeschäfte, die eine unzulässige Vergütung der Organmitglieder mit sich bringen, können nur bedingt durch Rechnungslegungsvorschriften aufgezeigt werden.

Literaturverzeichnis

Achenbach, Anna-Luise, Zur Strafbarkeit von Betriebsratsmitgliedern – Eine Analyse strafbarer Handlungen zum Nachteil des Arbeitgebers anhand praxisrelevanter Fallkonstellationen, Frankfurt am Main 2014 [zitiert als: *Achenbach*, Strafbarkeit von Betriebsratsmitgliedern].

Adams, Michael, Das Ende der Mitbestimmung, ZIP 2006, S. 1561–1568.

Altmeppen, Holger, Der Prüfungsausschuss – Arbeitsteilung im Aufsichtsrat, ZGR 2004, S. 390–415.

Al-Wraikat, Nadja, Interessenkonflikte im Aufsichtsrat bei Mehrfachmandaten im faktischen Aktienkonzern, Münster 2014 [zitiert als: *Al-Wraikat*, Interessenkonflikte im Aufsichtsrat].

Andreas, Jörn, Determinanten der Aufsichtsratsvergütung in deutschen Aktiengesellschaften – Eine panelökonometrische Untersuchung zur Effektuierung der Anreizorientierung, München 2011 [zitiert als: *Andreas*, Determinanten der Aufsichtsratsvergütung].

Anzinger, Heribert, Qualitätssteigerung der Berichterstattung über die Unternehmensführung durch Abweichungsbericht und effizientes Monitoring, NZG 2015, S. 969–977.

Arnold, Michael, Verantwortung und Zusammenwirken des Vorstands und Aufsichtsrats bei Compliance-Untersuchungen, ZGR 2014, S. 76–106.

Ascheid, Reiner/Preis, Ulrich/Schmidt, Ingrid (Hrsg.), Kündigungsrecht – Großkommentar zum gesamten Recht der Beendigung von Arbeitsverhältnissen, 5. Auflage, München 2017 [zitiert als: *Bearbeiter*, in: Ascheid/Preis/Schmidt, KündigungsR].

Aszmons, Mattis, Betriebsratsmitglieder im Aufsichtsrat – Spannungsfeld zwischen Vergütungspflicht und Begünstigungsgefahr, DB 2014, S. 895–898.

Bachmann, Gregor, Corporate Governance nach der Finanzkrise, AG 2011, S. 181–193.

Bachmann, Gregor, Die Erklärung zur Unternehmensführung (Corporate Governance Statement), ZIP 2010, S. 1517–1526.

Baetge, Jörg/Kirsch, Hans-Jürgen/Thiele, Stefan (Hrsg.), Bilanzrecht Kommentar Band 2 IFRS 10, 12–6 und IAS 1–27, Loseblattsammlung, Bonn Stand: Oktober 2017 [zitiert als: *Bearbeiter*, in: Baetge/Kirsch/Thiele, BilanzR].

Baetge, Jörg/Kirsch, Hans-Jürgen/Thiele, Stefan, Bilanzen, 14. Auflage, Düsseldorf 2017.

Baetge, Jörg/Wollmert, Peter/Kirsch, Hans-Jürgen/Oser, Peter/Bischof, Stefan (Hrsg.), Rechnungslegung nach IFRS – Kommentar auf der Grundlage des deutschen Bilanzrechts, Loseblattsammlung, Stuttgart Stand: Oktober 2017 [zitiert als: *Bearbeiter*, in: Baetge/Wollmert/Kirsch/Oser/Bischof, RechnungslegungsR, IAS].

Bauer, Jobst-Hubertus, Der „Fall Bsirske“ und die Webfehler der Mitbestimmung, NZA 2009, S. 23–24.

Baum, Theodor (Hrsg.), Bericht der Regierungskommission Corporate Governance, Köln 2001 [zitiert als: *Baum*, Bericht der Regierungskommission].

Baumbach, Adolf/Hueck, Alfred (Begr.), Kommentar zum Gesetz betreffend die Gesellschaften mit beschränkter Haftung, 21. Auflage, München 2017 [zitiert als: *Bearbeiter*, in: Baumbach/Hueck, GmbHG].

Baums, Theodor, Unabhängige Aufsichtsratsmitglieder, ZHR 180 (2016), S. 697–706.

Bayer, Walter, Grundsatzfragen der Regulierung der aktienrechtlichen Corporate Governance, NZG 2013, S. 1–16.

Becker, Thorsten, Die Haftung für den deutschen Corporate Governance Kodex, Baden-Baden 2005 [zitiert als: *Becker*, Haftung für den DCGK].

Behme, Casper, Die deutsche Mitbestimmung vor dem EuGH – Was bisher geschah und wie es weitergeht, EuZA 2016, S. 411–427.

Behrens, Peter, Corporate Governance, S. 491–506, in: Basedow, Jürgen/Hopt, Klaus/-Kötz, Hein (Hrsg.), Festschrift für Ulrich Drobnig zum siebzigsten Geburtstag, Tübingen 1998 [zitiert als: *Behrens*, in: FS Drobnig].

Berg, Stefan/Stöcker, Mathias, Anwendungs- und Haftungsfragen zum Deutschen Corporate Governance Kodex, WM 2002, S. 1569–1616.

Berger, Andreas, Vorstandsvergütung – Die Vergütungsproblematik als logische Konsequenz des geltenden Aktienrechts und die Folgen für die Ausgestaltung der Regelungen, Baden-Baden 2013.

Berger, Konrad, Die Kosten der Aufsichtsratstätigkeit in der Aktiengesellschaft, Frankfurt am Main 1999 [zitiert als: *Berger*, Kosten der Aufsichtsratstätigkeit].

Berle, Adolf/Means, Gardiner, The Modern Corporation and Private Property, New York 1950.

Berner, Hans-Joachim, Die Pflicht des Aufsichtsrats zur Offenlegung von Interessenkonflikten – Betrachtet im Lichte der allgemeinen Dogmatik des Interessenkonflikts im Privatrecht, Frankfurt am Main 2017 [zitiert als: *Berner*, Offenlegung von Interessenkonflikten].

Bertram, Klaus/Brinkmann, Ralph/Kessler, Harald/Müller, Stefan (Hrsg.), Haufe HGB Kommentar, 8. Auflage, Freiburg im Breisgau 2017 [zitiert als: *Bearbeiter*, in: Haufe, HGB].

Beyenbach, Johannes/Rapp, Marc/Wolff, Michael, Kodexakzeptanz 2017, AR 2017, S. 102–103.

Beyer, Maximilian, § 161 AktG und der DCGK – Eine Analyse des deutschen Corporate Governance-Systems, Hamburg 2014.

Bihr, Dietrich/Blättchen, Wolfgang, Aufsichtsräte in der Kritik: Ziele und Grenzen einer ordnungsgemäßen Aufsichtsratstätigkeit – Ein Plädoyer für den „Profi-Aufsichtsrat", BB 2007, S. 1285–1291.

Bittmann, Barbara/Mujan, Susanne, Compliance – Brennpunkt „Betriebsratsvergütung" (Teil 1) – Gehaltszulagen, Dienstwagen, Freistellung & Co. – Unzulässige Begünstigung von Betriebsratsmitgliedern, BB 2012, S. 637–640.

Bittmann, Barbara/Mujan, Susanne, Compliance – Brennpunkt „Betriebsratsvergütung" (Teil 2): Nur Einstellung oder auch Rückforderung unzulässiger Begünstigungen?, BB 2012, S. 1604–1607.

Böcking, Hans-Joachim, Corporate Governance und Transparenz – Zur Notwendigkeit der Transparenz für eine wirksame Unternehmensüberwachung, S. 247–277, in: von Werder, Axel/Wiedmann, Harald (Hrsg.), Internationalisierung der Rechnungslegung und Corporate Governance, Festschrift für Professor Dr. Klaus Pohle, Stuttgart 2003 [zitiert als: *Böcking,* in: FS Pohle].

Böcking, Hans-Joachim/Althoff, Carolin/Bundle, Laura u.a., Entwicklung der Vorstands- und Aufsichtsratsvergütung 2014/2015: Vergütungslandschaft im DAX und MDax, Der Konzern 2016, S. 549–558.

Böcking, Hans-Joachim/Casten, Edgar/Heymann, Gerd (Hrsg.), Beck'sches Handbuch der Rechnungslegung – HGB und IFRS – Band II, Loseblattsammlung, München Stand: Juni 2017 [zitiert als: *Bearbeiter,* in: Böcking/Casten/Heymann, Beck'sches Hdb Rechnungslegung].

Böckli, Peter, Konvergenz: Annäherung des monistischen und des dualistischen Führungs- und Aufsichtssystems, S. 255–276, in: Hommelhoff, Peter/Hopt, Klaus/von Werder, Axel (Hrsg.), Handbuch Corporate Governance – Leitung und Überwachung börsennotierter Unternehmen in der Rechts- und Wirtschaftspraxis, 2. Auflage, Köln 2009 [zitiert als: *Böckli,* in: Hommelhoff/Hopt/von Werder, Hdb CG].

Boecken, Winfried/Düwell, Franz/Diller, Martin/Hanau, Hans (Hrsg.), Gesamtes Arbeitsrecht Band 1, Baden-Baden 2016 [zitiert als: *Bearbeiter,* in: Boecken/Düwell/Hanau, Gesamtes ArbR].

Boecken, Winfried/Düwell, Franz/Diller, Martin/Hanau, Hans (Hrsg.), Gesamtes Arbeitsrecht Band 3, Baden-Baden 2016 [zitiert als: *Bearbeiter,* in: Boecken/Düwell/Hanau, Gesamtes ArbR].

Boecker, Corinna/Busch, Julia, Angabepflichten zur Vergütung der Organmitglieder nach HGB und IFRS im Vergleich, IRZ 2014, S. 371–373.

Bordewin, Arno/Brandt, Jürgen/Bode, Walter (Begr.), Einkommensteuergesetz Band 5, Loseblattsammlung, Heidelberg Stand: November 2017 [zitiert als: *Bearbeiter,* in: Bordewin/Brandt/Bode, EStG].

Borges, Georg, Selbstregulierung im Gesellschaftsrecht – zur Bindung an Corporate Governance-Kodizes, ZGR 2003, S. 508–540.

Borsdorff, Roland, Interessenkonflikte bei Organmitgliedern, Frankfurt am Main 2010.

Brand, Christian/Petermann, Stefan, Die Auswirkungen der „AUB-Rechtsprechung“ auf die Untreuehaftung des Aufsichtsrats, WM 2012, S. 62–67.

Brandl, Daniela, Koppelungsgeschäfte in der Rechtsordnung unter besonderer Berücksichtigung des Betriebsverfassungsrechts, Lohmar 2000 [zitiert als: *Brandl,* Koppelungsgeschäfte].

Bress, Stefan, Corporate Governance in Deutschland, Köln 2008 [zitiert als: *Bress,* Corporate Governance].

Brocker, Till, Unternehmensmitbestimmung und Corporate Governance, München 2006 [zitiert als: *Brocker,* Unternehmensmitbestimmung und CG].

Buchholz, Carsten, Ein neues DRSC? – Zur Weiterführung der Zuständigkeiten des DRSC als privatverbandliches Gremium für den handelsrechtlichen Einzelabschluss, Frankfurt am Main 2004.

Buchholz, Rainer, Grundzüge des Jahresabschlusses nach HGB und IFRS, 9. Auflage, München 2016.

Bull, Alexander, Anforderungen an den Aufsichtsrat, Berlin 2014.

Bünau, Heinrich von, Beratungsverträge mit Aufsichtsratsmitgliedern im Aktienkonzern – Eine Untersuchung zur Anwendung von § 114 AktG im Konzern, Köln 2004 [zitiert als: *von Bünau,* Beratungsverträge].

Busse von Colbe, Walther, Unternehmenskontrolle durch Rechnungslegung, S. 37–57, in: Sandrock, Otto/Jäger, Wilhelm (Hrsg.), Internationale Unternehmenskontrolle und Unternehmenskultur, Tübingen 1994 [zitiert als: *Busse von Colbe,* in: Sandrock/Jäger, Unternehmenskontrolle].

Butzke, Volker, Interessenkonflikte von Aufsichtsratsmitgliedern als Thema der Hauptversammlung, S. 229–246, in: Krieger, Gerd/Lutter, Marcus/Schmidt, Karsten (Hrsg.), Festschrift für Michael Hoffmann-Becking zum 70. Geburtstag, München 2013 [zitiert als: *Butzke,* in: FS Hoffmann-Becking].

Byers, Philipp, Die Höhe der Betriebsratsvergütung – Eine kritische Auseinandersetzung mit der Rechtslage, NZA 2014, S. 65–71.

Canaris, Claus-Wilhelm/Habersack, Mathias/Schäfer, Carsten (Hrsg.), Handelsgesetzbuch: Großkommentar Band 5, §§ 238–289a HGB, 5. Auflage, Berlin 2014 [zitiert als: *Bearbeiter,* in: Staub, HGB].

Canaris, Claus-Wilhelm/Habersack, Mathias/Schäfer, Carsten (Hrsg.), Handelsgesetzbuch: Großkommentar Band 6, §§ 290–315a, Anhang IFRS, 5. Auflage, Berlin 2011 [zitiert als: *Bearbeiter,* in: Staub, HGB].

Canaris, Claus-Wilhelm/Habersack, Mathias/Schäfer, Carsten (Hrsg.), Handelsgesetzbuch: Großkommentar Band 7/1, §§ 316–330 HGB, 5. Auflage, Berlin 2010 [zitiert als: *Bearbeiter,* in: Staub, HGB].

Canaris, Claus-Wilhelm/Habersack, Mathias/Schäfer, Carsten (Hrsg.), Handelsgesetzbuch, Großkommentar Band 7/2, §§ 331–342e HGB, 5. Auflage, Berlin 2012 [zitiert als: *Bearbeiter*, in: Staub,HGB].

Cervellini, Marc, Der Bericht des Aufsichtsrats – Element guter Corporate Governance, Baden-Baden 2012 [zitiert als: *Cervellini*, Bericht des Aufsichtsrats].

Claussen, Carsten/Scherrer, Gerhard (Hrsg.), Kölner Kommentar zum Rechnungslegungsrecht §§ 238–342e HGB, Köln 2011 [zitiert als: *Bearbeiter*, in: Kölner Komm RechnungslegungsR].

Clemm, Hermann/Clemm, Thomas, Die körperschaftsteuerliche Behandlung von Aufsichtsratsvergütungen ist sinn-, system- und verfassungswidrig – Ein (wiederholender) Appell zur unverzüglichen Abschaffung des Abzugsverbots gem. § 10 Nr. 4 KStG, BB 2001, S. 1873–1879.

Coenenberg, Adolf/Haller, Axel/Schultze, Wolfgang, Jahresabschluss und Jahresabschlussanalyse – Betriebswirtschaftliche, handelsrechtliche, steuerrechtliche und internationale Grundlagen – HGB, IAS/IFRS, US-GAAP, DRS, 24. Auflage, Stuttgart 2016 [zitiert als: *Coenenberg/Haller/Schultze*, Jahresabschluss].

Conzen, Casper, Unabhängigkeit und Diversity als Eckpfeiler guter Corporate Governance bei der Besetzung des Aufsichtsrats, Aachen 2017 [zitiert als: *Conzen*, Unabhängigkeit].

Cosack, Katrin, Betriebsratskorruption: Co-Manager ohne rechtliche Verantwortung, ZRP 2016, S. 177–180.

Cosack, Katrin, Untreue von Betriebsräten gegenüber Arbeitnehmern, Heidelberg 2015 [zitiert als: *Cosack*, Untreue von Betriebsräten].

Cromme, Gerhard, Die Konvergenz der Corporate Governance in ein- und zweigliedrigen Board-Systemen, S. 283–293, in: Krieger, Gerd/Lutter, Marcus/Schmidt, Karsten (Hrsg.), Festschrift für Michael Hoffmann-Becking zum 70. Geburtstag, München 2013 [zitiert als: *Cromme*, in: FS Hoffmann-Becking].

Däubler, Wolfgang, Unabhängigkeit des Betriebsrats trotz Gegnerfinanzierung? – Probleme der Vergütung von Betriebsratsmitgliedern, SR 2017, S. 85–110.

Däubler, Wolfgang/Kittner, Michael/Klebe, Thomas/Wedde, Peter (Hrsg.), Betriebsverfassungsgesetz Kommentar für die Praxis mit Wahlordnung und EBR-Gesetz, 16. Auflage, Frankfurt am Main 2018 [zitiert als: *Bearbeiter*, in: Däubler/Kittner/Klebe/Wedde, BetrVG].

Diekmann, Hans/Fleischmann, Dermot, Umgang mit Interessenkonflikten in Aufsichtsrat und Vorstand der Aktiengesellschaft, AG 2013, S. 141–150.

Diekmann, Hans/Wurst, Friederike, Die Organisation der Aufsichtsratsarbeit, NZG 2014, S. 121–127.

Dieling, Gunnar, Die Kontrolle des Managements in den großen börsennotierten Aktiengesellschaften, Sipplingen 2011 [zitiert als: *Dieling*, Kontrolle des Managements].

Dreher, Meinrad, Interessenkonflikte bei Aufsichtsratsmitgliedern von Aktiengesellschaften, JZ 1990, S. 896–904.

Driesch, Dirk/Riese, Joachim/Schlüter, Jörg/Senger Thomas (u.a.), in: Beck'sches IFRS-Handbuch, 5. Auflage, München 2016 [zitiert als: *Bearbeiter*, in: Beck'sches IFRS Hdb].

Dzida, Boris/Mehrens, Christian, Straf- und haftungsrechtliche Risiken im Umgang mit dem Betriebsrat, NZA 2013, S. 753–758.

Ebke, Werner, Unternehmenskontrolle durch Gesellschafter und Markt, S. 7–35, in: Sandrock, Otto/Jäger, Wilhelm (Hrsg.), Internationale Unternehmenskontrolle und Unternehmenskultur, Tübingen 1994 [zitiert als: *Ebke*, in: Sandrock/Jäger, Unternehmenskontrolle].

Eibelshäuser, Beate, Unternehmensüberwachung als Element der Corporate Governance – Eine Analyse der Aufsichtsratstätigkeit in börsennotierten Unternehmen unter Berücksichtigung von Familienunternehmen, Wiesbaden 2011 [zitiert als: *Eibelshäuser*, Unternehmensüberwachung].

Eich, Rolf-Achim, Rechtsmißbräuchliche Nutzung von Mitbestimmungsrechten durch den Betriebsrat (Koppelungsgeschäfte), ZfA 1988, S. 93–98.

Eidel, Ulrike/Strickmann, Michael, Der Anhang nach HGB – Rechtssicher erstellen und formulieren, 2. Auflage, Freiburg 2017.

Engler, Carolin, Private Regelsetzung, Berlin 2017.

Epe, Axel, Zur Bedeutung des Deutschen Corporate Governance Kodex für die Anfechtbarkeit von Hauptversammlungsbeschlüssen, insbesondere bei Aufsichtsratswahlen, CCZ 2008, S. 28–31.

Erle, Bernd/Sauter, Thomas, Körperschaftsteuergesetz – Die Besteuerung der Kapitalgesellschaft und ihrer Anteilseigner, 3. Auflage, Heidelberg 2010 [zitiert als: *Bearbeiter*, in: Erle/Sauter, KStG].

Esser, Patrick, Die Begünstigung von Mitgliedern des Betriebsrats, Frankfurt am Main 2014 [zitiert als: *Esser*, Begünstigung].

Ettinger, Jochen/Grützediek, Elke, Haftungsrisiken im Zusammenhang mit der Abgabe der Corporate Governance Entsprechungserklärung gemäß § 161 AktG, AG 2003, S. 353–366.

Evers, Heinz, Aufsichtsratsvergütung 2017: Transparenzdefizite und Gefahr der Selbstbedienung, AR 2017, S. 82–83.

Fama, Eugene/Jensen, Michael, Separation of ownership and control, Journal of Law and Economics, Vol. 26, No. 2 1983, S. 301–325 [zitiert als: *Fama/Jensen*, J. Law and Econ 26 (1983)].

Farthmann, Friedhelm, Der gerechte Betriebsratslohn – Funktionswandel in der Betriebsratsarbeit und Entgeltgerechtigkeit, S. 115–127, in: Farthmann, Friedhelm/Hanau, Peter/Isenhardt, Udo/Preis, Ulrich (Hrsg.), Arbeitsgesetzgebung und Arbeitsrechtsprechung – Festschrift zum 70. Geburtstag von Eugen Stahlhacke, Neuwied 1995 [zitiert als: *Farthmann*, in: FS Stahlhacke].

Faude, Michael, Schulungsansprüche von Aufsichtsratsmitgliedern der Arbeitnehmer?, DB 1983, S. 2249–2252.

Felix, Günther, Steuerliche Beurteilung der Aufwendungen für Mandatserwerbe an berufsverbandsnahe, gemeinnützige Einrichtungen, BB 1982, S. 2171–2176.

Fischer, Jürgen/Theuner, Kirsten, Zur Abführungspflicht der Gewerkschaftsmitglieder in Aufsichtsräten, AuR 2011, S. 466–471.

Fischer, Ulrich, Das Ehrenamtsprinzip der Betriebsverfassung „post Hartzem" – antiquiert oder Systemerfordernis?, NZA 2007, S. 484–489.

Fischer, Ulrich, Das Ehrenamtsprinzip der Betriebsverfassung „post Hartzem" – revisited, NZA 2014, S. 71–73.

Fischer, Ulrich, Korruptionsbekämpfung in der Betriebsverfassung, BB 2007, S. 997–1001.

Fitting, Karl (Begr.), Betriebsverfassungsgesetz Handkommentar, 29. Auflage, München 2018 [zitiert als: *Fitting u.a.*, BetrVG].

Fitting, Karl/Wlotzke, Otfried/Wißmann, Hellmut (Begr.), Mitbestimmungsrecht – Mitbestimmungsgesetz, Montan-Mitbestimmung, Drittelbeteiligungsgesetz, Mitbestimmung auf europäischer Ebene Kommentar, 5. Auflage, München 2017 [zitiert als: *Bearbeiter*, in: Wißmann/Kleinsorge/Schubert, MitbestR].

Fleischer, Holger, Shareholders vs. Stakeholders: aktienrechtliche Fragen, S. 185–218, in: Hommelhoff, Peter/Hopt, Klaus/von Werder, Axel (Hrsg.), Handbuch der Corporate Governance – Leitung und Überwachung börsennotierter Unternehmen in der Rechts- und Wirtschaftspraxis, 2. Auflage, Köln 2009 [zitiert als: *Fleischer*, in: Hommelhoff/Hopt/von Werder, HdbCG].

Fonk, Hans-Joachim, Auslagenersatz für Aufsichtsratsmitglieder, NZG 2009, S. 761–771.

Forster, Karl-Heinz/Goerdeler, Reinhard/Lanfermann, Josef/Müller, Hans-Peter/Siepe, Günter/Stolberg, Klaus (Bearb.), Rechnungslegung und Prüfung der Unternehmen – Kommentar zum HGB, AktG, GmbHG, PublG nach den Vorschriften des Bilanzrichtlinien-Gesetzes Teilband 3, 6. Auflage, Stuttgart 1996 [zitiert als: *Adler/Düring/Schmalz*, Rechnungslegung].

Forster, Karl-Heinz/Goerdeler, Reinhard/Lanfermann, Josef/Müller, Hans-Peter/Siepe, Günter/Stolberg, Klaus (Bearb.), Rechnungslegung und Prüfung der Unternehmen – Kommentar zum HGB, AktG, GmbHG, PublG nach den Vorschriften des Bilanzrichtlinien-Gesetzes Teilband 2, 6. Auflage, Stuttgart 1995 [zitiert als: *Adler/Düring/Schmalz*, Rechnungslegung].

Frankenberg und Ludwigsdorf, Wolfram von, Bedeutung und Grenzen der Gleichbehandlung der Aufsichtsratsmitglieder in der Aktiengesellschaft, Aufgezeigt am Pflichten- und Haftungsmaßstab sowie an der Vergütung, Heidelberg 2006 [zitiert als: *von Frankenberg und Ludwigsdorf*, Gleichbehandlung der Aufsichtsratsmitglieder].

Franzen, Martin, Professionalisierung der Betriebsratsarbeit – Abschied vom Ehrenamt?, S. 47–75, in: Rieble, Volker/Junker, Abbo (Hrsg.), Unternehmensführung und betriebliche Mitbestimmung, München 2008 [zitiert als: *Franzen*, in: Rieble/Junker, Unternehmensführung].

Franzen, Martin, Vertragliche Auskunftspflichten und Schutz gegen Selbstbezichtigung, S. 133–144, in: Alexander, Christian/Bornkamm, Joachim/Buchner, Benedikt/Fritzsche, Jörg/Lettl, Tobias (Hrsg.), Festschrift für Helmut Köhler zum 70. Geburtstag, München 2014 [zitiert als: *Franzen*, in: FS Köhler].

Franzen, Martin, Zwingende Wirkung der Betriebsverfassung, NZA 2008, S. 250–255.

Freidank, Carl-Christian/Sassen, Remmer, Aufsichtsratsvergütung als Instrument der Corporate Governance, BB 2013, S. 1195–1200.

Fritz, Constanze, Zulässigkeit und Grenzen von Koppelungsgeschäften zwischen Betriebsrat und Arbeitgeber, Frankfurt am Main 2010 [zitiert als: *Fritz*, Koppelungsgeschäfte].

Frotscher, Gerrit/Drüen, Klaus-Dieter (Hrsg.), Kommentar zum Körperschaft-, Gewerbe- und Umwandlungssteuergesetz, Loseblattsammlung, Freiburg im Breisgau Stand: April 2017 [zitiert als: *Frotscher/Drüen*, in: Haufe, KStG].

Fuchs, Harald/Köstler, Roland/Pütz, Lasse, Handbuch zur Aufsichtsratswahl, 6. Auflage, Frankfurt am Main 2016 [zitiert als: *Fuchs/Köstler/Pütz*, Hdb zur Aufsichtsratswahl].

Fuhrmann, Lambertus/Linnerz, Markus/Pohlmann, Andreas (Hrsg.), Kommentar Deutscher Corporate Governance Kodex, Frankfurt am Main 2016 [zitiert als: *Bearbeiter*, in: Fuhrmann/Linnerz/Pohlmann, DCGK].

Gahlen, Hildegard, Arbeitnehmervertreter im Aufsichtsrat, S. 223–238, in: Grundei, Jens/Zaumseil, Peter (Hrsg.), Der Aufsichtsrat im System der Corporate Governance – Betriebswirtschaftliche und juristische Perspektiven, Berlin 2012 [zitiert als: *Gahlen*, in: Grundei/Zaumseil, der Aufsichtsrat].

Gaude, Eckart, Annexbedingungen und Koppelungsgeschäfte im Anwendungsbereich des § 87 I BetrVG, Frankfurt am Main 2011 [zitiert als: *Gaude*, Annexbedingungen und Koppelungsgeschäfte].

Geerken, Henning, Erfolgsabhängige Aufsichtsratsvergütung – zugleich ein Beitrag zum Angemessenheitsgebot des § 113 Abs. 1 Satz 3 AktG, Köln 2015.

Gelhausen, Hans-Friedrich/Pape, Jochen/Schruff, Wienand (Bearb.), Rechnungslegung nach Internationalen Standards Kommentar Ordner 2, Loseblattsammlung, Stuttgart Stand: August 2011, [zitiert als: *Adler/Düring/Schmalz*, RechnungslegungsR, Int. Abs.].

Gentz, Manfred, Mitbestimmung auf der Unternehmens- und Betriebsebene – Verzahnung oder Kumulation?, S. 33–39, in: Stiftung Gesellschaft für Rechtspolitik,

Trier und dem Institut für Rechtspolitik an der Universität Trier (Hrsg.), Bitburger Gespräche Jahrbuch 2006/I, München 2006 [zitiert als: *Gentz*, in: Bitburger Gespräche Jahrbuch 2006/I].

Gietzen, Nicole, Unternehmensmitbestimmung, Corporate Governance und der Deutsche Corporate Governance Kodex, Tübingen 2013 [zitiert als: *Gietzen*, Unternehmensmitbestimmung].

Göbel, Elisabeth, Neue Institutionenökonomik – Konzeption und Betriebswirtschaftliche Anwendungen, Stuttgart 2002.

Goette, Wulf, Leitung, Aufsicht, Haftung – zur Rolle der Rechtsprechung bei der Sicherung einer modernen Unternehmensführung, S. 123–142, in: Geiß, Karlmann/Nehm, Kay/Brandner, Hans/Hagen, Horst (Hrsg.), Festschrift aus Anlaß des fünfzigjährigen Bestehens von Bundesgerichtshof, Bundesanwaltschaft und Rechtsanwaltschaft beim Bundesgerichtshof, Köln 2000 [zitiert als: *Goette*, in: FS 50. Jahre BGH].

Goette, Wulf/Habersack, Mathias/Kalss, Susanne (Hrsg.), Münchener Kommentar zum Aktiengesetz Band 3, 4. Auflage, München 2018 [zitiert als: *Bearbeiter*, in: MüKo AktG].

Goette, Wulf/Habersack, Mathias/Kalss, Susanne (Hrsg.), Münchener Kommentar zum Aktiengesetz Band 2, 4. Auflage, München 2014 [zitiert als: *Bearbeiter*, in: MüKo AktG].

Goette, Wulf/Habersack, Mathias/Kalss, Susanne (Hrsg.), Münchener Kommentar zum Aktiengesetz Band 7, 4. Auflage, München 2017 [zitiert als: *Bearbeiter*, in: MüKo AktG].

Gofferje, Martin, Unabhängigkeit als persönliche Voraussetzung für Aufsichtsratsmitglieder, Freiburg 2007 [zitiert als: *Gofferje*, Unabhängigkeit].

Gosch, Dietmar (Hrsg.), Körperschaftsteuergesetz Kommentar, 3. Auflage, München 2015 [zitiert als: *Bearbeiter*, in: Gosch, KStG].

Goslar, Sebastian/von der Linden, Klaus, § 161 AktG und die Anfechtbarkeit von Entlastungsbeschlüssen, NZG 2009, S. 1337–1339.

Graf, Walther/Link, Holger, Überhöhte Betriebsratsvergütung – kein neues Betätigungsfeld für Steuerfahnder, NJW 2009, S. 409–412.

Grothe, Philip, Unternehmensüberwachung durch den Aufsichtsrat – Ein Beitrag zur Corporate Governance-Diskussion in Deutschland, Frankfurt am Main 2006 [zitiert als: *Grothe*, Unternehmensüberwachung].

Grottel, Bernd/Schmidt, Stefan/Schubert, Wolfgang/Winkeljohann, Nobert (Hrsg.), Beck'scher Bilanz-Kommentar – Handels- und Steuerbilanz §§ 238 bis 339, 342 bis 342e HGB, 11. Auflage, München 2018 [zitiert als: *Bearbeiter*, in: BeckOK BilanzR].

Grunewald, Barbara, Interne Aufklärungspflichten von Vorstand und Aufsichtsrat, NZG 2013, S. 841–846.

Haarmann, Wilhelm, Gleichheit aller Aufsichtsräte, eine sinnvolle Fiktion? Möglichkeiten der differenzierten Vergütung von Aufsichtsräten, S. 243–257, in: Kindler, Peter/Koch, Jens/Ulmer, Peter/Winter, Martin (Hrsg.), Festschrift für Uwe Hüffer zum 70. Geburtstag, München 2010 [zitiert als: *Haarmann*, in: FS Hüffer].

Habersack, Mathias, Staatliche und halbstaatliche Eingriffe in die Unternehmensführung – Gutachten E, München 2012 [zitiert als: *Habersack*, Gutachten E zum 69. DJT].

Hanau, Peter/Reitze, Serge, Annexregelungen und Koppelungsgeschäfte bei der Mitbestimmung in sozialen Angelegenheiten, S. 149–159, in: Hanau, Peter/-Lorenz, Egon/Matthes, Hans-Christoph (Hrsg.), Festschrift für Günther Wiese zum 70. Geburtstag, Neuwied 1998 [zitiert als: *Hanau/Reitze*, in: FS Wiese].

Hanau, Peter/Ulmer, Peter (Begr.), Mitbestimmungsrecht – Kommentierung des MitbestG, des DrittelbG, des SEBG und des MgVG, 3. Auflage, München 2012 [zitiert als: *Bearbeiter*, in: Ulmer/Habersack/Henssler, MitbestR].

Hanau, Peter/Wackerbarth, Ulrich, Unternehmensmitbestimmung und Koalitionsfreiheit – Interessenkonflikte von Gewerkschaftsvertretern im Aufsichtsrat, Baden-Baden 2004 [zitiert als: *Hanau/Wackerbarth*, Unternehmensmitbestimmung].

Hanfland, Philipp, Haftungsrisiken im Zusammenhang mit § 161 AktG und dem Deutschen Corporate Governance Kodex – Zugleich ein Beitrag zur Haftung für fehlerhafte Kapitalmarktinformation, Baden-Baden 2007 [zitiert als: *Hanfland*, Haftungsrisiken].

Hasselbach, Kai/Jakobs, Janis, Die Unabhängigkeit von Aufsichtsratsmitgliedern, BB 2013, S. 643–652.

Hauser, Harald, Jahresabschlussprüfung und Aufdeckung von Wirtschaftskriminalität, Baden-Baden 2000 [zitiert als: *Hauser*, Jahresabschlussprüfung].

Heidel, Thomas (Hrsg.), Aktienrecht und Kapitalmarktrecht, 4. Auflage, Baden-Baden 2014 [zitiert als: *Bearbeiter*, in: Heidel, AktG].

Heidrick & Struggles, European Corporate Governance Report 2011, Challenging board performance.

Heinzelmann, Jürgen, Mehrfachmandate in Geschäftsführungs- und Aufsichtsorganen juristischer Personen – Pflichten und Haftung von Mehrfachorganwaltern sowie der hinter ihnen stehenden Körperschaften im deutsch-englischen Rechtsgebiet, Hamburg 2009 [zitiert als: *Heinzelmann*, Mehrfachmandate].

Heitmann, Hendrik, Anforderungen an die Arbeitnehmervertreter im Aufsichtsrat – Unter besonderer Berücksichtigung des Unternehmensinteresses, Frankfurt am Main 2013 [zitiert als: *Heitmann*, Anforderungen an die Arbeitnehmervertreter].

Hellermann, Johannes, Private Standardsetzung im Bilanzrecht – öffentlich-rechtlich gesehen, NZG 2000, S. 1097–1103.

Henke, Norbert, Bezahlte Lehrgänge für Arbeitnehmervertreter im Aufsichtsrat?, BB 1971, S. 571.

Henne, Alexander, Information und Corporate Governance – Das Informationsmodell im Börsengesellschaftsrecht, Baden-Baden 2011.

Hennrichs, Joachim/Kleindiek, Detlef/Watrin, Christoph (Hrsg.), Münchener Kommentar zum Bilanzrecht Band 1 IFRS, Loseblattsammlung, 5. Ergänzungslieferung Stand: 2014, München 2014 [zitiert als: *Bearbeiter,* in: MüKo BilanzR].

Hennrichs, Joachim/Kleindiek, Detlef/Watrin, Christoph (Hrsg.), Münchener Kommentar zum Bilanzrecht Band 2 Bilanzrecht §§ 238–342e HGB, München 2013 [zitiert als: *Bearbeiter,* in: MüKo BilanzR].

Henssler, Martin/Strohn, Lutz (Hrsg.), Gesellschaftsrecht, 3. Auflage, München 2016 [zitiert als: *Bearbeiter,* in: Henssler/Strohn, GesR].

Henssler, Martin/Willemsen, Heinz/Kalb, Heinz-Jürgen (Hrsg.), Arbeitsrecht Kommentar, 7. Auflage, Köln 2016 [zitiert als: *Bearbeiter,* in: Henssler/Willemsen/Kalb, ArbR Komm].

Hesse, Katharina, Die Veröffentlichungspflicht für Vorstandsvergütung – Nach Gesellschafts-, Verfassungs- und Europarecht, Baden-Baden 2013 [zitiert als: *Hesse,* Veröffentlichungspflicht].

Heuermann, Bernd/Brandis, Peter (Hrsg.), Blümich EStG, KStG, GewStG Kommentar, Loseblattsammlung, München Stand: November 2017 [zitiert als: *Bearbeiter,* in: Blümich, EStG/KStG].

Heuschmid, Johannes/Ulber, Daniel, Unternehmensmitbestimmung auf dem Prüfstand des EuGH, NZG 2016, S. 102–105.

Heuser, Paul/Theile, Carsten (Hrsg.), IFRS Handbuch, 5. Auflage, Köln 2012 [zitiert als: *Bearbeiter,* in: Heuser/Thiele, IFRS Hdb].

Hexel, Dietmar, 10 Jahre Corporate Governance in Deutschland – Eine Bestandsaufnahme aus gewerkschaftlicher Sicht, AuR 2012, S. 334–338.

Hey, Johanna/Wendt, Michael (Hrsg.), Einkommensteuer- und Körperschaftsteuergesetz – Kommentar, Loseblattsammlung, München Stand: November 2017 [zitiert als: *Bearbeiter,* in: Herrmann/Heuer/Raupach, EStG und KStG].

Hiéramente, Mayeul, Die Aufsichtsratsvergütung – (k)ein strafrechtliches Problem?, NZWiST 2014, S. 291–296.

Hippel, Boris, Konzernlagebericht und Kapitalmarkt – eine empirische Analyse der Berichtspflichten nach HGB und DRS, Düsseldorf 2011 [zitiert als: *Hippel,* Konzernlagebericht].

Hirte, Heribert, Die Europäische Aktiengesellschaft, NZG 2002, S. 1–10.

Hirte, Heribert/Mülbert, Peter/Roth, Markus (Hrsg.), Großkommentar AktG Siebter Band Teilband 1 §§ 118–130 AktG, 5. Auflage, Berlin 2017 [zitiert als: *Bearbeiter,* in: GroßKomm AktG].

Hirte, Heribert/Mülbert, Peter/Roth, Markus (Hrsg.), Großkommentar Aktiengesetz Vierter Band Teilband 1 §§ 76–91 AktG, 5. Auflage, Berlin 2015 [zitiert als: *Bearbeiter*, in: GroßKomm AktG].

Hoffmann, Wolf-Dieter/Lüdenbach, Norbert (Hrsg.), NWB Kommentar Bilanzierung – Handels- und Steuerrecht, 9. Auflage, Herne 2018 [zitiert als: *Hoffmann/ Lüdenbach*, NWB Komm Bilanzierung].

Hoffmann-Becking, Michael (Hrsg.), Münchener Handbuch des Gesellschaftsrechts Band 4 Aktiengesellschaft, 4. Auflage, München 2015 [zitiert als: *Bearbeiter*, in: Münch Hdb GesR].

Hoffmann-Becking, Michael, Deutscher Corporate Governance Kodex – Anmerkungen zu Zulässigkeit, Inhalt und Verfahren, S. 337–353, in: Kindler, Peter/- Koch, Jens/Ulmer, Peter/Winter, Martin (Hrsg.), Festschrift für Uwe Hüffer zum 70. Geburtstag, München 2010 [zitiert als: *Hoffmann-Becking*, in: FS Hüffer].

Hoffmann-Becking, Michael, Rechtliche Anmerkungen zur Vorstands- und Aufsichtsratsvergütung, ZHR 169 (2005), S. 155–180.

Hoffmann-Becking, Michael, Rechtliche Möglichkeiten und Grenzen einer Verbesserung der Arbeit des Aufsichtsrats, S. 230–246, in: Lanfermann, Josef (Hrsg.), Internationale Wirtschaftsprüfung – Festschrift zum 65. Geburtstag von Prof. Dr. Dr. h. c. Hans Havermann, Düsseldorf 1995 [zitiert als: *Hoffmann-Becking*, in: FS Havermann].

Hoffmann-Becking, Michael, Unabhängigkeit im Aufsichtsrat, NZG 2014, S. 801–809.

Hohl, Patrick, Private Standardsetzung im Gesellschafts- und Bilanzrecht – Verfassungsrechtliche Grenzen kooperativer Standardsetzung im europäischen Mehrebenensystem an den Beispielen des Deutschen Corporate Governance Kodexes und der International Financial Reporting Standards, Berlin 2007 [zitiert als: *Hohl*, Private Standardsetzung].

Hölters, Wolfgang (Hrsg.), Aktiengesetz, 3. Auflage, München 2017 [zitiert als: *Bearbeiter*, in: Hölters, AktG].

Hommelhoff, Peter/Schwab, Martin, Regelungsquellen und Regelungsebenen der Corporate Governance: Gesetz, Satzung, Codices, unternehmensinterne Grundsätze, S. 71–122, in: Hommelhoff, Peter/Hopt, Klaus/von Werder, Axel (Hrsg.), Handbuch Corporate Governance – Leitung und Überwachung börsennotierter Unternehmen in der Rechts- und Wirtschaftspraxis, 2. Auflage, Köln 2009 [zitiert als: *Hommelhoff/Schwab*, in: Hommelhoff/Hopt/von Werder, Hdb CG].

Hopt, Klaus, Vergleichende Corporate Governance – Forschung und internationale Regulierung, ZHR 175 (2011), S. 444–526.

Hopt, Klaus/Wiedemann, Herbert (Hrsg.), Großkommentar Aktiengesetz 38. Lieferung Nachtrag § 161 AktG, 4. Auflage, Berlin 2012 [zitiert als: *Bearbeiter*, in: GroßKomm AktG].

Hopt, Klaus/Wiedemann, Herbert (Hrsg.), Großkommentar Aktiengesetz Fünfter Band Mitbestimmungsgesetz und §§ 118–149 AktG, 4. Auflage, Berlin 2008 [zitiert als: *Bearbeiter*, in: GroßKomm AktG].

Hopt, Klaus/Wiedemann, Herbert (Hrsg.), Großkommentar Aktiengesetz Vierter Band §§ 95–117 AktG, 4. Auflage, Berlin 2006 [zitiert als: *Bearbeiter*, in: GroßKomm AktG].

Höveler, Melanie, BAG: Untreue bei Zuwendung an Betriebsrat durch Vorstandsmitglied, BB 2010, S. 580.

Hoyningen-Huene, Gerrick von, Mit dem Betriebsrat in die 90er Jahre, NZA 1991, S. 7–11.

Hromadka, Wolfgang/Maschmann, Frank, Arbeitsrecht Band 2 – Kollektivarbeitsrecht und Arbeitsstreitigkeiten, 6. Auflage, Heidelberg 2014 [zitiert als: *Hromadka/Maschmann*, ArbR].

Hüffer, Uwe, Der korporationsrechtliche Charakter von Rechtsgeschäften – Eine hilfreiche Kategorie bei der Begrenzung von Stimmverboten im Recht der GmbH?, S. 337–356, in: Kübler, Friedrich/Mertens, Hans-Joachim/Werner, Winfried (Hrsg.), Festschrift für Theodor Heinsius zum 65. Geburtstag am 25. September 1991, Berlin 1991 [zitiert als: *Hüffer*, in: FS Heinsius].

Hüffer, Uwe, die Unabhängigkeit von Aufsichtsratsmitgliedern nach Ziffer 5.4.2 DCGK, ZIP 2006, S. 637–644.

Hüffer, Uwe/Koch, Jens, Aktiengesetz, 12. Auflage, München 2016 [zitiert als: *Bearbeiter*, in: Hüffer/Koch, AktG].

Huttner, Kristen, Auslegung des Deutschen Corporate Governance Kodex (DCGK) und Rechtsfolgen einer „fehlerhaften“ Auslegung – Unter besonderer Berücksichtigung der „Diversity“-Empfehlungen, Frankfurt am Main 2013 [zitiert als: *Huttner*, Auslegung des DCGK].

Jacklofsky, Swantje, Arbeitnehmerstellung und Aufsichtsratsamt – Arbeitsrechtliche Aspekte hinsichtlich der unternehmensangehörigen Aufsichtsratsmitglieder der Arbeitnehmer, Berlin 2001.

Jacobs, Matthias/Frieling, Tino, Betriebsratsvergütung – Grundlagen und Grenzen der Bezahlung freigestellter Betriebsratsmitglieder, ZfA 2015, S. 241–265.

Jacobs, Matthias/Frieling, Tino, Betriebsratsvergütung bei arbeitszeitunabhängiger Provision, NZA 2015, S. 513–520.

Jaeger, Carsten, Aufsichtsratsausschüsse ohne Arbeitnehmervertreter? – Zugleich Besprechung des Urteile des OLG Hamburg vom 15. September 1995, ZIP 1995, 1673 und des OLG München vom 27. Januar 1995, ZIP 1995, 1753, ZIP 1995, S. 1735–1739.

Jaschke, Thomas, Die betriebswirtschaftliche Überwachungsfunktion aktienrechtlicher Aufsichtsräte, Köln 1989 [zitiert als: *Jaschke*, Überwachungsfunktion].

Jensen, Michael/Meckling, William, Theory of the Firm: Managerial Behavior, Agency Costs and Ownership Structure, Journal of Financial Economics, Vol. 3, No. 4 1976, S. 305–360 [zitiert als: *Jensen/Meckling*, J. Fin. Econ 3 (1976)].

Joecks, Wolfgang, Abzugsverbot für Bestechungs- und Schmiergelder – Korruptionsbekämpfung durch Steuerrecht?, DStR 1997, S. 1025–1032.

Joost, Detlev/Strohn, Lutz (Hrsg.), Handelsgesetzbuch, 3. Auflage, München 2014 [zitiert als: *Bearbeiter*, in Ebenroth/Boujong/Joost/Strohn, HGB].

Jost, Peter, Die Prinzipal-Agenten-Theorie im Unternehmenskontext, S. 11–43, in: Jost, Peter (Hrsg.), Die Prinzipal-Agenten-Theorie in der Betriebswirtschaftslehre, Stuttgart 2001 [zitiert als: *Jost*, in: Jost, Prinzipal-Agenten-Theorie].

Kallmeyer, Harald, Die Gleichbehandlung der Mitglieder des Aufsichtsrats, DB 1982, S. 1309–1311.

Kanitz, Friedrich Graf von, Bilanzkunde für Juristen, 3. Auflage, München 2014 [zitiert als: *Graf von Kanitz*, Bilanzkunde].

Kehler, Camilla, Die Unabhängigkeit des Aufsichtsrats als aktienrechtliches Erfordernis (AktG und DCGK), Frankfurt am Main 2008 [zitiert als: *Kehler*, Unabhängigkeit des Aufsichtsrats].

Kehrmann, Karl, Pauschalisierung von Vergütungs- und Kostenerstattungsansprüchen der Betriebsratsmitglieder, S. 357–379, in: Anzinger, Rudolf/Wank, Rolf (Hrsg.), Entwicklungen im Arbeitsrecht und Arbeitsschutz – Festschrift für Otfried Wlotzke zum 70. Geburtstag, München 1996 [zitiert als: *Kehrmann*, in: FS Wlotzke].

Keßler, Hans-Christian, Strafrechtliche Aspekte von Corporate Governance – eine Untersuchung der Strafbarkeit im Zusammenhang mit der gesetzlichen Corporate Governance Publizität nach § 161 AktG und § 289a HGB sowie dem deutschen Corporate Governance Kodex, Berlin 2012 [zitiert als: *Keßler*, Corporate Governance].

Kiem, Roger, Drittvergütung von Aufsichtsratsmitgliedern, S. 329–344, in: Habersack, Mathias/Huber, Karl/Spindler, Gerald (Hrsg.), Festschrift für Eberhard Stilz zum 65. Geburtstag, München 2014 [zitiert als: *Kiem*, in: FS Stilz].

Kindhäuser, Urs/Neumann, Ulfried/Paeffgen, Hans-Ullrich (Hrsg.), Strafgesetzbuch, 5. Auflage, Baden-Baden 2017 [zitiert als: *Bearbeiter*, in: Kindhäuser/Neumann/Paeffgen].

Kirchhof, Paul/Mellinghoff, Rudolf/Söhn, Hartmut (Hrsg.), Einkommensteuergesetz Kommentar Band 13, Loseblattsammlung, Heidelberg Stand: Dezember 2017 [zitiert als: *Bearbeiter*, in: Kirchhof/Mellinghoff/Söhn, EStG].

Kirchner, Christian, Grundstruktur eines neuen institutionellen Designs für die Arbeitnehmermitbestimmung auf der Unternehmensebene, AG 2004, S. 197–200.

Kirchner, Hildebert, Abkürzungsverzeichnis der Rechtssprache, 8. Auflage, Berlin 2015.

Kirschner, Landesarbeitsgerichts Präsident, Die Arbeitnehmervertreter im Aufsichtsrat, DB 1971, S. 2063–2068.

Klabunde, Sebastian, Die Entsprechungserklärung nach § 161 AktG im System des aktienrechtlichen Beschlussmängelrechts, Frankfurt am Main 2015 [zitiert als: *Klabunde*, Entsprechungserklärung nach § 161 AktG].

Klosterkemper, Heinrich, Über die Mitbestimmung und die Über-Mitbestimmung, S. 456–473, in: Kothe, Wolfhard/Dörner, Hans-Jürgen/Anzinger, Rudolf (Hrsg.), Arbeitsrecht im sozialen Dialog – Festschrift für Helmut Wissmann zum 65. Geburtstag, München 2005 [zitiert als: *Klosterkemper*, in: FS Wissmann].

Klüppelberg, Kristian, Die Untreuestrafbarkeit des Vorstands bei Verstößen gegen den Deutschen Corporate Governance Kodex und § 161 AktG – Ein Restriktionsversuch im Hinblick auf den konturenlosen Tatbestand des § 266 StGB über den Weg der Einbindung eines Selbstregulierungsinstruments, Hamburg 2014 [zitiert als: *Klüppelberg*, Untreuestrafbarkeit bei Verstößen gegen § 161 AktG].

Knöringer-Fröhlich, Nicole, Die Bedeutung des Deutschen Corporate Governance Kodex im Deutschen Aktienrecht, Berlin 2006 [zitiert als: *Knöringer-Fröhlich*, DCGK].

Kolbe, Sebastian, Mitbestimmung und Demokratieprinzip, Tübingen 2013.

Konzen, Horst, Der Mißbrauch betrieblicher Beteiligungsrechte, S. 799–829, in: Lieb, Manfred/Noack, Ulrich/Westermann, Harm (Hrsg.), Festschrift für Wolfgang Zöllner zum 70. Geburtstag Band II, Köln 1998 [zitiert als: *Konzen*, in: FS Zöllner].

Kort, Michael, Compliance-Pflichten von Vorstandsmitgliedern und Aufsichtsratsmitgliedern, S. 983–1003, in: Grundmann, Stefan/Haar, Brigitte/Merkt, Hanno/Mülbert, Peter/Wellenhofer, Marina/Baum, Harald/Hein, Jan von/Hippel, Thomas von/Pistor, Katharina/Roth, Markus/Schweitzer, Heike (Hrsg.), Festschrift für Klaus Hopt zum 70. Geburtstag am 24. August 2010 – Unternehmen, Markt und Verantwortung Band 1, Berlin 2010 [zitiert als: *Kort*, in: FS Hopt].

Kort, Michael, Corporate Governance-Fragen der Größe und Zusammensetzung des Aufsichtsrats bei AG, GmbH und SE, AG 2008, S. 137–149.

Kort, Michael, Corporate Governance-Grundsätze als haftungsrechtlich relevante Verhaltensstandards?, S. 945–964, in: Bitter, Georg/Lutter, Marcus/Priester, Hans-Joachim/Schön, Wolfgang/Ulmer, Peter (Hrsg.), Festschrift für Karsten Schmidt zum 70. Geburtstag, Köln 2009 [zitiert als: *Kort*, in: FS Schmidt].

Kort, Michael, Interessenkonflikte bei Organmitgliedern der AG, ZIP 2008, S. 717–725.

Kort, Michael, Rechtsfragen der Höhe und Zusammensetzung der Vergütung von Mitgliedern des Aufsichtsrats einer AG, S. 483–500, in: Kindler, Peter/Koch, Jens/Ulmer, Peter/Winter, Martin (Hrsg.), Festschrift für Uwe Hüffer zum 70. Geburtstag, München 2010 [zitiert als: *Kort*, in: FS Hüffer].

Kortstock, Ulf, Nipperdey Lexikon Arbeitsrecht, Loseblattsammlung, 30. Auflage, München Stand: 2016 [zitiert als: *Kortstock*, in: Nipperdey, ArbR Lexikon].

Köstler, Roland/Müller, Matthias/Sick, Sebastian, Aufsichtsratspraxis – Handbuch für die Arbeitnehmervertreter im Aufsichtsrat, 10. Auflage, Frankfurt am Main 2013 [zitiert als: *Köstler/Müller/Sick*, Aufsichtsratspraxis].

Krack, Florian, Möglichkeiten individueller Aufsichtsratsvergütungen in der deutschen Aktiengesellschaft, Frankfurt am Main 2015 [zitiert als: *Krack*, Aufsichtsratsvergütung].

Krause, Daniel, Strafrechtliche Haftung des Aufsichtsrates, NStZ 2011, S. 57–65.

Krause, Rüdiger, Sarbanes-Oxley Act und deutsche Mitbestimmung, WM 2003, S. 762–771.

Krebs, Karsten, Interessenkonflikte bei Aufsichtsratsmandaten in der Aktiengesellschaft, Köln 2002 [zitiert als: *Krebs*, Interessenkonflikte].

Kreitmeier, Florian, Corporate Governance: Aufsichtsgremien und Unternehmensstrategien, Herrsching 2001 [zitiert als: *Kreitmeier*: Corporate Governance].

Kremer, Thomas/Bachmann, Gregor/Lutter, Marcus/von Werder, Axel, Deutscher Corporate Governance Kodex, 7. Auflage, München 2018 [zitiert als: *Bearbeiter*, in: Kremer/Bachmann/Lutter/von Werder, DCGK].

Kremer, Thomas/von Werder, Axel, Unabhängigkeit von Aufsichtsratsmitgliedern: Konzept, Kriterien und Kandidateninformationen, AG 2013, S. 340–348.

Krieger, Gerd, Corporate Governance und Corporate Governance Kodex in Deutschland, ZGR 2012, S. 202–227.

Krieger, Gerd, Interne Voraussetzungen für die Abgabe der Entsprechungserklärung nach § 161 AktG, S. 367–380, in: Habersack, Mathias/Hommelhoff, Peter/Hüffer, Uwe/Schmidt, Karsten (Hrsg.), Festschrift für Peter Ulmer zum 70. Geburtstag am 2. Januar 2003, Berlin 2003 [zitiert als: *Krieger*, in: FS Ulmer].

Krug, Björn/Rathgeber, Christian, Die untreuerelevante Vermögensbetreuungspflicht für Betriebsratsmitglieder bei der Beauftragung externer Berater, ArbRAktuell 2017, S. 266–269.

Kumpan, Christoph, Der Interessenkonflikt im deutschen Privatrecht, Tübingen 2014 [zitiert als: *Kumpan*, Interessenkonflikt].

Küting, Karlheinz/Dürr, Ulrike/Zwirner, Christian, Funktion und Aufgaben des DRS – weitere Existenz auch nach 2004?, BC 2002, S. 197–202.

Küting, Karlheinz/Weber, Claus-Peter (Begr.), Handbuch der Rechnungslegung Band 3, Loseblattsammlung, 5. Auflage, Stuttgart Stand: November 2017 [zitiert als: *Bearbeiter*, in: Küting/Weber, Hdb Rechnungslegung].

Langenbucher, Katja, Wettbewerbsverbote, Unabhängigkeit und die Stellung des Aufsichtsratsmitglieds, ZGR 2007, S. 571–601.

Latzel, Clemens, Rechtsirrtum und Betriebsratsbenachteiligung, wistra 2013, S. 334–341.

Latzel, Clemens/Dommermuth-Alhäuser, Daniel, Zu gute Arbeitsbedingungen als Untreue, RdA 2017, S. 178–185.

Lembke, Mark/Ludwig, Pascal, Das Recht der Unternehmensmitbestimmung, Frankfurt am Main 2015.

Lentfer, Thies, Einflüsse der internationalen Corporate Governance-Diskussion auf die Überwachung der Geschäftsführung – eine kritische Analyse des deutschen Aufsichtsratssystems, Wiesbaden 2005 [zitiert als: *Lentfer*, Corporate Governance].

Leuering, Dieter, Vorstands- und Aufsichtsratsvergütung in der geänderten Aktionärsrechterichtlinie, NZG 2017, S. 646–651.

Leyendecker-Langner, Benjamin, Die Stellungnahme nach § 27 WpüG bei Interessenkonflikten von Organmitgliedern, NZG 2016, S. 1213–1218.

Leyens, Patrick, Corporate Governance: Grundsatzfragen und Forschungsperspektiven, JZ 2007, S. 1061–1112.

Leyens, Patrick, Information des Aufsichtsrats, Tübingen 2006 [zitiert als: *Leyens*, Aufsichtsrat].

Lieder, Jan, Das unabhängige Aufsichtsratsmitglied – zu den Änderungen des Deutschen Corporate Governance Kodex, NZG 2005, S. 569–574.

Lieder, Jan, Der Aufsichtsrat im Wandel der Zeit, Gottmadingen 2006.

Lingemann, Stefan, Diskriminierung in Entgeltsystemen – Ende der Anpassung nach oben?, NZA 2014, S. 827–829.

Littger, Michael, Deutscher Corporate Governance Kodex – Funktion und Verwendungschancen – Eine interdisziplinäre Untersuchung mit Begründung einer Methodik zur Auswahl geeigneter Regelungsinstrumente, Köln 2005 [zitiert als: *Littger*, DCGK].

Löbbe, Marc, Unternehmenskontrolle im Konzern – Die Kontrollaufgaben von Vorstand, Geschäftsführer und Aufsichtsrat, Heidelberg 2003 [zitiert als: *Löbbe*, Unternehmenskontrolle].

Loritz, Karl-Gregor, Corporate Governance und gesetzlich erzwungene Mitbestimmung in deutschen Aufsichtsräten – Anachronismus im dritten Jahrtausend, S. 677–692, in: Baeck, Ulrich/Hauck, Friedrich/Pries, Ulrich/Rieble, Volker/Röder, Gerhard/Schunder, Achim (Hrsg.), Festschrift für Jobst-Hubertus Bauer zum 65. Geburtstag, München 2010 [zitiert als: *Loritz*, in: FS Bauer].

Löwisch, Manfred, Angemessene arbeitsvertragliche Vergütung von Betriebsratsmitgliedern mit Führungsfunktionen, DB 2008, S. 466–467.

Löwisch, Manfred, Mitbestimmung auf der Unternehmens- und Betriebsebene – Koordination oder Kumulation?, S. 19–31, in: Stiftung Gesellschaft für Rechtspolitik, Trier und dem Institut für Rechtspolitik an der Universität Trier (Hrsg.), Bitburger Gespräche Jahrbuch 2006/I, München 2006 [zitiert als: *Löwisch*, in: Bitburger Gespräche Jahrbuch 2006/I].

Lück, Wolfgang, Rechnungslegung nach Handels- und Steuerrecht, 13. Auflage, Krefeld 2005 [zitiert als: *Lück,* Rechnungslegung].

Lüdenbach, Norbert/Freiberg, Jens, Organvergütung im IFRS-Konzernabschluss im Spannungsfeld zwischen Berichtspflichten nach § 315a HGB und originären IFRS-Angaben, BB 2013, S. 2539–2543.

Lüdenbach, Norbert/Hoffmann, Wolf-Dieter/Freiberg, Jens, Haufe IFRS-Kommentar, 15. Auflage, Freiburg 2017 [zitiert als: *Lüdenbach/Hoffmann/Freiberg,* IFRS Komm].

Lutter, Marcus, Deutscher Corporate Governance Kodex, S. 123–135, in: Hommelhoff, Peter/Hopt, Klaus/von Werder, Axel (Hrsg.), Handbuch Corporate Governance – Leitung und Überwachung börsennotierter Unternehmen in der Rechts- und Wirtschaftspraxis, 2. Auflage, Köln 2009 [zitiert als: *Lutter,* in: Hommelhoff/Hopt/von Werder, Hdb CG].

Lutter, Marcus, Die Empfehlung der Kommission vom 14.12.2004 und vom 15.2.2005 und ihre Umsetzung in Deutschland, EuZW 2009, S. 799–804.

Lutter, Marcus, Die Unwirksamkeit von Mehrfachmandaten in den Aufsichtsräten von Konkurrenzunternehmen, S. 509–527, in: Beisse, Heinrich/Lutter, Marcus/Närger, Heribald (Hrsg.), Festschrift für Karl Beusch zum 68. Geburtstag am 31. Oktober 1993, Berlin 1993 [zitiert als: *Lutter,* in: FS Beusch].

Lutter, Marcus, Gesetzliche Gebührenordnung für Aufsichtsräte?, AG 1979, S. 85–91.

Lutter, Marcus/Kremer, Thomas, Die Beratung der Gesellschaft durch Aufsichtsratsmitglieder – Bemerkungen zur Entscheidung BGHZ 114, 127 ff., ZGR 1992, 87–108.

Lutter, Marcus/Krieger, Gerd/Verse, Dirk, Rechte und Pflichten des Aufsichtsrats, 6. Auflage, Köln 2014.

Mäger, Stefan, Vergütung des Aufsichtsrats – Welchen Spielraum gibt das Aktienrecht?, BB 1999, S. 1389–1394.

Marsch-Barner, Reinhard, aktuelle Rechtsfragen zur Vergütung von Vorstands- und Aufsichtsratsmitgliedern einer AG, S. 401–419, in: Crezelius, Gegor/Hirte, Heribert/Vieweg, Klaus (Hrsg.), Festschrift für Volker Röhricht zum 65. Geburtstag – Gesellschaftsrecht-Rechnungslegung-Sportrecht, Köln 2005 [zitiert als: *Marsch-Barner,* in: FS Röhricht].

Martin, Johannes/Zimmermann, Stefan, Corporate Governance im Prinzipal-Agenten-Verhältnis, S. 81–109, in: Allmendinger, Christoph/Dorn, Friederike/Lang, Thomas/Lumpp, Stephanie/Steffek, Felix (Hrsg.), Corporate Governance nach der Finanz- und Wirtschaftskrise – Vorbilder und Ziele eines modernen Wirtschaftsrechts, Tübingen 2011 [zitiert als: *Martin/Zimmermann,* in: Allmendinger u.a., Corporate Governance].

Martinius, Philip/Zimmer, Mark, Keine Boni mehr für Aufsichtsräte?, BB 2011, S. 3014–3018.

Maser, Peter/Göttle, Maren, Rechtlicher Rahmen für die Vergütung des Aufsichtsrats, NZG 2013, S. 201–208.

Masling, Michael, Publizitätspflichten für Vorstandsgehälter – Eine verfassungsrechtliche Analyse, Frankfurt am Main 2009 [*Masling*, Publizitätspflichten].

Maßmann, Jens/Bursee, Michael, Aufsichtsratsvergütung in Deutschland – Wohin geht die Reise?, BOARD 2014, S. 97–99.

Mattheus, Daniela, Die Rolle des Abschlussprüfers in der Corporate Governance, S. 463–602, in: Hommelhoff, Peter/Hopt, Klaus/von Werder, Axel (Hrsg.), Handbuch Corporate Governance – Leitung und Überwachung börsennotierter Unternehmen in der Rechts- und Wirtschaftspraxis, 2. Auflage, Stuttgart 2009 [zitiert als: *Mattheus*, in: Hommelhoff/Hopt/von Werder, Hdb CG].

Matthießen, Volker, Stimmrecht und Interessenkollision im Aufsichtsrat, Köln 1989 [zitiert als: *Matthießen*, Stimmrecht].

Mayer, Bernd, Die aktienrechtliche Organhaftung – Reform durch juristische Methodik oder gesetzgeberisches Handeln?, NZG 2014, S. 1208–1211.

Medem, Andreas von, Managergehälter: Leistung, Anreize und Verantwortlichkeit, S. 111–137, in: Allmendinger, Christoph/Dorn, Friederike/Lang, Thomas/Lumpp, Stephanie/Steffek, Felix (Hrsg.), Corporate Governance nach der Finanz- und Wirtschaftskrise – Vorbilder und Ziele eines modernen Wirtschaftsrechts, Tübingen 2011 [zitiert als: *von Medem*, in: Allmendinger u.a., Corporate Governance].

Mense, Christian, Interessenkonflikte bei Mehrfachmandaten im Aufsichtsrat der AG, Baden-Baden 2008 [zitiert als: *Mense*, Interessenkonflikte bei Mehrfachmandaten].

Merkt, Hanno/Probst, Arno/Fink, Christian (Hrsg.), Rechnungslegung nach HGB und IFRS – Themensystematischer Kommentar mit synoptischen Darstellungen, Kösel 2017 [zitiert als: *Bearbeiter*, in: Merkt/Probst/Fink, RechnungslegungsR].

Metzner, Yves/Rapp, Marc/Wolff, Michael, Aktuelle Entwicklung bei der Aufsichtsratsvergütung, AR 2012, S. 158–159.

Mohr, Hartmut, Handlungsmöglichkeiten und Handlungspflichten bei Interessenkonflikten von Aufsichtsratsmitgliedern, S. 241–254, in: Grundei, Jens/Zaumseil, Peter (Hrsg.), Der Aufsichtsrat im System der Corporate Governance – Betriebswirtschaftliche und juristische Perspektiven, Wiesbaden 2012 [zitiert als: *Mohr*, in: Grundei/Zaumseil, der Aufsichtsrat].

Moll, Wilhelm/Roebers, Dorothea, Pauschale Zahlungen an Betriebsräte?, NZA 2012, S. 57–62.

Möllers, Thomas, Gesellschaftsrechtliche Treuepflicht contra arbeitnehmerrechtlichen Mitbestimmung – Der aktive Streikaufruf durch Frank Bsirske, NZG 2003, S. 697–701.

Mülbert, Peter, Die Stellung der Aufsichtsratsmitglieder, S. 99–123, in: Feddersen, Dieter/Hommelhoff, Peter/Schneider, Uwe (Hrsg.), Corporate Governance – Optimierung der Unternehmensführung und der Unternehmenskontrolle im deutschen und amerikanischen Aktienrecht, Köln 1992 [zitiert als: *Mülbert*, in: Feddersen/Hommelhoff/Schneider, Corporate Governance].

Mülbert, Peter, Shareholder Value aus rechtlicher Sicht, ZGR 1997, S. 129–172.

Mülbert, Peter/Wilhelm, Alexander, Grundfragen des Deutschen Corporate Governance Kodex und der Entsprechungserklärung nach § 161 AktG, ZHR 176 (2012), S. 286–325.

Müller, Gerd, Fälle der Interessenkollision bei Arbeitnehmervertretern im Aufsichtsrat, Köln 1968 [zitiert als: *Müller*, Interessenkollision].

Müller, Welf/Rödder, Thomas (Hrsg.), Beck'sches Handbuch der AG – Gesellschaftsrecht, Steuerrecht, Börsengang, 2. Auflage, München 2009 [zitiert als: *Bearbeiter*, in: Müller/Rödder, Beck'sches Hdb AG].

Müller-Glöge, Rudi/Preis, Ulrich/Schmidt, Ingrid (Hrsg.), Erfurter Kommentar zum Arbeitsrecht, 18. Auflage, München 2018 [zitiert als: *Bearbeiter*, in: ErfKomm].

Müller-Michaels, Olaf, Aufsichtsrat und Deutscher Corporate Governance Kodex, S. 59–73, in: Grundei, Jens/Zaumseil, Peter (Hrsg.), Der Aufsichtsrat im System der Corporate Governance – Betriebswirtschaftliche und juristische Perspektiven, Wiesbaden 2012 [zitiert als: *Müller-Michaels*, in: Grundei/Zaumseil, der Aufsichtsrat].

Muzzu, Andreas/Prystav, Fabian/Stein, Stefan, Rechtliche Anforderungen an die Publizität von Finanzinformationen – Versetzt die normierte Informationsqualität überhaupt zu externer Kontrolle in die Lage?, DStR 2013, S. 1300–1307.

Nagel, Philipp, Arbeitnehmervertretung und Strafrecht – Die Begünstigung von Arbeitnehmervertretern im Lichte von Arbeitsrecht und Strafrecht, Baden-Baden 2016.

Natzel, Benno, Die Vergütung der Aufsichtsratsmitglieder (Teil I), DB 1965, S. 1388–1393.

Natzel, Benno, Die Vergütung der Aufsichtsratsmitglieder (Teil II), DB 1965, S. 1429–1435.

Neuhaus, Martin/Gellißen, Georg, Drittvergütung für Aufsichtsratsmitglieder, NZG 2011, S. 1361–1365.

Neusel, Walter, Arbeitnehmervertreter in den Ausschüssen des Aufsichtsrats einer Aktiengesellschaft, AuR 1956, S. 231–235.

Nodoushani, Manuel, Das neue Anforderungsprofil für Aufsichtsräte von Unternehmen von öffentlichen Interesse, AG 2016, S. 381–388.

Nowak, Claudia, Die Unabhängigkeit des Aufsichtsratsmitglieds nach § 100 Abs. 5 AktG, Berlin 2010 [zitiert als: *Nowak*, Unabhängigkeit des Aufsichtsratsmitglieds].

Pacher, Sebastian/von Preen, Alexander, Aufsichtsratsvergütung im Wandel – Fokus auf Aufwandsbezug und Effizienz, ZCG 2014, S. 68–72.

Pacher, Sebastian/von Preen, Alexander/Schichold, Bernd, Tagessätze für die Aufsichtsratstätigkeit?, AR 2016, S. 50–52.

Paschos, Nikolaos/Goslar, Sebastian, Unabhängigkeit von Aufsichtsratsmitgliedern nach den neuesten Änderungen des Deutschen Corporate Governance Kodex, NZG 2012, S. 1361–1366.

Pellens, Bernhard/Füllbier, Rolf/Gassen, Joachim/Sellhorn, Thorsten, Internationale Rechnungslegung – IFRS 1 bis 16, IAS 1 bis 41, IFRIC-Interpretationen, Standardentwürfe, 10. Auflage, Stuttgart 2017 [zitiert als: *Pellens/Füllbier/Gassen/Sellhorn,* IFRS].

Pellens, Bernhard/Strzyz, Adam, Rechnungslegung von Unternehmen und Konzernen, S. 533–561, in: Hommelhoff, Peter/Hopt, Klaus/von Werder, Axel (Hrsg.), Handbuch Corporate Governance – Leitung und Überwachung börsennotierter Unternehmen in der Rechts- und Wirtschaftspraxis, 2. Auflage, Stuttgart 2009 [zitiert als: *Pellens/Strzyz,* in: Hommelhoff/Hopt/von Werder, Hdb CG].

Peltzer, Martin, Beratungsverträge der Gesellschaft mit Aufsichtsratsmitgliedern: Ist das gute Corporate Governance?, ZIP 2007, S. 305–309.

Peltzer, Martin, Die Unvereinbarkeit des Mitbestimmungsgesetzes 76 mit guter Corporate Governance und darauf zielende Verbesserungsvorschläge – Versuch einer Evaluierung, S. 707–727, in: Grundmann, Stefan/Kirchner, Christian/Raiser, Thomas/Schwintowski, Hans-Peter/Weber, Martin/Windbichler, Christine (Hrsg.), Unternehmensrecht zu Beginn des 21. Jahrhunderts – Festschrift für Eberhard Schwark zum 70. Geburtstag, München 2009 [zitiert als: *Peltzer,* in: FS Schwark].

Peltzer, Martin, Die Vergütung des Aufsichtsrats – im Gesellschafts- und Steuerrecht, S. 377–394, in: Carsten, Claussen/Hahn, Oswald/Kraus, Willy (Hrsg.), Umbruch und Wandel – Herausforderungen zur Jahrhundertwende: Festschrift für Professor Dr. Carl Zimmerer zum 70. Geburtstag, Oldenburg 1996 [zitiert als: *Peltzer,* in: FS Zimmerer].

Peltzer, Martin, Unternehmerische Mitbestimmung und gute Corporate Governance: Führt die Unvereinbarkeit zur Nachbesserungspflicht des Gesetzgebers?, S. 1243–1264, in: Bitter, Georg/Lutter, Marcus/Priester, Hans-Joachim/Schön, Wolfgang/Ulmer, Peter (Hrsg.), Festschrift für Karsten Schmidt zum 70. Geburtstag, Köln 2009 [zitiert als: *Peltzer,* in: FS Schmidt].

Petersen, Karl/Bansbach, Florian/Dornbach, Eike, IFRS Praxishandbuch – Ein Leitfaden für die Rechnungslegung mit Fallbeispielen, 12. Auflage, München 2018 [zitiert als: *Petersen/Bansbach/Dornbach,* IFRS].

Pfister, Norbert/Oser, Peter/Orth, Christian (Hrsg.), Deutscher Corporate Governance Kodex – Ein Handbuch für Entscheidungsträger, 2. Auflage, Stuttgart 2005 [zitiert als: *Bearbeiter,* in: Pfister/Oser/Orth, DCGK].

Piko, Rita, Entwicklungen der Aufsichtsratstätigkeit in den Jahren 2016/2017, WPg 2016, S. 1383–1391.

Plagemann, Jörg, Die Vergütung des Aufsichtsrats in der börsennotierten Aktiengesellschaft – unter besonderer Berücksichtigung leistungs- und erfolgsorientierter Vergütungsbestandteile, Hamburg 2008 [zitiert als: *Plagemann*, Vergütung des Aufsichtsrats].

Purschwitz, Laura, Das betriebsverfassungsrechtliche Benachteiligungs- und Begünstigungsverbot nach § 78 Satz 2 BetrVG, Baden-Baden 2015 [zitiert als: *Purschwitz*, § 78 Satz 2 BetrVG].

Raabe, Nico, Die Mitbestimmung im Aufsichtsrat – Theorie und Wirklichkeit in deutschen Aktiengesellschaften, Berlin 2010.

Radke, Christoph, Die Entsprechungserklärung zum Deutschen Corporate Governance Kodex nach § 161 AktG – Grundlagen und Haftungsfragen, Frankfurt am Main 2004 [zitiert als: *Radke*, Entsprechenserklärung].

Raiser, Thomas, Mitbestimmung im Betrieb und im Unternehmen, S. 423–438, in: Pawlowski, Hans-Martin/Wiese, Günther/Wüst, Günther (Hrsg.), Festschrift für Konrad Duden zum 70. Geburtstag, München 1977 [zitiert als: *Raiser*, in: FS Duden].

Raiser, Thomas/Veil, Rüdiger/Jacobs, Matthias, Mitbestimmungsgesetz und Drittelbeteiligungsgesetz – Kommentar, 6. Auflage, Berlin 2015 [zitiert als: *Bearbeiter*, in: Raiser/Veil/Jacobs, MitbestG und DrittelbG].

Rapp, Marc/Schuchardt, Hendrik/Wolff, Michael, Status quo und Trends bei der Aufsichtsratsvergütung, AR 2014, S. 18–20.

Raschig, Alexander, Corporate Governance in nicht börsennotierten Gesellschaften – Gestaltungsmöglichkeiten für AG, GmbH, OHG und KG auf Grundlage des deutschen und des österreichischen Corporate Governance-Kodex, Marburg 2004 [zitiert als: *Raschig*, Corporate Governance].

Reese, Birgit/Ronge, Christian, Kunde, Lieferant und Kreditgeber als unabhängige Mitglieder des Aufsichtsrats – Überlegungen zu Ziff. 5.4.2 DCGK bei Doppelfunktionen, AG 2014, S. 417–427.

Reich, Norbert/Lewerenz, Karl-Jochen, Das neue Mitbestimmungsgesetz – zur Stellung der Arbeitnehmervertreter im Aufsichtsrat und des Arbeitsdirektors, AuR 1976, S. 353–369.

Reinbacher, Philipp/Shalchi, Shaereh/Felber, Eric, Die Entwicklung der Zusammensetzung und Vergütung des Aufsichtsrats im DCGK – Auswirkungen der Veränderungen von Ziffer 5.4 DCGK, ZCG 2015, S. 177–182.

Richardi, Reinhard (Hrsg.), Kommentar zum Betriebsverfassungsgesetz mit Wahlordnung, 16. Auflage, München 2018 [zitiert als: *Bearbeiter*, in: Richardi, BetrVG].

Richardi, Reinhard/Wißmann, Hellmut/Wlotzke, Otfried/Oetker, Hartmut (Hrsg.), Münchener Handbuch zum Arbeitsrecht Band II, 3. Auflage, München 2009 [zitiert als: *Bearbeiter*, in: Münch Hdb ArbR].

Rieble, Volker, Betriebsratsbegünstigung und Betriebsausgabenabzug, BB 2009, S. 1612–1619.

Rieble, Volker, Die Betriebsratsvergütung, NZA 2008, S. 276–280.

Rieble, Volker, Führungsrolle des Betriebsrats und Corporate Governance, S. 9–45, in: Rieble, Volker/Junker, Abbo (Hrsg.), Unternehmensführung und betriebliche Mitbestimmung, München 2008 [zitiert als: *Rieble*, in: Rieble/Junker, Unternehmensführung].

Rieble, Volker, Schnelle Mitbestimmungssicherung gegen die SE, BB 2014, S. 2997–2998.

Rieble, Volker, Sonderbezahlung von Arbeitnehmervertretern im Aufsichtsrat, AG 2016, S. 315–325.

Rieble, Volker/Klebeck, Ulf, Strafrechtliche Risiken der Betriebsarbeit, NZA 2006, S. 758–769.

Rieble, Volker/Klumpp, Steffen/Gistel, Cornelia, Rechtsmißbrauch in der Betriebsverfassung, München 2006.

Rimmelspacher, Dirk/Fey, Gerd, Anhangangaben zu nahe stehenden Unternehmen und Personen nach dem BilMoG, WPg 2010, S. 180–192.

Ringleb, Henrik-Michael/Kremer, Thomas/Lutter, Marcus/von Werder, Axel, Die Kodex-Änderung vom Mai 2012, NZG 2012, S. 1081–1089.

Rittner, Fritz, Die Satzungsautonomie der Aktiengesellschaft und die innere Ordnung des Aufsichtsrats nach dem Mitbestimmungsgesetz, DB 1980, S. 2493–2503.

Rödder, Thomas/Herlinghaus, Andreas/Neumann, Ralf (Hrsg.), Körperschaftsteuergesetz – Kommentar, Köln 2015 [zitiert als: *Bearbeiter*, in: Rödder/Herlinghaus/Neumann, KStG].

Rode, Oliver, Der Deutsche Corporate Governance Kodex – Funktionen und Durchsetzungsmechanismen im Vergleich zum britischen Combined Code, Frankfurt am Main 2009 [zitiert als: *Rode*, DCGK].

Röhrborn, Stefan, Betriebsratsvergütung und Lohnausfallprinzip – Heiligenschein oder scheinheilig?, ArbRAktuell 2015, S. 573–576.

Rolfs, Christian/Kreikebohm, Ralf/Giesen, Richard/Udsching, Peter (Hrsg.), Beck'scher Online-Kommentar Arbeitsrecht, 46. Edition, München 2017 [zitiert als: *Bearbeiter*, in: BeckOK ArbR].

Roller, Klaus, Die Vergütung des Aufsichtsrats in Abhängigkeit vom Aktienkurs, Frankfurt am Main 2000 [zitiert als: *Roller*, Vergütung des Aufsichtsrats].

Roth, Markus, Deutscher Corporate Governance Kodex, WM 2012, S. 1985–1992.

Roth, Markus, Unabhängige Aufsichtsratsmitglieder, ZHR 175 (2011), S. 605–643.

Rubner, Daniel/Fischer, Jan-Benedikt, Erneut: Professionalisierung des Aufsichtsrats – Zu den Änderungen des DCGK 2015, NZG 2015, S. 782–791.

Rückert, Marianne, Koppelungsgeschäfte des Betriebsrats – Ein Beitrag zu Zweck und Grenzen der Mitbestimmung, Hamburg 2003.

Ruhnke, Klaus, Prüfung der Einhaltung des Deutschen Corporate Governance Kodex durch den Abschlussprüfer, AG 2003, S. 371–377.

Rüthers, Bernd, VW: Gemeinsamer Verrat an der Mitbestimmung?, NJW 2007, S. 195–197.

Säcker, Franz Jürgen/Rixecker, Roland/Oetker, Hartmut/Limperg, Bettina (Hrsg.), Münchener Kommentar zum Bürgerlichen Gesetzbuch Band 1, 7. Auflage, München 2015 [zitiert als: *Bearbeiter,* in: MüKo BGB].

Säcker, Franz, Behördenvertreter im Aufsichtsrat, S. 781–805, in: Eyrich, Heinz/-Odersky, Walter/Säcker, Franz (Hrsg.), Festschrift für Kurt Rebmann zum 65. Geburtstag, München 1989 [zitiert als: *Säcker,* in: FS Rebmann].

Säcker, Franz, Die Rechte des einzelnen Aufsichtsratsmitglieds, NJW 1979, S. 1521–1527.

Säcker, Franz, Rechtliche Anforderungen an die Qualifikation und Unabhängigkeit von Aufsichtsratsmitgliedern, AG 2004, S. 180–186.

Schaub, Günter (Begr.), Arbeitshandbuch – Systematische Darstellung und Nachschlagewerk für die Praxis, 17. Auflage, München 2017 [zitiert als: *Bearbeiter,* in: Schaub, ArbR Hdb].

Schenck, Kersten von (Hrsg.), Arbeitshandbuch für Aufsichtsratsmitglieder, 4. Auflage, München 2013 [zitiert als: *Bearbeiter,* in: Semler/von Schenck, Arbeitshandbuch für Aufsichtsratsmitglieder].

Schenck, Kersten von (Hrsg.), Der Aufsichtsrat – §§ 95–116, 161, 170–172, 394 und 395 AktG Kommentar, München 2015 [zitiert als: *Bearbeiter,* in: Semler/v. Schenck, Aufsichtsrat Komm].

Scherrer, Gerhard, Konzernrechnungslegung nach HGB – Eine anwendungsorientierte Darstellung mit zahlreichen Beispielen, 3. Auflage, München 2012.

Schmidt, Karsten/Ebke, Werner (Hrsg.), Münchener Kommentar zum Handelsgesetzbuch Band 4 §§ 238–342e HGB, 3. Auflage, München 2013 [zitiert als: *Bearbeiter,* in: MüKo HGB].

Schmidt, Karsten/Lutter, Marcus (Hrsg.), Aktiengesetz Kommentar Band 1 §§ 1–149, 3. Auflage, Köln 2015 [zitiert als: *Bearbeiter,* in: Schmidt/Lutter, AktG].

Schmotz, Thomas/Crasselt, Nils, Wie soll über Organvergütungen berichtet werden? – Aktuelle Diskussionspunkte im Lichte historischer Entwicklungen, WPg 2015, S. 877–885.

Scholderer, Frank, Unabhängigkeit und Interessenkonflikte der Aufsichtsratsmitglieder – Systematik, Kodexänderungen, Konsequenzen, NZG 2012, S. 168–176.

Schönhöft, Andreas/Oelze, Nabil, Arbeitnehmervertreter im Aufsichtsrat – Entgeltliche Arbeitsfreistellung für das Aufsichtsratsamt und Kollision mit dem Betriebsratsamt, NZA 2016, S. 145–149.

Schülke, Thilo, IDW-Standards und Unternehmensrecht – zur Geltung und Wirkung privat gesetzter Regeln, Berlin 2014 [zitiert als: *Schülke,* IDW-Standards].

Schulze-Osterloh, Joachim, Das deutsche Gesellschaftsrecht im Banne der Globalisierung, ZIP 2001, S. 1433–1440.

Schwalbach, Joachim, Effizienz des Aufsichtsrats, AG 2004, S. 186–190.

Schweibert, Ulrike/Buse, Sandra, Rechtliche Grenzen der Begünstigung von Betriebsratsmitgliedern – Schattenbosse zwischen „Macht und Ohnmacht", NZA 2007, S. 1080–1086.

Schwerdtfeger, Max, Strafrechtliche Pflicht der Mitglieder des Aufsichtsrats einer Aktiengesellschaft zur Verhinderung von Vorstandsstraftaten, Berlin 2016 [zitiert als: *Schwerdtfeger,* Strafrechtliche Pflicht der Aufsichtsratsmitglieder].

Seibert, Ulrich, Im Blickpunkt: Der Deutsche Corporate Governance Kodex ist da, BB 2002, S. 581–584.

Seibt, Christoph, Deutscher Corporate Governance Kodex und Entsprechens-Erklärung (§ 161 AktG-E), AG 2002, S. 249–259.

Seibt, Christoph, Größe und Zusammensetzung des Aufsichtsrats in der SE, ZIP 2010, S. 1057–1065.

Seibt, Christoph, Interessenkonflikte im Aufsichtsrat, S. 1363–1390, in: Grundmann, Stefan/Haar, Brigitte/Merkt, Hanno/Baum, Harald/von Hein, Jan/von Hippel, Thomas (Hrsg.), Festschrift für Klaus J. Hopt zum 70. Geburtstag am 24. August 2010 – Unternehmen, Markt und Verantwortung Band 1, Berlin 2010 [zitiert als: *Seibt,* in: FS Hopt].

Seidel, Wolfgang, Der Deutsche Corporate Governance Kodex – eine private oder doch eine staatliche Regelung?, ZIP 2004, S. 285–294.

Seifert, Achim, Unternehmensinteresse und Aufsichtsratsmitbestimmung im Spannungsverhältnis, S. 258–281, in: Jürgens, Ulrich/Sadowski, Dieter/Schuppert, Hunnar/Weiss Manfred (Hrsg.), Perspektiven der Corporate Governance – Bestimmungsfaktoren unternehmerischer Entscheidungsprozesse und Mitwirkung der Arbeitnehmer, Baden-Baden 2007 [zitiert als: *Seifert,* in: Jürgens u.a., Corporate Governance.].

Selter, Wolfgang, Die Beratung des Aufsichtsrats und seiner Mitglieder, Baden-Baden 2014.

Semler, Johannes, Anforderungen an die Befähigung eines Aufsichtsratsmitglieds, S. 1489–1506, in: Bitter, Georg/Lutter, Marcus/Priester, Hans-Joachim/Ulmer, Peter (Hrsg.), Festschrift für Karsten Schmidt zum 70. Geburtstag, Köln 2009 [zitiert als: *Semler,* in: FS Schmidt].

Semler, Johannes, Verpflichtung der Gesellschaft durch den Aufsichtsrat und Zahlungen der Gesellschaft an seine Mitglieder, S. 381–403, in: Martens, Klaus-Peter/Westermann, Harm/Zöllner, Wolfgang (Hrsg.), Festschrift für Carsten Peter Claussen zum 70. Geburtstag, Köln 1997 [zitiert als: *Semler*, in: FS Claussen].

Semler, Johannes/Stengel, Arndt, Interessenkonflikte bei Aufsichtsratsmitgliedern von Aktiengesellschaften am Beispiel von Konflikten bei Übernahme, NZG 2003, S. 1–8.

Sieweke, Simon, Voraussetzungen und Folgen der missbräuchlichen Ausübung von Mitbestimmungsrechten – Eine Untersuchung am Beispiel der Leiharbeit, NZA 2012, S. 426–431.

Stöber, Kurt/Otto, Dirk-Ulrich (Begr.), Handbuch zum Vereinsrecht, 11. Auflage, Leipzig 2016 [zitiert als: *Stöber/Otto*, Hdb Vereinsrecht].

Specker, Bernhard, „Die in § 5 Abs. 3 des Betriebsverfassungsgesetzes bezeichneten Leitenden Angestellten“ im Mitbestimmungsgesetz 1976, Göttingen 1986 [zitiert als: *Specker*, Leitende Angestellte].

Spengler, Maximilian/Pant, Michael, Veröffentlichung von Vorstandsgehältern in den USA nach der aktuellen SEC Regelung, CCZ 2009, S. 110–112.

Spindler, Gerald/Stilz, Eberhard (Hrsg.), Kommentar zum Aktiengesetz Band 3, 3. Auflage, München 2015 [zitiert als: *Bearbeiter*, in: Spindler/Stilz, AktG].

Staake, Marco, Arbeitnehmervertreter als unabhängige Aufsichtsratsmitglieder?, NZG 2016, S. 853–857.

Stenger, Jan, Kodex und Entsprechungserklärung – Schwachstellen, Reformvorschläge, Deregulierung, Baden-Baden 2013.

Stephanblome, Markus, Der Unabhängigkeitsbegriff des Deutschen Corporate Governance Kodex, NZG 2013, S. 445–452.

Stephanblome, Markus, Empfehlungen des DCGK zur Unabhängigkeit von Aufsichtsratsmitgliedern, ZIP 2013, S. 1411–1417.

Straelen, Carolin van, Der Rollenkonflikt des Arbeitnehmervertreters zwischen Betriebsratsmitglied und Gewerkschaftsfunktionär, Frankfurt am Main 2012 [zitiert als: *van Straelen*, Rollenkonflikt des Arbeitnehmervertreters].

Streck, Michael (Hrsg.), Körperschaftsteuergesetz mit Nebengesetzen, 8. Auflage, München 2014 [zitiert als: *Bearbeiter*, in: Streck, KStG].

Strunk, Günther/Kolaschnik, Helge/Blydt-Hansen, Kristoffer/Jehn, Alexander/Wessel, Christian, TransPuG und Corporate Governance Kodex – Neue gesellschafts-, bilanz- und steuerrechtliche Anforderungen für die Unternehmenspraxis, Berlin 2003 [zitiert als: *Strunk/Kolaschnik u.a.*, TransPuG und Corporate Governance Kodex].

Sturm, Daniel, Die Vergütung freigestellter und dauerhaft von der Arbeit befreiter Betriebsratsmitglieder unter besonderer Berücksichtigung der Gestaltungsmöglichkeiten, Hamburg 2016 [*Sturm*, Vergütung der Betriebsräte].

Sünner, Eckart, Genügt der Deutsche Corporate Governance Kodex seinen Ansprüchen? – Eine Untersuchung zu Fragen der Internationalität und der Mitbestimmung, AG 2012, S. 265–273.

Tanski, Joachim, Rechnungslegung und Bilanztheorie, München 2013 [zitiert als: *Tanski,* Rechnungslegung].

Teichmann, Christoph, ECLR – Corporate Governance in Europa, ZGR 2001, S. 645–679.

Thiele, Stefan/von Keitz, Isabel/Brücks, Michael (Hrsg.), Internationales Bilanzrecht – Rechnungslegung nach IFRS Kommentar Band 2, Loseblattsammlung, Bonn Stand: November 2017 [zitiert als: *Bearbeiter,* in: Thiele/von Keitz/Brücks, Int. BilanzR, IAS].

Thoma, Georg/Leuering, Dieter, Die Europäische Aktiengesellschaft – Societas Europaea, NJW 2002, S. 1449–1454.

Thurow, Christian, IFRS-Praxistraining: IAS 24 – Angaben über Beziehungen zu nahe stehenden Unternehmen und Personen, BC 2012, S. 492–496.

Thüsing, Gregor/Forst, Gerrit, Abführung von Aufsichtsratsvergütung an gewerkschaftliche Bildungseinrichtungen – Zur rechtlichen Bindung durch vertragliche oder mitgliedschaftliche Verpflichtung, S. 693–718, in: Genzow, Christian/Grunewald, Barbara/Schulte-Nölke, Hans (Hrsg.), Zwischen Vertragsfreiheit und Verbraucherschutz – Festschrift für Friedrich Graf von Westphalen zum 70. Geburtstag, Köln 2010 [zitiert als: *Thüsing/Forst,* in: FS Graf von Westphalen].

Thüsing, Gregor/Veil, Rüdiger, Die Kosten des Aufsichtsrats im aktienrechtlichen Vergütungsregime, AG 2008, S. 359–368.

Tiedemann, Klaus, Untreue bei Interessenkonflikten – Am Beispiel der Tätigkeit von Aufsichtsratsmitgliedern, S. 319–335, in: Jescheck, Hans-Heinrich/Vogler, Theo (Hrsg.), Festschrift für Herbert Tröndle zum 70. Geburtstag am 24. August 1989, Berlin 1989 [zitiert als: *Tiedemann,* in: FS Tröndle].

Ulmer, Peter, Aufsichtsratsmandat und Interessenkollision, NJW 1980, S. 1603–1607.

Ulmer, Peter, Der Deutsche Corporate Governance Kodex – ein neues Regulierungsinstrument für börsennotierte Aktiengesellschaften, ZHR 166 (2002), S. 150–181.

Ulmer, Peter/Habersack, Mathias/Löbbe, Marc (Hrsg.), Gesetz betreffend die Gesellschaften mit beschränkter Haftung (GmbH) – Großkommentar Band II §§ 29 bis 52, 2. Auflage, Tübingen 2014 [zitiert als: *Bearbeiter,* in: Ulmer/Habersack/Löbbe, GroßKomm GmbHG].

Velten, Christian, Gewerkschaftsvertreter im Aufsichtsrat – Eine verfassungsrechtliche, gesellschaftsrechtliche und arbeitsrechtliche Analyse, München 2010.

Vetter, Eberhard, Aufsichtsratsvergütung und Verträge mit Aufsichtsratsmitgliedern, ZIP 2008, S. 1–10.

Vetter, Eberhard, Update des deutschen Corporate Governance Kodex, BB 2005, S. 1689–1695.

Vogel, Arne, Die Haftung von Gesellschaften, Vorständen und Aufsichtsräten im Zusammenhang mit der Entsprechenserklärung zum Deutschen Corporate Governance Kodex gemäß § 161 AktG, Frankfurt am Main 2011 [zitiert als: *Vogel*, Haftung].

Wagenhofer, Alfred, Internationale Rechnungslegungsstandards IAS/IFRS, 6. Auflage, München 2009 [zitiert als: *Wagenhofer*, IFRS].

Wagenhofer, Alfred, Rechnungslegung, S. 439–481, in: Jost, Peter (Hrsg.), Die Prinzipal-Agenten-Theorie in der Betriebswirtschaftslehre, Stuttgart 2001 [zitiert als: *Wagenhofer*, in: Jost, Prinzipal-Agenten-Theorie].

Wardenbach, Frank, Niederlegung des Aufsichtsratsmandats bei Interessenkollisionen – Entgegnung auf Singhof (AG 1998, 318 ff.), AG 1999, S. 74–77.

Weinspach, Friedrich, § 37 Abs. 1 BetrVG – ist das Ehrenamtsprinzip noch zeitgemäß?, S. 485–497, in: Hönn, Günther/Oetker, Hartmut/Raab, Thomas (Hrsg.), Festschrift für Peter Kreutz zum 70. Geburtstag, Köln 2010 [zitiert als: *Weinspach*, in: FS Kreutz].

Weninger, Heike, Mitbestimmungsspezifische Interessenkonflikte von Arbeitnehmervertretern im Aufsichtsrat, Köln 2011 [zitiert als: *Weninger*, Mitbestimmungsspezifische Interessenkonflikte].

Werder, Axel von, Ökonomische Grundfragen der Corporate Governance, S. 3–37, in: Hommelhoff, Peter/Hopt, Klaus/von Werder, Axel (Hrsg.), Handbuch Corporate Governance – Leitung und Überwachung börsennotierter Unternehmen in der Rechts- und Wirtschaftspraxis, 2. Auflage, Köln 2009 [zitiert als: *von Werder*, in: Hommelhoff/Hopt/von Werder, HdbCG].

Werder, Axel von, Überwachungseffizienz und Unternehmensmitbestimmung, AG 2004, S. 166–172.

Werder, Axel von, Zur Signalstärke der Entsprechungserklärung, S. 1471–1489, in: Grundmann, Stefan/Haar, Brigitte/Merkt, Hanno/Mülbert, Peter/Wellenhofer, Marina/Baum, Harald/Hein, Jan von/Hippel, Thomas von/Pistor, Katharina/Roth, Markus/Schweitzer, Heike (Hrsg.), Festschrift für Klaus J. Hopt zum 70. Geburtstag am 24. August 2010 – Unternehmen, Markt und Verantwortung, Berlin 2010 [zitiert als: *von Werder*, in: FS Hopt].

Werder, Axel von/Turkali, Julia, Corporate Governance Report 2015: Kodexakzeptanz und Kodexanwendung, DB 2015, S. 1357–1367.

Wiedemann, Herbert, Auf der Suche nach den Strukturen der Aktiengesellschaft, ZGR 2006, S. 240–257.

Wiemann, Daniela, Prüfungsqualität des Abschlussprüfer – Einfluss der Mandatsdauer auf die Bilanzpolitik beim Mandanten, Wiesbaden 2011 [zitiert als: *Wiemann*, Prüfungsqualität].

Wiese, Günther/Kreutz, Peter/Oetker, Hartmur/Raab, Thomas/Weber, Christoph/-Franzen, Martin/Gutzeit, Martin/Jacobs, Matthias (Hrsg.), Kommentar zum

Betriebsverfassungsgesetz Band I: §§ 1–73b mit Walordnung und EBRG, 11. Auflage, Köln 2018 [zitiert als: *Bearbeiter*, in: GK-BetrVG].

Wiese, Günther/Kreutz, Peter/Oetker, Hartmur/Raab, Thomas/Weber, Christoph/-Franzen, Martin/Gutzeit, Martin/Jacobs, Matthias (Hrsg.), Kommentar zum Betriebsverfassungsgesetz Band II: §§ 74–132, 11. Auflage, Köln 2018 [zitiert als: *Bearbeiter*, in: GK-BetrVG].

Wilhelm, Jan, Selbstwahl eines Aufsichtsratsmitglieds in den Vorstand, NJW 1983, S. 912–915.

Wilsing, Hans-Ulrich (Hrsg.), Deutscher Corporate Governance Kodex, München 2012 [zitiert als: *Wilsing*, in: Wilsing, DCGK].

Wilsing, Hans-Ulrich/von der Linden, Klaus, Vorstandsvergütung und ihre Transparenz – Gedanken zur Kodexnovelle 2013, DStR 2013, S. 1291–1295.

Windbichler, Christine, Die Rolle von Amtsträger der Betriebsverfassung im Aufsichtsrat, S. 805–821, in: Grundmann, Stefan/Kirchner, Christian/Raiser, Thomas/Schwintowski, Hans-Peter/Weber, Martin/Windbichler, Christine (Hrsg.), Unternehmensrecht zu Beginn des 21. Jahrhunderts – Festschrift für Eberhard Schwark zum 70. Geburtstag, München 2009 [zitiert als: *Windbichler*, in: FS Schwark].

Winnefeld, Robert, Bilanz-Handbuch – Handels- und Steuerbilanz – Rechtsformspezifisches Bilanzrecht, Bilanzielle Sonderfragen, Sonderbilanzen, 5. Auflage, München 2015 [zitiert als: *Winnefeld*, Bilanz Hdb].

Winter, Michael/Marx, Eric/De Decker, Nadine, Zählen und wählen Arbeitnehmer im Ausland nach deutschem Mitbestimmungsrecht?, NZA 2015, S. 1111–1115.

Witt, Peter, Corporate Governance, S. 85–115, in: Jost, Peter (Hrsg.), Die Prinzipal-Agenten-Theorie in der Betriebswirtschaftslehre, Stuttgart 2001 [zitiert als: *Witt*, in: Jost, Prinzipal-Agenten-Theorie].

Wojcik, Karl-Philipp, Die internationalen Rechnungslegungsstandards IAS/IFRS als europäisches Recht, Berlin 2008 [zitiert als: *Wojcik*, Rechnungslegungsstandards].

Zöllner, Wolfgang, Die Besetzung von Aufsichtsratsausschüssen nach dem MitbestG 1976, S. 161–190, in: Bettermann, Karl/Löwisch, Manfred/Otto, Hansjörg/Schmidt, Karsten (Hrsg.), Festschrift für Albrecht Zeuner zum siebzigsten Geburtstag, Tübingen 1994 [zitiert als: *Zöllner*, in: FS Zeuner].

Zöllner, Wolfgang/Noack, Ulrich (Hrsg.), Kölner Kommentar zum Aktiengesetz Band 2/1, 3. Auflage, Köln 2010 [zitiert als: *Bearbeiter*, in: Kölner Komm AktG].

Zöllner, Wolfgang/Noack, Ulrich (Hrsg.), Kölner Kommentar zum Aktiengesetz Band 2/2, 3. Auflage, Köln 2013 [zitiert als: *Bearbeiter*, in: Kölner Komm AktG].

Zöllner, Wolfgang/Noack, Ulrich (Hrsg.), Kölner Kommentar zum Aktiengesetz Band 3/2, 3. Auflage, Köln 2015 [zitiert als: *Bearbeiter*, in: Kölner Komm AktG].

Zöllner, Wolfgang/Noack, Ulrich (Hrsg.), Kölner Kommentar zum Aktiengesetz Band 8/2, 3. Auflage, Köln 2010 [zitiert als: *Bearbeiter*, in: Kölner Komm AktG].

Verzeichnis der Internetquellen

Allianz, abrufbar unter https://www.allianz.com/de/ueber_uns/management/aufsichtsrat/mitglieder/ [Zuletzt abgerufen am 20.5.2017].

Astheimer, Sven, FAZ v. 18.4.2016, abrufbar unter http://www.faz.net/aktuell/beruf-chance/recht-und-gehalt/boni-fuer-spitzenmanager-trotz-skandal-oder-krise-14179044.html [Zuletzt abgerufen am 4.4.2017].

BASF, abrufbar unter https://www.basf.com/de/company/about-us/management/supervisory-board.html [Zuletzt abgerufen am 20.5.2017].

Beise, Marc, SZ v. 16.2.2017, abrufbar unter http://www.sueddeutsche.de/wirtschaft/boni-managergehaelter-per-gesetz-deckeln-das-kann-nur-schiefgehen-1.3380004 [Zuletzt abgerufen am 4.4.2017].

Berlin Center of Corporate Governance, Text des Deutschen Corporate Governance Kodex in der Fassung vom 05. Mai 2015 mit hervorgehobener Nummerierung der gesetzlichen Vorschriften (G1-G91), der Empfehlungen (E1-E102), der Anregungen (A1-A7), und präzisierenden Erläuterungen (P1-P29), abrufbar unter http://bccg.projects.tu-berlin.de/wordpress/wp-content/uploads/2015/09/DCGK-2015_editiert_FINAL_29.09.2015.pdf [Zuletzt abgerufen am 2.4.2017], [zitiert als: *Berlin Center of Corporate Governance*, Text des DCGK, abrufbar unter].

Bundesministerium der Justiz, Bekanntmachung des „Deutschen Corporate Governance Kodex", abrufbar unter https://www.bundesanzeiger.de/ebanzwww/wexsservlet?genericsearch_param.start_date%3A0=01&genericsearch_param.start_date%3A1=01&genericsearch_param.start_date%3A2=2002&genericsearch_param.stop_date%3A0=31&genericsearch_param.stop_date%3A1=12&genericsearch_param.stop_date%3A2=2002&%28page.navid%3Ddetailsearchlisttodetailsearchlistupdateresetpage%29=Dokumente+anzeigen&genericsearch_param.fulltext=eBAnz+AT1+2002+B1 [Zuletzt abgerufen am 7.4.2017].

Busse, Caspar, SZ v. 11.10.2013, abrufbar unter http://www.sueddeutsche.de/wirtschaft/affaere-um-betriebsratsgehaelter-bei-siemens-raus-ans-tageslicht-1.1793098 [Zuletzt abgerufen am 20.4.2017].

Cromme, Gerhard, Ausführungen anlässlich der Veröffentlichung des Entwurfs Deutscher Corporate Governance-Kodex am 18. Dezember 2001 in Düsseldorf, abrufbar unter http://www.dcgk.de/de/kommission/die-kommission-im-dialog/deteilansicht/ausfuehrungen-von-dr-gerhard-cromme-70.html [Zuletzt abgerufen am 14.3.2017], [zitiert als: *Cromme*, Ausführungen anlässlich der Veröffentlichung des Entwurfs des DCGK, abrufbar unter].

DGB, Aktuelle Informationen zum IAS 24, mitbestimmungaktuell 2012/2, abrufbar unter https://www.google.de/url?sa=t&rct=j&q=&esrc=s&source=web&cd=2&ved=0ahUKEwib0pP22YvVAhXCtBoKHeU8DqYQFggrMAE&url=http%3A%2F%2Fwww.dgb.de%2Fthemen%2F%2B%2Bco%2B%2B98eb88a4-a3f9-11e1-4716-00188b4dc422&usg=AFQjCNGYVKtb24dqI2sSVeQGE6rwH0ZJLA&cad=rja [Zuletzt abgerufen am 15.7.2017].

DGB-Bundesausschuss v. 5.3.2014, Abführungsregelung für Arbeitnehmervertreterinnen und -vertreter in unternehmen europäischer und ausländischer Rechtsform (Richtlinie Abführung 2014), abrufbar unter https://www.google.de/url?sa=t&rct=j&q=&esrc=s&source=web&cd=2&ved=0ahUKEwizua6Ul67TAhVPbVAKHdHmBQQQFggoMAE&url=https%3A%2F%2Fwww.verdi.de%2Fwegweiser%2Fmitbestimmung%2F%2B%2Bfile%2B%2B542526f8bdf98d43d2000018%2Fdownload%2FAbf%25C3%25BChrungsregelung_Beschluss_DGB-Bundesausschuss_2014_final.pdf&usg=AFQjCNEgMhEvvIvdQezcnXcDyQQEAjxJDg&cad=rja [Zuletzt abgerufen am 18.4.2017], [zitiert als: *DGB-Bundesausschuss* v. 5.3.2014, Richtlinie Abführung 2014, abrufbar unter].

E.ON, abrufbar unter https://www.eon.com/content/dam/eon/eon-com/investors/annual-report/EON_GB17_DE.pdf [Zuletzt abgerufen am 20.5.2017].

Finanznachrichten, abrufbar unter http://www.finanznachrichten.de/aktienkurse-index/dax-30.htm [Zuletzt abgerufen am 3.5.2017].

Fromm, Thomas/Haas, Sibylle/Ott, Klaus, SZ v. 9.10.2013, abrufbar unter http://www.sueddeutsche.de/wirtschaft/gehaelter-von-arbeitnehmer-vertretern-zwischen-gerecht-und-korrupt-1.1791271 [Zuletzt abgerufen am 20.4.2017].

Hägler, Max, Sz v. 12.5.2017, abrufbar unter http://www.sueddeutsche.de/wirtschaft/vw-darum-ermittelt-der-staatsanwalt-bei-vw-1.3503206 [Zuletzt abgerufen am 25.6.2017].

Hanau, Peter, Die Verpflichtung zur Abführung von Aufsichtsratsvergütungen an die Hans-Böckler-Stiftung, Rechtsgutachten Hans-Böckler-Stiftung, Februar 2002, abrufbar unter https://www.boeckler.de/pdf/p_arbp_254.pdf [Zuletzt abgerufen am 15.4.2017], [zitiert als: *Hanau*, Abführungspflicht].

Handelsblatt GmbH, Handelsblatt v. 28.6.2015, abrufbar unter http://www.handelsblatt.com/unternehmen/industrie/zehn-jahre-vw-affaere-gebauer-wo-bleiben-die-weiber/11972752-all.html [Zuletzt abgerufen am 4.4.2017].

Handelsblatt GmbH, Handelsblatt v. 22.1.2010, abrufbar unter http://www.handelsblatt.com/unternehmen/it-medien/zf-finanzvorstand-berchtold-beugt-sich-infineon-kunden/3354418.html [Zuletzt abgerufen am 19.12.2017].

Handelsregister, abrufbar unter https://www.handelsregister.de/rp_web/mask.do?Typ=e [Zuletzt abgerufen am 21.8.2017].

Hans Böckler Stiftung, SE-Datenblatt – Fakten zur Europäischen Aktiengesellschaft – Stand 31.12.2016, abrufbar unter https://www.boeckler.de/pdf/pb_mitbestimmung_se_2016_12.pdf [Zuletzt abgerufen am 3.5.2017].

Hans Böckler Stiftung, 1.500 Unternehmen mit Drittelbeteiligung, Böckler Impuls 2/2010, abrufbar unter https://www.boeckler.de/22457_22462.htm [Zuletzt abgerufen am 12.3.2017].

Hans Böckler Stiftung, Böckler Impuls 9/2017, abrufbar unter https://www.boeckler.de/108863_108896.htm [Zuletzt abgerufen am: 5.7.2017].

Hans Böckler Stiftung, Datenkarte 2010, abrufbar unter https://www.boeckler.de/pdf/pub_datenkarte_brd_2010.pdf [Zuletzt abgerufen am 24.3.2017].

Hans Böckler Stiftung, Grafik zur Mitbestimmung in Deutschland, abrufbar unter https://www.boeckler.de/66935.htm [Zuletzt abgerufen am 12.3.2017].

Jahberg, Heike, Der Tagesspiegel v. 24.11.2013, abrufbar unter http://www.tagesspiegel.de/wirtschaft/keine-gesetzliche-deckelung-von-managergehaeltern-kontrolle-ist-besser/9121736.html [Zuletzt abgerufen am 4.4.2017].

Jahn, Joachim, FAZ v. 22.2.2008, abrufbar unter http://www.faz.net/aktuell/wirtschaft/vw-affaere-zwei-jahre-und-neun-monate-klaus-volkert-muss-ins-gefaengnis-1514430.html [Zuletzt abgerufen am 20.4.2017].

Kaiser, Tobias, Welt v. 21.11.2016, abrufbar unter https://www.welt.de/wirtschaft/article159632043/Wie-die-Transparenz-Gehaltsexzesse-beguenstigt.html [Zuletzt abgerufen am 4.4.2017].

Läsker, Kristina, SZ v. 24.4.2012, abrufbar unter http://www.sueddeutsche.de/wirtschaft/2.220/spesenaffaere-bei-volkswagen-ein-letzter-liebesdienst-von-dr-klaus-1.1340875 [Zuletzt abgerufen am 20.4.2017].

Leubecher, Marcel/Nagel, Lars-Marten, Welt v. 30.6.2014, abrufbar unter https://www.welt.de/wirtschaft/article129611598/Thyssen-Betriebsraete-kassieren-illegale-Gehaelter.html [Zuletzt abgerufen am 20.4.2017].

Leyendecker, Hans, SZ v. 17.5.2010, abrufbar unter http://www.sueddeutsche.de/wirtschaft/volkswagen-ein-arbeiterfuehrer-demontiert-sich-1.508834 [Zuletzt abgerufen am 4.4.2017].

Leyendecker, Hans, SZ v. 19.5.2010, abrufbar unter http://www.sueddeutsche.de/wirtschaft/vw-skandal-erst-sex-dann-maulkorb-1.890525 [Zuletzt abgerufen am 4.4.2017].

Löhr, Julia, FAZ v. 11.7.2014, abrufbar unter http://www.faz.net/aktuell/beruf-chance/recht-und-gehalt/managergehaelter-13038709.html [Zuletzt abgerufen am 4.4.2017].

Magenheim-Hörmann, Thomas, Badische Zeitung v. 10.10.2013, abrufbar unter http://www.badische-zeitung.de/wirtschaft-3/doppeltes-gehalt-fuer-betriebsratschef-von-siemens--76013619.html [Zuletzt abgerufen am 20.4.2017].

Meck, Georg, FAZ v. 29.9.2005, abrufbar unter http://www.faz.net/aktuell/wirtschaft/unternehmen/erich-klemm-der-pragmatiker-1255229.html [Zuletzt abgerufen am 20.4.2017].

Mülbert, Peter, Rechtsfragen rund um den Deutschen Corporate Governance Kodex – Arbeitspapiere 2012, abrufbar unter http://institut-kreditrecht.de/pdf/gelbe_reihe/v2_Muelbert_Rechtsfragen_rund_um_den_DCGK.pdf [Zuletzt abgerufen am 7.4.2017]; [zitiert als: *Mülbert*, Rechtsfragen rund um den DCGK, abrufbar unter].

Nauke, Jörg, StZ v. 21.10.2016, abrufbar unter http://www.stuttgarter-zeitung.de/inhalt.betriebsraete-zu-hoch-verguetet-filzvorwuerfe-bei-den-ssb-erhaerten-sich.a415fe2d-3e0e-4e09-95a1-6b5cfdfa9db0.html [Zuletzt abgerufen am 4.4.2017].

Nauke, Jörg, StZ v. 23.1.2017, abrufbar unter http://www.stuttgarter-zeitung.de/inhalt.filzvorwuerfe-bei-den-ssb-gutachter-bestaetigt-unzulaessige-beguenstigung.5beaeda6-afa2-4fe5-9035-8cdf41eacc1e.html [Zuletzt abgerufen am 13.8.2017].

Online-Redaktion Verlag Dashöfer, Das AG Wissen v. 4.4.2016, abrufbar unter http://www.dasagwissen.de/dax-vorstandsverg%C3%BCtung-2015-reduzierte-verg%C3%BCtung-bei-sinkenden-gewinnen.html?src=6 [Zuletzt abgerufen am 4.4.2017].

Ott, Klaus/Rexer, Andrea, Sz v. 21.9.2013, abrufbar unter http://www.sueddeutsche.de/wirtschaft/aufsichtsrats-gehaelter-der-blinde-fleck-1.1776729 [Zuletzt abgerufen am: 5.6.2017].

Özgenc, Kayhan/Rackow, Alexander/Wilke, Olaf, Bild am Sonntag v. 27.10.2013, abrufbar unter http://www.bild.de/geld/wirtschaft/gehalt/wie-glaubwuerdig-sind-betriebsrats-bosse-33140430.bild.html [Zuletzt abgerufen am 20.4.2017].

Preuss, Susanne, FAZ v. 1.4.2009, abrufbar unter http://www.faz.net/aktuell/wirtschaft/unternehmen/konzernbetriebsratschef-von-daimler-eher-co-manager-als-arbeiterfuehrer-1791 679.html [Zuletzt abgerufen am 20.4.2017].

Regierungskommission Deutscher Corporate Governance Kodex, Pressemitteilung vom 16.5.2012, abrufbar unter: http://www.dcgk.de/de/kommission/die-kommission-im-dialog/deteilansicht/kodexanpassungen-2012.html [Zuletzt abgerufen am 5.3.2017].

Report of the committee on the Financial Aspects of Corporate Governance, 1992, abrufbar unter http://www.ecgi.org/codes/documents/cadbury.pdf [Zuletzt abgerufen am 5.3.2017].

RIC, Ergebnisbericht zur Telefonkonferenz des RIC v. 1.12.2011, abrufbar unter http://www.standardsetter.de/drsc/docs/press_releases/2011/RIC-Ergebnisbericht_Telco_111201.pdf [Zuletzt abgerufen am 15.3.2016].

RIC, IAS 24 – Angabepflichten für AN-Vertreter im AR, 47. RIC-Sitzung v. 12.9.2011, abrufbar unter https://www.drsc.de/app/uploads/2017/03/07_IAS_24_Agendaentscheidung.pdf [Zuletzt abgerufen am 15.7.2017].

Rüthers, Bernd, FAZ v. 19.12.2006, abrufbar unter http://www.faz.net/aktuell/wirtschaft/recht-steuern/wirtschaftskriminalitaet-gekaufte-betriebsraete-verraten-die-belegschaft-1385557.html [Zuletzt abgerufen am 20.4.2017].

SAP, abrufbar unter https://www.sap.com/corporate/de/company/leadership/supervisory-board/pierre-thiollet.html [Zuletzt abgerufen am 20.5.2017].

Schulte, Stefan, Der Westen v. 31.3.2016, abrufbar unter http://www.derwesten.de/wirtschaft/die-manager-gehaelter-stiegen-auch-bei-krisen-konzernen-id11692912.html [Zuletzt abgerufen am 4.4.2017].

Schulz-Braunschmidt, Wolfgang, StZ v. 11. Dezember 2014, abrufbar unter http://www.stuttgarter-zeitung.de/inhalt.neuer-ssb-vorstand-wahl-geraet-zum-politikum.a747c443-a9eb-4e47-821d-0a661472b81a.html [Zuletzt abgerufen am 27.3.2017].

Steinbeis, Maximilian, Handelsblatt v. 23.6.2003, abrufbar unter http://www.handelsblatt.com/archiv/mitbestimmung-analyse-der-fall-bsirske/2253760.html [Zuletzt abgerufen am 24.3.2017].

U.S. Securities and Exchange Commission, SEC Release 33–8177, 34–47235, abrufbar unter https://www.sec.gov/rules/final/33-8177.htm [Zuletzt abgerufen am 10.7.2017].

Werle, Klaus, Spiegel Online v. 8.5.2013, abrufbar unter http://www.spiegel.de/karriere/managergehaelter-verdienen-topmanager-zu-viel-a-897945.html [Zuletzt abgerufen am 4.4.2017].

WSI, Hans-Böckler-Stiftung, Datenkarte 2016, abrufbar unter https://www.boeckler.de/pdf/pub_datenkarte_brd_2016.pdf [Zuletzt abgerufen am 10.3.2017].

Zimmermann, Fritz, Der Tagesspiegel v. 28.10.2013, abrufbar unter http://www.tagesspiegel.de/wirtschaft/betriebsraete-auf-dem-tandem-zur-gehaltserhoehung/8992062.html [Zuletzt abgerufen am 20.4.2017].

www.ingramcontent.com/pod-product-compliance
Ingram Content Group UK Ltd.
Pitfield, Milton Keynes, MK11 3LW, UK
UKHW021838290926
8980IPUK00004B/532

9 783631 791851